# 中西交流 鉴往知来

## ——国外及港台学者在社会科学战线发表文章荟萃 文学卷

主　编　马　克　刘信君
副主编　于德钧　尚永琪　王永平

本卷主编　王艳丽
副 主 编　焦　宝

吉林出版集团／吉林文史出版社

# 目　　录

# 原“原道”

（香港）陈耀南*

“寻根热”并不等到几年前那部黑人小说才开始。探究本源，是人类的天性——我从哪里来？我们从哪里开始？我们的文化、我们的艺术，为什么发生？以什么为基础？这些问题，从古以来，人们就不断地问。于是，有“家传”、有“族谱”、有宗教与哲学的探求本体、归本造物、推原心性。

上古的中国人，当然也有那个时代的解答。三百篇的“皇矣上帝”（《皇矣》）、“天生烝民”（《烝民》）、“天命降监”（《殷武》）；《尚书》的“钦若昊天”（《尧典》）、“天工，人其代之”（《皋陶谟》）都是以天道为人道根源的信仰。晚周的孔子，承先启后，以心性主宰的显豁，建立尚德传统，发扬人文精神。他的“言性与天道”虽据子贡所说“不可得而闻”（《论语·公冶长》）；而称美帝尧，则以“法天”为德（《论语·泰伯》），罹爱处变，则以“天生德于予”自强自信（《论语·述而》），静观万象，则以“四时行焉、百物生焉”，体认天道的不言而化（《论语·阳货》）；诸如此类，都可见孔子虽以“仁心”为一切价值——包括文艺价值——的基源，而万化由来，却仍有“天”在。以道德根苗的人心，印证高明光大的天心，于是达到天人的和谐一致。至于他所揭橥的“志于道、据于德、依于仁、游于艺（《论语·述而》），根干华实，本末分明，二千年来，成了中国的学术正统。孟子强调心性的自由主宰，认为“扩充四端”（《孟子·公孙丑上》）、“反身而诚”，可以“所过者化、所存者神”，有“万物皆备于我”、“上下与天地同流”的喜乐（《孟子·尽心上》）。不只“知言”（《孟子·公孙丑上》）“好辩”（《孟子·滕文公下》）的能处而已。不过，他主张由“尽心”、“知性”，而“知天”、“事天”（《孟子·尽心上》），以至达成“天降大任”（《孟子·告子下》），可见仍然有

* 作者单位：香港大学。

一个“义理之天”，作为心性主宰的背景。后来荀子《天论》就以“天”为无意志、无善恶的大自然，而“戡天役物”，则是心性“天君”的效能表现。对孔孟来说，这实在是儒门的别派。至于他在《儒效》篇以“圣人”为“道之管”、“诗书礼乐之归”，就显然是后世（例如《文心雕龙》）把“道”、“圣”、“文”三者联系起来的先声了。

到了《中庸》，天人又再归于携手。《中庸》以本性（“诚”）的充足实现（“明”）为人生途径（“道”），以修明此一途径，作为文化内涵（“教”）；但“教”与“道”的本源，都在“天命之性”。全篇的宗旨，在原文开首三句，已经明白标出了。这可说是上承孔孟“探究心性根源”的传统，而表现了周汉之间“重视宇宙秩序”的时代色彩。

秦任法家而不废卜筮，汉初未遑学术，文化思想，处于无政府的状态。于是百家变质、混融，而阴阳五行学说乘时发展。另一方面，秦汉的人，自觉是处于一个旷古未有的、天下一统的大时代，对整个文化架构和宇宙秩序的配合，因而综汇一切、解释一切，“备天地万物古今之事”（《史记·吕不韦传》），“究天人之际，通古今之变”（司马迁《报任安书》），兴趣是特别浓厚的。“人道以天道为根”的传统信念，于是又大大流行了，譬如《吕览》、《淮南》都是时代的产品。《吕氏春秋》申述天以阴阳而生万物(《本生》、《知分》)，所以一切人事，都应与天行相配(《十二纪首》)。继之而起的《淮南子》更以天地自然比附人的形躯与生活态度(《精神训》)，而强调人事与时序的配合(《时则训》)。这些与董仲舒《春秋繁露》完全一致的“天人相应”的理论，深重地影响了汉代的学术和政治，余波还及于后世。《吕氏春秋》以“八贤”、“六论”、“十二纪”组织全书，代表八方、六合、十二月令，而分别以《有始览》、《开春论》、《孟春纪》为首篇，都表现了“与天地同源，与四时同始”的精神方向。《淮南子》更以《原道训》始篇，高诱注说：“原、本也；本道根真，包裹天地，以历万物，实在是探骊得珠的题解。另外《淑真训》、《天文训》，更描述了大道创生的经过。以上这些，和汉初陆贾《新语》的以《道基》为首一篇，主张“王道”出于“天道”，人道本于“天道”；以及贾谊《新书》的《道术》篇，扬雄《法言》的《问道》篇等等，都是对文化根源的探索。直到汉末，“五经无双”的一代大儒许慎，编撰《说文》，以“一”字始篇，说：“惟初太极，道立于一；造分天地，化成万物”；以“亥”字终篇，说：“亥，荄也；十月微阳起，接盛阴……亥为豕、与豕同。亥而生子，复从一起”；这与《周易》六十四卦终“既济”、“未济”而始于“乾”，生生不息，周而复始，有相同的意趣。在他全本文字宝典之中，缩影了整个宇宙秩序，文字为人文之基，而人文以天道为本。天人相应，这是典型的汉儒信仰。

汉儒的守经之席，终于见夺于魏晋玄谈，再发展而为六代隋唐的佛学。老庄解放一心以逍遥万象，瞿昙收摄万象而复归一心，都是儒学的强力竞争者。并观万物而是非双忘的道家、戡破万象而解脱迷执的佛家，都宣慰了乱世的人心，也强调了人心和宇宙秩序（“道”）的合拍。尤其是佛教，不论是“妙有”的“万法唯识”、“大空”的“真常唯心”，不论是“天台”的“一会三千”，华严的“无穷法界”，都申明一个信念：山河大地、万象森罗，虽然是水月镜花，却各有秩序、各有义法，而这一切秩序义法，又都只因为有了人心。——了解这些，我们就知道《文心雕龙》，特别是“文之枢纽”的第一篇《原道》的思想背景。

刘勰最后是燔发出家的僧徒，写《文心雕龙》时，也寄身于佛寺，不过，那时的刘勰，仍然只是步入中年、徘徊于儒佛之间的一位才士；他精心结撰的《文心雕龙》，主导思想更是周孔人文，而并非瞿昙之教。在整部“文心”之中，刘勰一贯地强调文学之道，在于翼圣宗经；文士搾材，在于栋梁军国。所以，情采贵乎均衡，词章最忌讹滥；所以《序志篇》托梦孔子，而以文学为另一形式的经典传注。贯彻全书的，是儒家的文艺思想；而用语遣辞，除了“般若”（《论说》）、“神理”（《原道》、《情采》、《丽辞》）廖廖几处之外，也极少佛家的名相。——当然，他少依大德，久治梵经，长期的浸淫与训练，除了助成“文心”的条贯分明、组织周密之外，对他整个文艺观、整套哲学信仰，也必然有深刻的影响。且看他怎样说：

> 文之为德也大矣！与天地并生者何哉！夫玄黄色杂，方圆体分，日月叠壁，以垂丽天之象，山川焕绮，以铺理地之形；此盖道之文也。仰观吐耀俯察含章，高卑定位，故两仪既生矣，惟人参之，性灵所钟，是谓三才，为五行之秀，实天地之心。心生而言立，言立而文明，自然之道也。傍及万品，动植皆文：龙凤以藻绘呈瑞，虎豹以炳蔚凝姿；云霞雕色，有踰画工之妙；草木贲华，无待锦匠之奇；夫岂外饰？盖自然耳。至于林籁结响，调如竽瑟；泉石激韵，和若球鍠。故形立则章成矣，声发则文生矣。夫以无识之物；郁然有彩，有心之器，其无文欤？（《原道》）
>
> 水性虚而沦漪结，木体实而花萼振，文附质也。虎豹无文，则鞹同犬羊；犀兕有皮，而色资丹漆，质待文也……故立文之道，其理有三：一曰形文，五色是也；二曰声文，五音是也；三曰情文，五性是也。五色杂而成黼黻，五音比而成韶夏，五情发而为辞章，神理之数也。（《情采》）
>
> 夫有肖貌天地，禀性五才，拟耳目于日月，方声气乎风雷，其超出万物，亦已灵矣。形同草木之脆，名踰金石之坚，是以君子处世，树德建

言，岂好辩哉，不得已也！(《序志》)

爰自风姓，暨于孔氏，玄圣创典，素王述训，莫不原道心以敷章，研神理而设教，取象乎河洛，问数乎蓍龟，观天文以极变，察人文以成化；然后能经纬区宇，弥纶彝宪，发辉事业，彪炳辞义。(《原道》)

所以，动植庶品，大地山河，各有其“文”，都可以见“道”，而又都统贯于心。心是人的主宰，而人又是天地之心。化成世界、建言树德的儒学精神，取合了佛道共通的宇宙观和心性观，再加上汉儒式的“天人合一”的理念便交织成刘勰的文学根源论了。

刘舍人的旧上司、昭明太子肖统，在他的《文选序》中，也曾同样地引述《周易》“贲”卦天文时变，人文化成的彖辞，描述“文”的缘起和伟烈。“姬公之籍、孔父之书”，他也尊之“与日月俱悬，鬼神争奥”，但也正因为如此，而“不敢编录”，作为“文论”而并非“文选”，《文心雕龙》就把“道”、“圣”、“文”的关系脉络，说得更明确、更亲切。“道沿圣以垂文，圣因文而明道；旁通而无滞，日用而不匮”(《原道》)，换言之，学术是艺术的根基，文学是明道的利器，道文是人文的根源，人文是道文的精粹。因此，“论文必征于圣，窥圣必宗于经”(《征圣》)，群经是“性灵镕匠、文章奥府”(《宗经》)，这是刘勰“振叶寻根，观澜索源”(《序志》)而得的结论，也是他穿破时代风气的一种特识。这个特识，差不多300年后，就有另一位伟大的文学家、另一篇《原道》作声大实宏的继响。他便是韩愈。

韩愈的判道之明，信道之笃，卫道之勇，当然是不易及的。他生当中唐之世，邦家杌棿，夷狄交侵，人心陷溺于释道，陋儒拘守于章句，浮薄文人，又惟知诗赋科举，所以他便挺身而出，不避非笑，强调“学所以为道，文所以为理”(《送陈彤序》)，宣称“已之道，乃夫子、孟轲、扬雄所传之道”(《重答张籍书》)，因为“不塞不流，不止不行”(《原道》)，所以要截断众流、觝排佛老，他明快健锐地说：

博爱之谓仁，行而宜之之谓义，由是而之焉之谓道，足乎已无待于外之谓德。(《原道》)。

所以，本仁心、行义路，正视社会，承担伦常，才配称为“道德”，尧舜孔孟，君师相传，才配称为“道统”。至于寄食农工的自私地逃避此生责任、妄冀来生福报的，以“治心”为高，而“外天下国家、灭其天常”(《原道》)的，虽然故神其说，虽然也“心心相印”、师师相传，只不过是夷狄、甚至禽兽之道而已！(《原道》、《送文畅序》、《送廖道士序》、《答孟简书》、《论佛骨表》等)。

韩愈的《原道》，张孔孟的精义，去两汉的纠缠，抗佛老的玄虚，这是毫无疑问的。至于刘勰“文心”，所原何道，则历来不是没有歧见（石垒《文心雕龙原道与佛道义味证》第一章已有详举）。许多人以为：《文心雕龙·原道》篇所说，是自然法则，与韩、柳、欧阳修等古文家的主张，大有不同。其实，刘勰在此书所原的道，以天道自然为裹包，主干仍然是人文化成的周孔之道。纪评所谓“文以载道，明其当然，文原于道，明其本然”，实在有见。文心之道广，韩愈之道精，骈文散体的两位大师，所“原”的作为“文之枢纽”的“道”，它的根源、它的作用，其实是相通的。

1979 年第 3 期《社会科学战线》有毕万忱先生的《试论刘勰文源于道的思想》，《历史学季刊》第 2 期有王元化先生的《灭惑论与刘勰的前后期思想变化》，《哲学研究》第 7 期有马宏山先生的《文心雕龙之道辨》都对刘氏文心“道”的问题，作不同角度的探讨，笔者身在海外，喜见国内学术界先进对这个问题重新注意，所以不揣浅陋，作引玉之笔，以就正于方家。

（《社会科学战线》1980 年第 2 期）

# 日本的现代绘画

〔日本〕加藤类子*

现代，在日本的美术界盛行着多种多样的技法和样式，甚至在某些场合下，难以作出关于绘画、版画或雕刻的区别。但是，另一方面，也有不少的作家仍然活跃在传统的日本画、水墨画、木版或19世纪以来的油彩、水彩等西洋画的领域之中。此次，向中国介绍的现代日本绘画，不包括先锋派色彩过于突出的东西，绝大部分是既按传统风格作画，又力图从中寻求现代化表现方式的作家们的作品。按传统的分类法，将作品大体分为日本画、西洋画和版画，但是，由于材料和技法互相近似，因此，可能有部分作品难以断定是日本画还是西洋画。版画主要是木版画，但是，也有兼用应用印刷技法的丝印和照相等复杂技术的作品。

不言而喻，日本画拥有极其悠久的历史传统，它从唐、五代、宋、元、明、清等中国历代绘画中，接受了不可估量的影响。当然，现代日本画的画家们，由于同19世纪后半期以来西欧写实主义的接触，经历了很大的变动，进而又受到20世纪50年代以来的抽象绘画流行的影响，其表现手法也开始多样化，但是，在默默之中仍然潜存着顽强的传统风格。即使有的作家采用抽象的表现手法，但是，在他的画中，画有梅、樱、山、水的江户时代琳派画家华丽的装饰画的传统仍在脉脉相承；在唤起人们对幻想宇宙联想的作品中，不难发现见于密教寺院昏暗的殿堂中的佛象与佛画的风采。上村松篁、山口华杨等活跃在京都画坛的画家们，就更加忠实地固守着宋元花鸟画的传统。

至于西洋画，它没有像日本画那样悠久的历史，正因为如此，可以说它不受传统的约束，因而往往为西欧各国绘画的发展变化所左右。1868年，日本开始形成一个现代化国家，时至今日，日本的西洋画已有约百年的历史。这百

* 作者单位：日本京都国立近代美术馆。

年的历史可以说就是西洋绘画史的翻版。只是，日本出于对大自然的倾心，他们尤其喜爱以淡色画出四季风景花卉的欧洲 19 世纪印象派的绘画。因此，在西洋画中，印象派风格的作品至今仍最受欢迎。然而，最近由于社会的急剧工业化，以及随之而来的环境污染和过变的机械化，使人类的存在受到忽视。这种情况，也使人们无限喜爱的大自然遭到破坏。但是，别具慧眼的画家们，面对这一社会现实，他们开始显示出较之印象派作品更为严峻、更加自省的、象征的画风。这一倾向主要反映在青年一代的西洋画家中。同时，在青年版画作家中也可以发现上述倾向。在这一点上，他们已经超越了单纯对西欧倾向的追随和模仿，而是突出地反映了作者自身的思想。日本画由于技法和画面篇幅的限制，不如西洋画和版画灵活，但画家们也开始向着上述方向发展。如大野俶嵩等作家，放弃了新的先锋派作风，更加深入地追求传统，力图追溯传统的根源，受到人们的重视。

如上所述，现代的日本绘画，在反复进行着反省、前进、再反省的过程中，学习世界各国美术的多种技法和样式，摸索着崭新的与我们时代共同生存的艺术。

（贾玉芹　译）

（《社会科学战线》1979 年第 4 期）

# 台湾油画家廖继春

谢里法

台湾新美术草创时代的先驱者之一，油画家廖继春去世于1976年，他这一生在绘画上的成就，在台湾的评论界里早已经有了很高的评价，可惜大陆的人士由于30年来的隔离，对他还是完全陌生的。

约在4年前，笔者写过一本书叫《日据时代台湾美术运动史》。这本书里有关廖继春的一章，所用的标题是“软心肠的野兽”。当时笔者认为廖继春接受了西欧近代美术中野兽主义绘画的突特性格，以强烈对比的色彩和自由豪放的笔调作为绘画表现的手法，拓展出一个灿烂的色彩世界来。基于此，野兽主义也就理所当然地成为他的归属。不过又因为他所获得的野兽派风格，与留学法国的日本画家梅原龙三郎以及同时代里东京美术院的画家高间惣七、田崎广助、辻永等有着明显的渊源关系，与法国的野兽主义之间只是一种间接的关系。巴黎野兽主义运动里的第一代画家作品中所洋溢的最原始的“野性”，于输入日本后已经驯良了许多，间接传到廖继春手里，不就更加温顺了！于是，笔者对这位已趋向温良的野兽主义者，称之为“软心肠的野兽”。

如今事隔多年，时而把廖继春与野兽主义之间的关系问题再次提出来，反复咀嚼，终又觉得若能换个角度观看廖继春的艺术，似乎更为妥当。从廖继春绘画艺术的发展来看，他的画面展现出野兽派绘画的风貌，严格说起来，要到1940年代以后才真正明朗化，在时间上已经是野兽派运动展开后30余年了。这30年的时间，对廖继春的成长环境并没有构成一道必然性的发展轨迹，他只是从日本学院的美术基础上，吸取了野兽派绘画中的色彩表现法，然后逐步建立起自己的色彩世界。廖继春成长在台湾西洋绘画的草创初期，他所用的技法虽继承自西欧，但是描写的对象却大多是台湾的景物。亚热带海岛上的色彩，加上廖继春本身的性格与对色彩的感受，使他在创作时已从体内冶炼出属于自我的色彩感情，这时再强调他与野兽派之间尚存有某种程度的关连，事实上已不能构成研究廖继春艺术的主要课题。

在画坛上廖继春并不是孤军奋斗，他那个时代里始终是成群的画家和坚实的画会团体共同在推展着新美术的运动。设若步步须以西欧的画派为准绳来衡量画家的成就，则这时代美术运动的意义，便因为画家个别的归属问题而致完全落了空。参与美术运动的每一个画家在艺术上的成就也就无从得以肯定了。在介绍廖继春之前，把笔者对于四年前讨论这个问题的方式和结论所作的相当程度的修正加以阐述，我想还是有必要的。

## 一、坎坷的求学之路（1902—1922 年）

廖继春是日本割据台湾后的第 7 年即 1902 年的 1 月 4 日出生在台湾中部丰原地方的圳寮。那时候丰原一带又称葫芦墩，以产米驰名全岛。廖家历代务农，父亲廖茂于 30 岁时过世，从此全家靠寡母廖江娥氏替邻舍妇女描绘绣花图样来维持生计。廖继春与绘画的接触，应以幼时所看到的母亲描绘的花样为最早。他的大哥继荣自父亲死后，便继承祖上遗业，以农耕为主，又兼养蜂酿蜜。1910 年，廖母得急病，挣扎三天三夜故去。他大哥这时 20 余岁，便独立维持一家的生活，并继续供养二弟继成与继春读书。据明治 38 年（即廖继春进公学校的前五年）统计，台中地区公学校学生约 2 166 人，到廖继春入学时，学生人数应不超过 5 000 人。以他幼时的家境能有机会上学念书，大哥栽培幼弟的爱心实属难得。

上公学校的那几年里，廖继春每日放学回家后，便打柴、割熏蚊草，还要照顾大嫂的孩子。他终年身上穿的只是一套面粉袋改制的“制服”，日久后，肩上又留下背侄儿时磨损过的补钉，而裤后还有被侄儿尿湿染黄的污迹。

对绘画的兴趣，这时在他幼小的心里显然已开始萌芽，他放学后，做完应做的家务，背着侄儿到街上卖油条，赚钱买铅笔，撕下旧帐簿空白的篇页做画纸，开始描绘起庙庭野台戏里的人物和所熟悉的民间的英雄故事。

1916 年廖继春在公学校毕业，又读了两年高等科。本来他不想继续升学了，但学校导师看他成绩好，鼓励他投考公费的国语学校师范科。1918 年廖继春顺利考入国语学校，那年国语学校改制为台湾总督府师范学校，学生除免缴学费外，每年还供给两套制服，还按月发公费 50 分钱。于是，他告别了生活 16 年的丰原，只身前往台北，寄宿在学生宿舍里，开始过师范生的生活。

那时，市面上还没有西洋绘画的画材出售，入学以后，廖继春看见高年级的学生利用油漆作画，有人告诉他这是代用品，却也不明白真正的油画颜料是什么样子。直到二年级快结束的时候，有一天偶然走过台北新公园，碰到有日本来的美术学校学生竖起画架在写生，这才头一次亲眼见到真正的油画颜料。

从此，想尝试油彩作画的欲念便开始殷切起来，廖继春就筹划起积钱购置油画材料的事。他本是农家子弟，那时师范学校附近还是一大片农田，他便在农忙期间去田里帮忙，赚来一些钱，三年级开学前，他就托了朋友辗转从东京购回一箱画材，还有一本指导油画初学者的讲义。从那时起，他就自己按着讲义上的说明开始学起油画来，没想到这一开始竟然成了终生的行业，从此再也没有放下手中的油画笔。

## 二、婚姻的条件——留学日本（1922—1924 年）

1922 年 3 月，廖继春从台北师范学校毕业后，回到母校丰原公学校任教。

也在这一年，廖继春与村里一位杰出的女性、刚毕业自彰化高等女子学校的林琚仙女士订了婚。关于这段姻缘，《雄狮美术》月刊在纪念廖继春逝世的特辑里有一篇《翻开那些旧相簿——廖继春的一生》（柏黎）这么写着：

> 林女士令尊林慈先生是丰原地方热心教育和公益的绅士，为台中一中及台南长老教女中创办委员之一。
>
> 廖继春一家所住是林家大厝沟仔尾的一间厢房，免费供其居住的。因此自少年时代对这位林家大小姐即怀着一份衷心思慕。及至师范毕业，便央人说媒。林琚仙女士当时对这位贫困少年的印象是“饿狗想吃猪肝骨”，根本不可能的事。据说，廖继春为此而害了一场相思病，好长一段日子卧床不起。林家是很虔诚的基督徒，当时流传一句俗语：“富人若不行善事，想升天堂比骆驼进针孔还难”，若能解救眼前这位多情少年，也无愧是基督徒应做的一桩善事，就因此林琚仙女士才抱着慈悲心怀下嫁给了廖继春。然在答应婚事的同时，还附带有一条件：对方必须先到日本深造，等回来后才举行婚礼。

如果事情确像此文所说的那么简单，那么这段姻缘该是上帝当的红娘了。不管怎样，廖继春日后在画业上能有大成就，林女士当初在亲事上提出的要求，无疑成了此生中关键性的转机。

至于林琚仙，她是林家唯一的女儿，她有两个哥哥（朝杰和朝荣），还有三个弟弟（朝棨、朝业、朝楚），父亲林慈是长老教里头有名的人，据说他是台湾最早有脚踏车的新潮派人物，英国人编的名人辞典里以 Mr. Lin Sir（或 good sir）称呼他。嘉南大圳筹建时，他出钱出力，以热心地方公益而受到乡人的敬重，46 岁时因骑车掉入水沟，伤重而逝。林琚仙 14 岁入长老教女子中学读书，不久彰化高女创校，便转学成为该校第一期学生。那时候彰化高女和台中一中同是中南部台湾人子弟就读的两所有名的学校，林琚仙从入学到毕业，成绩都是名列前茅，因此临毕业前她一直自信必能以第一名成绩踏出校门，可是毕业典礼那天，她从校长手中接过来的竟是第二名的奖状。当她看到第一名反为日本学生夺得时，顿时义愤填膺，忍不住一时的激动，当着众多殖民官吏和全校师生的面把奖状撕成两半。像林琚仙这样的一位女性，对自己未来的终生配偶会提出严苛的要求，当然是可以理解的了。

在廖继春这一边，留学的事本是非分之想，然而为了爱情，也为了多年所醉心的艺术，留学的心情已异常坚决。于是只在丰原公学校里当了一年的教师，就又整装北上，到台北进田村的画室勤学木炭素描，一心一意为着赴日留学做准备。

一年后廖继春终得如愿成行，于 1924 年 3 月 22 日乘船赴日。林琚仙耽心三天旅程的劳累使廖继春幼年患得的气喘病复发，影响到抵日第二天的入学考试，特地为他买了二等甲舱的船票。票价是 62 元 4 角，相当于他当小学教师两个月的薪水，这本是他做梦也不敢想的事，由此可以看到林琚仙对于廖继春无微不至的照顾与体贴。

与他同船也准备赴日学画的还有嘉义人陈澄波，到达东京时又遇到刚从东京高等师范出来，准备转入美术学校就读的张秋海。到东京几天的情形，廖继春有过这么一段回忆：

……抵达日本的第二天就是东京美术学校的入学考试（素描测验），若是误了这趟考期，就得等到第二年春天的招考。于是在东京接应的台湾同学赶忙带着大家到处奔跑，理头发、照像、领表报名等都在一天里办完。而我们自己一来生疏，二来心情慌乱，什么事也没有主见，只好任人去摆布。这样一直到学校放榜，看到了自己的名字，方才松下这口气，心也定了下来。（《日据时代台湾美术运动史》）

入学以后，陈澄波、张秋海与廖继春同属图画师范科，由田边至先生负责指导。另外有毕业自东京私立正则中学的颜水龙，进入同一期的油画科，在藤岛武二先生的教室上课。据说后来从事文艺写作的王白渊也在这一年考入美术学校，但文字资料里未有明确的记载。

在学的这段期间，他看到陈澄波没昼没夜地在努力学习，受到很大的鼓励。他知道自己出身贫寒，今天能来东京深造着实不易，况且未婚妻子林琚仙的关怀与期待，于情于理皆不可辜负。加上台湾来的学生在日本人眼中向来得不到平等的看待，凡事都得委曲求全，因此感到若不能在学业上胜过其他同学，则将更受蔑视，永远也无法出人头地，这些都激励着廖继春奋力向学的斗志。同时，在经济上他也开始有求自立的打算。先是到牛奶厂配送牛奶，后又以刻图章和绘制手工艺品赚取生活费。忙碌的生活，不但减轻了无谓的乡愁，且使日子过得更加充实。

第一学期刚刚结束，廖继春就搭船赶回台湾，于同年7月19日与林琚仙举行婚礼。婚后不久，他回东京读书，林琚仙则留在台湾继续任教于内埔公学校。以后3年间，林琚仙均按月撰出自己的薪水寄给在东京的丈夫，直到他学成回国，没有一月中断过。

## 三、留学生活的冲击（1924—1927年）

廖继春就读东京美术学校的时间是1924年到1927年。

东京美术学校创校于1889年2月，初创时仅设东洋画科，至1896年7月，西洋画科方才设置。延聘刚从巴黎习画回来的黑田清辉和久米桂一郎为指导教师，两人除了积极传授西欧新的绘画思想和技法（外光派的思想和技法），也同时带进了巴黎美术家们自由的气息和开放的生活模式。在他们的输导下，日本新生代的画家逐渐地在美术创作中与明治维新西化时期的思想感情融为一体，以后这自由开放的精神又日渐扩大而成为美术学校最具有典型的传统。从廖继春一生从事美术创作的态度看，他受美术学校传统精神的影响是非常显著的。

至于廖继春在校期间的指导教师田边至先生，他是大正年间刚崛起的东京画坛新秀。当时有名的“槐树社”画会就是他与熊冈美彦、大久保作次郎、高间惣七等合力组成的，这几位画家对廖继春初期阶段的作品或多或少都有过影响。进入昭和时代以后，田边至等人的新的写实画风已一跃成为日本帝国美术院展览会（以下简称“帝展”）系统下的一支主流派了，日后廖继春所以与“帝展”结缘，也是这个关系。

由于美术学校延袭了巴黎学校的美术教学法和体制，指导教师的作风又是当时东京画坛上的“新派”（即外光派系统），在教学上坚守着绘画的素描基础论，廖继春以及与他同辈的画家受到严格的素描训练，都磨练出深厚的功力，日后在油画创作里，不管画风倾向如何，都能把画面的结构和造形处理得既结实又巩固。这些创作之前所下的功夫，不但影响到后来创作的质地，也影响到他们所推展的“新美术运动”的精神。

从廖继春绘画的发展看来，虽然他在学校时受田边至的指导，但毕业以后的作品却看不出有多少受到田边至影响的迹象。很奇怪的是，他受到梅原龙三郎画风的感染反而非常显著。他自己也承认梅原对他的影响远超过其他任何画家。当他就读东京，在艺术上还处于摸索的时期，梅原龙三郎那强烈的色彩和粗犷的笔触已经开始吸引住他，而埋下后日画风转变的因子。

前面曾提到，与廖继春同时入美术学校的还有陈澄波、张秋海、颜水龙、王白渊等。这批人后来的表现，十足显示着他们是台湾留日的美术学生里最杰出的一期。不但人数最多，而且程度最整齐，在台湾画坛上也最为活跃。也许由于时局使然，这5人中就有张秋海、陈澄波、王白渊3人先后远赴北平和上海担任美术教育的工作。较早虽有过刘锦堂（到北平后改名王悦之）回中国办美术学校，后来又有郭柏川、陈承藩、张万传等内渡任教，而论人数则以这期为最多了。那时候台湾人想在台湾岛内的中学谋得一席教职，几乎是不可能的事。大陆便成为唯一谋发展的地方。这时期台湾留学生对大陆祖国的认同感是十分殷切的，同时也关系到他们的民族感情与社会态度。

3年留学生活，对廖继春这一生确是很大的冲击。不但在绘画上奠定了稳固的基础，对西方艺术有了理解，同时也看到了更广阔的世界，体会到殖民下台湾人所处的地位。未来的画业在他固然早已有着足够的信心，然而以整个民族的前程着想，又不免因无可奈何而沮丧。回到台湾以后，他投身于日趋蓬勃的台湾新美术运动之余，又热衷于宗教的信仰，以殷切的心期求人间的关爱。艺术与宗教从此成了廖继春这一生的完整的人格。

## 四、从《静物》到《有香蕉的院子》（1927—1933年）

从东京回台湾以后，廖继春经教会人士林茂生先生介绍，受聘为台南私立长老教中学和女校（后改名长荣中学和女中）的美术教员，便把全家搬到台南。

他回台湾那一年的7月，陈植棋与倪蒋怀发起的“赤岛社”美术团体成立，参加者除倪蒋怀外，都是留学日本的美术学生，计有陈澄波、颜水龙、郭柏川、李梅树、张秋海、杨三郎、陈植棋和廖继春等人。“赤岛社”每年以会员为班底，又征集外界的作品在台北举行展览。接连活动了许多年，后来陈植棋病逝，画会活动便陷于停顿。

在政治上，这几年里日本统治台湾的政策有了程度上的改变，从第八任总督起，东京改派文官作总督，后来在殖民史上称这时期为“文经拓展期”。到了1927年，第11任总督上山满之进来台就任后，对文教政策的推行更加积极，在美术方面他接受了在台的日籍画家石川钦一郎、乡原古统和盐月桃甫等的建议，首创官办的公募美术展览会——“台展”，授权由台北的台湾教育会主办。约经过半年的筹备，于同一年的10月22日，第一回“台展”在台北的日本人子弟学校桦山小学大礼堂正式揭幕。这回展出作品共有128件（包括东洋画四十件和西洋画88件）。在这次画展里，廖继春送去的两幅油画：《裸女》、《静物》皆告入选，《静物》还获得了西洋画部的特奖，这是“台展”中的最高荣誉。

从当年印制的展览会图录里，我们还可看到这两件参展作品的黑白图片。虽然很难确定制作的具体日期，但从画风看来应是在美术学校学习期间所作，或许参展前作过一番修改，至少两件作品都脱离不开学生时代的延长，至多只是造型的掌握与空间的处理，最后在画布的层面上呈现的，也只达到对基本写实的要求和色彩调和的运用，显示出他在绘画上的实力和基础。至于进一步发挥色彩的功能而表现出色彩的特殊性格，那将是几年之后的事情。

廖继春这时虽然远在台南，每次北上至少得花一整个白天在火车厢里，但他的心仍然系在遥远的台北。廖夫人林琚仙于南下时便辞去教职，婚后第二年就生下长男述仁，又隔二年，次男述文也出世了，家庭负担日重，林琚仙又不能出外工作，她便设法就地在高砂町开了一家“艺文社”，贩卖文具和美术用品，楼上一间约四坪大的房间，正好供廖继春作画之用。“艺文社”的收入再加上廖继春的薪饷和偶而卖画的画款，一家四口过稳定的生活已不再成问题了。

自从“台展”获得特选后，廖继春的心已开始向往远在东京的“帝展”。此时台湾美术家里已有黄土水（雕刻家）、陈澄波和陈植棋等先后入选于该展。“帝展”对于他们这一辈画家是更上一层楼的必经之路。第二年他送去的一幅80公分宽116公分长的巨幅风景画《有香蕉树的院子》，终于在第九回“帝展”里入选。这幅作品以他住家门前庭院的两棵香蕉树为主题，配合了对街人家的白墙为背景，前景没入香蕉树荫里，适当衬托出光照下的白色墙面，巧妙地分割了远景和近景，拉长了画面的深度，在构图上处理得极为成功。据后来林琚仙说：这幅画从一开始就决定为参加“帝展”而作，因而制作之前三易其稿，从她肚里怀老二时就动手打初稿，直画到孩子出世6个月才告完成。

1931年，廖继春又以一幅《有椰子树的风景》再度入选于第12回“帝展”。据说这幅画取材自高雄街头的中央喷水池，因道路两旁植有三棵迎风摇曳的椰子树，故而取名《有椰子树的风景》。那年他为了这幅画制作方便，一度把全家搬到高雄一位朋友家中住了近两个月，回来后又继续修改，花了半年时间才完成。

至于在本岛的画展中，廖继春又接连得了“台展赏”和“台日赏”（台湾日日新报社所颁的奖赏）各一次，不多久，在1932年第6回“台展”举办前夕，廖继春被教育会聘为该届展览会的审查员，时年刚好30岁。

## 五、“绿荫”下的壮年时代（1933—1945年）

廖继春在“台展”里连续担任了3年西洋画部的审查员，第9回以后因

“台展”内部的问题，又取消了台籍画家审查员的职位。

在这同时，住在北部的画家已解散“赤岛社”，于1933年11月10日在台北成立了“太阳美协”。

这段期间台湾画家在创作上有很显著的共通倾向，就是讲求地方性色彩的表现。这多少与从东京来台担任“台展”审查的日本美术院画家的鼓励有关，他们都曾强调说：表现台湾本地的特殊色彩是台湾画家应有的风格。这话自从第2回“台展”以来一而再地提醒了在台湾从事创作的画家（包括日本画家在内），积极去探讨本岛的地方题材。而且“台展”当局也从第4回起，设置了一个“台展赏”，专用来颁给富有乡土性的作品。廖继春就是获得“台展赏”的第一位油画家。

在廖继春还担任“台展”审查员期间，新民报社文艺记者林锦鸿有一次在《画室巡礼》专栏里，以《从绿荫里面出来的乡土》为题，写了一篇廖继春的专访，文章里有段画家的自述：

> ……我今后主要的创作倾向应该是考虑如何把描写的对象在符合美的条件下加以变形夸张，而使绘画内容更为充实。这回我准备出品台展的是这幅《绿荫》以及另外两件作品，《绿荫》是今年暑假在台南州政厅前面画的，它的特点是，把南国的地方色彩充分刻画了出来。我的要求只想把前景阶台和周围草地的画面效果加强，在树荫与人物的对照下，使更突出表现台湾夏天的特异景色。只要这样，我对这幅画的要求就够得上相当完美了。

这段文章所表示的趋向，其实也就是那一阶段“台展”的普遍趋向。因此，几年之间，“台展”作品的风格显然已异于日本的“帝展”，形成了富有热带海岛气质的“台展”性格。为了探求这一风格，画家在创作中所着重的角度各有不同，这当中廖继春选择的是偏重于制作的方式和色调的配置，台湾亚热带海岛的鲜明而强烈的暖色，正配合了他的性格，加以当时东京画坛思潮的感染所塑造的艺术观，终于使他的步伐逐渐走向以野兽派色彩为基调的绘画领域。因此，地方性格的探求，对廖继春而言，无疑是导入新的色彩世界的主要缘由。

然而，正当廖继春创作盛年，并且在画坛上获得了崇高的荣誉和地位的时候，战争的爆发使刚刚建立起的一切几乎濒于破灭。尤其可惜的是正蓬勃推展中的新美术运动，战争转剧后已完全陷于枯萎状态了。

1943年以后，画家们非但不能自由自在地创作，连过最起码的生活也都发生了困难。到战争末期，盟机不分昼夜地轰炸，城里人不得不向市郊疏散，林琚仙商得林茂生先生同意，把一家人搬到林家的别墅，借住在一个小房间里，如此才幸免于 1945 年 3 月间的大轰炸。后来又举家迁往员林的社头。8 月份战争结束后，廖继春一家搬回台南，暂借一栋战争中被炸得半毁的房子，夏季台风袭来，不得不用廖继春的油画来挡雨，他的许多作品就这样毁于风雨之中。对廖继春战后初期的生活，他的三儿子廖述宗先生后来回忆说：

> 战争还没有完时，仍有配给米、盐、糖之类的粮食。战争结束后连配给也断了，我们甚至几个月都没有米吃，只得到郊外挖野蕃薯，或者采蕃薯叶煮来充饥。还看到父亲把家具抬出来卖，有几回他叫我和弟弟到大伯家去，请求让出几斗米给我们。
>
> 战争结束前父亲在台南一中已教了几年书，所以战争刚完，日本教员已遣送回国后，父亲因为是学校唯一的台籍教员，便自觉有义务挺身保护日本人遗下的教职员宿舍。记得有天晚上，家父带我沿家在宿舍门前贴上写有“台南一中公产”的字条，因国民政府来台接收前后，日本人留下的房产常被外地来的人占为己有，往往只须用粉笔画个姓名，或用草绳拉一条界线便可以把公产抢占下来，这就是所谓的发光复财。家父有鉴于此，所以才抢先去贴上字条，终将台南一中的校产保护了下来，今天大半数的教职员宿舍，都因为家父的努力才保住了。如果他那时有半点私心，我们一家人早有占一栋宿舍了，可是家父始终也不敢有非分之想，一直到搬离台南，我们都还挤在那间漏雨的砖房。

## 六、抽象的诱惑（1945—1969 年）

1945 年廖继春在台南一中代理了几个月的校长，当时局稍为平定时就将职位移交给别人，自己又到台中师范去当教员。1947 年，廖继春应台湾省立师范学院院长之聘，到该院美术科任教，此后三十几年一直没有再离开这个学校。

进师院执教这一年，正是廖继春 45 岁的壮年期，这时，家庭经济状况已逐渐好转，社会地位巩固了，在艺坛上的声望也越来越高。1953 年 4 月在台北中山堂举行了第二次个展（第一次个展是 1937 年 5 月在台南公会堂举行），同年 9 月在高雄彰化银行举行了第三次个展，作品中表现出和谐、明朗而又浓烈的性格，这应该已接近于野兽主义色彩的表现了。

在他 30 岁之前，约当 1935 年至 1940 年之间，曾有过一段创作的高潮，这时是他青年期创作力最旺盛且工作最勤勉的阶段，因是为“帝展”、“台展”、“台阳展”作画，态度一向认真谨慎，每件作品力求结实完整，因而作品的数量反而不多。到了中年期，约从 1952 年到 1954 年，他的创作欲又再度旺盛时，两三年内所完成的作品却异常可观，表现的方法及作画的态度也随着年龄而开朗、豪迈了许多，色彩也更加富丽了，这些作品都在这两次个展中展览出来。总的说来，1950 年代的创作经验对廖继春而言是极重要的，这期间，他曾努力想为自己多年来的艺术做个总结，有时候却又像在自我检讨，不厌其烦地把淡水的风景重复画了又画，一幅以观音山为远景，淡水河面为中景，淡水镇上的屋顶为近景的类似构图，不知反复画过多少遍了，从这些作品中，他还没有归结出显著的结论来。

1962 年 6 月廖继春应约赴美考察 4 个月。在美国参观访问期间，他偏重于美术教学和制度的考察，另方面，美国新鲜的美术空气也给予他许多新的刺激，一再地在他心里煽起了提笔作画的欲念。在他后两个月停留在芝加哥他儿子廖述宗家里时，就画出 14 幅油画来，以他向来作画的态度，这速度是十分惊人的。虽然如此，从这些作品中，我们却看不出美国艺术对他有什么实质影响的痕迹。那滚滚涌出的画思，应是当年淡水风景连作时期的延续，美国的环境给他的启示只是为他解开了多年来解不开的心结。那时他作画的情形是这样的：那幅 87×40 公分的《庭院》，作画之前虽考虑了好一阵子，但落笔后仅十分钟就完成了，这种几近即兴作，在他是极少见的。另外有《战争》与《和平》一对联作，是并排摆在一起同时完成的，对这样的作品我们或可称为“非具象画”，因为他作画时脑里确存有实际的事物想要表现，落笔之后转为随意的笔调，就又变成不拘形式了，终以近乎抽象的形式而完成。这样的画与抽象表现主义尚有一段距离，约界于物体变形与抽象绘画之间。这种近乎抽象的画风他后来还持续了好几年，但画来却严谨得多了。

归国后，他对抽象画做了如下的解释，他说：“画抽象画是自然的趋势，因现代的绘画已由属于外界的视觉转为内心感情的直接表现。”又说：“现代画的问题，并不在抽象或具象，不论有形与无形，最重要的是在于艺术品是否真有内容，画面的形式仅不过是作者精神传达的媒介……”

1963 年初他离开美国，经过欧洲又住了 4 个月才回到台湾来，这年的 4 月 12 日他在台北的美国新闻处林肯中心做《欧美美术考察观感》的讲演时，一反过去学校教授的口吻，鼓励年轻的艺术工作者多从事抽象画的研究，甚而要大家朝这个方向多努力。

尽管欧美之行抽象画给廖继春以很大的启示，但是以他所受的教育，他毕竟是以塞尚的理论为其艺术的骨架，总抛不开物体的基本形象，他从抽象中获得的启示，只限于感性的范围，在理性的分析里，他仍然存有排拒的本能。

欧美归来以后的两三年内，廖继春除了抽象理念的冲袭，心绪似乎也极繁琐杂乱，好像将自己又投入反省的深渊，把过去所画的各种风格和式样又搬出来尝试了一遍，虽然也都是富于感性的表现，但在成分上，理性的探索较之以前大为提高了。譬如有一度他画面里出现了像杜菲一般的色线，但较之杜菲又更为纤细简逸，且掺杂有更多的直线。这些色线的存在显然并不完全为了勾画形象的需要，它还带有构筑画面的功能，这当中已渗入了晚期立体派知性构成的观念，因而画的本身虽是具象的，但制作的过程却是一种抽象的处理。

过去，他喜欢用旧画布作画，这样，虽然画面有厚重之感，但色彩的明度却相对低沉下来。晚年以后，他作画都使用新画布，对白色的使用也更为洗练，画面的色泽显得更加明快，而且更觉柔雅，若加上纤细色线的配搭，则又强化了绘画的律动感，虽然形象是仍然存在着，但他的创作观已进入了抽象性的领域。对这时期的作品，廖继春有过如下的解释：

> 我利用简洁强烈的色彩，以对比和强调来赋予更多的色感，同时在线条的构成中注意到造形的趣味。不是写某一时间内的形象，而是把希望表现的色感表现出来。

## 七、晚　年（1970—1976 年）

欧游归台之后的第七年——1970 年，廖继春在台北的省立博物馆举行了又一次的个展，展出的作品多数属滞留欧美期间的速写改画成的油画，总共 52 幅。若只看作品的标题，如《渔村》、《乡村》、《院中静物》、《庭趣》、《花与果》、《庙前》、《祭日》、《淡水河畔》等，读来的确有着小品散文般的情趣，看到作品后，则更加受到那明朗适逸的叙情之作所吸引。

廖继春毕竟是个性格温良的知识分子，他不但知道如何在一幅画中寻求和谐，也知道如何在矛盾混杂的思想观念里寻求和谐，同时还知道如何在充满冲突与纷争的人世间寻求和谐。

进入老年以后，他对宗教的信仰愈加热诚执着，对艺术的创作愈加超然自在，心境也随之而愈加阔达，与世俗便愈加无争。然而正当他无所希求的时候，世人所争相夺取的荣耀，却接二连三地加诸于他。先是 1964 年画学会的金爵奖及 1968 年台中县选出的首届十大杰出老人，进入 1970 年代以后又有中山学术文艺创作奖，油画学会第一届常务理事。外加的殊荣其实只在廖继春宁静的生活里平添几回热闹场面，他无法明白，何以“荣耀”二字偏在人们最不需要的时候飘然而来，命运真会戏弄人！

晚年，他虽然从学校退休了，但每星期有几天晚上还回学校来兼课，其余时间他都留在自己的画室里，从容不迫地漫步在自我建立的艺术天地，没有再考虑到风格、潮流和题材，想到哪里就画到哪里，几乎早年涉足过的各种形式的画，这时候都再度呈现。说那是回忆，又像在反省，他已拥有一个阔达的心境，在他的画中已不再有挣扎的、试探的、怀疑的、妥协的用笔和色彩，因为所谓的风格与创新已不是他所追求的，我们从他的作品里看到的是，修练的笔法所传达的艺术家个人的境界，这才是廖继春的语言。

廖述宗说：

对艺术，家父并没什么可值得发表的大道理，艺术本身其实也就是他自我的一部分。记得他从欧美回国后，在台北的一次讲演里曾说过："我不会讲话，我用画来说我的话，画对我比什么都能表达我的心情。"对他来说，如果没有画，我想他只能是个不完全的人。

廖继春手中的画笔终其一生没有一日停过，因此他也最敬佩像自己那样没有停笔在作画的画家，如陈澄波、陈植棋、李石樵、林玉山等人。正如廖述宗所说：

他很少批评画，更少去批评人，但从平时谈话的语气里，可以听出来他对利用关系获得名利而不求创作的某些画家不怀好感，他认为画家为人的真诚与艺术的境界是始终一致的……

廖继春一生对西洋绘画的探讨，在台湾美术界已建立了代表性的地位，从事美术教育40余年，可以说是桃李满天下，无愧于一代画坛的宗师。他的子女7人，也都成家立业，可谓儿孙满堂了。然而，身体的状况却不容这位老画家安享幸福而丰富的晚年生活，他先得了膀胱癌，后转为肺癌，他学医的儿子在永和开业，为了父亲的病，特地搬来台北，亲自治疗，但仍回生乏术，在他退休后第三年，1976 年2 月 13 日晚 8 时 23 分逝世于台北市立仁爱医院，终年73 岁。

2 月 14 日台湾全省的报纸以大标题刊出了廖继春逝世的消息，住在台北的画界朋友和他的学生，于当天上午聚会，决定由美术界举行追悼仪式，并筹划举办廖继春遗作展。

这个遗作展于同年 5 月 9 日揭幕，展出的作品共 120 余件。与此同时，廖继春生前一直放在心上的《廖继春画集》，也由他的好友和学生编成，于他逝世后 85 天出版。

现在，距廖继春逝世，又过去了 5 年，但人们并没有忘记他。廖继春的色彩所散发出来的光芒，吸引住所有探视历史的人的眼睛，使人们在美术史色彩的焦点上，再度认识到廖继春在历史轨道中的地位。我们相信，随着历史潮流的前进，这位出生在台湾的画家的业迹，终将为全中国美术界所了解和尊重，并确定其在整个中国美术史上的地位。

（《社会科学战线》1981 年第 3 期）

# 昌谷诗比喻杂论

〔日本〕川合康三*

## 一

比喻的表达由四个要素构成：喻体、本体、比喻词和共通特性（本体和喻体共有的特点）。在具体运用上，四个要素不一定都具备。有比喻词的比喻叫直喻，没有的叫隐喻。还有些比喻不明言共通特性。但本体和喻体总得是两种异类的东西，而且往往二者相差越远效果越大。《文心雕龙》说得好："物虽胡越，合则肝胆。"（《比兴篇》）这是说像胡越那样距离很远，联系起来，才能收到"警听回视"的效果。不过，什么样的喻体算是距离大的，也很难说。实际上应该加以考虑的是惯用的程度。因为即使差别很大，如果是惯用的比喻也不算新鲜。在惯用比喻里，本体和喻体按照语言的习惯已自然而然地结合在一起。这也就产生了日常语言里的比喻和诗的语言的比喻的区别。比喻作为语言表达的一个本质的特征，在日常语言里面也常常被使用。这种日常语言的比喻也有意义上的矛盾，不过人们绝不吃惊。因为这些比喻已经惯用化了，本体和喻体的结合已经固定了。

把两种异类的东西结合起来，其间必须有一个共同的特点。这种共通特性就是比喻的媒介。这时候，喻体包含的其他特点暂且被舍弃了。《文心雕龙》说："关雎有别，故后妃方德。尸鸠贞一，故夫人象义。义取其贞，无从夷禽，德贵其别，不嫌鸷鸟。"（《比兴篇》）然而，在实践中，共通特性比较复杂，不容易明确指出。因为它往往不是单一的，而是好几个特性一起作为比喻的媒介。在惯用的比喻里，我们并不必考虑什么是共通特性，因为一看就会明

* 作者单位：日本京都大学大学院。

白比喻的意思。谈到诗的比喻，如果不触犯既定的语言表达的规律，就不能发挥诗的机能。从另一方面看，既使用了新的喻体而且其中存在着共通特性，也不一定能造出诗的比喻。这里重要的是那个共通特性总得把握事物的本质。把隐伏在事物里面的共同本质发掘出来，而后把本来分离着的两个东西联系起来，才能创造一个新鲜的比喻。

关于比喻论，亚里斯多德被认为是一位祖师。他说："比喻的能力并不能靠向别人学习而取得，而是天才所具有的。"（《诗学》）当然，杰出的比喻也一定是基于对一个文化传统的感受和一个语言体系的继承。独出心裁的表现方法要在文学因袭的基础上才能表达出来并被人们了解。

下面，我们试看李贺的比喻。这不仅是为了了解他的创作的独创性，而且由这个突出的实例可以找寻诗的比喻的一般规律。

## 二

先看李贺诗的一个例子：

草细堪梳，柳长如线。（《春昼》）

在这里，两个比喻成为对偶，用以描写初春植物的状态。下句是直喻，比喻的四个要素各分配一个字；"柳"相当于本体，"长"是共通特性，"如"是比喻词，"线"是喻体。在上句，动词"梳"是隐喻。本来，"梳"的动作所要求的对象是"发"。比如，杜甫诗说，"竹冷发堪梳"（《寄李十四员外布十二韵》），"梳"很容易跟"发"结合。所以，如果用名词改写，就是"草细似发"。用发比拟草的例子，孟郊诗里也有："秋草瘦如发，贞芳缀疏金。"（《秋怀十五首》之七）由于发和草形状上的类似，扩展起来，还形成了套语"蓬发"。《庄子·说剑篇》说："吾王所见剑士，皆蓬头·突鬓垂冠·曼胡之缨，短后之衣，瞋目而语难。"《诗经·卫风·伯兮》也把蓬乱的头发比拟为蓬草："首如飞蓬"。在神话中，山神身体各部位相当于山的各部分，他的头发相当于山上草木，这也是根据两者形状上的类似。《说苑·辨物篇》说，"夫灵山固以石为身，以草木为发。"李贺的草和发的比喻，虽说不是惯用比喻，但是它跟这种文字表达的历史是有关系的。

上句的比喻，用以比喻的草与发除了"细"那样视觉上的共通特性以外，还有柔软的、绵软的触觉上的感受。正因为喻体"发"所包含的绵软的感觉在起作用，就使这个比喻显得不寻常了。这种触觉上的感受由于用了动词做隐喻就更明显。如果是用名词做隐喻，先要从那个名词所包含的好多意思之中选择一个共通特性。用动词的话，则能直接表现触觉性。在艺术中，感觉优于概念。与其把事物概念化然后认识世界，不如通过概念以前的直接的感觉来把握外界，就是李贺诗的特点。而且，在多种感觉中，偏爱触觉那样特殊的感觉，也是他的特点。他诗作的这些特点在使用比喻上看得清楚。

美国诗人惠特曼用女人尸体的头发比拟草：

and now it seems tome the beauitifl uncrt hair of graves，（‘Song og of myself’《Leaves of Grass》）

从草联想起来女人的头发，也许是人的感受的普遍规律。李贺用做比喻的细细的、长长的、柔软的女人的头发，不但生动鲜明地表达了草的形状，而且暗示一个女人的存在。全诗说，

朱城报春更漏转，光风催兰吹小殿。
草细堪梳，柳长如线。
卷衣秦帝，扫粉赵燕。
日含画幕，蜂上罗荐。
平阳花坞，河阳花县。
越妇搘机，吴蚕作茧。
菱汀系带，荷塘倚扇。
江南有情，塞北无限。

诗里面没有什么逻辑严谨的情节，只有点点散在的春天的情景。到了第五、六句，突然出现了一对男女。把衣送给情人的“秦帝”是古辞故事的主人翁，赵飞燕不用说是漂亮的女主人公。第七、八句表示春天野外的男女欢乐。第九、十句的意思是满城中全都是花，所用汉平阳公主的花坞和潘岳“河阳一县花”两个典故，都意味着城中开满鲜花，同时也包含着公主和美男子潘岳这一对男女。到了十三、十四句，还有一对隐喻。用带比拟菱，用扇比拟荷，两句不止说明水面植物的形状，而且带和扇都是女人的服饰品，构成一个意味系列，能发挥出“女”的换喻机能。这样，这首诗由于使用比喻方法把自然风光和男女情事融和起来了。

还有一首把自然和人事融合在一起的诗。

二月饮酒采桑津，
宜男草生兰笑人，蒲如交剑风如薰。
劳劳胡燕怨酣春，薇帐逗烟生绿尘。
金翅峨髻愁暮云，沓飒起舞真珠裙。
津头送别唱流水，酒客背寒南山死。
（《河南府试十二月乐词·二月》）

女人到了第六句才出现（“金翅峨髻”是“女”的换喻），但是从开头就可以

预料到。对于第一句“采桑津”，注释家引《左传》，认为是地名。《左》僖公八年：“以败狄于采桑。”杜豫注说：“平阳北屈县西南有采桑津也”。但是，这个地名跟诗的内容没有什么关系。应该联想起的是乐府西曲歌《采桑度》(《乐府诗集》卷四十八)。采桑和恋爱自古以来就有密切的关系。而且，水边渡口是男女分离的地方，西曲里面常常出现。第二句“宜男草”，原来是古代妇女为了生男孩带身的草，后来跟男女交会有关。比如，梁元帝《宜男草》诗说：“可爱宜男草，垂采映倡家，何时如此叶，结实复含花”。第二句下半“兰笑人”，把花比拟为女人是一种常用的修辞格。到了第三句，两个比喻构成句中对。蒲的形状很像交叉的刀剑。加之，喻体“剑”还有锋利的特点，也就暗示蒲也有剑那样的锋芒。“剑”所唤起的尖锐性反映到本体“蒲”，尖锐的蒲可以说是男性的刚毅的体现。相反，后半的比喻“风如薰”，和暖的春风体现女性的温柔。那么，这两个比喻包含着男女的对立的暗示。表面上，这一句表示春天的景物，同时也暗示着诗后半展开的男女关系。

## 三

李贺诗里频见天空映在水面的光景：

洞庭帝子一千里，凉风雁啼天在水。(《帝子歌》)

本来在上面的天空，现在存在于水面。垂直方向融化于水平方向，因此水面无限地扩大。秋天的天空跟秋天的水面混在一起，更加强冷凉的感觉。“在”是动词的比喻用法。实际上，天空映在水面，不存“在”于水面。“映”的概念是认识事物、判断世界的结果。相反，“在”则强调直接的感受。李贺诗里不同于惯用用法的表达往往在于他常常强调本身感受的直接性。

天白水如练，甲丝双串断。(《摩多楼子》)

天空白，水色也白，互相反映，显示边境的冷凉感。

漂旋弄天影，古桧拏云臂。(《昌谷诗》)

水面的天空也随着摇动。

《钓鱼诗》的下面两句，天空映在水上的光景改变了上下的位置关系，形成上下倒转的错觉。

斜竹垂清沼，长纶贯碧虚。

随着凝视水中一直伸长的钓丝，由于天空照在水面，钓丝好像穿在天空里。世界完全倒转了，诗人在水里感觉到天空的无限的扩大。

水天倒转的想象，在沈佺期诗里也找得到：

人疑天上坐，鱼似镜中悬。(《钓鱼篇》)

再往前推，描写地上的东西映在水面的光景，从很早就有。但是，天空映在水面的描写，到了南朝末才出现于诗。梁·简文帝《当置酒》诗说“风光乱水中”，这是写摇曳在空中的光线映着水面乱舞的样子；后来梁元帝《望江中月影》诗说“澄江涵皓月，水影若浮天”，这里才写到天空照在水面。但是这些都还是日常看得见的光景，然而李贺更加创造出超越日常感觉的天和水的比喻。

> 离宫散萤天似水，竹黄池冷芙蓉死。（《河南府试十二月乐词·九月》）

秋天的离宫没有人，代之存在的就是萤。在李贺诗里，萤总是在没有人的地方，好像是人的“不在证明”，如“幽圹萤扰扰”（《感讽》其三），“湿萤满梁殿”（《还自会稽歌》）等等。在上面诗里，浮游在空中的萤帮助人们由天联想起水。萤的运动很像浮游水中的虫子那种自由无阻，这种运动的共同性引起来空中和水中二者相似的感觉。温庭筠也说：“冰簟银床梦不成，碧天如水夜云轻”（《瑶瑟怨》）。浮在天空的轻云，好像浮在水中的东西。由于云彩的存在，天和水就容易联系起来。

跟“天似水”相反，还有“水如天”的比喻。

> 秋肌稍觉玉衣寒，空光帖妥水如天。（《贝宫夫人》）

天和水的可逆的比喻是根据水的透明的特点。在水里面，跟在空中一样，光能透过去。这种比喻不是从水引申出来的观念，而是根据自然元素固有的性质。

另外，还有用照在水面的天空做比拟。

> 欲剪湘中一尺天，吴娥莫道吴刀涩。（《罗浮山人与葛篇》）

“湘中一尺天”比喻葛布。

> 西风罗幕生翠波，铅华笑妾颦青娥。（《夜坐吟》）

从“罗幕”联想起水面。用摇动的罗幕比拟起风波的水面。水和罗的比喻也可以倒过来：

> 蜀江风澹水如罗，堕兰谁泛相经过。（《神弦别曲》）

天空和水面的融合，在下一个例子里形成一种如梦如幻的光景。诗是描写在长安的无聊日子、思乡之念，然后末二句说：

> 不知船上月，谁棹满溪云。（《始为奉礼忆昌谷山居》）

云彩照在溪水，船在溪上走。但是，应该注意的是诗的措辞不是“棹云满溪”，而是“棹满溪云”。就是说，这只船不在水上走，而在云上走。把水上的船看拟空中的船，据宋代诗话，沈佺期诗也有：

> 山谷云，“‘船如天上坐，人似镜中行’、‘人如天上坐，鱼似镜中悬’，沈云卿诗也。云卿得意此，故屡用之。老杜‘春水船如天上坐’，祖述佺期语也。继之以‘老年花似雾中看’，盖触类长之”。（《苕溪渔隐

丛话》前集卷六)

在唐代诗人中，最喜欢这种形象的就是李白。

水色南天远，舟行若在虚。(《送别》)

人乘海上月，帆落湖中天。(《寻阳送弟昌峒鄱岠司马作》)

人游月边去，舟在空中行。(《送王屋山人魏万还王屋》)

月随碧山转，水合青天流。

杳如星河上，但觉云林幽。(《月夜江行寄崔员外宗之》)

沈佺期以前，陈·刘删《泛宫亭湖》诗说：

混漭疑无际，飘飏似度空。

陈·释惠标《咏水》诗说：

舟如空里泛，人似镜中行。

杨慎《升庵诗话》卷九认为沈佺期的诗句由《水经注》而来。

柳子厚《小石潭记》“潭中鱼可百许头，皆若空游无所依。”此语本之郦道元《水经注》：“渌水平潭，清洁澄深。俯视游鱼，类若乘空”。(卷二十二洧水注)沈佺期诗“鱼似镜中悬”，亦用郦语意也。又古诗“水真绿净不可唾，鱼若空行无所依”。(南宋·楼钥《顷游龙井得一联，王伯齐同儿辈游，因足成之》)

唐以前，谢朓还有“寒草分花映，戏鲔乘空移”(《将游湘水寻句溪》)之句。把水中鱼的运动看做空中的浮游，这种形象在西方诗里面也常有。游鱼和飞鸟都跟别的动物不同，它们在三维空间里自由无阻地活动。《庄子·逍遥游篇》开头的从鲲到鹏的变化，也是根据鱼和鸟动物的这种共通特点。

跟水反射光一样，镜也能反射光线。从古以来，镜跟水有密接的关系。李贺诗说：

双鸾开镜秋水光，解囊临镜立象床。(《美人梳头歌》)

刀剑跟镜同样，也反射光线。古代人，不论东洋西洋，对刀和镜往往怀有神秘的感情。李贺诗：

先辈匣中三尺水，曾入吴潭斩龙子。(《春坊正字剑子歌》)

与此相反，还有把水比拟刀的例子。李贺诗：

荒沟古水光如刀，庭南拱柳生蛴螬。(《勉爱行二首送小季之卢山》其二)

以上所举的比喻，往往有把本体和喻体转倒过来用的，这是李贺比喻的又一个特点。刀剑和水、天空和水、罗和水，还有云和旗、旗和树都是可逆的。把刀剑比拟水这种比喻是惯用的，他却是倒过来把水比拟为剑。一般说来，事物表现在语言体系里面都是整然有序的。他却打破那种秩序，用自己的感觉反映事物本身，做出他对世界的独特的认识。所以，只要两个事物具备共通特性，把哪一个比拟哪一个都可能。

## 四

比喻的目的是表达，更是说服，这是从古到今很普通的看法。在诗里面，喻体就不仅仅是正确地、强调地传达本体。我们试看李贺诗的喻体起什么作用：

风长日短星萧萧，黑旗云湿悬空夜。(《长平箭头歌》)

注释家都说“黑旗”是云的比喻，不是实景。的确，冷落的古战场很可能没有那样表示人的存在的事物。可是，诗的字句“旗”与“云”并没有表示哪个是喻体。在另外一首诗里，他相反地把旗比拟云：

上之回，大旗喜。悬红云、挞凤尾。(《上之回》)

在“黑旗”一句，喻体和本体没有明显的区别，喻体“黑旗”跟本体“云”并列地出现。可以说，这个黑旗就表示以前树在这儿的军旗，它突然在幻想里出现了。而这句以后，接着呈现战死的兵士们，“左魂右魄啼肌瘦，酪瓶倒尽将羊炙。”

一般地说，“AB”两个名词结合的字句有时候意味着“像A的B”。比如，“矜其宴居，则珠服、玉馔”。(左思《吴都赋》)五臣注说，“玉馔言珍美可比玉”，说明“玉”是喻体，“馔”是本体，“珍美”是共通特性。从而“月眉”是像月亮的眉。罗虬《比红儿诗》说，“诏下人间觅好花，月眉云髻选人家”，杜牧《闺情》说，“娟娟却月眉，新鬓学鸦飞”，都是把眉比拟月。然而，李贺的例子不同：

泉樽陶宰酒，月眉谢郎妓。(《昌谷诗》)

如果只看这两句，很容易解释把樽比拟泉，把眉比拟月。果然，王琦就是这样看的：“泉樽即有酒如泉也。”其实，这首诗列叙昌谷山中的景物，这两句肯定是写泉和月的。从泉联想樽，从酒樽联想陶渊明的酒；从月联想眉，从眉联想谢安的妓女，泉和樽、月和眉都是隐喻，樽和陶宰酒、眉和谢郎妓都是换喻。而且，这两句之间，泉和月都是自然物，构成一个意味系列。酒和妓都是快乐的对象，也构成一个意味系列。喻体“樽”、“眉”不服从本体“泉”、“月”，而离开本体展开下去。

还有一个例子：

草发垂恨鬓，光露泣幽泪。(《昌谷诗》)

这两句也描写昌谷五月的风景。上句的比喻，“草”是主体，“发”是喻体。喻体离开本体而展开本身的叙述：“垂恨鬓”。上句的发和下句的泪都是女人的换喻，从草和露唤起披头散发的、满眼含泪的女人。

在日常语言中的比喻，用喻体传达本体就是了。但在诗里，喻体的独立的展开跟一般以传达为目的的比喻完全不同。指示对象不过一个契机，从它联想起来的喻体往往展现出一个另外的境界。《苏小小歌》是利用喻体显示出另外的境界的一个好例子：

幽兰露，如啼眼。无物结同心，烟花不堪翦。草如茵，松如盖。风为裳，水为珮。油壁车，久相待。冷翠烛，劳光彩。西陵下，风雨改。

第一、二句是直喻，虽然可以预料女性的登场，但是诗人还站在现实的土壤上。从第五句到第八句的比喻，本体“草”、“松”、“风”、“水”都是自然物，构成一个意味系列。而喻体“茵”、“盖”、“裳”、“珮”都是华丽的服饰物，再构成另一个意味系列。而且，第五、六两句是直喻，表示部分的类似。到了第七、八句的隐喻，本体全面地变成为喻体。接着，第九句已不是比喻，属于喻体意味系列的“油壁车”直接出现了。可以说自然的景物渐渐变成苏小小的华丽的世界。这样，李贺所用的喻体不止传达本体，而且表现跟本体指示的现实不同的另一个世界。

## 五

钱钟书先生从前提出李贺诗里有一个特殊的表现手法——“代词”。他在《谈艺录》中说：长吉又好用代词，不直说物名。例如称剑为“玉龙”，天空为“圆苍”，秋花为“冷红”，酒为“琥珀”，春草为“寒绿”等。这样虽然已有固定的词语，但是不去用它，而用别的语言以表示，这就是“代词”的手法。这可以说是文脉上没有本体的比喻。李贺的“代词”，大体说来，可以分为两种；隐喻型代词和提喻型代词。钱先生所举的下列例子属于隐喻型代词：

提携玉龙为君死(《雁门太守行》)

缥纷壶中沈琥珀(《残丝曲》)

琉璃钟，琥珀浓(《将进酒》)

这两个比喻并不是李贺独创的。

天上分金镜，人间望玉钩。(《七夕》)

以“金镜”“玉钩”比喻月也是习见的。比喻太阳的下一例相当新鲜：

炎炎红镜东方开，晕如车轮上徘徊。(《河南府试十二月乐辞·六月》)

谁揭𥁕玉盘，东方发红照。(《春归昌谷》)

比喻分类之中，跟隐喻并立的是换喻。李贺诗里的换喻型代词，创造的不多。

皓齿歌，细腰舞。(《将进酒》)

以皓齿、细腰表示好女都是套语。本来，换喻这种比喻很容易惯用化，所以没有很新鲜的。

提喻型代词的典型是钱先生所引的韩、孟联句。

红皱晒檐瓦,黄团系门衡。(《城南联句》)

注释说明“红皱”表示乾枣，“黄团”瓜蒌。这属于所谓“类的提喻”。以红色而有皱的一类表示那类的一种——枣。李贺的“圆苍”以下的代词都属于“类的提喻”。“圆苍”“细绿”“团红”跟韩、孟联句完全一样。

圆苍低迷盖张地 (《吕将军歌》)

细绿及团红 (《春归昌谷》)

细露湿团红 (《石城晓》)

它们都是用最敏锐的视觉创造出来的，所以能很生动地传达对象。“冷红”、“寒绿”，两个代词还有点区别。

冷红泣露娇啼色 (《南山田中行》)

寒绿幽风生短丝 (《河南府试十二月乐词·正月》)

“冷”、“寒”属于皮肤感觉，“红”、“绿”属于视觉，用两种不同的感觉形成一个词。皮肤的感觉不是最鲜明的，而是比较特殊的感觉。皮肤感觉的偏爱、各种感觉的混用，这又是李贺的一个特征。而他的这个特征在“代词”的手法里面也表现出来。各种“代词”之中，这一种“代词”是李贺所独创的。

(《社会科学战线》1983 年第 2 期)

# 《西京杂记》中的赋

〔美国〕康达维[*]

在汉朝早期，赋作为宫廷文学的一种重要形式突然出现。虽然它最后成为皇宫的受欢迎的文学形式，但在早期，赋的创作中心却不在京都而在诸侯王的领地里。大部分诸侯王都是皇亲国戚，被看作是皇帝的家臣。然而，在公元前154年的平定“七王之乱”以前，几个诸侯王宫的雄伟壮丽，却可以与皇宫相媲美。诸侯王邀请知名学者和文人到他们的王都，一些诸侯王甚至建立文学沙龙。汉朝早期最重要的文学沙龙可能是刘武时代的梁国，刘武是文帝的第二个儿子。公元前178年初，他继承几个诸侯的封地。公元前168年，文帝使刘武继承他最小最喜爱的儿子刘揖(《史记》作刘胜）作了梁王。在刘武统治时期，梁的疆土向北扩展到泰山，向西延伸到高阳（现河南杞县西南），大约有40个州郡，这里是一个先进的兵器制造中心。“梁多作兵器弩弓矛数十万，而府库金钱且百巨万，珠宝宝器多于京师。”刘武使梁的都城睢阳（现河南商丘南）成为当时最大最美丽的帝国大都市之一。“於是孝王筑东苑，方三百余里。广睢阳城七十里，大治宫室，为复道，自宫连属于平台三十余里，得赐天子旌旗，出从千乘万骑，东西驰猎，拟於天子。”① “梁孝王好营宫室苑囿之乐，作耀华之宫，筑兔园，园中有百灵山，有肤寸石，落猿岩，栖龙岫，又有雁池，池间有鹤洲凫渚，其诸宫观相连，延亘数十里，奇果异树，瑰禽怪兽毕备，王日与宫人宾客弋钓其中。”②

刘武邀请当时最杰出的学者和作家到梁国当游客。从齐国来的有羊胜（公元前150年左右）、公孙诡和邹阳，从吴来的有庄忌（又称严忌或庄夫

---

* 作者单位：华盛顿大学。

① 《史记·梁孝王世家》。

② 《西京杂记》卷2。

子)。但在梁文学沙龙中最杰出的要算从古楚地淮阴来的枚乘与从蜀地来的司马相如。梁为赋家提供了一个比京都更为优越的生活和写作环境，因为在景帝时期，赋家们在皇宫里是不受欢迎的。

枚乘是我们所知的最著名的赋家，他在梁宫也是最受尊敬的。在此之前，枚乘在吴王刘濞宫中服务，他曾两次上书给刘濞，劝他不要反叛朝廷。在公元前154年爆发的七王叛乱前夕，枚乘奔梁，并成为那里的首席幕僚。刘濞叛乱失败后，枚乘的远见卓识的名声很快传到京都，景帝想让他去弘农做官，这是一个近京都的地方。但枚乘宁肯在一个大诸侯国内作一名上等幕僚，也不到王朝去做官，他称病推辞了。公元前144年刘武死后，枚乘返回淮阴。公元前140年武帝继位，他派“蒲轮安车”迎乘，可惜枚乘老了，死于途中。

《汉书·艺文志·诗赋略》说枚乘有赋9篇，其《七发》、《梁王兔园赋》和《忘忧馆柳赋》，被认为枚乘所作。《七发》是一篇在学术界众所周知的篇目，在此我不想讨论它。《梁王兔园赋》描写了刘武营造的一个大花园。《艺文类聚》收录其片断，而最早将此篇定为枚乘所作的是江淹，他有仿作《学梁王兔园赋》。刘勰在《文心雕龙》的《诠赋》、《比兴》篇中两次提到此赋。宋朝发现的《古文苑》收此赋较完整，但看上去仍旧支离破碎。甚至在开头段落的次序也错乱：“修竹檀栾夹池水，旋兔园并驰道。”随后四句也使人迷惑不解。赋中使用了大量的僻词怪字和不常见的描写手法，风格与《七发》相似。然而，正如Hervovet所说，它缺乏《七发》的对称和谐与文雅，可能不过是“初学者笨拙的草稿”①。以这种支离破碎的文字，是很难判别它的真伪的。

《忘忧馆柳赋》是《西京杂记》中提到的一组赋中的一篇。《西京杂记》是一个收集有关汉前期轶事的集子。它以刘歆的100卷《汉书》为依据，传由晋朝道教理学家葛洪（284—364，一作254—334）编辑而成。但其完成时间可能在公元6世纪。《西京杂记》所用资料不可靠是公认的。但它却是把这些赋归属梁王宫赋家所作的重要依据，因此，文学史家们被迫对这些文献的真实性可靠性进行了仔细地考察。

有关梁的赋作，《西京杂记》中作了如下描述：“梁孝王游于忘忧之馆，集诸游士各使为赋。”除已提到的枚乘的赋外，还有路乔如的《鹤赋》、公孙诡的《文鹿赋》、邹阳的《酒赋》、公孙乘的《月赋》、羊胜的《屏风赋》和由韩安国开头、邹阳结尾的《几赋》。学者们对这些赋的可靠性意见不一。金

① 见 Un Poite de cour，第171页。

矩香和中岛千秋认为是真实的。① 铃木虎雄却不以为然，但没有下结论。② Yves Hervovet 曾经仔细研究过这些赋，并不认为它们可靠③。枚乘的《忘忧馆柳赋》实际上是一篇筵宴赋，用以赞美他的主人梁王。赋是这样开始写柳树和景物：

忘忧之馆，柔条之木，枝逶迤而含紫，叶萋萋而吐绿。也入风云，来去羽族，既上下而好音，亦黄衣而绛足。蜩螗厉响，蜘蛛吐丝，阶草漠漠，白日迟迟。于嗟细柳，流乱轻丝。

继而赋家谦虚地作了自我介绍："君王渊穆其度，御群英而玩之，小臣瞽聩，与些陈辞。"随后是典型的对宴筵的赞美："于嗟乐兮，於是罇盈缥玉之酒，爵献金浆之醪，庶羞千族，盈满六庖，弱丝清管，与风霜而共雕。"范文澜已经注意到"罇盈缥玉之酒"中的"盈"字没有避讳，而西汉第二个皇帝惠帝叫刘盈。④ Yves Herovet 反驳说，这篇赋作为前汉的文章来说，太"简洁而美丽"⑤ 了。在这里，看不到枚乘其他赋所运用的那种艰涩的文字。除《西京杂记》外，最早收集到有关写柳资料的《初学记》和《艺文类聚》，只收魏文帝（曹丕）以后的作品，这表明他们实际上不认为《柳赋》是枚乘的作品。

《忘忧馆柳赋》的夸张，作为六朝文学作品表现更为典型。例如类似下面对音乐和鸣鸟的描写："弱丝清管，与风霜而共雕。仓惶啾唧，萧条寂寥。"这种表现方法在前汉赋中还未曾有过。

实际上，六朝赋与其他被认为属梁宫赋在风格上是有差别的，最好的例子是邹阳的《酒赋》。邹阳生于齐，同枚乘一样，开始他服务于刘濞宫中，在没能说服刘濞放弃反叛计划后，邹阳随枚乘投奔梁，并成为刘武幕僚中卓越的一员。公元前 150 年，由于劝阻刘武刺杀景帝的谋臣——他们反对景帝传位给刘武，从而激怒了他的幕僚羊胜和公孙诡。羊胜与公孙诡即在刘武面前诽谤他，邹阳因而被投入狱中，在梁王准备处决他时，他给刘武写了一篇富有善辩文采的《狱中上书自明》书，他的感情表达的如此深切动人，以致梁王立即释放他，并任用他为高级幕僚，让他通过景帝妻舅王长君为自己说项，使景帝免治自己谋杀袁盎等大臣之罪。邹阳继续服务于梁宫廷，直至公元前 144 年刘武死去。此后便没人知道他的下落了。

---

① 《汉代辞赋之发达》。
② 《赋史大要》，第 35-36 页。
③ Un Poite de cour，第 167 页。
④ 《文心雕龙》。
⑤ Un Poite de cour，第 162 页。

邹阳的《酒赋》是一个酒与饮酒文化的宝库，他以有关酒的道义品性为开头："清者为酒，浊者为醴；清者圣明，浊者顽矣。"以不同种类酒喻人的等级。这在公元3世纪是一种时尚。最早与此术语有关的参考资料是在公元207年曹操颁布了著名的禁酒令后。当时一些人继续暗地偷饮酒，曹操即写下了"杯中物"，声称"白酒为贤者，清酒为圣人"①。另一个资料记载徐邈，他精通写作，喝醉违犯了曹操的禁令。校事赵达问以曹事，徐回答：我是"中圣人"。赵达将徐邈的行为报告给受到徐所轻视的曹操，太祖甚怒。度辽将军鲜于辅解释道，"平日醉客谓酒清者为圣人，浊者为贤人"②。在《酒赋》中，"贤者"被"顽矣"替代，可以看作是在稳定的饮者俚语中一种有趣的变化，从而能够证明此赋为六朝作品。更清楚地被认作不合适宜的例子是下面几行提到的酒名：

其品类则，沙洛渌酃，程乡若下，高公之清。关中白薄，青渚萦停，凝酣醇酎，千日一醒。

其中至少有两种酒名不可能是西汉时期的，第一个是渌酃（醁酃），它产生在乌程地区，即今天江西省中北部，当地酒官用渌水酿酒③。酃是一个郡名，位于今湖南省中南部衡阳附近，公元3世纪后期因取酃湖水酿出好酒而著名④。像champagne（香槟酒）和（Cognac）白兰地一样，实际上成为任何一种好酒的代称，包括中国北方的酒。西晋诗人张载在他的《酃酒赋》中称赞此酒，赋说：

未闻珍酒，出於湘东；丕显於皇都，潜沦於吴邦。往逢天地之否运，今遭六合之开通；播殊美於圣代，宜至味而大同。

渌酃显然是六朝时期的名词，在前汉早期无法证明其存在，最早供参考的文献是左思的《吴都赋》。同样，现湖南东南部的程乡，在前汉资料中也没有提到过。

除使用六朝的酒名外，《酒赋》中提到了一个著名的神话传说，这个传说只有在六朝文献中提到过，即"千日一醒"的酒，很明白暗示着中山醉客刘玄石的传说。一天，刘去酒店喝了一杯"千日酒"。在回家的路上，他烂醉如泥，家人误以为他已死，于是把他埋葬。3年后，酒店老板来拜访刘，想他醉

---

① 《艺文类聚》卷27，第247页。

② 《三国志》卷27，第739页。

③ 《文选》卷35《七命》第6段注："盛弘之《荆州记》曰：'渌水出豫章康乐县，其间乌程乡，有酒官，取水为酒，酒极甘美，与湘东酃湖酒，年常献之，世称渌酒。'"

④ 唐·李吉甫：《元和郡县图志》卷29，第705页。

后千日该苏醒了，他的家人挖开棺材。正在此时，刘果真苏醒了。这个故事最早出现在六朝《搜神记》和《博物志》中。即使这个传说早于文献，但也不能证明可追溯到汉朝早期。“千日酒”虽无法证明这篇赋不是汉早期作品，但汇集其他证据却可以证明：任何人都只能说：《酒赋》写作时间不可能早于公元3世纪末。人们可能注意到，曹植仿佛并不知道这篇赋，因为他认为最早写有关酒的赋的人是扬雄。

虽然《酒赋》可能并不是前汉的赋作，但它却是一篇筵宴赋的典范。赋的结束描写了参加者的欢庆。并按习惯赞美了主人。

除枚乘和邹阳外，梁国没有特别有名的赋家。羊胜、公孙诡和韩安国虽有一定的影响。但文献中习惯上称羊胜和公孙诡为阴谋家。公元前150年，他们鼓动策划刺杀那些反对景帝传位给刘武的皇宫要员。被刺杀的官员中有受人尊敬的爰盎。当调查追踪到刘武时，景帝在刘武答应处决羊胜和公孙诡之后宽恕了他。他们立刻被迫自杀了。

韩安国生于梁，年轻时研究法家韩非子的著作，传说邹田生有选择地教他理论。他事梁孝王，为中大夫。七王之乱时期，他率领一支军队击退吴的侵犯。随后，他作为刘武的使者，帮助说服景帝不为刺杀爰盎的事而惩罚刘武，韩安国在王朝中逐渐高升，最后成为武帝的内史。

被认为属梁王宫的赋篇都是咏物的。公孙诡的《文鹿赋》是一篇短小的寓言赋，作者以宫院中的鹿群喻追随刘武的学者：

> 麀鹿濯濯，来我槐庭；食我槐叶，怀我德声。质如湘缛，文如素綦；呦呦相召，小雅之诗。叹丘山之比岁，逢梁王于一时。

这是一篇称颂君王的筵宴赋。金柜香认为与《诗经·鲁颂·泮水》称颂鲁侯甚相似，由于他的教导，甚至可以使野鸟驯服①：“翩彼飞鸮，集于泮林；食我桑黮，怀我好音。”这篇赋的作者很明显不是梁宫廷中的官员，因为在最后一行，他向他的主人“梁王”致意，写于梁的赋，不应提州郡名。Hervovet认为，它是较晚作品，可能作于六朝时期②。

羊胜的《屏风赋》也是一首赞美君王的短诗。它以屏风代表国王的臣民用以保护皇帝：

> 屏风鞈匝，蔽我君王；重葩累绣，沓壁连璋。饰以文锦，映以流黄；画以古烈，颙颙昂昂。蕃后宜之，寿考无疆。

---

① 《汉代辞赋》，第23页。

② Un Poite de cour，第164页。

虽然赋文中没明显的纰漏（“流黄”这个词在汉前期文章中仿佛有点不合宜）。但它简洁的语言，有规律的四字一句形式比之汉前期，具有更典型的六朝特征。

像《文鹿赋》一样，路乔如的《鹤赋》也是一篇寓言赋，以被困在王苑中的鹤喻指被宫廷约束的学者。虽然他们天性反抗约束，却为报答君王的知遇之恩，宁肯牺牲他们的自由而待在宫中：

> 白鸟朱冠，鼓翼池子；举修距而跃跃，奋皓翅之㻫㻫。宛修颈而顾步，啄沙碛而相欢；岂忘赤霄之上，忽池籞而盘桓。饮清流而不举，食稻粱而未安；故知野禽野性，未脱笼樊。赖吾王之广爱，虽禽鸟兮抱恩；方腾骧而鸣舞，凭朱槛而为欢。

正如Henvovet的观察，对比汉朝早期，认为宫廷生活是一种典型的约束的观点在六朝更适用①。实际上，这篇赋某些东西看上去来自《鹦鹉赋》（《鹦鹉赋》是汉晚期祢衡的作品），篇中以笼中鸟隐喻认识到宫廷生活的束缚而又热爱自由的学者。

《月赋》在《西京杂记》中被认为是公孙乘的作品，在《初学记》中也曾提到，被认为是枚乘的。但是因为对公孙乘知道太少，不可能证实哪个是对的。这是另一首看上去是赞美君王的诗，以君子之光与月光比较。虽然这篇赋本身不存在不真实性的欺骗，但因归属问题及没在《艺文类聚》的“月”章节中收录，引起了对它的疑问。

《几赋》是一首由韩安国、邹阳合作完成的篇章。它描写一只“几”是由所谓“无用”的树制做的。

> 高树凌云，蟠纡烦冤；旁生附枝。王尔公舒之徒，荷斧斤，援葛藟，攀乔枝，上不测之绝顶，伐之以归。眇者督直，聋者磨砻；齐贡金斧，楚入名工；乃成斯几，离奇髣髴，似龙蟠马回，凤去鸾归；君王凭之，圣德日跻。

金柜香认为，这是一篇讽喻赋，邹阳以无用树自拟。旁生紧抱的树枝代表羊胜和公孙诡等君王的亲密谋士。虽然这树歪歪扭扭且长满节瘤，但最终会有人认识到它的价值，砍下来把它做成了几。同样，邹阳这位不知名学者，最终赢得了君王的赏识，并且成为君王赖以依靠的“几”。然而，在这之前，他不得不克服“附枝”的诽谤，说服把他送入监狱的君王。他获得承认只是在他《狱中上书自明》之后，书中，他把自己比作被认为无用的“蟠纡”树的根，直

① Un Poite ed cour，第163–164页。

至王宫中有人赞美它，把它制成重要的器具。虽然这篇赋被认为是讽谕遭遗忘的官员，但我怀疑邹阳是它的作者。在一个羊胜、公孙诡都参加的晚宴上，他这样鲜明大胆的讥刺他们是极不可能的事情。如果这是一篇有关邹阳的政治性讽谕赋，它一定是较晚时期熟悉邹阳的《狱中上书自明》的人写的，因为这篇赋借鉴了书中的词句："蟠木根柢，轮困离奇，而为万乘器者，以左右先为之容也。"

《几赋》与《西京杂记》中另一篇《文木赋》很相似。《文木赋》是中山靖王刘胜（公元前154—113）的作品。刘胜酷爱酒色，不理政务，他那众多的妾生了超过120个孩子。根据《西京杂记》，这篇赋是刘胜为他哥哥鲁共王刘馀所写。刘馀拥有一棵文理优美的树，他把它制成各种物品，刘胜写赋来赞美它：

> 丽木离披，生彼高崖，拂天河而布叶，横日路而擢枝。幼雏羸鷇，单雄寡雌；纷纭翔集，嘈嗷鸣啼。载重雪而稍劲风，将等岁於二仪。巧匠不识，王子见知；乃命班尔载斧伐斯，隐若天崩；豁如地裂，花叶分披。

这篇赋的真实性与梁宫的赋一样不能确定，Hervovet 注意到第10行中在六朝普遍用以表达天地的"二仪"，在汉朝前期的作品出现仿佛不大合格。① 第15、16行被怀疑与郭璞（276—324）的《江赋》"𪯌如地裂，豁若天开"类似，可能来源于它。与《几赋》的极相似部分说明这两篇赋作即使不是出自同一双手，也应是作于同一时期。

虽然《西京杂记》中的赋没有一篇是汉早期的作品，它们会被错误地称为伪造品，其实称其"归属不当"更恰当。我怀疑它们在西方是被称作假借文学的例子。在中国，假托的作品采取模仿早期著名作家作品的风格，在六朝的赋中是很普遍的。最著名的例子是谢惠连的《雪赋》。这篇赋作的背景不是谢惠连所在的刘宋时期，而是汉早期的宫廷，更像是梁王宫。王设宴邀请邹阳、司马相如和枚乘，为给宴席助兴，这三位诗人作赋描叙雪的种种风格。同期相似的一篇是谢庄的《月赋》，赋中诗人王粲对曹植作了高度的评价，这些出自赋爱好者之手的作品都可能是文学沙龙的产品。

《西京杂记》中的赋与同类形式的文学假借非常相似。学者们探索它们可能完成的年代。张惠言认为《西京杂记》是由吴均编辑的，声称"此等赋皆赝，然亦六朝作也"②。劳幹反驳说：这些赋表现出齐梁时期的风格，他以

---

① Un Poite de cour，第23-24页。

② 《七十家赋钞》卷2。

《忘忧馆柳赋》、《鹤赋》、《月赋》、《屏风赋》和《文木赋》为例，认为在表达上“与汉赋颇异”①。顾太光辩论说劳干把这些赋归于齐梁时期的作品太晚了。他对每篇赋的风格作了研究，发现作品中一些句法早于齐梁时期。他下结论说：这些作品的“清绮”和极整齐的风格早在西晋就出现。这8篇赋“必然出自东汉以后，西晋至东晋期间的赝品”②。虽然顾以两晋的作品中举出一系列句法给人以深刻印象，以支持《西京杂记》所展示出的特性，除了主要的如韵律和对仗工整手法之外，他没举出任何具体证据来确认这些赋文是晋朝的作品。

因为文学风格的不确定性，以至于它不可能指出《西京杂记》中赋的精确日期。我前面提到与所说时代背景不符的名称和语言显示出他们确不是西汉早期的作品。谢惠连以兔园为背景写出他的假借作品《雪赋》的事实可以证明梁文学沙龙中的诗人成为刘宋时期赋作中的“道具”。《西京杂记》中的作品不论是谁的，有一点是不能否定的：即作者不是一人，他（或他们）很可能写于汉后，可能是晋或晋以后。我同意马积高教授的判断：“这种文体，绝非西汉前期所能有，至少也是西汉后期人的伪托，或者是葛洪所为，而不能视为西汉蕃国君臣之作了”③。

（向向　译）

（《社会科学战线》1994年第1期）

① 《论〈西京杂记〉之作者及成熟时代》，第33-34页。

② 《〈西京杂记〉的演义》，第37-50页。

③ 《〈赋史〉》，第60-70页。

# 话柳永（一）

（香港）罗忼烈

## 前　言

从北宋中叶到今天，笔记、词话、词选、文学史一类书籍中关于柳永的资料不算少。但是关于他的生平，宋人笔记记载的都很简单琐碎，而且因传闻异辞有时不免互相矛盾。后世时代悬远，又没有人认真考查，一味辗转传述，真相就越来越模糊了，留给人们的总印象只是“士行尘杂”。这个总印象并不十分冤枉他，然而动机何在？他并非不会作文雅的词，不少歌颂宋仁宗和杭州、苏州、成都各地太守的作品就是这一类，是不是别有用心？他的词当代不仅流行于广大社会的各阶层，并且远及域外，高丽王朝甚至选用为宫廷歌舞曲。词名之盛，无人可及，士大夫所鄙弃的却是群众和“外夷”喜爱的，这又是为什么？许多问题传统的词论很少涉及。

传统的文学批评多以偏概全，前人论柳词无论是褒是贬常常从少数篇章出发，甚至摘句立论。《乐章集》在北宋时已经行世，但词论家很少综观全局、仔细分析然后作出结论，这种传统方法对后人影响很大。本文只就个人的看法，从与传统不尽相同的角度来述评其人其事及其词，兼及佚诗佚文，本来无意深贬，结果还是深贬了。

## 一、名字与科第

柳永是宋代著名词人，他的词当年不仅流行于朝野，传播四方，远及域外，而且对后来词坛也有影响和贡献。然而他的生平事迹虽然宋人笔记和词话不乏记载，只是零碎片段，传闻异辞，甚至互相矛盾。明、清以来有关的文献，不外辗转因袭，参考价值有限，不谈也罢。

他名三变，字景庄，又名永，别字耆卿。这两名两字孰先孰后？为什么要改？他何年考中进士？这些问题对于其人很重要，而宋人的记载颇有异同。一说初名三变，后改名永；一说恰好相反，以为初名永，后来才改名三变。至于改名的原因，一说是为了做官，一说是因病。他中进士的时候，一说在宋仁宗景祐元年（1034），一说在景祐末年，即宝元元年（1038）。

关于登第年代和改名原因常被后人引用的，是吴曾《能改斋漫录》（下文简称《漫录》）① 卷十六的一段话：

> 仁宗留意儒雅，务本理道，深斥浮艳虚薄之文。初，进士柳三变好为淫冶讴歌之曲，传播四方，尝有《鹤冲天》词云："忍把浮名，换了浅斟低唱。"及临轩放榜，特落之曰："且去浅斟低唱，何要浮名！"景祐元年（1034）方及第，后改名永，方得磨勘转官。（《柳三变词》条）

指出柳永是景祐元年进士，改名是为了磨斟转官。前此，陈师道《后山诗话》说改名的原因亦同：

> 柳三变游东都南北二巷，作新乐府，骩骳从俗，天下咏之，遂传禁中。仁宗颇好其词，每对酒，必使侍从歌之再三。三变闻之，作宫词号《醉蓬莱》，因内官达后宫，且求其助，仁宗闻而觉之，自是不復歌其词矣。会改京官，乃以无行黜之。后改名永，仕至屯田员外郎。

记柳永事迹比较全面的是叶梦得《避暑录话》（下文简称《录话》）卷下：

> 柳永字耆卿，为举子时多游狭邪，善为歌词，教坊乐工每得新腔，必求永为词，始行于世，于是声传一时。初举进士登科，为睦州掾。旧初任官荐举法不限成考，永到官，郡将知其名，与监司连荐之，物议喧然。及代还至铨，有摘以言者，遂不得调。自是，诏初任官须满考，乃得荐举，自永始，永初为上元词，有"乐府两籍神仙，梨园四部絃管"之句，传禁中，多称之，后因秋晚张乐，有使作《醉蓬莱》词以献，语不称旨，仁宗亦疑有欲为之地者，因置不问。永亦善为他文辞，而偶先以是得名，始悔为己累，后改名三变，而终不能救。择术不可不慎！余仕丹徒，尝见一西夏归朝官云："凡有井水饮处，即能歌柳词。"言其传之广也。永终屯田员外郎，死，旅殡润州僧寺。王和甫为守时，求其后不得，乃为出钱葬之。

所说见斥于宗仁宗的种种大致和《后山诗话》、《漫录》大同小异，改名之故

① 吴曾是两宋间人，生卒不详。此书成于宋高宗绍兴二十四年至二十七年（1154—1157）。

也相同，但先后却相反。这一节记载很重要，它提供了柳永初仕的波折，是推测登第年份的线索，而墓葬所在地也是它最先指出。这两点留待后面讨论。

更先于上述三书的是王辟之《渑水燕谈录》（下文简称《燕谈录》）① 卷八“事志”说：

> 柳三变，景祐末（1308）登进士等，少有俊才，尤精乐章。后以疾，更名永，字耆卿。皇祐中（1049—1053），久困选调，入内都知史某爱其才而怜其潦倒。会教坊进新曲《醉蓬莱》，时司天台奏老人星见，史乘仁宗之悦，以耆卿应制。耆卿方冀进用，欣然走笔，甚自得意，词名《醉蓬莱慢》。比进呈，上见首有“渐”字，色若不悦。读至“宸游凤辇何处”，乃与御制真宗挽词暗合，上惨然。又读至“太液波翻”，曰：“何不言波澄？”乃掷之于地，永自此不復进用。（全词见第五节引录）

这里指出柳氏本名三变，登第后才改名永，改字耆卿。说与《后山诗话》及《漫录》同，与《录话》异。案柳永有两位哥哥，一名三復，一名三接，都以“三”为辈号，所以本来名叫三变是毫无疑问的。三变之名取义于《论语·子张》：“君子有三变，望之俨然，即之也温，听其言也厉。”《艺苑雌黄》说：“柳三变字景庄。一名永，字耆卿。”② 古人名和字义相应，“望之俨然”的“俨”是矜庄貌，故名三变而字景庄。至于改名的原因，《燕谈录》说是因病，这是合理的解释，“永”和“耆”都有长寿的意思，因病怕死，所以改名换字来禳解。如果说改名是企图抹煞柳三变给人的坏印象，希望混水摸鱼求好官职，似乎不合情理，因为既登仕版就有案可稽，不能说柳永不是柳三变。

《燕谈录》说柳永“景祐末登进士第”，作者和柳永时代相接，说最先出。谢维新《古今合璧事类备要》又说：

> 范蜀公少与柳耆卿同年，爱其才美，闻作乐章，復叹曰：“谬其用心！”谢事之后，亲旧间盛唱柳词，叹曰：“仁庙四十二年太平，吾身为史官二十年，不能赞述，而耆卿能形容尽之。”③

范镇于宋哲宗朝封蜀郡公，登第之年据《文献通考·选举考·宋登科记总目》云：

---

① 严有翼撰，其书已佚，见胡仔《苕溪渔隐丛话》后集39引。洪迈《容斋随笔·四笔》16：“严有翼所著《艺苑雌黄》，该洽有识，盖近世博雅之士也。”

② 作者是宋英宗治平四年（1063）进士，其书成于哲宗元祐四年之前，自序称：“闲接贤士大夫谈议，有可取者辄记之。”因书中记事可靠性高，后来江少虞（皇宋事实类苑）、朱熹（名臣言行录）多所采用。

③ 转引自丁传靖《宋人轶事汇编》卷10，北京：中华书局，1981年。

宝元元年（1038），进士310人、诸科617人、制科2人。省元范镇，状元吕溱。

案宋仁宗景祐五年（即末年）正月，改年号为宝元，《燕谈录》所谓“景祐末”即宝元元年。柳永既和范镇“同年”，当然是景祐末登进士第了。我曾经相信这一说，后来再考查，才发现有问题。

上文曾经引录的叶梦得《录话》说：

柳永……初举进士登科，为睦州①掾。旧初任官荐举法不限成考，永到官，郡将知其名，与监司连荐之，物议喧然。及代还至铨，有摘以言者，遂不得调。自是，诏初任官须满考，乃得荐举，自永始。

指出柳永初仕是睦州掾，“诏初任官须满考，乃得荐举”的政制，因他而起。但没有说明是什么时候，郡将是谁？另外，叶梦得在《石林燕语》卷六又说：

景祐中，柳三变为睦州推官，以歌词为人所称，到官方月余，吕蔚知州事，即荐之。郭劝为侍御史，因言：“三变释褐到官始踰月，善状安在？而遽论荐！”因诏州县官：“初任未成考，不得举。”后遂为法。

指出时间是景祐中，推荐人是知州吕蔚，比《录话》明确多了，然而到底是景祐（1034—1038）中的那一年？不能确定的话，仍然无法因柳永“释褐到官”而推断他的登第年份。郭劝《宋史》有传，却不曾提到柳永殃及池鱼的帐，但《宋史·仁宗纪二》于景祐二年六月纪内，有“诏幕职官初任未成考，毋荐”的话，李焘《续资治通鉴长编》卷一一六于景祐二年六月也说：

丁巳，诏幕职州县官，初任未成考者，毋得奏举。先是，侍御史知杂事郭劝言：“睦州团练推官柳三变，释褐到官才逾月，未有善状，而知州吕蔚遽荐之，盖私之也。”故降是诏。

恰好补充《石林燕语》的记载。诏书既然是景祐二年六月颁布的，柳永赴睦州推官任必在这以前。中了进士然后有资格“释褐”入仕，而首任多是被派到州郡做推官的（例如欧阳修、苏轼等），那么柳永一定在景祐元年登科了。吕蔚是吕端第三子，在《宋史·吕端传》里只有“蔚千牛备身”一语，其余不详。千牛备身是武官，宋制州郡首长或兼领团练使虚衔，所以《录话》又称他为“郡将”。

释文莹《湘山野录》卷中说：

范文正公谪睦州，过严陵祠下，会吴俗岁祀，里巫迎神，但歌《满江红》，有“桐江好，烟漠漠，波似染，山如削，绕严陵滩畔，鹭飞鱼

① 睦州，宋徽宗宣和三年（1121）改名严州，州治在今浙江省建德县，辖桐庐等六县。

跃”之句。公曰：“吾不善音律，撰一绝送神。”曰：“汉包六合网英豪，一箇冥鸿惜羽毛，世祖功臣三十六，云台争似钓台高?”

这几句是柳永《满江红》词，和祀严子陵祠无关，不知道为什么唱它?严陵祠是范仲淹始建的，并撰有《桐卢郡严先生祠堂记》，明言：“某来守是邦，始构堂而奠焉。”陈公亮《严州图经》卷一，也说范仲淹“景祐中以右司谏秘阁校理知睦州，大兴学校，建严子陵祠与钓台”，在这以前根本没有严陵祠，何来“谪睦州过严陵祠下”听里巫唱柳永词?按范仲淹于景祐元年知睦州①，旋徙知苏州，同年六月到任，见明王鏊《姑苏志》卷三《古今守令表》。吕蔚该是范仲淹的继任者，而柳永到睦州做推官当在景祐元年六月以后，这是可以肯定的。但在元年的下半年抑在二年的上半年，却不能确知。

《四库全书总目提要》说《石林燕语》因作者“当南北宋间，戈甲倥偬，图籍散佚，或有记忆失真、考据未详之处”。但述柳永事关系一代政制，应该不会错谬的，南宋人汪应辰著有《石林燕语辨》，宇文绍弈著有《石林燕语考异》，对于这项记载也不见有所怀疑。②

“奉旨填词”是柳永脍炙人口的故事，据说“当时有荐其才者”，结果被宋仁宗勾销③，这个荐人大概就是吕蔚。

## 二、死葬何处

柳永死葬的地方，宋人记载同样纷纭。曾敏行《独醒杂志》四：

柳耆卿风流俊迈，闻于一时。既死，葬于枣阳县花山，远近之人，每遇清明日，多载酒肴饮于耆卿墓侧，谓之“吊柳会”。

《古今词话》④ 也说：

柳耆卿……沦落贫窘，终老无子，掩骸僧舍，京西妓者，鸠钱葬于枣阳县花山。既出郊原，有浪子数人戏曰：“这大伯做鬼也爱打閧。”其后遇清明日，游人多狎饮坟墓之侧，谓之“吊柳七”。

---

① 《严州图经》卷1题名又云：“当景元年，范仲淹以右司，礼阁校理知州。”

② 两书均已散佚，有辑本附在侯忠义点校的《石林燕语》（北京：中华书局，1984年），可惜关于引文的一条都没有“辨”或“考异”，未知是原来所无或无从辑得。

③ 《苕溪渔隐丛话》后集39引《艺苑雌黄》云：“柳三变……喜作小词，然薄于操行，当时有荐其才者，上曰：‘得非填词柳三变乎?’曰：‘然’。上曰：‘且去填词。’由是不得志，日与猥子纵游娼馆酒楼间，无复检约，自称云：‘奉旨填词柳三变’。”

④ 杨湜撰，已佚，引文见宋陈元睹《岁时广记》十七清明类，题曰《吊柳七》。

枣阳即今湖北省枣阳县，柳永并非终老无子，详下文。祝穆《方舆览胜》① 却说：

……卒于襄阳，死之日，家无余财，群妓合金葬之于南门外。每春月上冢，谓之“吊柳七”。

襄阳即今湖北省樊城县，枣阳为襄阳府属邑。后来明清人又有柳永墓在真州之说，如天一阁本《仪真县志》说：“柳耆卿墓在县西七里，近胥浦。”清初名诗人王士禛《真州绝句五首》有“残月晓风仙掌路，何人为吊柳屯田”之句，自注云：“柳耆卿墓在城西仙人掌。”又在《池北偶谈》卷二十一说：

仪真县西地名仙人掌，有柳耆卿墓。按《避署录》，柳死旅，殡润州僧寺，王平甫为守，出钱葬之。真、润地相接，或即平甫所卜兆也。予真州诗云：“残月晓风仙掌路，何人为吊柳屯田。”

仪真即今扬州仪徵县，古称真州。王平甫是王安石的三弟安国，守润州时出钱葬柳永的是二弟王安礼，字和甫，诗人搞错了。而且润州何患无地？真州又不是柳永故乡，何苦越境管葬？

本文第一节引录的《避暑录话》里有关于柳永死葬的记载：

旅死，殡润州僧寺，王和甫为守时，求其后不得，乃为出钱葬之。

润州北宋时称润州丹阳郡，即今江苏省镇江市。王和甫（1034—1095）与叶梦得先后同时，《避暑录话》记的是近事，应该比较可信。王和甫《宋史》有传（卷327），宋神宗熙宁间，以直集贤院知润州和湖州。两个月前，偶然看到梁丽芳女士所著《柳永及其词之研究》（香港：三联书店香港分店，1985年），发现了宋元间著名学者王应麟《镇江府志》中一段关于柳永墓的资料，移录如下：

……永康葛胜仲《丹阳集·陈朝请墓志》云：“王安礼守润州，欲葬之，藁殡久无归者，朝请市高燥地，亲为处葬具，三变始就窀穸。”近岁水军统制羊滋，命军兵凿土，得柳墓志铭并一玉篦，乃授访摩本铭，乃其始所作。篆额曰：“宋故郎中柳公墓志铭”，文皆磨灭，正百余字可读，云：“叔父讳永，博学善属文，尤精于韵律。为泗州判官，改著作郎，既至阙下，召见红庙，宠进于庭，授西京灵台令，后为太常博士。”又云：

① 引文见清张宗橚《词林纪事》四。

“归殡不復有日矣，叔父之卒，迨二十余年”云云。①

这个发现正好作为柳永葬在润州的铁证。《宋故郎中柳公墓志铭》当是柳永侄柳淇作，惜残碑止百余字可读，没办法了解更多。虽然如此，对于柳永仕历，我们又多知一些，他曾为泗州判官、灵台令、著作郎、太常博士，都是前所未闻的。至于“召见仁庙，宠进于庭”云云，恐怕只是谀墓之辞，不足怪；果真如此，一定不会召见之后只授一个小小的知县。柳永最后的官职是尚书省的屯田员外郎，而墓志铭称“郎中”，比员外郎高了一级，不知道是否属实？但妓女集资葬柳永于襄阳或枣阳之说，却因墓志铭出而不攻自破。大概因他常和妓女厮混，所以想当然耳。

柳永并非无后，有子名涚，见清黄之隽等所编《江南通志》一一九《选举志》及何绍章等修《丹徒县志》，大概因柳永晚年流落润州，其后遂为丹徒人。丹徒即今江苏省丹徒县，宋时属润州。至于“王和甫为守时，求其后不得”，“藁殡久无归者”，就不知原因何在了。“归殡不復有日”，也许因为他的后人既落籍润州丹徒，就不必千里迢迢搬回故乡福建崇安安葬。王和甫守润州时在熙宁中，墓志铭说：“叔父之卒，迨二十余年。”由此上推，柳永大约死于宋仁宗皇祐年间。

## 三、宦迹词踪和自白

柳永一生虽然有过倚红偎翠，风流快活的日子，留下不少艳词；但薄宦漂零，羁旅行役的岁月更多，晚年贫困潦倒，死后也不能归骨故乡。比起其他宋代著名词人，身世最为凄凉。他的行踪没有系统的记录，从《乐章集》和有关的零碎资料看，他到过今天的河南、四川、陕西、甘肃、湖北、湖南、江苏、浙江、安徽等地区，而在他的故乡福建，只留下一首《中封寺》诗。

北宋首都汴京（在今河南省开封市）是柳永旅居较久的地方，他在这里考科举，谋出路，流连坊曲，用新腔填写了大量慢词。宋代中下级官吏的调任，升迁都要经过磨勘（考绩），权在中央，柳永热中名利，要钻营非到汴京

① 作者注释：“王应麟编《镇江府志》，中国北平善本丛书，胶卷第744号，万历影印本，卷32，墓，第15页，又见何绍章和杨履泰（清）编《丹徒县志》，《中国方志丛书》，华中地方，第十一号（台北：成文出版社，1970，1879年影印本），卷8，陵墓，第8页。”按原来引文所加标点及引文号有错误之处，移录时已更正，按何、杨《丹徒县志》卷8陵墓亦有此碑铭，称引自嘉庆志，不知本出王应麟，引文“授访”作“搜访”，“其始”作“其侄”，“正百余字”作“止百余字”。“红庙”作“仁庙”，皆是也。

不可，因此他的汴京之行当然也不止一次了。这其间，歌颂承平气象、汴京繁庶的，如《黄莺儿》“园林画睛”、《柳初新》“东郊向晓”、《看花回》“玉墄金阶”等；《倾怀乐》“禁漏花深”、《迎春乐》“嶰管变青律”、《玉楼春》“皇都今夕”三首，又兼写皇帝元宵看灯、与民同乐的盛况；而《破阵乐》“露花倒影”一阕尤为著名。① 为最高统治者歌功颂德的也不少，如《玉楼春》“昭华夜醮”、“凤楼郁郁”、“星闱上笏”三首，而《送征衣》“过韶阳”和《御街行》“燔柴烟断”则是贺皇帝“圣寿”的，至于上面提过的《醉蓬莱》“渐亭皋叶下”一首，本希望讨好宋仁宗，却不料大碰钉子，词却因而被传诵。

宋制，中进士后释褐出仕，一般被派到各地州县做僚属的官职，如欧阳修任西京推官，苏轼任凤翔府签书判官事，黄庭坚任叶县尉，秦观任定海主簿……之类。因此有理由相信《避暑录话》说柳永“初举进士登科，为睦州掾”；《石林燕语》说：“景祐中，柳三变为睦州推官”是确实的。范仲淹以景祐元年知睦州，《湘山野录》说他经过严陵祠时，听到里巫唱柳永词是无稽的，在第一节里我们已经讨论过。但有人根据《湘山野录》那段话，说柳永是景祐元年进士，同年出任睦州推官。那么刚好是范仲淹的僚属了，以范仲淹之为人和柳永的声名，他会容许“郡将知其名，与监司连荐之”吗？何况《石林燕语》说是知州吕蔚推荐的呢。《严州图经》知州题名无吕蔚，不知道其他有关方志有没有；若有的话，可以从吕蔚的任职年月推知柳永作推官的时间。不过无论如何，《满江红》词似乎是作睦州推官后、不知何时经桐庐而作的。词云：

> 暮雨初收，长川静，征帆夜落。临岛屿、蓼烟疏淡，苇风萧索。几许渔人飞短艇，尽载灯火归村落。遣行客、当此念回程，伤漂泊。桐江好，烟漠漠。波似染，山如削。绕严陵滩畔，鹭飞鱼跃。游宦区区成底事？平生况有云泉约。归去来，一曲仲宣吟，从军乐。

词是乘船经桐江、过桐庐县严陵滩作的，仕途坎坷，自伤漂泊，故兴起归隐的念头，明白得很，所以我在上文说这不是任睦州推官时做的。词末“一曲促宣吟，从军乐”，用汉献帝建安二十年曹操破张鲁，王粲作《从军诗》五首的故事。既要赴“云泉约”，又想“从军乐”，还是不能忘怀功名利禄。

---

① 《避暑录话》下，“秦观少游亦善为乐府……‘山抹微云，天粘衰草’尤为当时所传。苏子于四学士中最善少游……然犹以气格为病，故常戏云：‘山抹微云秦学士，露花倒影柳屯田’。”李清照断句诗也有“露花倒影柳三变，桂子飘香张九成”之句，见陆游《老学庵笔记》卷2。

继睦州推官之后，大概是调到昌国州晓峰盐场任盐监，留下一篇《煮海歌》，描述盐户的痛苦生活。见元冯福京等所修《昌国州图志》，昌国即今浙江省定海县。他的《留客住》词云：

偶登眺，凭小阑，艳阳时节，乍晴天气，是处闲花芳草。遥山万叠云散，涨海千里，潮平波浩渺。烟村院落，是谁家绿树，数声啼鸟。旅情悄，远信沈沈，离魂杳杳。对景伤怀，度日无言谁表？惆怅旧欢何处，后约难凭，看看春又老、盈盈泪眼，望仙乡，隐隐断霞残照。

柳词俱无标题，这首收入陈训正等修的《定海县志》①，大概因词中有"涨海千里，潮平波浩渺"之句罢；下阕全是不相干的话，只是他写离愁别恨的老公式。

据《宋故郎中柳公墓志铭》，他又当过泗州判官，泗州治今安徽省泗县，宋称泗州临淮郡，古代是楚地。《过涧歇近》云：

淮楚，旷望极，千里火云烧空，尽日西郊无雨。厌行旅，数幅轻帆旋落，舣棹蒹葭浦。避畏景，两两舟人夜深语。此际争可，便恁奔名竞利去。九衢尘里，衣冠冒炎暑。回首江乡，月观风亭，水边石上，幸有散发披襟处。

《安公子》云：

长川波潋艳。楚乡淮岸迢递，一霎烟汀雨过，芳草青如染。驱驱携书剑，当此好天好景，自觉多愁多病，行役心情厌。望处旷野沈沈，暮霭云黯黯，行侵夜色，又是急桨投村店。认去程将近，舟子相呼，遥指渔灯一点。

这两首词，有可能是赴泗州判官任，乘船在淮河前往时所作。他若《迷神引》的"暂泊楚江南岸"，《河传》的"淮岸向晚"，也都明指其地。再说，"楚天"一辞虽然通常泛用，但有时也实指其地，《雨霖铃》的"念去去，千里烟波，暮霭沈沈楚天阔"；《雪梅香》的"楚天阔，浪浸斜阳，千里溶溶"；如果是实指，就可能与此行有关。

做地方官，睦州、昌国、泗州以外，他还当过灵台、华阴、余杭的知县，时间和次第不可知。据《宋故郎中柳公墓志铭》说："为泗州判官，改著作郎，既至阙下，召见仁庙，宠进于庭，授西京灵台令。"灵台即今甘肃省灵台县，东南和陕西接境，与咸阳、长安相距不远，是赴任必经之道。《少年游》

① 见《柳永及其词之研究》第 14 页。按此书引用方志，多不引录原文，亦不标明撰人朝代或成书年月，下同。

二首云：

长安古道马迟迟，高柳乱蝉栖。夕阳岛外，秋风原上，目断四天垂。归云一去无踪迹，何处是前期？狎兴生疏，酒徒萧索，不似去年时。

参差烟树灞陵桥，风物尽前朝。衰杨古柳，几经攀折，憔悴楚宫腰。夕阳闲淡秋光老，离思满蘅皋。一曲阳关，断肠声尽，独自凭兰桡。

长安古道，衰柳灞桥，行役秋风，也许是赴任途中作。《轮台子》云："匆匆策马登途，满目淡烟衰草。前驱风触鸣珂，过霜林、渐觉惊栖鸟。冒征尘远况，自古凄凉长安道。行行又历孤村，楚天阔、望中未晓。"有前驱、鸣珂，一般旅客没有这样的排场，似乎也是这位县太爷的"仪仗"罢。他多次提到长安，此外如《引驾行》："经尘绮陌，斜阳暮草长安道。"《望远行》云："满长安，高却旗亭酒价。"《临江仙引》云："上国，去客，停飞盖、促离筵，长安古道绵绵。"可见经过长安 已经不止一次了。灵台宋代属泾州安定郡，是泾水流经的地区，《定风波》的"塞柳万株，掩映箭波千里"，陕、甘边境古代算是塞外，"塞柳"、"箭波"不知道是否与灵台和泾水有关？《曲玉管》首言"陇首云飞"，如果已实指，和《醉蓬莱》的"陇首云飞"用法不同，可能也是一时之作。

宋罗烨《醉翁谈录》庚集卷三：

柳耆卿宰华阴日，有不羁子挟仆从游妓，张大声势，妓意其豪家，纵其饮食，仅旬日后，携妓首饰走。妓不平，讼于柳，乞判执照状捕之。

据这段公案，柳永也干过华阴知县。华阴即今陕西省西安市（古长安）与潼关之间的华阴县，如果从灵台调任华阴，长安是必经之地，那么上面所引词中几次提到长安，其间或许和调任有关，但我们无法证明。如果从汴京出发，当然不会先往长安然后折返华阴。

据张吉安、朱文藻的《余杭县志》，柳永于景祐间曾任余杭令，并筑有翫江楼①。当过余杭知县是可信的，然而参照上文所说的登科和初仕年代，时间恐怕不对。翫江楼在戏曲小说里和柳永的名字是分不开的，戴善夫的《柳耆卿诗酒翫江楼》杂剧②虽已不传，演元戏为小说的《柳耆卿诗酒翫江楼》平话却见于明洪楩编的《清平山堂话本》中。

余杭县即今浙江省杭州市的旧余杭，杭州古代又通称钱塘，是一个湖山胜

---

① 见《柳永及其词之研究》第13页。按时人洪焕椿《浙江方志考》（浙江人民出版社，1984年）："清知县张吉安修，朱文藻原纂……此书修于嘉庆十年，十三年刊本。"

② 见元末明初贾仲明本《录鬼簿》，题目为"周月仙风破明月渡"，正名为"柳耆卿诗酒翫江楼。"

景的繁华都市，柳永的《望海潮》词就是描写杭州风光献给太守的，词云：

东南形胜，三吴都会，钱塘自古繁华。烟柳画桥，风簾翠幕，参差十万人家。云树绕堤沙，怒涛卷霜雪，天堑无涯。市列珠玑，户盈罗绮竞豪奢。重湖叠巘清嘉，有三秋桂子，十里荷花。羌管弄晴，菱歌泛夜，嬉嬉钓叟莲娃。千骑拥高牙，乘醉听萧鼓，吟赏烟霞。异日图将好景，归去凤池夸。

描绘得淋漓尽致，末后几句又善颂善祷，无论谁做太守看了都高兴的。问题是这个太守是谁？柳永没有说，和柳永时代比较接近的人也没有说，直到许久许久以后杨湜《古今词话》才解答说：

柳耆卿与孙相何为布衣交，孙知杭州，门禁甚严，耆卿欲见之而不得，作《望海潮》词往谒名妓楚楚曰："欲见孙相，恨无门路。若因府会，愿借朱唇歌于孙相公之前，若问谁为此词，但说柳七"。中秋府会，楚楚宛转歌之，孙即日迎耆卿预坐。词云……（已见上录，从略）①

孙何（961—1004），《宋史》有传（卷三O六），他在宋真宗景德元年官至知制诰，随即死去，不但没有当过宰相，最后官职离宰相还很远；《词话》称他为"孙相"，又借柳永之口称"孙相公"：这是漏洞之一。孙何虽然做过两浙转运使，衙门可能在杭州，但到底不是知州，《词话》却说他"知杭州"：这是漏洞之二，孙何生于宋太祖建国的第二年（建隆二年），是宋初早期人物，如王禹偁（954—1001）交游颇密，② 王禹偁和柳永父亲柳宜也有交游；③ 通过王禹偁的关系，也许孙何和柳宜是朋友，那么孙何是柳永的父执而已，不可能是"布衣交"，再说如果真是"布衣交"，两人年纪一定差不多，到了景祐年间，柳永岂不是70开外的老人了，还考什么进士？还写什么艳词？这是漏洞之三。《古今词话》很多穿凿附会之谈，被《苕溪渔隐丛话》力斥其非④。

---

① 《岁时广记》31，中秋类上引，题作《借妓歌》。

② 《小畜集》中，有《甘棠即事简孙何》、《暴富送孙何入史馆》等诗八首，《送孙何序》、《回孙何谢秘书丞直史馆京西转运副使启》两篇文，又为孙何父亲作墓志铭。

③ 《小畜集》有《建谿处士赠大理评事柳府君墓碣文并序》，柳府君即柳宜之父柳崇；又有《送柳宜通判全州序》；《小畜外集》又有《柳赞善写真赞》。

④ 例如说到秦观《千秋岁》词，《丛话》云："《古今词话》以古人好词，世所共知者，甲易为乙，称其所作，仍随其词牵合为说，殊无根蒂，皆不足信。"说到唐庄宗词又云："《词话》所记，多是肊说，初无所据，故不可信。"说到苏轼《贺新郎》词本事又云："野哉杨湜之言，真可入笑林……《词话》中可笑者甚众。"均见后集卷39。

按与柳永同时的僧人文莹①所著《湘山野录》和《玉壶清话》，分别记载了孙何、柳永佚事，但没有把他们拉在一起；文莹是钱塘人，《望海潮》词的故事恰好发生在他的家乡，如果真有其事，又是文坛盛事，大概不会不记下来的。当然谁也不能肯定文莹没有遗漏，但是结合《古今词话》的作风来看，这件词事不免令人十分怀疑。

然而词事不是信史，可资谈助的传闻都不妨姑妄记之，甚至想其当然，因而多添一些花絮，正如俗语说的“信不信由你”，作者不负文责。而像苕溪渔隐的人不多，久而久之就常常弄假成真了。后于杨湜《古今词话》百余年，罗大经《鹤林玉露》丙编卷一《十里荷花》条②又旧话重提，并且添了一些花絮、发了一番议论。云：

> 孙何帅钱塘，柳耆卿作《望海潮》词赠之云（词文已见，从略）。此词流播，金主亮闻歌，欣然有慕于“三秋桂子、十里荷花”，遂起投鞭渡江之志。近时谢处厚诗云：“谁把杭州曲子讴？荷花十里桂三秋；那知草木无情物，牵动长江万里愁。”余谓此词虽牵动长江之愁，然卒为金主送死之媒，未足恨也。至于荷艳桂香，妆点湖山之清丽，使士夫流连于歌舞嬉游之乐，遂忘中原，是则深可恨耳。因和其诗云：“杀胡快剑是清讴，牛渚依然一片秋。却恨荷花留玉辇，竟忘烟柳汴宫愁。”盖靖康之乱，有题诗于旧京宫墙云：“依依烟柳拂宫墙，宫殿无人春昼长。”

柳永作《望海潮》赠孙何之说，显然是本于《古人词话》。金主完颜亮因被“三秋桂子，十里荷花”之句引诱，遂引南侵之心，大概也因后来有此传说，故比《古今词话》多了一笔。《鹤林玉露》是一部有名的宋人笔记，但诚如《四库全书总目提要》说：“是书多因事抒论，不甚以记事为主，偶据传闻，不復考核，其疏漏固不足异耳。”《四库全书简明目录》也指它“详于议论而略于考证”，都说得很对，上面引文可见一斑。作者旨在借题发挥，至于柳词是不是为孙何而写的？金主亮于宋高宗绍兴三十一年（1161）倾全国军力大

① 释文莹生卒不详。他曾游丁谓门下，受到优待。丁谓（962—1033）与孙何齐名，时号“孙丁”。文莹的两部笔记中多次记录孙何事，但从没有提到孙何曾和柳永有交游。他和苏舜钦（1008—1048）是诗友，欧阳修谪滁州时，他曾前去拜访。所作《湘山野录》、《玉壶清话》（又名《玉壶野史》），多得于传闻，不可尽信，如本文第一节所引的一段便是一例。传说中宋太祖，太宗的烛影斧声故事，即出于《湘山野录·续录》。

② 杨湜平不详，《古今词话》亦已散佚，惟南北宋间人之书，如《苕溪渔隐丛话》已多次提及，由此推测其成书年代大约在北宋末。《鹤林玉露》分甲乙丙三编，据作者丙编自序：“还山数月，丙编遂成，时宋淳熙壬子（1252）”上距北宋最后一年即靖康二年（1127）亦已 125 年。又此书版本颇多，兹据王瑞来点校本（北京：中华书局，1983 年）。

举南侵，是不是只为了区区的“三秋桂子，十里荷花”？罗大经就不管了。总之，柳永词赠孙何的说法疑云重重，不易确立；那么，是不是他做余杭知县时献给顶头上司的呢？我想纵有可能也没办法证明了。

柳永服官之地，除上述六处外，在《乐章集》里还可以找到他在别处的踪迹。

杭州、苏州是江南最富庶繁盛的地方，而苏州又因吴王夫差和西施的故事比杭州更著名。他作了七八首词，较有意思的是《双声子》：

> 晚天萧索，断蓬踪迹，乘兴兰棹东游。三吴风景，姑苏台榭，牢落暮霭初收。夫差旧国，香径没，徒有荒丘。繁华处，悄无睹，惟闻麋鹿呦呦。想当年，空运筹决战，图王取霸无休。江山如画，云涛烟浪，翻输范蠡扁舟。验前经旧史，嗟漫载当日风流。斜阳暮草茫茫，尽成万古遗愁。

在《洞仙歌》里也有“渐入三吴风景”之句，不知是否同时之做。《瑞鹧鸪》云：“全吴嘉会古风流，渭南往岁忆来游。西子方来，越相功成去，千里沧江一叶舟。”似乎姑苏之行不止一次了，而第一次是灵台令或华阴令解职后，从长安到苏州，故有“渭南往岁忆来游”之语。《双声子》是姑苏怀古词，词中怀古之作，《花间集》中，如鹿虔扆《临江仙》之“金琐重门荒苑静”、孙光宪《后庭花》之“石城依旧空江国”、李珣《巫山一段云》之“有客经巫峡”及“古庙依青嶂”等是，却精简可喜，耆卿之作则颇觉辞费，可见初衍小令为长调，技巧还不太成熟。

几首苏州词，歌颂当地首长的占了一半，举《早梅芳》为例：

> 海霞红，山烟翠，故都风景繁华地。谯门画戟，下临万井，金碧楼台相倚。芰荷浦溆，杨柳汀洲，映虹桥倒影，兰舟飞棹，游人聚散，一片湖光里。汉元侯，自从破虏征蛮，峻陟枢庭贵。筹帷厌久，盛年昼锦，归来吾乡我里。铃斋少讼，宴馆多欢，未周星，便恐皇家，图任勋贤，又作登庸计。

上半写风物之美，下半一味恭维。《木兰花慢》：“古繁华茂苑，是当日帝王州……命贤侯……乐天惠爱，布政优优……”格式相同。《瑞鹧鸪》：“吴会风流……万井千闾富庶，雄压十三州……方面委元侯……致讼简时丰……已扇民讴。”格式也相同。《永遇乐》：“天阁英游，内朝密侍，当世荣遇，汉守分麾……吴王旧国，今古江山秀异，人烟繁富，甘雨车行，仁风扇动，雅称安黎庶……”则整篇都是谀词。他既然写过三首“苏州太守颂”，对象自然不是同一人，也不是同一时期，然则至少是三次到苏州了。

他到过四川成都，也按照自己的惯例作了一首《一寸金》讨好当地长官。词云：

井络天开，剑岭云横控西夏。地胜异、锦里风流、蚕市繁华，簇簇歌台舞榭。雅俗多游赏，轻裘俊、靓妆艳冶。当春昼、摸石江边，浣花溪畔景如画。梦应三刀，桥名万里，中和政多暇。仗汉节、揽辔澄清，高掩武侯勋业，文翁风化。台鼎须贤久，方镇静、又思命驾。空遗爱、两蜀三川，异日成嘉话。

北宋成都府路是边区，西北即吐蕃诸部①，长官的衔头是“成都府利州梓州夔州四路兵马都钤辖、知益州成都府，领成都潼川遂宁兴元四府……”② 实际上等于省长兼军队指挥官，所以词中有“空遗爱两蜀三川”的话。位高权重，理合力捧。文翁化蜀的典实是文学里常用的，“商掩……文翁风化”倒也罢了，但“高掩武侯勋业”不免胡吹瞎捧，这样高的帽子谁敢戴呢？

《轮台子》（“雾敛澄江”阕）有“九疑山畔雨才过，斑竹作血痕添色”之句，可证他到过湖南。《临江仙》（“鸣珂碎撼”阕）说“杨州曾是追游地”，当然是到过杨州了，相信他也到过仪徵和湖北的襄阳、枣阳，所以三处都传说有他的坟墓。

外官不过推官、判官、盐监、县令，京官不过著作郎、太常博士、屯田员外郎。墓志铭称郎中，是夸了一点儿，也高不到哪里去，对于死者，不会有人追究。张先做过都官郎中，宋人称张都官、张郎中、“云破月来花弄影郎中”，如果柳永真的官至郎中，就不是“露花倒影柳屯田”而是柳郎中了。《后山诗话》、《避暑录话》都说屯田员外郎是他最高的官职，宋人也叫柳屯田，应该是事实。

《乐章集》中也有自述的片段，不过一般都很琐碎，较具体的是《戚氏》第二片中幅至第三片中幅，以及一首《传花枝》。《戚氏》云：

……夜永对景，那堪屈指，暗想从前。未名未禄，绮陌红楼，往往经岁迁延。帝里风光好，当年少日，暮宴朝欢。况有狂朋怪侣，遇当歌对酒竞留连。别来迅景如梭，旧游似梦，烟水程何限。念利名憔悴长萦绊，追往事、空惨愁颜……

看他夫子自道，可见《避暑录话》、《能改斋漫录》（均见第一节引）说的一点不错。他登科出仕前当然“未禄”，“未名”却要分开来讲。他那时候名气已经很大，朝野共知，甚至宋仁宗也知道；只是在封建时代士大夫眼中，是臭名彰著而已。因此和他交游的不外“狂朋怪侣”，伶工、妓女、市井之徒。据

① 见谭其骧主编：《中国历史地图集》第6册，上海：地图出版社，1982年。

② 风吴廷燮：《北宋经抚年表》5，北京：中华书局，1984年。

宋人笔记，他也曾交上两个内官，一个姓史，一个姓孙，却始终不齿于士林，在他的遗事佚闻中更找不出一个像样的友好。《传花枝》云：

平生自负，风流才调。口儿里、道知张陈赵。唱新词，改难令，总知颠倒。解刷扮，能哄嗽，表里都峭。每遇著、饮席歌筵，人人尽道。可惜许老了！阎罗大伯曾教来，道人生，但不须烦恼，遇良辰，当美景，追欢买笑。剩活取百十年，只凭厮好。若限满、鬼使来追，待倩箇、掩通著到。

这是更狂放的自供状，后来关汉卿的《南吕一枝花》“不伏老”套曲如出一辙，不知是否师承柳永？看来柳永的性格相当褊激，因过去的艳事淫词断送了功名前途，现在“可惜许老了”，什么希望都没有了，何妨变本加厉！这首词，是向现实抗议还是自甘堕落？

（《社会科学战线》1986 年第 2 期）

# 话柳永（二）

（香港）罗忼烈

## 四、柳词家法

柳永词自宋以来论者或褒或贬，或既褒且贬，赞赏的人称他善于描绘升平繁华景象，工于羁旅行役之言；写景抒情，“曲处能直，密处能疏，奡处能平，状难状之景，达难达之情，而出之自然”。（冯煦《宋六十一家词选例言》）或称道对慢词的贡献，指责的人几乎大家都认为柳永词俚俗尘下，淫荡狎亵。许多评论，虽从文人士大夫的立场出发，却也片面地指出了柳词的优点和缺点，说来说去都不外这两三种意思，是大家知道的老生常谈，不用多讲。前人论词，通常以偏概全，在《乐章集》的二百一十八首词中，佳作并不多，清末民初著名词人郑文焯曾“私辑柳词之深美者，精选三十余解”①，这与龚自珍“用朱墨别真伪，定李白真诗218篇”②，是无独有偶了。然而柳词真个淫荡狎亵的也不多，大部分只是比较庸俗陈滥，应歌的词往往如此，不独柳永为然。近代词坛泰斗朱祖谋（彊村）对柳永词评价甚高，也较全面，说：

> 耆卿词以属景切情，绸缪宛转，百变不穷，自是北宋倚声家妍手。其骨气高健，神韵疏宕，实惟清真能与颉颃。盖自南唐二主及正中后，得词体之正者，独《乐章集》可谓专诣已。以前作者，所谓长短句，皆属小令，至柳三变乃赞其未备，而曲尽其变，讵得以工为俳体而少之？尝论乐府原于燕乐，故词者，声之文也，情之华也，非娴于声，深于情，其文必

---

① 龙榆生：《唐宋名家词选》，香港：商务印书馆，1935年，柳永词集评，引郑文焯与人论词遗札。

② 《定庵文集》（四部丛刊初编）补编二、《最录李白集》。按所谓真诗其实指佳作而已，太白诗集共987首，没理由伪作竟多至865首。

不足以达之，三者具而后可以言工，不綦难乎？求之两宋，清真外微耆卿其谁欤？世士恒苦其无音节排奡，几不可句读，言如贯珠，又不复易于摭拾，类它词之可以字句勦袭，用是以媟黩相诟病，诚勿学淫佚。美之者或附于秦七、黄九之末，诚不自知其浅妄，甚可悯笑也。学者能见柳之骨，始能通周之神，不徒高健可以气取，淡苦可以言工，深华可以意胜，哀艳可以情切也。必先能为学人之词，然后可语专诣，知此盖寡。◎柳词浑妙深美处，全在景中人，人中意，而往复回应，又能寄托清远，达之眼前，不嫌凌杂。诚如化人城郭，非烟非雾光景，殆一片神行，虚灵四荡，不可以迹象求之也。余玩索是集，每于作者着意机括转关处，慎审揣得，以墨为注之，真词中之眼，如画龙点睛，神欢超越，使观者目送其破壁飞去，安得不惊叹叫绝！◎屯田词，自李端叔、刘潜夫、黄叔旸诸家评泊，多以其俳体为诟病久矣。惟张端义《贵耳集》引项平斋言：“诗当学杜，词当学柳，杜诗柳词，皆无表德，只是实说”云云，柳得一知音，不惜歌苦矣。①

这篇词评，不免推崇过甚，第二段尤其神而明之，可惜此老“慎审揣得，以墨为注之”的手批本，不知道存亡如何。我想值得这样倾心的，恐怕也只有郑文焯“精选三十余解”之类而已，其余十之八九，横看竖看总看不出如何“气骨高健，神韵疏宕”，“一片神行，虚灵四荡”。彊村论词主“拙、重、大”，曾本斯旨辑《宋词三百首》②，柳词入选的不过《曲玉管》等 13 首。只占《乐章集》百分之六强，比数较周邦彦、姜夔小得多，如果不发现前面引录的手书词论，实在不易相信他对柳永这样倾心。因为朱老的创作道路瓣香吴文英，而吴、柳风格悬殊。然而文学批评是不容易避免主观的，见解也不会始终不渝，手书词论在选辑《宋词三百首》以前还是以后不得而知，是否定论还很难说。传统的词评多数是挑好的来讲，论者通常不会一分为二，也不会想到这是以偏概全的做法；因而误导后学以偏概全，夸夸其谈。这是我们今天研究词学应该切实注意的。

---

① 见《香港大公报》，1985 年 6 月 15 日、《艺林》新 252 期，田孙：《朱彊村先生论柳永词等》。据田君说：“近日整理龙榆生先生遗稿，发现朱彊村先生手书论柳永词一纸，共若干条……现录如下，以供治柳词者参考。”按彊村无论词之书，散见于他处或他人所引者亦不多，这手书三段弥足珍贵。这里全部移录，诚如田君所言，以供治柳 词者参考。

② 此选凡三次订稿，足见朱老慎重其事。初编本上海神州国光社出版（1947 年）；重编本未见出版，惟删增篇目附录初版后；三订本即今流行本，有国内及香港版，皆出唐圭璋先生笺注。入选柳永始终不变。

我也欣赏柳词的优点和一些佳作，然而如果仔细推敲，还是觉得“美哉犹有憾”，次一等的货色就更不待言。

邹祗谟《远志斋词衷》云：“清真、乐章，以短调行长调，故滔滔莽莽处如初唐四杰作七古，嫌其不能尽变。”所谓“以短调行长调”，意谓用小令就足以尽言的词情却铺衍为长调，字多意少，篇幅繁缍。苏轼批评秦观词“十三个字只说得一个人骑马楼前过”①，便是这种意思。清真长调其实没有这样毛病，只因清人看到的是毛本《片玉词》，不是宋陈元龙十卷本《片玉集》，而毛本《片玉词》“关数虽多，颇有伪词”②，那些伪词“以短调行长调”的确实不少。柳词则不然，差不多的情景本来可以用小令概括的，却用慢词把它拉长，这里随便举出他的慢词和小令各一首以见一斑。《木兰花慢》云：

倚危楼立伫，乍萧索、晚晴初，渐素景衰残，风砧韵响，霜树红疏。云衢，见新雁过，奈佳人自别阻音书。空遣悲秋念远，寸肠万恨萦纡。

皇都，暗想欢游，成往事、动欷歔。念对酒当歌，低帏并枕，翻恁轻孤。归途，纵凝望处，但斜阳暮霭满平芜。赢得无言悄悄，凭阑尽日踟蹰。

不过是高楼怅望，对景伤情，怀念旧欢，嗟叹寂寞。他的许多羁旅行役之作，翻去复来总不外这几点意思，却如数家珍般详细记录下来，虽然善于铺叙，多读便觉不新鲜。另一首小令《凤栖梧》却高明得多：

伫倚危楼风细细，望极春愁，黯黯生天际。草色烟光残照里，无言谁会凭阑意？

拟把疏狂图一醉，对酒当歌，强乐还无味。衣带渐宽终不悔，为伊消得人憔悴！

除了换过布景，“倚危楼伫立”就是“伫倚危楼”，“佳人”就是“伊”，“念

---

① 宋黄昇《唐宋诸贤绝妙词选》卷2：“秦少游自会稽入京，见东坡，坡云：‘久别，当作文甚胜；都下盛传公山抹微云之词。’秦逊谢。坡遽云：‘不意别后，公却学柳七作词。’秦答曰：‘某虽无识，亦不至是，先生之言。无乃过乎？’坡云：‘销魂当此际，非柳词句法乎？’秦惭服，然已流传，不复可改矣。又问别作何词，秦举‘小楼连苑横空，下窥绣毂雕鞍骤’。坡云：‘十三个字，只说得一人骑马楼前过。’”（见苏轼《永遇乐》注，《历代诗话》卷5引曾慥《高斋诗话》，大致相同。）

② 见王国维《清真先生遗事·著述二》。按宋陈元龙注本《片玉集》只有127首，毛本《片玉词》多出近60首。溢出之篇，《全宋词》在周邦彦存目词中，已经考出属于他人之作或无名氏作共30几首。其余是拙著《清真集笺》附录部分（香港：香港三联书店出版，1985）。前人失察，以伪词并为一谈，伪词确多有“以短调行长调”者。

对酒当歌”与“对酒当歌”字面相同。但后者省掉许多噜嗦，也没有“低帏并枕”一类肉麻话，浓缩为60字的小令，倍觉精警、沉郁。

北宋前期词风继《花间》、五代绪余，变化不大，词谱习用小令，词情不外绮罗香泽、惜春悲秋、伤离怨别，或者歌舞升平，娱情声色。柳词知音协律，利用大量西楼南瓦的新声来创作慢词，《乐章》一集，慢词占了多半，是他在词乐方面的贡献。然而他只突破了形式的藩篱，却挣不脱内容的牢笼，不过把那些情景写得更细致更具体罢了。这就是“以短调行长调”的特征，虽然改变了《花间》、五代的面目，却不曾改变它的精神。从文学发展史看是不足为奇的，是渐变而非突变，好像老太婆解放了缠脚布一下子也不会跨大步走路。不独柳永，聂冠卿、张先，晏殊、欧阳修等也有慢词，又何曾不是扎脚放脚，“以短调行长调”？这是词史的局限，要等到苏轼、秦观、贺铸、周邦彦然后局面一新。

朱彊村说：“耆卿词以属景切情，绸缪宛转，百变不穷，自是北宋倚声家妍手。”诚然，柳词写绮罗香泽之态、绸缪宛转之度、男女狎暱之情，确比晚唐五代以来的艳科多样化，而且鲜尽、生动、大胆，不愧“妍手”。然而这个范畴以外的，不见得“百变不穷”，只觉得变化很少。周济说张先词“只是偏才，无大起落”（《宋四家词选序论》），夏敬观说张先“慢词亦多用小令作法”（《唐宋名家词》引），我看柳词亦如此。

柳词长于铺叙是古今公认的。长调往往一气呵成，语如贯珠，笔无停滞；但纯用直叙，少翻腾曲折之姿、吞吐含蓄之妙，一泻无余，泥沙俱下。项安世比之于老杜虽然不伦不类，但称柳词“无表德，只是实说”①，却能切实指出柳词的本质。柳词无论写景抒情，通常如数家珍，不厌求详，比较缺乏丰富的想象力，原因就在于“只是实说”，少变化也由于这种手法。像上文第三节所举的杭州、苏州各阕，写的不外湖光山色清丽，都是繁荣昌盛，老百姓生活丰富，民风淳良，做长官的只管喝酒、听歌、看舞、游湖，优哉游哉，无为而治。末了照例恭维说：像这样的州郡循吏一定简在帝心，很快就回朝当宰相去了。

当然不老是这样的一板一眼，毫无变化，《一寸金》上片写的成都景物，《满江红》的桐江风景，《留客住》的海畔村庄，《少年游》的长安古道，《双声子》的荒丘古迹（均见第三节引录）……描写各地风光，亦未曾不面目一

① 宋张端义《贵耳集》上：“项平斋自号江陵病叟。余侍先君往荆南，所训学诗当学杜诗，学词当学柳词。扣其所云：‘杜诗、柳词，皆无表德，只是实说。’”上文引录的朱彊村手书词论，也提到这话。平斋名安世。

新。由于作者薄宦四方，到过很多地方，景色各异，“只是实说”就行。彊村说柳词“属景切情，绸缪宛转，百变不穷”，依我看，“百变不穷”的除艳词外，“属景”也可以说，但这些只是表象，本实仍然不变。

柳词工于羁旅行役，也是古今公认的。柳词内容也和一般诗歌文学一样，不外情景两端，其词多是触景生情，平入平出，景变而情不变。这一类作品中最脍炙人口的，如《雨霖铃》“寒蝉凄切”、《曲玉管》“陇首云飞”、《戚氏》“晚秋天”、《夜半乐》“冻云黯淡天气”、《玉蝴蝶》“望处雨收云断”、《八声甘州》“对潇潇暮雨洒江天”、《竹马子》“登孤叠荒凉”、《迷神引》“一叶扁舟轻帆卷”、《倾杯》“鹜落霜洲”等阕，对于景物都有精工的描写，颇多警句。这是柳永人生的不幸成就了他的文学，假如他得尝素愿，飞黄腾达，自然一句也写不出来的。然而这些佳作背景老是秋天，“悲哉秋之为气也，萧瑟兮草木摇落而变衰……”大概从宋玉以来悲秋成了文学风气吧。因此“断鸿”、“雁”、“衰杨”、“衰草”、“斜阳”、“夕阳”、“残阳”、“残照”……是他悲秋词里的惯用语。对景当然要伤情，可伤的情只有两种，一是自叹身世，一是缅怀旧欢。汴京的冶游生活尤其使他无法忘怀，“杳杳神京，盈盈仙子……暗想当初，有多少幽欢佳会”（《曲玉管》）；“帝里风光好，当年少日，暮宴朝欢”（《戚氏》）；“为忆芳客别后，水遥山远”（《倾杯》），“脉脉人千里，念两处风情，万重烟水”（《卜算子》）；“到此因念，绣阁轻抛，浪萍难驻”（《夜半乐》），“想佳人妆楼颙望，误几回天涯识归舟”（《八声甘州》）；“览景想前欢，指神京非雾非烟深处”（《竹马子》）……诸如此类的抒情老套在《乐章集》里俯拾即是。这些也“只是实说”，和“百变不穷”距离很远了。

柳词字面亦多彼此雷同或大小异，如苏、杭词的：

> “三吴风景……夫差旧国。”——《双声子》
> “渐入三吴风景，水村渔市。”——《洞仙歌》
> “东南形胜，三吴都会。”——《望海潮》①
> “吴会风流，人烟好……”——《瑞鹧鸪》
> “吴王旧国，今古江山秀异，人烟繁富。”——《永遇乐》
> “故都风景繁华地。”——《早梅芳》
> “古繁华茂苑，是当日，帝王州。”——《木兰花慢》

颂太守政简刑清、祝官运亨通的如：

① “三吴”一作“江吴”，按《古今词话》、《鹤林玉露》皆引作“三吴”，“江吴”非。

铃斋少讼，宴馆多欢。(《早梅芳》)
铃斋无讼宴游频。(《少年游》)
异日图将好景，归去凤池夸。(《望海潮》)
且追陪，凤池归去，那更重来。(《玉蝴蝶》)
遍历銮坡凤沼，此景难忘。(《如鱼水》)

颂皇帝生辰，宫中行乐的如：

过韶阳，璿枢电绕，华渚虹流，运应千载会昌。(《送征衣》)
璿枢绕电，华渚流虹，是日挺生元后。(《永遇乐》)
时见，凤辇宸游。(《破阵乐》)
此际宸游，凤辇何处？(《醉蓬莱》)

写水路行役的如：

片帆高举，泛画鹢、翩翩过南浦。(《夜半乐》)
西风片帆轻举，愁睹，泛画鹢翩翩，灵鼍隐隐下前浦。(《引驾行》)

写道路遥远的如：

念去去，千里烟波，暮霭沈沈楚天阔。(《雨霖铃》)
楚天阔，浪浸斜阳，千里溶溶。(《梅雪香》)
楚天阔、望中未晓。(《轮台子》)

悲秋的比喻是：

当时宋玉悲感，向此临水与登山。(《戚氏》)
晚景萧疏，堪动宋玉悲凉。(《玉蝴蝶》)

怅望的情景是：

无言谁会凭阑意。(《凤栖梧》)
尽无言，谁会凭高意。(《卜算子》)
凝泪眼、杳杳神京路，断鸿声远长天暮(《夜半乐》)
黯相望，断鸿声里，立尽斜阳。(《玉蝴蝶》)
凝情望断泪眼，尽日独立斜阳。(《临江仙引》)
纵凝望处，但斜阳暮霭满平芜。(《木兰花慢》)
暮云芳草，伫立空残照。(《诉衷情近》)

各种例子很多，不胜枚举。诗人词客用字造语，偶然前后雷同是常有的事，然而在几个并不广阔的范畴里，竟然这样重重复复，会不会令人怀疑“江郎才尽”呢？和“百变不穷”距离更远了。

为了说明这一点，不免有肢解柳词之嫌。

## 五、颂圣贡谀

自宋以来，论者多谓柳词俚俗，其实柳词也不少文雅的。然而无论雅俗，似乎都不是为填词而填词。他的雅词意在颂圣贡谀，希望得到皇帝欢心，借以打开青云之路；或者讨好达官贵人，希望得到援引。关于后者，第三节里已经举过一些词例，不用再说，前者则有补充的需要。

在《乐章集》218首词中，直接和间接向皇帝歌功颂德的差不多占了十分之一，这个惊人的比数论柳词的人是不大注意的。那时候没有大晟府"奉旨填词"来歌颂"圣德"，再说就是有了大晟府，像身为主管的周邦彦也不曾做过一首颂圣贡谀的词，只由僚属们负责撰制。柳永并没有奉旨填赞美词，为什么自告奋勇写了这么多？用心不是昭然若揭吗？但要传入皇帝耳目也需有门路，不然就是白费心思。陈师道《后山诗话》说：

> 柳三变游东都南北二巷，作新乐府，骫骳从俗，天下咏之，遂传禁中。仁宗颇好其词，每对酒，必使侍从歌之再三。①

皇帝的宫庭私生活，喜欢的是靡靡之音，不爱"端冕而听古乐"②，柳词因教坊乐工而传入宫庭，这是门路之一。《避暑录话》说他的上元词有"乐府两籍神仙，梨园四部弦管"之句，传入禁中，大概也从这条门路。其次，他走不进当权派的门，只好走后门，借助于内官近侍，也是一条门路。

他不会上万言书或献赋，只企图通过那两条门路献词求进身。因此宋仁宗生辰虽有不少上臣上表祝贺，他却也尝试插手，《送征衣》云：

> 过韶阳，璿枢电绕，华渚虹流，运应千载会昌。罄寰宇、荐殊祥。吾皇，诞弥月，瑶图缵庆，玉叶腾芳。并景贶、三灵眷祐，挺英哲、掩前王。遇年年嘉节清和，颁率土称觞。无间要荒华夏，尽万里、走梯航。彤庭舜张大乐，禹会群方。鹓行，望上国，山呼，鳌抃遥爇炉香。竟就日瞻云献寿，指南山、等无疆。愿巍巍，宝历鸿基、齐天地遥长！

《永遇乐》云：

> 熏风解愠，画景清和，新霁时候。火德流光，萝图荐祉，累庆金枝秀。璿枢绕电，华渚流虹，是日挺生元后，缵唐虞垂拱，千载应期，万灵

① 已见第一节引录，下文略去。

② 《礼记·乐记》："魏文侯问于子夏曰：'吾端冕而听古乐，则唯恐卧；听郑卫之音，则不知倦。'"

敷祐。

殊方异域，争贡琛賮，架巘航波奔湊。三殿称觞，九仪就列，韶頀锵金奏。藩侯瞻望彤庭，亲携僚吏，竞歌元首。祝尧龄、北极齐尊，南山共久。

《宋史·仁宗纪》，仁宗生于大中祥符三年（1010）四月十四日，是孟夏季节，故两词首句说“过韶阳”、“薰风解愠”。当然不是同年所作，内容和措辞大同小异，可能作了一首没有收获，觑着机会再来一首吧。

皇帝祭天是例行公事，要善颂善祷是翰林学士的事，和柳永不相干，可是他居然写了一首《御街行》：

燔柴烟断星河曙，宝辇回天步。端门羽卫簇雕阑，六乐舜韶先举。鹤书飞下，鸡竿高耸，恩霈均寰寓。

赤霜袍烂飘香雾，喜色成春煦。九仪三事仰天颜，八彩旋生眉宇。椿龄无尽，萝图有庆，常作乾坤主。

《礼记·祭法》：“燔柴于泰坛，祭天也。”因末几句有祀寿的意思，所以或题作“圣寿”。宋仁宗笃好道教和“先帝”一样，真宗搞过两次“天书”的玩儿，又命王钦若、张君房等修道书，而张君房的《云笈七籤》就是献给仁宗的。做皇帝的一定希望长命百岁，仁宗自不例外，所以经常开坛打醮，欧阳修任翰林学士时，就写了不少“道场斋文”、“醮场青词”，那是职责所在。柳永并没有这个职责，但他很会把握机会写了四首《巫山一段云》和二首《玉楼春》，希望“上达天听”。兹各举一首为例，《巫山一段云》：

琪树罗三殿，金龙抱九关。上清真籍总群仙，朝拜五云间。

昨夜紫微诏下，急唤天书使者。令斋瑶检降彤霞，重到汉皇家。

其余三首起句是“六六真游洞”、“清旦朝金母”、“阆苑年华永”，不难查证。《玉楼春》：

昭华夜醮连清曙，金殿霓旌笼瑞雾。九枝擎烛灿繁星，百和焚香抽翠缕。

香罗荐地延真驭，万乘凝旒听秘语。卜年无用考灵龟，从此乾坤齐历数。

其余一首起句为“凤楼郁郁呈嘉端”。此外，又有一首同调词也涉及建醮事，而以政治清明、仓库充切为颂，表示作者欢乐升平，词云：

星闱上笏金章贵，重委外台疏近侍。百常天阁旧通班，九岁国储新上计。太仓日富中邦最，宣室夜思前席对。归心怡悦酒肠欢，不泛千钟应不醉。

足食是富国之道，前词说“卜年”，这里说“九岁国储”①，都是同样意思。有趣的是他赞美仁宗“重委外台疏近侍”，自己却走近侍的门路，求荣反辱的《醉蓬莱》就是通过近侍献给仁宗的。词云：

> 渐亭皋叶下，陇首云飞，素秋新霁。华阙中天，锁葱葱佳气。嫩菊黄深，拒霜红浅，近宝阶香砌。玉宇无尘，金茎有露，碧天如水。正值升平，万几多暇，夜色澄鲜，漏声迢遞。南极星中，有老人呈瑞。此际宸游，凤辇何处，度管弦清脆。太液波翻，披香廉卷，月明风细。

此词的写作背景和动机已见《渑水燕谈录》（第一节引），说是作于皇祐中老人星见、仁宗喜悦的时候，词中有“南极星中，有老人呈瑞”之句，可资印证。老人星又名南极星、寿星②，据《宋史·天文志》九关于老人星的记载，宋仁宗朝并没有出现过，不知道为什么有此一说。按《宋史·礼志》六：“景德三年，诏定寿星之祀。太常礼院言：‘按《月令》，八月命有司享寿星于南郊。’注云：秋分日祭寿星于南郊，寿星，南极老人星也……请用祀灵星小祠礼，其坛亦如灵星坛制，筑于南郊，以秋分日祭之。”其后遂为定制。这首词可能是为仁宗祀老人星而作，不一定真有老人星出现，不过设想而已。苏轼《集英殿秋宴教坊词》的《教坊致语》③，有“南极呈祥，候秋分而老人见；西夷慕义，涉流沙而天马来”之语，即其一例。秋分时节在农历八月，故柳词以秋景来烘托。

这首断送前程的词，据《渑水燕谈录》说，有两个字和一句触犯了宋仁宗的忌讳。“渐”字是柳词常用的④，作领字使，其他词人也常有。但柳词用作全篇的头一个字，十分触目，敏感的宋仁宗一见就联想到“疾渐”、“大渐”去，心里自然不免蒙上阴影。“宸游凤辇何处”，确实对大行皇帝也可以用，所以“与御制真宗輓词暗合”，宋仁宗心里的阴影就更浓了。歌颂所谓太平盛

① 《礼记·王制》：“国无九年之蓄曰不足，无六年之蓄曰急，无三年之蓄曰国非其国也。”

② 《史记·封禅书》“寿星祠”，《索隐》云：“寿星，南极老人星也，见则天下理安，故祠之以祈福寿也。”《晋书·天文志》上：“老人一星在弧南，一曰南极。”

③ 见《东坡七集·内制集》卷10后《乐语附》。按此文是元祐二年做翰林学士时作的，此年老人星两次出现，一在二月庚，一在九月辛亥（见《宋史·天文志》卷9），都不是秋分时出现。因秋分是祭祀老人星的日子，故想象它会应个景儿。

④ 如“渐引入醉乡深处”（《思归乐》），“渐消尽醺醺残酒”（《倾杯》），“渐天如水、素月当午”（《迎新春》），“逞盈盈、渐催檀板”（《柳腰轻》），“渐觉绿娇红姹”（《柳初新》），“渐霜风凄紧，关河冷落，残照当楼”（《八声甘州》）……

世，说江河澄清、湖海无波之类，才是吉祥话；柳词偏说“太液波翻”，不祥不祥，宋仁宗心里的阴影越描越黑了，“掷之于地”是理所当然的。作者就因这样一“翻”而在宦海里沉下去，后来怎样挣扎也浮不起来。

柳永对这首词“甚自得意”，其实平平无奇。以常理推测，按照他的身份地位大概不够资格到大内“观光”，要“只是实说”也无话好说，他虽善于写景，在词里也只好浮浮泛泛了。《艺苑雌黄》说①：

> 余谓柳作此词，借使不忤旨，亦无佳处。如“嫩菊黄深，拒霜红浅”，竹篱茅舍间，何处无此景物？

皇居少不了奇花异卉，作者却拿极普遍的黄菊，拒霜来衬副，自然显不出宫庭与众不同的宏丽气象。再说，“亭皋叶下，陇首云飞，素秋新霁”，虽然对清秋景物概括得不错，但竹篱茅舍间还不是一样？“玉宇无尘”，“夜色澄鲜”，“碧天如水”，“漏声迢递”，和竹篱茅舍人家看到听到的又有什么分别？总之，作者没有到过皇居，所以写不出特色，比他曾亲身经历的行役之作差得很远。至于“华阙”、“金茎”、“凤辇”、“太液池”、“披香殿”等是皇帝特有的事物，虽则众所周知，也不妨拿来点缀点缀，不然皇居就与民居无大分别了。《能改斋漫录》卷八《沿袭》云：

> 《西清诗话》记荆公赏花钓鱼诗：“披香殿上留珠辇，太液池边送玉杯。”都下翌日竞以公用柳耆卿词“太液波翻，披香簾卷”之语。余读唐上官仪《初春》诗：“步辇出披香，清歌临太液。”乃知上官仪已尝对之，岂始耆卿耶？

蔡正孙《诗林广记》后集二也有同样的记载。王安石当然不会用词人诗，但有此一说，可以反映这首词流传甚盛。

刻画汴京繁华欢乐，也是从侧面歌颂宋仁宗的一种手法。如果传入宫禁，博得皇帝欢心，未始不是进身之阶，柳永关于这方面的作品，不是无的放矢的。如《看花回》云：

> 玉城金阶舞舜干，朝野多欢。九衢三市风光丽，正万家、急管繁絃。凤楼临绮陌，嘉气非烟。雅俗熙熙物态妍，忍负芳年？笑筵歌席连昏画，任旗亭、斗酒十千。赏心何处好，惟有尊前。

有皇帝参加的节日盛况，自然非大力渲染不可，如《倾杯乐》元宵词：

> 禁漏花深，绣工日永，蕙风布暖。变韶景、都门十二，元宵三五，银蟾光满。连云复道凌飞观。耸皇居丽，嘉气瑞烟葱蒨。翠华宵幸，是处层

① 《苕溪渔隐丛话》后集卷39引。

城阆苑。

龙凤烛，交光星汉，对咫尺鳌山开羽扇。会乐府两籍神仙，梨园四部弦管。向晓色、都人未散，盈万井、山呼鳌抃。愿岁岁，天仗里、常瞻凤辇！

宋敏求《春明退朝录》卷中说："本朝太宗时三元不禁夜，上元御乾元门，中元、下元御东华门。后罢中元、下元二节，而初元游观之盛，冠于前代。"元宵是宋代最热闹的节日，宋人记载极多，孟元老《东京梦华录》卷六尤为详备。皇帝亲临，表示与民同乐，《岁时广记》卷十引吕原明《岁时杂记》云："真宗以前，御东华门或御角楼，自仁宗来，唯御正阳门。"正阳门即宣德门，有楼观叫宣德楼，柳词写的就是宋仁宗到这里看灯的景况。皇帝出现后，"乐人时引万姓山呼"（《东京梦华录元宵》），故词有"盈万井、山呼鳌抃"等语。应该注意的是这首元宵词以仁宗为中心，善颂善祷，故"'乐府两籍神仙，梨园四部弦管'之句传禁中，多称之"（见前引《避暑录话》）。传是传到了，但皇帝并不因此而擢用他。另外一首《迎新春》才是正面描写的元宵词：

嶰管变青律，帝里阳和新布。晴景回轻煦，庆嘉节、当三五。列华灯、千门万户。遍九陌、罗绮香风微度。

渐天如水，素月当午。香径里、掷果无数。更阑烛影花阴下，少年人、往往奇遇。太平时，朝野多欢民康阜，随分良聚。堪对此景，争忍独醒归去。

上文曾引的《看花回》说"朝野多欢"，这里又说"朝野多欢民康阜"，都是归功于宋仁宗的话。仁宗朝虽然是北宋比较安定繁荣的时期，但外有契丹、西夏不断侵扰，内有农民起义和水旱天灾，柳词不过粉饰升平罢了。《玉楼春》"皇都今夕"一阕也是粉饰升平的元宵词，别无新意，不必谈论。

每年三月初一日开金明池、琼林苑，皇帝亲临看水军竞技，准许百姓观赏，是元宵以外与民同乐的盛事，柳永躬逢其盛，不免填词赞美一番。《破阵乐》云：

露花倒影，烟芜蘸碧，灵沼波暖。金柳摇风树树，系彩舫龙舟遥岸。千步虹桥，参差雁齿，直趋水殿。绕金堤、曼衍鱼龙戏，簇娇春罗绮，喧天丝管。霁色荣光，望中似睹，蓬莱清浅。

时见，凤辇宸游，鸾觞禊饮，临翠水、开镐宴。两两轻舠飞画楫，竞夺锦标霞烂。罄欢娱，歌《鱼藻》，徘徊，宛转。别有盈盈游女，各委明珠，争收翠羽，桐将归远。渐觉云海沈沈，洞天日晚。

种种热闹情况和繁文缛节备见《东京梦华录》卷七，可做词的注脚。

范镇说："仁庙四十二年太平，吾身为史官二十年，不能赞述，而耆卿能形容尽之。"（见第一节引《古今合璧事类备要》）陈振孙说："柳词格固不高，而音律谐婉，语意妥帖，承平气象，形容曲尽。"（《直斋书录解题》卷二十一）从上面引录的颂圣贡谀之作，以及第三节中奉献各地太守的词，证明他们的话是对的。然而是作者由衷之言还是别有用心？对宋仁宗是否真的爱戴到这个田地？我们不会看不出吧！

（《社会科学战线》1986 年第 3 期）

# 话柳永（三）

（香港）罗忼烈

## 六、柳词也流传于上层社会

宋仁宗时代词坛还没有进入百家争鸣的阶段，多产作家只有晏殊、欧阳修、张先、柳永寥寥数人，前三人的作品只流行于士大夫阶层的小圈子里，或是家妓演唱以娱己娱宾，唱的多属小令，比较单调。柳词却不然，通过伶工歌妓而广泛流传于社会，又多用新腔作慢词，曲调变化多端，音律谐婉，比起急管繁弦的短调，令人耳目一新。所以终北宋之世，在士大夫眼中尽管以俚俗为病，亦往往耳熟能详，除上文所述的宋仁宗和范镇以外，宋人笔记中还提到晏殊、张先、苏轼、黄庭坚、宋徽宗、王黼等。

张舜民《画墁录》卷一：

> 柳三变既以词忤仁庙，吏部不放改官，三变不能堪，诣政府。晏公曰："贤俊作曲子么？"三变曰："祇如相公亦作曲子。"公曰："殊虽作曲子，不曾道'綵线慵拈伴伊坐'。"柳遂退。

晏珠所举是柳永《定风波》的词句，信口道出，可见对柳词并不陌生。按《宋史·仁宗纪》三及《宰辅表》二，晏殊于庆历二年（1042）七月自枢密使加同平章事，至庆历四年（1044）九月罢相。如果《画墁录》所言不虚，那么柳永谒晏殊是在这两年之内，汴京踪迹，又获一证。《渑水燕谈录》说他"皇祐中，久困选调"，庆历下接皇祐，似乎倦客京华为时颇久，这时候已经晚年了。

《苕溪渔隐丛话》后集卷三十九引《艺苑雌黄》：

> 世传永作《轮台子》早行词，颇自以为得意。其后张子野见之云："既言'匆匆策马登途，满目淡烟衰草'，则已辨色矣；而后又言'楚天阔，望中未晓'，何也？"柳何语意颠倒如是！

《轮台子》，本文第三节已部分引录，包括这几句在内。这几句时间上确有矛盾，张先的批评是对的，由此可知他对柳词也相当注意。他们同时齐名，词风迥异，张先研錬秀洁，柳永疏放平易；但在衍短调为长调这一点上，还是同病的。

赵令畤《侯鲭录》卷七：

> 东坡云："世言柳耆卿曲俗，非也。如《八声甘州》云：'霜风凄紧，关河冷落，残照当楼。'此语于诗句，不减唐人高处。"

赵令畤常与东坡交游，这话大概是直接听到的。东坡词风和柳永尖锐对立，每以柳词为戒,①，然则为什么有此一说呢？柳永填了一辈子词，又非庸手，自然不乏佳句，但由于气韵的关系，东坡就只欣赏这三句。我们如果为了推崇柳永，执为口实，以偏概全，便不止谬以千里了。东坡作词，要避免"柳七郎风味"，"自是一家"，必须熟识柳词然后有所趋避，因此那"不减唐人高处"的佳句，恐怕是披沙拣金地拣出来的。

曾敏行《独醒杂志》卷二：

> （东）坡、（山）谷同游凤池寺，坡公举对云："张丞相之佳篇，昔曾三到。"山谷即答云："柳屯田之妙词，那更重来。"时称名对。张丞相诗云："八十老翁无品秩，昔曾三到凤池来。"② 坡公盖取此。

东坡出的上联用张士逊诗，暗藏"凤池"二字，黄山谷以下联为对，用柳永词"凤池归去，那更重来"③，也暗藏"凤池"二字，对得非常技巧。其实张诗柳词都不出色，称为"佳篇"、"妙词"，不过是恭维前辈的客套话，但从这里可知山谷对柳词印象很深，才能信口道出。实际上山谷词中那些"当堕泥

---

① 参阅本书第 45 页注释①及第 55 页注释①。又《与鲜于子骏书》云："近却颇作小词，虽无柳七郎风味，亦自是一家。"

② 《湘山野录》中："退傅张士逊，晚春乘安兴出南薰，缭绕都城，游金明，抵暮。指宜秋而入。阍兵捧门牌请官位，退傅书一阕云：'闲游灵沼送春回，关吏何须苦见猜？八十衰翁无品秩，昔曾三到凤池来。'"按士逊于宋仁宗朝三度为相，康定初拜太傅封邓国公致仕，时年已七十六，又十年始卒。

③ 柳永《玉胡蝶》："渐觉芳郊明媚，夜来膏雨，一洒尘埃。满目浅桃深杏，露染风裁。银塘静、鱼鳞簟展，烟岫翠，龟甲屏开，殷晴雷，云中鼓吹，游遍蓬莱。徘徊，隼旟前后，三千珠履，十二金钗。雅俗熙熙，下车成宴尽春台。好雍容、东山妓女，堪笑傲、北海尊罍。且追陪，凤池归去，那更重来。"这也是歌颂太守的，但在词中看不出是什么地方，所以第三节不引录，在此补志。"

犁之狱”的小词①，就是学柳永的。

曾慥《高斋漫录》：

宣和间，七夕召执宰、近臣禁中赐宴。上曰：“七夕何故百司无假?”王公黻对曰：“古今无假。”上为一笑，盖用柳耆卿七夕词以对。

柳永《二郎神》七夕词②，有“闲雅，须知此景，古今无价”之句。“价”、“假”同音，所以借为对答，宋徽宗果一听就明白，相视而笑，莫逆于心，可见他们对柳词相当精熟。

其实柳词当时广泛流传于上层社会，北宋人谈词几乎没有不提柳永的，如晁补之说：“子野与耆卿齐名，而时以子野不及耆卿，然子野韵高，是耆卿所乏处。”（《能改斋漫录》卷十六）李清照说：“柳屯田永者，变旧声，作新声，出《乐章集》，大得声称于世；虽协音律，而词语尘下。”（《苕溪渔隐丛话》后集卷三十三）都是我们熟知的。北宋时已经“出《乐章集》”，其盛行可知。

## 七、柳词何以能流行中外

柳永很会捉摸读者的心理和趣味。他了解皇帝爱听颂圣贡谀、粉饰升平的话，就写了不少大捧宋仁宗的词；他了解州府首长爱听政绩良好、前程无量的话，所到之地也往往大捧知州知府。可惜碰到的是宋仁宗而非道君皇帝，不然的话，像李邦彦那样捞个“浪子宰相”也不稀奇，因为被俚俗淫冶的词名所累，“历抵卿相，徧干诸侯”也没有收获。总言之，他企图填词歌颂上层统治者来猎取功名利禄，虽然摸准了他们的心理状态，却不能洗脱他们对自己的印象，终于彻底失败了。歌功颂德的词是很难作得好的，我们从词选之书里不容易找到，所以也许不知道柳永有这一手。

广大群众欢迎的不是阳春白雪而是下里巴人之曲，这一点柳永也看得很准。《后山诗话》谓柳词“骫骳从俗，天下咏之”；《能改斋漫录》谓“柳三变好为淫冶讴歌之曲，传播四方”，王灼《碧鸡漫志》卷二谓“柳耆卿《乐章

---

① 宋陈善《扪虱新话》：“黄鲁直初好作艳歌小词，道人法秀谓其以笔墨诲淫，于我法中当堕泥犁之狱。”

② 词云：“炎光谢，过暮雨、芳尘轻洒。乍露冷风清庭户，爽天如水，玉钩遥挂。应是星娥嗟久阻，叙旧约、飙轮欲驾。极目处、微云暗度，耿耿银河高泻。闲雅，须知此景，古今无价。运巧思、穿针楼上女，抬粉面、云鬟相亚。钿合金钗私语处，算谁在、回廊影下，愿天上人间，占得欢娱，年年今夜。”

集》，世多爱赏……惟是浅近卑俗，自成一体，不知书者尤好之”，《艺苑雌黄》谓“柳之乐章，人多称之……彼其所以传者，直以言多近俗，俗子易悦故也”（《苕溪渔隐丛话》后集卷三十九引）。综合来说，他们认柳词受广泛欢迎的原因，在于内容多色情成份，说的都是下层社会熟知的，喜爱的情调，而文字又浅近卑俗，明白易晓，文化水平低的人也懂得。所以柳永这一类作品能够“传播四方”，“天下咏之”，“俗子易悦”，“不知书者尤好之”。这一类低级趣味的词是士大夫阶层所痛斥的，却是小市民阶层衷心喜爱的。柳永当时词名之盛，无人可及，就因为他了解一般读者的心态而投其所好。宋徐度《却埽编》卷下云：

柳永耆卿以歌词显名于仁宗朝，为屯田员外郎，故世号柳屯田。其词虽极工致，然多杂以鄙语，故流俗人尤喜道之。其后欧、苏诸公继出，文格一变，至为歌词，体制高雅，柳氏之作，殆不复称于文士之口，然流俗好之自若也。刘季高侍郎，宣和间尝饭于相国寺之智海院，因谈歌词，力诋柳氏，旁若无人者。有老宦者闻之，默然而起，徐取纸笔跪于季高之前，请曰：“子以柳词为不佳者，盍自为一篇示我乎。”刘默然无以应，而后知稠人广众中，慎不可有所藏否也。

由此可见直到北宋末年，尽管名家辈出，“体制高雅”的阳春白雪很多，也只是“称于文士之口”，给家妓官妓唱唱；而无数“流俗”仍然喜爱柳永那种浅近卑俗的下里巴人之曲，西楼南瓦唱的也是这种调调儿。刘季高名岑，宣和六年（1124）进士，大概登科之后意气风发，跑到相国寺大放厥辞，不料被拥护柳永的老太监打了一记闷棍。

这一类柳词为数不多，也是在一般选集里看不到的，兹举慢词和小令各二首为例：

秀香家住桃花径，算神仙、才堪并。层波细剪明眸，腻玉圆搓素颈。爱把歌喉当筵逞，遏天边、乱云愁凝。言语似娇莺，一声声堪听。

洞房饮散簾帏静，拥香衾、欢心称。金炉麝袅青烟，凤帐烛摇红影。无限狂心乘酒兴，这欢娱、渐入嘉景。犹自怨邻鸡，道秋宵不永。（《昼夜乐》）

飞琼伴侣，偶别珠宫，未返神仙行缀。取次梳妆，寻常言语，有得几多姝丽。拟把名花比，恐旁人笑我，谈何容易。细思算、奇葩艳卉，惟是深红浅白而已。争如这多情，占得人间，千娇百媚。须信画堂绣阁，皓月清风，忍把光阴轻弃。自古及今，佳人才子，少得当年双美。且恁相偎倚，未消得、怜我多才多艺。愿你你、兰心蕙性，枕前言下，表余深意。为盟誓，今生断不孤鸳被。（《玉女摇仙佩》）

欲掩香帏论缱绻，先敛双蛾愁夜短。催促少年郎，先去睡、鸳衾图暖。须臾放了残针线，脱罗裳、恣情无限。留取帐前灯，时时待、看伊娇面。(《菊花新》)

师师生得艳冶，香香于我情多，安安那更久比和，四个打成一个。幸自苍皇未颖，新 h 词写处多磨。几回写了又重挼，奸字中心着我。(《西江月》)

他若《慢卷紬》之“似恁偎香倚暖，抱着日高尤睡”；《尉迟杯》之“困极欢余，芙蓉帐暖，别是恼人滋别”；《浪淘纱》之“殢雨尤云有万般千种，相怜相惜”；《宣清》之“至更阑疏狂转甚，更相将凤帏鸳枕，玉钗乱横”；《小镇西》之“百态千娇，再三偎着，再三香滑”之类，又比晏殊指斥的“綵线慵拈伴伊坐”赤裸多了。惟其如此，才能够“传播四方”，“天下咏之”。

不仅如此，《避暑录话》云：“尝见一西夏归朝官云：‘凡有井水饮处，即能歌柳词。’言其传之广也。”西夏在宋代算是外国，域外“凡有井水饮处”的人，其文化水平一定不比中国的“流俗”高，然则爱好而“能歌”的柳词，大约也只限于那些“浅近卑俗”之作。据说契丹人喜诵魏野诗，因为他的诗平实易晓①，西夏人爱柳词，也是这个道理。柳词不仅行于西夏，后来还行于高丽。《高丽史》卷七十一《乐志二・唐乐》②，共 60 余首，都是宋词，虽然不题撰人，但有主名可考的共 15 首，依次为：

（1）《洛阳春》——欧阳修“纱窗未晓黄莺语”阕。

（2）《传花枝》——柳永“平生自负”阕，即《转花枝》，已见本文第三节末引录，但文字异同颇多。

（3）《感皇恩》——赵企“骑马踏红尘”阕。

（4）《夏云峰》——柳永作，首句“宴坐深”，当是“宴堂深”之讹。

---

① 释文莹《玉壶清话》卷 7：“祥符中，契丹使至，因言本国好诵魏野诗，但得上帙，愿求全部。真宗始知其名。将召之，死已数年，搜其诗，果得《草堂集》十卷，诏赐之。魏野字仲先，其诗固无飘逸俊迈之气，但平朴而常，不事虚语尔。如赠寇莱公云：‘有官居鼎鼐，无地起楼台。’及谢寇莱公见访云：‘惊回一觉游仙梦，村巷传呼宰相来。’中的易晓，故虏俗爱之。”

② 《高丽史》，朝鲜李朝郑道传等撰，成书于明太祖洪武二十八年（1395）。按李成挂于洪武二十五年（1392）废高丽王氏自立，始改号朝鲜，高丽王氏自五代时开国，历宋元两代，至是而亡。《乐史》所歌唐乐皆宋词，有主名可考者皆北宋人，由此推测，高丽王氏用宋词为乐曲，时间可能早至南宋。又《唐乐》凡 60 余阕，清康熙时敕编之《钦定词谱》每多引用，《全宋词》也收人无名氏作品中。

（5）《醉蓬莱慢》——柳永“渐亭皋叶下”阕，已见本文第五节引录。
（6）《黄河清慢》——晁端礼“晴景初升风细细”阕。
（7）《倾杯乐》——柳永“禁漏花深”阕，已见本文第五节引录。
（8）《金殿乐慢》第二首——即苏轼《行香子》“清夜无尘”阕。
（9）《帝台春慢》——李甲“芳草碧色”阕。
（10）《花心动慢》第二首——阮逸女“仙苑春浓”阕。
（11）《雨淋铃慢》——柳永“寒蝉凄切”阕。
（12）《浪淘沙令》——柳永“有箇人人”阕。
（13）《御街行令》——柳永“燔柴烟断星河曙”阕，见本文第五节引录。
（14）《少年游》——晏殊“芙蓉花发去年枝”上阕。
（15）《临江仙慢》——柳永“梦觉小庭院”阕。

作者8人，词15首（实际只十四首半），柳永一人占了8首，其余每人只得一首，连晏殊、欧阳修、苏轼也不例外，可见对柳词特别爱好。8首之中，《醉蓬莱》、《倾杯乐》、《御街行》本来是颂圣贡谀之作，恰好楚材晋用；但《传花枝》、《夏云峰》、《浪淘沙》是靡靡之音，《雨淋铃》、《临江仙慢》是羁旅行役之词，兼收并蓄，作为御用歌曲，中土君臣所诟病的域外却并无芥蒂，这是一件有趣而又不易理解的事。《高丽史》版本颇多，《唐乐》所录那十五首有主名的宋词，和我们所见的几乎都有文字上的差易，尤其是柳永的《传花枝》、《倾杯乐》和《临江仙慢》。

## 八、佚诗佚文

《避暑录话》说柳永“亦善为他文辞”，这是必然的事，因为科举并不考词，如果没有相当的诗文修养一定中不了进士。北宋词人兼工诗文的多有集传世，像欧阳修、苏轼等固然不用说了，为词名所掩以致诗文集日渐散佚的，如张先的《张子野集》、周邦彦的《清真先生文集》（通称《清真集》），在未散佚前往往见于其他文献引录，明初敕编的《永乐大典》虽然现在残存下来的不到百分之三，还可以从里面找到张先诗15首，周邦彦诗20首、文4篇，其他词人的佚诗文亦屡见不鲜，但没有找到柳永的。也许他的诗文并没有结集传世，所以各种书目书录未见提及，而佚作散见于文献的也绝少。

柳永三首佚诗和两句断句诗，见清厉鹗等所辑的《宋诗纪事》卷十三。一首是《中峰寺》，录自《建宁府志》，诗云：

攀萝蹑石落崔嵬，千万峰中梵石开。僧向半空为世界，眼看平地起风雷。猿偷晓果升松去，竹逼清溪入竹来。旬月经游殊不厌，欲归回首更迟回。

他是福建崇安人，崇安属建宁府，中封寺在中峰山麓，唐昭宗景福元年建（见明夏玉麟等《建宁府志》卷十九）。此诗写景精致，腹联工于炼字，与词迥异，但尾联是强弩之末，敷衍完篇，是诗病。一首是《鬻（煮）海歌》，本文第三节曾经提及，是他任昌国州（今浙江定海县）晓峰盐监时写的，诗云：

> 煮海之民何所营？妇无蚕织夫无耕。衣食之源太寥落，牢盆煮就汝输征。年年春夏潮盈浦，潮平刮泥成岛屿。风乾日曝卤味加，始灌潮波塯成滷。滷浓咸淡未得闲，采樵深入无穷山。豹踪虎迹不敢避，朝阳出去夕阳还。船载肩擎未遑歇，投入巨灶炎炎热。晨烧暮烁堆积高，才得波涛变成雪。自从潴滷至飞霜，无非假贷充餱粮。秤入官中得微直，一缗往往十缗偿。周而复始无休息，官租未了私租逼。驱妻逐子课工程，虽作人形俱菜色。煮海之民何苦辛，安得母富子不贫。本朝一物不失所，愿广皇仁到海滨。甲兵净洗征输辍，君有余财罢盐铁。太平相业尔惟盐，化作夏商周时节。

这首七古诗是模仿白居易《新乐府》的，《新乐府》50 篇，每篇都有一句序言，如"《卖炭翁》，苦官市也"，"《杜陵叟》，伤农夫之困也"等等。柳永此诗也循例加一句序言："《煮海歌》，悯亭户也。"《新乐府》多暴露民间疾苦，此亦然，叙述盐户工作艰苦，而因官方和富商的高利贷，结果一年到头都吃不饱。"只是实说"，却淋漓尽致，入木三分，和他的词相比不可同日而语。钱钟书先生的《宋诗选注》① 选录了这首诗，介绍说："这里选的一首诗就表示《乐章集》并不能概括柳永的全貌，也够使我们对他的性格和宋仁宗的太平盛世都另眼相看了。"诗庄词媚，北宋人做诗和填词是两回事，词是应歌的文学，诗才是言志之作，没有一人的词集足以概括作者的全貌的。再说，《乐章集》事实俱在，《煮海歌》只是孤证，恐怕不容易因这个孤证使我们对柳永的性格另眼相看吧。封建时代的统治阶级没有不榨干人民血汗的，像柳永笔下的平民生活情况普遍得很，而所谓宋仁宗太平盛世其实金玉其外、败絮其中，有苛政不足为怪，没有才奇怪。总之，《煮海歌》虽然有社会性，对于反映政治现实和作者性格意义不见得太重要。还有一首是写给一个叫孙可久的内官的②《宋诗纪事》给它安个诗题为《赠内臣孙可久》，诗云：

---

① 钱钟书：《宋诗选注》，北京：人民文学出版社，1979 年。

② 宋吴处厚《青箱杂记》卷 10："仁宗朝，内臣孙可久，赋性恬澹，年踰五十，即乞致仕。都下有居第，堂北有小园，南有别墅，每良辰美景，以小车载酒，优游自适。石曼卿常过其居，题诗曰（引诗从略）。屯田员外郎柳永亦赠诗曰（已引录）。"

故侯幽隐直城东，草树扶疏一亩宫。曾珥貂珰为近侍，却纡绦褐作闲翁。高吟拥鼻诗怀壮，雅论盱衡道气充。厌尽繁华天上乐，始将蹤蹟学冥鸿。

这种应酬诗是没有内容和情感的，又不如上面的两首。《宋诗纪事》还从《会稽志》找到他题会景亭的两句诗："分得天一角，织成山四璀。"是好句，可惜不见全篇。

柳永佚文更极罕见，《古文真宝》①前集载有80多个字的柳屯田《劝学文》云：

父母养其子而不教，是不爱其子也；虽教而不严，是亦不爱其子也。父母教而不学，是子不爱其身也，虽学而不勤，是亦不爱其身也。是故养子必教，教则必严，严则必勤，勤则必成。学，则庶人之子为公卿；不学，则公卿之子为庶人。

如果只从这篇《劝学文》来论其为人，柳永简直是一个道学先生了，《乐章集》不但"不能概括柳永的全貌"，简直可以全盘否定了。这部《古文真宝》一开头就是《劝学文》，首先是真宗皇帝《劝学》七言诗六句②，依次为仁宗皇帝《劝学》杂言诗十句、司马温公《劝学歌》杂言诗十八句、柳屯田《劝学文》、王荆公《劝学文》五古二十句、白乐天《劝学文》七言诗六句、朱文公《劝学文》杂言诗六句、韩退之《符读书城南》……柳永竟然和他们同列，真是一登龙门声价十倍了，但他忽然来这一手，实在令人意想不到，是否因宋仁宗写了劝学诗，他也来凑趣呢？上述各人的诗，除韩愈《符读书城南》外，都不见于今本白居易、司马光、王安石、朱熹的集子，而且诗非常庸俗，当出世俗伪托。然而柳永之作应该是可信的，因为要伪托尽可借其他大文豪、大道学家、大政治家的名字，才有权威性，用不到伪托柳永。

（《社会科学战线》1986年第4期）

① 此书明以后不见流行，日本和朝鲜版本颇多，是他们学汉文必读之书。据说是宋元间人黄坚所编，成书于元世祖至元十二年（1275）。我看到的是日本益堂铃木校刊本，有校刊者写于孝明天皇嘉永七年（1854）的序文，并附有元至正丙午（1366）重刊时的郑文序。按《故宫博物院院刊》1985年第2期，有向功晏《明代经厂本浅沂》一文，也提到明代内府刊本有此书，出自老学究所选云云，可供参改。

② 诗中如"书中自有千钟粟"、"书中自有黄金屋"、"书中有女颜如玉"等语，常被戏曲小说引用。

# 试论白居易的《禽虫十二章》

〔日本〕花房英树

北宋刊本比较完整地保留了白居易的自撰文集的形态。然而，至今能够基本保留已经遗失的北宋刊本面貌的，则是四部丛刊中所收入的，那波道冈印行的七十一卷本（参考拙著《白氏文集批判的研究》）。《禽虫十二章》放在该书七十一卷本的末尾做为压卷诗篇。在序中作者指出：

> 庄列寓言，风骚比兴，多假虫鸟以为筌蹄。故诗义始于《关雎》、《鹊巢》，道说先乎鲲、鹏、蜩、鷃之类是也。予闲居乘兴，偶作一十二章，颇类志怪放言。每章可致一哂，一哂之外，亦有以自警其衰耄封执之惑焉。顷如此作，多与故人微之、梦得共之。微之、梦得尝云：此乃九奏中新声，八珍中异味也。有旨哉！有旨哉！今则独吟，想二君在目，能无恨乎！（顾学颉校点《白居易集》）

根据该序的末尾来判断，这一诗篇的写作时间，是在“二君”即元稹、刘禹锡死后。元稹死在文宗的太和五年（831）；刘禹锡大约死在其十年后的武宗的会昌二年（842）。因此，这一系列的作品是从会昌三年至白居易去世的会昌六年（846）之间，他将自己应时所咏的诗汇集而成的。

在该十二章中，仅选其中的二、三章，做一分析：

> 蟏蛸网上罥蜉蝣，反覆相持死始休。何异浮生临老日，一弹指顷报恩仇。

这一章诗的大意是：一种长腿的蜘蛛吐丝张网，捕捉蜉蝣，互相撕打，至死方休。无常的人生，而且已到了垂暮之年，在不多的残年里还要报仇的人，他们与这二虫相争，何其相似啊！如果从诗中所说的“临老日”、“报恩仇”等词来分析，它像是指高级官僚的党争。当时正是所谓的二李或者牛李党争达到顶点的时候。随着武宗的即位，前朝宰相杨嗣复被罢官，李德裕任宰相，李宗闵被贬黜至洛阳为太子宾客；牛僧孺被贬黜为东都留守。不久，杨嗣复也被追放至潮州。李德裕任司徒后，把牛僧孺流放至循州，把李宗闵流放至封州。

在这以前，即文宗太和四年（830），李宗闵、牛僧孺任宰相时，把李德裕的党羽全部罢黜。两年后的太和六年，李德裕重任宰相，立刻罢了李宗闵、牛僧孺的官职。又经两年即太和八年（834），李宗闵重任宰相，他又立刻罢了李德裕的官。这正是“反复相持”的斗争。然而，如今会昌四年是李德裕在相位，时年 58 岁，牛僧孺在循州 65 岁，李宗闵大概也是同龄。这几年牛、李正当“临老之日”，因此，这一章毫无疑问指的是牛李党争。牛僧孺被流放的循州，该地距东都洛阳以南约 4900 里，是文化落后的炎瘴之地。潮州、封州也都相似。如果流放时间较长，生还是难以指望的。他们有“死始休”的可能。这种报复办法是太残酷了。白居易常常想念“循、潮、封之迁客”。本篇末尾自注的“诫报也”，也是为了这个原故吧。这样诫报意图的作品，他在年轻时写的新乐府中也有过。例如：“新丰折臂翁”，就是用“戒边功也”作为该诗的小序。其中有“天宝宰相杨国忠”，“边功未立生人怨”之句。白居易指名道姓地公开批判当时在朝当权者的政策。但是，在本诗中本来当作小序的改为自注了。而且，该诗韵字的“仇”字，既重又响，但是在其上加了个恩字，把语气缓和了。进而，强调“临老日”，并把它比做“蠨蛸”、“蛘蟧”。对报仇的愚蠢行为，表示了怜悯之情。与其直接针锋相对地进行批判，还不如客观地进行讽刺为好。诗中所用的“一弹指顷”这一句是出自《观无量寿经》，“弹指顷”（《俱舍论》卷十二），是极短时间的意思。白居易敢于用上这一句，在文学用语中是史无前列的。在这里也可以看出：他是站在官僚以外，从佛教的超脱的立场上观察人间行为的原故。这一问题，在下一章中可以看得更清楚。

蟭螟杀敌蚊巢上，蛮触交争蜗角中。应似诸天观下界，一微尘内斗英雄。

“蟭螟”，就是在张华的“鷦鹩赋”中所谓的“鷦螟巢于蚊睫”的“鷦螟”，也见于《列子》的《汤问》篇中的微虫的名字。“蛮触”。见于《庄子》的《则阳》篇，它是蜗牛两角上的两个国名。这一章是从诸天神的目光来看下界想当英雄的人间之争，与从人的角度来看，在蚊子睫毛上的战斗和在蜗牛角上的战斗是一样的。前述两个虫子的斗争或许在更为微小的在“一微尘”之内，但实质是相似的。

“诸天”，见之于各种佛典，是指佛法的守护神而言。白居易在《钵塔院如大师》中广义地也用了这个词，在这里是指佛界的意思。“下界”一词，也出自佛典，是指因欲望而行动的人间世界的意思。他在《晓上天津桥闲望》中也用了这个词。“微尘”，也屡见于佛典，《成药》也用过这个词，是指极小的世界而言的。这两句是佛典语的措辞。这说明了白居易是以佛教思想为基调而写出的。这里包含了即便是英雄，也是在一微尘内的英雄，没有什么了不起的想法。这一章主要说明了在佛法照耀下来看人间存在，是渺小的。以这样的自觉作为基调，表白了自己认为世俗权力是没有什么意义的看法。这一章可以看作是指以朝臣和宦官的激烈斗争为背景的太和九年（835）的“甘露之变”，反映了武宗继位前后的政治状况。但是，太和三年（829），已经在《对酒五首》中就有了“蜗牛角上争何事，石火光中寄此身”的诗句。因此，这里的“蛮触”之争，也和《对酒》诗一样，可以看作是高级官僚之间的党争。不管怎样，以佛法的观点来看，人间的权力斗争，是微不足道的琐碎的事情。所谓“鷦螟”、“一微尘”这些词是带有讽刺意味的。他从超脱世俗的观点讽刺了始终进行着的争权夺利的牛李党争。

原来，白居易从太和三年（829）隐居洛阳，这好像是对中央政界的消极逃避。但是，从隐居后15年期间的白居易生涯的总体来看，实际是积极地脱离了政界。他认为中央政界的分裂，并不是由政策引起的，而是由于单纯的权力斗争。因此，采取隐居的行动以表示批判。这一批判在本诗中也充分反映出来。

除了上述牛李党争以外，在武宗会昌年间震撼白居易心情的事件发生了。那就是强令推行排佛政策。现将有关这一方面的诗列后、供参考。

兽中刀枪多怒吼，写遭罗弋尽哀鸣。羔羊口在缘何事？闇死屠门无一声。

这首诗开头就讲：“兽”受到刀枪威胁时，就要怒吼。“鸟”受到网和箭威胁时，就要哀鸣，“鸟”的这一句是引用了《论语》泰伯的“鸟之将死，其鸣也哀”。前面“兽”的一句，是从“鸟”的一句推敲而来的吧！“兽”和“鸟”在突然面临死亡的关头，他们也会声嘶力竭地发出“怒吼”和“哀鸣”。但是，为什么小羊虽有嘴，但在屠夫手里，却一声不吭地死去呢?！这就是这首诗的大意。诗的后两句，是佛典中也可看到的。例如：《摩诃摩耶经》（卷上）有《屠所之羊》的故事，也是以此为素材的。“有所悲也”，是这一章的自注，也可以看做是小序吧。这是指白居易最为悲痛的事件。“羔羊”这一句是从《诗经》的诸篇中开始引用的，原意是小羊。但是，在佛典中有被当做四种僧侣之一的尚未修业成熟的僧侣的意思。因此，有“羊僧”、“哑羊僧”之说。关于“哑羊僧”在《大智度论》（卷三）中有：

默然无言，譬如白羊乃至人杀不能作声。是名哑羊僧。

前述的事件，似乎是指僧侣被杀的事件。

根据正史记载，排佛事件是从会昌五年（845）七月遵照勅令而掀起的，虽然是片断的记事，但是可以看到：如在《杜樊川集》的《杭州新造南亭子记》中记载：武宗即位不久，就勅令毁掉山野的“招提”和“兰若”。又如在《唐会要》的《释放》中记载：会昌二年（842）取缔了天下的僧尼。排佛的事件是早就开始的。详细记录这次排佛事实的是日本留学僧园仁写的《入唐求法巡礼行记》。根据此书的记载，会昌二年，在长安的三千多名僧尼被勒令还俗，送回原籍。会昌三年，观军容使仇士良死后不久则发生了这样的事：“近住寺僧，不悉来由者，尽捉送京兆府，投新裹头僧于衙中，打杀三百余人。”（注：“新裹头僧”，是指被迫蓄发还俗的僧侣，头上裹头巾因而得名）采取了严厉处置。类似的事实还有。以上一系列的事件，给予佛门的人们以强烈的打击。然而，作为佛教徒而自称“居士”的白居易，也一定受到了强烈的震动。我认为，首先，他对相信佛法无可奈何死去的人的命运深感悲痛；其次，他愤恨世俗权力者的横暴，对这种非人道的措施，怀着出自内心的批判精神，写下了这一首诗。

白居易虽然静静地隐居在洛阳的一隅养老，但他始终注视着这一切政治和各种各样的社会现象。对他的这种批判，当时的广大群众虽有理解上的深浅的差别，但还是普遍引起了共鸣。直到白居易75岁逝世时，他始终代表着时代的良心。我想《禽虫十二章》是显示了白居易晚年最后达到的思想境地。他在这里没有使用固有名词，却道破了人间世界的真谛。对这些作品应予以充分的重视。

（滕颖　译）

（《社会科学战线》1987年第1期）

# 华美作家小说中的婚姻主题

〔美国〕黄秀玲*

## 引　言

从1960年代到1980年代，居住在美国的华人作家写了不少以婚姻和两性关系为主题的作品。这类作品数量虽多，人物、情节、场面，却常集中于某几种类型。就华美作者群的才识和思想深度而言，这个现象绝不会是简单的互相影响或趋赶潮流所致。固然，这一群作者多数来自比较相似的背景，在台湾就学时已活跃于文坛，赴美留学后又在美长期定居，但这也不是类型化现象的根本原因。婚姻和两性关系，本是小说中最常见的题材，但在这么多风格迥异的作家笔下，却出现很相似的处理，必然有一定的原因。

本文尝试用主题学方法分析华美作家笔下写婚姻与两性关系的一系列小说，并作初步的分类和解剖，从而透视当代华美文学对居美华人处境的看法，进而探讨华美作家们对“中国精神”这观念的理解。

这篇论文是我的一部较大规模的华美文学研究的一部分。我的计划是把华美汉语文学（即所谓第一代居美华人的文学）与华美英语文学（所谓第二代华裔文学）作为一个整体来研究，比较其异同，试图找出两大华美作者群对居美华人生活中一系列问题的视野之差别。

本文只涉及一个问题，即婚姻和两性关系主题，也只涉及华美汉语文学。但是在研究方法上，却与我的总计划相通：我所用的，是文学研究中的所谓主题学方法。主题学方法，往往在审美判断上有所不足，作品艺术价值的高低，往往在其讨论范围之外。这个局限，在本文中限于篇幅，恐怕难以避免，但在

* 作者单位：美国柏克莱加州大学。

我的总体研究计划中，我希望能有所补正。

即使是主题学研究，也可以有不同的处理方式。例如，研究华美文学中的婚姻是什么样的社会现象和人际关系，可以用很直接的方式：即把作品中对婚姻和两性关系的描述，与社会学的研究对照。或是先从社会学资料中寻找数据（如留学生中男女性别比例），再在文学作品中加以求证；或是先从文学作品中寻找关于社会问题的见解，再求证于所谓客观性的资料。这样的直接式主题研究法，实际上是把文学作品中对有关主题的描写看作客观的社会学式的记录，而忽视了文学本质上的强烈主观性，忽视了文学与社会生活现实之间关系的复杂性。即使我们把华美作家作为一个群体来研究，主题处理的主观性非但没有消失，反而更戏剧化了。

我所用的主题学研究方法，是把文学看作一个象征系统，这个系统本身有其组合规律，它与社会现实有很密切的关系，但这关系却是曲折的，不是直接的、机械性的反映，而是间接的、经过心理补偿象征、又经过文学形式过滤的表现。求偶、独身、婚配、离异、外遇、守寡等情节，在华美文学中不只是人物在实际生活上的行动，我们如果能掌握这些情节出现和发展的规律，便能看出华美汉语作家对居美华人处境的体验，有什么特征。

由于篇幅的限制，本文没有触及婚姻及两性关系主题中某些相当引人注目的方面，例如婚姻市场中人物“清”与“俗”的分野、老处女及她们对婚姻市场的隐含批判、与“成功华人”的婚姻、婚外情的心理补偿作用、独身与政治参与的关系及第二代的问题。这些方面，与本文内容息息相关，例如与“成功华人”的婚姻及本文中分析的异族婚姻，在象征意义上有相通之处，而婚外情也可说是寻求“第二个机会”的另一种方式。不过因为本文讨论的是婚姻主题中的基本模式，所以虽然不能全面阐释这个课题，论文架构的完整也不会受到影响。

## 一、从《谪仙记》看居美华人的两难处境

白先勇在1965年写的《谪仙记》，不是直接写婚姻问题的，但是小说营造了一个疑团，要打破它，必须先了解婚姻主题的意义。《谪仙记》的中心人物李彤，是一个极端西化的女性，自幼受贵族化的西式教育，在美国事业得意，交游广阔，不受语言习俗隔阂之苦，除了偶而穿穿旗袍、搓搓麻将之外，她身上中国生活方式的味道已经很少了。而且，这个人物也没有什么民族意识，甚至没有乡愁。奇怪的是，在小说中她是中国的化身，她的别号是“中国”，在美国上学时，以中国公主的形象闻名于校园。最后，在她自杀前，她

写给朋友诀别的明信片，也署名“中国”。“‘中国’死了！”不仅是旧交心中的悲哀，也是贯穿于小说之中的哀叹。但李彤这个缺乏中国气质与中国品格的人物，凭甚么当上了中国精神的象征？

这个问题的回答，在于李彤与书中其他几个居美华人女性的区别。固然，李彤美艳过人，或可代表作者对中国精神的理想化，但她的更大特点，是行为之“反规范”，或“反理性”。其明确表现，就是她的保持独身。

李彤被描写为一个高傲任性，但又令人难忘的女子。她酒要喝烈的，牌要和大的，马要赌冷门的，不像她的几个朋友那样顺从规范的理智。她的几个朋友，全都作了居美华人公认为明智的选择，嫁给了医生、、工程师等美国社会的佼佼者。买房子，生孩子，过着安定富足的生活。李彤在婚姻上，照说条件比她们强，追求者如云，但她却不结婚。而且她的独身，全没有“待价而沽”的意思，反是越理想的对象，她态度越冷，终于在孤寂中自己结束生命。

如果不细心读《谪仙记》，而只把故事大纲抽出来，读者或者会以为白先勇是想以李彤为“反面教材”，指出安份守己才是居美华人的出路，“但其实作者花了不少笔墨来暗示，她的朋友们——居美华人中安份守己的模范——精神上其实极端空虚。她们靠与处境相似的华人朋友交游来填补这空虚，没有玩伴，便闹失眠。她们“有节制”的搓麻将，只是一种怯懦的逃避。李彤却宁愿选择做“孤魂野鬼”的痛苦。她明知做一个“成功”的居美华人是不汤不水的，但又看不出别的出路，只能向这偏狭的、实用主义的“理性”提出抗议，实行反叛。她的抗议和反叛的方式，就是把别人待价而沽，或糊里糊涂出售了的东西，珍藏起来，最后面不改色地抛掉，正如她把钻戒随便送给叙述者“我”的小女儿一样。

因此，李彤的独身，是拒绝与居美华人典型生活方式认同的表现。她的自杀，更是保持这种孤高姿态的最后努力。她的悲剧，是灿烂的。在小说中，她的衣着，由鲜红、火红、而至“云红”、“紫红”、渐渐变成显得“陈旧”的“绛红”，最后全黑，象征了一个以自我焚毁来自我成全的过程。

李彤之所以在小说中被作为中国精神的化身，就在于这种反规范的执着。在《谪仙记》的海外世界中。中国精神是难以在生活常规中具体表现出来的，随着时间的流逝，随着华人同化的过程，中国生活方式和文化价值渐渐变淡，直到最后，中国精神成了坚守者自己也未必理解的，明知不可为而为之的一份执着。

虽然在李彤的生命中，个人操守及中国精神这两个原有相当弹性的观念，已被扯得变了形，即是由一个西化而在男女关系上随便的女子，作为纯洁的中国精神的化身，但这象征逻辑，在故事的字里行间，却清楚地表现出来。

中国精神既然差不多成了无以名状的抽象观念，像《安乐乡的一日》中的伟成说的，是一种“心病”，居美的华人，便陷入一个两难的局面。婚姻主题，正是这个两难局面的缩影。从《谪仙记》里，我们可以得出一个奇特的方程式：

忠于中国精神=保持个人操守=独身

反之：

背弃中国精神=出卖自己=结婚

这方程式看起来似乎不近人情，似乎悖理，但却可以为《谪仙记》的情节和意象，提出令人满意的解释。我在下文中将证明，这也是华美小说世界的通用公式。

我们当然不能用这公式去套居美华人的实际生活，但小说世界也不可能与现实世界毫无关系。由于近代中国的贫穷和战乱，华人来到美国这个相对来说安定富足的地方，这个过程本身，一方面是自我放逐，另一方面已有背弃苦难家乡的意味。因此居美华人心理中往往潜藏着一种所谓“幸存负疚感”。李彤父母逃难时死了，她却因身居美国而活下来，这本身就成了原罪感的来源，要靠某种不适应和不快乐洗脱。结婚是传宗接代的前奏，是肯定与所居留地关系的一种承诺，因此，独身就是一种没有下文的、拒绝在所居地生根的行动，而“孤魂野鬼”的痛苦与自杀的悲剧，就成了清赎原罪的最极端象征行动。这种行动在居美华人的现实世界中很少遇到，正如李彤这样的人物绝非“典型”，但小说世界命定要为现实世界承担执行象征行动的责任。

我以《谪仙记》的分析开始这篇论文，并不是因为它在婚姻主题上最具代表性，而是因为它提供了一个有用的焦点——李彤这个人物之复杂，她的行为之不易被理解，迫使我们寻找各种因素之间的关系。

用上面所说的方程式，来总结这些关系，当然是有简单化的危险。而且我也不能说白先勇或其他华美作家在写作时心中有这个公式作处理主题的指导方针。但是，当我们把华美汉语作家作为一个群体来研究时，他们各自写作的主观意图，就退居次要的地位，而华美现实世界要求华美小说世界执行的象征行动任务，就开始起作用。

这样说，并不是贬低作家的独创能力。文学作为创造性的活动，必然是多样化的，抗拒任何批评性总结的。因此，不同的作品，会强调方程式不同的部分，或提出新的变体。其表现形式可能曲折隐晦，也可能明显尖锐，小说中的人物，也会各异其趣。批评总结，无法反映作品的多样性，但仅仅胪陈作品的不同表现。却绝不是文学批评工作者的主要职责。

以上的讨论，并非在理论中作抽象的推理。下文中，我将用各种看来迴然有异的作品证明，华美文学中婚姻主题的小说，如何围绕着我所总结的公式展开。

## 二、为赴美而结婚："明卖"与"暗卖"

华美文学中，一个常见的情节是写某个人物不择手段地寻求门路去美国，不惜抛弃来往多年的恋人，或与一个认识不久的人结婚。

于梨华有好几篇以台湾及美国为背景的小说，有上述的情节。例如《友谊》中，孙依莼对男友汪怀耿很有好感，但又觉得他经济条件不够，因此对他态度若即若离。汪怀耿一气之下，申请赴美，手续办全了才说出，孙依莼马上对他另眼相看，自动与别人断绝来往，匆匆与他订了婚，准备赴美结婚。又如《傅家的儿女们》：傅如俊在大学时的女友对他态度一直很亲密，但突然宣布要赴美，说是未婚夫在美国等她。她显然是为了赴美而抛弃真正爱她的人。

这样的情节，在台湾报章副刊小说中也时常出现。张玉英的小说《黑人区的悲剧》（1978 年 6 月 3 日《中央日报》副刊）中，叙述者"我"到美国一个大城市的黑人区寻访一个旧友，发现她已自杀。死者苏西以前在台湾当吧女，为了赴美，不惜与原夫离婚，嫁给一个黑人大兵。抵美后才发现丈夫是贫民区的无业游民，常常酗酒，殴打妻子，终于不堪折磨而自尽。

这篇小说的劝戒警世味道很重，安排苏西当吧女及嫁黑人，可以说把"出卖自己"这个喻意推到了极端。从美国社会的种族关系来看，这个安排是有其社会学上的意义的。中国人在美国的地位，介于白人与黑人之间，常常看不起其他少数民族，而黑人在美国文学中又常被白人作家目为原始欲望的象征。因此，嫁给黑人，就等于说不择手段到了极点。

小说的叙述者"我"还特地作了一个声明："苏西跟着一个黑人丈夫到美国去，与一般的所谓"'出国'不同"。而且如果此人是一个"可造就的有出息的"黑人，"也无所谓"，可是大兵却不在此例。小说并不对出国的价值动机本身提出质疑，只是不满意苏西选择的对象。苏西自取其辱，只好一死了之。

观察问题比较深刻的华美作家，就对"出国"的一般道德性提出了疑问。于梨华笔下的人物，就常常把"上进心"、"养家责任"、"报答父母"、特别是"为了爱情"这样名正言顺的观念，与自私的动机混杂起来，因而受到反讽性的处理。

张系国的《游子魂》组曲中的《香蕉船》一篇，更尖锐地指出了所谓"体面的"居美华人道德上的贫乏。在《香蕉船》中，一个水手为了赴美而一再跳船，终于死于非命。故事表面是为这种愚昧而叹息，但其情节是双线进行的，还有一层更深的意思：在飞机上，叙述者“我”身边坐着一个女郎，她装作在看杂志，其实在偷听“我”与水手的谈话。当她发现“我”有“绿卡”（永久居留权），便立刻去洗手间化好妆，回来对“我”表示友善，不言而喻，她显然有意试试她的机会。叙述者“我”因为手中有王牌，想在这场心理游戏中保持主动，因此当老实的船员问“我”的身份，并坦率表示想留在美国时，“我”便大为不悦。

从这双线情节建立起来的对比中，我们可以看出，如果赴美或居美被视为一种自我出卖，船员是“明卖”，把经济目的说得很清楚，也不惜为之而“犯法”。而那位邻座女郎则是“暗卖”，表面上装作不在乎，骨子里一样急于出售自己。她的做法似乎有教养，万一她的手段成功，借结婚而得以居美，这过程也完全合法，但是她的伪善却犯了道德法规，在作品中受到讽刺。

## 三、异族交往：“苏丝王”的身影

华美文学中的“结婚等于出卖自己”这公式，在异族通婚问题上表现得更为戏剧化。由于交往对象是美国人，方程式中的“背弃中国精神”这一环节似乎更具体。但是，这并不是因为生活习惯或价值观上同化于美国人，“文化隔阂”这个观念，只是为小说中人物所感受到的内疚或挫败感提供一个方便的、易为人所接受的解释。这些主观感受的根源，其实十分复杂。中国人对居美生活那种亦避亦趋欲舍不舍的心理态度，变成了一系列矛盾的象征：小说中的华人，对异性美国人，态度暧昧，感情真假莫辨，行动欲拒还迎，而“不得善终”则是共同的下场。

欧阳子的小说《考验》，对“背弃”意识有相当细致的描写。主角美莲与美国同学保罗约会，引起其他女留学生的非议。她一方面对她们的“闭关自守”态度很不满意，另一方面又怕失去她们的友谊。这批华人女留学生，仿佛是“中国精神”的监护者或代言人，时刻在监察可能的背叛行为。美莲因此而患得患失，在异族男友前，倨傲与自贱心情交替出现。

值得注意的是，在《考验》里正如在《谪仙记》里一样，“中国精神”的定义不能从文化的表象去理解，而是出现一种逆反。美莲与保罗交往时，表现得更中国化，而不是更西洋化。她在台湾时爱穿洋装，在保罗面前则改穿旗袍。这并不是因为她理直气壮地为中国精神而自豪，她只是以旗袍来标榜自己与美国女子不同，实际上是贩卖异国风味，提高自己身价。这种心态的另一个表现是，美莲在台湾时爱穿“洋高跟鞋”，如今“在身高六呎的保罗身边，她居然自由自在地穿起平底鞋来，仿佛比保罗矮了这许多，是件相当光荣的事。”但当她与保罗的关系有了进展时，却马上向保罗与他的美国朋友摆出维护中国人尊严的倨傲姿势，仿佛想防止自己与美国人的交往过份成功。因为与美国人交往的成功，就意味着“忠于中国精神”的失败。这种时趋时避的反覆，正是一种两难心理的表现。

于梨华《傅家的儿女们》中写傅如曼往事的那一段，与《考验》异曲同工，只是《考验》中暗示的悲剧收场，在这里明白写出。傅如曼也是以旗袍引起劳伦斯的注意和爱慕，但小说最后证明，中国文化，包括中国女人，都只是劳伦斯增加生活情趣的点缀，他可以与傅如曼同居，却不会和她结婚。作品仿佛是想说：中国人可能从美国社会得到暂时的赏识，得到一段“好时光”，但不会得到真正的归宿。

保罗和劳伦斯，都是美国社会中所谓的“中国迷”。保罗自称厌恶美国物质文明，仰慕东方精神文明；劳伦斯修亚洲研究课程，会说中文。即使这样，小说也拒绝为异国情鸳安排美满的结局。

在居美香港作家袁则难的短篇小说《不设防的中国城市》中，也有同样情节格局：美国人男主角虽然中文很好，读得懂陈映真的小说，而且在某种程度上是居美华人实利主义的受害者（他曾被一个贪图嫁给博士的中国女孩子所抛弃)，与华人女主角双方也很投契，但说到“终身大事”时，终究不能达成协议。

以上小说中的“中国迷”类型美国人，使我们不能用“文化隔阂”这现成观念解释异族两性交往的困难，虽然作品中的华人人物自己，往往用“文化隔阂”来解释爱情的失败。在美莲和傅如曼这些所谓“正常的、规范的”居美华人人物背后，实际上始终跟着吧女“苏丝王”的身影：他们都或多或少地在出卖自己，从维护中国精神出发，她们不应当成功。在华美小说世界中，让她们与异族通婚成功，小说的象征行动功能就失败了。

这种“暗卖”与“明卖”的关系，在白先勇《谪仙怨》的情节中，点得很明：黄凤仪是个放弃了学业去当吧女的留学生。她穿上紧身旗袍，以东方风味招徕美国客人，打算赚够了钱，等年老色衰时才结婚。她写信给母亲说：“你送我出国，告诉别人是来留学，其实还不是要我找一个丈夫?”言下之意是嫁给一个成功居美华人，也是出卖，她自己不过做得较为直接明显而已。

《谪仙记》中李彤的朋友们与《谪仙怨》黄凤仪的对比，就像《香蕉船》中水手与邻座女郎的对比，出卖的方式明暗有别，但本质是一样的。像李彤一样，黄凤仪也选择了做个干脆的“孤魂野鬼”，在纽约时报广场的人潮中隐没自己，不在乎别人当她是中国人还是日本人。目前她是独身的，但这与李彤的独身相反，只是“待价而沽”，因此黄凤仪的例子，与方程式是相符的。中国精神，在黄凤仪身上显然不会得到保持。

袁则难《不见不散》中的任玉冰，也是公然“明卖”的例子。她不是职业娼妓，但她公然宣称要“抖出女人独有的本钱”，进行“快乐光阴的交换”，专与有钱美国男人打交道。当她的旧友拒绝接受任玉冰新男友查理的吃饭邀请时，任玉冰指责地说：“我们住在美国，吃美国人的饭，做美国人的事，可用的还是中国人的劳力，又为什么受不起美国人请吃一顿饭？又怎么会是肮脏的钱？”她把明卖与暗卖的共同逻辑一齐捅到了底。

## 四、异族通婚：内疚心理的投射

在两性交往的婚前阶段，双方的试探、迟疑、攻守，或可比诸一场生意的接洽，婚后生活，应当说比较稳定，至少买卖已经做定。但是，在华美小说世界中，这场买卖留下了永远的痕迹，这场痛苦一直在延续。而且，值得注意的是，华人人物往往不肯面对交易中的自愿成份，而把美国人配偶看成卑下、蠢笨，麻木不仁的货色，借以消除自己在出卖后的内疚痛苦。

于梨华的短篇《等》用强烈的笔触，写出了华人主角在婚姻中利用美国人时的复杂自欺心理。小说的叙述者“我”是一个女留学生，在一个富有的犹太人家中当管家，男主人对他垂涎三尺，她不但没有认真拒奸，而且，还假装想与男主人结婚。她的如意算盘，是得到对方的财产，自己享用，还可供在台湾的男朋友来美读书，并且申请母亲来美居留。但是，她的母亲和男友都拒绝这位女留学生用他们来遮羞的解说和“舍己为人”的伪装。

《等》写得非常夸张，但正是从夸张得失真的描写，从全文诡秘的气氛（小说有浓厚的哥特体神秘小说味道），我们可以觉察这篇小说的强烈主观心理色彩：卖身给有钱美国人的事，虽然在居美华人的现实世界中也可见到，但在华美文学中占了如此重要的地位，本质上是一种心理投射。如果赴美居美本身是原罪，而承担自己堕落的罪责在心理上又是过于沉重，那么自然的心理解脱方式，就是卖主把买主丑化，以增强自己“纯洁”的成份。因此，《等》的叙述者兼女主角“我”就竭力强调美国丈夫“丑陋、猥亵、狠毒”，像只“大猩猩”。而实际上“我”自己才是“猥亵、狠毒”：她穿上粉红透明睡衣引诱男主人，又哄他吃心脏病者戒食的食物，想把他慢慢害死。

叶子的短篇《断云空》（1980 年 6 月 29 日《中国时报》）调子比《等》温和，但也有类似的对美国配偶的指责。主角香红，为了使母亲可以在左邻右里面前神气。嫁给了一个退役美军。但在美国，她又“总觉得少了点东西”，于是和餐馆里一个同事搭上了。在小说中，丈夫尼奇被形容为“熊”一样，“显得有点拙”，又像“一丝不动的一团小山”和“一团发了酵的面团”，令人“胃里有发胀的感觉”。在香红眼中，尼奇缺乏灵性，仿佛灵性是中国人的专利品：“也亏得他没心计的一副直肠性子，没有什么生活情趣的日子，也能过得兴致勃勃的”。

正如《黑人区的悲剧》一样，丛甦的《咱这半辈子》，也把与黑人结婚看成“不择手段留美”的同义词，只不过更加强了华人方面的被逼成份，黑人也更为可厌，负疚心理的投射，也更明显。跳了船在纽约餐馆洗碗为生的丁长贵，为了居留身份，办“假结婚”。对方是一个波多黎各女人，被形容为一个“肉球”、“煮过的豆腐”、不如“动物园里的猩猩”。手续办完后，丁长贵压不下屈辱感，当对方与他握手时，他拒绝了，引起一场扭打的闹剧。小说没有暗示丁长贵的种族歧视态度是错的，而是嘉许他代表中国尊严的山东人倔强脾气，并且强调他在办“假结婚”时的被动与无辜。

聂华苓的长篇小说《桑青与桃红》也有居美华人“卖身”给美国配偶的描写。这部作品的小说世界，是从一个神经分裂的女人眼光来观看的，因此现实便往往以赤裸、夸大、具体化、实物化的方式显现出来。在我们以上分析的小说中，人物不承认出售的心理，是把自己身上的丑恶部分割裂出来，放在美国配偶身上，而在《桑青与桃红》中，这种割裂更实物化为楼上楼下的划分。桃红的情夫江一波与美国妻子贝蒂分住楼上楼下，各自寻找性刺激，互不干涉。江一波在攻读博士时，对中国事物毫无兴趣，努力美国化。但做了个“成功华人”后，又到处抓中国事物，特别是年轻的中国女人，来填补精神上的空虚。但他并不想真正地向中国精神回归，他仍“离不开”贝蒂，离不开这一段名存实亡的婚姻，继续互相利用。楼上的人做有头有脸的教授，与别的自我流放者唱京剧，而楼下的人吸迷幻药。这一楼板之分隔，就能使不正常局面一直维持下去。

《桑青与桃红》是本复杂的小说，其他作品往往忽视的一个现象，在这本小说中得到强调，那就是居美华人与美国社会的交易，不只是简单的、一次性的、单方面的实利给予，而是有它演变的过程的。居美华人起初以中国精神和个人操守换取物质利益，但等到他们有成就时，美国社会方面也能从他们身上得到物质利益，此时美国社会方面用以交换的筹码，就是“自由”，让他们沉缅于幻想的过时的中国文化之中。桃红叫江一波“真空人”，贝蒂接上来说：“这就是为什么他离不开我：我给他自由过真空的生活，他要是肯离开我，他早走了。”这是对留美华人处境的一个极敏锐的观察。

袁则难在《不见不散》的序中，借用了张爱玲小说中一个人物的话来形容第一代居美华人的处境："我们是自愿的!"这正是华美文学中许多人物不愿面对的事实。

## 五、"第二次机会"：赎罪的可能性

因此，在华美小说世界中，婚姻并不只是人物谋求幸福的行动，它实际上是反映了居美华人社会对历史作交代的复杂意识。作品对异族来往及通婚的描写，源于居美华人处境中无可避免的本质性矛盾。这就是为什么这些小说中人物在两性关系上几乎注定无法找到合理的出路。

近10年来，中美关系日渐缓和，居美华人不必再像以前那样感到完全被割裂于中国历史主流之外。这个历史性的发展，在华美文学中引出了一些有趣的新问题。但是，我们检查一下近期华美文学作品，可以看到，本文所提出的方程式，依然适用。只是，由于新来的中国人物的出现，中国精神的代表，就能以比《谪仙记》中的李彤更直接的方式登台。这样，华美小说世界中的居美华人人物，要清赎自己的原罪感，就有了一种新的方式，我们可以称之为以自我纯洁为目的的"第二次机会"。

陈若曦的作品中，曾经出现过"交易婚姻"的例子，也曾出现过拒绝待价而沽的执着。她的长篇小说《远见》中，两种人物在正副双情节中同时出现。中国大陆来的女留学生路晓云为了居留权，"逮住"一个犹太人教授。路晓云并不讳言这段婚姻中的利用成份，只是《远见》对这种交易态度较和易悲悯，也没有让路晓云为了洗清内疚而贬损她追求的美国人。但同时作者又对比，故事中的主角廖淑拒绝了雇主医生的求爱，从而以坚持操守，成为中国精神的象征。

但是，这样来分析《远见》中的廖淑贞，仍是简单化的，因为廖淑贞并非完全无罪：她为了给台湾的丈夫弄到绿卡，到美国富有人家帮工，以委屈自己来换取实际利益，这实际上也是一种出卖，和《等》的情形相似。只不过她是受丈夫所托来美的，而后来她又发现丈夫在台湾有外遇，这受害人身份，才部分洗脱了她作这种交易的罪咎。但这一点被动与被骗，还不足以使她与《咱这半辈子》中的丁长贵和《傅家的儿女们》中的傅如曼有根本区别。真正巩固她作为中国精神代表的地位的，却是她在美国期间与大陆学者应见湘的微妙感情。应见湘不为美国物质生活所动，一心回国教育下一代，与所谓典型的成功居美华人走相反的路，引起廖淑贞的共鸣。他们之间的感情给华美小说的婚姻主题公式带来一种新的因素，即以"第二次机会"清赎原罪的可能性。

在《远见》中，这种可能性没有发展，而在陈若曦的另一些作品中，这种“第二次机会”描述得比较清楚。如果与美国人或土生华裔结婚是意味着在当地生根的心向，那么陈若曦笔下的好几个人物，在尝试了之后，都排除了这种可能性。《突围》中的骆翔之，《二胡》中的胡为恒，都曾与美国女人结过婚又离了婚；《向着太平洋彼岸》中的乔健光及《二胡》中的钮先立，与华裔女子结过婚又离了婚。而这些人物，又或多或少倾心于一个从中国来的较年轻女子：乔健光爱上了从中国大陆来的，以前学农的以贞。钮先立倾心于从台湾来的献身子环境保护工作的杨力行。《二胡》中这个代表“太平洋彼岸”的活力的女子，使年老颓丧的胡为恒，也暂时精力充沛起来。至于《突围》中的骆翔之与大陆来的女青年李欣的恋情，更被写成居美华人从中国的泥土气息中寻求超脱和救赎的努力。

然而，代表中国精神的“来使”，并不能完成回复居美华人清白的任务，而只能造成一种对双方都有威胁性的不稳定局面。“来使”不可能在美国久留，留下本身就是参与堕落，失去了救赎的能力，被“来使”吸引的居美华人人物，如果在被唤醒及启发后，不采取“向着太平洋彼岸”的积极实际行动，也只能终于回到以往的处境中，万一与“来使”的感情成功，倒反会加深了原罪。这一切的背后，是一个呼之欲出的要求：停止做居美华人，但对本身居美的华人作家来说，这个要求或者是不可能点破的，读者只能从人物情节中寻出它的痕迹。

《突围》生动地描写了这种“第二次机会”造成新的两难局面。李欣近乎圣洁的女性救赎力量，在于她的一身“土气”：名符其实的乡土气息。如果她与骆翔之教授的恋情要有下文，她就必须去掉这份宝贵的“土气”，才能适应美国的生活。从中国带来的生机，不够两个人用。李欣从产生与骆翔之共渡此生愿望的一刻起，就陷入了与骆翔之同样的处境之中，她的救赎力量，只是一种幻想。骆翔之无力放弃经营了多年的安定生活，而李欣与他分手，也只是最起码的，避免过早落入居美华人的“自闭症”中去的自卫行动。

陈若曦并不是唯一把救赎源泉放在中国“来使”身上的美华作家。聂华苓的《千山外、水长流》同样是中美外交正常化以后的作品，也同样安排了一个年轻纯洁的女孩子莲儿作为中国精神的使者。居美多年，与美国妻子离了婚的林大夫，也对这个兼具圣母与女儿特质的女子，产生了一份复杂的感情，里面包含了对自己在中国过去的生活之重新肯定。但是，林大夫从来使身上寻找自我纯洁的“第二次机会”是失败的。由莲儿勾起的许多对中国的回忆，以及对居美生活的重新估价，只是他目前生活中的一段插曲。林大夫心里虽然起过波澜，但他在美国生活的根本基础，已不可能改变。

那么莲儿在美国又有没有前途呢？与李欣相比，莲儿是个更没有“凡心”

的女留学生，象征意味更浓；她是“出污泥而不染”的莲花，遭受过多次奸污后仍然保持清白，像历尽劫难的中国一样，在这一点上，温婉的莲儿，与在男女关系上随便但又自有奇特操守的李彤，竟是担当同样的象征作用，只不过她是更直接的中国精神化身而已。李彤的下场是死，莲儿则似乎有路可走，但是作品对她在美国具体生活的安排，其实没有明确的交代，她的留学生身份，仿佛只是把她带到美国来的一种借口，使她有机会在牵涉两个国家、两种文化、两代人的历史剧中扮演一个和解的角色，等小说的心理逻辑推演结束，她的任务也完成，她几乎失去了存在的必要。在实际生活上，留学生的身份是不可能无限期延续的。《千山外、水长流》在未面对这个问题前结束，中国精神来使的救赎力量，始终不曾受到彻底的考验，不能证明，也不会推翻。

比起《谪仙记》的嗟恨悲叹，比起《桑青与桃红》的历史梦魇，比起《突围》的无出路感，《千山外、水长流》有一种华美文学中少见的乐观调子。但是，从它的人物无法逃离方程式来看，这种乐观只是一种表象，是居美华人救赎原罪的幻想意识颠倒的投影。

## 结　论

以上分析的华美文学作品中，大都存在一个潜在的大前提：用所谓“中国精神作为价值判断标准。但是这种“中国精神”，是一个绝对的、静态的、甚至非历史性的观念，而且在道德评价上是一种“绝对的善”。用这标准衡量，居美华人这身份本身，就并不是一个描述现实现象的中性标记，而是隐含着价值批判的。它实际上是一个词义本身内容的矛盾：既然居美，就不可能是真的华人，或者说，已经只具华人之名而无华人之实。

另一方面，华人之居美，却是一个历史现象，它是动态的、无时无刻不在演变着、发展着，受着无数交错的历史因素的影响，又衍生出无数具体的历史性决定，包括每个个人对未来的安排。绝对的、非历史的观念与相对的历史现象，是不可能调和起来的。这个矛盾，可以解释华美文学对婚姻主题的描写，为什么总是充满矛盾，总是流露了一种无可奈何的气氛。

或许华美文学的反主导文化特征，注定了它不可能从具体历史的范畴去把握“中国精神”。这个“中国精神”或许终于会像庄因《夜奔》中的梁玉娥，或陈若曦《二胡》中的金雍雍一样，冻结在时间中。梁玉娥与金雍雍，名字和容貌都富于中国古典意味，美艳典雅，长于化妆，受到逐渐老去的自我流放者贾博古和胡为恒的倾慕。但她们的驻颜有术，是缺乏生机的。金雍雍甚至因为不能接受时光流逝带来的年老色衰而自杀。

她的死，与李彤的死遥遥呼应。1965 年的《谪仙记》与 1985 年的《二胡》，隔了 20 年，这 20 年来，华美文学自然不乏对居美华人处境变化的反映。但是，我们看到，在婚姻主题的处理上，不变的地方甚至比变的地方还多。本文第二章中提出的方程式，依然有效。也许这是华美文学这个概念中的题中应有之义，只要华美文学继续在写婚姻和两性关系主题，这个方程式就无可避免地出现在作品中。

（《社会科学战线》1987 年第 4 期）

# 关于三十年代后期日中战争时期鼓吹战争的文学

〔日本〕西垣勤

## 一

1938、39年至40年代，战争文学和战争纪实文学在日本相继登场。关于那个时期的历史情况，尽管早已众所周知，笔者还是打算略谈一二。

1937年7月7日，在芦沟桥发生了日中事变。日中两国从此进入全面战争。

当时“日本陆军对华军事思想”认为，中国暂时不可能实现“民族和政治的统一”，军队实际上是“军阀的士兵”，共产党的军队也与其无甚区别。从这种天真的认识和估价出发，导引出所谓“一击即溃沦”，认定战争会很快结束。这种思想促使军界乃至政府冒然发动了全面战争。

日军于8月13日攻打上海。8月22日占领吴淞口。9月24日占领保定。另一方面，在平型关战役中，日军则被八路军围困，遭受惨败。10月，日军又占领石家庄。11月占领了上海和太原。最后终于在12月占领南京，进行了耸人听闻的大屠杀。

日军总司令官松井石根大将曾喟叹，“大掠夺及暴行确非戏言”（《犬养健记录》，犬养健《扬子江今日仍在流》所收）。中国共产党机关报《解放》（1938年4月）也曾报导：“根据前线部队报告和从日军占领区逃出来的难民的口述，以及各地报纸报导，日本侵略军在中国的暴行，在世界历史上是绝无仅有的。烧、杀、抢掠、强奸妇女，就是日本侵略军的日常生活。他们完全是一群野兽，一群狂犬、一群发了疯的强盗。”此外，类似证言不胜枚举。

然而，南京大屠杀不过是日军在中国各地许多次屠杀中一场大的屠杀。

1938年1月，中国共产党在山西省五台山区建立了解放区。同年5月，毛泽东又在延安发表了《论持久战》。从此，中国共产党与国民政府一同进入了对日军的持久作战。而日本在同年 1 月，发表了所谓“帝国政府不与国民政府为敌”的“近卫声明”。同年五月又攻打徐州（此次对中国野战军主力的围歼战遭到失败）。同年 10 月，攻打广州、武汉三镇，进一步扩大战局，陷入了泥潭般的恶战之中。

在日本国内，为了使全民参战，一方面竭尽全力进行国民精神动员，一方面更加疯狂地压制思想和言论自由。同年九月，设立了内阁情报部。12 月，发生了第一次人民战线事件。就在这一年，左翼作家、评论家被禁止写作。1938 年 2 月，人民战线成员第二次被逮捕。同年四月，公布了国家总动员令。

文坛当时处于被压制思想自由的最低潮。但是作家们却争先恐后地奔赴中国战场。1937 年 8 月，尾崎士郎、林房雄等作家，作为各报社特派员前去中国。同年 12 月，石川达三也作为特派员赶赴中国。1938 年 3 月，《活着的士兵》在《中央公论》发表。同月 18 日被查禁。同年 8 月被起诉（9 月判决）。同月，火野苇平在《改造》上发表《麦子与士兵》，上田广在《中央公论》发表《鲍庆乡》。至此，战纪文学一跃受到世人瞩目，一般读者也欲先睹为快。这时，内阁情报部制定了汉口攻略战的随军计划。1938 年 9 月，大批作家随军出发（丹羽文雄、林芙美子、尾崎士郎、岸田国士、片冈铁平、佐藤春夫、菊池宽、吉川英治、久米正雄、吉屋信子、滝井孝作等共 22 名）。10 月，上田广在《大陆》上发表《黄尘》。1939 年 2 月，日比野士朗在《中央公论》发表《吴淞水渠网》。4 月，以开拓大陆为目的的国策写作班子开往满洲。就这样，除极少数作家之外，文学工作者们都响应国策，陆续开赴中国。其中，被视为有代表性的战记文学作家，是石川达三、火野苇平和上田广。如果举出他们各自一部代表作品的话，则是《活着的士兵》、《麦子与士兵》和《黄尘》。

## 二

本文欲将主要焦点置于上田广，对前三者自然也不该忽略。基于此，以下将兼论前二者的代表作。

在考察这些作家的时候，我们不能忘记，作为最早对他们做出最中肯的评价的，是中野重识。中野曾这样评述：

> 无论是《黄尘》，还是《麦子与士兵》，一方面采取小说的形式，一方面采取日记的形式。然而，无论哪种形式，通篇都贯穿着作者试图将人性之心与非人性的战争现实加以调和的努力。如果说“贯穿”这个词语

气过重的话，或许可以说，通篇都伴随着作者怯懦的愿望，即希望这种调和至少是可能的愿望。

中野还举出附在改造社出版的《黄尘》后面的上田广写给妻子的信："每晚就寝前写一会儿战线报告性的文章。为了国家握紧笔杆与拿起枪杆为国尽忠是完全一致的。我目前正处于这种心境之中。这是我的生活道路。我们在前线，曾多少次为战友的行动而流泪，为敌国民众的生活而哭泣。而家乡信中述说的坚强的民族团结又总是打动我们的心……我要含着眼泪与大和民族共生存，含着眼泪为民族的发展贡献力量。然而，现在我不想再使用这些夸大的文字，我要把自己的所想所闻，用我所掌握的艺术方法真实地再现出来，借以实现我的诺言。我憧憬着昔日的繁盛即将重现，我决心与妨碍自己作为作家而成长的羁绊进行彻底的诀别。"

中野论述道："为了今天的读者，需要做出说明，上述信件内容是有如下背景的。当时，对于侵华战争仍然有批评意见。尽管无产阶级文学运动遭到彻底的破坏，尽管部分作家被禁止写作，但是将人性与和平联结在一起的努力并没能完全被扼杀。上田广是国铁的职工，他希望政府提高国铁职工的生活，是与国家处于对抗关系的一个人。上田广还是具有民主倾向的同人杂志《文学建设》的同人。他与评论家窿川鹤次郎等关系密切。因此，为了'与大和民族共生存'，'为民族的发展贡献力量'，便只好超越理义。'含泪'为之。而且，他没有把此种想法公诸于世，而只是写在给妻子的私人信中"，"我憧憬着昔日的繁盛即将重现，决心与妨碍自己作为作家而成长的羁绊彻底诀别"，这句话是暗示上田广憧憬着日本帝国主义的战败和无产阶级文学运动在经过若干变化之后的重新兴盛。有些人不愿意顺应事态的进程而推动文学，这是由于他们不懂得历史的现实，而自己禁锢了自己成长的脚步。

从这些作品中可以看出，首先，这些作品客观地暴露了战争特别是侵华战争的残酷性。第二，暴露了对这场战争不得不持肯定态度的作者们的立场。第三，表现出作者凭借自古以来的日本式的人情主义，想从以上暴露的事实中挣脱出来的焦灼心情。一言以蔽之，作者以及日本文学是被禁闭在这样一个空间——与世界隔绝，委缩于仅被政府和军队认可的范围之内。在这个空间内，他们是行得通的，但一旦向外跨出一步，便立即会碰壁。

此外，对于这些作品中普遍流露出的对中国兵的憎恶和形成反射的对祖国的爱，中野曾一针见血地指出：这同"强盗闯入别人家时，遇到那家孩子的反抗便立即产生憎恶情绪而指出祖国"如出一辙。这是"依照常识所无法解释的事情"，其特点是，他们完全没有意识到自己是在侵略他国。

我认为中野对这些作品的内容和评价做出了全面而深刻的论说。沿着这条线，我想再做进一步的探讨。

## 三

石川达三自1937年12月下旬以中央公论社特派员的身份随军赴华中，翌年即1938年1月归国后，立即着手写作《活着的士兵》，同年3月在《中央公论》发表。3月18日，这篇作品被查禁。9月起诉。9月判决。罪状是违反报纸法。判决主文如下：

> 判决被告人石川达三及同犯雨宫庸藏各拘留4个月，缓期执行。判决同犯牧野武夫罚款一百元。

判决理由是执笔并署名“记述皇家士兵杀戮、掠夺非战斗人员、军纪松弛，破坏安宁秩序的作品事项”。

石川在法庭上陈述了自己的创作动机：“国民把出征的士兵想象为神，以为我军占领的土地转瞬之间就会被建成一片乐土，而中国民众也必会同心协力。而我想告诉他们，战争不是轻松闲雅之事。只有告诉国民所谓战争的真实，才会使他们真正认识这个非常时期。我相信这对于使国民对目前的时局采取坚决的态度，也是非常必要的”。

石川所说“所谓战争的真实”对于出征军人来说意味着什么呢？我们不得不承认安永武人的精辟的卓见。他指出：那是“在被迫当兵之前曾有着各种生活经历的人们在被置于战斗漩涡中的军队组织后，逐渐丧失了人性和理智，或者说他们主动地麻痹自己，向日本军队所严格要求的士兵的标准靠拢的过程——非人化地朝着有能力的模范士兵的标准，拼命地把自己塑造成一个战争工具的过程”（安永武人《石川达三〈活着的士兵〉》，《战时的作家与作品》1983、12、未来社刊）。

作为其前提，首先，这篇作品可以说是在战时公开发表的作品中，将南京大屠杀中日本军队对中国士兵、人民的残酷杀虐、随意征收等野蛮行为的实态，通过虚构进行艺术加工的唯一的作品。这一点恐怕是不容置疑的。作品中作者客观描述了自己的家园被日军本部夺走，房子被焚烧，惨遭笠原杀害的中国人；日本笠原那双“令人感到意外的白白胖胖的手”，拿着“几处卷了刃，残留着些许红色，由于脂肪的污浊而使刀身像铅一样失去光泽”的战刀；还有从老婆婆手中夺走水牛的士兵。“士兵们心情舒畅。这个大陆有用不尽的财富，任由他们索取。附近居民们的私有财产犹如野果一般，任凭士兵们摘取”；戏为“征收生肉”，实是对“姑娘”们征收；由于携带手枪和写有符号的纸片而被当场杀死的姑娘；为了不愿听见因母亲惨死而痛哭不止的一个姑娘的哭声，而将姑娘置于死地的暴行；因为吃一块糖而招来杀身之祸的苦力，等等。士兵们早已领悟了军部的首脑关于“自此以西由于民间的抗日思想较强，故在进攻途中对女子和孩子亦不可放过。凡抵抗者，既使是庶民百姓，亦格杀勿论”的指示，而且实行起来有过之而无不及。作品中尽管没有提到南京大屠杀，但其描写却使人意识到这就是大屠杀。

但是，我们应该注意到，作者的动机正如安永氏所指出的那样，“作者的笔与其说是描写了像笠原那样的，集中凝缩了日本军队近代性格的士兵那种残忍无道的行为，倒不如说是在努力描写在战斗部队这个有组织的、特殊环境的制约中，知识分子士兵无论是否真心情愿，都必须把自己变成像笠原那样的士兵的苦恼的心理过程”。

“仓田小队长”以中队长的战死为转机，感到死的恐怖“犹如掉了一根房檩的房子”。这也许是一种感情的跃动之后所产生的麻木心理。所以在那之后，他的心里反倒轻松了，感到了生活的光明，心胸也开阔了。“那是一种自由感，一种无道德感，是毫无反省的残酷性的觉醒。他已经在自己身上培养起无论怎样的残忍杀 戮都能够参加的性格。也就是说，他已经变为与笠原伍长不相上下的人。”

石川力图写出那些知识分子在惨无人道的战场上，不得不趋向于像笠原那样的残忍的人这一现实。

在这部作品中，有两个完全不值得同情的残忍人物，即笠原和随军僧人片山玄澄。尽管这两个人物的形象，也许会使作品产生些许扬善惩恶的倾向，而引起我的注意的重要问题是，作者对这两个人的安排，必然会使读者误认为他们出身于民众。除了这两个人之外，为了偷吃一块糖，而将苦力杀死的上等兵亦是如此，出身于民众的士兵在作品中并没有被肯定。倒是只有非民众出身的纯粹职业军人西泽联队长被描写得有些人的感情。对于肆无忌惮地屠杀敌兵，不屑于为死难的敌兵吊丧的随军僧人，他是怎样说的，又是怎样想的呢？虽然原文较长，还是援引如下：

> 队长好似下巴颏发痒似地沙沙地挠着胡须，仿佛自言自语般地喟叹道：
>
> “是吗？是没有超越国界的宗教吗？”
>
> 大佐对宗教，或者说对宗教家感到失望。（略）战争是国家的事业，与个人在精神上的满足毫不相干。他自然懂得这一点。但是，他西泽大佐并不是只对自己的部下怀有父母之爱，却不知道爱敌人的军人。尽管他能够做出杀死几千名俘虏的决断，但同时，他也感到一丝悲伤和空虚。他以为宗教可以弥补他的空虚。他以为作为指挥官不能为敌人的战死者凭吊，

而随军僧人却可以代替他那样做。因此，当他听见随军僧人说宁肯为友军吊丧而绝不为敌军战死者为之时，他失望了。原本热爱和平的人处于失去和平的战场上时，那种落莫的心怀中仅存的一点和平的梦幻破碎了。西泽大佐曾经希望世上会有超越国界之伟力的宗教。

我想，石川的这种思想或许不能说是出自对人的虚无主义，而是反映出他在把握人上失之单纯。由于极端憎恨战争的无道，使他把人想象得过于单纯，出于强烈的正义感而坚决地否定了人。我以为，石川的思想正是以上认识的反映。

关于当时进行战争文学创作的限制规定，平野谦曾这样写道："一、不许写日军战败之事；二、不许写战争的黑暗面；三、必须把敌人写得令人憎恶；四、不许写作战全貌；五、不许写部队的编制和部队名；六、不许描写军人的人性表现。对分队长以下的士兵怎样描写都行，但对小队长以上的军官，必须把他们写得人格高尚，沉着勇敢；七、不许写女人之事。"

在这些限制的条件下，是写不出好作品的。石川并不知道这些限制规定，但他以与其完全背道而驰的态度，写出了《活着的士兵》。正因为如此，虽然对这部作品尚有争议，但也足见其可贵意义。

反之，火野苇平、上田广等是知道这些规定的，而且是按照这些规定进行写作的。因此，现在看来，他们的作品则具有必须予以否定的意义。

## 四

火野苇平于1937年9月10日，作为现役军人加入小仓联队。之后立即随队四渡中国。同年11月25日参加了杭州湾登陆作战。1938年4月在杭州警备队任职。其间创作的《粪尿潭》获芥川奖。同年5月，攻打徐州时曾参战20余日。《麦子与士兵》（1938年8期《改造》）正是当时的记录。接着又写出了记录杭州湾登陆战的《土地与士兵》（1938年11期《文艺春秋》）和记录在杭州驻留情况的《花与士兵》（1938年12月6日朝日新闻）。因此，这些作品堪称是攻打徐州的实战记录。可以说与石川达三的作品根本不同，这些作品具有只有"置身于战争中的人"（北原武夫《战争文学论》《文学与伦理》1940年、11、中共公论社）才会产生的"现实感、临阵感"（都筑久义《〈麦子与士兵〉的文学性》、《近代文学》6、有斐阁、1977、10）。

最初，当他发现自己正向大家所唱的军歌那样去做时，他曾想阻止自己，继而又想到阻止自己的做法未免有些徒劳。从这里我们可以看到他决心彻底成为一个出身民众的士兵而所做出的努力。但是这部作品的功罪正是在于他努力使自己与纯粹民众出身的士兵同化的记录上，我的感想正是由此而生。由于这部作品是实战的记录，对每日生活的感觉以及自然的描写都比较成功。它引起了将士兵送到战场的许多日本人的兴致，使他们深受感动。正如杉山平助早就指出的，“他所记录的并不是战场上惊险场面的连续镜头，他所关注的是战争生活中的细微部分。脚上的泡，粪便的颜色、床上的跳蚤、成群的蚊虫，还有对于士兵来说比什么都重要的‘今晚吃什么’的担心和不安”（《文艺十五年史》1942、11 鳟书房）。

然而，对于中国人，作品怀着怎样的感情呢？“结着沉甸甸的麦穗的大片麦田，和残留在已经没有主人的土屋中象征幸福的红纸，充满了一种执拗的生命力。除了家庭的繁荣和麦田的收获，对于他们来说，什么思想啦，国家啦，都毫无意义”。这样的评价倒真像是出自作为侵略者的日本人之口。但是另一方面，作品中也描写了日本士兵穿着脏鞋子踏入中国人干净的房间，对着镜子照着自己“满是尘土、胡子拉茬的异样的面孔”，而后“像战败者似地仓皇出逃”的情形。但同时，作品中又有这样的话：“使我们的同胞如此痛苦，而且曾威胁过我的生命的中国兵，激起了我强烈的憎恨。”作者完全没有意识到，侵略别人的正是他自己。这也许是环境所迫。是否可以说，由于是侵略军的一员，就将人类原本自然的感情而冷酷地抹杀了呢?!

除了下面这段有名的描写之外，作品有意识地避开了所有残酷的场面。

> 四五个日本兵将像念珠般排在一起靠近里面砖墙上的三个中国兵带到卫兵所前。俘虏中有一人 40 上下，另两个看来还不满 20 岁。据说他们不仅坚持抗日的态度，而且拒绝回答任何问题，还挺起肩膀抬腿踢人。更有甚者还向日本兵啐痰。因此，决定将他们斩首。我也跟着来到街镇尽头一片广阔的麦田中。这地方到处都是麦田。这里看来早有准备，在割掉麦子的一片空地上，挖有一条又宽又深的沟。排着的三个中国兵被强迫坐在沟前，绕到他们身后的一个曹长抽出了军刀。随着一声吆喝，一颗头颅如珠球一般滚落，血涌如注。三个中国兵一个接一个地死了。我避开了视线。我还没有成为恶魔。当我知道这一点时，心中得到深深的宽慰。

此外，作品中还表现出对长官那种不可思议的尊敬态度。“部队长挨个儿看望伤兵。虽然他只说了一句‘辛苦了’，但从他温厚的表情上，却可以看出他对士兵们的真挚的感激之情。”“莲花大佐平时总爱训人，但这一句充满温情的话，却使我深受感动。”还有“清水部队长是个圆脸庞的温和的人，但尽管如此，我还是从他的眼睛中，感受到了那样身经百战的刚毅的目光”。这些描写滑稽可笑，已经不是文学性的描写，恐怕是忠实执行限制规定的反映吧。

## 五

上田广的战争文学，可以分为三类。第一类是与石川、火野相同的直接描写与中国军队的作战情况。此外还描写了日军的生活、士兵间的友情等。第二类描写中国军队和老百姓的生活。第三类描写归顺、投降的中国人、中国兵与日本兵的交流，或描写与日军合作的村庄和日军的交流。

第一类中，有《建设战记》（《改造》1939、4。改造社刊 1939、4）、《阵中日记抄》（《归顺》改造社刊、1939、8）、《本部日记》（《中央公论》1940、1）《晋南之春》（同上）、《静静的风云》（同上）、《井》（《临汾战争故事集》、河出书房刊，1940、7）、《驻屯时的事》（同上）、《花园》（同上）、《背囊》（同上）、《信》（同上）、《绿色的城》（1940、3《文艺春秋》）、《早春记》（《再生记》学艺社刊、1941、4）、《水间部队长的一天》（《民族之海》利根书房刊、1941、11）等等。第二类有《归顺》（《中央公论》1938、12。《归顺》）、《鲍庆乡》（《中央公论》1938、8、同上）、《奴隶的女儿》（《再生记》）等。第三类有《黄尘》（1938、10《大陆》）、《大地燃烧》（《临汾战争故事集》）、《感冒》（同上）、《青鸟》（同上）、《白色的花朵》（同上）、《关于爱情》（《再生记》）《周紫兰》（同上）、《朝礼》（《民族之海》）等。

第一类的代表作品《建设战记》，基本上与火野的《麦子与士兵》同属一种类型。所不同的是，《麦子与士兵》是攻打徐州的战记，而《建设战记》的前部虽然是描写其他事情的，而后部主要是写守备山西省北部的铁道同浦线、正太线等补给线的被动的战争，进行残暴的征敛等。上田广自 1937 年 7 月应征到 1939 年 11 月归国前的两年零 3 个月的期间，一直是驻守在这里。他参加侵略行动但是他却不懂得侵略的本质。在他的笔下，士兵拼命守卫铁路线的精神，是美好的精神，自己与士兵们像“一堆烂泥”、像“泥人”的样子，是“美好的形象”，“越肮脏越美好，”“我太激动了，激动得想笑一下也笑不出，我难以控制自己的情绪，世界上难道还有比这更美好的形象吗?”还有，在议论了一阵“现在想吃什么”之后，他写道，“有这样的谈话就够了，这样的谈话足以使我们得到满足。士兵们那种绝望的表情是没有什么能和它媲美的。它使我钦佩”。而对于要杀掉这些美好的日本人的中国兵，“想到这是企图使我们民族后退的人放出的炮弹，我便怒火中烧，对于发炮者产生了更强烈的憎恨”。在这里，完全没有意识到自己这种所谓的正义感，是侵略者的意识，与火野不谋而合。

不过，他笔下对于中国兵的态度，却比火野有人情味儿。像敌方不先动手，我方不能出击，“这是日本兵特有的性格”啦，对于农民“一旦抱有好感，便不再怀疑，”这是“所有日本人具有的弱点”啦，还有对于俘虏“一点也憎恨不起来”，“我痛心地低头看着那个俘虏，想到自己本应该憎恨他，一种惆怅的心情便攫住了我”等等描写，从整个侵略战争的实态来看，仿佛是在说谎。但我想，这也许正是作者亲身感受的真实感情的流露。

作品中，对中国人破坏铁路的反日强大能量有深刻的表现。同时，作品也着重描写了日军拼死守护铁路的情况。尽管作者的写作意图并不在此，但从客观意义上说，这部作品所写的却是现实的真实写照。

关于第二类，是一些把日本军队在掠夺和征敛时表现出的残酷强加在中国兵身上的作品。这些作品还描写了中国军队纪律严明，描写了没有胜利的希望而表现出的那种没有气力的样子等等(《归顺》、《鲍庆乡》)。此外，还描写了被迫在中国餐馆做奴隶的少女。这是一篇具有无产阶级文学风格的作品，很有写实性。

第三类作品是最具上田广特色，也是最有问题的一些作品。代表作《黄尘》记录了主人公作为铁道部队的一员，从石家庄起，经由娘子关、阳泉，直至到达太原的经历。“我”把一个叫做柳子超的劳工作为部下带去阳泉。在石家庄遭遇中国军队的袭击时，柳子超举枪向中国兵还击。当时“我”说：“你可是中国人啊。”但他说：“我虽然是中国人，但现在已不是了。为了活命我只好这样做。马马虎虎不行。和亡国家相比，还是我自己的命要紧”。他说着还请求“我”催促难民们干活。“我”答应了他。但事后一个难民说他是汉奸，举刀砍他。他做出冒险的决择继续与“我”合作。这里，柳的苦恼是作品的重要主题，但是作品并没有表明柳的内心世界。“我”看着难民砍伤了柳，柳肩膀受伤倒在地上。但后来怎样了，却没有写。也许难民被杀掉了吧。

到了阳泉之后，柳不时藏起来。而且他被列入了国民党的黑名单，被抓到宪兵队之后，因以同名同姓的他人而被释放（这个情节不够自然）。柳还训诉“我”雇用的协力者陈子文，“给日本人做什么土袋”。骂他“不是人”。但尽管这样，“我”还是使用柳。

柳虽然是个协力者，但却是苦恼的。作为侵略者的“我”自然希望柳也像陈那样。但是“我”作为一个人，也非常理解柳的苦衷。

另一方面，作品又描写了“我”对陈子文的宠爱，描写了“我”与在石家庄相好的妓女晋翠林约好以后在阳泉见面。她对“我”产生了爱情，想在太原见“我”却没见成的浪漫故事。还写了在一群残兵败将掠夺之后，日本兵在阳泉得到市民的深切信赖，治安维持会的工作也进展顺利等。作品在描写了一幅理想的“侵略”图景之后结束。

尽管对柳子超的描写，稍稍触及到了本质的问题。但从整个作品来看，不能不说这是巧妙地将侵略的正当性与日军的人性以小说的形式来表现的战争协作文学。

在《青鸟》和《大地燃烧》中，描写了朱少云和李芙蓉两个年轻姑娘的故事。她们“出生在石家庄附近。中学毕业后发生事变那年参加了八路军，一直把枪口对准我们”。但后来她们成了俘虏，日本人让她们做安抚员，希望她们与日军合作。最初她们对安抚员的工作持怀疑态度，而且拒绝学习日语，还挑战似地高唱“凭吊鲁迅的歌曲”。但是后来她们成了优秀的安抚员，与日军协作搞好铁道爱护村的治安平定工作。作品从一个军人的角度描写了日军对这两个姑娘的充满人性的、极端耐心的说服工作。《关于爱情》和《朝礼》写的是日军让上述成为优秀合作者的女性与成为铁杆汉奸的男性结合，让他们进一步为“皇军”效力。山西省农村是否曾有过这样的女性，这还是个问题。既使确实有过，这种将其塑造成协作者的描写，也不能不说是十足的战争协作文学。作者曾在作品中表露出善良的心地，但我不得不说，正因为他心地的善良，反而构筑了反动的、非人性的文学。

上田广的战争文学，对现实的侵略本质孰视无睹，由于他的素养和书中主人公的素养所限，把现象的、非本质的事物当作本质而加以描写，从而构筑了一种欺骗文学。在这点上，他超过了石川达三和火野苇平。因此，对他的作品，也只能做出更加否定的评价。

（刘春英　译）

（《社会科学战线》1989 年第 2 期）

# 肖红的文学观与“抗日”问题

## ——由《生死场》说起

〔日本〕片山智行

## 一

1935年经鲁迅的举荐，肖红发表了《生死场》，一举登上中国文坛，鲁迅为此书做了序，胡风也写了感人肺腑的《读后记》，足见该书出版之时即已受到高度的评价。胡风在评论这部作品的时候，特别着眼于农民的“反抗”精神这一点，即被“自然的暴君”和“两条腿的暴君”欺侮的东北农民，由于日军的侵略，生活更进一步跌进苦难的深渊，最后被迫奋起“抗日”。他们的“觉醒和反抗”是这部作品的最主要的主题，他说：

> 然而被抢去了的人民却是不能够“驯服”的。要么，被刻上“亡国奴”的烙印，被一口一口地吸尽血液，被强奸、被杀害。要么，反抗。这以外，到都市去也罢，到尼庵去也罢，都走不出这一个吃人的世界。

他感叹道：“这些蚁子一样的愚夫愚妇们就悲壮地站上了神圣的民族战争底前线。蚁子似地为死而生的他们现在是巨人似地为生而死了。”

说到时代背景，这部作品发表于1935年末，即“满洲国”刚建立几年，日中进入全面战争的芦沟桥事件爆发的前夜。其“抗日”的主题能引起世人的关注，那是再自然不过的事了，胡风积极地推崇此书自然与这样的时代背景有关。

肖红曾居于日本军建立的“满洲国”，后被迫流亡青岛，在当地执笔“生死场”。不难想象，此时他的心中一定沉淀着抗日激情。

肖红生地的东北，在柳条沟事件爆发前就已是日本的觊觎之地。她在哈尔滨女子中学学习的时候，就参加了抗日运动。

肖红在其所著的散文《一个铁路的完成》中曾谈及这件事。满铁计划铺设吉敦铁路（吉林敦化间）时，中国的爱国学生掀起抵制运动。因这条铁路开通后，可直达朝鲜，日军可轻而易举地发兵东北，中国势必是引狼入室。

当时，肖红参加了宣传队，游行队伍刚一出发，就被阻挠的警察开枪冲散了。

> 大队又重新收拾起来，又发着号令，可是枪声又响了，对于枪声，人们像是看到了火花似的那么热烈。至于“打倒日本帝国主义”，“反对日本建成吉敦路”这事情的本身已经被人们忘记了，唯一所要打倒的就是滨江县政府，到后来连县政府也忘记了，只“打倒警察，打倒警察……”。这一场斗争到后来我觉得比一开头还有趣味，在那时，“日本帝国主义”，我相信我绝对没有见过，但是警察我是见过的，于是我就嚷着：
>
> “打倒警察，打倒警察！”
>
> 我手中的传单，我都顺着风让他们飘走了，只带着一张小白旗和自己的喉咙从那零散下来的人缝中穿过去。
>
> 那天受轻伤的共有二十几个，我所看到的只是从他们的身上流下来的血还凝结在石头道上。

一看这篇文章，就会明白这是多么单纯朴素的爱国感情啊。

从这件事也可以推想出翌年在中苏发生冲突事件（中国方面搜捕哈尔滨苏联领事馆，逮捕很多中共党员，为抗议这一事件，中苏双方交战）时，肖红何以积极地参加了爱国学生运动。纵使对手是苏联，她的朴素的爱国感情也一样高涨（意识形态的问题当时她还不十分清楚，可以说其后她这种倾向始终未变）。

这就是肖红在“满洲国”建立后的几年，于异乡青岛描述故乡风貌的缘由了，在《生死场》中，这种缘由和肖红过去的生活经验有着某种微妙的共鸣。

肖红初是在家庭内受到冷遇，走向社会又被男人遗弃，生了孩子，又抛弃了，最后流亡到青岛，这种种遭遇，使她饱尝了人世间的辛酸，正由于这些，她在女子中学时代，就养成了忧郁的、朴素的爱国情感。

## 二

《生死场》将生活在东北大地上的农民的形象跃然纸上。就像鲁迅在其《序》中指出的那样：“叙述和写景胜于人物的描写，然而北方人民对于生的坚强，对于死的挣扎，却往往已经力透纸背。”

然而一旦谈到这部作品的主题时，历来是众说纷纭，尽管也有人承认

“抗日”是其主题，但对该作主题的解释简直是五花八门。

执笔《读后记》的胡风，恐怕是力主“抗日”主题的，关于这点他说：“然而，我并不是说作者没有她底短处或弱点。第一，对于题材的组织力不够，全篇显得是一些散漫的素描，感不到向着中心的发展，不能使读者得到应该能够得到的紧张的迫力。”

胡风感到不满意的，恐怕是结构问题吧。

确实，这部作品在叙述时，很多场面各自独立，主人公的存在也很模糊，登场人物中到底谁是主人公一下子难于断定。

现在我们试着排列一下作品中的人物出场次序。首先出场的是农民二里半和他的妻子麻面婆及其孙子一家，接着出场的是近邻农民之妻王婆及其丈夫赵三。私生子平儿一家（从表面上看他不怎么出场，但因参加抵抗运动而牺牲的王婆与前夫所生的子女都是重要人物），然后出场的是金枝，他的爱人成业，还有成业的叔父叔母。

再后出场的是年轻貌美、被疾病缠身、遭丈夫嫌弃、悲惨地死去的月英，以及组织村民反对土地增税等反抗运动的领导人李青山。

除此以外，还有众多的出场人物，但以上几个人物却是作者精心塑造的。每个人物都有一部人生经。

在分析作品的主人公时，尤其应该把被看作是作者分身的金枝放在首位。从她与成业幽会开始，到婚后受丈夫的虐待，生了孩子，又弄死了，最后逃亡到日军统治下的哈尔滨，在极度贫困中过着流浪生活。只有她才能代替作者喊出心中的痛苦。

可是这样一个非常重要人物，在全书 17 章中，仅占 6 章，即 2、6、7、14、15、16 章。

比较一下看，出场次数最多的要数工婆。1、3、4、6、7、8、10、l2、13、14，共 l0 章。在绝望之余，她自杀未遂。比诸其他人物来，她沉着、积极，有着强烈的反抗精神。说她是这部小说的主人公决非妄言（“抗日”如果是这部作品的主题的话，那她大概就是名正言顺的主人公了）。

顺便说一句，王婆的丈夫赵三的出场次数是 1、4、5、7、8、9、13、l5、17，共 9 章。他也是该书的主人公之一。从描写的份量上看，说赵三、王婆夫妇是该书的主人公也可以。

该书首先出场的二里半，实际上也是个重要人物，他出场的次数是 1、2、3、4、5、7、13、17 等 8 章。第 5 章提到他仅一行，关键是第 7 章。

当然，同是出场人物，着墨的浓淡是不一样的，体现作者的意念也有别，远不能简单地以出场次数的多寡来衡量其重要性。王婆的丈夫诚然是个重要人物，有9章提到他，其回数远远多于金枝所占的6章，但不能说其重要性超过金枝。

## 三

在《生死场》中，这些人物在严酷的自然和愚昧的封建社会中，面对着重重困难生存着，所以该书被评价为“对于题材的组织力不够”。到作品的后半部，主题才开始逐渐清晰，最终，全文归拢到“抗日”这一主题上。

但是，说这部作品人物描写欠佳，也未必得当。诚然这部作品故事情节松散，人物死气沉沉，每个形象之间缺乏有机的联系。譬如，对于王婆，作者这样描写道：

> 她的牙齿为着述说常常切得发响，那样她表示她的愤恨和潜怒。在星光下，她的脸纹绿了些，眼睛发青，她的眼睛是大的圆形，有时她讲到兴奋的话句，她发着嘎而没有曲折的直声，邻居的孩子们说她是一头‘猫头鹰’，她常常为着小孩子们说她是‘猫头鹰’而愤激，她想自己怎么会成那样的怪物呢？像碎着一件什么东西似的，她开始吐痰。

大概因为王婆的眼睛异样的大而圆，所以看着像猫头鹰。这是她身体上的一个特征。她从前尝够了人世间的辛酸，体内总是蕴积着仇恨和愤怒之情，看上去有几分阴郁之气。以至于作者用“幽灵”来形容她。

就王婆这一人物形象而言，鲁迅没有感觉到“鬼气”，但在电闪雷鸣的夜晚，她在庭院中，给村子里的妇女们讲述着自己幼儿惨死的经过，这场面不能不使人感到阴森可怕。

王婆三岁的孩子，在她不在身旁的一瞬间，绊倒在铁犁上，被轧死了。王婆在院子里说这段话的时候，闪电在夜空中翻腾。

> 一条闪光裂开来，看得清王婆是一个兴奋的幽灵。全麦田、高粱地、菜圃、都在闪光下出现。妇人们被惶惑着，像是有什么冷的东西，扑向他们的脸去。闪光一过，王婆的话声又连续下去。

在这样晦气的天气里，王婆回想着流着鲜血死去的孩子，凄惨地讲着：“他的小手颤颤着，血在冒着气从鼻子流出，从嘴巴流出，好像喉管被切断了。”她逼真地描述着幼儿死去时的惨状。她收住话头的时候，“闪光相连起来，能言的幽灵默默坐在闪光中，邻妇互望着，感到有些寒冷”。接着，作品逐渐地揭开了她充满辛劳的人生。先是为交付地租，必须舍弃心爱的老马，将它送进屠宰场。尽管作者淡淡地描写了把老马牵到屠宰场时王婆的心境，但字字扣人心弦。

接着王婆听说当了“匪贼”的儿子被官府枪决了，此时就连她也想自杀了。其后，她渐渐觉醒起来，成为抗日运动的坚强支持者。她掩护党组织派来的黑胡子男人，夜里替他放哨，即使她的女儿在抗日运动中牺牲时，她的意志也没有动摇过。

王婆从悲惨的经历中挣脱出来，成长为一个坚强的抵抗者。如此看来，王婆既有阴郁之气，又是一个富有人情味的人。从某种意义上可以说，这个形象很感人，也很丰满。作为主人公之一的这个成功的形象，她有资格被称为典型人物。

她的丈夫赵三企图发动反对土地增税的暴动，因为误伤小偷被逮捕。由于地主讲情被释放，而后一下子成了观潮派。但十年后，面对日军的侵略暴行，为激发大家的爱国抗日的激情，他悲愤慷慨地宣讲“抗日”救国道理。赵三这个形象虽然没有王婆的形象感人，但也不是没有一点可取之处。

把老羊视若命根的跛子二里半，则是农村中一个非常保守的农民形象，遇事一意孤行，他的老婆麻面婆是个十足的愚妇。这对夫妇的形象也耐人寻味。

特别是对二里半这一人物的处理，虽因布局和“题材的组织力不够”，受到责难。但仍有引人之处。

在《生死场》中，二里半以寻找失踪的羊开始登场。其后，二里半把无论如何也不肯撒手的老羊，托付给赵三，一瘸一拐地走着，奔赴“抗战”前线去了。作者以此作为全书的终结：

> 这条老羊……替我养着吧！赵三哥！你活一天替我养一天吧！……
>
> 二里半的手，在羊毛上惜别，他流泪的手，最后一刻摸着羊毛。”
>
> 他快走，跟上前面李青山去，身后老羊不住哀叫，羊的胡子在慢慢摆动……
>
> 二里半不健全的腿颠跌着颠跌着，远了！模糊了！山冈和树林，渐去渐遥。羊声在远处伴着老赵三茫然地嘶鸣。

顽固保守的农民二里半，在娇儿和老婆麻面婆被日军杀害后，终于参加了“抗日”义勇军。这位只知疼爱自己羊的无知的农民最终舍弃了自己最爱怜的老羊，奔赴“抗日”前线，一瘸一拐地奔赴前线的二里半的形象令人叫绝。

我们通过分析主要登场人物的行止，可以看出，该书实在是淋漓尽致地刻画了在严酷的自然条件和社会条件下生存在大地上的农民，由于日本军的残暴的侵略行径的逼迫，最后奋起抗日的英姿。作品结尾二里半的举动是最好的象征。

这部作品也有其局限性，场面描写呆板，重复，缺乏小说家铺展情节的能力，从而显得场面过于写实。人物描写上亦不能称为上乘，其结果是最后自然而然流出的“抗日”主题，显得有些突兀。

《生死场》的人物描写和叙事及写景比较起来，也有不尽人意之处，由于重复的、细致的描写，东北农民的真实面貌是忠实地被表现出来的，描写了二里半、赵三的保守的一面性格，又描写了最积极的人物和王婆的自杀未遂之事，人物的形象呈现多重性。

## 四

如以上看到的，从登场人物的行止看来，《生死场》还是能够归结为“抗日”的主题里的。

但是，如果把这部作品的主题只限定在“抗日”内容上，过分地强调“抗日”这一主题，无视其余各方面，那是不能全面地评价这部作品的。

这个问题引起了种种非议，其中美国的葛浩文氏的《肖红评传》，便是其中的代表。

葛氏重视《生死场》中对东北农民的“生、病、老、死”的描写，他对以“抗日”为主题的后半部分没有做太高的评价，而且指出，这部作品“中途变换了小说的主题”。

确实，前半部分没有涉及“抗日”的问题，《生死场》以第10章的《十年》为界。分为前后两部分，前半部分是日本兵侵略中国10年前的事，作为这部作品舞台的村庄，当时还没有想到“抗日”的问题。

从分量上看，前半部分占全书的三分之二，葛氏强烈反对把前半部分看成是“准备日寇出场的序幕”。

葛氏高度评价作品的前半部。对以“抗日”为主题的后半部非常不满意，极尽贬意。他说肖红是在肖军影响下开始改变作品后半部分的主题，她自身没有肖军那样的“抗日”经验，也没有亲眼目睹过日军的暴行。“她这方面的描写并不能使人信服”。总而言之，她只限于对当时肖红的生活状况的分析。

葛氏批评肖红以道听途说的法来指责日军行为，其实相对来说这也是正常的，否则连农民的“抗日”运动也不能描写了。葛氏的论点不能使人完全折服。

比如，在反对土地增税的运动一度受挫折后，赵三（经过十年的岁月，已成了老人）面对日军的侵略行径，慷慨悲壮地站起来反抗的场面。赵三是一位不论别人对他讲解多少遍，他总不明白他是属于什么阶级的人。然而他却去参加了“抗日”誓师大会，向大家泣述自己的肺腑之音：

老赵三立到桌子前面，他不发声，先流泪：

国……国亡了！我……我也……老了！你们还年青，你们去救国吧！我的老骨头……再也不中用了！我是个老亡国奴，我不会眼见你们把日本旗撕碎，等着我埋在坟里……也要把中国旗子插在坟顶，我是中国人！……我要中国旗子，我不当亡国奴！生是中国人，死是中国鬼……不……不是……亡国奴……

沉重不可分解的悲哀，使树叶垂头，赵三在红蜡烛前用力敲了桌子两下，人们一起哭向苍天了！人们一起向苍天哭泣，一群的人起着号啕！

这个场面胡风在《读后记》中称赞道：“这是用钢戟向晴空一挥似的笔触，发着颤响，飘着光带，在女性作家里面不能不说是创见了。”这确实是中国的大业，如果你能体会到他们的诚挚的心意，那理所当然和他们有同感了。

然而，葛氏却没有评价这个场面，毋庸说是采取否定的态度。他说：

其次让我们讨论在暴力压迫下农民们的觉醒；这类题材，如果有生花妙笔，尽可以写出一部紧张精采的小说，但到了肖红的手上反成为闹剧了。由下面这段被引用的书中主角赵三的话就可以看出这点。

葛氏在这里引用了前面提到的赵三的泣诉，他的评论虽说有很多中肯的地方，但把这种庄严的场面视为“闹剧”我们却不能苟同。我们应该冷静地读一下原作，如果过分忽视当时的时代状况和作者的心境，就不能正确地评价这部作品。肖红毕竟是受肖红本人的想象力驱动着，创作了誓师“抗日”的场面，如果抓住贯穿于小说全文中的真髓，那么就会对这个场面敬服了，只要不是以与作者相悖的感情去读，是不会称其为“闹剧”的吧。

从全文来看，葛氏对肖红的政治敏感度似乎评价极低，譬如他在《〈生死场〉评介》一文做了这样的结论：“在当时重男轻女的社会里，妇女们一天到晚只忙着一些无聊的家务，而对于家外的事物是通过男性才得知一二，肖红的观察和看法也可能正代表着当时一般妇女的看法。”

确实，肖红对于意识形态问题可以说并不那么关心，可是也并不像葛氏所说的那样迟钝，作为作家的肖红，对政治问题具有敏感的理解能力。金枝姑且不说，对王婆的塑造，像葛氏指出的那样远远地突破了同类小说的格局。肖红笔下的王婆，是在艰辛困苦的生活中挣扎起来的，是一个应该积极肯定的农妇中的典型人物。能创作这样成功人物的肖红，不是以与愚昧社会中的妇女同样的水准来观察现实的。

可是，关于金枝在哈尔滨流浪《十四 到都市里去》一章，葛氏的评论有些独到见解。就是说葛氏认为在这里没有“抗日”的要素，他认为“实际上这一章只不过是描述一个弱女子在一个举目无亲的城市中勉力求生的经过。”这一章中无疑的渗入了很多自传的成分，葛氏所说的：“但是它放在小说的后面三分之一处，的确是抹杀了作者在前部所激起的一点点抗日情绪，当作者想重新返回主题时，已经来不及了。”这一席话的确言之有理，当然是应该予以肯定的。

探求《生死场》的主题时，金枝是问题关键的所在。

金枝是作者真实心情的代言人，如果从这一点来说，她应该是被称为第一主人公。可是，如果把金枝看作该作的主人公，就不能把这个作品的第一主题说成是“抗日”，因为在“抗日”的主题下，金枝不能说是个成功的主人公形象。

金枝的存在暗示着这个作品里还有一个胜过“抗日”的主题，对这个人物形象，还有必要再深入讨探一下。

## 五

如前所叙，作者依据自身的生活体验塑造的金枝这一人物形象，切实地反映了作者的心绪，因而理所当然地把金枝视为《生死场》的主人公。但令人吃惊的是，个女人不用说和王婆相比，就是和李青山、赵三、二里半，或者和别村的人相比，她的“抗日”的热情也是非常消极的。

金枝在哈尔滨街头像野犬一样到处徘徊，为了一点钱屈辱地被男人侮辱，在精神上变得空虚、颓唐，是完全可以想象到的，即使是这样，在“抗日”的小说中，她的语言也是激进的。

接下来有这样一个场面：在哈尔滨流浪的金枝重新归来，因为日军把怀孕的中国妇女腹部剖开，愤怒的李青山就砍下两个日本人的头挂在树上。从王婆听到这些话的时候，金枝做了如下的反应：

> 金枝鼻子作出哼声：
>
> “从前恨男人，现在恨小日本子。”最后她转到伤心的路上去：“我恨中国人！除外我什么也不恨。”

王婆的学识有点不如金枝了！

金枝当然憎恨日本侵略军的暴行。因而她首先恨的就是日本人。但是她又和牺牲了儿女而成为勇敢的“抗日”支持者的王婆不同，她直接遭受中国男性的祸害。

家园荒芜，饥饿困顿中流落于哈尔滨的街头，金枝沦落到如此地步，最根本的原因就是由于日本军的侵略。她惧恨日本军。然而，她直接亲身受到的屈辱却始终都是中国男性对她的暴行。毫无疑问，在她的心中有一种朴素的抗日情绪，但这种情绪并不能抵消中国人的暴行。她首先恨的是日本人，其次，作为实感，她“恨中国人”。

如葛氏所指出，金枝的形象的确相对地减弱了这部作品的“抗日”的一面。尽管如此，肖红还是不能不让金枝说出“恨中国人”的话。

严酷的自然界中的生与死。为了金钱而被迫过着屈辱生活的弱肉强食的人间世界。践踏弱者的“性”的男性专制社会。李青山的野蛮行为是由于日本军的侵略而引起的，但是不能不说他的行为是这个凶暴、无理世界的象征性事件。金枝出于朴素的反日情绪，对李青山将日本人的头颅吊在树上的野蛮行为是肯定的：“现在我恨日本人。”但是她在内心深处却本能地厌恶这种暴力统治下的变态的事件（这与男性专制社会的无理性一脉相承）。

从最初在暴力性质下的恋爱、结婚，到生育、孩子的死以及流浪生活，金枝逐一尝遍了身为女性的辛酸。好像在实际生活中肖红本人也曾苦恼于男性的暴力。生为弱者“性”的她，毫无疑问首先对这弱肉强食的世间的不合理性（自然的“刑罚”、暴力以及其他）抱有强烈的抗议的感情。然而，通过金枝之口发出的肖红的抗议却与单一的“抗日”这一主题略相抵触。

《生死场》到了后半部分才把“抗日”提到了面前。肖红不怕冒“抹杀抗日感情”的风险，而硬要插入金枝的“抗议”。

胡风的“安排题材的组织力量不足”、“散漫的素描”的批评，与这个问题也不是没有关系。因为最能表达作者内心感情的金枝并没有在“抗日”这一条主线上行动，而是将中国社会自身所存在的自然的、社会的不合理性（自然“刑罚”、性暴力、虐待、贫穷及其他）看得比“抗日”问题更严重。

从总体上来看，这部作品的主题最终还是指向抗日方向。然而，可以称作是作者的分身的作品中的主要人物金枝，却越过“抗日”问题将着眼点投向中国社会自身所存在的不合理性。这部作品的特征在这一点上表现得最为典型。

作品中的主要人物金枝对“抗日”表现消极，恐怕也是因为这部作品在最初执笔时并未打算以“抗日”为主题。

《生死场》的第 1 章《打麦场》和第 2 章《菜地》曾以《打麦场》（其一、其二）之名于 1934 年 4 月至 5 月间在《国际协报·国际公园副刊》上连续登载过。我认为在这个阶段在肖红的意识里，“抗日”问题还没有被认识到相应重要的程度（在“满洲国”的哈尔滨也不可能连载抗日小说）。在这两章里，就连伏线的、萌芽的抗日内容都找不出来。如果仅看第 1 章和第 2 章的话，大概最初的构思就是以金枝与王婆（特别是可称为是作者的分身的金枝）为主人公的吧。

但是，肖红在这部作品的继续执笔过程中，在生活上（并且也在思想意识上）发生了很大的变化。即肖红与肖军同于该年 6 月 14 日离开哈尔滨赴大连，之后又到达青岛。他们二人的合著《跋涉》问世不及数日便遭到抄家，一周后他们的朋友罗烽又遭到逮捕，从这两件事，他们意识到危险已向他们逼近了。

他们二人到达青岛后便拼命想知道故乡东北的情况，而将想象驰骋于故乡。

在这种生活中，与肖红同居的丈夫肖军开始尽全力执笔描写东北抗日义勇军形象的《八月的乡村》。肖红在丈夫的影响下，以逃离故乡的切身体验来认识“满洲国”统治下的现实，将《生死场》又继续写下去。

如果将以上情况也考虑到的话，就可以充分肯定葛氏的观点，即肖红在这部作品执笔之际曾强烈地受到肖军及其朋友们的影响。

然而，肖红当然不可能马上就在政治上有所觉悟，而将抗日作为主题来写这部作品。在以抗日为真正主题的后半部之前，她以写实主义的同时又以诗一般的笔法细密地描写出“东北恬静的农村风光”、“残酷的生与死的抗争”（其中各个场面绝非是“散漫的素描”）。

这个时期可以充分认为，肖红在政治思想上受到肖军强烈的影响，但是她却并不打算立即将政治写入文学，她自身本能地认为，如果违背自我内心的真实来从事文学活动的话，注定要受到严厉的报应。

肖红坐下来按照自己内心的真实和希望来描写东北农民的形象，描写他们的“生”与“死”的残酷的主题。对于她来说一个一个的“生”，那是最重要的，而一个一个的“死”，也具有意义（基于这个原因，她的作品采取了分镜头的形式）。特别是生活在“生死之场”的农民们身上的自然的、社会的、政治的（后半部是日本军侵略的）不合理性，是和作家本身有密切的关系的。因为作家本身就曾有过不亚于他们的体验。也曾作过无言的抗议。

结论是，《生死场》的主题可以说就是肖红本身对其所感受到的一切自然的、社会的、政治的不合理性而提出的抗议。

实际上，对于肖红来说日本军的侵略也只不过是在她自我人生中所面临的众多不合理事件的一件。对于她来说亲身体验到的这个世间的一切不合理事情都分别具有深刻的意义。在她身上将这些事件都改换为政治问题来处理是不可能的。特别是身为女性而不得不受到的“刑罚”和巧妇也吃不上饭的贫穷，对于金枝（作者）来说，是无论如何也忘不掉的恨事。在当时，这是单纯的政治条件（抗日）无法解决的。因为这是极端黑暗、沉重和不合理的。这种不合理的现象经常出现在肖红面前，从而使她感到万分痛苦。

不用说是侵略者的日本军，就连中国人，在日常中也总是男性以暴力侮辱女性的。这在肖红的心里虽与政治情况（抗日）无关，却是无法掩饰的事实。金枝痛苦地说出“我恨中国人！只要不说什么都恨”。这表现了肖红的难以抑制的内心的呼喊（抗议）。尽管这种描写相对地削弱了“抗日”的主题，但是肖红不能不揭露这不合理的事件。

我的结论，《生死场》可以说是一部包括着“抗日”问题，又镶嵌入作者对各种自然的、社会的、政治的不合理性所提出的抗议的作品。

“国防文学论战”之际，鲁迅反对周扬提出的应将创作主题全部服务“国防”的主张（这虽然是不太重要的问题，但却是“国防文学论战”的重要一面）。鲁迅主张应该团结在“抗日”或“国防”的旗帜下，而不应该联合在“国防文学”的口号下，鲁迅惧怕那些认为不是“国防文学”便是“汉奸文学”的低俗的议论。文学家完全没有必要在外力推动下，去写在自我身上尚未成熟的“国防文学”。鲁迅作为文学家并不希望文学以不再是文学的、宣传性的俗流般的“国防文学”泛滥。因而，他当然反对吃西瓜时也应该想起中国的国土正像西瓜般地被割开的那种小儿病般的“国防文学”。

在这场乍看起来似乎是政治论争的“国防文学论战”之际，鲁迅明确地表明了自己的文学观。就这个问题笔者以前曾做过如下论述：

“对于文学者来说，至关重要的是，长期培养起来的包括作家个性、感性的内在性。如果不把自己全部赌在文学中，其价值就不会得到承认。也就是说允许形势判断的错误，但却不允许伪装自己。这才是文学者的立场，就是对在残酷的政治环境中，持续战斗的鲁迅也不例外（从鲁迅的“文学者就是要打自己的皮和肉”这段话来看，可以推测鲁迅本身也是这样认为的）。”

如此看来，肖红是和鲁迅完全站在相同的立场上的正派作家。她绝不是在“抗日”口号下写出《生死场》的。她在小说的最后，描写了金枝在哈尔滨的流浪生活，这在抗日小说中会带来不必要的多余效果。而肖红把它写出来，正恰好地表现了她的文学立场。

肖红作为作家，将自己亲眼所见、亲身所感到的这个世间的不合理性暴露在光天化日之下，并对此不断发出默默的（却是拼死的）抗议。对于她来说，抗日问题始终都是她当作问题看待的，是这个世上各种自然的、社会的、政治的不合理的问题之一。《生死场》中，抗日是重要的主题之一（从二里半的结局就可以看出），抗日的主题在该作品的后半部极明确地被表现出来，并写得十分成功。但是肖红明知在结构上会失去紧凑性，但仍在后半部插入了金枝悲惨地在哈尔滨的流浪生活。

然而，我们不能否定这一缺点反而起到了深化《生死场》主题的作用。

肖红写出了自己亲眼所见，亲身所感到的及不讲道理的、这个世间的不合理性，写出了揭发这种不合理性的小说。并且她在写作时自始至终都贯彻了作为文学者的立场，绝没有采用带有政治气息的宣传性、启蒙性的手法。包括着抗日问题，每一个场面像摄影镜头般的描写（这种凝视的描写，是肖红出色的特征），并不向读者强加作者的主张。

这部作品既是对那些拼命地在“生死场”生存下去的人们的苦闷的声援歌，同时又是痛苦与欢喜混杂在一起的自己青春的悲歌。它向这个世间的不合理性发出了抗议的喊叫。

肖红的创作同鲁迅小说创作的方法非常接近。不放过细节，给每一个场面都注入生命，并通过这种手法给读者以更大的影响。鲁迅对《生死场》说，“就连深深憎恨文学艺术与功利的纠葛的人，如果读起这部作品来，对于他来说不幸的是，恐怕不可能没有任何收获”。这段评论说的就是这个问题。

（《社会科学战线》1990 年第 2 期）

# 从回到古代到走向世界

## ——清代文学变迁的模式

（香港）蒋英豪*

清代是中国文学发展中一个重要而又值得注意的时期。说它重要，是因为中国历史上不曾有另一个时期，可以容许那么多的文类，如古诗、律诗 、词、曲、传奇、杂剧、小说、弹词、散文 、骈文、文论等同时并存，而每种文类之内，又有不同风格共争长短，其成就又不逊于每种文类的黄金时代。历史上也不曾有另一个时期，像清代那样，在那么短的时间内，经历了从古典文学到新文学萌芽那么激烈的文学变迁。历史上也许不会有另一个时期，可以像清代那样，将时代变迁对文学的影响，展示得那么清楚。

清代文学的一个重要意义是古典文学创作的总结与结束。所谓结束，是指创作活动的主流趋势而言；事实上，中国古典文学如诗、词、散文的创作，到20世纪90年代仍行之不辍，相信到了下一个世纪的90年代仍然会有人乐此而不疲，不过这已非创作的主流了。古典文学在清代结束的过程所表现的模式，是一个有趣味而又值得研究的题目。用比较形象的比喻，清代文学变迁，是呈现钟摆摆动的模式。下面是这种钟摆模式的示意图；横箭越长，表示推动钟摆之力越大。

鸦片战争是清代历史和文学上一个重要分水岭；在历史上，它是近代史的开端。在文学史上，它是近代文学的起点。在鸦片战争前的清代文学，主要是向传统借力，其动力完全来自古代文学。梁启超在《清代学术概论》谈到清代思潮的特点时说：

> “清代思潮”果何物耶？简单言之：则对于宋明理学之一大反动，而以“复古”为其职志者也。①

* 作者单位：香港大学。

① 梁启超：《清代学术概论》，台北：商务印书馆，1972年，第4页。

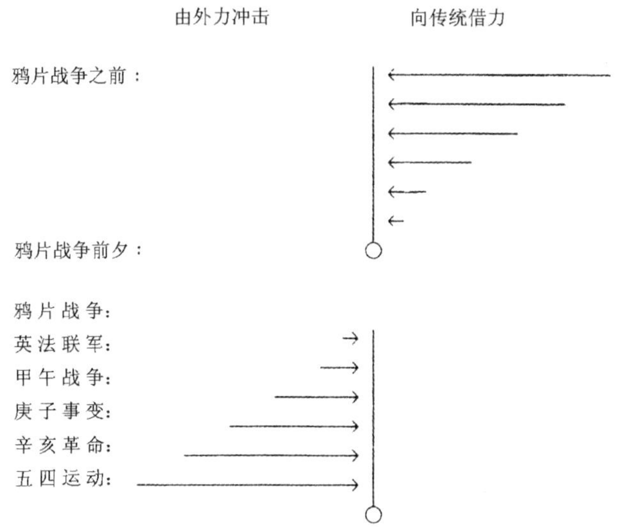


刘大杰在《中国文学发展史》中把这个说法借用到文学上：

> 学术思潮是如此，文学思潮亦然。我们看清代嘉庆以前的文学界，无论诗文词曲，都是走的复古之路。①

刘氏所说的“复古”，其实就是指鸦片战争以前清代文学向传统借力的现象。不过“复古”一词，容易给人“开历史倒车”的印象，这并不符清代文学发展的实情。在鸦片战争以前，文学钟摆的摆动，是由古代文学推动的。这种推动力本来很强，使清代文学在前代文学的基础上发出夺目的光辉。不这种力越来越弱，到了鸦片战争前夕，文学钟摆竟完全停止下来。（所谓停摆动，并不是说创作停顿，而是说创作已不能配合时代的需要，与时代脱节，因而失去活力。）当时感觉敏锐的文学家如龚自珍便觉察到这种情况，因而有“万马齐瘖”的哀鸣与“天公抖擞”的呐喊。② 在鸦片战争之后，文学界的情况开始改观，来自外国的影响力，取代了传统，逐渐成为文学发展的主要推动力量，经历了英法联军、甲午战争、庚子事变等几次国难和辛亥革命这一重大历史事件，势力日大，身兼思想家和文学家的一批前驱，在不可阻挡的历史潮流

---

① 刘大杰：《中国文学发展史》，上海：古典文学出版社，1958 年，第 268 页。

② 龚自珍：《己亥杂诗》，载《龚自珍全集》，香港：中华书局，1974 年，第 521 页。龚自珍此诗是就社会各方面的死寂现象而言，其中也包括了文学。

里，自觉地向西方的思想和文学取经，来为已演到谢幕的中国文学注入新活力，① 一场文学世界化的巨变，② 就在中国大地上轰轰烈烈地展开。到了五四运动，中国文学世界化的过程已基本上完成，中国文学的钟摆，又回复了有力的摆动。总括来说，清代文学发展的过程，就像钟摆从有力的摆动到嘎然停止，再由停止摆动到恢复有力摆动。

上面提到过谢幕的比喻。这个比喻，的确能很贴切传神的表达清代道咸以前古典文学结束的情况。一场音乐会到了结束的时候，众乐师一齐出台谢幕；在观众热烈的掌声中，他们施展了浑身解数，合奏了一首最美妙的乐章。除了谢幕的比喻，人在临死前一生景象迅速重现的比喻也适用于鸦片战争以前的中国文学。据说人在临死之前，一生发生过的事情，都会以很快的速度，在眼前重演一次。如果把古典文学的发展看作一个有生命的个体，则清代便是这个个体的临死之期。就在清初到道光年间的200年，中国2000年文学史的各种文类和风格，纷纷作临死前的重现。

无论是谢幕也好，是临死前的重现也好，清代古典文学在数量上和素质上都有骄人的成就，足以称为中国文学的黄金夕照时代。在诗歌方面，清代的成就远在元明二代之上，遥接魏、晋、唐、宋，而成为中国历史上另一个重要的诗的时代。由于诗人诗作的数量太多，到底有诗作传世的诗人数目有多少，他们的诗作的数目又有多少，这些问题之难答，尤甚于宋代诗人与诗作的数目。③ 即以选本而论，徐世昌的《晚晴簃诗汇》共收清诗人6 100余人，诗作27 000多首，④ 实际有诗作传世的诗人的数目，当然远远不止于此。清诗除了诗人众多，诗风也多样化，历代出现过的风格和流派，在清代都得到回应。举例而言，崇尚汉魏的有沈德潜的古诗，取法初唐四杰（王勃、杨炯、卢照邻、骆宾王）格律的有吴伟业的歌行，近于王孟韦柳（王维、孟浩然、韦应物、柳宗元）诗风的有施闰章、王士祯等诗人，以杜甫为师的有顾炎武、吴嘉纪等诗人，得力于陆游的有宋琬、查慎行、龚自珍等诗人，继承杨万里的有袁

① 中国文学史著作中以“落幕”来比喻清代文学的有孟瑶的《中国戏曲史》（台北：传记文学出版社，1969年）。她说：“清代是我国旧文学的最后一期，他们也在这一次落幕时，获得了真正光荣的结束。”见第344页。

② 关于“世界化”的讨论详下。

③ 吉川幸次郎在《宋诗概说》曾为宋诗算账，说：“如果《全宋诗》一旦出现，恐怕可以收录数十万首。”见《宋诗概说》，郑清茂译，台北：联经出版事业公司，1983年，第8页。厉鹗（1692—1752）编的《宋诗纪事》，共收两宋诗人3 812人；清代诗人和诗作数量又在宋诗之上。

④ 钱仲联、钱学增选注：《清诗精华录》，济南：齐鲁书社，1987年，第17页。

枚。这些诗人在诗艺的造诣上都有突越前人之处。

清词的成就尤其骄人，与两宋并为词史上的双峰，在若干方面更有高峰突出的胜致。宋海屏在《中国文学史》中说：

> 清词在词史中称为词之复兴时期，从其审音守律，炼字锻辞上来看，超过明代，直追两宋，而其对词学之研究，词集之整理、校勘、传刻、评注等工作，则远胜过任何一代。①

以数语足以概括清代词学的地位。清词作者的数目也很可观。叶恭绰选本《全清词钞》收入词家 3 169 人，这是经过选择的数目，有词作传世的词人的数目当远多于此。② 许宗元《中国词史》则估计清词作者近 5000 人，作品超过 100000 首。③ 严迪昌《清词史》更认为清代词人有 100 000 之数，词作超出 200 000 首之上。④ 清词风格也很多样化，五代南北宋词中的重要风格，在清代都有后继者，如吴伟业追踪柳永、秦观；陈维崧取法苏辛（苏轼、辛弃疾）之豪放；朱彝尊以姜张（姜夔、张炎）为宗；纳兰性德力逼南唐；蒋春霖之集唐宋诸大家之大成；而常州派寄托之说，尊体之功，把传统儒家的诗教之说用到词上，在词史上更是别开生面。⑤

清代小说更是中国小说史的高峰。鲁迅（周樟寿）的《中国小说史略》，全书 28 编，清代占了 7 编，居四分一，篇幅更占全书逾三分一。⑥ 范烟桥（范镛）的《中国小说史》，更列清代小说为中国小说史上的“全盛时期”。⑦ 可见其受小说史家的重视。以数量而言，孙楷第《中国通俗小说书目》录清代“语体旧小说”约 300 种，⑧ 而袁行霈、侯忠义的《中国文言小说书目》则录清代文言小说约 550 种，⑨ 数量远逾前代。清代小说有些特色是与其作为谢幕时期的作品，须要向传统借力有关。第一，清代小说在主题、题材、形式上，有对前代很清楚的回应与仿效。例如蒲松龄的《聊斋志异》，纪昀的《阅

---

① 宋海屏：《中国文学史》，台北：台湾学生书局，1974 年，第 438 页。

② 据《全清词钞例言》，是书“初选得 4 000 余人，而成编只得 3 169。”见叶恭绰：《全清词钞》，北京：中华书局，1982 年，第 5 页。

③ 许宗元：《中国词史》，合肥：黄山书社，第 240 页。

④ 严迪昌：《清词史》，南京：江苏古籍出版社，1990 年，第 1 页。

⑤ 许宗元在《中国词史》（第 241 页）也说：“词史上的各种风格、流派，在清代都得到了总结，都得到了发扬……清代词坛实在是一个美不胜收的大千世界。”

⑥ 鲁迅：《中国小说史略》，北京：人民文学出版社，1973 年。

⑦ 范烟桥：《中国小说史》，苏州：秋叶出版社，1927 年，第 5 章。

⑧ 孙楷第：《中国通俗小说目》，北京：人民文学出版社，1982 年。

⑨ 袁行霈、侯忠义：《中国文言小说书目》，北京：北京大学出版社，1981 年。

微草堂笔记》等文言小说，鲁迅的《史略》即以“拟晋唐小说”称之;① 至于白话短篇小说，李渔的《无声戏》、西湖渔隐主人的《欢喜奇观》、草亭老人的《娱心醒目编》，都是宋元明话本、拟话本小说系统的作品；而文康的《儿女英雄传》和石玉昆的《三侠五义》等侠义、公案小说，则是对自司马迁《游侠列传》以下剑侠传统的回应。② 第二，清代续作之小说特多。例如《水浒传》有陈忱的《水浒后传》，俞万春的《结水浒传》（又名《荡寇志》）；《西游记》有《续西游记》与《后西游记》；《金瓶梅》有丁耀亢的《续金瓶梅》及无名氏的《隔帘花影》。至于吴敬梓的《儒林外史》、曹雪芹的《红楼梦》、李汝珍的《镜花缘》，则是文人把传统诗歌抒情、言志、讽谕的功能，借长篇白话小说形式加以表达的作品，是清代传统小说谢幕的最优秀演出。

清代也是骈文的中兴时期。200 余年之中，以骈文名家的有百多人。③ 这些骈文家多兼有考据学家或诗人、词人的身份，如袁枚、吴锡麒、孔广森、孙星衍等都是，他们的骈文多近于魏晋六朝及三唐诸家，尤多以六朝骈文最高成就的徐陵、庾信为宗尚。④ 至于与骈文关系密切的辞赋，情况亦与骈文相近。清代写作辞赋的人也很多，他们分别近于自汉至唐的辞赋。举例而言，近汉魏的有张惠言，效六朝的有胡天游，法唐赋的有彭兆荪。⑤

清代戏剧的创作活动也很蓬勃。盛于元明的杂剧和传奇两体，清代作家和作品都很可观。傅惜华《清代杂剧全目》登录作品 1 300 种，其中作家姓名可考者 550 种，无名氏之作 750 种。⑥ 至于传奇，单是王国维《曲录》所录，就逾 800 种。⑦

清代势力最大的散文流派桐城派也很足以说明清代散文植基于传统而取得的新成就。桐城派散文包容性很强，在 200 多年的发展历史中，它因应时代需要，一再自我调整其理论与标准，因此其影响为时长久而范围广阔。另一方面，桐城派也总结了历代散文创作经验，创出了有法可循的写作方法。包容性与总结性这两者，正是桐城派作为传统文学结束时代最重要散文派系的主要特性。

文学理论方面，清代也在数量、广度和深度上迈逾前代。以诗话为例，吴

① 鲁迅：《中国小说史略》，北京：人民文学出版社，1973 年，第 22 篇。
② 孟瑶：《中国小说史》，台北：文星书店，1966 年，第 586-587 页。
③ 姜书阁：《骈文史论》，北京：人民文学出版社，1986 年，第 17 页。
④ 姜书阁：《骈文史论》，北京：人民文学出版社，1986 年，第 17 页。
⑤ 马积高：《赋史》，上海：古籍出版社，1987 年，第 12 章。
⑥ 傅惜华：《清代杂剧全目》，北京：人民文学出版社，1981 年，《例言》第 2 页。
⑦ 王国维：《曲录》，载《王观堂先生全集》，台北：文华出版公司，1968 年。

宏一《清代诗学初探》附录《清代诗话知见录》，登录诗话近350种，① 可见其盛。清代的文学理论也是前代文学理论的回应与总结。举例而言，王士祯的神韵说，揉合唐司空图“味在酸咸之外”之说、宋严羽“兴趣”之说，以及明徐祯卿、王世懋等人的诗论；② 沈德潜的格调说，继明前后七子之说；③ 袁枚的性灵说，有取于宋杨万里及明袁宏道的观点。④

以上概括了清代各种文类在作家、作品数量以及总结前代经验等方面的情况，目的在说明，道咸以前200年的清代文学，在向传统借力的推动下，曾经有一场精彩绝伦、阵容鼎盛的谢幕演出；可惜谢幕就是谢幕，无论观众的热情多么高涨，掌声如何贯耳，幕子还是徐徐放下来了。这已是差不多到了鸦片战争的时候了，鸦片战争是中国历史上一大变局，中国文学也在这场巨变的影响下，走上了世界化的道路。

所谓晚清文学的世界化，是指晚清文学在外力的冲击下，自觉或不自觉地向外力尤其是外力中的思想与文学开放，以期增加本身的活力，能在资讯传递日益无阻的新世界、新时代站稳阵脚；世界化的结果，是本位文学本身的传统色彩日益淡薄，而与世界其他文学的距离日益拉近。我避免用“西化”一词，理由是很明显的。西化一词，具有强烈的排斥性，其吸力是向“西方国家”一面倒，既不容许本位文学的传统色彩保留，也不容许非“西方国家”发挥影响。这显然与晚清文学的情况不符。至于“世界化”一词，则有很强的包容性，一方面可容许若干民族特性保留，另一方面也可吸纳其他非西方国家的影响；而更重要的是，世界化一词也容许本位文学向其他文学输出影响。这就与晚清的情况很相符。事实上，胡适在1930年代反省自1920年代开展的中西文化论争时，就认为如果当初说，“充分世界化”而不说“全盘西化”，可以省掉讨论的许多无谓的纠缠。⑤

近世文学中“世界化”的趋向，并不是晚清文学独有的，而是世界性的潮流。自从15世纪末哥伦布（Cristofer Colombo）发现新大陆、16世纪20年代麦哲伦（Fernao de Magalhaes）环球航行以后，世界上国家与国家、民族与民族、文化与文化之间的距离，便急速缩短。加以17世纪、18世纪出现的工

---

① 吴宏一：《清代诗学初探》，台北：牧童出版社，1977年，《附录》。

② 黄保真等：《中国文学理论史》第4册，北京：北京出版社，1987年，第431-436页。

③ 吴宏一：《清代诗学初探》，台北：牧童出版社，1977年，第212页。

④ 吴宏一：《清代诗学初探》，台北：牧童出版社，1977年，第235-236页。

⑤ 胡适：《充分世界化与全盘西化》，载《胡适选集》，香港：文学研究社，1935年，第183-186页。

业革命，人类文明日进，资讯传递无远不届，尤使文化上的闭关自守成为不可能。有先见之明的文学家，已预见“世界文学”时代的来临。1827 年，德国文学家歌德（Johann Wolfgangvon Goethe）在读到中国明代长篇小说《好逑传》的译本后说：

我愈来愈深信，诗是人类的共同财产……民族文学在现代算不了很大的一回事，世界文学的时代已快来了。现在每个人都应该出力促使它早日来临……碰到好的作品，只要它还有可取之处，就把它吸收过来。①

一般学者相信，歌德这几句话是近世“世界文学”概念的来源。② 值得注意的是，就在同一年，中国的龚自珍在《自春徂秋，偶有所触，拉杂书之，漫无诠次，得十五首》这组诗的第二首，以郑重严肃的语调宣布：

黔首本骨肉，天地本比邻。一发不可牵，牵之动全身……四海变秋气，一室难为春。③

歌德与龚自珍的共同点，是他们都认识到划地为牢、自我封闭之不可能，以及他们对“整体”观念的确认。虽然由于时空的限制，龚自珍还不能像歌德那样把目光远投到世界，但他在当时远为落后的中国，却是先知式的前驱。24 年后，魏源在《偶然吟十八首呈婺源董小槎先生为和师感兴诗而作》的第 8 首中，就强烈表示他要冲出中国，奔向世界，溶入世界的渴想：

朝发旸谷舟，暮宿大秦港。学问同酬献，风格同抵掌。一家兄弟春，九夷南陌党。绕地一周还，谈天八纮放。东西海异同，南北极下上。直将周孔书，不囿禹州讲。④

此后，尾随的文学家一个比一个走得更接近世界，溶入世界。黄遵宪凭借着他的外交官身份，遨游于五大洲之间，不单把异域的风土人情、文化制度带进了中国古典诗歌的殿堂，更借诗的形式去表达他对世界政治、社会制度必然

① 爱克曼辑录：《歌德谈话录》，朱光潜译，北京：人民文学出版社，1978 年，第 113 页。

② 曾小逸：《论世界文学时代》，载《走向世界文学》，长沙：湖南文学出版社，1985 年，第 9 页。

③ 龚自珍：《龚自珍全集》，香港：中华书局，1972 年，第 485 页。

④ 《魏源集》，北京：中华书局，1976 年，第 580 页。

趋向“大同”的信心以及人类各种族最后摒弃种种成见藩篱，和合共处的渴望。① 林纾以翻译作为手段，把世界文学直接移植到中国的土壤来。严复不但引进西方当世的学术思想，他更能跳出中国的框框，站在世界的高度看问题，写他的论文和学术文章。② 王国维则更进一步，他在旧诗创作中融汇了西方哲理，写中国知识分子在真理探索路途上的困惑与苦闷，又以西方哲学为基础评论中国古典文学作品。③ 中国文学到了王国维手上，已经完全走进了世界文学的核心。他与五四以后作家的唯一分别，不过是文言和白话而已。

研究中国现代文学的学者，尤其是比较文学学者，颇有从世界文学的角度着手的，如曾小逸的《论世界文学时代》(《走向世界文学——中国现代作家与外国文学》导论)、④ 陈元垲的《五四新文学与外国文学》⑤ 都是。不过如果过分把近代文学与现代文学分割，便往往会误导读者，使人以为中国文学的世界化始于五四运动。⑥ 其实近世中国文学世界化的过程从鸦片战争的前夕就开始了。从这个角度入手，我们可以看到近代文学与现代文学的密切关系，以及近代文学发展的清晰脉络。

(《社会科学战线》1992 年第 2 期)

---

① 黄遵宪《己亥杂诗》第 47 首说：“滔滔海水日趋东，万法从新要大同。”是指中国政治社会制度变从西法，世界整体一致。见《人境庐诗草笺注》，上海：上海古籍出版社，1981 年，第 826 页。黄氏在《以莲菊桃杂供一瓶作歌》中表达了他对人类种族大同的愿望，详见本书（黄遵宪诗的新理想与旧风格）一文。

② 严复：《国闻报缘起》，载《严复集》，北京：中华书局，1986 年，第 453 页；《译天演论自序》第 1319 页，都是站在世界角度看中国问题的例子。

③ 蒋英豪：《王国维文学及文学批评》，香港：华国学会，1974 年，第 2 章、第 3 章。

④ 曾小逸：《论世界文学时代》，载《走向世界文学》，长沙：湖南文学出版社，1985 年，第 9 页。

⑤ 陈元垲：《五四新文学与外国文学》，载《二十世纪人国文学世界》，西安：陕西人民出版社，1987 年。

⑥ 例如彭定安在《在世界文学格局中的我国当代文学》，《当代文艺思潮》1984 年 1 期一文中就说：“五四新文学一开始就进入了世界文学的格局。”

# 从女性主义文论看《花间》词之特质

〔加拿大〕叶嘉莹*

西方女性主义的文学批评，原是伴随着西方的女权运动而兴起的，带有妇女意识之觉醒的一种新的文学理论。一般人往往将之溯源于 1949 年西蒙·德·波瓦的《第二性》一书之刊行。在此书中，波瓦曾就其存在主义伦理学的观点，提出了两个重要的概念：那就是女性是男性眼中的“他者”，是“被男性所观看的”。而在这种情况下，女性遂由“人”的地位被贬降到了“物”的地位。波瓦的这种观念，当然代表了一种强烈的女性自我意识之觉醒。于是到了 1960 年代后期与 1970 年代初期，遂有大量的有关女性意识之书刊相继出现，即如李丝丽·费德勒在其《美国小说中的爱与死》一书中，就曾指出了男性作者在其文学作品中所叙写的女性形象，对于女性有着歧视的扭曲①。又如费雯·高尼克和芭芭拉·莫然所合编的《在性别主义社会中的女人》②，以及凯特·密勒特所写的《性别的政治》等书③，这些著作的重点就都在于要唤起和建立一种可以和男性相对抗的女性意识。到了 1970 年代后期乃有艾琳·邵华特所写的《她们自己的文学》④ 以及桑德拉·吉伯特和苏珊·葛巴所

* 作者单位：加拿大皇家学院。

① Leslie Fieldler, *Love and Death in the American Novel*, New York: Stein and Day, 1966.

② Vivian Gornick & Barbara K. Moran, *Women in a Sexist Society: Studied in Power and Poweriessness*, New York: Basic Books. 1971.

③ Kate Millett, *Sexuel Politics*, New York: Double Day, 1970.

④ Elaine Showalter, *Aliterature of Their Own: British Women Noverlists from Bronte to Lessing*, Princeton: Princeton University Press, 1977.

合著的《阁楼中的疯妇》等书相继出现①，其后吉伯特与葛巴又于1980年代中期合力编成了一部厚达2400余页的《女性文学选集》，于是紧随在女性意识之觉醒及对文学中女性形象之探讨以后，遂更开始了对于女性作者及女性文学的介绍和批评，而且蔚然成为了一时的风气。而与此相先后，则更有露斯文之《女性主义的文学研究概论》② 与特丽·莫艾的《性别的，文本的政治：女性主义文学理论》③ 以及艾琳·邵华特的《女性主义诗学导论》④ 和玛吉·洪姆的《女性主义文学批评：做为当代文学批评家的妇女》⑤ 等书相继问世。于是女性主义文学批评，乃逐渐脱离了早期的女性与男性相互对立抗争的狭隘的观念，而发展成为了一种由女性意识觉醒所引生的新的文学批评理论的建立。本文由于篇幅及作者能力之限制，对于西方的这些女性主义的文学理论自无暇做详细之介绍，而且本文也并不想完全套用西方的模式来评说中国的词与词学。但无可否认的则是任何一种新的理论出现，其所提示的新的观念，都可以对旧有的各种学术研究投射出一种新的光照，使之从而可以获致一种新的发现，并做出一种新的探讨。一般说来，无论中西的历史文化，在过去都曾长久的被控制在男性中心的意识之下，因此当女性意识觉醒以来，遂在短短的几十年间，就对世界上各种社会经验及文化传统都造成了强烈的震撼。我个人做为一个中国古典诗词的研究工作者，遂在西方女性主义文论的光照中，对于中国小词中之女性特质以及此种特质在词学中所引起的许多困惑的问题，也有了一些新的体认和想法。下面我就将把个人的这一点新的体认和想法，略做简单的叙述。

首先我们要提出来一谈的，乃是《花间》词中的女性形象之问题。中国旧传统之文评家，往往将诗词中所有关于女性的叙写都混为一谈，因此过去之说词人才会将小词中关于美女与爱情的叙写，或者任意比附于古代之风骚，或者推源于齐梁之宫体，或者等拟为南朝乐府中的西曲及吴歌。然而事实上这些

---

① Sandra Gilbert and Susan Gubar, *The Mad Womanin the Attic*: *The Woman Writer and the Nineteenth Century Literary Lmagination* , New Haven: Yale University Press, 1979.

② K. K. Ruthven, *Feminist Litrary Studies*: *An Introduction*, New York: Cambridge University Press, 1984.

③ Toril Moi, *Sexuar/Textual Politics*: *Peminist Literary Theory*, Routledge Chapman and Hall. Inc. London & New York, 1988.

④ Elaine Showalter, *Towards a Feminist Poctics*, *in Women Writing and Writing About Women*, ed by May Jacobus, London: Croom Hoim, 1979.

⑤ Maggie Humm, *Feminist Crticism*: *Women as Contemporary Critics*, Brighton: Harvester, 1986.

不同的文类中，虽同样有关于美女与爱情的叙写，但其所形成的美学之特质与作用，却显然有着极大的区别。关于这方面，我觉得西方女性文论中对于文学中女性形象的论述和探讨，似乎颇有可以提供我们反思之处。早在1960年代，李丝丽·费德勒在其《美国小说中的爱与死》一书中，就曾提出了男性作者所写之女性往往将之两极化了的问题。费氏以为男性作者所写之女性，总是或者将之写成为美梦中之女神，或者将之写成为噩梦中之女巫①，而这两类形象，当然都并不是现实中真正的女性。其后在1970年代又有苏珊·格伯曼·柯尼伦编辑了一本论文集，题名为《女性主义者所看到的小说中之女性形象》，其中收有21篇论文，都严格地批评了文学作品中女性形象之不真实性②。后来在1980年代，玛丽·安·佛格森在其《文学中之女性形象》一书中，则更曾将文学中之女性形象详细地分成了三大部分：第一部分为“传统的妇女形象”，在此一部分中，佛氏曾将女性分为五种类型：其一为妻子之类型，其二为母亲之类型，其三为偶象之类型，其四为性对象之类型，其五为没有男人的女性之类型。这五种类型之身份虽然各有不同，但事实上却都是做为男性之配属而出现的。即使在没有男人的女性之类型中，此一类型也是做为因没有男人而被怜悯被异视而出现的。这些传统的形象在过去的文学作品中，已早成为固定的类型，不仅在男性作品中存在，即使在女性作品中也难以脱去这种限制。不过自女性意识开始觉醒以后，于是文学中遂有了另外的女性类型之出现，这就是佛氏书里的第二部分，所谓“转型中之女性”。这一类型的女性形象，主要在努力脱除旧有的定型的限制，试图表现出女性真正的自我，写出女性自我的真正生活体验，和自我真正的悲欢忧乐，成为自我的创造者。另外，佛氏在书中的第三部分还提出了所谓女性的“自我形象”。这主要是由于近年来有不少女性的日记和书信曾经被发现和整理了出来，不过因为内容和性质的杂乱，还有待进一步的研究和探讨。③

以上我们虽然对西方女性主义文论中有关女性形象之论著做了简单的介绍，但本文却并不想把关于《花间》词中女性形象的讨论套入到西方的模式之中。这一则因为东西方之文化背景原有着明显的不同，我们原难将西方之模

① The Colleted Works of C. G. Jung, translated by R. F. C. Hull, Vol 9, Par I, Copynight Bollingen Foundation, Inc, 1959. pp. 1-42, Aton: Phenome, Nology of the Self. p. 314.

② Susan Koppelman Cornillon, *Images of Women in Fiction*: *Feminist Perspectives*, Ohio: Bowling Green University Popular Press, 1973.

③ Mary Anne Fergusan, *Images of Women in Literature*. 4th ed. Honghton Mifflin Co. 1986.

式做死板之套用；再则也因为他们的探讨乃大多以小说中之女性形象为主，这与我们要探讨的《花间》词中的女性形象，当然也有着极大的差别；三则更因为西方女性主义之文论，原与西方之女权运动有着密切的关系，而本文之主旨，则只是想透过《花间》词中的女性叙写，来对小词之美学特质加以探讨，而全然无意于女权之运动。但我却仍然对他们的论点做了相当的介绍，我的目的只是想透过他们对女性形象之身份性质之分析的方式，也对中国诗词中之女性形象之身份性质加以反思，并希望能借此寻找出《花间》词中之女性叙写，与词之美学特质的形成究竟有着怎样的一种关系而已。

在中国诗歌中，关于女性的叙写，当然并不自《花间》词为始，即如为《花间集》写序的欧阳炯，就曾把这一类写美女与爱情的作品，推溯到前代的乐府与南朝的宫体诗。而后世之以溯源与尊体为说的词学家，其不惜将小词比附于《诗》、《骚》，则更已如前文之所述，他们的这些说法，从表面看来似乎也都有可以成立的理由。因为自《诗经》、《楚辞》以下，降而至于南朝乐府中之“吴歌”、“西曲”和齐梁间的宫体诗，以至于唐人的宫怨和闺怨的诗篇，其中本来早就有了大量的对于美女与爱情的叙写，这原是不错的。盖以男女之情既为人性之所同具，爱美而恶丑也为人性之所同然。因此若只从其叙写美女与爱情的表面情事来看，则所有这些作品自然便都有着可以相通之处，但值得注意的则是，虽然同样是叙写美女与爱情的作品，但为什么却只有“词”这种文类中的一些作品才特别富于一种引人生言外之想的要眇宜修之特质？我以为这才是最值得我们去探讨的一个重要问题。关于此一问题，私意以为西方女性文论中对作品中女性形象之身份性质的讨论，似乎颇可以给我们一些启发。在中国的文学史中，虽然早自《诗经》开始，就已经有了关于美好爱情的叙写，但事实上各种不同时代，不同体式的文学作品中，其所叙写的女性形象之身份性质以及其所用以叙写之口吻方式，却原有着极大的差别。以下我们就将对这些差别稍加论述。

《诗经》中所叙写的女性，大多是具有明确之伦理身份的现实生活中之女性，其叙写之方式亦大多以写实之口吻出之，这是一类女性的形象。《楚辞》中所叙写之女性，则大多为非现实之女性，其叙写之方式乃大多以喻托之口吻出之，这是又一类女性的形象。南朝乐府之吴歌及西曲中所叙写之女性，则大多为恋爱中之女性，其叙写之方式则大多是以素朴的民间女子自言之口吻出之，这是又一类女性的形象。至于宫体诗中所叙写的女性，则大多为男子目光中所见之女性，其叙写之方式乃大多是以刻画形貌的咏物之口吻出之，这是又一类女性的形象。到了唐人的宫怨的闺怨诗中所叙写的女性，则大多亦为在现实中具有明确之伦理身份的女性，其叙写之方式则大多是以男性诗人为女子代言之口吻出之，这是再一类女性之形象。如果以词中所叙写之女性形象与以上各文类中之不同的女性形象相比较，我们就会有一种奇妙的发现，那就是词中所写的女性乃似乎是一种介乎写实与非写实之间的美色与爱情的化身。我这样说，也许有一此读者不免会对此产生疑问，盖以如我们在前文所言，《花间集》中所选录的作品，既原是“绮筵公子”为“绣幌佳人”而写的“文抽丽锦”的歌词，因此其中所写之女性，自然应该乃是那些当筵侑酒的歌儿酒女之形象。如此说来，则此一类女性形象自当是现实中之女性。这是这一类女性却又并无家庭伦理中之任何身份可以归属，而不过仅只是供男子们寻欢取乐之对象而已。而《花间集》中的作品，就正是出于那些寻欢取乐的男性作家之手，因此其写作之重点乃自然集中于对女性之美色与爱情之叙写，而“美”与“爱”则恰好又是最富于普遍之象喻性的两种品质，因此《花间集》中所写的女性形象，遂以现实之女性而具含了使人可以产生非现实之想的一种潜藏的象喻性。如果以这一类女性形象与我们在前文所提到的其他文类中的女性相比较，则《诗经》中所写的现实生活中之女性，可以说基本上并不具含什么象喻性，即使后世的说诗人可以据之为美刺讽谕之说，也只是后加的一种比附，而并非其所写之女性形象之本身所具含的特质。这是我们所当注意的第一点区别。至于《楚辞》中所写的女性，则大多本出于作者有心之托喻，而有心之托喻，则一般皆有较明白之喻旨可以推寻，这与《花间》词中本无托喻之用心，而本身却极富象喻之潜能的女性形象，当然也有很大的不同。这是我们所当注意的第二点区别。再就吴歌与西曲中的女性而言，则此类乐府歌辞本出于民间，且观其口吻盖多为女子之自述，如果以之与《花间》词之出于男性文士之手的作品相比较，则前者之所叙写乃大多为现实的女性之情歌，并无象喻之色彩，而后者则由于仍是男性作者对其心目中之“美”与“爱”的叙写，因而遂具含了某种象喻之色彩。这是我们所当注意的第三点差别。更就宫体诗言之，则宫体诗中所写之女性乃大多是被物化了的女性，作者在叙写之时，很少有主观感情之投入，可是《花间》词中所写的女性则正是爱情所投注的主要的对象，因此宫体诗中的女性遂只成为一些美丽的被物化了的形象而已，而《花间》词中的女性则因为有着爱之投注，而具含了一种象喻的潜能。这是我们所当注意到的第四点区别。再就唐代的宫怨与闺怨之诗言之，则私意以为此类怨诗似可分为两种不同之情况：一种怨诗所写者乃属于现实生活中女性所实有的空虚寂寞之怨情，另一种怨诗所写者则是假托女性之怨情来喻写男性诗人自己不得知遇的悲慨。前者之所写，与《诗经》中的思妇弃妇之性质似乎颇有相近之处；后者之所写，则与《楚辞》中的托喻之性质似乎也颇有相近之处。而此二种情况则与我们前面所言及的《花间》词中所写的现实中之女性而却具有含有引人生象喻之想的，介乎写实与非写实之间的女性形象都并不相同，这是我们所当注意的第五点区别。

以上是我们透过西方女性主义文论中对文学作品中女性形象之反思，所可能见到的在《花间》词中所叙写的女性形象，与其他文类中所叙写的女性形象的一些重要区别。而这些当然是形成词之特别富于引人生言外之想的象喻之潜能的一项最主要的因素。

其次我们所要提出来一谈的，乃是《花间》词中之语言的问题。关于词与诗之语言的不同，前代的词学家当然也早曾注意及之。所谓“诗庄词媚”之说，固久为论词者之共同认知。至于词与诗的语言形式上的明显差别，则主要当然乃在于诗之句式整齐，而词则富于长短参差之变化。即如清人笔记就曾载有一则故事，说清代的学者纪昀博学而好滑稽，一旦偶然在扇面上题写了唐代诗人王之涣的一首七言绝句，原诗是“黄河远上白云间，一片孤城万仞山。羌笛何须怨杨柳，春风不度玉门关。”而纪氏却漏写了首句最后的“间”字。当有人指出其失误时，纪氏乃戏谓其所写者原非七言绝句，而为长短句之词。于是乃对之重加点读为“黄河远上，白云一片。孤城万仞山。羌笛何须怨？杨柳春风，不度玉门关。”① 如果从内容所写的景物情事来看，则二者本来原可以说是完全相同，可是却因其句式之不同，后者遂显得比前者更多了一种要眇曲折的姿态。可见词之语言形式的参差错落，乃是造成其与诗之语言的性质不同的一个重要原因，但二者之区别，又不仅在形式之不同，即如《王直方诗话》曾载苏轼与晁补之及张耒论诗之言，晁、张云：“少游（秦观）诗似小词，先生（苏轼）小词似诗。”② 元好问《论诗绝句》也曾引秦观《春日》诗中的两句而评之云：“‘有情芍药含春泪，无力蔷薇卧晚枝’。拈出退之《山石》句，始知渠是女郎诗。”③ 可见词之语言与诗之语言的分别，除了形式方面的差别以外，原来也还有着性质方面的差别。秦观诗之被评为“女郎诗”，又被评为“诗似小词”，都足以说明“词”较之于“诗”乃是一种更为女性化的语言。那么究竟怎样的语言才是女性化的语言呢？关于此点，西方的女性主义文论的一些观点，也有颇可以供我们反思参考之处。原来西方的女性主义文评之重点，开始时原在对文学作品中女性形象之探讨，其后遂转向了对于女

① 笔者幼时闻先伯父狷卿公讲述如此，经查，未见出处。

② 见郭绍虞校辑《宋诗话辑佚》上，剑桥：哈佛燕京学社，燕京学报专号之 14，1937 年，第 97 页。

③ 元好问：《论诗绝句》之 24《元遗山诗集笺注》下，卷 11，第 8 页，台北：广文，影印道光蒋氏藏版，1973 年。

性之作品之探讨。于是他们遂注意到了女性之作品中的女性语言之问题。关于女性语言的讨论，最初他们也是站在两性对立的观点来看待的。他们以为一般书写的语言，都带有男性的意识形态，这对于女性遂形成了一种压抑。所以法国的女性主义文评家安妮·李赖荷在其《女性的言说》一文中，乃尝试要以写作实践写出一种自己的语言，而不欲被限制在男性意识的界限之中①。此外卡洛琳·贝克在其《巴黎的报告》一文中，也曾指出法国女性文学的一个重要论题，乃是如何去发掘和使用一种适当的女性的语言②。至于所谓女性语言的特色，则在英国任教的一位女性主义文评家特丽·莫艾在其《性别的、文本的政治：女性主义文学理论》一书中，曾指出一般人的看法，总以为男性所代表的乃是理性、秩序和明晰，而女性所代表的则是非理性、混乱、和破碎③。不过莫氏自己却又提出说她本人反对这种男性与女性的对分法，她以为我们必须停止这种把逻辑性、观念性和理性认为是男性的分类法。这种争议之由来，私意以为主要都是由于西方女性主义文评之源起与女权主义结合有密切之关系的缘故。因此当他们讨论到女性语言时，遂往往将之牵涉到两性在社会中之权力地位等种种方面之问题。不过我们现在却既不想从生理的性别来讨论男性之语言是否较之女性之语言更为逻辑性与更为理念性之问题，也不想把女性语言与男性语言相对立而讨论其优劣的问题。我们现在只是想借用西方女性主义文论中的一些观念，来探讨《花间》词之语言所形成的某种美学特质的问题。

如果从西方女性文论中所提出的书写语言带有男性的意识形态的一点来看，则中国传统文学中的言志之诗与载道之文等作品，当然更该毫无疑问的都是属于所谓男性的语言。因为中国儒家的教育一向以治国平天下为其最高之理想，所以在中国的诗文中遂一向充满了这种想法的意识形态。朱自清先生在其《〈唐诗三百首〉指导大概》一文中，就曾指出了唐诗中的一种主要意识形态，说："在各种题材里，'出处'是一重大的项目……从前读书人唯一的出路是仕，出仕是为了行道，自然也为了衣食，出仕以前的隐居、干谒、应试（落第）等，出仕以后的恩遇、迁谪、乃至忧民、忧国、思林棲、思归田等，乃

① Annie Leclere, "Parole femme," In *New Feminisms: An Anthology*, ed. by Elaine Marks & Isnbelle, The University of Massachusetts Press, 1980, pp. 79–86.

② Carolyn Burke, *Reports from Paris: Women's Writing and the Women's Movernent*, In Signs 3. Summer, 1978, p. 844.

③ 洪兴祖：《楚辞补注》，台北：广文出版社，1992 年，第 160 页。

至真个归田，都是常见的诗的题目。”① 而在中国旧传统的社会之中，则女性既根本没有仕的机会，因此这种以“仕隐”与“行道”为主题的作品，当然乃是一种男性意识的语言。可是《花间集》小词的出现，却打破了过去的“载道”与“言志”的文学传统，而集中笔力大胆地写起了美色与爱情，而且往往以女子之感情心态来叙写其伤春之情与怨别之思，是则就其内容之意识而言，《花间》词之语言，因当是一种属于女性化之语言。何况在语言之形式方面，如我们在前文之所论述，词之语言与诗之语言的主要差别，固原在诗之语言较为整齐，而词之语言则更富于长短错落之致。而如果从西方女性主义所提出的两性语言之性质方面的差别来看，则毫无疑问的，诗之语言乃是一种更为有秩序的明晰的，属于男性的语言，而词则是比较混乱和破碎的一种属于女性的语言。也许有些人会认为混乱而破碎的语言形式，相对于明晰而有秩序的语言形式，乃是一种较为低劣的语言形式，可是中国的小词却大力地证明了这种混乱而破碎的语言形式，不仅不是一种低劣的缺点，而且还正是形成了词之曲折幽隐，特别富于引人生言外之想之特美的一项重要的因素。即如为《花间》词树立宗风的一位弁冕全集的作者温庭筠，他的词之所以备受后人推崇，认为有屈骚之托意的主要原因，事实上就正在于他所使用的语言，无论就内容意识方面而言，或者就外表形式方面而言，都恰好是带有最强烈的女性语言之特色的缘故。温词既大力地描述女子的衣饰之美与伤春怨别之情，又经常表现为混乱破碎不连贯的章法和句式。所以讥之者如李冰若之《栩庄漫记》乃谓其往往“以一句或二句描写一简单之妆饰，而其下突接别意，使词意不贯，浪费丽字，转成赘疣，为温词之通病”②。而赏之者如陈廷焯之《白雨斋词话》乃称其“意在笔先，神余言外……若隐若见，欲露不露，反复缠绵，终不许一语道破。匪独体格之高，亦见性情之厚”③。可见温词之所以特别具含有引人生言外之想的潜能，固正由于其所使用之语言，无论就内容意识而言，或就外表形式而言，都是最富于女性化之特色的缘故。因此我们自然可以说词之女性化的语言，乃是形成了词之特别富于引人生言外之想的象喻之潜能的另一项重要的因素（关于温词中所写的女性的姿容衣饰之美，以及其句法中之看似杆格不通之处，之所以易于引人生言外之想的缘故，我在《温庭筠词概说》及《温庭筠〈菩萨蛮〉词所传达的多种信息及其判断之准则》二文中，已曾就其“客观”与“纯美”及符号学中之“语码”等理论，做过相当详细之析论，

① 见《朱自清古典文学论文集》下，台北：源流出版社，1982 年，第 357 页。

② 李冰若：《栩庄漫记》，载《花间集评注》，上海：开明出版社，1935 年，第 16 页。

③ 陈廷焯：《白雨斋词话足本校注》上，济南：齐鲁书社，1983 年，第 20 页。

兹不再赘①。只不过本文所提出的其所写的容饰之美在意识方面之属于女性化之语言以及其句法之破碎在形式方面之属于女性化之语言，乃是更为触及词之根本特质的一种看法而已)。

以上我们既然从西方女性文评中所提出的“女性形象”与“女性语言”两方面，对词之所以形成其幽微要眇具含丰富之潜能的因素，做了相当的探讨；但事实上这其间却原来存在着一个重大的问题，那就是西方女性文评之所谓“女性语言”，本是指女性作者所使用之语言而言的，可是《花间集》中所收录的18位词人，却清一色的都是男性的作者，于是《花间》词特质之形成，遂在除去我们已讨论过的两项因素以外，还应再增入一项更为重大的因素，那就是由男性作者使用女性形象与女性语言来创作，所形成的一种特殊的品质。关于此种特殊之品质，私意以为西方女性文评近年来所提出的一些观念，似乎也有颇可以供我们参考之处。原来西方的女性文评，近年来已逐渐脱离了早期的女性与男性互相对立抗争的狭隘之观念，而发展成为了一种由女性意识之觉醒，从而引生出来的新的文学批评理论之建立，而其中最值得注意的一个理论观念，就是卡洛琳·郝贝兰在其《朝向雌雄同体的认识》一书中，所提出的“雌雄同体”之观念，这个字原是古代的一个希腊语，其字原乃是结合了andro（男性）与gyn（女性）两个字而形成的一个词语，本意原指生理上雌雄同体的一种特殊现象，但郝氏之提出此一辞语，则意指性别的特质与两性所表现的人类的性向，本不应做强制的划分，因此就郝氏之说而言，此“androgyny”一词，也可将之译为“双性人格”。郝氏之提出此一观念之目的，是想从一种约定俗成的性别观念中，把个人自己真正的性向解放出来。郝氏在书前序文中，曾经引用批评家汤玛斯·罗森梅尔在其《悲剧与宗教》一书中的话，以为希腊神话中的酒神戴奥尼萨斯既非女性，亦非男性。或者更好的说法应说戴奥尼萨斯所表现的自己，乃是男人中的女人，或女人中的男人②。郝氏更曾引用心理学家诺曼·布朗在其《生对死：心理分析的历史意义》一书中的话，以为犹太神秘哲学的宗教家就曾提出说上帝具有双性人格的本质；东方道家哲学的老子，在《道德经》中也曾提出过“知其雄，守其雌”的说法；而诗人里尔克在其《给一个青年诗人的信》中，也曾认为男女两性应密切携

① 《迦陵论词丛稿》，上海：上海古籍出版社，1980年，第1–37页，及《中国词学的现代观》第79–83页。

② Carolyn Heillbrun, *Toward a Recognition of Androgyny*, New York: Notton &Co, 1982, p. xi.

手，成为共同的人类而非相对之异类①。从以上所征引的种种说法来看，郝氏主要之目的原不过是想要证明，无论是在神话、宗教、哲学和文学中，“双性人格”都该是一种最高的完美的理想，因此，女性文评自然也应该摆脱其与男性相抗争的对立的局面，而开创出一种以“双性人格”为理想的新的理论观点。是则郝代虽然反对社会上因约定俗称而产生的把男女两性视为相对立的观念，但其出发点却实在仍是以此一观念为基础的。至于本文之引用郝氏之说，则与现实社会中男女性别之区分与对立全无任何关系，而不过只是想借用其“双性人格”之观念，来说明《花间》词的一种极值得注意的美学特质而已。

所谓“双性人格”或“阴阳同体”之说，如果从医学或生理方面来理解，则我们之使用此一词语来讨论《花间》之小词，自不免会使人感到怪异而难以接受，但若就美学之观念言之，则《花间》之小词却确实具含了此种“双性人格”的一种特美。虽然《花间》词之作者并未曾有意追求此种特美，但却由于因缘之巧合，乃使得《花间》词的那些男性作者，竟然在征歌看舞的游戏之作中，无意间展示了他们在其他言志与载道的诗文中，所不曾也不敢展示的一种深隐于男性之心灵中的女性化的情思。关于男性在意识中之潜隐有女性之情思，本来早在1950年代的心理学家荣格就曾提出过此种说法②。而近年有一位美国西北大学的教授劳伦斯・利普金在其1988年出版的《弃妇与诗歌传统》一书中，则更曾从诗学之传统中，对男性之潜隐有女性化之情思，做了深细的探讨。不过利氏所谓“弃妇”，并非狭义的只指被弃的妻子，而是泛指一切孤独寂寞对爱情有所期待或有所失落的境况中的妇女。利氏自谓促使他撰写此书的动机之一，乃是因为他读了西蒙・德・波瓦的《第二性》一书中的“恋爱中之妇女”一节，于是才引起了他对于此一主题的思考。利氏以为诗歌中之有弃妇的叙写，可以说是与诗歌之有历史同样的悠久。他曾举古希腊的诗人欧威德所写的《一组女人的书信》为例证，此一组书信乃是欧氏假托古代有名的女人——从希腊神话中奥特赛的妻子潘尼洛普到希腊的女诗人莎孚诸人之名而写作的一系列的爱情的书信，信中所表现的都是她们对所爱的远方之情人的怀思。利氏以为此种在诗歌中所表现的弃妇思妇之情，无论在任何文化中都是普遍存在着的。而“弃男”的形象则很少在文学作品中出现。因

① Carolyn Heillbrun, *Toward a Recognition of Androgyny*, New York: Notton &Co, 1982, pp. xuii-xviii.

② The Colleted Works of C. G. Jung, translated by R. F. C. Hull, Vol 9, Par I, Copyright Bollingen Foundation, Inc, 1959, pp. 1-42, Aton: Phenome, Nology of the Self.

为社会上对男女两性有着不同的观念，诗歌中写到女性之被弃似乎是一件极自然的事，但男性之被弃则似乎是一件难以接受之事。而男人有时实在也有失志被弃之感，于是他们乃往往借女子口吻来叙写。所以男性诗人之需要此一“弃妇”之形象实较女性诗人为更甚。因此“弃妇”之诗所显示的遂不仅是两性之相异性，同时也是两性之相通性①。利氏之所言，当然有其普遍之真实性，而此种观念验之于中国传统之诗歌，则尤其更有一种特别之意义。因为在中国传统社会中，除去姑利氏所提出的，男女两性因地位与心态不同，故男子难于自言其挫辱被弃，乃使得男性诗人不得不假借女性之口以抒写其失意之情以外，在中国旧日的君主专制社会中，原来还更存在有一套所谓“三纲五常”的伦理观念。“五常”一般多以为指“仁、义、礼、智、信”五种常德，此与本文所讨论之主题无关，姑置不论；至于“三纲”则是指三种不平等的人际伦理关系，也就是“君为臣纲，父为子纲，夫为妻纲”。在这种关系中，为君、为父与为夫者，永远是高高在上的掌权发令的主人，而为臣、为子与为妻者，则永远是被控制支配的对象。不过此“三纲”中，“父子”乃是先天的伦理关系，所以“屏子”的情况，不仅发生得比较少，而且复合的机会也比较多；可是“君臣”与“夫妻”则是后天的伦理关系，其得幸与见弃乃全然操之于高高在上的为君与为夫者的手中，至于被逐之臣与被弃之妻，则不仅全然没有自我辩解与自我保护的权力，而且在不平等的伦理关系中，还要在被逐与见弃之后，仍然要求他们要持守住片面的忠贞。在此种情况下，则被逐与见弃的一方，其内心所满怀的怨悱之情自可想见，而也就正由于这种逐臣与弃妻之伦理地位与感情心态的相似，所以利普金氏所提出的男性诗人内心中所隐含的“弃妇”之心态，遂在中国旧社会的特殊伦理关系中，形成了诗歌中以弃妇或思妇为主题而却饱含象喻之潜能的一个重要的传统。曹植《七哀诗》中之自叹“当何依”的“贱妾”，以及《杂诗》中之自叹“为谁发皓齿”的“佳人”②，可以说就都是此一传统中的明显的例证。

当我们有了以上的对于东西方诗歌中“弃妇”之传统的认识以后，再来反观这些在歌筵酒席间演唱的歌辞，我们就会发现这些歌辞所写的，原来大多乃是寻欢取乐的男子们对那些歌妓酒女们的容色与恋情的叙写。这种恋情盖正如利氏在其《弃妇》一书中所提到的，如同 11 到 13 世纪间法国南部、西班

① Lawrence Lipking, Abandoned Women and poetic Tradition, chicago: University of Chicago press, 1988, pp. xv-xxvii.

② 见《曹集诠评》，上海：商务印书馆，1933 年，卷 5 第 41 页、卷 4 第 28 页。

牙东部和意大利北部所流行的一些抒情诗人们所写的恋歌一样，总是男子们在爱情的饥渴中寻求得一种满足后便扬长而去，而女子们则在一场恋情后留下了绵长的无尽的怀思。在中国小词中所写的恋情也正复如此，这在早期的敦煌曲中便已可得到证明。即如《敦煌曲子词》中的两首《望江南》（莫攀我）及(天上月)。这两首词中所写的“恩爱一时间”及“照见负心人”所表现的就都是一些歌妓酒女们对那些一度欢爱后便抛人而去的情人们的怨意和怀思①。只不过那些敦煌曲子所写的很可能就是那些被弃的歌妓酒女们的自言之辞，所以其词中所表现的就只是一份极质朴的女子的怨情。可是《花间集》的作者则是男性的诗人文士，因此当他们也尝试仿效女子的口吻来写那些相思怨别之情的时候，就产生了两种极值得注意的现象：其一是他们大多把那恋情中的女子加上了一层理想化的色彩，一方面极写其姿容衣饰之美，一方面则极写其相思情意之深，而却把男子自己的自私和负心以及由此而引起女子的责怨，都隐藏起来而略去不提。于是在他们的作品中之女子遂成了一个忠贞而挚情的美与爱的化身，而不再是如敦煌曲中的充满不平和怨意的供人取乐和被人遗弃的现实中的风尘女子了。这是第一点值得注意之处；其二则如我在前文所言，由于“逐臣”与“弃妇”在中国旧社会中伦理地位之相似，以及“弃妇”之辞在中国诗歌中所形成的悠久之传统，因此当那些男性的诗人文士们在化身为女子的角色而写作相思怨别的小词时，遂往往于无意间就竟然也流露出了他们自己内心中所蕴含的，一种如张惠言所说的“贤人君子幽约怨悱不能自言之情”。这种情况之产生，当然可以说是一种“双性人格”之表现。而由此“双性人格”所形成的一种特质，私意以为实在乃是使得《花间》小词之所以成就了其幽微要眇具含有丰富之潜能的另一项重大的因素。

除去以上所提及的种种因素以外，最后还有一点我想要加以说明的，就是男子之假借女子之形象或女子之口吻来抒写其仕宦失态之情，原不自小词为始，但何以却只有小词才形成了其独特的要眇幽微之特质？关于此一问题，本来我在前文论及诗歌中女性之形象时，已曾将小词中女性之形象，与其他诗歌中女性之形象之性质的不同，以及由此而产生的美学效果的不同，都做过一番比较和讨论。我以为一般而言，大多数诗歌中所写之女性形象，约可分别为两大类：一类是具有明确之伦理身份的现实中之女性，另一类则是并无明确之伦理身份的托喻中之非现实的女性，而小词中所写的女性，则似乎乃是一种介于写实与非写实之间的，美色与爱情的化身。而这种介于写实与非写实之间的，

① 《敦煌曲子词集》上，上海：商务印书馆，1956年，第44页。

并无明确的象喻之意义的女性形象，却似乎较之那些有心托喻具有明确之象喻意义的女性形象，具含了更丰富的象喻之潜能。关于此种现象之形成，私意以为当代法国的一位女学者朱丽亚·克利斯特娃所提出的一些理论，似乎也颇有可供我们参考之处。克氏是一位关心女性主义文评，然而却不被女性文评所拘限的，学识极为渊博的女性学者。她自称她自己所建立的学说为解析符号学，是针对传统符号学在诠释近代一些诗歌时所面临的不足，因而创立出来的一种新说。克氏主要的论点在于把符号的作用分为两类：一类是符示的，另一类是象征的，克氏以为在后者的情况中，其符表之符记单元与其所指之符义对象间的关系，乃是一种被限制的作用关系。而在前者之情况中，其能指之符记单元与所指之对象中则并没有任何限制之关系。克氏以为一般语言做为表意的符记，其作用大抵是属于象征的层次，也就是说其符表与符义之间的关系，乃是固定而可以确指的；可是诗歌的语言，则可以另有一种属于克氏所谓的符示的作用。也就是说其符表与符义之间的关系，往往带有一种不断在运作中的生发之特质，而诗歌之文本遂成为了一个可以供给这种生发之运作的空间。在这种情形下，文本遂脱离了其创作者的主体意识，而成为了一个作者、作品与读者彼此互相融变的场所①。克氏生于保加利亚，于 1966 年来到法国巴黎，当时她只有 25 岁。带着她东欧的学术思想背景，立即投入了西方学术思想菁英的活动之中，这种双重学术文化的融汇，使她所本来具有的卓越的才智得到了极大的发挥，她的学识之渊博与思辨之深锐都是过人的，本文因篇幅及笔者能力之限制，对于克氏之说自无法做详尽的介绍。我现在只不过是想断章取义的借用她所提出来的“符示”与“象征”两类不同的符号作用之区分，来说明《花间》小词中，由于“双性人格”之特质所形成的一种幽微要眇的言外之潜能，与传统诗歌中那些有心为言外之托喻的作品之间的一些差别而已。

就传统诗歌中有心托喻的作品而言，其用以托喻的符表，与所托之意的符义，可以说乃是完全出于作者显意识之有心的安排。即如屈原在《离骚》中所写的“美人”，与曹植在《七哀》诗中所写的“弃妇”，就该都是属于克氏所说的“象征的”作用之范畴。也就是说其符表之符记单元与其所指之符意对象之间，是有着一种明白的被限定之作用关系的。虽然洪兴祖的《楚辞补

① Julia Kristeva, *Revolution in Poetic Language*, translated by Margarct Waller, New York: Columbia University Press, 1984, chapter I. The Semiotic and the Symbolic, pp. 19-106. 并请参看于治中先生《正文·性别·意识形态》一文，见《中外文学》1989 年第 1 期。其中“transformer”一辞，见于克利斯特娃论文集 *Semiotike: Recherches Pour une Semanalyse*, Paris: Seuil, 1969, p. 10。

注》曾经提出说“屈原有以美人喻君者……有喻善人者……有自喻者”①，指出了三种不同的喻意，但“美人”之为一种品德才志之美的象喻则是一致的，而且这种喻意可以说乃是明白可晓的所有读者的一种共同的认知；至于曹植《七哀》诗中的“贱妾”以及《杂诗》中的“佳人”，则是中国诗歌中女性之形象，已由单纯的“美”之象喻，融入了“君臣”与“夫妇”之不平等的社会伦理之观念以后的一种喻意，以不得男子之赏爱的女子喻托为仕宦失志的逐臣，这种喻意可以说也是明白可晓的所有读者的一种共同认知。像这种情况，其文本中的符记单元与其所喻指的符义对象之间的关系，自然是属于一种由作者之显意识所设定的被限制了的作用关系，也就是克氏所说的“象征的”作用之关系。可是《花间》小词中所写的女性之形象，就作者而言，则当其写作时原来很可能只是泛写一些现实中的美丽的歌女之形象，在显意识中根本没有任何托喻之用心，可是却由于我们在前文所曾述及的“女性形象”，“女性语言”及“双性人格”等因素，而使之具含了一种象喻之潜能。像这种情况，其文本中的符记单元，则如克氏所云只是保持在一种不断引人产生联想的生发的运作之中，而并不可对其所指的符义对象，做出任何限制性的实指，也就是说这种作用乃是属于克氏所说的一种“符示的”作用之关系。像这种充满了生发之运作的活动而却完全不被限制的符记与符义之间的微妙的关系，当然是使得《花间》小词虽然蕴含了丰富的象喻之潜能，而却迥然不同于有心之托喻的一个重要的原因。

## 后记

本文为作者所写的《论词学中之困惑与〈花间〉词之女性叙写及其影响》一篇长文中之第二节。全文共分四节，第一节题为《论词学中之困惑》，在此一节中，作者列举自宋人笔记以来，以迄晚清王国维《人间词话》的历代论词之说，以说明中国的词学之发展，乃是由早期士大夫们对这种歌筵酒席间之艳曲之不合于“诗以言专”及“文以载道”的评价标准所产生之困惑，而逐渐认识到这种艳曲虽无法从“言志”、“载道”的观点，为之找到一种伦理道德方面的价值与意义，然而却别具一种“要眇宜修，能言诗之所不能言”的，足以引起读者丰富之联想的词之言长的美学特质。不过王氏也只是但能言其然而未能对其“所以然”之因素做出理论的分析和说明。第二节题为《从西方女性主义文论看〈花间〉词之美学特质》。第三节题为《结合词例之分析对中

① 洪兴祖：《楚辞补注》，台北：广文出版社，1992 年，第 3 页。

国词学中之困惑所做出的反思》，在此一节中，作者结合了前一节所提出的理论基础，透过对一些《花间》词例的分析，探讨了中国传统词学中困惑的由来，并说明了传统词学的得失之所在。第四节题为《从〈花间〉词之特质看后世的词与词学》，在此一节中，作者按词之发展的经过曾将之分别为“歌辞之词”、“诗化之词”与“赋化之词”三个不同的阶段不同性质之词作，以及历代词学家对此诸种不同性质之作品应如何加以评量的困惑和争议，都分别做出了溯本穷源的理论的探讨和说明。全文共长四万五千余字，因篇幅过长，在国内没有适当的刊物可以发表。现经《社会科学战线》同意愿将本文之第二节予以发表，至于全部文稿则将收入《灵谿词说》续编，以《词学今古谈》为书名，交由湖南岳麓书社于不久之后出版。特写以“后记”略做简单之说明。

（《社会科学战线》1992 年第 4 期）

# 顾太清的思想与创作

（香港）黄嫣梨*

《蕙风词话》载论清朝满洲词人，有"男中成容若，女中太清春"① 的说法。顾太清之诗集《天游阁集》及词集《东海渔歌》②，自当时起在我国文坛上已有盛名，至今不衰，凡言满清满族女诗人者，非顾太清莫属。

## 一、顾太清之生平

顾太清，名春，字子春。生于嘉庆四年（1799 年），历道光、咸丰、同治三朝，约卒于光绪二年（1876 年），享年 78 岁。

顾太清的祖籍，众说纷纭。最普遍的说法大致有三：（一）旧说以为顾太清为尚书顾八代之曾孙女③。（二）另一旧说以为顾太清为鄂尔泰之曾孙，幼

---

* 作者单位：香港浸会学院。

① 见况周颐《蕙风词话》卷 2："曩阅某词话云：本朝铁岭人词，男中成容若，女中太清春，直阕北宋堂奥。"冒广生《小三吾亭词话》卷 1 及徐世昌《晚晴诗簃汇》卷 188 亦有言及。

② 孟森云："顾诗集名《子春集》，今传刻之本名《天游阁集》，盖与《正始集》（《国朝闺秀正始集》）所载不侔，意当时太清集尚未定今名也，抑太清尚有诗集，名《东海渔歌》，或总名为《子春集》，而诗称《天游阁》，词称《东海渔歌》耳。"（《心史丛刊》3 集）。又近人陶秋英研究中国妇女文学，以为："其实《天游阁集》为诗词总集，中《东海渔歌》一部分为词梁"。（《中国妇女文学史》第 5 章第 3 节）。顾太清诗词，今传刻者为诗集《天游阁集》，词集《东海渔歌》，1989 年吉林文史出版社之《长白丛书》合集出版顾太清诗词，为《子春集》。

③ 此说见恽珠《国朝闺秀正始集·顾子春传》、文廷式《琴风余谭》、孙静庵《栖霞阁野乘》、裘毓麐《清代轶闻》卷 5 及《天游阁集》冒鹤亭校语等。

经变故，养于顾氏①。（三）新说亦以顾太清为鄂尔泰之后，但进一步考证说，太清的祖父鄂昌为大学士鄂尔泰之侄，鄂昌曾官甘肃巡抚，在乾隆二十年（1755 年）的胡中藻诗狱中获罪，赐自尽。鄂家受牵连，成为罪人之后。太清入为贝勒奕绘（乾隆帝之曾孙）侧室，呈报宗人府时，假托姓顾氏②。本文旨在探讨顾太清的思想与著作，因此太清的生平事迹其对探讨无相碍者，恕不作繁琐之考据。况且，以上三说，孰是孰非，非有进一步的资料，仍难论定。不过，从这三说当中，我们可以见出提示：

（一）顾八代与鄂尔泰均为清初的名臣。鄂氏为满族，然顾八代，亦不是姓顾的汉人，而是黄旗满人。于此无论顾氏为顾八代抑鄂尔泰之后，必为满洲望族之后无疑，这是不容置疑的。

（二）当清人入关之初，即禁满汉通婚，此一禁令在清末始废除，奕绘既为宗室之后，生当嘉、道年间，此时，禁令正当严厉执行之时，他如何胆敢纳汉女为侧室，且以之呈报宗人府。因此，顾太清不为汉人而为满族，当为定论。太清既为满人（若据太清为鄂尔泰之后一说，当为西林觉罗氏），初适副贡生某，夫死后，以其才貌双绝，被清宗室贝勒奕绘（奕绘号太素，是清高宗乾隆第五子荣纯亲王永祺的孙子，荣恪郡王绵仁的儿子，封为贝勒，府邸在北京太平湖）。选为侧室，自称太清主人，贝勒自称太素主人。太清与贝勒诗词唱和，伉俪情深，可惜贝勒当其 40 岁之英年逝世。太清与贝勒同龄，则四十守寡，又因与贝勒正室之长子不和，被逐离开夫家，不过，虽然辛苦备尝，然生活经历之对其诗词文艺之创作，反而更有着深切的影响。

## 二、顾太清之思想与性格

顾太清生活在封建社会的贵族圈子里，她的思想，正好代表了古代名媛的典型，不过，由于她家学渊源，赋性贤慧，再加上她对事物的体察入微，触角细腻及其感情丰富，所以在她诗词里表现的思想，又并非一般封建妇女所见所闻的如此狭窄。要了解她的思想，最好还是从她本人的诗文去探究。

---

① 此说见杨钟羲《雪桥诗话》、况周颐《太清轶事》等。据《清史稿 · 鄂尔泰传》及《钦定八旗通志 · 鄂尔泰传》载，鄂为西林（今吉林省汪清）人，因此，顾太清亦当为西林人。《清史稿 · 艺文志》及《正始集》亦载太清为西林觉罗氏，系文端公鄂尔泰的第三代人。

② 此据 1982 年《满族文学研究》第一期刊金启综教授所撰《满族女词人顾太清和〈东海渔歌〉》一文的考证，金氏为爱新觉罗宗室，其材料之来源据金氏本人称，乃直接来自《荣府家乘》与《爱新觉罗族谱》。

从顾太清的诗词里，我们至少可以清楚地看到她的性格及思想的几个特性：（一）赋性高雅娴淑；（二）感觉敏锐细腻；（三）情感丰富烂漫；（四）宅心慈惠仁厚；（五）意识乐观开明。

1. 赋性高雅娴淑

太清系出名门，受过良好的教育，又嫁入门庭显赫的官宦世家，如此的生活背景，加上她固有的文学才华，使她培养出一种高雅娴淑的名媛才女的气质。

太清的高雅，在其诗词吐属中清楚得见。《冬日季瑛招饮……即次湘佩韵》一诗：

神仙洞府远尘寰，小坐瑶池姊妹杯。
寒香有意催佳句，银烛无缘照醉颜。
既可留花藏暖室，何须结屋必深山。
自愧题诗输沈约，吟成七步竟消闲。

描绘才女们赏菊斗诗的场面及雅集的名媛情况，大概可见。

太清作为侧室，在非常正统的家族里的地位是可以想象的，但太清却受到了礼待，贝勒府邸上上下下对她都很尊重。太清是个极有涵养的人，清楚自己的身份和能力，不会轻易地恃宠生娇。她不止上奉姑嫜，下体奴婢，与奕绘正室妙华夫人也相处得极为融洽。妙华夫人病逝，太清在其周年祭时痛成一绝《七月三日，夫人期年，遣五儿载钊往祭，痛成一绝句》：

悠悠生死一年别，忽忽人情几度催。
金顶山头风雨夜，殡宫哭奠一儿来。

哀痛平雅，显示出太清的大家闺秀气度。再看太清于妙华夫人在世时，陪侍夫人与太夫人（荣恪郡王）们游览西山时作的诗《丙戌清明雪后侍太夫人游西山诸寺》：

三月山花尚未发，一春忽忽过清明。
怪石自成蹲虎势，老松谁与卧龙名。
云移列岫山无数，雪满丛林树有声。
晚晴碧涧添新水，归路回看暮霭平。

融洽的气氛，心境的淡雅，处处表现了她高雅娴淑的气质，诚如沈善宝说的："太清才气横溢，援笔立成，待人诚信，无骄矜习气。"① 说得非常中肯。

2. 感觉敏锐细腻

太清对日常的生活感受，对社会及人事变迁，都能体察入微。她有着文学

① 沈善宝：《名媛诗话》。

家的禀性中特殊敏锐的触觉，因此更加深了她心理上的纠葛与痛苦。

在太清词中，有不少是记叙生活小景的，看似信手拈来，但情趣盎然，若非作者有细腻的生活触觉，是不易做到的。我们看看她的《采菱歌》和《迎春乐》词：

采菱歌

采菱复采菱，采菱莫伤手。莲心苦难除，菱刺利当剖。

采莲复采莲，采莲莫伤藕。珍重采菱人，凉风动湖口。

轻倩清丽，中含箴诫，甚有六朝乐府意态。

迎春乐

东风近日来多少？早又见蜂儿了。纸鸢几朵浮天杪，点染出晴如妇。

暖处有星星细草，看群儿绿阶寻绕，采采茵蔯芣苢，提个蓝儿小。

自然雅丽，真情所至，一去雕饰，似是女儿独家所有，易安无此天真文字。再看另一首《惜分钗·看童子抖空冲》：

春将至，晴天气，消闲坐看儿童戏。偕天风，鼓其中，结采为绳，截竹为筒。空空。人间事，观愚智，大都制器存深意。理无穷，事无终，实则能鸣，虚则能容。冲冲。

前片写景，后片写入人事哲理，反映出太清对世间事物的细微观察，并能寓人事变幻之深刻意义于物事当中。“实则能鸣，虚则能容。”不减孔子宥坐之器的比喻。

她的《烛影摇红·听梨园太监陈进朝弹琴》，更深深抒发了对国家盛衰之感慨：

雪意沉沉，北风冷触庭前竹。白头阿监抱琴来，未语眉先蹙。弹遍瑶池旧曲，韵泠泠，水流云瀑。人间天上，四十年来，伤心惨目。尚记当初，梨园无数名花簇。笙歌缥缈碧云间，享尽神仙福。太息而今老仆，受君恩，沾些微禄。不堪回首，暮景萧条，穷途歌哭。

从太监的琴声中，太清引发了八旗贵族女子，对国家之内忧外患，宫府之萧条冷落，寄以无限之哀痛。此词议允论微，极具史笔意味。①

3. 情感丰富烂漫

太清情感的丰富，一见于她对丈夫儿女的至情；二见于她对朋友的友情；三见于她对景物情意的交融方面，都是十分透澈的。

① 郭则沄《知寒轩谈荟》对此词之评述中有云：“太清生嘉、道间，其经眼盛衰已如此。盖自宣宗（道光）嗣祚……内忧外患，纷起迭乘，宫府萧然，迥非承平之旧矣。”

对丈夫儿女方面，太清充分表现了一份深挚的感情。在太清的诗词当中，唱和丈夫，记叙儿女生活的作品，多不胜举，例如上引的《迎春乐》词外，有《忆江南》词：

江南好，桑柘一村村。万点鸭儿浮远岸，儿家稚子候柴门，风雨近黄昏。

此外，太清又有《次夫子草堂暴雨韵》、《借读石画诗三十二首同夫子作》、《画眉石次夫子韵》、《夏至同夫子登天游阁》等等。她的《鹧鸪天·庚子生日·哭先夫子》诗有云：“九泉寄语须相待，独坐挑灯泪满巾”，一字一泪，使人哽咽。

太清极为珍视友情，不少篇章都抒发了她对朋友的深挚情意，其中最为突出的是她对许云林、许云姜两姊妹的友谊。我们看看她的《江城梅花引·雨中接云姜信》：

故人千里寄书来，快些开，快些开，不知书中安否费疑猜。别后炎凉时序改，江南江北，动离愁，自徘徊。徘徊徘徊渺予怀。天一涯，水一涯。梦也梦也，梦不见，当日裙钗。谁念碧云，凝伫费肠回。明岁君归重见我，应不是，别离时，旧形骸。

《更漏子·忆云林》又云：

雨丝丝，风细细，尽是销魂滋味。风细细，雨丝丝，相思十二时。我忆君，君忆我，我不忆君宁可。君忆我，我忆君，愁肠似转轮。柳烟柔，花影细，谁解个中滋味。乱愁绪，万千丝，春光能几时。奈何君，惆怅我，一别如斯安可。惆怅我，奈何君，流年快似轮。

又太清的《金缕曲·题〈花帘词〉寄吴蘋香女士用本集中韵》是写她与当时汉族著名女词人吴藻的神交情谊：

何幸闻名早。爱春蚕、缠绵作茧，丝丝萦绕。织就七襄天孙锦，彩线金针都扫。隔千里、系人怀抱。欲见无由缘份浅，况卿乎与我年将老。莫辜负，好才调。落花流水难猜料，正无妨、冰弦写怨，云笺起草。有美人兮倚修竹，何日轻舟来到？叹空谷、知音偏少。只有莺花堪适兴，对湖光山色舒长啸。愿寄我，近来稿。

这三首词，平易如口语，但率性缘情，较雕镂卖弄词藻的，何啻千万倍也。太清的深情烂漫，如万斛泉涌，在这几首词中表露无遗。

《渔歌集》中的小令，情景交融，太清感情之丰富，无处不见。下面仅录两首，以见一斑。

早春怨·春夜

杨柳风斜，黄昏人静，睡稳栖鸦。短烛烧残，长更坐尽，小篆添丝。

红楼不闭窗纱，被一缕，春痕暗遮。淡淡轻烟，溶溶院落，月在梨花。

鹧鸪天·九日

九日登高眼界宽，菊花才放小金团。谷纹细浪参差水，佛髻青螺大小山。人易老，惜流年，茱萸插帽不成欢。西风那管离情苦，又送征鸿下远滩。

4. 宅心慈惠仁厚

太清虽贵为大族妇女，身份优越，交游又尽是达官贵人，但她对穷苦老百姓的生活景况，却十分关心。当京都久旱之后喜逢甘霖，她欢欣异常，在《十月十日同夫子作》一诗中，就表达了“霎时苏地脉，万点解民忧”的心意。她的《喜雨》更云：

小窗一夜听冬雨，大地来年报麦秋。
从此不须愁米贵，生民饱食复何忧。

此外她的侍婢去逝，她以诗词悼念，《哭石榴婢》诗云：

衰哉石榴婢，相随仅七年。略能探妙徼，亦解诵诗篇。
十三初识面，问答两投缘。才见优昙现，旋罹恶疾缠。
慧性深知我，痴心望学仙。游魂返寥廓，湛露散风烟。
切切怜新鬼，茫茫葬薄田。赐衣同挂剑，送汝镇长眠。

《鹊桥仙·梦石榴婢》词云：

一年死别，千年幽恨。尚忆垂髫初会。跟前难忘小腰身，侍儿里，此儿为最。悠悠往事，不堪回首，空堕伤心清泪。夜深时有梦魂来，梦醒后，话多难记。

侍婢在旧社会里算什么，尤其是在贵族的家庭中，打喝詈骂，真是司空见惯，但太清待其侍婢如此深思，其宅心之仁厚，不言可喻，词云：“悠悠往事，不堪回首，空堕伤心清泪。”有谁能说是哀悼侍婢的诗词呢？就简直是朋友的交情了！

5. 意识乐观开明

太清虽然也如传统的才女一样，多愁善感，但她却不是一味的感伤。在很多作品中，她都表达了一种积极乐观的开明思想，例如《暖炕》诗中的：

人力胜天力，炎凉竟可移。细细重裀稳，深深绣幕垂。
暖融阳燧火，烟霭蚩尤旗。不须金鼎炭，远过绿熊皮。
能使花盈座，何妨冰满池。亦有奔驰者，难辞风雪吹。
绮窗晴展画，红烛夜敲棋。晏安诚所谓，天道岂无私。

表现了积极开明的人生哲理。她的《七律二首》之二：

不畏泥途夏日长，蕊仙留客具壶觞。
屏除世态推君雅，简慢人情恕我狂。

大论夫人知武略，慧心婢子解文章。

安车一路归来晚，细露沾衣作嫩凉。

又表现了乐观洒脱，全不黏泥的男儿气格。

太清的开明，还表现于她对物对人的体察与洞悉方面，例如太清在《鹧鸪天·傀儡》中云：

傀儡当场任所为，讹传故事惑痴儿。李唐赵宋皆无考，妙在妖魔变化奇。驾赤豹，从文狸，衣冠楚楚假威仪。下场高挂成何用，刻木牵丝此一时。

“傀儡当场任所为”、“衣冠楚楚假威仪”、“下场高挂成何用”，太清对社会人仕及权势假借的刻画，可见其识鉴之洞达，实非一般传统妇女可比。再看前面曾经抄引过的《惜分钗·看童子抖空中》词云：

人间世，观愚智，大都制器存深意。理无穷，事无终，实则能鸣，虚则能容。

更可见是慧眼独具，若非有开朗的思想，深厚的学养，识鉴的洞达，何能有此人生哲理的描述！她在《金缕曲·红线》中，更进一步表达了“功成岂为求人见”、“遁迹云山游世外，酒海花场谁恋”的旷达心胸。要之，太清是一个思想开明豁达、感情丰富、仁厚的妇女，是可以肯定的。

## 三、顾太清诗词之气格

《名媛诗话》云：“太清才气横溢，援笔立成。待人诚信，无娇矜习气，倡和皆即席挥毫，不待铜钵声终，俱已脱稿。《天游阁集》中诸作，全以神行，绝不拘拘绳墨。”① 太清文思敏捷，备极才情，在其70多年的人生游历中，写了近千首诗词，留下了一份十分丰腴的文学创作，传世中太清诗词集的刻本，诗集有《天游阁集》诗5卷（原缺第四卷，昌广生付《风雨楼丛书》宣统二年（1910）铅字排印时，将第五卷析为四、五卷）；词集有《东海渔歌》4卷（实为3卷，1913年西泠印社以木刻活字排印时，照原样缺第二卷）。以沈善宝《名媛诗话》有太清词五阕，录为补遗。1930年代，龙榆生曾辑太清佚词若干首充为第二卷，刊于《词学季刊》中。此外，日人内藤炳卿藏有《天游阁集》、《东海渔歌》抄本，其中诗7卷，词6卷，对此刻本，诗多240余首，词多140余首。

① 沈善宝：《名媛诗话》。

夏纬明《清代女词人顾太清》一文中说："清代闺秀词中不少佳作，然往往失之纤弱，像太清这样笔端豪迈而以气格胜者，实不多见。"①

况周颐序《东海渔歌》云："太清词得力于周清真，旁参白石之清隽，深稳沉著，不琢不率，极合倚声消息。求其诣此之由，大概明以后词未尝寓目，纯乎宋人法乳，故能不烦洗伐，绝无一毫纤绝涉其笔端。"②

太清诗词，以气格胜，此乃来自其性格、气质、思想与学养，上文已述，此处不赘。内容方面，虽然夏纬明以为："太清词大部分为咏花、题画之作，其次为夫妇唱和或友朋游宴的作品，题材较狭。"③ 然综观太清500多首的诗词，亦有刻苦自励、痛诋势利，关心社稷，论说哲理的篇什，以太清生存在封建时代，又是生活在贵族家庭之中的妇女，能够有这样开明而深透的思想意识的创作，实是非常难得。

太清的诗词，最难得的一点，就是言真情切，风韵自然，绝不矫情造作，诚如陶秋英说的："太清的诗，字句不刻意雕琢，而风韵自然，丽而不艳。"④，张菊玲也说："西林春以其擅长丹青的彩笔，倚声填词，或者写朴实真挚的朋友情，或者写平易情真的慈母心，或者笔端豪迈显真性，或者淡笔传记梦幻……借助文学语言，她从这些琐屑的生活中，发掘出无穷的审美情趣，给自己这样的末世贵族妇女留下了具有很强艺术真实感和动情力的'真眉目'。"⑤ 至于太清诗词的艺术造诣，有两点最值得注意：一是吐属的绵密隽永，清雅可诵；二是含蓄与豪迈并驱于笔端之下，潇洒自如，气格极高。

太清的诗词，无论写景咏物，均见隽永灵秀，有唐人之风貌，《东海渔歌》里的咏物名篇《江城子·落花》便是最好的例子：

> 花开花落一年中，惜残红，怨东风。恼煞纷纷，如雪挂廉栊。坐对飞花花事了，春又去，太匆匆。惜花有恨与谁同！晓妆慵，忒愁侬。燕子来时，红雨画楼东。尽有春愁衔不去，无才思，是游蜂。

太清自注此词："一片空灵"。在情景的交融上，此词确实达到了不粘不脱，清秀灵逸的境界。《天游阁集》之《题画四首》之四云：

---

① 夏纬明：《清代女词人顾太清》，载《艺林丛录》卷5，香港：香港商务印书馆，1964年。

② 况周颐：《东海渔歌序》，民国甲寅年西泠印社活字本。

③ 夏纬明：《清代女词人顾太清》，载《艺林丛录》卷5，香港：香港商务印书馆，1964年。

④ 《中国妇女与文学》第5章第3节。

⑤ 《清代满族作家文学概论·女词人西林春》，北京：中央民族学院出版社，1990年。

雨中山势看模糊，乱点斜皴树有无。
瓦瓮酒香供野客，竹炉茶熟唤奚奴。

《中秋寄仲兄》云：

茫茫四海少朋俦，应似东坡念子由。
今岁秋来寒特早，西风和泪寄羊裘。

《山中即事》云：

光阴真过客，逆旅即为家。阳坡明赤草，古涧散黄花。
处处栖檐鸟，骎骎赴穴蛇。向晚长林黑，云山暮雨遮。

都是潇洒疏迈，挹掬可就的艺术作品。“王摩诘诗中有画，她正是这样。”①太清的诗词，有丰腴绵密，描画雅致的，如《醉东风·碧桃》：

玉妃妆卸，天上琼枝亚。立尽东风明月下，露井初开昨夜。结伴阆苑飞仙，上清沦谪尘寰。萼绿花来无定，羽衣不耐春寒。

及《江城子·记梦》：

烟笼寒水月笼沙，泛灵槎，访仙家，一路清溪，双桨破烟划。才过小桥风景变，明月下，见梅花。梅花万树影交加，山之涯，水之涯，影塔湖天，韶秀总堪夸。我欲遍游香雪海，惊梦醒，怨啼鸦。

词风婉约，颇有花间风格②，其中虽然多有隐括诗句，但锦心绣口，不失自己机杼；也有豪迈遒劲的，如《孝烈将军记》中的：

闪闪旌旗接阵云，茫茫沙漠马成群。
慨然不洒出门泪，叱咤风生一旅军。
何用琵琶寄恨馀，和亲故事自应除。
美人俊骨英雄志，誓斩单于报捷书。

及《光武本纪》的：

十三轻骑霸乾坤，城上披图更几人。一笑中原挥顾定，井蛙安识帝王真。

学问识鉴，喷薄而出，神豪气迈，风骨凌厉，诗人墨客，不数数见。清代诗词名家辈出，女作家亦大不乏人，顾太清的地位，当是肯定的！

（《社会科学战线》1993 年第 2 期）

① 《中国妇女与文学》第 5 章第 3 节。

② 文廷式《琴风余谭》云：“伯希祭酒以为国朝词人，专学花间集而神似者，太清一人而已。”

# 赋学研究的展望

## ——在第二届国际赋学研讨会上的演讲

（香港）饶宗颐*

1975年余撰《选堂赋话》，何沛雄博士刊于《赋话六种》中，拙作小引指出：

赋学之衰，无如今日。文学史家直以塚中枯骨目之，非持平之论也。

自此以后，海内外学人，不断对《文选》及辞赋加以钻研，现在对于辞赋的研究不仅有一批专著出版，而且还有《全汉赋》、《历代赋汇》的校勘整理，以及辞赋选本都有了。可以说，时至今日，赋学重兴，非始料所及。此次赋学大会，大陆、台湾、港澳、日本、韩国、美国的学者云集香港，切磋学问，交流文化，向大会提交论文达50篇之多，赋学之昌盛，可谓空前矣！

长期以来，把赋的研究看成复古，以极偏狭的眼光看待赋，不褒扬它的优点，一味否定它的价值，进行批判，这是不公道的。文学史上往往有这样一种现象，一种文学，一个作家，一部作品，越是批判它，否定它，看似衰落了，可是最后还要跑回头来，衰落到极点就是复兴、繁荣！这是文学史研究中带有规律性的现象。赋学就是一例。

赋是中国文学的一种重要的文体。赋在汉代最为流行。桓谭《新论》第十二为《道赋》篇，为后来刘勰《文心雕龙·诠赋》开其先路。惜已散佚，严可均《全汉文》仅辑得4条，其中有云："（扬）子云言，能读千赋则善赋。"班固《两都赋序》云："故孝成之世，论而录之，盖奏御者千有余篇。"是西汉之赋至少有千篇之数，可见，赋之创作在汉代相当繁荣兴旺！

赋之成为研究对象，似起于刘宋时君臣合力之提倡，梁、魏因之。赋篇之结集，见于《隋书·经籍志》总集类，略如下表：

宋谢灵运《赋集》92卷/宋明帝刘彧《赋集》40卷/（新喻惠侯）刘

---

* 作者单位：香港中文大学。

义宗《赋集》50 卷（梁时尚在）/后魏崔浩《赋集》86 卷/《续赋集》19 卷/梁武帝萧衍《历代赋》10 卷

据《梁书》卷 43《周兴嗣传》记载，周舍、周兴嗣奉敕注梁武帝《历代赋》。刘义宗是刘裕中弟道怜六子之一，《世说新语》著者刘义庆之弟（见《宋书·宗室传》，元嘉 21 年卒）。从上表可见宋代所编赋总集即有三部。这些赋总集都没有流传下来，但说明当时一些官吏编选集、赋集这样多，朝廷对赋是很重视的。

关于如何加强赋的研究，我认为有下列数项，应当注意：

## 一、言志类赋的独立研究

诗言志，赋亦言志。《楚辞·九章·悲回风》云："眇远志之所及兮，怜浮云之相羊。介眇志之所感兮，窃赋诗之所明。"眇志所感，即赋诗以明，赋亦言志。我写过《骚以言志说》一文，赋中不少为贤者失志之作。《隋书·经籍志》卷四称梁有《遂志赋》十卷之多，已亡。《艺文类聚》卷二十六存陆机《遂志赋》，其序云："昔崔篆作诗，以明道述志，而冯衍又作《显志赋》，班固作《幽通赋》，皆相依仿焉。张衡《思玄》，蔡邕《玄表》，张叔《哀系》，此前世可得言者也。"刘歆有《遂初赋》，刘桢有《遂志赋》，皆此类之作。此书有十卷，即裒合各家之作。唐代韩愈有《复志赋》，亦即此类。今宜辑历代言志之作汇为一篇，作深入研究。

## 二、赋音佚书之辑录

《隋书·经籍志》（卷四）所记，各赋有音，如《二京赋音》二卷，李轨、綦毋邃撰（李轨另有《周易音》）。《旧唐书·经籍志》、《新唐书·艺文志》均载：李轨撰《齐都赋音》一卷，薛综撰《二京赋音》二卷，褚令之撰《百赋音》一卷(《隋书·经籍志》作御史褚诠之《百赋音》十卷，梁有诠之集八卷，官至中书舍人)。郭微之撰《赋音》二卷(《隋书·经籍志》作"徵之")。《颜氏家训·勉学》篇说："赋诵者信褚诠而忽吕忱。"足见褚诠《百赋音》之影响。吕忱即《字林》作者，未闻注赋。

赋之有音，因多奇字而不易晓，此类著作与文字声训极有关系。现敦煌出《文选音》一种（萧该有《文选音》三卷），綦毋邃之《二京赋音》，可从日本《文选集注》辑得一二，其余宜加以稽考整理。赋音一类著作，堪称研究语言训诂的基本材料，对语言文字学作出了贡献，今天的赋学研究对这类著作进行辑佚整理，这不仅对赋学研究的深入有益，也有利于语言文字学的研究。

## 三、赋与图关系之研究

赋或因图而作，或为赋而作图。屈原赋深受图的影响。例如，《天问》，即先有图，后有《天问》。至若先有赋，后画图，其例更多。《世说新语·巧艺》记载："戴安道就范宣学，视范所为，范读书亦读书，范抄书亦抄书，唯独好画，范以为无用，不宜劳思于此。戴乃画《南都赋图》，范看毕，咨嗟，甚以为有益，始重画。"张彦之《历代名画记》载，晋明帝（司马绍）有《洛神赋图》、顾恺之继作。晋史道硕有《蜀都赋图》、《琴赋图》，南朝宋史敬文有《张平子西京赋图》（均见《历代名画记》卷五、卷六）。又《隋书·经籍志》（卷四）著录，梁有《杂赋图》十七卷，亡。计十七卷，足见梁时赋之有图，不一而足。

诗之有画，诗与绘画的关系已为人所共识。赋之有画，赋之与绘画的关系，往往为人所忽略。实则赋与绘画的关系亦极密切。赋与图之关系的研究，必将为赋学研究和绘画史的研究起到推动作用。

## 四、赋之文化史的研究

赋的资料是文化史上无限的丰富的宝藏。

赋为铺陈某一事物之专篇，对于文化史专题研究往往提供重要资料，片言零句，亦足甄采。以乐舞百戏为例，如张衡《西京赋》描写百戏的演出，有鱼龙漫延、东海黄公、乌获杠鼎、都卢寻橦、跳丸剑、走索、吞刀、吐火等几十个精彩节目，显然是研究我国古代杂技史、研究我国古代各民族文化交流融合史的重要资料。再以建筑史为例，班固的《两都赋》、张衡的《二京赋》对长安、洛阳的城市、宫阙建筑的描绘，对我国古代建筑史的研究是很重要的，自不必说，就是《艺文类聚》、《水经注》中保存的有关描写宫室台榭的不完整的赋作，也为建筑史的研究提供了珍贵的资料。如《水经注》卷十浊漳水注记载：

> 魏武又以郡国之旧，引漳流自城西东入，迳铜雀台下，伏流入城东注，谓之长明沟也。渠水又南，迳止车门下。魏王封于邺，为北宫，宫有文昌殿。沟水南北夹道，枝流引灌，所在通溉，东出石窦下，注之洹水。故魏武《登台赋》曰："引长明，灌街里。"谓此渠也。

这里所引魏武《登（铜雀）台赋》断句，对我们了解古代邺城的建筑、街衢之结构等无疑提供了极真实的资料。又如，《水经注》卷十九渭水下注，引繁钦《建章凤阙赋·叙》云：

《关中记》曰："建章宫圆阙，临北道，有金凤在阙上，高丈余，故号凤阙也。"故繁钦《建章凤阙赋·叙》曰："秦汉规模，廓然毁泯，惟建章凤阙，岿然独存，虽非象魏之制，亦一代之巨观也。"

又，《水经注》卷二十四睢水注叙述梁王兔园：

余按："《汉书·梁孝王传》称王以功亲为大国，筑东苑，方三百里，广睢阳城七十里，大治宫室，为复道，自宫连属于平台三十余里。"复道自宫东出杨门之左，连属于平台则近矣，属之城隅则不能，是知平台不在城中也。梁王与邹、枚、司马相如之徒，极游于其上。故齐随郡王《山居序》所谓西园多士，平台盛宾，邹马之客咸在，《伐木》之歌屡陈，是用追芳昔娱，神游千古，故亦一时之盛事。谢氏赋雪（指谢庄之《雪赋》），亦曰：梁王不悦，游于兔园。今也歌堂沦宇，律管埋音，孤基块立，无复曩日之望矣。

可以看出，这些记叙对后世了解秦汉宫室园林之规模体制，对于后世研究赋史之发展、文学流派之演变，显然都提供了极难得的可贵资料。

《水经注》中关于石刻诗赋引述甚丰，石刻已有人做专门著述，辞赋尚缺，其中部分资料对我们研究文化史极为宝贵，我希望赋学研究重视这项工作，以为文化史、文学史之研究的参考。

## 五、赋之修辞学的独立研究

修辞学近年发展甚快，出版了不少著作，可是辞赋在修辞学上之意义尚未闻有人作通体之研究和阐发。辞赋修辞学，这是一个新领域，有待开拓。

赋者，古诗之流也。赋对于诗来说，是文学独立于学术之后发展的一新阶段，内容之充实，艺术形式之多姿多彩，语言之丰富，表现手段之细腻，技巧之臻于成熟，修辞之完美，都是前所未有的。所以葛洪《抱朴子·钧世》篇说："若夫俱论宫室，而奚斯路寝之颂，何如王生之赋灵光？同说游猎，而《叔畋》《卢铃》之诗，何如相如之言上林乎？并美祭祀，而《清庙》《云汉》之辞，何如郭氏《南郊》之艳乎？等称征伐，而《出车》《六月》之作，何如陈琳《武军》之壮乎？"可见，赋在诸多方面为语言学、为修辞学的发展提供的资料比诗更多更丰富。可是对这样丰富的语言修辞材料，尚无人做系统的研究。唐世有《赋谱》，与杜正伦之《文笔要诀》合抄，日本所存称为国宝《赋谱》，只论律赋，宜扩大为"赋修辞学"。我希望有人做这项有意义的工作。

## 六、应撰写《赋学纪事》

笔记杂书，涉及赋者无虑百数，以赋之资料论之，极待好事者为之钩稽纂集，此项工作可效《唐诗纪事》、《全唐文纪事》，撰作《赋学纪事》。姑举一例，偶阅明叶盛《水东日记》，其中涉及赋者灿然可记。如卷八云："东坡《赤壁赋》真迹，寄傅尧俞者，尝于俞尚书家见之。'洗盏更酌'，'更'字下自注一小'平'字。"又高元之作《变离骚》，凡九篇。《水东日记》卷二十四载《变离骚序》。又，卷三十载虞伯生之父撰《诛蚊赋》及诸家详论题记。(《变离骚序》及《诛蚊赋》及题记，文字较长，这里略）这两篇文字，不仅对赋学研究，就是对整个文学史、文学批评史的研究都是十分珍贵的。我想，倘遍查各书，弋获必富，是为斯学恢宏光大，其功不在"诗记事"之下，惜至今尚无人为之。

侧闻国内近年治赋者多家，造述宏富，若《全汉赋》之辑成，《历代赋汇》之整理，均宜大书特书，为古书整理规划之外，大著新猷，嘉惠来学。上举琐细各节，注意所及，聊发其耑，余年已颓耄，无能为役，惟冀同志合力以竟其功，区区之志，只是抛砖引玉而已。

(《社会科学战线》1993 年第 3 期)

# 魏晋南北朝散文研究的重要性

（台湾）王更生*

## 前　言

魏晋南北朝历时四百年①，在五千年的政治演进上不谓不长；但在中国散文发展的长河里，它不过是一个阶段，或则说是一个过渡。没有魏晋南北朝这个大开大阖的过渡时期，则先秦两汉就无法和隋唐两宋衔接。所以谈中国文学，自不可忽略魏晋南北朝，研究中国散文发展，尤必须重视魏晋南北朝。

## 一、回顾与展望

自来论魏晋南北朝文学者，莫不以诗歌、辞赋、骈文为主，而忽略其散文。殊不知它在和韵文分道扬镳的当时，有为数众多的作家，从不同的观点，挥洒如椽之笔，为风狂雨骤的国难，变乱纷乘的政局，荒淫昏暴的政客，穷苦无告的百姓，写下血泪交迸的鸿文，给我们留下丰富的遗产，并且有些作品，至今尚口诵心惟，耳熟能详，成为我们当前立身、治事、欣赏和学习的重要资源。追究造成忽略散文的原因，《昭明文选》应该是这个事件的导火线。

梁昭明太子萧统，集合近20位东宫学士，花费5年左右时光，撰成《文选》30卷②，选录了自东周以迄梁800年之间的各体文章。在他所选的130

* 作者单位：台湾师范大学。

① 东汉末年献帝建安元年（196）算起，到隋文帝开皇九年（589），历时约四百年，为我国文学史家通常称谓的魏晋南北朝时期。

② 昭明太子编纂《文选》的时期及编者，详见何融《〈文选〉编撰时期及编者考略》，载《近代史论文类辑》。

位作家和752篇作品中，魏晋六朝多达86家，593篇，几乎占了全数的五分之四。由于他以“沈思”“翰藻”为选文的标准，经典、诸子、史传皆在摒斥之列①，因此，后来奉《文选》为拱璧的人们，便误以为魏晋六朝为诗歌、辞赋、骈文的独擅时代，给读书人烙下了不可磨灭的印象。

接着选学派的专家们加以推波助澜：如宋王銍著《四六话》、明王志坚有《四六法海》、清孙梅集各家成说，成《四六丛话》；李兆洛继《文选》之后，而有《骈体文钞》；阮元作《文言说》、刘师培作《论文杂记》，皆大张昭明“沈思”“翰藻”的文学观。影响所及：一、是选本的编辑标准，二、是文学史的撰写内容。

影响选本编辑标准方面，笔者略举两个实例来证明。例如清初吴楚材和从孙调侯合编的《古文观止》，由周至明在入选的222篇文章中，连同诸葛亮的前后《出师表》，魏晋六朝只选了8篇。又姚鼐将一生讲学心得，分类编成《古文辞类纂》75卷，从战国到清代，共得文章700篇，唐宋八大家占了373篇，超过总篇数的二分之一；反观魏晋六朝入选的作品，只有诸葛亮、王粲、张华、张载、潘岳、刘伶、袁宏、陶潜、鲍照九家，九家之作又限于箴铭、颂赞、辞赋有韵之文。从上述两事，可以推想选家的心理，总认为魏晋南北朝文多丽辞，无散文可选。言念及此，就不难想象唐代韩愈在《答李翊书》中，所以强调：“非三代两汉之书不敢观”的征结所在了；那就是暗示魏晋南北朝没有真正值得一读的古文，否则，他这句话便属无的放矢。

影响文学史撰写内容方面：中国文学史的撰写，应当记述中国文学发展演进的大势，研讨历代作家的成就，分析过去重要作品的内容，从各种不同层面，来探讨文学演变的背景、特质、影响和各种价值判断的得失，以寻求将来在文学思想上、形式上发展的启示。魏晋南北朝是中国散文发展的转折点，其背景、特质，自当受到文学史家的关注。但检阅手边通行的著作：如林传甲、汪剑馀、曾毅、谢无量、顾实、胡适、胡云翼、赵景琛、林庚、钱基博、刘大杰以及柳存仁和台湾光复书局发行的《中国文学史》，不仅对魏晋南北朝散文不设专门的章节讨论，就是间或涉及的时候，也大多一笔带过。至于像谭正璧、杨荫深、郑振铎和黄锦宏、王忠林等八位教授合编的《中国文学史初稿》虽然设有章节讨论，但内容简略，可足称述的地方不多。总的说来，现在文学史的编者，仍旧坚守着文学狭义说的壁垒，根本不把论说章表奏启议封书记方

① 昭明选文标准，详见《文选序》。如云：“赞论之综辑辞采，序述之错比文华，事出于沈思，义归乎翰藻，故与夫篇什，杂而集之。”

面的作品当成真正的散文看。

事实上，就《文选》的内容来说，其所选之文大别分为辞赋、诗歌、杂文三大类，辞赋、诗歌为韵文，杂文部分则是骈散合选，并无轻重之见在乎其间。像李斯《谏逐客书》、邹阳《狱中上书》、司马相如《谏猎书》则介乎骈散之间，司马迁《报任少卿书》、杨恽《报孙会宗书》、诸葛亮《出师表》、汉武帝《贤良诏》等纯属散体；尤其任昉的《秦弹刘整》一文，不但是散体，更接近口语。

魏晋南北朝散文之所以受到后世学者们的忽略，《文选》虽是问题的导火线，但责任不在昭明与东宫学士，自有其历史的因素。当前之急务，是我们应如何修正观念上的偏差，填补文学史上的空白，来彰显魏晋南北朝散文在学术研究上的重要性，才是我们于检讨之后，应该努力的新方向。

## 二、研究重点的分析

魏晋南北朝散文研究在当前的必要性既明，则散文在魏晋南北朝长达四百年的岁月里，加上漫天烽火和激烈的政治斗争，其演化变迁之迹，可谓错综复杂。以下特就我们今后可能研究的重点略作说明，相信亦为读者所乐闻。

1. 背景的研究

孟子说："颂其诗，诗其书，不知其人可乎？是以论其世也。"① 这对研究作品产生内在的个人因素，与外在的客观环境，提出了重要条件。所以背景的研究，是我们应首先措意之事。刘勰《文心雕龙·时序》篇说："文变染乎世情，兴废系乎时序，原始以要终，虽百代可知也。"他抓住"世情"和"时序"两个尺度，来衡量魏晋六朝文学，说"正始馀风，篇体轻澹"，"晋虽不文，人才实盛，并结藻清英，流韵绮靡"，"中朝贵玄，江左称盛，因谈馀气，流成文体"，"宋武爱文，英采云构，尔其缙绅之林，霞蔚而飙起"，此外刘勰用"轻澹"评正始作品的特质，用"绮靡"说明西晋作品的特质，用"因谈馀气"衡量东晋作品的特质，用"霞蔚飙起"，形容宋代作品的特质。其所以如此者，一言以蔽之，时代不同，背景不同，文风各异之故。

近人研究魏晋南北朝文学发展背景，而又以专门著作名世者，首先是刘师培。刘氏因彦和有"蔚映十代，辞采九变"及"后汉才林，可参西京；晋世

① 孟子说的话，见于《孟子·万章》下。

文艺，足俪邺都；魏时话言，必以元封为称首；宋来美谈，亦以建安为口实”① 之论，著《中古文学史》，并参考史乘群书，旁徵文章各体，对刘勰未尽之意多加恢廓。尤其于“汉魏之际文学变迁”，“魏晋文学变迁”，“宋齐梁陈文学概略”等重要环节，皆独立成篇，专门讨论。虽然书中不乏卓见，但内容似多偏于各家作品体势的比较和流派的考述。从背景研究的角度来看，这部名著只能说是《文心雕龙·时序》篇的注疏而已。

所以研究魏晋南北朝散文变迁的背景，不仅要注意内在的个人因素，也要考察客观环境的成因。如透过政治背景，来探测在这国难时艰，兵燹匝地的时代，给文学带来的影响；透过思想背景，来探测清谈与玄学，这个天下大乱时的特殊产物，给文学带来的影响；透过社会背景，来探测门阀势力，九品中正官人的制度，给文学带来的影响；透过宗教背景，来探测道教兴起，佛教内传后的种种反应，给文学带来的影响；透过地理背景，来探测南北气候不同，生态各异的情况下，给文学带来的影响；透过风俗习惯，文人气节，来探测它带给文学的影响。也可以透过文学自身发展的规律，从以文为学的观点，来探测它带给文学的影响；甚或透过某些族群对某些事物共同的好恶、品位，来探测它给文学带来的影响。我们相信，研究魏晋南北朝散文时，如能考虑到背景的复杂性，从多角度、全方位的方式进行，则其前承后继的演化真象，必定会得出系统完备的成果。

2. 作品的研究

有人曾说：“一代之兴，即有一代之治；一代之治，即有一代之学；一代之学，即有一代之书。”又说：“文虽小道，实与时代而变迁。”如今想知道魏晋南北朝时代散文的特质，则作品研究自不可忽略。而作品研究的方式，或作单篇的研究，或作多篇的比较，或同代作家的分析，或隔代作家的衡论，从内容、形式、取材、篇幅、风格、理趣等，都可以做深入而广泛地探索。但是，当我们打开魏晋南北朝散文的著作目录时，不但这方面系统性研究的论著缺乏，就是近人编注的散文选本，也相当的单薄。以手边可见的资料为例：如1936 年正中书局出版，陆维钊编注的《三国晋南北朝文选》，1981 年台北广文书局发行，王文濡评注的《秦汉三国文读本》、《南北朝文读本》，皆依体分类，骈散杂揉，姑且置而不论，论其纯以散文入选的读本，计有 1980 年，台湾河洛出版社发行，陈中凡选注的《魏晋六朝散文选注》，1983 年上海古籍出版社出版的《汉魏六朝散文选注》，1989 年北京新华书店印行，由高步瀛选注的《魏晋文举要》。这三个选本，一个选了 21 篇，一个除去两汉 5 篇作品不

① 此处两引彦和之言，分别见于《文心雕龙·时序》、《文心雕龙·才略》篇。

计外，魏晋以下共得14篇；高氏选录了25篇；三书合计，芟其重复后，只选注了53篇作品。拿这个篇数和严可均编辑的《全三国文 》、《全晋文》、《全宋文》、《全齐文》、《全梁文》、《全陈文》、《全后魏文》、《全北齐文》、《全北周文》，加以对照，真可谓沧海一粟。这样看来，魏晋南北朝散文作品的研究，目前尚形同荒原，尤其评、校、注释方面的基础工程，距离理想的目标还很远。

3. 流派的研究

魏晋南北朝散文，经过长达400年的演化过程，其间分门别类，形成不同流派，自属必然的趋势；不过，长久以来，学者们对此看法颇有差距。如陈柱《中国散文史》，从作品内容偏重的不同，将崇尚藻丽的潘岳、陆机归入“藻丽派”，将杂帖书法名家的王羲之、王微之，归入“帖学派”，将放情田园生活的陶渊明，归入“自然派”，将学重名理，论辩精微的范缜、沈约，归入“论难派”，将模山范水的名家庐山道人、陶渊明、陶宏景、吴均、郦道元等，归入“写景派”。郭预衡《中国散文史》纯粹以时代先后为标准，分为“汉魏之际的散文家”，然后是“南朝：宋、齐、梁、陈”，“北朝”又分三节，即“北方正统的学者”、“由南入北的名家”、“两部专门著作”；此外，郭先生又在馀论中，附列“史家之文”、“小说家之文”、“文论家之文”以及“传统的名篇”等。张仁青《魏晋南北朝文学思想史》以为：“当骈文独秀之时，有若干作家冥心孤往，别树一帜，不逐波扬澜，辄以散行之笔出之。”遂以作家之所长，分为经学家的散文，如魏之何晏解《论语》、吴之陆机疏《毛诗》；史学家的散文，如晋陈寿的《三国志》、宋范晔的《后汉书》；子学家的散文，如魏刘勋的《人物志》、晋葛洪的《抱朴子》；诗学家的散文，如晋时陶潜、宋时鲍照；骈文家的散文，如魏时曹丕、晋时潘岳、宋时谢灵运、梁时沈约；此外，在附录中又增列书法家的散文，地学家的散文，清谈家的散文，名家的散文和耽情禅悦的佛学家散文。

盖流派不同，作品也大异其趣。甚而同一流派的作家，其个别之间也有显著的差异。例如三曹父子以及围绕在他们周围的邺下诸子们，虽然共同营造了“汉魏风骨”或“建安风力”，但其个别之间如曹丕、曹植，虽同是手足，薰陶渐染，声气理应同调；但试观曹丕与吴质两书，和曹植的《与杨德祖书》、《与吴季重书》，同为书信之体，而前者饱含感情，流连哀思，读之催人泪下；后者却靡丽恣肆，意气风发，不可羁勒。

又吴均、陶弘景同为梁代笺记小品的作家，用相同的体裁为文，如吴均的《与宋元思书》、《与顾章书》，陶弘景的《与梁武帝启》、《答谢中书书》两两比较，前者被后人评为：“移江山入画图，缩沧海于尺幅，寥寥百余言，有漂碧千丈，沧波万顷之状，可以作宗氏卧游图，可以作柳子山水记。”后者被评为：“清气逼人，余晖照座，山川奇景，写来如画；词笔高欲入云，文思清可见底。”① 二人虽同是模山范水，但究其作品的风神，不仅双方指涉的重点不同，就是在词笔与文思之间，也有繁略隐显之别，不容混为一谈。

其他，像同为章表之体的如曹植的《求通亲亲表》、《求自试表》、《陈审举表》、《谢初封安乡侯表》、《封鄄城王表》、《改封陈王谢恩表》等，刘勰评为“体赡而律调，辞清而志显，应物制巧，随变生趣。”② 如果拿它和李密《陈情表》、诸葛亮《出师表》相较，虽然同属脍炙人口，传诵千古的佳作，但由于背景不同，学养有别，其文采的铺陈，情志的抒发，显然又是“各师成心，其异如面”了。

可见流派之间，和同一流派的作者之间，彼此常因时代的变迁；境遇的不同，才性的各异，在行文造语时，形成不同作风与格调，所以在这方面值得我们作比较研究的空间很大。

4．对文坛影响的研究

魏晋南北朝散文对当时及后世文坛的影响至为深远，也很值得我们去整纷理乱，从事研究。

魏晋南北朝时，由于单篇作品的大量涌现，个人文集的不断集结，给文学带来了独立自主的意识。于是文笔两分的文体论便应运而生。此即刘勰所指：“今之常言，有文有笔……无韵者笔也，有韵者文也……别目两名，自近代耳。”③ 可是颜延年在文笔以外，又增“言”类，认为：“笔之为体，言之文也，经典则言而非笔，传记则笔而非言。”④ 刘勰却反对这种“文” “笔” “言”三分法，尤其反对视经典为无文之“言”，视传记为有文之“笔”。因而提出反驳说：“《易》之《文言》，岂非言文，若笔果言文，不得云经典非笔矣。”又说：“予以为出口为言，属翰曰笔，常道曰经，述经曰传。出言入笔，笔为言使，可强可弱。六经以典奥为不刊，非以言笔为优劣也。”⑤ 所谓：“非以言笔为优劣”，指的就是文学性问题。当时颜延年从文学的立场看，认为经典是语言的记录，缺乏文学性；传记已经摆脱语言的朴实，富有文学性。刘勰从宗经的角度着眼，对颜氏的说法不能苟同。他以为语文有口头语和书面

① 此处所引前后两评语，见王文选注《南北朝文评注读本》，台北：台湾广文书局。

② 刘勰评语，见《文心雕龙·章表》篇。

③ 刘勰评语，见《文心雕龙·总述》篇。

④ 颜延年说，见《文心雕龙·总述》篇。

⑤ 见《文心雕龙·总述》篇。

语之别，由口头语化做书面语之后就是文，可以使它文采章明，也可以朴实无华。经典是我国百世不刊的宝典，它的价值不能拿言笔的优劣衡量。可见，文笔两分的文体论，在魏晋南北朝文坛曾出现过不同程度的争议，并使中国文学的封域，从此划然分疆。

文笔两分的文体论对当代文坛的影响，既如上述；其对后世的影响至少可由骈散分合和文体分类两点进行探索。

先谈骈散分合。自魏晋南北朝以文笔两分法衡定文体之后，时人以为有韵者为文，无韵者为笔；形成重“文”轻“笔”的风气，唯六朝但有文笔之分，而无骈散之目。唐宋以后，古文运动兴起，遂演为累数百年而不休的骈散之争。直到清代，骈散的论辩更变本加厉，桐城派宗法唐宋，仪徵派祖述文选，两派相峙，势同水火。其实，骈文散文各有短长，言宜散体单行者，不宜讲求偶对；语宜骈体偶对者，又何须乎单行。千载以下，追根究柢，都和魏晋南北朝文笔两分的文体论脱不了干系。

再谈文体类。唐宋以降，有韵的文指诗、词、曲、赋，无韵的文即古文，介乎韵、散之间的就是骈文。其中韵文、骈文、散文，各代又有各代的风貌，各代的体制，各代的界说。体制既多，界说愈细。作者行文往往拘于体裁的要求，不得不剜肉补疮，削足适履，于是产生了画蛇添足，生吞活剥的毛病①。很多学者注意到这个为文辨体的重要而思有所建树，像综合古今，提出各体特点、源流与写作准则者，有明代吴讷的《文章辨体》、徐师曾的《文体明辨》、贺复徵的《文章辨体汇选》。民国以来又有蒋伯潜的《文体论纂要》、薛凤昌的《文体论》等，都对文体分类及其重要性，抒发己见。认为“汉魏以上之文多创体，汉魏以下之文多因体。”文笔两分的文体论，刚好介乎其间，居于承先启后的地位，故谈文体分类，断不能不对它多加注意。

至于在思想方面的影响，魏晋之际，天下大乱，群雄争霸，民无宁日，当权者只知自私自利，往往不以道义为重，以致篡弑频仍，生灵涂炭。旷达之士目睹国难时艰，世衰道微，为求自保，乃崇尚老庄，任天率真，遂开清谈风气。晋室播迁江左之后，由清淡再变而为玄学。而谈玄之士多与释子往来，谈玄的内容，又与佛理相通，因而构成了魏晋六朝的独特思想。这种思想不仅当世的作者和作品受其影响，就连隋唐以后有些文人学士的思想和清谈玄学，也大有关系。所以魏晋南北朝时期的思想与散文发展，对所世文学思想的影响究竟如何？很有研究的必要。

---

① 此处言作者行文往往拘于体裁的要求一事，请参阅清章学诚《古文十弊》。

在文论方面的影响：魏晋南北朝时期的文论，在中国文学理论史上，最是光耀史乘。盖先秦两汉的文学理论，虽然微言大义极具价值，但毕竟东鳞西爪，不够园融。魏晋以降，先有曹丕的《典论·论文》、曹植的《与杨德祖书》、挚虞的《文章流别志论》、陆机的《文赋》等，虽已粗具规模，但仍欠明备的系统。齐梁之际，于文有刘勰的《文心雕龙》，于诗有钟嵘的《诗品》，于总集有萧统的《文选》。《诗品》《文选》姑且不说，单就刘勰《文心雕龙》言，其“体大虑周，笼罩群言”的成就，对后世散文理论的影响十分深远。清黄叔琳说它是“艺苑之秘宝”，认为：“缀文之士，苟欲希风前秀，未有可舍此而别求津逮者。”所以研究魏晋南北朝散文，又何能忽视当时文论对后世的影响呢！

在作法方面的影响。魏晋南北朝散文，充分呈现时代风貌，他们在作法方面的成就，供后人参考的地方颇多。例如校练名理的议论文，模山范水的写景文，据事类义的记叙文，流连哀思的抒情文，无一不情文相生，独秀文坛。兹单就抒情小品言，于魏如曹丕的《与朝歌令吴质书》；于蜀如诸葛亮的《出师表》；于晋如李密的《陈情表》；王羲之的《兰亭集序》；晋宋之际如陶潜的《与子俨等疏》；于梁如陶弘景的《答谢中书书》、吴均的《与宋元思书》、丘迟的《与陈伯之书》、刘峻的《送橘启》等，他们在文字上的锤炼，语法上的工稳，谋篇上的得体，转折上的灵活，章节上的和谐，气势上的完足，典故上的自然，意境上的旷达，真是千姿百态，把散文创作艺术提升到一定的高度，对后世文章写作起了示范性作用。所以研究魏晋南北朝散文，其写作方法影响文坛的情形如何，给予特别的关注，是有必要的。

5．其他

魏晋南北朝时期以散文成书的专门著作于今仍享盛名的很多，对当时及后世有过不小的贡献，具有相当的研究价值，兹举其中的荦荦大者。史传方面：如陈寿的《三国志》、范晔的《后汉书》、沈约的《宋书》、魏收的《魏书》、郦道元的《水经注》、杨衒之的《洛阳伽蓝记》；思想方面：如徐干的《中论》，刘劭的《人物志》、葛洪的《抱朴子》、萧绎的《金楼子》、颜之推的《颜氏家训》；实业方面：如贾思勰的《齐民要求》；小说方面：如干宝的《搜神记》、王嘉的《拾遗记》、刘义庆的《幽明录》、葛洪的《西京杂记》、刘义庆的《世说新语》等。其中有些著作，有人正在从事或已做过校注工作，有的进行过局部性研究，有的做过整体性研究，有的虽经过研究，但对其散文艺术缺乏说明；事实上，大部分的作品，恐怕还停留在原始风貌，等待我们去探索。

## 结 语

通过说明，我们既知魏晋南北期散文研究的重要性及其进行研究的重点所在，但研究成败的关键，又需以研究者的观念、态度以为断。因此，笔者特将个人几点浅见，提供同道们参考，并作为本文的结束：（一）在文学界义方面，希望参酌本国学术文化发展的特殊情况，采取折衷的定义，扩大散文活动的范畴。（二）在散文作品方面，两汉以前的作品莫不散骈自如，并无严格区划。可见“沈思”“翰藻”实非骈文所独享。（三）在研究依据方面：研究魏晋南北朝散文，最好拿严可均的《全上古三代秦汉三国六朝文》为蓝本，然后再取明张溥的《汉魏六朝百三家集》和《四部丛刊》中附见的各家文体做参考，如此，才能得其全。（四）在基础工作方面：因为魏晋南北朝散文，除少数单篇作品外，其他大多乏人问津，所以校、注的工作极待加强，为进一步研究打下基础。（五）在文学史写作方面：为了填补魏晋南北朝散文的空白，和衔接秦汉与唐宋散文的发展，希望文学史的学者们，在撰写或修正魏晋南北朝文学时，能注意此一过渡时期的重要性，分别从思想、背景、作家、作品、影响等几个角度，来阐明散文发展的真象。至于文中所举的研究重点，以及引书、引说的地方，但求其有，不求其全；因为本文写作的目的，只在强调魏晋南北朝散文研究的重要性，和引发读者从事研究的动机而已。由于笔者所见不广，所知有限，挂漏的地方，肯定很多，希望学界先进指教。

（《社会科学战线》1994 年第 1 期）

# 接受美学与文学史的撰写

（台湾）马以鑫

## 一

1967年，德国康茨坦斯大学的文艺史家、文艺理论家H·R·尧斯发表了《作为向文学科学挑战的文学史》一文，首次宣告文艺批评的新观念与新方法——接受美学的产生。从此以后，该论文就被称为“接受美学宣言”①。

尧斯论文的劈头第一句是：“在我们时代，文学史日益落入声名狼藉的境地，这绝不是毫无缘由的”。② 由此，尧斯对已有的文学史展开了尖锐的批评与否定，从而提出了必须重新考虑文学史的撰写，而这种撰写的途径与方法就是接受美学。

尧斯的思路在于：接受美学是否以往定文学史、写出新文学史的唯一出路。正是在这样的基础上，尧斯对接受美学展开了全面的构建与阐述。于是“作家—作品—读者”三位一体的思维与批评模式很快风行文坛。文艺批评的触角有了新的扫描与延伸。

那么，尧斯又为什么对以往的文学史产生如此的厌恶与反感呢？在尧斯看来，文学史已陷入窘境。以往文学史的撰写仅仅依据总的趋势、类型以及各种属性来安排材料，搞一个编年史一类的堆积；根据伟大作家的年表，直线型地排列材料，遵照“生平与作品”的模式予以评价。尧斯认为，如此做法的结果是：“次要的作家被忽略了，（他们被安置于间缺之中），而流派的发展也被肢解了。”追根溯源，尧斯认为：这种传统的文学史形式，始于19世纪，“到

① 此论文有多种译名，现采用《外国文学导报》（1987年第1期）中的译名。

② 见《接受美学与接受理论》，沈阳：辽宁人民出版社，1987年，第3页。

了现在，它的学术性已丧失殆尽”。

德国的另一位接受美学家冈特·格里姆也尖锐地指出，“文学史不是过去东西的复生”，也不是“庸俗的古为今用”。①

尧斯更是一语中的：传统的研究及其方法，使得活生生的历史实践“中庸”化，它着眼于传统的渊源，或非时间的连续性，却并不注意文学现象的表现及其独特性。否定传统往往代表了一种创新。尧斯乐观地看到“传统文学史的衰退，使得我们力图复兴其往日的隆盛”。文学史家们，如尧斯等人，首先在方法论上冲破旧的格局而有了新的突破。

将读者引入批评视野的，还在于思维方式的重大变化。在以往的文学与历史，历史方法与美学方法之间的主要裂隙就在于“把文学事实局限在生产美学和再现美学的封闭圈子内”。尧斯认为，“这样做便使文学丧失了一个维面”。那么，这个“维面”又是什么呢？尧斯说：“这个维面同它的美学特征和社会功能同样不可分割，这就是文学的接受和影响的维面。”

从“作家—作品”的两位一体，尧斯终于发现，还应有一个“读者”的介入。于是，读者接受堂而皇之地进入文学批评与文学史之中。

也正因为如此，尧斯提出了“作品接受史”的新概念，并同“文学事件史”对峙。而所谓的“文学事件史”，只是表现为一个过程，并且它所产生的又只能是读者“被动的接受”。文学史的否定与重写之间，酝酿而成接受美学的新观念与新方法。

也许，文学史并不是接受美学的唯一来源。从19世纪中叶以来，实证主义、形式主义、结构主义、新批评派以及海德格尔解释学与胡塞尔的现象学等，都为接受美学的诞生提供了思想与理论的启示或者“反拨”的对应。但是，我们又不能不看到，作为接受美学问世的“宣言”，恰恰产生于对文学史的重新思考。因此，将接受美学过多地与哲学、美学、思想史等方面去加以思考，也许正有悖于尧斯的着眼点与思考中心。

正是从读者接受出发，尧斯提出了一个令人震惊的口号：“每一代人都必须重新撰写历史。”

接受美学的影响是巨大的。可以毫不夸张地说，本世纪后叶，还没有哪一种文艺批评方法在运用和流布的广泛程度上可以同接受美学相媲美。美国文艺理论家R·C·霍拉勃在1984年就说过：“东西德过去的20年中，还没有哪一

---

① 转引自刘小枫编《接受美学与接受理论》，北京：生活·读书·新知三联书店，1989年，第70页。

篇论文像它（指尧斯的“宣言”——引者注）那样引人注目。”①

霍拉勃也是一位致力于在美国宣传、推广接受美学的文艺理论家。他着眼于接受美学的理论来源与接受美学代表人物的介绍，并进一步提出“重构文学史”的口号。

由此，我们可以十分清楚地看到，接受美学产生于否定以往文学史；接受美学又使我们重写文学史。

## 二

尧斯斩钉截铁地宣告：“以接受美学为基础建立一种可能的文学史。”这儿的接受美学又明确无误地被解释为“接受者的积极参与”。尧斯说，一部文学作品的历史生命如果少了这一点“是不可思议的”。当然，所谓的接受美学“基础”并不仅仅表现在读者进入，这是“因为只有通过读者的传递过程，作品才进入一种连续性变化的经验视野”。说到底，尧斯依据的是“三位一体”模式，即“作家—作品—读者”。当读者介入文学批评范畴以后，才会赋予作品真正的价值。文学史的研究正是凭借“读者”的参与，去进一步考察各个不同阶段的“作家—作品”地位和影响。正是从这些方面，我们可以发现，尧斯倡导的“读者接受史”、“作品接受史”、“效果史”等，正源于对读者的作用和地位的重新评价。

问题再简单不过，文学现象的构成绝非作家们只手打出来的。构成一种文学现象，必须具有读者的参与。当读者冷漠某些作家作品时，或者背离作家愿望时，其内在因素就值得思考了；大凡轰动性的文学现象，又必然是读者的介入。“轰动”首先是读者的轰动。

尧斯的接受美学文学史观，终于触及这样一个基本事实：是读者的参与介入，构成了一部文学发展史。失去了读者，也就失去了文学的发展史。因此，尧斯有一个鲜明的立场和观点：文学的历史性并不在于一种事后建立的“文学事实”的编组，而在于读者对于文学作品的先在经验。

接受主体进入文学史以后，它所表现的应该是在两个方面：“过去时”与“现在时”。所谓“过去时”，指的就是作品问世时的情况。不少作品刚刚杀青，或还在作者、出版者手中，就已经引起读者的注意和期待。一旦印刷问世，读者们会因此而奔走相告、满城争说，乃至洛阳纸贵、一睹为快。同时，报刊上的“读者来信”、“读者之声”、“读者之页”等又直接表达了读者的各

① 《接受美学与接受理论》，沈阳：辽宁人民出版社，1987 年，第 352 页。

种意见。作家收到的有关读者来信，也是接受主体的直接反映。

所谓“现在时”，指的就是我们这时期的评价与论述。对成为“历史”的作品，现在人与过去人可能不谋而合，也可能相左不一。这就会产生新的论述角度并进一步探讨其中的差距。

由于时代的变化与环境的迁移，也许当年轰动性的作品今天依然被人们津津乐道；也许当年轰动性的作品今天遭人冷落；也许当年默默无闻的作品今天却大红大紫；也许当年遭“禁锢”、“销毁”的作品，今天却被发现蕴藉其中的价值……

接受主体进入文学史，首先就是必须正视接受的历史事实，不能以今天的眼光而无视当时；其次就需要以今人的眼光分析、评价以往的作品。可以去寻求与当时接受主体相一致的地方，也可以发现差距，并进一步探索其中的奥秘与原因。

不管是寻访当年的“读者”，还是注意到当今的读者，这都构成了一种“接受主体”。于是，正如尧斯所说，“只有接受，作品在文学中的历史生命，才能通过文学作品和大众的积极的相互作用，在各方面内容的开放系列中，展示作品的结构”。

那么，这样的“历史”能否经受得起历史的检验呢？

康德对历史寄寓了很高的期望。他将历史分为三类：

一是有关未来的时代的历史，因而是一部预告性的历史；

二是不能以已经为人所知的自然规律（例如日月蚀）为指导，我们就称之为占卜的但却自然的历史；

三是不能以别的方式而唯有通过超自然的感通和开辟对未来时代的眼界才能获得，我们就称之为预言的（先知的）历史。①

预告性的、占卜的、预言的，三种实际上代表了一种意思：以过去启示未来。这样，我们可以说，康德摒弃了一种“动态”的、纯客观的描述式的历史；康德希望有一种“动态”的使今人获益又昭示未来的历史。

因此，历史，首先是对今人有教益。

我以为，当以往的读者与今日的读者面对同一部作品或同样喜爱、厌弃，或程度不等的对立（或喜爱或厌弃），我们又可以进一步探寻一致与反差的内在机制，这本身是一件多么有趣的事！而这，才会真正得到预告、占卜与预言。

---

① 康德：《历史理性批判》，何兆武译，北京：商务印书馆，1991 年，第 145 页。

我以为，历史的撰写同样应该具有鲜明的特色。不同的历史撰写者，由于个性的迥然、参照系的差异以及环境的背离，应该写出各有特色的著作。

历史撰写的个性化，最根本的标志就在于作者的思维方式与立论参照系。

可以这样说，将读者来信、读者反映等一大批各个不同阶段的反馈纳入文学史，并不是件轻松的事。在汗牛充栋、尘灰堆积的旧报刊中去探寻，犹如在一个陌生的地方打听一位不知姓名的朋友。可是，一旦找到那么几条读者意见，或许与我们今天还一致，或许正与我们今天对峙——这都是一件十分愉快的事。因为，正是他们，构成了一部读者文学史、文学接受史。

那么，芸芸众生、名不见经传的读者能进入文学史吗？回答应该是肯定的。尧斯曾特意提到："第一位读者的理解，将在代代相传的接受链上保存丰富。"这还不算，尧斯又进一步认为："一部作品的历史意义就这样得以确定，其审美价值也得以证明。"

当代史学，包括整个社会科学的研究，都十分强调民意测验、抽象分析、统计归纳、信息及反馈处理，等等。其实，各式各样的读者反映，正是最好的民意测验。综合性地分析这类反映，就可以获得切切实实的来自接受主体的种种意见。正是他们，又推动了一部文学史的发展。

关于"读者文学史"、"文学接受史"的构想，我以为尧斯还是较为抽象的，甚至有些是难以实现的。例如，尧斯说："一种新文学史的至关重要的选择问题，只能求助于共时性角度，才可获得解决。""共时性"、"历时性"，都是尧斯为接受美学的建立而创造的新概念。所谓"共时性"，指的是过去与今天的一致性；"历时性"就是指以往过去了的那些。在文学接受中，确实存在着"共时性"问题。一些文学名著，历经千百年而不衰，充分表现出它们的"共时性"。

可是，一部文学史著作"只能求助于共时性"角度时，就会产生很大的偏差。前面已提及，有些作品由于种种原因当时轰动的，今天却冷寂了；当时冷寂的，今天却轰动了；同样，今天轰动的，很难说将来还会轰动，今天冷寂的，将来也不一定还会冷寂下去。"共时性"只能是文学接受中的一种情况。如果只追求"共时性"，就不能反映出真正的"接受史"；同时，又将会舍弃太多的有独特价值的文学作品。

实践可以证明，将"共时性"定为唯一，将会产生很多弊端，也很难成"史"。

尧斯也提出过"根据接受美学去建立文学史方案的基础，这个方案从三个方面考察文学的历史性"，即文学作品接受的相互关系的历史性方面，同一时期文学参照构架的共时性方法以及这种构架的系列，最后是文学的内在发展为一般历史过程之间的关系。

关于第一方面，似与前述有矛盾。的确，接受美学的文学史应突出“接受的相互关系的历时性方面”。这儿的“历时性”应该就是当年的读者反映。我以为，这的确是构成文学接受史的基本内容。

关于第二方面，尧斯的“共时性”落到了“同一时期文学参照构架”上。由于作家的个性、经历、素养以及爱好上的差异，即使同一时期的文学创作总会是风格迥异、气象万千的。因此，很难去运用一个“文学参照”，这样势必会过于钟爱某一方面，又过于冷落、甚至排斥某一方面。

接受美学应是一个开放式的批评方式。既然是强调读者接受，就不应该用统一的批评尺度，或文艺社会学，或文艺心理学，或形式主义，或原型批评，或新批评派，等等。规定用统一的文学参照，岂不是同读者接受的原则与实际相悖么？我们不能去规定读者一定要采用什么样的批评方式；相反，应该提倡读者根据各人喜好与习惯去采用各种的文学参照，甚至应该照顾绝大多数读者的直觉反应——有时，这更能体现出读者意见与接受倾向。

至于强调文学的内在发展与一般历史过程之间的关系，我以为，这似乎又回到了文艺社会学方面。文艺社会学批评方式就是突出了文艺与社会的关系，尤其是同政治历史之间的关系。将文艺社会学庸俗化是个问题，但文艺社会学本身并没有错。读者文学史应区别于文艺社会学，它只是强调与突出读者反映，而不是将文学同社会价值联系过多。

我们可以发现，接受美学本身还在不断地完善与严密；同样，接受美学的文学史也处于完善与严密之中。

好在接受美学是一个开放的系统，各种读者都可以在文学接受中为这崭新的大厦添砖加瓦。那么，对接受美学的文学史，我们还需作更多的努力。

（《社会科学战线》1994 年第 3 期）

# 五十年代台湾女性作家

## ——兼比较海峡两岸文学史书的不同注释观点

（台湾）应凤凰*

同样以“台湾文学史”为内容，由海峡两岸不同作者撰写，不同地区出版的文学史书，对同一作家及作品，经常出现全然相反的评价。

在近十年间，海峡两岸台湾文学史专书相继出版，合计超过十种。在参阅各家文学史的时候，读者将发现：各书的注释观点、论述角度，差异最大的，正是从1950年到1959年这一段，这是台湾文学史上最具争议性的“五十年代”。

### 两岸对五十年代台湾文学的评价

因为台湾当时众所周知的社会背景，因此多半的文学史书，在提到这一时期的文学特色时，总把五十年代文学归纳成两大类——“反共文学”及“怀乡文学”；前者包括“大兵文学”、“军中文艺”，后者又称“乡愁文学”或“回忆文学”。

各书也分别就这两大类，列举代表性的作家及作品。两岸意识形态尽管不同，举出来的作家作品却大同小异；虽然两岸史家对五十年代文学总的评价，有时候是完全相反的。

例如身兼小说家、评论家的叶石涛先生，一向提倡自主性的台湾文学史观，他以一个资深省籍作家的立场，对五十年代文学有所批评：

> 五十年代的文学，几乎由大陆来台第一代作家所把持，所以整个五十年代文学就反映出他们的心态。他们在大陆几乎都是属于统治阶级，依附政治权力机构而生存……有根深蒂固的法统观念，缺乏民主、科学的修

* 作者单位：台湾当代文学史料丛刊。

养……国破家亡的沉重包袱压碎了他们的心灵。反映这种心境的文学，自然是对中共政权的无限愤懑怨仇；文学必须扎根于人道主义的肥沃土壤，开起花朵来才有文学的本质和效能。不幸，他们的文学来自愤怒和仇恨，所以五十年代文学所开的花朵是白色而荒凉的；缺乏批判性和雄厚的人道主义关怀，使得他们的文学堕为政策的附庸，最后导致这些反共文学变成令人生厌的、划一思想的口号八股文学。

几乎各家史书，都有“反共八股”的评语，也可见纯粹由政治意识主导文学潮流，难以长久。与叶石涛同样居住南部台湾，也同样写文学评论，但年纪轻得多的彭瑞金先生，他的评语则更为严苛犀利。他几乎对五十年代这个派别的文学全盘予以否定：

反共文学大锅菜式的同质性（公式化）、虚幻性和战斗性等反文学主张，是它的致命伤。所以尽管它霸占了整个台湾文学的发展空间，文学的收成还是等于零……十年间，文艺不但离地生长，而且离群索居。①

至于大陆学者写的文学史，对于“反共文学”自然更站在批判否定的立场：

所谓的“战斗文学”，纯是充当国民党当局“反共复国”的宣传工具，完全失去艺术价值……自然为台湾读者和文艺界人士逐渐厌弃，很快地没落下来。(《台湾新文学概观》第 65 页)

另外，辽宁大学 1987 年出版的《现代台湾文学史》也批评这种文学是“麻醉文学”、“逃避文学”：

战斗文学从本质上说是一种歪曲现实生活、颠倒历史是非的主观主义文学。思想内容的概念化、艺术表现的公式化，是这种文学的根本特征。②

如果由五十年代作家本人自己现身说法，则又有另一番全然不同的评价与诠释。在当时文坛上年纪虽轻，却早已崭露头角，出版了成名小说集《大火炬的爱》（1952 年）的小说家朱西宁，他却给予五十年代文学极高的评价：

五十年代文学除了表现为一种反共的、战斗的精神外，其品质可以断言，绝对是超越了“五四”以后每一个时期的作品……是我国现代文学飞跃的时代……五十年代文学等于是再出发、再创造，发扬了民族精神，

① 彭瑞金：《台湾新文学运动四十年》，台北：自立晚报文化出版部，1991 年，第 75、100 页。

② 白少帆、王玉斌等主编：《现代台湾文学史》，沈阳：辽宁大学出版社，1987 年，第 266 页。

规正了伦理传统，禊祓了、清洗了中华文化所受的污染，为以后这二十年，以及更长久的我国现代文学垦拓了沃土良田。①

## 观点歧异的原因

对于同一个时期，并且才短短的10年；同一个地区、面积又不算太大的台湾岛，如此焦点集中的文学状况，竟会产生差距这么大的文学评价，推敲起来，可能有两个原因：

其一，文学史的写作，深受政治意识形态的影响。文学史是那个社会文化史的一部分，是通史的一个分支，因此好些地区文学史的分期，总与社会发展史的分期相一致。文学本身固然有自己的发展过程与特色，但很难完全脱离那个社会背景而孑然独立。

其二，资料的欠缺，尤其是海峡两岸有将近四十年的时间互不往来。两岸开放以后，近十年，书籍与资料的取得，还较容易；时间越远的，取得越困难。即使台湾本地，许多五十年代的文学书已经绝版，搜寻不易。文学史料又大半缺乏整理，公私出版单位，至今没有一份较完整的小说或散文书目，也大半没有文艺杂志索引、副刊索引，更没有个别作家的研究资料汇编。这种状况，使得五十年代文学缺乏良好的研究条件，自然难有可观的研究成果。

如果是上述原因，造成两岸对作品评价的差异，那么“非政治题材”的作品，例如所谓回忆文学，是否海峡两岸史书会有共同的评语？

这也是本文挑选“女性作家作品”对照两岸史书观点的意义所在。一是女性作家在当时题材较为多样，从比例上看，写“反共文学”的比较少；二是就“量”来说，总人数也比较少，当时又编有好几种妇女作品选集，资料相对的保存得较为完整，容易找。

例如彭瑞金在书中尽管否定五十年代文学总的成绩，他却特别肯定女性作家的成就。他说：“五十年代的散文，女作家不但多，产量高，就散文的质地言，也普遍较优秀，原因极可能是，她们不属于反共文学的正规部队，拥有较多的发展空间”。②

叶石涛也在书中提到：“五十年代是女作家辈出的时代。由于时代空气险

---

① 原刊台北《联合报》副刊1980年5月11日。收入刘心皇主编《当代中国文学大系·史料与索引》，天视出版公司，1981年，第88页。

② 彭瑞金：《台湾新文学运动四十年》，台北：自立晚报文化出版社，1991年，第98页。

恶，动不动就会卷入政治风暴里去，所以社会性观点稀少，以家庭、男女关系、伦理等为主题的女作家的作品大行其道。”①

而在各家史书中，最被推崇的女性作家，特别是由大陆学者写的部分，一致以最大篇幅给予高度肯定的，是小说家林海音。至少有三部大陆出版的文学史，是以专章讨论她的作品及艺术风格。

即使谈“反共小说”，也几乎每一部文学史中，都要提到小说家潘人木及张爱玲，尽管不同的意识形态，造成全然相反的评语。

由于资料的欠缺，也由于台湾文坛本身尚缺乏个别作家的研究及专论，也造成部分作家被两岸各史书所遗漏的状况，这里也将较有影响的女作家个别提及列举在女作家项下。

## 女性作家与作品

**林海音**　王晋民写的《台湾当代文学》以及古继堂的《台湾小说发展史》，两书皆以整章的篇幅，详细论述林海音的作品。福建出的《台湾新文学概观》，辽宁出的大本《现代台湾文学史》也都用整节的长度，介绍林海音的作品及风格，其中《城南旧事》更是讨论的焦点。

林海音本名林含英，1918 年生于日本大阪，童年在北平长大，在北平结婚，原籍台湾苗栗。她在北平世界新闻专科学校毕业后，曾任北平世界日报记者、编辑，1948 年到了台湾之后，写作不辍，历任台北联合报副刊主编（十年），纯文学月刊总编辑（四年），且担任台北纯文学出版社主持人迄今。不但已著作等身，并提携栽培年轻一辈台湾作家，对台湾文学的发展有相当贡献。

林海音最著名的作品，是小说《城南旧事》，原刊台北《自由中国》半月刊，其他尚有小说集《婚姻的故事》、《烛芯》、《晓云》等。

古继堂的小说史在该章的题目上，就称林海音是“奠定台湾女性小说第一块基石”的人，又称她是“特殊经历形成的大中国文化情感”。依古继堂看来，林海音既是台湾人，也是北平人。“她是综合吸收了中国南方和北方两地乡土风情的完整的中国人……是广泛意义上的乡土和乡愁。”②

提到林海音的创作特点，分析起来有三项：其一，以女性形象为描写中心。其二，故事和人物命运维系在海峡两岸。其三，基本上都是悲剧演出。

---

① 叶石涛：《台湾文学史纲》，高雄：春晖出版社，1987 年，第 96 页。

② 古继堂：《台湾小说发展史》，沈阳：春风文艺出版社，1989 年，第 138 页。

古继堂在强调林海音的特殊经历时，只再三说到她曾长期住在北平，却遗漏了还有一样可贵的经历：即林海音曾经是北平一位杰出的女性文化传播者——北平世界日报女记者。

《台湾新文学概观》里，更总结林海音的写作风格，说她是“一位现实主义作家，她的作品多半带有自传痕迹。她从自身经历出发，深刻地反映了社会的风貌”。

此书也提到妇女问题是林海音最为关注的问题。“她的小说几乎都以妇女的婚姻悲剧为题材……是作者探讨中国妇女问题的形象记录”。①

《城南旧事》是一部透过小女孩英子的眼睛，写她看到的周围人物，纯以北京生活为题材的小说。一幕幕童年回忆镜头，呈现美丽的旧北京城的风貌。照大陆研究者的话，“它充满了对逝去的童年的深沉回忆，充满了对祖国、对北京的铭骨思恋。”②

台湾的叶石涛又怎么说呢？他说林海音：“作品的主题以家庭、孩子、老人为多，跟反共文学无关。她的作品民族色彩浓厚，注重描写台湾迈向消费社会中家庭的破碎，女人婚姻和爱情的挫折。怀念北平旧时生活的情景，很富于色彩与音响”。③

从五十年代女作家林海音的例子，正好可以看出作家以人性或以民族为写作题材的相对永恒性。当初许多作家也许并非有所存心，如今隔了四十年之后回头看，当时触碰政治题材的作品，如今竟难免被政治意识形态全然相反的评论者所扭曲。

**张爱玲**　　几乎每一部台湾文学史或台湾小说史，都在五十年代这一章内列入张爱玲。这是十分特殊，或可说是十分有趣，值得拿出来另外做专题比较研究的题目。原因是，上海人张爱玲自从 1921 年出生，不论写作题材或居住地点，不是上海就是香港。她曾就读于香港大学，1942 年香港沦陷后回到上海，四十年代在上海成名，1954 年之后长年居住美国迄今。若单从写作题材观之，不论她写的土地或人民，她的人和小说，与“台湾”这块土地，没有一点点关系。

两岸各台湾文学史书竟都列入张爱玲，勉强可找到两个原因：首先，她在

① 黄重添、庄明萱、阙丰令编著：《台湾新文学概观》上，厦门：鹭江出版社，1986 年，第 68 页。

② 黄重添、庄明萱、阙丰令编著：《台湾新文学概观》上，厦门：鹭江出版社，1986 年，第 73 页。

③ 叶石涛：《台湾文学史纲》，高雄：春晖出版社，1987 年，第 97 页。

五十年代写了两部被冠以“反共小说”的作品——《秧歌》和《赤地之恋》，这些作品正好可放在当时蓬勃于台湾的反共文学潮流。其次，小说初发表在香港印行的《今日世界》杂志，读者群扩散在港台两地。这两书再版时，也都在台湾，换句话说，张爱玲的读者大众在台湾，自然成为“台湾作家”。况且，若从今天的角度观察，张爱玲在台湾还有大批的仰慕者和模仿者，在台湾文坛有巨大的影响力，也造成足够的理由，被称作“台湾作家”——作品给台湾人看的小说家。

至于写大陆农村饥荒惨状的《秧歌》，艺术手法高明，文学价值有目共睹，许多评论家包括在美国的夏志清教授所写的《中国现代小说史》，也盛赞“她小说里意象丰富，在中国现代小说中可以说是首屈一指”；“《秧歌》并不以描写共产党统治下的生活为满足。”①

只因题材抵触了大陆学者的政治意识，很容易被他们“一笔抹煞”。虽然它的内容正如古继堂在书上说的，是描写解放后江南农村一个小镇在共产党领导下的悲惨和穷苦生活，却绝非如他形容的：“这部作品和其他反共作品一样，1954年在香港出版后，并没有引起多大反应，就被历史的洪潮淹没了”。

张爱玲写了好几部广受推崇，展示女性婚姻及命运的小说，如《半生缘》、《怨女》、《倾城之恋》，“笔触的细腻，情节的曲折，对女人心理揭示的生动、深刻”，连大陆史家也用这些称许的句子。从她孤身隐居美国这些年的事实来看，她的“政治意识”，可以想见不是那么强烈。

从张爱玲的例子，也正好呈现当代文学史家容易受政治意识影响，而难以客观的就文论文。史家是否应就小说作品的艺术价值，加以判断，才不失其作为史书的意义。

**潘人木**　潘人木是道道地地，“诞生”于台湾五十年代的“反共”小说作家。两岸各本文学史书都这么不约而同的这么称呼她，原因是她的小说《如梦记》、《莲漪表妹》及《马兰自传》等分别是在1950年、1951年及1952年得到当时国民党“文奖会”颁发的文艺奖，且因此在台湾文坛崛起、成名。六十年代以后，她的写作量便少得多。

尹雪曼主编的《中华民国文艺史》，提到她的《如梦记》时写道：“这篇小说，以一位遭受毛共喽啰蹂躏与迫害的女性，获得新生后的自白，来描述毛共喽啰莫龙飞的残忍、冷酷与贪婪。作者所用语言鲜明，文字凝炼”。②

---

① 夏志清：《中国现代小说史》，台北：台湾传记文学出版社，1979年，第422页。

② 尹雪曼主编：《中华民国文艺史》，台北：正中书局，1975年，第477页。

光从这一小段，也多少看出撰史者掩盖不住的反共意识形态。相对的，大陆中共的史书，则说潘人木的作品是反共小说的“又一个公式”，把主角的背景“放在动乱的时代，而把动乱时代的根源和主人翁不幸命运的祸因，一概加到共产党身上。”①

但两岸各书，除了叶石涛的，都不否认潘人木的写作技巧。例如王晋民说到潘人木的作品特点是：“……小说的描写对象不再是反共文学常有的大兵形象，而是知识分子，而且比一般的反共作品要讲究技巧，因而带有较大的迷惑性和煽动性。”②

我们很少看到严肃的文学评论家用诸如“迷惑性”、“煽动性”等字眼，来形容或批评一部小说作品的好坏。小说或文学的功能之一，不正是希望作品能影响及感动阅读的人吗？也可见政治题材的作品，在各种对立的史书及评语中，本来的面目反而给弄得模糊不清了。

**孟瑶**　孟瑶本名扬宗珍，湖北人。1949年到台湾之后，历任大学教职，喜好国剧。她在五十年代写了许多长篇小说，如《美虹》、《心园》、《乱离人》、《黎明前》、《穷巷》、《危岩》等，迄今作品已超过50部。大陆史书给她的评语是“小说多以辛亥革命和抗日战争为背景，题材广泛，笔法洒脱，内容豪放。”③

孟瑶身兼教职，依然创作力旺盛，善写长篇，尤其在五十年代。她是湖北汉口人，她的家乡有许多人参加了辛亥革命，她从小即耳濡目染了不少相关的故事，自己又是在抗战中长大，不知何故，台湾出版的文学史却未能写到她。

**张秀亚**　和孟瑶一样，张秀亚在台湾也历任大学教职，她早在北平辅仁大学英文系毕业，又进研究所史学组。1943年在重庆曾任《益世报》副刊主编。

她散文的成就，“影响广泛而独具风格”，各家史书多半给予肯定并且极力推崇。辽宁大学版文学史说：“她的散文清新、飘逸、隽永、深遂，具有诗化的倾向。她构思作品讲究结构艺术……笔势曲折，意境动人，蕴含深厚”。④

彭瑞金提到张秀亚，也说她“柔美而优雅的文字，充满感情的心和笔，倒是唯一真正保留了一点散文的血派。”

---

① 古继堂：《台湾小说发展史》，沈阳：春风文艺出版社，1989年，第121页。

② 王晋民：《台湾当代文学》，南宁：广西人民出版社，1986年，第33页。

③ 黄重添、庄明萱、阙丰令编著：《台湾新文学概观》上，厦门：鹭江出版社，1986年，第66页。

④ 白少帆、王玉斌等编：《现代台湾文学史》，沈阳：辽宁大学出版社，1987年，第277页。

张秀亚散文中有很大一部分是昔日生活的回忆，散文里常出现故乡华北大平原的影子，也因此被列入“回忆文学”、“乡愁散文”的代表作家。如今我们回顾五十年代文学作家与作品，张秀亚，她本就来自北方，在大陆成长和受教育，她本是河北人，乃无可否认的客观的事实。她有她自己的故乡与童年，她的乡愁，就像今天很多作家的故乡是台湾一样。何况张秀亚写的散文虽是回忆、是往事，但关切的却是永久性的人生课题，归类为“乡愁文学”，不知是否恰当。

**琦君**　琦君本名潘希真。她的散文，最受读者喜爱的，也是那些回忆亲人师友，追叙自己早年生活和身边琐事的小品散文。

不同的是琦君为浙江人。1917 年出生的她，自幼深受中国古典文学薰陶，记忆力极强，且多愁善感，之江大学中文系毕业。作家彭歌曾形容琦君的散文特点：“在平实朴素之中具见人情之真切”，言简意赅，最为传神。也因而同被列在“乡愁文学”的范畴。

琦君的作品包括《琴心》、《菁姐》、《百合羹》、《烟愁》等，皆于五十年代即已出版。评论家说她的文辞不事雕琢，“似如行云流水，干净利落，给人以浑然天成之感”；“笔笔追忆都寄寓着作者的不尽情思，字里行间总流露着对已逝往事的无限感慨。”① 这些优点，无不是女性作家特有的专长。尤其琦君一系列写母亲的散文，从母亲婚姻生活的不幸之中，开掘了女性特有的忍让与敦厚的美德，绵绵柔情，又给人无数的启发。

**艾雯**　艾雯本名熊崑珍，江苏人，1923 年生。

在五十年代，艾雯的散文拥有相当的读者群，特别是第一部作品《青春篇》，初版于 1951 年，屡次再版。这部散文在那个动乱年代，“体现了一个青春女郎的爱与愁”；散文中充满了理想、憧憬与希望，不时又夹杂着惆怅悒郁的情调，最易引起当时少男少女的共鸣。

也有评论家，例如同时期的司徒卫，认为她的文章，“令人感到纤巧与荏弱”②。艾雯是五十年代的多产作家——计有《青春篇》（1951），《生死盟》（1953），《小楼春迟》（1954），《渔港书简》《魔鬼的契约》《生活小品》（1955），《艾雯散文选》（1956），《夫妇们》（1957），《雾之谷》（1958），《一家春》（1959）等——创作量之丰，同时期难有出其右者。奇怪的是这些

---

① 白少帆、王玉斌等编：《现代台湾文学史》，沈阳：辽宁大学出版社，1987 年，第 278 页。

② 司徒卫：《书评续集》，台北：幼狮书店，1960 年，第 122 页。

年出版的两岸文学史书很少写到她，无论大陆的或台湾的，皆“不予置评”，不知是这些学者看不到她的书，还是认为她的书不够好。

**徐钟珮**　如林海音一般，徐钟珮也是一位杰出的女记者，1917 年生，江苏人。中央政治学校新闻系毕业，曾任中央日报驻英国特派员。著名的散文作品包括《英伦归来》（1950 年），《我在台北》（1951 年）及《余音》两部，《多少英伦旧事》、《追忆西班牙》等。

徐钟珮的散文清新隽永，明朗亮丽，加上她的记者身份，使她有机会到国外，如伦敦等地停留，写作视野开阔，包容的题材宽广。她不只写身边琐事，挂念柴米、亲人，她比之同时期的女作家，更有世界性的视野。其作品关怀面阔及社会文化、政治经济与历史。她除了自己是记者，又是外交官夫人。可能是后者的身份，使她在五十年代之后，作品渐渐稀少。也可能是这个缘故，两岸的文学史书也极少写到她。但就散文而言，她其实是五十年代文坛不可多得的女作家。

以上只分别列举了四位小说及四位散文作家。五十年代在台湾杰出的女性作家自然数倍于此，可以举出的名字，至少包括苏雪林、谢冰莹、刘枋、蓉子、郭晋秀、聂华苓、繁露、刘咸思、邱七七、王文漪、严友梅、钟梅音、胡品清、侯榕生、童真、王琰如、华严、张雪茵、张漱菡、叶蝉贞、王怡之、郭良蕙等等。事实上前述“列举”的八家，作为“抽样”的意义较大，选择风格各不相同的女作家，目的在反映两岸文学史书，因而可彰显不同的观点。

## 结　语

五十年代文学，整个来说，各家史书对它的评语，可说是贬多于褒。概括的看，因为它夹在一个时代的转折期，就大陆来台人士说，是兵荒马乱，背井离乡。刚到台湾惊魂甫定，忙碌衣食及生活安定之不暇，如何谈得上文学创作。就台湾本土作家来说，情况更惨，他们刚刚脱离了日本统治下五十年的异族统治岁月，回到“祖国怀抱”。原先都学的是日语，此时必须面临语言转换的困境，将中文从头学起。其次，1947 年刚发生了“二二八事变”，伤痛尚未复原，更不愿写什么文章“惹来麻烦”。至于国民党及同批来台人士，在台湾大力推行的反共、战斗文学，原住台湾的本土作家更感觉不知所云，毫无经验。这就是为什么本文列举的八位女作家，竟清一色是来自大陆的文人。事实上五十年代男女作家全算在内，真正的省籍人士数量极少，林海音是台湾苗栗人，但其实她刚从北平来。另一位重要作家乃南部的钟理和，他也是到了大陆北方，1946 年刚携眷回台。

而几乎整个是大陆人士写作舞台的五十年代台湾文坛，“反共”本是他们的亲身经历，也是他们的文学“写实”，作家无不写自己的故乡与童年，而中国大陆正是他们的故乡，他们的童年。只因这“反共”二字，所谓“五十年代反共文学”，如今两岸文学史书史家写来，竟有如“过街老鼠”——大陆的学者自然不以为然的加以批判，有意思的是由省籍作家写的台湾文学史，也将大陆来台人士称作“他们”，认为这些人“以蛮横的政治力制造的反共文学潮流”、“文学的收成还是等于零”、“在文学史上交了白卷”。

本文以八位女性作者为例，至少可以提出几点结语，供未来写史的人士参考：

（一）五十年代台湾文学，至少在文学文化历史的传承上，发挥了莫大的功能。五十年代作家身体力行，将中国五四以来血脉相传的现代文学，引渡到因被异族统治、中国文化传统几近枯竭的台湾宝岛，把逐渐开花的中国白话文学移植到台湾来，使之重新滋长。后来的台湾文学能够快速茁壮，五十年代由大陆来台的作家，不可能没有功劳。

（二）若果如叶石涛说的：五十年代文学“来自愤怒和仇恨”，“缺乏批判性和雄厚的人道主义关怀，使得他们堕为政策的附庸”，本文前举的几位女性作家及作品，正好可作为反证。她们既写亲情友情，写妇女问题，写婚姻，写人性，何来“缺乏人道主义的关怀”，更无所谓堕入“政策的附庸”。

（三）一般评者喜欢说女性作家的题材狭隘，视野窄小，写作范围不外身边琐事，我夫我子，似乎写儿女私情，即不能登大雅之堂。事实上，文学作品的视野大小，题材宽窄，并无碍于一部作品艺术手法的高明、文学价值的长远与否。再从另一方面看，1950 年代女性作家正逢一个动乱的大时代，迁徙流离，与 1980 年代、1990 年代的女性文学家比起来，题材只有更宽广多样，背景也更开阔宏远。正如齐邦媛教授说的：“由大陆来台的女子，在渡海的途中已把闺怨淹埋在海涛中了。生离死别的割舍之痛不是文学字句，而是这一代的亲身经验。由最早出版的女作家作品看来，在台湾创作的中国现代文学是个闺怨以外的文学，自始即有它积极创新的意义”。①

（四）两岸史家皆不愿肯定五十年代的文学成果，彭瑞金说“文学的收成等于零”，叶石涛说它“所开的文学花朵是白色而荒凉的”。事实上，五十年代并不光生产反共文学，如张秀亚、琦君等人的怀乡作品，皆有她们作为散文文体，精致深情的一面，委婉蕴藉，哀而不伤。其他如林海音、张爱玲的小

① 齐邦媛：《千年之泪》，台北：尔雅出版社，1990 年，第 110 页。

说，徐钟珮的散文，不只文字优美，更具一种女性的高雅情操，运用女性特有的细腻于文学作品中，巧妙发挥人性的光辉。如此在文学史上的承先启后，不只继承了中国良好的文学传统，更同时向下提早开启台湾文学精致化的一面，怎能说他们在文学史上交了白卷。

（五）文学题材，岂有何者可写何者不可写的分野。五十年代距今才短短四十年，但从今天两岸分别出版的文学史书来看，“反共文学”已成明日黄花。我们固然不愿看见执笔写文学史书的人，被政治意识形态所左右，因而昧于看见许多深具艺术水平的文学作品。但从这些书的例子，从他们分别对反共文学的挞伐，显现倾向政治主题的文学作品，比之于着眼在土地、民族、人性等的文学，相对的，容易被模糊。正如一句古典诗说的：“屈平辞赋悬日月，楚王台榭空山丘”。不少人喜欢叫文学为政治服务，如今我们看各史书对台湾五十年代文学批评观点的歧异，正好给后来无数的执笔写作者，热心文艺运动者，甚至主导文艺政策者，提供很好的借镜。

（《社会科学战线》1994 年第 3 期）

# 王勃赋之探讨

〔韩国〕白承锡*

## 一

在中国文学史上，对唐赋的评价和认识，历来存在种种偏见。如明人李梦阳说："宋无诗，唐无赋，汉无骚"①，胡应麟也说："骚盛于楚，衰于汉，而亡于魏；赋盛于汉，衰于魏，而亡于唐。"② 这是根据古赋的标准而衡量后世之赋，忽略赋体的发展变化，而否定唐赋。显然是片面的。与之相反，清人王芑孙《读赋卮言》则大加溢美："诗莫盛于唐，赋亦莫盛于唐。"③ 那么，唐赋究竟怎样的面貌？它有哪些演变发展、成败得失？其中的关键就在初唐赋。仅据《全唐文》的统计，初唐存赋大略有一百多篇，而其中王勃为存赋最多，约占十分之一，可称为代表性的赋家。因此，我们通过王勃的赋作品，可窥知初唐赋之梗概，亦可作为澄清历来之偏见的开始。

王勃一生虽短促，但交游广阔，他自幼聪慧，"六岁属文，构思无滞，词情英迈。"（《旧唐书》本传）；又杨炯《王勃集序》："九岁读颜氏《汉书》，撰《指瑕》10卷。十岁包综《六经》，成乎期月。"十二岁拜长安名士曹元为师，向他学习《周易章句》、《黄帝素问》、《难经》等。十四即游历江南名胜，于江西南昌写了《滕王阁序》（又称《秋日登洪府滕王阁饯别序》）。高宗德麟三年（666）应制科，对策高第，拜为朝散郎。沛王李贤闻其名，召为

---

* 作者单位：韩国东国大学。

① 李梦阳：《空同先生集》卷47，台北：伟文图书出版社，1976年，第1731页。

② 胡应麟：《诗薮》，台北：广文书局，1973年，第40页。

③ 见于何沛雄编著《赋话六种》，香港：三联书店（香港）有限公司，1982年，第5页。

王府修撰。在王府撰《平台秘略》、《七夕赋》等。后因戏作《檄英王鸡文》而触怒高宗，被逐出王府，遂入蜀漫游，诗文创作进入高潮期，《春思赋》等作于此时。咸亨三年（672）重返长安，作《上吏部裴侍郎书》，指斥初唐文坛的弊端，倡导文风的革新，得到杨炯、卢照邻的响应和支持。咸亨四年（673），求补虢州（今河南灵宝县）参军，又因匿杀官奴曹达罪被革职除名，避居家乡龙门。上元二年（675）秋，赴交趾（今越南的北部）省父，途中作《采莲赋》。次年八月渡海堕水，惊悸而卒。王勃一生著述极富，据闻一多《唐诗杂论·四杰》的考证和统计有：《舟中纂序》5卷，《周易发挥》5卷，《次论语》10卷，《汉书指瑕》10卷，《大唐千岁历》若干卷，《黄帝八十一难经注》若干卷，《合论》10卷，《续文中子书序诗序》若干篇，《玄经传》若干卷，《文集》30卷①，可惜大多亡佚了。今存诗文集《王子安集》20卷，以清人蒋清翊的注本最为详备。其诗约九十余首，以五言居多，内容广泛，格调高华，对五言律诗的成熟贡献尤大，如明人胡应麟《诗薮·内篇》中云："唐初五言律，惟王勃'送送多穷路'、'城阙辅三秦'等作，终篇不着景物，而兴象婉然，气骨苍然，实首启盛中妙境。"② 其赋则为12篇：《春思赋》、《七夕赋》、《九成宫东台山池赋》、《游庙山赋》、《寒梧栖凤赋》、《江曲孤凫赋》、《驯鸢赋》、《采莲赋》、《涧底寒松赋》、《慈竹赋》、《青苔赋》、《释迦佛赋》。③ 是"四杰"也是整个初唐时期存赋最多的作家。这些赋作不论题材的开拓和语言形式的创新等方面，都引导了初唐赋发展的方向。当然，也存在夸耀词藻、华艳有余的缺点。以下择要分三大类论述之。

## 二

王勃天才早慧，自小受儒家思想的教育，素有治国平天下的雄心壮志，他十五岁时作的《上绛州上官司马书》，就充满自信地说："拾青紫於俯仰，取公卿於朝夕。"又在《上刘右相书》中说："鹰扬豹变，出蓬户而拜青墀；附景抟风，舍苔衣而见绛阙。"然而终其一生，只担任过王府修撰及参军之类的小官职。对此，他是愤愤不平的，时时流露"殷忧明时，坎壈圣代"（《春思

① 参见《闻一多全集》，香港：三联书店（香港）有限公司，1982年，第25页。

② 胡应麟：《诗薮》，台北：广文书局，1973年，第213页。

③ 马积高：《赋史》，上海：上海古籍出版社，1987年，谓："王勃赋今存十一篇。"但若何林天注的《重订新校王子安集》，可知遗漏了《释迦佛赋》一篇。《释迦佛赋》早在蒋清翊的《王子安集注》中，著录在卷二的"赋"中。

赋序》）的情绪，虽然生逢大唐盛世，却怀才不遇，仕途坎坷多难。这种悲凉的情绪，表现在他的诗歌中："送送多穷路，遑遑独问津。悲凉千里道，凄断百年身。"（《别薛华》）更多的则表现在他的辞赋中。《春思赋》和《采莲赋》就是这样的代表作品。

《春思赋》和《采莲赋》的写作时间和地点虽然不同，但写作处境和心态却极为相似——都是在仕途上受到挫折、打击之后有感而发的。《春思赋》序云："咸亨二年，余春秋二十有二，旅寓巴蜀。浮游岁序，殷忧明时，坎壈圣代。"把写作的时间、地点交代得很清楚。若据《新唐书·王勃传》即可得知，王勃为何怀有"殷忧"和"坎壈"之感："沛王闻其名，召署府修撰，论次《平台秘略》，书成，王爱重之。是时诸王斗鸡，勃戏为文《檄英王鸡》。高宗怒曰：'是且交构，斥出府。'勃既废，客剑南，尝登葛愦山，旷望慨然。"王勃初入仕途，正想在王府作一番事业的时候，一篇游戏的小文章，竟然招致如此下场，因而他就感到失望和悲愤。序文中又云：

> 仆不才，耿介之士也。窃禀宇宙独用之心，受天地不平之气，虽弱植一介，穷途千里，未尝下情於公侯，屈色於流俗，凛然以金石自匹，独不能忘情於春。则知春之所及远矣，春之所感深矣。此仆所以抚穷贱而惜光阴，怀功名而悲岁月也。

这一段序文，明确地揭示了《春思赋》的写作动机。时隔四年之后，王勃于上元二年（675）赴交趾省父的途中，又作《采莲赋》。《旧唐书·王勃传》云："上元二年，勃往交趾省父，道出江中，为《采莲赋》以见意，其辞甚美。"在这之前，王勃曾受到第二次打击，《旧唐书·王勃传》有记载："有官奴曹达犯罪，勃匿之，又惧事泄，乃杀达以塞口，事发，当诛，会赦除名。时勃父福畤为雍州司户参军，坐勃左迁交趾令。"这次打击还牵连了父亲，王勃内心的悲愤可以想见。明乎此，再来看《采莲赋》的序文："惜之赋芙蓉者多矣，虽复曹王潘令之逸曲，孙鲍江萧之妙韵，莫不权陈丽美，粗举采掇，岂所谓究厥艳态，穷其风谣哉！顷乘暇景，历睹众制，伏翫累日，有不满焉。遂作赋。"王勃之所以不满意前人描写芙蓉（即莲花、荷花）的作品——如曹植《芙蓉赋》、潘岳《莲花赋》、孙楚《莲花赋》、鲍照《芙蓉赋》、江淹《莲华赋》、萧统《芙蓉赋》、简文帝《采莲赋》等，主要并非炫耀才华，与前人一争高低，而在于它们"权陈丽美"、"究厥艳态"，即客观地描写芙蓉，词藻艳丽而缺乏主观感情的投入和身世际遇的寄托。

通过以上考察可知，《春思赋》和《采莲赋》都是王勃仕途上挫折失意的结果，它们所要共同表达的情绪，可用王勃《夏日诸公见访诗序》中的一段话概括："天地不仁，造化无力，授仆以幽忧孤愤之性，禀仆以耿介不平之气。顿忘山岳，坎坷于唐尧之朝；傲想烟霞，憔悴于圣明之代。”两赋的结构布局充分呈现了这一主旨。

《春思赋》以“年临九域，韵光四极”开篇，先描写蜀地的早春景色：“若夫年临九域，韵光四极，解宇宙之严气，起亭皋之春色。况风景兮同序，复江山之异国。感大运之盈虚，见长河之纡直。蜀川风候隔秦川，今年节物异常年。霜前柳叶衔霜翠，雪里梅花犯雪妍。霜前雪里知春早，看柳看梅觉春好。思万里之佳期，忆三秦之远道。澹荡春色，悠扬怀抱。野何树而无花，水何堤而无草。”接着用“忽逢边候改，遥忆帝乡春”转折到长安、洛阳春景铺写。其中还穿插了荡子从军、倡妇闺怨的诗歌传统内容：

因狂夫之荡子，成贱妾之倡家。狂夫去去无穷已，贱妾春眠春未起。自有兰闺数十重，安知榆塞三千里。榆塞连延玉关侧，云间沆沆不可识。葱山隐隐金河北，雾里苍苍几重黖。忽有驿骑出幽并，传道春衣万里程。龙沙春草遍，瀚海春云生。疏勒井泉寒尚竭，燕山烽火夜应明，语道河源路远远，谁教夫婿苦行行。君行塞外多霜露，为想春园起烟雾。游丝空罥合欢枝，落花自绕相思树。春望年年绝，幽闺离绪切，春色朝朝异，边庭羽书至。都护新封万里侯，将军稍定三边地。长旌犹衔扫云色，宝刀尚拥干星气。昨夜祁连驿使还，征夫犹在雁门关。君度山川成白首，应知岁序歇红颜。红颜一别成胡越，夫婿连延限城阙，羌笛横吹陇路风，戎衣直照关山月。春色徒盈望，春悲殊未歇。

再以“忽逢江外客，复忆江南春”转入江南水乡的春景刻画：“凤凰山上花无数，鹦鹉洲中草如积。春江澹容与，春期无处所。春水春鱼乐，春汀春雁举。君道玉门关，何如金陵渚，为问逐春人，年光几处新？何年春不至，何地不宜春，亦有当春逢远客，亦有当春别故人。”王勃铺写出个个不同地域的春色之后，终于揭示了作赋的命意：“余复何为此，方春长叹息。会当一举绝风尘，翠盖朱轩临上春，朝升玉署调天纪，夕憩金闺奉帝纶。长卿未达终希达，曲逆长贫岂剩贫。年年送春应未尽，一旦逢春自有人。”流落异乡、抱志莫伸的感触溢于字里行间。不过，王勃此时建功立业的雄心未死，他仍然希望能像汉代的司马相如、陈平那样，经过不遇的时期最终得到皇帝的赏识，从而“一举绝风尘”、“金闺奉帝纶。”

《采莲赋》亦是如此。赋的前部，从莲的风姿写到赏莲、采莲之人的种种神态心情。如描写莲的天然丽质：“黛叶青跗，烟周五湖，红葩绛药，电烁千里。”描写赏莲的美女：“是以吴娃越艳，郑婉秦妍，感灵翘于上节，悦瑞色于中年。锦帆映浦，罗衣塞川，飞木兰之画楫，驾芙蓉之绮船。”描写荡舟采莲的风情：“怜曙野之绛气，爱晴天之碧云，櫂巡汀而柳拂，船向渚而菱分。

掇翠茎以翳景，袭朱萼以为裙。”其中也穿插了良人远征之艰辛、采莲女相思铭心的内容：“忽君子兮有行，复良人兮远征。南讨九真百越，北戍鸡田雁城。念去魂骇，相视骨惊。临春渚之一送，见秋潭兮四平。与子之别，烟波望绝；念子之寒，江山路难。水淡淡兮莲叶紫，风飒飒兮荷华丹。翦瑶带而犹歃(恨)，折琼英而不欢。”赋的最后吐露身世感慨的叹息：“感芳草之及时，惧修名之或丧。誓将划迹颖上，栖影渭阳，枕箕岫之孤石，汎磻溪之小塘。餐素实兮吸绛房，荷为衣兮芰为裳。永洁己于丘壑，长寄心于君王。”在此，一方面“感芳草之及时，惧修名之或丧”，为自己岁月虚变，功名不就而哀伤；另一方面又表示要学许由，走其祖王绩归隐山林、独善其身的道路。可见，仕途上的挫折和失意，在王勃的心灵上留下了深重的阴影。

《春思赋》和《采莲赋》在主旨和结构上存在上述相近之处，但两赋在体制和语言风格上又有着各自的突破和创造。《春思赋》最引人注目的特色，是赋中大量运用诗歌的句式，显示了赋的诗化倾向。全赋共202句，作为骈赋基本句式的四、六言只有39句（四言12句，六言25句)，而作为诗歌基本句式的五、七言却有163句（五言53句、七言110句)，占了全赋的八成以上；而且大多四句或八句一转，用韵的方法（或句句押韵，或隔句押韵）亦与歌行体诗歌没有多少差别。在此之前，庾信之赋虽然也表现了诗化的倾向，如《春赋》62句，其中五、七言24句（五言10句，七言14句)，所占比例不足五成①，远不及《春思赋》的诗化倾向普遍而鲜明。《采莲赋》则有所不同，它基本上继承了六朝骈赋的遗风。全赋的本文共309句，四、六言句多达255句（四言123句，六言132句)，占了八成以上；而五、七言只有42句（五言七句、七言35句)。但《采莲赋》对六朝骈赋又有较大发展，赋文中除了引进五、七言诗句外，又较多吸收了骚体赋的句法，如在六言句中常用“兮”字：“况洞庭兮紫波，复潇湘兮绿水，或暑雨兮朝霁，乍凉飚兮暮起。”连用四个“兮”字构成的六言句。又如在六言句间以虚字：“尤见重于幽客，信作谣于君子”、“藻河渭之空曲，被沮漳之沦涟”，虚字的穿插，自然而富有节奏感。这些灵活的句式和自由的韵脚，打破了四六骈赋的板滞、雕饰，显得清新、活泼，别有风致。除此，又须探讨《采莲赋》的题材内容方面的诗化。王勃既有《采莲赋》，又有歌行《采莲曲》。两篇体裁上虽有赋诗之不同，但内容相通，意蕴相近，乃至某些词汇、语句的相似。试对读如下：《采莲赋》：“水淡淡兮莲叶紫，风飒飒兮荷华丹。翦瑶带而犹歃（恨)，折琼英而不欢。

① 参见许东海《庾信生平及其赋之研究》，台北：文史哲出版社，1984年，第80页。

既而缘隈逗浦，返槐归栌，睠芳草兮已残，忆离居兮方苦。”《采莲曲》：“采莲归，绿水芙蓉衣。秋风起浪凫雁飞，桂櫂兰桡下长浦，罗裙玉腕轻摇橹。叶屿花潭极望平，江讴越吹相思苦。”《采莲赋》：“念去魂骇，相视骨惊。临春渚之一送，见秋潭兮四平。与子之别，烟波望节；念子之寒，江山路难。”《采莲曲》：“相思苦，佳期不可驻。塞外征夫犹未还，江南采莲今已暮……佳人不在兹，怅望别离时，牵花怜共蒂，折藕爱莲丝。”《采莲赋》：“忽君子兮有行，复良人兮远征。南讨九真百越，北戍鸡田雁城。”《采莲曲》：“徘徊莲浦夜相逢，吴姬越女何丰茸。共问寒江千里外，征客关山路几重?”两相比较，两篇所描写的题材内容以及所表现的文学思想和审美越味亦差不多。所以，可以说《采莲赋》是诗化的赋，而《采莲曲》是赋化的诗。总之，《春思赋》和《采莲赋》在体物中强化了诗的抒情特质，把内容的中心放在个人心情的抒发，真实反映了初唐才华横溢的年轻文人心中的苦闷和追求；在表现技巧上既继承了秦汉骚赋和六朝骈赋的传统技巧，又进行了大胆的探索和创造，糅合了歌行体诗歌的意境和手法而自成一格。所以，这两篇赋不但是王勃的代表作，在初唐赋中也是难得的佳篇。

与以上两赋题旨相近的，还有《游庙山赋》。序云：“玄武山，西有庙山，东有道君庙，盖幽人之别府也。”则知庙山在剑南道梓州之玄武山。又据聂文郁《王勃年谱》载：此赋与《春思赋》同作咸亨二年游蜀时，《春思赋》为春天，此则为秋天。① 则写作背景与心态亦同样，故序文又云：“因欲攀洪崖于烟道，邀羡门于天路，仙师不存，壮志徒尔。俄而泉石移景，秋阴方积，松柏群吟，悲声四起，背乡关者，无复向时之荣焉。呜呼，有其志无其时，则知林泉有穷路之哭（一作嗟），烟霞多后时之叹，不其悲乎。”王勃被斥出王府后，对前途颇感绝望，曾想隐遁山林，但有强烈的功名欲望，因而内心更为苦痛。这种心态在《春思赋》的结尾中已有透露，此赋则表现得尤为强烈。赋文先描写了庙山清幽神妙的景色：“尔其绿岩分径，苍岑对室，菌轩丹绚，蕙场翠密。”但置身于这个世外仙境之中，却并未使他忘怀人世，亦难消心头的痛苦：“恨流俗以情多，痛飞仙之迷寡。驱逸思于方外，蹋高情于天下。”特别是赋末的乱辞：“乱曰：已矣哉！吾谁欺？林壑逢地，烟霞失时，托宇宙兮无日，俟虬鸾兮未期，他乡山水，只令人悲。”王勃这种人生的感慨，是从《春思赋》到《游庙山赋》，再到《采莲赋》共同贯注的基本情绪和格调。

① 《王勃诗解》，第47页。

## 三

王勃的12篇赋作，咏物赋占了一半，计6篇：《寒梧栖凤赋》、《江曲孤凫赋》、《驯鸢赋》、《慈竹赋》、《青苔赋》、《涧底寒松赋》，前三篇写禽鸟（凤、凫、鸢），后三篇写草木（竹、苔、松）。

先谈《寒梧栖凤赋》。此赋在《文苑英华》本的题下有小注“以孤清夜月为韵”①。赋即以韵脚而分为四个段落，如第一段（加点字为韵脚）：“凤兮，凤兮！来何所图，出应明主，言栖高梧。梧则峄阴之珍木，凤则丹穴之灵雏。理符有契，谁言则孤。游必有方，骇（一作哂）南飞之惊鹊，音能中吕，嗟入夜之啼乌。”凤为传说中的神鸟，历来作为高洁之士的象征。此处显然，王勃以凤自喻，所要表达的就是“出应明主，言栖高梧”，即期望为盛世和明主效力。这可能是初唐士人的普遍心态。在体制上，据姜书阁《骈文史论》考证：“勃此赋虽是现今所能见到的唐代最早的律赋，也可能是他在麟德初（按：高宗李治年号，麟德初为公元664年）以刘祥道之表荐，对策高第时所作（见《新唐书》卷201《文艺列传》本传），这时勃年仅15岁。当即《旧唐书·文苑》（卷190）所说“‘勃年未及冠，应幽素举，及第’”那一次。②由此可知，则唐代律赋在高宗时代就形成了，而非通常所说玄宗开元之后才有律赋，如李调元《赋话》云：“至开元二年（714），王邱员外知贡举试《旗赋》，始有八字韵脚。”这是王勃对赋体文学发展的又一贡献。《寒梧栖凤赋》虽为律赋，却无后世律赋拘泥束缚的弊病，而在追求对仗工巧、音调谐和之中，又注意描写事物的简明，如第二段：“况其灵光萧散，节物凄清，疏叶半殒，高歌和鸣之鸟也，将托其宿之人也。焉知此情，月照孤影，风传暮声，将振耀其五色，俟箫韶之九成。”此赋所表达“出应明主”、“游必有方”、“择木而俟处”的题旨，反映了年轻王勃希望报效朝廷、建功立业的抱负。

《江曲孤凫赋》的序文提到“梓州之东南”，则知是作于游蜀之时，聂文郁的《王勃年谱》把它与《春思赋》、《游庙山赋》系于同年③。若据此，此赋的写作背景和心境亦同《春思赋》，即王勃在《别薛华》诗中所说：“悲凉千里道，凄断百年身。心事同漂泊，生涯共苦辛。”不过，《春思赋》是入蜀

① 《文苑英华》，北京：中华书局，1990年，第621页。

② 《骈文史论》，北京：人民文学出版社，1986年，第450页，姜氏此说，似乎又采自铃木虎雄《赋史大要》，台北：正中书局，1976年，该书的第164页中，已有考证。

③ 《王勃诗解》，第47页。

不久而作，王勃仍然“身在江湖，心存魏阙”，对自己坎壈失志的处境多为不平，是希望朝廷重新征召，从而“会当一举绝风尘，翠盖朱轩临上春”。此后又经历几个月的流浪，重返朝廷的希望十分渺茫，不平也变为无奈。所以，王勃在《江曲孤凫赋》所表现的是一种顺应自然、听天由命的情绪。其序文：“嗟乎！宇宙之容我多矣，造化之资我厚矣，何必处华池之内，而求稻粱之恩哉！”赋文则把这种情绪生动地描述：“顺归潮而出没，迹已存于江汉，心非每系于城阙。吮红藻，翻碧莲，刷雾露，栖云烟，迫之则隐，驯之则前，去就无失，浮沈自然尔。”这只孤独的、不思高飞的野鸭子，正是久经挫折的王勃对仕途绝望的象征。《驯鸢赋》的题旨也是这样，它描写一只“终衔石矢，坐触金笼，声酸夕露，影怨秋风”的驯鸢，又赞扬其“惭丹邱之丽质，谢青田之逸响，与道浮沈，因时俯仰”，还从中引申出“似达人之用晦，混尘蒙而自托，类君子之含道，处蓬蒿而不怍”的处世哲学。这种态度，与王勃早年在《滕王阁序》中说“老当益壮，宁移白首之心；穷且益坚，不坠青云之志”的气魄相比，深为消极的。孤凫和驯鸢正是王勃入世与出世等的种种复杂心态的表现。

在三篇咏草木的赋中，《青苔赋》反映自己身世遭遇。序云：“苔之生于林塘也，为幽客之赏。苔之生于轩庭也，为居人之怨。”不正是说自己在沛王府时为人所怨，而流浪江湖时却为人所赏。赋文又抓住青苔的特性写道：“宜其背阳就阴，违喧处静，不根不蒂，无踪无影。耻桃李之暂芳，笑蘭桂之非永。故顺时而不竞，每乘幽而自整。”就此短短数十字，把青苔描绘得很精细。作者也似乎从它身上获得精神的寄托和慰藉。《慈竹赋》表现的思想情感更为丰富、复杂，一方面“抚高节而兴叹”。也就是歌颂慈竹，如：“至若白藏载谢，元英肇切，塞北河坚，关南地裂。观众茂之咸悴，验贞辉之独洁……若乃宗生族茂，天长地久，万柢争盘，千株竞纠，如母子之钩带，似闺门之悌友。恐孤秀而成危，每群居而自守，何美名之天属，而和气之冥受。嗟呼！道之存矣，物亦有之。不背仁以贪地，不藏节以遁时，故其贞不自炫，用不见疑，保夷险之无易，哂荣枯之有期。俄蓬转于岷徼，遂萍流于江汜，分兄弟于两乡，隔晨昏于万里。抚贞容而骨愧，伏嘉号而心死。庶因感而长怀，将策情而励己。”由此表明自己历经磨难也不随波逐流的意志；另一方面“览嘉名而思归”，由慈竹的“若乃宗生族茂，天长地久，万柢争盘，千株竞纠，如母子之钩带，似闺门之悌友”的生长特性，而触动了乡关之思：“俄蓬转于岷徼，遂萍流于江汜，分兄弟于两乡，隔晨昏于万里。”这种立意和构思极为特殊。

在王勃的6篇咏物小赋中，写得最精彩的是《涧底寒松赋》。兹录赋文如下：“惟松之植于涧之幽，盘柯跨险，沓柢凭流。寓天地兮何日，沾雨露兮几秋？见时华之屡变，知俗态之多浮。故其磊落殊状，森梢峻节，紫叶吟风，苍条振雪。嗟英鉴之希遇，保贞容之未缺。攀翠崿而形疲，指丹霄而望绝。已矣哉！盖用轻则资众，器宏则施寡，信栋梁之已成，非榱桷之相假，徒志远而心屈，遂才高而位下。斯在物而有焉，余何为而悲者。”咏松之赋，历代数量不少，以初唐而言，就有谢偃《高松赋》、崔敦礼的《种松赋》等。但王勃此赋与之相比较，丝毫无重复，相反显示了与众不同的特色。概而言之，在几个方面：一是言短而意丰。全赋仅24句132字，远远少于谢偃《高松赋》的90句511字，崔敦礼的《种松赋》75句431字。篇幅虽短而包容的情感内容却极为丰富，抒写了王勃“才高而位下、志远而心屈”的不平之气，还以“用轻则资众，器宏则施寡”来反映社会不识人才的陋习。二是比喻手法的运用新巧而自然、贴切。通篇明写松实写人，涧底寒松的“托非其所”，比喻才德之士不能施展其才；“榱桷”（支架屋面的小椽木）即比喻庸才而得势的官僚。三是语言质朴、凝练。全篇不见华艳词藻，亦无僻典，句式上虽多用四言、六言句，却又打破了骈赋四、六隔对的句式，而上下句自成对仗，如“盘柯跨崄。沓柢凭流。寓天地兮何日，沾雨露兮几秋？”马积高称王勃之咏物小赋为“洗去铅华”、“尤多磊落不平之气，文风亦较挺拔。”①

这里，附带谈一下王勃为人忽略的《释迦佛赋》。此赋作于何时不明，无人加以考证、研究。今据《重订新校王子安集》卷之十七，有《灵光寺释迦如来成道记》一文，文前有一段说明：“唐高宗永徽三年，勅建灵光寺，诏虢州参军王勃，夙契三缘。通宗众典，撰《释迦如来成道记》，勒石其中。”高宗永徽三年（652），王勃才3岁，不可能撰此文；而王勃任虢州参军，为高宗咸亨四年（673），时24岁。其中的疑问，可作这样解释：永徽三年建灵光寺，而咸亨四年建成，诏令王勃撰文勒石②。我们再对照《灵光寺释迦如来成道记》和《释迦佛赋》，两者的内容、结构基本相似，只是文写得平实、详细，赋写得华美、生动。据此又可以认为，文与赋当作于任虢州参军期间。

《释迦佛赋》依据中国古代史书，如《后汉书·西域传》、《魏书·释老志》及佛教经典，如《金刚般若经》、《妙法莲华经》等的记载资料③，对释迦佛的出生、修行、得道的全过程，做了极神妙的描述，对佛教的教理、经义做了简明、扼要的阐述，如描写释迦佛的出生：“昔如来，下兜率天，生中印

① 《赋史》，第264页。
② 参见何林天《重订新校王子安集》的文后校勘，第267页。
③ 详见《王子安集注》，台北：大化书局，1977年，蒋清翊《释迦佛赋》注释。

土。降神而大地摇动，应迹而诸天拥护。九龙吐水，满身而花落纷纷。七宝祥云，举足而莲生步步。”

又如描写释迦佛修行的坚韧刚毅：“厌六宫珠翠之色，恶千妃丝竹之响。雪山深处，全抛有漏之身心，海月圆时，顿悟无为之法相，莫不魔军振动，法界奔惊，觉阎浮之日出，睹优钵之华生。”王勃虽非僧侣，却以虔诚、崇仰的笔墨礼赞释迦。赋中虽多藻绘、夸饰、形容，所述皆有根据，可知其佛学知识的广博、精湛。赋的开篇云：“原夫佛者，觉也，神而化之。修六年而得道，统三界以称师。帝释梵王，尚犹皈敬，老聃宣父，宁不参随。”则又知王勃持“三教同源说”，即佛祖释迦与老子（老聘）、孔子（宣父，太宗所封）为师徒关系，儒、道两教源于佛教（见南朝梁武帝）萧衍《舍道事佛文》。赋的结尾又云：“嗟释迦之永法将尽，仰慈氏之何日调伏。我今回向菩提，一心归命圆寂”。表明王勃在虢州时已看破红尘，洞达人生痛苦的本源，决心割断贪、瞋、痴种种烦恼，到功德无边的佛法中寻求精神的彻底解脱。总之，《释迦佛赋》不论在文学还是佛学上，都是一份弥足珍贵的文献。

## 四

王勃反对六朝沿袭至唐初的“争构纤微，竞为雕刻，糅之以金玉、龙凤，乱之以朱紫青黄；影带以徇其功，假对以称其美，骨气都尽，刚健不闻。”（杨炯《王勃集序》）的浮艳文风，并且“思革其弊，用光志业”（同上），在革新初唐文风中有极重要的贡献。然而，由于时代的局限，王勃的诗文创作尚不能完全摆脱六朝“纤微”和“雕刻”的影响，这也是古今评论家的共识。如欧阳修的《新唐书·文艺传》：“沿江左馀风，絺句绘章，揣合低卬，故王、杨为之伯。”又王世贞《艺苑卮言》卷四：“词旨华靡，固沿陈隋之遗。”① 以及游国恩《中国文学史》：“高宗时，初唐四杰崛起于诗坛，他们虽然还没有脱尽齐梁诗风的影响，但是已经提出了轻‘绮碎’、重‘骨气’的主张。”王勃的这一缺点，在辞赋创作中亦有表现，最明显的就是《七夕赋》和《九成宫东台山池赋》。

关于《七夕赋》的写作时间，清人蒋清翊于题下注云：“当为沛府修撰时作。”是可信的。因为赋中虚构王杰与陈王曹植的问答，与王勃与沛王贤的关系亲密颇为相合。七夕指农历七月七日，据传说：每逢这一天，相隔天河两边

① 《续历代诗话》，台北：艺文印书馆，1983 年，第 1165 页。

的牛郎和织女，要通过鹊桥相会。于是民间女子也在这天夜里进行对月穿针引线的游戏，向织女乞求智巧，故又称“乞巧”①，这一民间风俗在汉魏时就广为流行，并常成为文人的创作题材，如谢灵运有《七夕咏牛女诗》、庾信用《七夕赋》等。这些作品的写景和取事都较集中，篇幅亦较短小，如庾信《七夕赋》仅有14句72字，就描写出了七夕的环境气氛和佳人丽女在庭院中乞巧的情态和心理。与之相比，王勃《七夕赋》就有如下缺点：

一是结构散漫，内容繁芜。《七夕赋》长达160句888字，结构上也假说仲宣对答君王的情节，明显是仿效南朝谢庄的《月赋》的。但《月赋》以“月夜游吟”为中心，而贯之以“怨遥”、“伤远”，也就是眺望而感怀远人之情，前后照应。写景、叙事、抒情巧妙地融合无间②。《七夕赋》的结构则较散漫，既描写七夕的景色、风情，又描写王室宫禁的豪华、壮观，再描写仲宣与君王对答，和君臣的欢聚，缺少一个明确的中心。对答的内容亦较繁芜，有七夕的神话传说，有人物的身世感慨，亦有规劝、讽谏之语。景、情、事之间缺乏和谐的联系和融合，读之给人以“绮碎”之感。

二是语言雕琢，用典奥僻。王勃虽然反对“糅之金玉龙凤，乱之朱紫青黄”（杨炯《王勃集序》）的浮华文风，但在《七夕赋》中却有意无意地犯了这个毛病，大量运用丽字艳词，加之许多生僻古奥的典故，反而淹没了事物的面目特征和思想感情的表达。如描写鞋子为“朱舄”，王府的门限为“桂阃”，房间则为“椒庭”、“芝馆”、“籣宫”等，一些平常的东西，反而说得难解了。又如：“辨河鼓于西壖，下天孙于东塄。”查《史记·天官书》才得知：“河鼓”即牵牛星，“天孙”即织女星，皆有炫耀才华之嫌。

《九成宫东台山池赋》亦有这些缺点。据聂文郁《王勃年谱》，可知本篇是总章二年（669）初，王勃作于沛王府。③ 九成宫本为隋仁寿，贞观五年（631）更名九成宫，为皇室宫苑禁地。王勃时为沛王府修撰，得有机会游览此宫，其序云：“九成宫东台，地接闲旷，面山临水，尔其松峰桂壑，红泉碧磴，金石千声，云霞万色。侍郎张公，雅思沈郁，永怀梓匠，式侔仙造。聿构灵廛，纤波成止水之源，拳石俨干霄之状。虽流波覆篑，俯借人机，而布叶攒花，妙同天绘。仆因夏日，滥奉清埃，敢抽南畝之才，聊叙东山之事云尔。”

---

① “乞巧”的方法，因时因地而异，又有浮针试巧，种生乞巧、蛛网乞巧等方法。参见《中国岁时礼俗》，天津：天津人民出版社，1991年，第200-216页。

② 参见高光复《汉魏六朝四十家赋述论》，哈尔滨：黑龙江教育出版社，1988年，第197-199页。

③ 《王勃诗解》，西宁：青海人民出版社，1980年，第43页。

可见是一篇典型的宫廷游观、吟风弄草之作，徒以炫耀才华，无实质性内容。赋中所写，无非是“若乃岭横鸡秀，波连凤液，花鸟萦红，蘋鱼漾碧”之类夸饰的景物。

综上所述，为了全面认识和评价王勃的辞赋创作，着重指出《九成宫东台山池赋》和《七夕赋》存在的缺点，以见六朝余习在他身上的影响。但切不可以此来否定王勃“壮而不虚，刚而能润，雕而不碎，按而弥坚”的风格，以及他在初唐文风革新中的功绩：“积年绮碎，一朝清廓，翰苑豁如，辞林增峻。”（均见杨炯《王勃集序》）因为这两篇并不代表王勃辞赋创作的主流，而且都是早年在沛王府所作。随着他被斥出王府，经受了人生磨难，扩展了社会阅历，这些缺点逐渐被克服了，赋风也日趋清新，所谓“于艳丽中，寓豪迈之气”①。还是盛唐诗人杜甫说得好：“纵使卢王操翰墨，劣于汉魏近风骚，龙文虎脊君皆驭，历块过都见尔曹。”（《戏为六绝句》之三）对王勃是如此，对整个初唐赋的认识和评价亦当如此吧？

（《社会科学战线》1995 年第 2 期）

① 《赋史》，上海：上海古籍出版社，1987 年，第 264 页。

# 韩国的鲁迅研究状况

〔韩国〕姜贞爱

近来韩国对于中国现代文学越来越关心，并且研究者也越来越多。许多中国文学研究者认为如果不了解鲁迅就不能了解中国现代文学，所以开始注重对鲁迅和他的作品及文学思想等方面的研究。

## 一、朝鲜朝① 对鲁迅作品的介绍情况

1910 年以来，日本帝国主义势力强占朝鲜之后，中国就成为朝鲜独立运动的根据地。那时在中国活动的朝鲜独立运动的爱国志士、文学青年开始向朝鲜介绍鲁迅和他的作品。根据《鲁迅日记》记载，曾经跟鲁迅交往的朝鲜人士有李又观、金九经、柳树人等②。大约 1925 年以后，鲁迅受到了朝鲜朝的许多作家和文学青年的敬仰和爱戴，而且当时的鲁迅作品的朝文译本也已被一般读者所接受。

鲁迅作品中最先被译过来的是他的白话处女作《狂人日记》，译者为刘树人，1926 年刊登在《东光》杂志上。《故乡》由李陆史在 1936 年翻译，刊登在《朝光》杂志上。以后又收入他的诗集《青葡萄》中。《阿 Q 正传》、《伤逝》、《头发的故事》等也先后被翻译介绍到朝鲜。《头发的故事》由梁白华翻译，收录在 1929 年开辟社出版的《中国现代短篇小说集》中。《现代史》和《革命时代的文学》译者为均乡浩，1946 年 7 月刊登在《新天地》上。③

还要补充的一点就是 1934 年朝鲜的《新东亚》杂志第 4 期上原文登载了

---

① 朝鲜朝指 20 世纪 20 年代到 1945 年抗战结束这一段历史时期的韩国。

② 《鲁迅全集〈日记〉》1929 年 5 月 31 日，1929 年 6 月 2 日、3 日，北京：人民文学出版社，1981 年。

③ 丁来东：《中国短篇小说家鲁迅与他的作品》，《朝鲜日报》1931 年 1 月 4 日。

鲁迅先生给朝鲜进步记者申彦俊的一封信和申彦俊与鲁迅先生的谈话记录①。

从1930年代末期起，日本帝国主义采取禁止朝鲜人民使用朝文的严酷的政策。在这样的情况下鲁迅作品的翻译介绍工作便基本被迫停止了。日本帝国主义1938年公布的禁书目录中有：

《鲁迅全集》、《鲁迅文集》、《鲁迅遗著》、《现代小说集》（第一集，收有鲁迅的短篇小说）、《鲁迅最后遗书》（收有鲁迅书信）、《鲁迅散文集》。②

从以上的禁书目录可以看出鲁迅作品广泛传播的情况和日本帝国主义对鲁迅作品传播的恐惧。也可见鲁迅先生的作品受到了朝鲜人民的欢迎。韩雪野说："日本帝国主义怎样的压迫都无法阻止朝中两国人民的革命热情，也无法中断两国的文化联系。"③

与此同时，朝鲜朝评论界对鲁迅的创作给予了很高的评价。梁白华是最早发表评论的，在1920年12月4日发表的《胡适与中国文学革命》一文中他写道："《狂人日记》是第一篇被认为是中国近10年来很好的小说，鲁迅因小说而成为前途无量的作家。比如他的《狂人日记》描写了一个迫害狂的恐怖幻觉，他已经向现代中国小说家尚未达到的境地迈进了一步"④。朴豪哲在《中国文学简考》中也说："从《狂人日记》到近来的《阿Q正传》没有什么拙劣的作品。鲁迅是中国最有能力的年轻作家……"⑤ 丁来东在《中国短篇小说家鲁迅及他的作品》中进一步评论说："所谓中国文艺复兴的文学革命，虽然是由胡适、陈独秀等人提倡的，但真正实行的还是鲁迅。文学创造特别擅用白话写短篇小说，其内容和形式丝毫没有对中国旧思想的赞美和运用旧小说的形式。从而第一次对新思想、新形式和新体裁创造实践的人是过去十年间独步中国文坛的鲁迅"。⑥

鲁迅从事文学的本意是要挽救中国，因此指出了国家和民众存在的许多缺点，以此使中国人民自己反省，起到鼓舞和激励的目的。但是由于朝鲜的现实和文化传统上的差异，对鲁迅的国民性改造思想不可能有深刻的理解。朝鲜的读者虽然能在反封建和人道主义思想方面引起共鸣，但国民性改造思想却没有那么热烈的反应。有位评论者说："阿Q的诞生是中国的耻辱。'阿Q'与

---

① 《新东亚》第4期，均乡浩，1934年。
② 《日帝禁书33卷》，《新东亚》1977年1月。
③ 朝雪野：《鲁迅与朝鲜文学》，《朝鲜文学》1956年第10期。
④ 丁来东：《现代中国文化的新方向》，《新民》第42号。
⑤ 朴豪哲：《中国文学简考》，《朝鲜日报》1928年11月28日。
⑥ 丁来东：《中国短篇小说家鲁迅与他的作品》，《朝鲜日报》1931年。

'孔乙己'虽然对小说创作者来说是一种光荣，但对孕育它的土壤的中国来说却是一种污蔑与耻辱"。这就对鲁迅的创造动机产生了错误的认识。

这一时期鲁迅对朝鲜作家的影响也是明显的。韩雪野说："就我自身的境遇而言，确实受到了高尔基文学的很多影响。又在鲁迅的小说里发现了哲学的深度，感触到了一种东洋风格。所以在监里也总能想到鲁迅作品中的人物性格。因而我出狱后写的短篇小说《摸索》、《波涛》中的知识分子是从鲁迅小说《狂人日记》、《孔乙己》中受到不少暗示而写出来的形象"。①

## 二、1970 年代以来韩国的鲁迅研究情况

1945 年以后至 1970 年代以前，鲁迅研究成果微不足道，研究水平较二三十年代为低。因为这时期韩国的大部分中国文学研究者都着重研究中国古典文学，中国现代文学研究者很少。

这时期致力于研究鲁迅的是丁来东。他评价鲁迅是彻底的民族主义者，认为鲁迅的一生及其作品充满了对祖国和民族的爱。丁氏认为鲁迅创作的最大特点是把农村生活和农民作为创作的主要题材，并对他的反封建思想给予了高度的评价。② 朴鲁胎、车柱环的看法与丁来东相似，他们强调鲁迅是启蒙主义思想家和文学家。

从 1960 年代中期开始，广泛进行了对鲁迅的介绍和研究。鲁迅的大部分作品几乎都被翻译了。像其中的《阿 Q 正传》以单行本发行的就有 8 个版本。而且高水平的论文也发表了几十篇。其中仅硕士、博士论文就有好几篇。而且在研究广度和深度方面逐渐取得了新的进展。

到了 1970 年代在韩国出现中国现代文学研究热，于是鲁迅研究工作也得到了深化和扩大。李家源在翻译《阿 Q 正传》、《狂人日记》（东西文化社出版）的"后记"里说："典型的讽刺和戏谑小说《阿 Q 正传》、用怀古的感伤和抒情的笔调描写的《故乡》，都充满着悲哀和寂寞。散文诗《野草》、历史小说《故事新编》也都是充满'黑暗'的。"③ 张基槿说："鲁迅的作品，一言以蔽之。是强烈的人道主义文学。鲁迅的文学精神是用文学提高人性，保卫民族和国家，而要实现世界和平与人类的调和。"④

---

① 韩雪野：《鲁迅与朝鲜文学》，《朝鲜文学》1956 年 10 月。

② 丁来东：《中国文学上的鲁迅与巴金》，《艺术周报》1945 年 12 月。

③ 李家源：《阿 Q 正传》、《狂人日记》，东西文化社，1975 年。

④ 张基槿：《鲁迅短篇集》，《世界名短篇选》，汎潮社，1978 年。

鲁迅研究大体上形成为两个系统：一个系统主张鲁迅是纯粹文学家，强调鲁迅文学的艺术性。全寅初、河正玉、许壁等属于这个系统，特别是他们受了日本鲁迅研究专家竹内好的影响；另一个系统主张鲁迅是革命家，强调鲁迅文学的思想性和政治性。金明壕、朴佶长、成民烨等比较年轻的学者们属于这个系统。

“文化大革命”结束的1976年，成为鲁迅研究新时期的起点。以1980年代为基准，主要是清除了“文化大革命”期间对鲁迅的歪曲和污蔑，又重新恢复到了“文化大革命”以前对鲁迅的正确理解和认识，扩大了研究领域。

自1990年以来鲁迅研究的主流，是在自由的学术研究风气中，更客观地、总体地把握鲁迅及其作品中进行的。因而1970年代的两种不同的研究系统进入1990年代以后，呈现了合并的趋势。作为文学家鲁迅的地位比以前更巩固了。韩国学术界关于鲁迅研究的论文从1980年代以来急剧增加，1990年代已有数十篇较有深度的论著发表。这些文章都在新的研究风气的基础上更深入地认识鲁迅，以接近鲁迅的本体。

随着对中国文化兴趣的日益浓厚，韩国的鲁迅研究不但已经走上了正轨，而且正以更深的层次、多样的角度和研究方法为鲁迅研究带来新的变化。

（《社会科学战线》1995年第3期）

# 诗的随想

（台湾）张　默*

自“五四”迄今，新诗的历史已经70余载，这期间各代诗人所经历与实验的，无非是语言的创新与颠覆，而在不断的创新与颠覆的过程中，是否把那些曾经视为不成熟的杂质统统给过滤掉，而融汇进去的是否全然是最精炼的水晶质，一丝一毫的渣滓都没有，就这一点而言，令人不无疑问。

新诗的建设与破坏，往往只在一念之间，有人曾说：中国新诗最优异的品质是其自然流动的音乐性，如一首诗扬弃音乐性而充满过多的散文语调，则不成其诗矣。但也有人持相对的看法，认为音乐性对一首诗而言，并无绝对的意义，诗不讲求音乐性，而追求不可视的、但可感觉的意象，可能更具创意。这二者似乎都言之成理，端视一个创作者最睿智的抉择了。

一首诗讲求意象的呈现，是绝对必要的。意象是满溢在诗行与诗行、语言和语言之间，它并非刻意地雕塑，而是十分自然的水到渠成。当作者抒写某一“驼鸟”的姿势，他所摄取的并非他那庞大的怪异的外在形貌，而是洞穿他与整个现实环境的配置，以及他的发自内心的欲望。尽管达到这种境界很难，但吾人必须努力一试，即使失败也无妨。其实，一首好诗或许是从众多失败的经验中得来的。

兹引拙作《驼鸟》一诗如下：

远远的
静悄悄的
闲置在地平线最阴暗的一角
一把张开的黑雨伞

“一把张开的黑雨伞”，才是笔者当时真正的创作意图吧。

---

* 作者单位：台湾《创世纪》诗杂志社。

张力，一种无形的艺术的张力，凡是一首优异的诗，无不力求驱使其外延与内涵的张力以俱来。它像胡琴的丝弦一样，不宜过紧，更不宜太松，而是恰到好处，不紧不松，如此则优美悦人的曲调，自然淙淙琤琤出神的倾出。

一首诗的张力，系乎作者的用语以及语言与语言之间的搭配，重浊的，轻柔的，介于两者之间的语声，更宜交互妥贴运用，当诗人说：

一条美丽的银蠹鱼
从《水经注》里游出来

——痖弦《晒书》

吾人是否看到那场在阳光下晒书的美好甚至残破的景象，银蠹鱼的蠕蠕而行以及《水经注》被风轻轻掀起的刹那……

小诗，宜乎神来一笔以及趣味的捕捉，那是无法强求的，必须像得道的高僧，才能行走自如。小诗讲求“语近情遥”，甚至“晶莹剔透”从而令人再三玄想。例如周梦蝶的《刹那》——

地球小如鸽卵
我轻轻地将它拾起
纳入胸怀

诗人内在的世界，何其天真无邪，不然他怎会有如此把“地球纳入胸怀”的奇想。

从生活出发，唯有自人生各种奇诡难得的经验中挖掘诗的素材以及矿源，让自己笔下的诗句多姿多彩，与众不同。

诗不是画出来的，也不是拼凑出来的，而是从作者的灵魂深处自然流淌出来的一泓清泉，彷如沈志方在《大宗师》一诗开头所泄示的——

心抱太极，跋涉乾坤
当最后一枚松果从枝上
随天机而掉入我掌心时
咔，天地轻轻一震
我跨入巅峰

究竟人生的巅峰何在？作者没有明说，当我们读到：“一枚松果从枝上，随天机而掉入我掌心”，那种如梦似幻的感觉，那种不可言喻的情趣，似乎要把读者的心灵击伤。

嗨，诗本是生活与冥想的婚媾。

两岸开放后，老中青三代诗人不时同处一堂，高谈阔论，更可以在文艺期刊、诗刊和各种文学选集中同台亮相。

诚然，我们可以从两岸若干高水准的文学刊物中读到一些品质优异的诗作和见解犀利的诗论，但遗憾的是更多三四流的两岸诗人、诗评人，川流不息，发表劣作，占据不少刊物的篇幅，把真正高水准的诗读者胃口倒尽。

诗的发表，是何等严肃的事，奉劝两岸的诗选手，不要轻率把不成熟的诗作，到处满天飞。盖中国新诗的名声与前途，是握在两岸每一位诗人的手中，岂能不谨慎。

——于台北

（《社会科学战线》1995 年第 4 期）

# 觉醒下的契机

## ——八十年代中文现代诗版图的一点观察

（台湾）杨　平*

历史是吊诡的，一方面它不屑于重复，一方面又会在不同的时空演出类似的情节——尽管其结果永远是我们无法预知或掌控的。或许，历史的趣味和价值即在这里。

在1990年代的此际（1995）回顾五四以来的新文学，现代诗可算是相当晚熟的。我一直认为：现代诗要到19世纪五六十年代的台湾才开出第一朵成熟、耀目的花①；就宏观角度而言，可能更迟至1980年代的中后期，才首度达到全面成熟的边缘——这也意味着大部分的海外地区，从欧美到亚洲（尤其是东南亚）都出现了相当数目的优秀华文作品及诗人，而不像以往只零星地分散在欧美，且泰半是台湾去的。我相信至少部分是因这个原故，自本世纪以来便各自存在的中文文学/诗歌版图，才在此时一点点地发出光，并在文化/文学的传承上显示出新的意义、新的启示和新的可能。

若我们进一步检视，当会忍不住讶异，认为历史真的选择了1980年代，仿佛所有的人都在一夜间觉醒了，许多大事都在此段时日陆续登场，只由诗歌这个角度来看，大陆朦胧诗人的出现，便是最典型的例子：他们从“文革”的巨大阴影中走出，造成的浪潮是近代史上最令人兴奋的诗歌运动，诚如谢冕所言：“他们使当代诗歌与五四诗歌的艺术多元化传统恢复了联系，同时也在观念上和实践上恢复了中国诗歌和世界诗歌的历史性关联”②，在更深层意义

* 作者单位：台湾《创世纪》诗社。

① 文学上的成熟自古便有不同的说法和定义，我个人的观点很简单，即是一种文体的成熟端赖其是否产生出优秀作品——而不只是“名家”或“名作”而已。

② 本文引自《新浪潮的检阅》，是谢冕为老木编选的《新浪潮诗集》写的序，此书1985年由北京大学出版社出版，在其附录中以“中国现代诗20首”之名收进了如李金发、艾青、卞之琳、纪弦、郑愁予、洛夫、余光中等人的作品。

上，他们透过朴直的语言，发出真诚的声音，不仅反抗了当时沉闷刻板的文学空气，更唤起了人性本质中的尊严，影响到无数计的一代人心灵。

我们若以这段历史为镜，再换个角度切入，当会发觉台湾本身随着日渐活泼的自由氛围、解严（1987），两岸开始了中断数十年的交流，而两岸诗界的趋向，更在此之前便已有了诸多巧合，像是民主意识的觉醒①，像大陆第三代先锋诗人和台湾新世代诗人的崛起（1986、1987），不仅松动了各自的权力结构，产生世代交替现象，年轻诗人亦纷纷使用新的语码、题材和表现方法。一则反映了若干时代精神，一则也面对着转型社会带来的各种与日俱增的迷乱与压力；从大众传播媒体的强势入侵，到新消费文化的来临，种种资讯和五光十色的诱惑洪水猛兽般吞食着大地和人心；两岸诗界虽有一段时日热闹如嘉年华会，却很快地尝到比寂寞、比滞销、比放逐更苦涩的滋味；从高峰直坠谷底，亦可说是1980年代最不忍睹的一幕。

矛盾而讽刺的是，随着越来越低迷的趋势，现代诗的创作水平却一点点登临到新的高度，而各版图间也有较诸以往更密切的关连；在此，我特别指出两点：一是不同版图间的影响力，每每受到政治、经济、时潮等非文学性的因素主导，和其本身成就大小未必一致。

过去的台湾诗坛，一直很惯性地上演大鱼吃小鱼，小鱼吃虾米的自然律；自1950年代以降，情况并没有多少改变，一方面受西方影响，一方面也影响其他地区的华文诗歌；直到1980年代，朦胧诗兴起来，大陆诗坛的发展有如这数十年的台湾，从大量西化到由传统和当代生活中汲取养分乃至受到台湾诗风影响——这段宛若小鱼吃大鱼的走势，是否违背了自然律，探讨起来确有值得深思之处；而这也正是1980年代的独特性之一。

其次，随着岁月流转，每个地区的文学版图不只逐步显示出当地的特有风格，亦隐然建立起自身的文学传统；换言之，虽然同样是使用中文创作，各自已有了迥然异趣的面貌。

若干年来，包括不太认为自己是中国人的香港在内，新马、菲律宾、印尼、泰国等地的华裔作家、诗人、都同意他们是“龙之子民”，早期受千年以

① 民主意识的觉醒往往即是政治的觉醒，李敏勇曾说过这么一段很具代表性的话：“八O年代有一个很特别的现象——政治诗的出现，我想它可以突显这十年，与其他年代的不同特色，对于政治诗，我们可以追溯到1979美丽岛事件，到今年（1989年）整整十年，这对台湾政治民主改革是一个很重要的关键，另外有一点也相当重要，那是中国的互通。这对八O年代的诗坛，尤其是政治诗，有着绝对的影响。”此话摘自《新陆》1990年第7期“回顾八O年代诗坛展望九O年代现代诗发展”专辑座谈。

来的中国文学传统薰陶，这二三十年一半受西方，一半受台湾、大陆的影响，恍若一个“生命共同体”，西方人视我们全是“世界华文文学”的一部分，我们自己（特别是在当地出生的下一代）却越来越清楚的感受到其间的微妙！由于中文版图的辽阔、复杂及多元性，他人所谓的“华文文学”其实较之20世纪的主流——英语文学并不多让。

站在世纪交替的路口，面对文化/文学的整体式微，在此一世界性的洪流冲激下，我们会悲哀、感叹，忍不住地自问，我们可能再创一个五四或前朦胧诗的高峰？现代诗的未来又会以怎样的形象发展呢？更切身地说，我们又将被定位成什么样的角色？台湾诗歌会以怎样的面目和姿态前进？被列入“边缘文学”？“岛屿文学”？或“支流文学”？会是像新加坡诗人，在同样接受了“双重传统”（前人和本地的）后，开始建立属于自己的“新加坡华文诗歌”①？还是像港澳一样，在可预见的几年内又成为“中国文学”的一支？抑是像人数、水平与影响力日渐扩增的各地留学生（包括少数流亡的）诗人一样，面对一片茫然？我们当如何撰写这数十年来的台湾诗歌史？我们会走上哪一条路呢？

这些，在过去不重要，甚至不存在的问题，都渐渐在1980年代浮上枱面。我们不知道答案？但我们不能不关心！同时，也不能不惊奇1980年代在这方面展现的重要性、蕴涵的独特意义。

历史，认真追溯起来，无论是文字纪录的或残留于脑海中的影像，其实都不等于真实的再现。它只提供一种假设。也许就因如此，每当我们陷入一个不确定的状态，人性上的弱点便会迫使我们焦虑追索，以致相信其中隐藏了各种契机，甚至玄机，一次又一次的，直到旋转的骰子停下来而我们发出——

——写于1995·4·5 内湖·楼外楼

（《社会科学战线》1995年第4期）

① 截止目前，新加坡的华文文学是中国大陆以外，唯一被纳入国家文学的一种文学。

# 北朝诗格律化趋势及其进程

〔日本〕樋口泰裕*

## 一

《文镜秘府论》天卷《四声论》曰："萧子显《齐书》云：'沈约、谢朓、王融，以气类相推，文用宫商，平上去入为四声，世呼为永明体。'然则萧赜永明元年，即魏高祖孝文皇帝太和之六年也。① 昔永嘉之末，天下分崩，关、河之地。文章殄灭。魏昭成、道武之世，明元、太武之时，经营四方，所未遑也。虽复网罗俊民，献纳左右；而文多古质，未营声调耳。及太和任运，志在辞彩，上之化下，风俗俄移。"

《四声论》全文是《文镜秘府论》的撰者遍照金刚从隋刘善经《四声指归》中摘录的，这是人们所公认的，应该注意的是，在这段叙述中刘善经将北魏太和年间（477—499）同南齐的永明年间（483—493）作了对比。从这段叙述可以看出，刘善经将太和年间和永明年间的文学创作进行对比时，绝不只看作年代上的一致，而是认为南北不同地域的诗文创作有相似之处。他接着引用的《魏书·文苑传》："故《后魏文苑序》云：'高祖驭天镜，锐情文学，盖以颉颃汉彻，淹跨曹丕，气远韵高，艳藻独构。衣冠仰止，咸慕新风……'"把这段话与前面的论述联系起来加以考察，不难看出，这里所说的"新风"，按照刘氏的解释，是指北朝诗歌创作上也开始注意声律，出现了和南朝"永明体"相似的一种诗体。就是说，如果遵从刘氏的见解，就意味着承认如下结论：起码在太和年间以后，不但在南朝，而且在北朝，诗歌创作上

* 作者单位：日本筑波大学。

① 实际上，永明元年是太和七年。

对于声律严加注意的“新风”出现了。① 那么，北朝文人究竟具体地进行了什么样的实践呢？

从唐代以后的资料中可以发现和推测，南朝所提出的诗歌创作上的具体声律理论，虽然没有能够原封不动地作为唐代律体诗的声律规则，但是可以认定，它是唐代律体诗声律理论的前导。因此，在以往的研究中，人们在分析唐代律体诗声律理论的主要构成因素时，都要举出南朝永明体的存在这一事实，这从理论上来说是正确的。不过唐代律体诗声律规则的确立，并不只是由于理论上的努力，而更主要的是因为有了伴随理论的实践才完成的。这样看来，如果对唐代律体诗声律理论的形成原因，从前一时代的文学创作实践方面来考察的话，那么，不仅对于南朝，而且对于北朝创作出来的诗歌，我们也同样应该加以注意。因为像前面所看到的那样，北朝文人也可能存在关心诗歌声律的自觉意识。本文以几个具体的声律理论为基准，通过调查这些声律理论在作品中的体现情况，探索北朝文人在诗歌创作上的声律意识，进而论述唐代律体诗的形成过程之中，北朝诗在声律方面所处的历史地位。

## 二

从现存的资料中，不能直接找到北朝文人在创作实践中所遵循的具体声律理论。不过，《文镜秘府论》所载的北魏常景（？—550）、甄琛（？—524）关于四声的看法，是以沈约的见解（就是说南朝的声律理论）为中心来展开的；《文镜秘府论》引用沈约及隋人刘善经的说法，在提出具体的声律理论的同时，对于南北朝的诗文及其创作情况下不分区别进行论述，从这些事实来考虑的话，可以推断北朝付诸实践的诗歌创作上的声律理论，与在南朝的声律理论是基本一致的。那么具体来说，这些理论的主要内容是什么呢？

目前为止，每当论述具体的声律理论时，总会遇到沈约是否实际上主张了所谓的“八病说”问题，此外关于声病的具体内容也众说不一，这些问题至今仍然没有定论。② 但不管怎么说，在提出了具体理论的现存资料之中，从成书时代，所述内容这些方面来看，最可靠的就是《文镜秘府论》。而且由于它

---

① 除了刘善经的见解以外，《魏书·崔光传》的如下记述也让我们预料到北朝文人可能注意到了声律方面并进行了诗歌创作这件事：“〔崔〕光太和中，依宫商角徵羽本音而为五韵诗，以赠李彪”。

② 关于这些问题，乐闻先生《永明文学研究资料丛谈》（《古典文学知识》1995 年第 1 期）中做了详细的整理。

大量引用了刘善经等接近南北朝时代人的记述，所以可以说，至少在现存资料之中，它更多、更正确地反映了南北朝声律理论。《文镜秘府论》西卷《文二十八种病》中不只限于所谓的“八病”，一共列举了二十八种声病，① 其中前八种声病都有可看作是引用了刘善经之说的部分，而关于后二十种声病，所引用的文献都是唐代的著作。因此，作为继永明代之后，在南北朝得以实践的声律理论，集中体现在避免前八种声病，即平头、上尾、蜂腰、鹤膝、大韵、小韵、傍纽、正纽。另外，我们从里面所引用的沈约、刘善经等人之说还能看出，在这八种声病之中，有的是比较受到重视、而有的则不太被重视。首先关于上尾，《文二十八种病》中引用了刘善经的如下之说：“斯乃辞人痼疾，特须避之。若不解此病，未可与言文也。”刘善经也引用了沈约的如下之说：“上尾者，文章之尤疾。自开辟迄今，多惧不免，悲夫。”由此可以看出，上尾是非避开不可的，是非常严重的声病。另外，关于蜂腰唐人元兢有如下论述：“此病（指蜂腰）轻于上尾、鹤膝，均于平头，重于四病（指大韵以下的四种声病）……已下四病，但须知之，不必须避。”不管怎么说，这毕竟是唐代人的见解，不过刘善经也说过：“韵纽四病，皆五字内之瘕疵，两句中则非巨疾，但勿令相对也。”考虑到这样的事实，就可以看出元兢的说法在一定程度上反映了南北朝时代声律理论的基本状况，实际上，跃进先生《八病四问》② 中对于沈约诗的调查结果也表明，比起别的六种声病来，犯了上尾的作品极少，而且犯了鹤膝的作品也相对较少。此外，刘善经还有如下之说：“又第二字与第四字同声，亦不能善。此虽世无的目，而甚于蜂腰。”就是说，同八病并驾齐驱，他还强调律体诗的一句之中二四不同的重要性。因此，本文把上面所说的三种主张，即必须避开上尾、鹤膝，应该遵守一句之中二四不同的原则看做南北朝时代诗歌创作上声律理论的集中反映，以此作为进行具体调查时的基准。

关于这三种声律理论的具体内容，二四不同没有什么问题。而且对上尾的见解现在也大体上一致，正如《文镜秘府论》所论述的那样“五言诗中，第五字不得与第十字同声。”关于鹤膝，问题稍微多一些。因为本文基本上是把《文镜秘府论》作为探求南北朝声律理论的第一手资料，所以把它所论述的“五言诗第五字不得与第十五字同声”作为鹤膝这个声病的具体内涵。在加强

① 实际上，平头的另两种形式“水浑”和“火灾”也是两个独立项目，从而，声病一共有 30 个项目。

② 《八病四问》，《辽宁大学学报》1991 年第 6 期。

韵脚的韵感这一点上，可以看做上尾的应用，也可以看做是针对整篇诗作，旨在尽量避免句末脚字的声调无抑扬顿挫。

下面，本文进行考察的北朝诗歌，就是除了只存片断的两句诗、联句诗以外的北朝本土文人所作的五言诗。本人之所以设定北朝本土文人这个限制词，是因为本文目的在于探索北朝文人在诗歌创作上的声律意识。像庾信、王褒等，虽然从南渡北后也留下了很多作品，但由于他们诗歌创作能力是在南朝形成的，所以很难把他们与北朝本土文人同等看待。本文在对北朝诗进行考察时，从生活年代上把北朝文人分为如下四组：第一组是孝文帝太和年间以前去世的北魏文人①（他们生活的时代叫做北魏第一期），第二组是生活在太和年间而东西分裂以前去世的北魏文人（叫做北魏第二期），第三组是东西分裂以后的北魏文人（叫做北魏第三期），第四组是北齐、北周文人。

在对汉字音韵进行调查时，依据《广韵》。

## 三

在对北朝诗进行考察之前，首先把永明体诗歌与永明年间以前，即或许还没有具体的声律理论的时代的作家曹植、陆机的作品相比较，用以判断南朝文人对上尾、鹤膝二声病的意识情况，以此作为考察北朝诗的参照系。

首先，把关于沈约诗的调查结果制成表格如下。② 附带说一下，作为考察对象的作品是除了乐府、联句诗和残缺不全者以外的全部五言诗（对谢朓、王融诗的考察时也同样）。

---

① 北魏文人，指在进行考察时作为底本的逯钦立先生编的《先秦汉魏晋南北朝诗》中的《全北魏诗》所收入的文人，北齐、北周文人也同样如此。

② 基本单位数：以一个韵的押韵范围作为基本单位，把进行调查的作品按照所押韵的声调进行分类统计而成的。由于在一首诗中基本上是只押一个韵，所以各个声调的基本单位数和作品实数大体上相对应，但由于有的作品在一首之中换了韵，那样的话，一首之中至少有两个以上基本单位（同一声调的换韵不在此限，它被视为一个基本单位），因此，基本单位数多于作品实数。犯上尾实数：犯了上尾的基本单位数。犯上尾比例：各个声调的基本单位数之中犯了上尾所占的比例。其他两个项目都同样如此。

关于沈约诗的调查结果①

| 基本单位数 | | 犯上尾 | | 犯鹤膝 | | 避开两病 | |
|---|---|---|---|---|---|---|---|
| | | 实数（个） | 比例（%） | 实数（个） | 比例（%） | 实数（个） | 比例（%） |
| 平 | 70 | 1 | 1 | 21 | 30 | 48 | 69 |
| 上 | 8 | 0 | 0 | 4 | 50 | 4 | 50 |
| 去 | 15 | 0 | 0 | 8 | 53 | 7 | 47 |
| 入 | 25 | 1 | 4 | 9 | 56 | 16 | 64 |
| 计 | 118 | 2 | 2 | 42 | 36 | 75 | 64 |

关于上尾，可以说基本上完全避开了。和上尾相比，鹤膝犯得较多，这个事实表明，沈约是已经认识到了上尾是最应避开的声病，他是在此基础上而进行创作的。由此我们能看出，《文镜秘府论》所引沈约所说的“上尾者，文章之尤疾”，这个见解不是一句空话。

下面，把关于谢朓、王融诗的调查结果制成表格如下：

关于谢朓诗的调查结果

| 基本单位数 | | 犯上尾 | | 犯鹤膝 | | 避开两病 | |
|---|---|---|---|---|---|---|---|
| | | 实数（个） | 比例（%） | 实数（个） | 比例（%） | 实数（个） | 比例（%） |
| 平 | 50 | 2 | 4 | 37 | 74 | 13 | 26 |
| 上 | 12 | 0 | 0 | 8 | 67 | 3 | 25 |
| 去 | 15 | 3 | 2 | 13 | 87 | 0 | 0 |
| 入 | 24 | 0 | 0 | 18 | 75 | 6 | 25 |
| 计 | 101 | 5 | 5 | 76 | 75 | 22 | 22 |

关于王融诗的调查结果

| 基本单位数 | | 犯上尾 | | 犯鹤膝 | | 避开两病 | |
|---|---|---|---|---|---|---|---|
| | | 实数（个） | 比例（%） | 实数（个） | 比例（%） | 实数（个） | 比例（%） |
| 平 | 29 | 1 | 3 | 11 | 38 | 17 | 59 |
| 上 | 5 | 0 | 0 | 2 | 40 | 3 | 60 |
| 去 | 3 | 0 | 2 | 2 | 67 | 1 | 33 |
| 入 | 8 | 0 | 0 | 3 | 38 | 5 | 63 |
| 计 | 45 | 1 | 2 | 18 | 40 | 26 | 58 |

比起沈约来，犯鹤膝的比例王融稍高一点儿，谢朓要高得多。从中我们可以看到对于上尾这一声病，他们都像沈约一样严格地避开了这一事实，能感受到他们对于上尾的强烈意识。在探求这三个文人是否都有避开鹤膝的意识方面，与其在各自作品之内同其别的声病情况进行比较，倒不如同永明年间以

① 关于《侍宴谢朓宅饯东归应诏诗》（全四句、平声韵），由于到目前为止的调查中，首句的脚字“舭”的声调还没明确，所以本文从调查对象中取消了。

前、在诗歌创作上恐怕还没有具体声律理论时代的文人作品进行比较。本人对《文选》所录的曹植和陆机的除了乐府以外的五言诗，进行了同样的调查。

**关于《文选》所录的曹植诗的调查结果①**

| 基本单位数 | | 犯上尾 | | 犯鹤膝 | | 避开两病 | |
|---|---|---|---|---|---|---|---|
| | | 实数（个） | 比例（%） | 实数（个） | 比例（%） | 实数（个） | 比例（%） |
| 平 | 21 | 21 | 100 | 18 | 86 | 0 | 0 |
| 上 | 1 | 0 | 0 | 0 | 0 | 1 | 100 |
| 去 | 0 | — | — | — | — | — | — |
| 入 | 2 | 1 | 50 | 2 | 100 | 0 | 0 |
| 计 | 24 | 22 | 92 | 20 | 83 | 1 | 4 |

**关于《文选》所录的陆机诗的调查结果**

| 基本单位数 | | 犯上尾 | | 犯鹤膝 | | 避开两病 | |
|---|---|---|---|---|---|---|---|
| | | 实数（个） | 比例（%） | 实数（个） | 比例（%） | 实数（个） | 比例（%） |
| 平 | 18 | 16 | 89 | 14 | 78 | 1 | 6 |
| 上 | 4 | 2 | 50 | 3 | 75 | 0 | 0 |
| 去 | 3 | 1 | 33 | 3 | 100 | 0 | 0 |
| 入 | 5 | 1 | 20 | 5 | 100 | 0 | 0 |
| 计 | 30 | 20 | 67 | 25 | 83 | 1 | 3 |

众所周知，陆机已经认识到诗歌创作上的声律调和的重要性。② 不过，和上述的永明体作家相比，曹植、陆机这两个文人犯上尾的比例自不用说，犯鹤膝的比例也都高得多，这是一目了然的。通过这些比较，可以确认上述永明体作家对于这两种声病有着明确的声律意识（但是，如果要对谢朓对鹤膝的意识下判断，需要对众多的比较对象进行考察，因篇幅关系，在此省略，本人加以保留）。在这里值得注意的是，曹植和陆机不管有意识也罢无意识也罢，避开了上尾的基本上都是平声韵以外的作品。如日本兴膳宏先生已经指出那样，③ 这可能是因为平声汉字远远多于其他三种声调的汉字。就是说，没有意识到上尾这种声病的文人，如果用平声韵来创作诗歌的话，结果就容易犯上尾。

总的来说，上尾、鹤膝这两种声病并不是自然而然地、无意识地就能避开的，沈约等永明体作家在进行诗歌创作时，对上尾是带着强烈意识的，对于避

① 《杂诗》其二，从平声韵到上声韵换了一次韵，不过由于后者只有一联押了韵，所以本文不算在基本单位数内。

② 陆机《文赋》曰："暨音声之迭代，若五色之相宣。"

③ 《〈宋书·谢灵运传论〉综论》，《中国文艺思想史论丛》第1辑。

开鹤膝虽没有对上尾那么自觉，但也是具有一定程度的声律意识的。

## 四

北魏第一期的作家是游雅（？—461）和胡叟①二人。而且可以断定是在这个时期创作的作品也仅限于他们二人所作的两首诗。调查结果如下表② 所示：

**北魏第一期**

| 作家　作品 | 韵 | 押韵数 | 上尾 | 鹤膝 |
|---|---|---|---|---|
| 游　雅《诗》 | 平 | 2 | 1 | 0 |
| 胡　叟《示程伯达诗》 | 平 | 4 | 2 | 2 |

两首诗都犯了“尤疾”上尾，不过因为游雅的作品具有戏谑性，所以要在作品中看他的声律意识或许有些不合适。胡叟所作的，第七句的末字“怀”字同时犯了上尾和鹤膝，从这一点来看，至少可以认为他没有限制上尾、鹤膝的声律意识。

一般来说，北魏拓跋珪初定中原的时候，鲜卑族和汉族的两种文化之间的差异很大，但随着孝文帝的汉化政策的推行等，这种差异缩小了。在北魏建国之初，鲜卑贵族对于文学无暇顾及，但在第二期以后，很多鲜卑贵族对于文学的热情逐渐高涨起来了。因此，作为第二期的诗歌作品不仅是汉族文人所作，也有一些是出自鲜卑文人之手：

**北魏第二期③**

| 作家　作品 | 韵 | 押韵数 | 上尾 | 鹤膝 |
|---|---|---|---|---|
| 汉族文人 | | | | |
| 韩显宗《赠中尉李彪诗》 | 平 | 7 | 4 | 2 |
| 李谧《神士赋歌》 | 平 | 5 | 0 | 2 |
| 郑道昭《置仙坛诗》 | 平 | 15 | 0 | 5 |

① 从史书中的记载，可以推测出胡叟是在太和年间去世的，因此，更准确地说，他同后面提到的高允一样，是生存于从北魏第一期到第二期前期的文人。

② 韵：所押的韵的声调，（换）表示一首之内的换韵，上尾：犯上尾的汉字数，鹤膝的项目也同样。

③ 郑道昭《论经书诗》，由于缺字很多，所以抽出可能进行考察的十六联，只对于上尾进行了调查。表中虽没有表示出来，但可以看出在可能进行调查的范围之内，有很多犯了鹤膝。崔鸿《咏宝剑诗》，《全唐诗》卷 68 中把它列在崔融名下，是有争议的作品，因此在这里仅止于出示调查结果，不作为考察对象。

| | | | | |
|---|---|---|---|---|
| 《观海岛诗》 | 平 | 9 | 0 | 5 |
| 《论经书诗》 | 入 | 16 | 0 | ? |
| 《咏飞仙室诗》 | 平 | 2 | 1 | 0 |
| 冯元兴《浮萍诗》 | 去 | 2 | 0 | 1 |
| 崔巨伦《五月五日诗》 | 入 | 2 | 0 | 0 |
| 崔鸿《咏宝剑诗》 | 平 | 4 | 0 | 0 |
| 鲜卑族文人 | | | | |
| 元子攸《临终诗》 | 平 | 5 | 2 | 0 |
| 元恭《诗》 | 去 | 3 | 0 | 1 |
| 元熙《绝命诗》其一 | 平 | 2 | 0 | 0 |
| 元熙《绝命诗》其二 | 上 | 2 | 0 | 0 |

郑道昭（? —516）是生活在第二期的汉族文人。《置仙坛诗》、《观海岛诗》、《论经书诗》虽然都是长篇，但完全没犯上尾。而且前两首诗用了前面所述的容易犯上尾的平声韵，把这两点结合起来考虑的话，明显可以看出他在创作上具有自觉避开上尾的声律意识。《咏飞仙室诗》，一方面虽然能避开了鹤膝，一方面却犯了一个上尾，但如果从其他长篇都避开了上尾这点来考虑的话，就可断定这在郑道昭的作品中只是例外。北魏第二期其他汉族文人的作品也同样如此，除了韩显宗（? —499）以外，虽说大多数犯了鹤膝，但都避开了上尾。韩显宗的作品，正如所评价的那样“此诗虽质朴，然感情强烈，笔力刚劲”,① 或许可以说，因为他要抒发自己政治上失意的强烈感情，所以才大胆地排斥了对声律的意识。

表中所载的鲜卑文人都在东西分裂之际或以前去世，是年纪轻轻地就被杀害的。其中元子攸（507—530）、元恭（498—532）都是孝文帝的从子，从出生年代来看，该看做北魏第三期的文人。但本文从东西分裂以前去世的这一理由来考虑，把他们划入北魏第二期的文人。从调查结果来看，可以说整体上避开了上尾、鹤膝两种声病。从这少数的例子来下判断，不免有牵强附会之嫌，但我们从中不难体味到他们在诗歌创作中把上尾、鹤膝看成声病的意识。在北魏建国当初，鲜卑贵族对文学漠不关心，如今鲜卑贵族的声律意识已在一定程度上扎下了根。

总的来说，北魏第二期的文人在他们的诗歌创作上，具有较强的声律意识。然而，或许由于意识不周、或许由于技术问题，还是没能避开鹤膝。但对于“尤疾”上尾，他们是以明显的意识来避开并得以实现的。正如刘善经所

① 曹道衡：《试论北朝文学》，载《中古文学史论文集》。

述，与南朝同样，在太和年间前后的北朝诗歌创作也出现了新的动态，产生了一种叫做“新风”的诗体，即避开了上尾声病的作品。

另外，附带说一下，在第二期作品中，可以说李谧（484—525）《神士赋歌》进行了一句之中二四不同的实践（全诗十句中有九句遵守）。但从第二期整体来看，在文人们的声律意识中，还没有把二四不同作为创作规则的明显迹象。因此，对于仅存一首的李谧作品也只能作为例外而加以保留。

下面将北魏第三期文人的作品的调查结果列表如下：

**北魏第三期**

| 作家　作品 | 韵 | 押韵数 | 上尾 | 鹤　膝 | 二四不同 |
|---|---|---|---|---|---|
| 董绍《高平牧马诗》 | 平 | 2 | 0 | 0 | ○ |
| 卢元明《晦日讯舟应诏诗》 | 去 | 2 | 0 | 0 | ○ |
| 李　骞《赠亲友》 | 平 | 12 | 0 | 0 | ○ |
| 鹿悆《讽真定公诗》其一 | 平 | 2 | 0 | 0 | ○ |
| 鹿悆《讽真定公诗》其二 | 入 | 2 | 0 | 0 | × |
| 李谐《江浦赋诗》 | 平 | 2 | 0 | 0 | ○ |
| 常景《赞四君诗》其一 | 去 | 4 | 1 | 0 | ○ |
| 常景《赞四君诗》其二 | 平 | 4 | 0 | 0 | × |
| 常景《赞四君诗》其三 | 入 | 4 | 0 | 0 | ○ |
| 常景《赞四君诗》其四 | 平 | 4 | 0 | 1 | × |
| 元晖业《感遇诗》 | 平 | 2 | 0 | 0 | ○ |
| 温子昇《白鼻騧》 | 平 | 2 | 0 | 1 | ○ |
| 温子昇《结袜子》 | 平 | 2 | 0 | 0 | ○ |
| 温子昇《安定侯曲》 | 平 | 2 | 0 | 1 | ○ |
| 温子昇《敦煌乐》 | 去 | 2 | 0 | 0 | ○ |
| 温子昇《凉州乐歌》其一 | 平 | 2 | 0 | 1 | × |
| 温子昇《凉州乐歌》其二 | 上 | 2 | 0 | 1 | ○ |
| 温子昇《从驾幸金墉城诗》 | 上 | 10 | 0 | 0 | × |
| 温子昇《春日临池诗》 | 平 | 4 | 0 | 1 | ○ |
| 温子昇《咏花蝶诗》 | 去 | 4 | 0 | 1 | × |
| 温子昇《相国清河王挽歌》 | 平 | 2 | 0 | 0 | ○ |
| 陈留长公主《代答诗》 | 平 | 2 | 0 | 0 | ○ |

首先关于上尾，犯了这种病只是常景所做的一首，从这里可以看出继第二期之后，文人们在诗歌创作上仍然有着对于上尾的强烈的声律意识。而且从整体来看，不仅避开了上尾，而且也基本上避开了鹤膝，可以把这一点看做第三期文人在诗歌创作上声律意识的扩大、发展。其次，在第三期应该注意的是，到这个时期开始出现对一句之中二四不同原则进行实践的作品。在对二四不同情况进行调查时，是把八句之中有六句以上遵守就作为实践了这一原则的作品

来看待的。（对遵守了二四不同的做了“○”、对没遵守的做了“×”的标记）从这个调查结果可以看出，对二四不同原则的遵守，在北魏第三期文人中间已比较普遍，并作为诗歌创作上的声律理论被遵循。不过，如果留意一下现存有两首以上作品的文人，常景（？—550）的四首诗恐怕是一时的连作，其中两首诗基本上遵守了二四不同，而其他两首诗没能遵守。温子升（495—547）现存作品，比较多的显然是在意识到二四不同这个声律原则基础上所作，但也有不是这样的作品。把这个事实和基本上避开上尾、鹤膝的情况结合起来看，可以认为，对北魏第三期文人来说，把二四不同作为原则来遵守的意识，不如避开上尾、鹤膝二声病那么自觉。

上面的考察中，除了一开始就没列入考察对象残篇、联句诗之外，还有几首没提到的北魏五言诗。这些作品大体上都是，由于作者的事迹不详，从而无法确定创作的时间。下面出示一下对这些作品所进行的调查结果：

**北魏其他**

| 作家　作品 | 韵 | 押韵数 | 上尾 | 鹤　膝 | 二四不同 |
|---|---|---|---|---|---|
| 高允《罗敷行》 | 平 | 6 | 0 | 2 | × |
| 高孝纬《空城雀》 | 上 | 4 | 0 | 1 | ○ |
| 王容《大堤女》 | 去 | 4 | 1 | 1 | ○ |
| 王德《春词》 | 平 | 4 | 0 | 1 | ○ |
| 周南《晚妆诗》 | 入 | 4 | 0 | 1 | × |
| 祖叔辨《千里思》 | 平 | 4 | 0 | 2 | × |

其中，只有高允（390—487）的事迹十分清楚，从《魏书》本传来看，能够确认他是生活在从北魏第一期到第二期的文人。他所作的《罗敷行》如上面表格所示那样，从对三种声律规则的遵循情况来看，可以说是第二期作品的典型，由此反过来考虑，难道不能推测出这《罗敷行》可能是高允晚年的作品吗？

东西分裂以后的两魏，表面上都是继承前代北魏王朝，分别把都城定于邺、长安，但是，在文学方面继承了北魏传统的，却是两魏中的东魏、北齐，这表现在本土文人及其作品的数量上。

《全北齐诗》中，成为本文所进行考察的对象是 12 个文人所作的 42 首五言诗。考察的结果表明，犯上尾的不过仅有 1 首，犯鹤膝的有 12 首，稍多一些。但一首之中都只犯了一、两个字，所以可以看出继北魏末期以来文人对于这两种声病强烈的防范意识。尤其应该注意的是，作为整体倾向所体现出的遵循二四不同原则的创作实践。从这个调查结果来看，可以认定这个声律理论更加彻底地、几乎在所有文人中间作为诗歌创作的规则而讨诸实践。

二四不同，是在一篇诗歌的结构上，在最小单位“句”上进行的，即

“若前有浮声，则后须切响”的声律调和的实践。因此，如果文人的声律意识发展到这个地步，而且在一定程度上得到实践的话，那么，他们就会向更高一级的声律调和层次推进，追求句和句的调和，即一联之中的声律调和，或者向联和联之间的声律协调关系上发展，这是必然的、也是不难想象的。从现存作品来看，大体上遵守了二四不同原则的魏收（505—572）有如下作品：“绮窗斜影入，上客酒须添。翠羽方开美，铅华汗不霑。关门今可下，落珥不相嫌。”（《永世乐》）在此诗中可以看到，不但进行了一联之中的句和句之间相对调和的实践，而且也遵守了联和联之间相粘调和。不过与其他作品结合起来考虑的话，魏收是否像遵守二四不同那样，把相对和相粘作为诗歌创作的声律理论而原则化，还是个疑问。本人认为，他还没有把这两个律体诗的声律规则作为一种原则化的实践形式而确立，虽然他超越了局限在一句之中的声律意识而注意到句和句或者联和联之间的声律关系，但还停留在尝试阶段。他虽有如上所举的作品，但也有如《棹歌行》那样根本没有采用句式相对的诗篇。他还有如下的尝试性作品：束马轻燕外，猎雉陋秦中。朝车转夜毂，仁旗指旦风。式宴临平圃，展卫写屠穹。积崖疑造化，导水逼神功。树静归烟合，帘疏还照通。一逢尧舜日，未假北山丛。（《后园宴乐诗》）前三联完全没有遵守句式相对的规则，而后三联完全遵守了。就是说，在是否采用相对句式这一点上，能够预料前后三联都是有意识的。如果再注意一下联和联的声律关系，这就更清楚了（前三联的各联之间采用相对来连接，后三联的各联之间则采用相粘来连接）。在魏收诗歌里面，类似尝试性的作品，还可以列举出《喜雨》、《庭柏诗》等等。在魏收以外的北齐本土文人的作品之中，使用了相对句式的作品还有裴让之《北征诗》，《公馆宴酬南使徐陵诗》，刘逖（？—573）《浴温汤泉诗》、《清歌发诗》，马元熙，《日晚弹琴诗》，阳休之（409—582）《咏萱草诗》等等。裴让之和刘逖大体是按二四不同原则的进行实践，由此可以推测他们也同魏收一样，至少超越了局限在一句之中的声律意识而注意到句和句的声律关系。卢询祖（？—566）和邢邵（496—560？）虽说都遵守了二四不同，但却不能看出意识到句和句之间声律关系的痕迹。因此可以说，超越一句界限的声律调和意识，并不是在所有文人中间普遍存在，它萌芽于一部分文人之间，但实践上还没有原则化，还没有形成固定的形式，尚处于试行阶段，有些甚至是错误的尝试。

下面看看西魏、北周的诗歌创作的情况。

**北周期①**

| 作家　作品 | 韵 | 押韵数 | 上尾 | 鹤　膝 | 二四不同 |
|---|---|---|---|---|---|
| 宇文毓《贻韦居士诗》 | 平 | 7 | 0 | 1 | ○ |
| 宇文毓《过旧宫诗》 | 平 | 4 | 0 | 0 | ○ |
| 宇文毓《和王褒咏摘花》 | 平 | 2 | 0 | 1 | ○ |
| 李昶《陪驾幸终南山诗》 | 平 | 10 | 0 | 1 | ○ |
| 李昶《奉和重适阳关》 | 平 | 7 | 1 | 2 | ○ |
| 高琳《宴诗》 | 平 | 2 | 0 | 0 | ○ |
| 宇文逌《至渭源诗》 | 平 | 5 | 0 | 0 | ○ |
| 孟康《咏日应赵王教诗》 | 平 | 4 | 0 | 0 | ○ |
| 徐谦《短歌行》其一 | 平 | 2 | 0 | 0 | ○ |
| 徐谦《短歌行》其二 | 去 | 2 | 0 | 0 | ○ |

首先，关于上尾，鹤膝二声病，可以看出与北齐大体相同的情况。至于一句之中的二四不同，也能够看出与北齐的一致性，它在北周本土文人中间被原则化而付诸实践。下面看一下宇文毓（534—560）《过旧宫诗》：

玉烛调秋气，金舆历旧宫，还如过白水，更似入新丰。

秋潭渍晚菊，寒井落疏桐。举杯延故老，今闻歌大风。

此诗不仅完全遵守了二四不同原则，而且在前三联中遵守了句和句的声律调和相对。然而他也有如《和王褒咏摘花》那样完全违背了律体诗规则的作品，应该用相对和相粘而根本没有采用。考虑这个事实的话，就可以推想到宇文毓也与前面所述的魏收一样，虽然已经意识到了要超越仅限于一句之中的声律调和，但在实践上还没有形成原则和一定格式。另外，从李昶（516—565）《奉和重适阳关》中也可以看出，他已意识到涉及句与句、联和联之间的声律关系，但是从北周诗的整体来看，与北齐的情况差不多，这种较为宽泛的声律意识仍没有成为文人中间普遍存在的东西。

从东西分裂以后的北朝诗歌创作情况来看，不论东或西，这个时期的文人在诗歌创作上的声律意识，继承了北魏后期已经取得的成果，并进一步把北魏第三期已在一定程度上得到实践的二四不同这个律体诗的规则普遍地加以运用、推广。另外，诗句和诗联之间的声律调合规则虽然还没作为实践形式而固定下来，不过人们的声律意识正从一句之中的调和向句和句，或者联和联的声律关系上逐步发展。

① 表中，由于徐谦、孟康二人是否是北朝本土文人尚不明确，所以本文只出示调查结果，没有列为考察对象。

## 六

以上，以具体的声律理论为基准探索了北朝文人在诗歌创作上的声律意识。通过这次考察可以清楚地看到，不仅在南朝，而且在北朝也确实存在注意声律的诗歌创作实践，他们的实践形成一种态势，就是朝着后来唐代律体诗的方向而稳步地发展。

这次考察之中没提到用韵的问题，所以这里简单地补充一下。在诗歌创作的用韵上，东西分裂以后的北齐、北周文人用平声韵的比例大大增加了。在对近体诗的形成过程中的北朝诗的作用进行考察时，这个事实也不容忽略。

由于本文在考察时，只以一部分声律理论为基准，而且完全没有把对北朝本土文人肯定有直接影响的南朝北渡文人包含在考察范围之内等原因，所以在看法上还难免有片面性。其他一些问题将作为今后的课题来探讨。

（《社会科学战线》1996 年第 6 期）

# 白朴散曲的艺术风格与历史地位

〔韩国〕俞玄穆

元代著名的杂剧作家大都兼擅散曲，白朴即是一例。关于他的散曲的艺术成就，有些论者甚至认为高于其杂剧。例如，梁乙真指出：白朴的散曲“颇俊逸有神，而小令尤为清秀。当我们读他的剧曲时，每为他华美婉妍的辞句所感动，但一读到他的散曲，则知其中更包含着豪放、俊爽、秀美诸点，其成就却高出其剧曲之上。”（《元明散曲小史》第一章）蒋伯潜也认为“白朴的散曲较其剧曲更佳”（《词曲》第五章）。这些看法或许是仅就曲词而言，有取其一点之病，但白朴散曲的确具有较高的艺术成就，却是不争的事实。限于篇幅，本文仅就其艺术风格与历史地位问题略陈管见。

## 一、白朴散曲的风格与流派

在散曲学史上，对于白朴散曲的风格及所属流派的解释与划分是分歧最大，争论最多的。明初著名曲学家朱权最先对白朴的风格作出概括：“白仁甫之词，如鹏抟九宵。风骨磊块，词源滂沛，若大鹏之起北溟，奋翼凌乎九霄，有一举万里之志，宜冠于首。”（《太和正音谱》）。这分明是说白朴之曲气势磅礴，笔力雄健，应该划入高旷豪放一派。后来何良俊又认为“白颇简淡，所欠者俊语”（《曲论》）。简淡即简要平淡，或简明清淡，与朱说相去已远。照此则应把白曲归入本色质实一流。近代著名散学大师任讷则明确标榜白朴为“豪放之尤者”。（《散曲概论》卷二）梁乙真《元明散曲小史》第一章则针锋相对，把白朴划入清丽派。陆侃如、冯沅君评论说：“虽也有以豪放名的散曲，如《劝饮》、《渔父词》诸作，但究以俊爽秀美者为多。”（《中国诗史》751页）郑振铎也说：“他的散曲，俊逸有神，小令尤为清秀。”（《插图本中国文学史》第四十九章）赵景深曾著文《辨白朴非豪放派》，指出：“我对于后二书的论断（指陆冯与郑氏之说）有大部分的同意，而对于前一书的论断

(指任讷之说) 则持反面的意见。任中敏所辑元四家散曲，其中白朴有小令 36 首，套数 4 首，倘若仔细分析每一首散曲，则可以算作豪放派的，除了陆、冯所举的《劝饮》和《渔夫词》外，也只有［庆东原］第一首，［阳春曲］《知己》第四首（这曲子，陆、冯且以为‘似豪放而实深婉’)，《佳人脸上黑痣》和《对景》各一首，一共只有九首，还不到全部散曲的四分之一。所以因这极少数的豪放散曲而断定白朴为豪放派，是极不妥的。其余 31 首都可以归入清丽一派。任氏或者是受了王国维的暗示，我想。王国维在《宋元戏曲史·元剧之文章》说：‘仁甫似苏东坡’，也是同样不恰当的。即以戏曲而论，白朴传世之作《梧桐雨》、《墙头马上》等也都属于清丽派而］不属于豪放派。”(转引自谭正璧《元曲六大家传略》)。赵景深把前人的说法综合在一起，进行了辨析，认定白朴当属清丽派，而不能属于豪放派。

一个存曲仅 30 多首的白朴，对于其风格的把握和流派的归属竟然会引起如此多的争论，甚至有不少意见互相对立，水火不容，其根本原因何在呢？这里首先关涉到对风格与流派的认识与理解，若仔细加以寻绎，主要有以下几方面的问题。

1. 从客观上说，任何一位大作家的风格都不可能是单一的、纯粹的，而必然是一个多样化的存在。白朴散曲就是如此，既有许多豪放旷达之作，如《劝饮》，也有不少深婉绵丽的作品，在客观上就是一个复杂丰富甚至相反相成或多样互补的统一存在。把他划入任何一派都可据其相反风格的作品予以反证。

2. 从主观上说，风格本来就是抽象的，而且是相对的，带有见仁见智的性质。评价者着眼点不同，参照物不一，都可以得出不同甚至相反的看法。散曲学史上对任何一位大作家的风格评论几乎都没有取得过一致的看法。如关汉卿，贯云石在《阳春白雪序》中说他“造语妖娇，却如小女临杯”，像少女一样腼腆；而朱权在《太和正音谱》中又说他“如琼宴醉客”，言其放纵恣肆。白朴的情况更是如此。风格论者的个人主观的成分太多，是造成分歧的一个原因。

3. 以往元代散曲的流派划分还缺乏科学性，经不起推敲，划分的标准也欠明确，如把元散曲从总体上分为豪放、清丽两派，本身就存在着问题。事实上豪放多指的是内容精神，所以，那些隐逸避世的作品，往往被归于豪放派。而清丽则偏重于语言风格，凡讲究词藻文采，用语华丽的多视为清丽派。这二者有交叉之处。豪放曲既可出之以本色爽利之语，也可以清词丽句加以表现。反之，文采华丽之语既可以用来表达婉约细腻的情感，也同样可以表现放达超越的思想。二者并不矛盾，不在同一逻辑的平面上。在元人散曲中这种互相交叉的情况是常见的，体现在白朴身上也是如此。

4. 从语言学的角度来看，对于风格的把握与表述都须使用形容词，而形容词本身的特点之一是它的模糊性，不确定性，不能够作为定性定量分析。同一个术语，不同的人使用，可以产生很大差异，甚至可能是指相反的东西。而不同的术语却可能是指同一个现象。许多纷争往往是由语言误会引起的。如果不先行对所用术语，概念进行界定说明，使风格论仅仅停留在粗糙的肤浅的直觉印象阶段，那么这种风格论就是非科学的，没有什么意义的。

根据以上分析，我们提出有关风格理论的几条原则和方法，作为白朴散曲风格研究的前提或基础。

1. 风格具有共性和个性、一般和个别层次性特征。风格的共性与一般性构成流派，形成流派风格，使一个作家群体在审美上呈现出一种统一的表征；这叫流派风格。此为风格的第一层含义。风格的个别性质特殊性则构成作家独有的个人的艺术表征，是作家个人的气质、性格、生活经验和文化素质的综合反映，也是这个作家与同流派其他作家的区别所在。这是风格的第二层含义，也是最为根本的意义。这种作家独有的，与他人不一样的艺术表征，才是我们研究把握的作家风格。捕捉、把握作家的个性风格必须从流派的划分入手，只有这样，才能在比较中加以确定，这是必要的步骤。

2. 风格具有多样性，又具有统一性和稳定性。统一性和稳定性构成主要风格或代表风格，捕捉、把握作家的个性风格，必须以其多数作品为根据，而不能随便拿出任何一首作品去代表作家的风格，例如，苏东坡是历代学者公认的有名的豪放派词人，一提起苏东坡，我们就会想起他的“大江东去”、“明月几时有”、“把酒问青天”等名句，其实他也有不少婉约的作品，而其主要风格，则应当是以豪放为代表的。问题的关键是，抓住了作家的主要风格，并不等于把握了作家的全部，还必须注意那些次要风格的作品。这样才能达到对一个作家全貌的认识。

3. 就元散曲来说，因其题材范围较窄，不像诗词那样内容丰富，所以风格主要是通过语言层面呈现着。我们倾向把元散曲从总体上分为文采派和本色派的意见，而不取豪放派和清丽派的二分法。因为这对概念不甚科学。和豪放相对的应当是婉约、深婉，而不应是清丽。清丽的内容不一定是婉约，清丽的对立面应是俚俗朴实。

4. 所谓文采派指语言表现上反映出来的讲究词采和文雅的一种审美观。这派作家的作品中虽然也偶有使用谐俗、俚质的口语化篇章和句子，那是散曲文体出身于市井通俗歌曲的遗留。但就其整体上而言，则文人化、诗词化的痕迹和色彩较为浓厚。其作品的意境，意象都与诗词相近，语言也采用文言的传统书面语，喜用典故，即使采用一些浅俗的白话，也多是白话书面语，而少用俚俗的方言口语。与此相对，本色派崇尚散曲本来的谐俗朴俚风味，往往出之于口语方言，多采用直抒胸臆的方式，不喜作文词藻饰。即使用典，也是常见的著名的故事，而且表达的很明确。本色派的作品一般是世俗的市井的色彩比较浓厚。关汉卿的散曲可以作为代表。

根据以上 4 条原则，我们把白朴的散曲划入与本色派相对的文采派，是不应该有疑问的。白朴的存世散曲除了个别俚俗之作，大部分都带有向诗词复归的文人化、雅化倾向，这是一眼就能看出来的。特别与关汉卿、卢挚的散曲相比较，这个特点更加醒目。

但是，在文采派作家中白朴还有区别于他人的个性风格，这一点只有把他与同流派的其他代表作家进行比较才能凸现出来。如果把白朴与马致远的清劲老健相比较，白朴散曲则显出清秀雅丽之美；如果与张可久的骚雅典丽相比较，白朴则又显出尽管讲究文采藻饰而仍不失清水芙蓉的自然秀丽的风貌。据此，我们认为以“清秀雅丽”作为白朴散曲的基本风格比较切合实际。下面从白朴散曲的几个显著艺术特征的分析入手进行印证。

1. 意境创造上的特色。意境的第一要素是画面。白朴散曲景物描写的成分所占比重较大。不管是纯粹的写实作品还是其他主题的景物描写，都带有鲜明的画面感和完整的意境美。试举白朴的［越调·天净沙］《秋》与相传为马致远的同调《秋思》进行比较：

> 孤村落日残霞，轻烟老树寒鸦，一点飞鸿影下。青山绿水，白草红叶黄花。
>
> 枯藤老树昏鸦，小桥流水人家，古道西风瘦马。夕阳西下，断肠人在天涯。

白、马两曲都写的是秋景，都富有浓郁的诗情、画意，但风格不同，白曲清丽明秀，客观描写的成分较多，体现出保持一定距离的静观默识的审美态度，所写多为静态景物。王国维在《人间词话》中有一个很重要的见解，就是把传统诗词分为“有我之境”与“无我之境”。他认为“采菊东篱下，悠远然见南山”，属“无我之境”，“感时花贱泪，恨别鸟惊心”，属“有我之境”。依照王国维的这种划分，白朴散曲所表达的这种意境，应当属于“无我之境”，是一种远距离欣赏的意境；而马曲意境则显得苍凉凄迷，带有浓厚主观情绪化的成分，曲中意象多为动态景物，照王国维的划分应当属于“有我之境”。诗词意境的营造，富有诗情画意，是白曲作为文采派的一个显著特征；注重客观画面的不动声色的描绘，保持着与审美对象的一定距离，则又使他与同一流派的另一大家马致远区别开来。“有我之境”与“无我之境”的区别，在于作者感情表达的直露与含蓄，“无我之境”，并非无我，而是作者与景物保持了一定的距离，感情表达较为淡泊、含蓄、客观而已。“有我之境”也并非只是在写作者，就是直抒胸臆，只有客观景物主观化，情绪化的程度较高、较明显而已。

2. 喜用颜色语、直接诉诸人的视觉以唤起美感。上举小令《秋》中“青山绿水”、“白草红叶黄花”两句，用了“青”、“绿”、“白”、“红”、“黄”等五个颜色词，就是典型例子。白朴的着色描写，终是前期元曲文采派的轻描淡写，如果再加藻饰涂抹，就不能是清丽静秀，而变成了张可久的骚雅典丽了。再举［双调·沈醉东风］《渔夫》为例：

> 黄芦岸白苹渡口，绿杨堤红蓼滩头。虽无刎颈交，却有忘机友，点秋江白鹭沙鸥。傲杀人间万户侯，不识字烟波钓叟。

此曲写渔夫生活的自由自在，“黄”、“绿”、“红”、“白”等颜色词的使用，直接作用于人的视觉，传达出自然山水的美和投入其中的愉悦快乐，给人一种向往之感。在元代散曲大量的写景作品中，使用颜色词以状自然山水或田园风光，应当说是一种普遍现象。但像白朴散曲这样使用频率如此之高，如此之丰富，却是不多见的。尤其是与本色派的作品相比较，这个特点立刻就会凸现出来。试以卢挚的一首同调牌的相类题材的小令比较：

> 卦绝壁松枯倒倚，落残霞孤鹜齐飞。四围不尽山，一望无穷水。散西风满天秋意，夜静云帆月影低，载我在潇湘画里。

这一幅“潇湘山水”画同样给人以美感，但不是靠色彩的渲染藻绘，而是纯用白描，通过勾勒景物的神态，以唤起欣赏者的想象，而不像白曲那样偏重视觉效果。对白曲清秀明丽的美感印象，在相当程度上是由其中大量色彩词产生的视觉效果而引发。

3. 用典较多。白朴现存散曲中虽然没有一首咏史或怀古作品，但不少曲子中都喜使用历史典故。大多都用得合谐自然，隐而不露，丰富了作品思想的内涵。如［寄生草］《饮》中入世和出世的历史典型屈原和陶潜，看似随手拈来，信口而出，其实这是他从曲题出发，所选择的两个与酒有关系的历史人物。屈原曾说过“举世皆醉而我独醒”的话，陶渊明诗中多写饮酒。选择这两个名典入曲，与曲题非常切合。可见是经过精心筛选提炼过的。又如，《渔夫》中“刎颈交”和“忘机友”的典故，用得也很精彩。“刎颈交”出自《史记·廉颇蔺相如列传》，说的是赵国蔺相如和廉颇“将相和”的故事，后世遂成为生死朋友的代称。或说此处用的是另一历史故事：春秋战国时代，楚人伍子胥因父、兄皆被楚平王所害，伍子胥连夜逃离楚国，过江时遇一渔夫相助，渔夫为使伍子胥无后顾之忧，义而自杀。但是“刎颈交”与“忘机友”

相对，不管是哪一个故事，都带有政治关系的色彩。“忘机友”源出《列子·黄帝篇》：“海上之人有好鸥鸟者，每旦之海上，从鸥鸟游，鸥鸟之至者百住而不止。其父曰：‘吾闻鸥鸟皆从汝游，汝取来吾玩之，’明日之海上，鸥鸟舞而不下也。故曰：至言去言，至为无为；齐智之所知，则浅矣。”鸥鹭忘机，就是没有害人或防人之机心，是道家所崇尚的“物我两忘”的精神。这里与“刎颈交”相对，表现了渔夫的自然无为，即人和大自然的和谐相处，而远离尘俗、远离人世争夺的自由自在。这些精彩典故的引用，大大丰富了曲子的思想内涵。

当然，由于白朴的散曲用典比较频繁，有的地方也难免牵强拼凑之弊。但需要指出的是，其用典不管是成功的，还是牵强的，都会给以通俗为特征的散曲输入雅化的因子，将其拉向诗词化的轨道。

4. 借用、化用诗词成句。用前人诗词成句与用典有所不同，用典又称用事，应当有故事情节。用句则不同，不一定有故事。仅将其32首小令中化用或借用前人诗词成句或句意的句子罗列如下：

| | |
|---|---|
| 忘忧草，含笑花。 | 丁谓《山居》诗：“草解忘忧忧底事，花名含笑笑何人?” |
| 千古是非心，一夕渔樵话。 | 张升《离亭燕》词：“多少六朝兴废事，尽入渔樵闲话。” |
| 则待强簪花，又恐旁人笑。 | 苏轼《吉祥寺赏牡丹》诗：“年老簪花不自羞，花应羞上老人头。” |
| 裂石穿云。 | 苏轼《李季吹笛》诗序：“嘹然有穿云裂石之声。” |
| 梅花惊作黄昏雪。人静也，一声吹落江楼月。 | 李白《黄鹤楼闻笛》：“黄鹤楼中吹玉笛，江城五月落梅花。” |
| 芦花岸上对兰舟，哀弦恰似愁人消瘦，泪盈眸，江州司马别离后。 | 用白居易《琵琶行》诗意。 |
| 一曲西风几断肠。 | 冯延巳《鹊踏枝》：“阳关一曲断千肠。” |
| 花朝月夜，个中唯有杜韦娘。 | 韦应物《杜司空席上赠妓诗》“高髻云鬟宫样妆，春风一曲杜韦娘。” |
| 刘郎错认风前柳。 | 苏轼《鹧鸪天》：“娇后眼，舞时腰，刘郎几度欲魂消。” |
| 听落叶西风渭水。 | 贾岛《忆江上吴处士》：“秋风生渭 |

| | |
|---|---|
| | 水，落叶满长安。” |
| 六幅罗裙宽褪，玉腕上钏儿松。 | 晏殊《生查子》：“今春玉钏宽，昨夜罗裙皱。” |
| 秋水共长天一色。 | 王勃《滕王阁序》句。 |
| 闲袖手，贫杀也风流。 | 上句即苏轼《沁园春》：“袖手何妨闲处看”意， |
| 今朝有酒今朝醉。 | 下句用元好问《阮郎归》：“诗家贫杀也风流”语。 |
| 且尽樽前有限杯。 | 权审绝句：“今宵有酒今宵醉”（一题罗隐《自遣》）。 |
| 回头沧海又尘飞，日月疾，白发故人稀。 | 杜甫《绝句漫兴九首》：“莫思身外无穷事，且尽生前有限杯。” |
| 轻拈斑管书心事，细折银笺写恨词。 | 杜牧《寄许浑》：“水流沧海疾，人到白头稀。” |
| | 晏几道《留春令》：“手捻红笺寄人书，写无限伤心事。”史达祖《花心动》：“待拈银管书春恨。” |
| 笑将红袖遮银烛。 | 施肩吾《观美人》：“爱将红袖遮娇笑”。句式相类。 |
| 黄芦岸白苹渡口，绿杨堤红蓼滩头。 | 赵长卿《夜行船》词：“红蓼滩头，绿杨堤外。”下三句衍化史浩《渔夫》舞曲：“绿烟堤畔，鸥鹭忘机为主伴”意。 |

总计有22处27句，借用或化用前人成句，说明多数曲子都有摹仿诗词的句子。白曲诗词化痕迹是明显的。

5. 格律严谨

白朴被周德清列为元曲四大家的一个重要条件，就是他的散曲格律严谨。比较规范，可以悬为“定格”、“范式”、即样板曲。周德清把白朴的［仙吕·寄生草］《饮》小令列在“定格”四十首曲子之首，作为样板之中的样板（在通常的情况下，正格应放在首位），评曰：“命意，造语，下字俱好。最是‘陶’字属阳，协音；若以‘渊明’字，则‘渊’字唱作‘元’字；盖‘渊’字属阴。‘有甚’二字上，去声，‘尽说’二字去，上声，更妙。‘虹霓志’。‘陶潜’是务头也。”又［双调·沈醉东风］《渔夫》亦列于“定格”中，评曰："妙在'杨'字属阳，以起其音，取务头；'杀'字上声，以转其音；至下'户'字去声，以承其音。仅在此一句，承上接下。末句收之。'刎颈'二字，若得上去声尤妙；'万'字若得上声，更妙。"朱权所编第一部北曲谱《太和正音谱》，收白朴曲十七调为标准曲式，其中选自剧套九支，套曲七支，小令一支；[小石调·恼煞人] 套数全套揽入。上述两位元明曲律专家的评价是具有权威性的。

由以上几条，我们可以认定白朴散曲的主导风格或基本风格是清丽秀雅，是作家艺术特征或个性所在。需要说明的是，如上所述，我们认为，任何一位伟大作家的风格都是一个多样化的存在。因此，在作出上述结论时，我们没有忽略白朴散曲中那些或旷达豪放或俚俗质朴之作。正是由于这些作品，形成了白朴散曲文质互补、雅俗兼济的审美格局，促进了我们对白朴散曲美学风格的全面把握和理解。

## 二、白朴在散曲史上的地位

白朴从周德清以来就被奉为元曲四大家之一。从来的曲论家大都以此为定论。但白朴在散曲发展史上究竟处于何等具体地位，却有着不同的看法。周德清《中原音韵》关于四大家的排名次序是"关郑白马"，白朴列第三位，明代何良俊《四友斋丛说·曲论》则变为"马郑关白"，列白为第四；王骥德《新校注古本西厢记》附评虽改四大家为"王马郑白"，仍抑白朴为第四。明人排名已包括了杂剧，此不论。元人曲论家中还有非四大家系统的排名。朱经《青楼集序》列举三人为杜散人、白兰谷、关已斋；杨维桢《沈氏今乐府补序》所列"一代词伯"为杨（朝英）、卢（挚）、滕（玉霄）、李（溉之）、冯（子振）、贯（云石）、马（致远）、白（朴）、抑白朴为最末。朱经大约是从金遗民的角度出发而定序，杨维桢或以传曲数量的多少为据。今人散曲史著作一般都以大德四年（公元1300年）为界把元人散曲分为前后两期，而将白朴置于前期，这就彻底把白朴淹没在关、马、卢等存曲较多的众大家之中了。

要确定白朴在散曲史上的实际地位，不仅仅根据传存作品的多少和艺术成就的高低，更为重要的是应看其在史的发展进程中所起的作用。因此，首先解决元代散曲史的科学分期是关键的一步。对散曲史的划分素有三分法和二分法两种。三分法最早是钟嗣成在《录鬼簿》中提出，他以杂剧创作为主，把元曲家按辈份大致划分为"前辈已死"、"方今已亡"、"方今"三期，而把白朴列入"前辈已死"范围之中。王国维根据钟嗣成划分的三期，在《宋元戏曲考》中明确提出三分法，即蒙古时代，一统时代和至正时代。具体为：

一、蒙古时代：此自太宗取中原以后，至至元一统之初。《录鬼簿》卷上所录之作者五十七人，大都在此期中。（中如马致远、尚仲贤、戴善甫，均为江浙行省务官，姚守中为平江路吏，李文蔚为江州路瑞昌县尹，赵天锡为镇江府判，张寿卿为浙江省掾史，皆在至元一统之后。侯正卿亦曾游杭州，然《录鬼簿》均谓之前辈名公才人，与汉卿无别，或其游宦江浙，为晚年之事矣。）其人皆北方人也。二、一统时代：则自至元后至至顺后至元间，《录鬼簿》所谓"已亡名公才人，与余相知或不相知者"是也。其人则南方为多，否则北人而侨寓南方者也。三、至正时代：《录鬼簿》所谓"方今才人"是也。

钟嗣成、王国维的三分法，主要是依据杂剧创作。郑振铎又根据钟、王的划分方法，在《中国俗文学史》中，首次提出散曲的三分法：第一期：1201—1300 年；第二期：1300—1361 年；第三期：1361—1422 年，白朴被列于第一期。

最早的二分法则始于梁乙真《元明散曲小史》，以 1300 年为界，分为前后两期。第一期从散曲的开场至大德间，相当于钟嗣成《录鬼簿》上［前代名公］的时代；以关汉卿、马致远为主。第二期从大德间至元末，相当于《录鬼簿》作者钟嗣成的时代，以张可久、杨朝英为主。

后来的散曲史或文学史著作多取梁氏二分法。这种分期方法虽然简单明了，但却掩盖住了不少事实，如金末散曲作家元好问、杜仁杰、商道等金遗民都是白朴的父师辈，散曲创作要早于白朴，或者说是白朴的前驱。如果按照上述划分方法，就无法把他们与白朴关汉卿等第二代作家区别开来，反映不出元曲发展变化的具体阶段性。因此我们主张分四期，也可以说是四分法：

第一期：可以说是散曲的初始期，时间大约可以定在金末元初，从金章宗泰和元年到元世祖中统元年，即公元 1201—1260 左右。其代表人物有元好问、杨果、杜仁杰、史天泽等。这些人，都是白朴的父师辈。其特点是：1. 他们都是金朝遗民，是由金入元的文人。2. 他们都是"名公"，社会地位较高，以诗词创作为主，写散曲只是出自偶而为之的雅兴，但却是第一批登上曲坛的文人。3. 他们都只作散曲而不作杂剧。初始期的散曲创作尚处于尝试性的未开展的不自觉的阶段。

第二期：可以说是散曲的发展繁荣时期，也是散曲创作的黄金时期。时间大约在中统元年到大德末年，公元 1260—1307 年。其代表人物是关汉卿、白朴、王实甫、马致远、卢挚等。他们一般多为"才人"，即没有功名官位或官职不高的沦落文士，而且都把新兴的元曲作为创作专业，杂剧与散曲兼攻，各种流派均已形成，呈现出百花齐放的繁荣昌盛局面，产生了大量优秀作品，许多散曲名篇都写于此期。

第三期：是散曲的变化时期，自大德末年至杨朝英的《太平乐府》编成，时间大约在1307—1351年，这个时期，钟嗣成的《录鬼簿》完成。周德清的《中原音韵》一书刊行。这三个人分别是曲选、曲史和曲韵的理论家兼作家。这一时期的代表作家是乔吉，张可久、贯云石、徐再思等。他们都是南方人，其散曲创作的特点是重格律、尚典雅、散曲的词化现象非常明显，像关汉卿、马致远作品的那种爽朗活泼的生气，已不多见。

第四期：是元散曲走向衰亡的时期，自1352年至明初的永乐年间，这一时期的作家基本上多为《录鬼簿续编》中的人物，属于元末明初的散曲家。

若此四期合乎元代散曲创作的历史进程，那么白朴散曲的实际历史地位就可以确定了。白朴是第二期头一个登上曲坛的文人作家。这时元散曲的尝试准备期已过，进入了正式创作期。他上承元好问，杨果等，下启马致远，卢挚、张可久、乔吉等，不但起了承前启后的桥梁作用，而且对于词采派的形成起了推动、促进作用。可以说词采派成熟于白朴之后。他在词采、格律方面，取得的成就，也对后来乔、张骚雅派的滥觞，起了转变风气的重要作用。

他与关汉卿同时登上曲坛，双水并流，两峰对峙，各自代表一派，关汉卿是本色派，白朴是文采派，在思想内容题材风格方面无不给元散曲以影响。隐逸、情爱、写景成为元散曲的三大主题，在白朴散曲中已经初具格局。因此，白朴散曲在元散曲中虽然数量不是最多的，却是散曲发展史上一块重要的里程碑，理应得到实际的重视和评价。

（《社会科学战线》1997年第2期）

# 《诗品·齐鲍令晖齐韩兰英》笺证

（香港）黄嫣梨*

钟嵘（469—518）《诗品》卷下《齐鲍令晖齐韩兰英》条云：

> 令晖歌诗，往往崭绝清巧，拟古尤胜。唯百愿淫矣。照（鲍照，约414—466）尝答孝武（宋孝武帝，刘骏，430—464；454—464在位）云："臣妹才自亚於左芬（？—300），臣才不及太冲（左思）尔。"兰英绮密，甚有名篇。又善谈笑，齐武（萧颐，449—493；483—493在位）谓韩云："借使二媛生于上叶，则玉阶之赋，纨素之辞，未讵多也。"①

陈延杰《诗品注》云："《小名录》曰：'鲍照妹，字令晖，有才思，亚于明远，著《香茗赋》，集行世。'"② 据丁福保（1874—1952）《全汉三国晋南北朝诗·全宋诗》收令晖诗七首，依次为《拟青青河畔草》、《拟客从远方来》、《代葛沙门妻郭小玉作二首》、《古意赠今人》、《题书后寄行人》及《寄行人》等。③ 逯钦立（1911—1973）《先秦汉魏晋南北朝诗·宋诗》卷九除次序外，所收与丁书同。④ 徐陵（507—583）《玉台新咏》收六首，《寄行人》一首无

* 作者单位：香港浸会学院。

① 钟嵘撰，陈延杰注本：《诗品》下，《齐鲍令晖齐韩兰英》，香港：香港商务印书馆，1959年，第49页。

② 钟嵘撰，陈延杰注本：《诗品》下，《齐鲍令晖齐韩兰英》，香港：香港商务印书馆，1959年，第49页。

③ 丁福保编：《全汉三国晋南北朝诗》，《全宋诗》卷5，《鲍令晖》，台北：艺文印书馆，第924-926页。

④ 逯钦立：《先秦汉魏晋南北朝诗》，《宋诗》卷9，《鲍令晖》，北京：中华书局，1983年，第1313页。

收录。① 令晖为鲍照之妹，鲍照集有《登大雷岸与妹书》一通②，依文观之，令晖能解此信，其才学之渊懿，由此可见。鲍照生於义熙十年（414）甲寅，③ 令晖之生卒未详，但亦必在此年数之后，《诗品》谓："照尝答孝武"云云，孝武于公元454年，至公元464年在位，时照41至51岁（孝武建元元年至大明八年），④ 则令晖或亦在30、40之间。钱仲联以为《与妹书》作于文帝（刘义隆，407—453；424—453在位）元嘉十六年（439），时鲍照26岁，⑤ 则令晖当时自为20来岁，以此20来岁之女子，能解此书，其才学之深博，不言可喻。令晖诗七首云：

**拟青青河畔草**

袅袅临窗竹，蔼蔼垂门桐。
灼灼青轩女，泠泠高堂中。
明志逸秋霜，玉颜掩春红。
人生谁不别，恨君早从戎。
鸣弦惭夜月，绀黛羞春风。

**拟客从远方来**

客从远方来，赠我漆鸣琴。
木有相思文，弦有别离音。
终身执此调，岁寒不改心。
愿作阳春曲，宫商长相寻。

**古意赠今人**

寒乡无异服，衣毡代文练。
日月望君归，年年不解綖。
荆扬春早和，幽冀犹霜霰。

---

① 徐陵编，吴兆宜笺注：《玉台新咏》卷4，《鲍令晖》，北京：中华书局，1985年，第152–155页。

② 鲍照著，钱仲联（1908–?）集注本：《鲍参军集》，卷2《登大雷岸与妹书》，上海：上海古籍出版社，1959年，第36–40页；案：大雷岸在舒州望江县，《水经注》所谓大雷口也。

③ 依钱仲联《鲍照年表》，见《鲍参军集》，上海：上海古籍出版社，1959年，第12页。

④ 依钱仲联《鲍照年表》，见《鲍参军集》，上海：上海古籍出版社，1959年，第15–16页。

⑤ 依钱仲联《鲍照年表》，见《鲍参军集》，上海：上海古籍出版社，1959年，第36页。

北寒妾已知，南心君不见。
谁为道路苦，寄情双飞燕。
形迫杼煎丝，颜落风摧电。
容华一朝尽，惟馀心不变。

**代葛沙门妻郭小玉作二首**

一

明月何皎皎，垂幌照罗茵。
若共相思夜，知同忧怨晨。
芳华岂矜貌，霜露不怜人。
君非青云逝，飘迹事咸秦。
妾持一生泪，经秋复度春。

二

君子将遥役，遗我双题锦。
临当欲去时，复留相思枕。
题用常著心，枕以忆同寝。
行行日已远，转觉思弥甚。

**题书后寄行人**

自君之出矣，临轩不解颜。
砧杵夜不发，高门昼长关。
帐中流熠耀，庭前华紫兰。
物枯识节异，鸿来知客寒。
游用暮冬尽，除春待君还。

**寄行人**

桂吐两三枝，兰开四五叶。
是时君不归，春风徒笑妾。①

《诗品》谓令晖“崭绝清巧”。崭绝，本是形容山石之危断，刘峻（462—521）《广绝交论》云“太行孟门，岂云崭绝。”② 刘良注：“崭绝，危断貌。”③ 谓诗崭绝，犹言特峭耳。许文雨举《寄行人》之“是时君不归，春风

① 依钱仲联《鲍照年表》，见《鲍参军集》，上海：上海古籍出版社，1959年，第12页。

② 见宋六臣注本《文选》卷55，台北：广文书局，1964年，第1021页。

③ 见宋六臣注本《文选》卷55，台北：广文书局，1964年，第36页。

徒笑妾”乃“崭绝清巧之例”。① 陈延杰则以《古意赠今人》之“谁为道路苦，寄情双飞燕”及“容华一朝尽，惟馀心不变”为“清绝”。②

鲍令晖集已亡，今依丁氏所收观之，《拟青青河畔草》之“鸣弦惭夜月，绀黛羞春风”，《拟客从远方来》之“木有相思文，弦有别离音，终身执此调，岁寒不改心”，《代葛沙门妻郭小玉作二首》第一首之“芳华岂矜貌，霜露不怜人”“妾持一生泪，经秋复度春”，第二首之“题用常著心，枕以忆同寝”，《古意赠今人》之“北寒妾已知，南心君不见”，《题书后寄行人》之“物枯识节异，鸿来知客寒，游用暮冬尽，除春待君还”，等句，亦皆崭绝清巧，又不止许、陈等所举矣。《诗品》言“往往”二字，甚可信。

《诗品》谓令晖“拟古尤胜”。陈延杰云：“令晖有《拟客从远方来》一首。”③ 许文雨则举《拟青青河畔草》及《拟客从远方来》二首。④ 依丁氏所录，除明言“拟”之两首外，如《古意赠今人》及《题书后寄行人》，⑤ 亦拟古之作，其已佚者不可知，即此四首而言，亦可窥钟嵘所言之端倪。

“百愿”陈延杰注：“明钞本《诗品》，作‘唯百韵淫杂矣。’”⑥ 则“百愿”一作“百韵”。古直以为“百愿诗佚”。⑦ 许文雨谓黄季刚先生（黄侃，1886—1935）有“‘鲍之《百愿》，系一诗题，其诗大意近淫，故云淫矣。’谨案《百愿》如系诗题，则承上句言之，定是拟古之作。”⑧ 许说是，《诗品》用一“唯”字，其脉络可知。曹旭以为当作“百韵”，“当为令晖集中已佚之长诗。”⑨ 曹说非也，令晖之时，似无百韵之长诗者。⑩《百愿》或为诗题，或为拟古诗之第一句，但“淫”字未知是淫邪之淫，或为过之称，《说文》：

① 许文雨：《文论讲疏》，台北：正中书局，1976 年，第 290 页。

② 钟嵘撰，陈延杰注本：《诗品》下，《齐鲍令晖齐韩兰英》，香港：香港商务印书馆，1959 年，第 49 页。陈廷杰注文“一朝尽”作“一朝改”。

③ 钟嵘撰，陈延杰注本：《诗品》下，《齐鲍令晖齐韩兰英》，香港：香港商务印书馆，1959 年，第 49 页。

④ 许文雨：《文论讲疏》，台北：正中书局，1976 年，第 290 页。

⑤ 郭茂倩《乐府诗集》《题书后寄行人》作《自君之出矣》。诗之第四句“长关”作“恒关”；第五句“帐中”作“帷中”；后二句作“游取暮春尽，馀思待君还”（《乐府诗集》）卷 69，《杂曲歌辞》第 9，北京：中华书局，1977 年，第 988 页。）

⑥ 钟嵘撰，陈延杰注本：《诗品》下，《齐鲍令晖齐韩兰英》，香港：香港商务印书馆，1959 年，第 49 页。

⑦ 古直：《钟嵘诗品笺》，台北：广文书局，1968 年，第 445-446 页。

⑧ 许文雨：《文论讲疏》，台北：正中书局，1976 年，第 290 页。

⑨ 曹旭：《诗品集注》上海：上海古籍出版社，1994 年，第 445-446 页。

⑩ 前此，汉代之《孔雀东南飞》一诗仅属极少数之作品，不可为例。

“淫，浸淫随理也……一曰久雨日淫。”① 古籍“淫”字解作放滥、放恣及过量，不一而足。“百愿”究竟如何，不可考得，今依丁氏所收七首推论，令晖诗雅正，似非侈靡淫邪之诗可拟。

左芬，晋人，左思之妹，《晋书》有传，《晋书后妃传》云：“左贵嫔，名芬，少好学，善缀文，名亚于思，武帝闻而纳之。”又云：“其文甚丽，帝重芬词藻，每有方物异宝，必诏为赋颂……答兄思诗书及杂赋颂数十篇，并行于世。”② 严可均（1762—1843）《全晋文》收录左芬文24篇（其中有不全者），剩目四篇。③ 丁福保《全晋诗》卷七录《啄木诗》及《感离诗》共两首。④《诗品》无品等，令晖今无文可见，与左芬相较如何，不得而知。左芬《啄木诗》云：“南山有鸟，自名啄木，饥则啄树，暮则巢宿。无干於人，唯志所欲。性清者荣，性浊者辱。”《感离诗》云：“自我去膝下，倏忽逾再期。邈邈浸弥远，拜奉将何时？披省所赐告，寻玩悼离词。仿佛想容仪，欷觑不自持，何时当奉面，娱目於书诗。何以诉辛苦，告情於文辞。”以此二诗言之，似去令晖之作仍远。

鲍照答孝武以为“臣妹才自亚於左芬，臣才不及太冲尔。”依前面所说，除诗之外，因为没有文章可以相较，所以令晖与左芬二人之才气如何，甚难高下，已略见前说。鲍照与左思相比，又如何呢？左思《三都赋》与鲍照《芜城赋》皆为世所传诵，又皆为昭明所选录，⑤ 李善引臧荣绪（415—488）《晋书》谓《三都赋》“成，张华（232—300）见而咨嗟，都邑豪贵竞相传写。”⑥ 以至洛阳纸贵，⑦ 当时张载注《魏都》，刘逵注《吴》、《蜀》二都，其见重如此。⑧ 刘勰（466—520）谓左思“奇才，业深覃思，尽锐於三都，拔萃於咏

① 许慎撰，段玉裁注本：《说文解字》，卷11，上海：上海古籍出版社，1981年，第551页。

② 房玄龄等：《晋书》，卷31，《列传》第1，《后妃》上，北京：中华书局，1974年，第957、962页。

③ 严可均编：《全上古三代秦汉三国六朝文》，《全晋文》卷13，台北：世界书局，1963年，第1-7页（总第1533-1536页）。

④ 丁福保编：《全汉三国晋南北朝诗》，《全晋诗》卷7，《左贵嫔》，第669页。

⑤ 《文选》，卷4、卷5、卷6收左思《三都赋》，卷11收鲍照《芜城赋》，见宋六臣注本，台北：广文书局，1964年，第89-138页、第212-214页。

⑥ 《文选》，宋六臣注本，卷4，第89页。

⑦ 《晋书》卷92，《列传》第62，《文苑》，第2375-2377页。

⑧ 《文选》，宋大臣注本，卷4，第89页。

史，无遗力矣。"① 姚鼐（1731—1815）评《芜城赋》云："驱迈苍凉之气，惊心动魄之辞，皆赋家之绝境也。"② 左思诗，钟嵘许以上品，以为"文典以怨，颇为精切，得讽谕之致。虽野於陆机（261—303），而深於潘岳（247—300）。谢康乐（谢灵运，385—433）尝言云：'左太冲诗，潘安仁诗，古今难比。'"鲍照则屈居中品，以为"得景阳之諔诡，含茂先之靡嫚，骨节强於谢混，驱迈疾於颜延。总四家而擅美，跨两代而孤出。"③ 左思有《咏史诗》八首，见收《昭明文选》卷二十一，④ 卷二十八收鲍照《乐府》八首。⑤ 而鲍集之《拟行路难十八首》⑥ 影响所及，非左思《咏史诗》可比。许彦周以为《拟行路难》："壮丽豪放，若决江河，诗中不可比拟。大似贾谊（前200—前168）《过秦论》。"⑦ 王夫之（1619—1692）更以"《行路难》诸篇，一以天才天韵，吹岩而成，独唱千秋，更无和者。太白（李白，701—762）得其一桃，大者仙小者豪矣。盖七言长句，迅发如临济禅，更不通人拟议；又如铸大像，一泻便成，相好即须具足。杜陵（杜甫，712—770）以下，字镂句刻，人巧绝伦，已不相浃洽，况许浑一流生气尽绝者哉！"⑧ 因为两者诗赋风格各有不同，才气亦异，似亦难相轩轾。左鲍兄妹皆擅文学，钟嵘引鲍照之言，大概由此。"自亚""不及"乃谦虚之辞，古人虚怀若谷，自是亦可见一斑。

韩兰英事见《南齐书》卷二十《武穆裴皇后传》，传云："吴郡韩兰英，妇人有文辞。宋孝武世，献《中兴赋》，被赏入宫。宋明帝（刘彧，439—472；465—471在位）世，用为宫中职僚，世祖以为博士，教六宫书学。以其年老多识，呼为韩公。"⑨ 兰英跨宋、齐、梁三代，钟嵘以为齐人。许文雨《讲疏》引《金楼子箴戒篇》云："齐郁林王初欲废明帝，其文则内博士韩兰

① 刘勰：《文心雕龙》，范文澜注本；香港：香港商务印书馆，1960年，第700页。

② 鲍照著，钱钟联集注：《鲍参军集》，黄节《集说》引，卷1，《芜城赋》，第11页。

③ 《诗品》，钟嵘撰，陈延杰注本：《诗品》上，《晋记室左思》，香港：香港商务印书馆，1959年，第18-19页；卷中，《宋参军鲍照》，第32页。

④ 《文选》，宋六臣注本，卷21，台北：广文书局，1964年，第386-399页。

⑤ 《文选》，宋六臣注本，卷28，台北：广文书局，1964年，第529-534页。

⑥ 鲍照著，钱钟联集注：《鲍参军集》卷4，《乐府》，上海：上海古籍出版社，1959年，第102-113页。

⑦ 鲍照著，钱钟联集注：《鲍参军集》，钱仲联《补集说》引，上海：上海古籍出版社，1959年，第103页。

⑧ 鲍照著，钱钟联集注：《鲍参军集》，钱仲联《补集说》引，上海：上海古籍出版社，1959年，第103页。

⑨ 萧子显：《南齐书》，卷20，《列传》第1，《皇后》，北京：中华书局，1972年，第392页。

英所作也。兰英号韩公，总知内事，善於文章，始入为后宫司仪。”又引云：“齐郁林王时，有颜氏女，夫嗜酒，父母夺之入宫为列职，帝以春夜命后宫司仪韩兰英为颜氏赋诗，曰：‘丝竹犹在御，愁人独向隅，弃置将已矣，谁怜微薄躯。’帝乃还之。”①《隋书》卷三十五《经籍志·四》著录：“宋后宫司仪韩兰英集四卷，亡。”② 兰英文今不存，诗只《金楼子箴戒篇》所录一首，丁福保无收录，逯钦立《先秦汉魏晋南北朝诗·全齐诗》卷六依金楼子收录一首,③ 钟嵘以为“甚有名篇”，惟至今无可考得。金楼子所录之四句只能见出作者用情甚重，读之即觉幽惋。至於“善谈笑”更无可考。若以齐武之言，及《齐书》所云：“献《中兴赋》，被赏入宫”与金楼子所载齐郁林王欲废明帝之文乃兰英所为推论之，则兰英之文才，当极为帝所重，盖无异议。“玉阶之赋”“纨素之辞”皆指成帝（刘骜，前52—前7；前33—前7 在位）姬班倢伃之作，《汉书·外戚传》云：“赵氏姊弟娇妒倢伃恐久见危，求共养太后长信宫，上许焉。倢伃退处东宫，作赋自伤悼。其辞曰：‘承祖考之遗德兮，何性命之淑灵。登薄躯於宫阙兮，充下陈於后庭。蒙圣皇之渥惠兮，当日月之盛明。扬光烈之翕赫兮，奉隆宠於增成。既过幸於非位兮，窃庶几乎嘉时。每寤寐而累息兮，申佩离以自思。陈女图以镜监兮，顾女史而问诗。悲晨妇之作戒兮，哀褒、阎之为邮；美皇、英之女虞兮，荣任、姒之母周。虽愚陋其靡及兮，敢舍心而忘兹？历年岁而悼惧兮，闵蕃华之不滋。痛阳录与柘馆兮，仍襁褓而离灾。岂妾人之殃咎兮？将天命之不可求。白日忽已移光兮，遂晻莫而昧幽。犹被覆载之厚德兮，不废捐於罪邮。奉共养于东宫兮，托长信之末流。共洒埽於帐幄兮，永终死以为期。愿归骨於山足兮，依松柏之馀休。重曰：潜玄宫兮幽以清，应门闭兮禁闼局。华殿尘兮玉阶苔，中庭萋兮绿草生。广室阴兮帷幄暗，房栊虚兮风泠泠。感帷裳兮发江罗，纷綷縩兮纨素声。神眇眇兮密靓处，君不御兮谁为荣？俯视兮丹墀，思君兮履綦。仰视兮云屋，双涕兮横流。顾左右兮和颜，酌羽觞兮销忧。惟人生兮一世，忽一过兮若浮。已独享兮高明，处生民兮极休。勉虞精兮极乐，与福禄兮无期。绿衣兮白华，自古兮有之。’”④《文选》卷二十七载班婕妤《怨诗》，诗云：“新裂齐纨素，皎洁如霜

① 许文雨：《文论讲疏》，台北：正中书局，1964 年，第 290 页。

② 魏征、令狐德棻等：《隋书》卷 35，《志》第 30，《经籍》4，北京：中华书局，1973 年，第 1075 页。

③ 《先秦汉魏晋南北朝诗》，《齐诗》卷 6，《韩兰英》，第 1479 页。

④ 班固：《汉书》卷 97 下，《外戚传》第 67 下，北京：中华书局，1962 年，第 3985 页。

雪。裁成合欢扇，团团似明月。出入君怀袖，动摇微风发。常恐秋节至，凉风夺炎热。弃捐箧笥中，恩情中道绝。"① 钟嵘列班姬诗为上品，并云：《团扇》短章，词旨清捷，怨深文绮。"②《自伤》之赋，写入《汉书》，《团扇》短章，见誉上品，齐武以为"未讵多也。"虽或称许太过，然兰英文章之美，亦可想见。

钟嵘于令晖、兰英二人，起皆以己意评断，而又皆以他人之言作结，大抵以明褒贬之辞，非出私意，亦与人同耳！鲍、韩二氏，虽归下品，但自汉迄梁，诗人竞起，不入品者多矣！故亦未易轻弃，况钟嵘品第，非如磐石，不可转也！

（《社会科学战线》1997 年第 4 期）

---

① 《文选》，宋六臣注本，卷 27，第 513 页。

② 钟荣撰，陈延杰注：《诗品》上，《汉婕妤班姬》，香港：香港商务印书馆，1959 年，第 13 页。

# 欧阳修与韩愈的“古文”关系

（香港）何沛雄*

## 引　言

“古文”一词，涵义有三：一指古代的文字，如甲骨文、蝌蚪文、钟鼎文、籀文、篆文等。一指古代的文章，如三代两汉之书，屈、宋、扬、马之作；广泛而言，凡非现代、当代的作品，都可称为古文。一指韩、柳所倡导的文体，是“弃六朝骈俪之文而返于六经两汉，从而名焉者也”①。

唐宋古文运动，韩愈是拓荒者，鸥阳修是建业者。韩愈在唐代提倡古文运动的时候，大声疾呼，召收后学，结果受到群众的“笑侮”、“聚骂”、“指目牵引”、视之为“狂人”。② 因此，他提倡古文，在当时没有真正的成功，但留下深远的影响。欧阳修在宋代提倡古文运动，既有柳开、姚铉、穆修等作先驱，复有尹洙、苏舜钦、苏舜元、三苏父子、曾巩、王安石等友生为羽翼，加上位高名重，诗赋文词皆有杰出成就，故提倡古文，一呼百应，成绩斐然，凌轹千古。

欧阳修的古文，深受韩愈的影响，更可说源自韩愈，但由于本性冲和恬静，高官厚禄，生活优游，加上尽得太史公行文的“逸气”，③ 故下笔深醇，

---

* 作者单位：香港大学中文系。

① 请参考何沛雄《韩愈与〈唐文粹〉的“古文”》，载《韩愈研究论文集》，广州：广东人民出版社，1988 年，第 149-157 页。

② 柳宗元：《答韦中立论师道书》，载《柳河东集》，香港：中华书局，1972 年，第 541-543 页。

③ 清代学者刘熙载《艺概·文概》（上海古籍出版社，1978 年版）：“太史公文，韩得其雄，欧得其逸。雄者善用直捷，故发端便见出奇；逸者善用纡徐，故引绪乃觇入妙。”

开古文阴柔一派，与韩文的阳刚风格，并辟衢路，垂范千古。

从“古文”的发展来说，欧阳修与韩愈的关系是十分密切的，故史书、前贤把二人相提并论。欧阳修很推崇韩愈，尝说：“韩氏之文之道，万世所共尊，天下所共传而有也。”① 由是掀起了宋代古文家的“尊韩”。本文裒集有关资料，庶几说明二人相关的史实。

## 一、欧、韩二人相提并论

宋代以来，文史学家，论述唐宋古文的时候，都把欧阳修、韩愈二人相提并论，以下的例子，可资证明：

《国朝四史·欧阳修传》说：

“史臣曰：由三代以降，薄乎秦汉，文章虽与时盛衰，而蔼如其言，晔如其光，皦如其音，盖均有先王之遗烈。涉晋魏而弊。至唐，韩愈氏乃复起。唐之文，涉五季而弊，至修复起，闲百川之颓波，导之东注，斯文正传，追步前古。匹夫而为百世师，一言而为天下法，此两人足以当之。”②

韩琦《欧阳修墓志铭》说：

“国初柳公仲涂一时大儒，以古道兴起之，学者卒不从。景祐初，公与尹师鲁专以古文相尚，而公得之自然，非学所至……自汉司马迁殁几千年，而唐韩愈出，愈之后数百年，而公始继之，气焰相薄，莫较高下，何其盛哉！”③

欧阳发《欧阳修事迹》说：

“景祐中，公在西京与尹公洙偕为古文。已而，有诏戒天下学者尽为古文，独公古文既行，遂擅天下……当世皆以为，自两汉后五六百年，有韩退之，退之之后，又数百年而公继出，自李翱、柳宗元之徒，皆不足比。”④

苏轼《居士集序》说：

“自汉以来，道术不出於孔氏，而乱天下者多矣……五百余年而后得

① 欧阳修：《记旧本韩文后》，载马通伯《韩昌黎文集校注》，香港：中华书局，1972年，第445-446页。

② 《欧阳修全集·附录》，香港：广智书局，1950年，第227页。

③ 《欧阳修全集·附录》，香港：广智书局，1950年，第203页。

④ 《欧阳修全集·附录》，香港：广智书局，1950年，第228页。

韩愈，学者以愈配孟子，盖庶几焉。愈之后三百有余年而后得欧阳子，其学推韩愈、孟子，以达於孔氏。”①

苏辙《欧阳文忠公神道碑》说：

“自汉以来，更魏晋，历南北，文弊极矣……惟韩退之一变复古，阏其颓波，东注之海，遂复西汉之旧。自退之以来，五代相承，天下不知所以为文……及公之文行於天下，乃复无愧於古。於乎！自孔子至今数百年，文章废而复兴，惟得二人焉！”②

刘蓉《与郭筠仙孝廉书》说：

“自汉唐以来，文章名家者，无虑数十百人，然皆不必通乎道，最近道者，於唐曰昌黎韩氏，於宋曰庐陵欧阳氏。虽二氏自负亦然。”③

韩退之与欧阳修，无疑是唐、宋两代的古文领袖；韩退之革魏晋文章之弊，欧阳修除五季文章之弊。文章废而后兴，端赖二人之力，在古文发展史中，二人真是横骛别驱，前后辉映了。

## 二、欧阳修学韩文的历程

吕祖谦《古文关键》说：“欧文平淡，祖述韩学；学欧平淡，不可不学其渊源。”④ 沈德潜《唐宋八大家文读本》说：“庐陵（指欧阳修）得力於昌黎，上窥孟子。”⑤ 他们的见解是很正确的。事实上，欧阳修在他的《记旧本韩文后》，⑥ 详述他学韩文的经过；概言之，约可分为四个历程：

1. 自幼感染

欧阳修四岁丧父，家境清贫，无力入学读书。母亲郑氏守节，亲教之学，因没有纸笔，用荻舐水画地学书，成为后世“画荻教子”的千秋佳话。因为家贫无藏书，只有向别人借书阅读。当时州南有大姓李氏，其子彦辅颇好学，欧阳修为儿童时，常到其家游玩。有一天，他在墙壁之间发现一个弊筐，内里藏了一些旧书，其中一本是《唐昌黎先生集》六卷，脱略颠倒无次第，向李

① 《欧阳文忠公文集》，《四部丛刊》本，第26-27页。

② 《欧阳修全集·附录》，香港：广智书局，1950年，第209页。

③ 《桐城派文选》，合肥：安徽人民出版社，1984年，第386页。

④ 《古文关键》卷上，清胡氏刊本，第1页。

⑤ 《唐宋八大家文读本》，嘉庆年刊本，第1页。

⑥ 欧阳修：《记旧本韩文后》，载马通伯《韩昌黎文集校注》，香港：中华书局，1972年。本节的引文，皆取自欧阳修的《记旧本韩文后》，恕不赘述出处。

氏借它归家阅读。

欧阳修读了韩文，“见其言深厚而雄博”、“浩然无涯涘”，从此爱上韩文，日后孜孜不倦，“深究其义”了。

2. 叹为观止

宋代初年，西昆体流行，杨（亿）、刘（筠）之作，耸动天下，时人争相仿效，未有谈论韩文者。仁宗天圣二年（1024），欧阳修年17岁，参加礼部的“进士”考试，① 名落孙山。回家苦读，再把韩文细阅，於是喟然叹曰：“学者当至於是而止尔！”认为学文应以韩文为极则，毋用他求了。

3. 尽力斯文

欧阳修家贫，最重要的是讨好生活，“求干禄以养亲”。年24，考取了崇政殿试进士甲科，授校书郎，任西京留守推官。天圣九年（1031），他到洛阳任职，留守钱惟演很优待他。这时候，他的生活安定了，还结识了尹洙、苏舜钦、梅尧臣等人，相与作为古文。欧阳修自己说：“苟得禄矣，当尽力於斯文，次偿其素志。”② 他年轻的时候，已经立志尽力於韩文了。

4. 补缀韩集

欧阳修年少时所读的《唐昌黎先生文集》，是脱略颠倒无次第的，到了洛阳做官之后，“求人家所有旧本而校定之”，“闻人有善本者，必求而改正之”。他广求世间所有的旧本和善本来校定、改正他的韩集；这样的工作，连续做了30多年，可见他“尽力於斯文”不是空言了。

欧阳修得了高官厚禄以后，博览群籍，家里藏书万卷，但他最珍惜的，是自幼即受其感染的旧本《昌黎先生集》，益知他深爱韩文了。

## 四、欧阳修的“尊韩”

宋代古文运动最大的特点是“尊韩”。欧阳修既是古文运动的领袖，他说：“韩氏之文之道，万世所共尊，天下所共传而有也。”③ 由是宋代古文家

---

① 宋代的“进士”是一种科目，与明清两代科举考试的“秀才”、“举人”、“进士”不同。参见何沛雄《明清两代的科举制度》，《诸圣学术讲座文萃》，香港，1981年，第13-21页。

② 欧阳修：《记旧本韩文后》，载马通伯《韩昌黎文集校注》，香港：中华书局，1972年，第445-446页。

③ 欧阳修：《记旧本韩文后》，载马通伯《韩昌黎文集校注》，香港：中华书局，1972年，第445-446页。

都“尊韩”了。

宋人“尊韩”，非始於欧阳修，最早的是柳开。① 柳开，字仲涂，名肩愈，目睹五代文风薄弱，加诸西昆体流靡一时，遂有改革文风之志，尝胃：“将开古圣贤之道於时也，将开今人之耳目，使聪且明也；必欲开之，为其涂矣。”② 又说：“吾之道，孔子、孟轲、韩愈之道也；吾之文，孔子、孟轲、韩愈之文也。”③ 他自号“肩愈”，表示要继承韩愈维护儒道、提倡古文的责任。

柳开之后，力主“尊韩”的，有王禹偁（954—1011）、姚铉（968—1020）、穆修（979—1032）、宋祈（998—1061）、石介（1005—1045）诸人。④ 欧阳修既尽力於韩文，复求大家之善本、旧本以校定、补缀《昌黎先生集》。及天圣年间，有诏讽谕学者勉为古文，而欧阳修继知贡院，主管科举考试，改变一时文风，更把“尊韩”推至极点。

欧阳修之后，推崇韩愈的更大不乏人，例如李觏宣称：魏晋以后，尧舜之道，周孔之教，日渐枯萎，得韩愈而后荣。⑤ 苏洵认为“韩子之文，如长江大

---

① 参见何沛雄：《柳开与宋代古文运动》，《书目季刊》卷28第4期，1995年3月，第24-31页。

② 柳开：《补亡先生传》，载《河东先生集》卷2，《四部丛刊》本，第13页。

③ 柳开：《应责》，载《河东先生集》卷2，《四部丛刊》本，第10页。

④ 王禹偁《答张扶书》云：“近世为古文之主者，韩吏部而已。吾观吏部之文，未始句之难道也，未始义之难晓也……吏部之文，与六籍共尽。”（《小畜集》，《四部丛刊》本，卷18，第123页）姚铉《唐文粹序》云：“有唐三百年，用文治天下，陈子昂起于庸蜀，始振风雅，由是沈一宋嗣兴，李、杜杰出，六义四始，一变至通……惟韩吏部超卓群流，独高遂古，以二帝三王为根本，以六经四教为宗师……于是柳子厚、李元宾、李翱、皇甫湜，又从而和之，则我先圣孔子之道，炳然悬诸日月，故论者以退之之文，可继扬、孟，斯得之矣。”（《唐文粹》，《四部丛刊》本，第1页）穆修《唐柳先生集后序》云：“予少嗜观二家（韩、柳）之文。志欲补其正而传之，多从好事访善本，前后累数十，得所长辄加注窜，遇行四方远道，或他书不暇持，独赍韩以自随，幸会人所宝者，就假取正，并用力于斯，已蹈二纪，文始几定矣。”（《河南穆公集》，《四部丛刊》本，卷2，第11页）宋祈《新唐书·文艺传序》说：“大历、贞元年间，美才辈出，擩哜道真，涵泳圣涯，于是韩愈倡之，柳宗元、李翱、皇甫湜等和之，排逐百家，法度森严，抵轹魏晋，上轶周汉。唐之文完然为一王法，以其极也。”（北京：中华书局《二十四史标点本》，第5724页）石介《尊韩》云：“孔子为圣人之至，韩吏部为贤人之至。不知几千万亿年，复有孔子；不知更几千百数年，复有吏部。孔子之《易》、《春秋》，自圣人以来未有也；吏部之《原道》、《原人》、《原毁》、《行难》、《禹问》、《佛骨表》、《诤臣论》，自诸子以来未有也。”（《中国历代文论选》，上海：上海古籍出版社，1978年，第230页。）

⑤ 李靓：《上宋舍人书》，《直讲李先生文集》，《四部丛刊》本。

河，浑浩流转，鱼鼋蛟龙，万怪惶惑，而抑遏蔽掩，不使自露，而人望见渊然之光，苍然之色，亦自畏避不敢迫视。"① 曾巩推崇韩文为“六经之羽翼，道义之师祖”。② 王安石说：“自孔子之死久，韩子作，望圣人於百千年中，卓然也。"③ 张耒也说：“文章自东汉以来，气象则已卑矣。愈当贞元中，独却而挥之，上窥典谟，中包迁固，下逹骚雅，沛然有余，浩乎无穷，是愈之才有见於圣贤之文，而后如此。"④ 秦观更以韩愈之文，备众家之长，后人无以复加：“钩列庄之微，挟苏张之辩，摭班马之实，猎屈宋之英，本之以诗书，折之以孔氏，此成体之文，韩愈之所作是也。盖前之作者多矣，而莫有备於愈；后之作者亦多矣，而无以加於愈。故曰：总而论之，未有如韩愈者也。"⑤ 这和欧阳修称赞韩文“学者当至於是而止尔”同一语调。

自宋代以来，没有文士不读韩文的，可见欧阳修和当世古文家“尊韩”的深远影响了。

## 五、韩、欧开辟的古文衢道

韩愈和欧阳修是古文大家的巨擘，他们的不同文风，形成了“阳刚之美”和“阴柔之美”的两大古文衢道，后之学者，皆奉此为学文的圭臬。

韩愈自言其文章“宏其中而肆其外”（《进学解》），皇甫湜《昌黎先生墓铭》说：“先生之作，茹古涵今，无有端涯；浑浑灏灏，不可窥校。”又其《谕业》说：“韩吏部之文，如长江秋注，千里一道。"⑥ 李汉《昌黎先生集序》形容韩愈的文章：“汗澜卓踔，奫泫澄深”，诡然而蛟龙翔，蔚然而虎凤跃，锵然而韶钧鸣……呜呼，先生於文，摧陷廓清之功，比於武事，可谓雄伟不常者矣。"⑦《新唐书·韩愈传赞》说：“愈以六经之文为诸儒倡……刊落陈言，横骛别驱，汪洋大肆。”韩愈的文章，真是宏肆雄放。

昌黎宗仰孟子。孟子善养浩然之气，故其文宽厚弘博，语约而意尽，不为

① 苏洵：《上欧阳内翰书》，《韩昌黎文集校注》，第5页。

② 曹巩：《上欧阳学士第一书》，《元丰类稿》，《四部丛刊》本，第489页。

③ 王安石：《上人书》，《临川先生文集》《四部丛刊》本，第114页。

④ 张耒：《韩愈论》，《张右史文集》《四部丛刊》本，第445页。

⑤ 秦观：《韩愈论》，《淮海集》《四部丛刊》本，第78页。

⑥《韩愈资料汇编》第1册，北京：中华书局，1983年，第31、34页。

⑦《韩愈资料汇编》第1册，北京：中华书局，1983年，第36页。

巉刻斩绝之言，而其锋不可犯。① 韩愈为文，一本於经，亦学孟子，尝说：“气，水也；言，浮物也。水大则物之浮者大小毕浮。气之与言犹是也。气盛则言之短长与声之高下者皆宜。”② 故韩文气势，若豪曲驱驾、掀雷抉电之态。

姚鼐论文，创阴阳刚柔之说，谓其得於阳与刚之美者，“则其文如霆、如雷、如长风之出谷、如崇山峻崖、如决大川、如奔骐骥；其光也，如杲日、如火、如金镠铁；其於人也，如凭高视远、如君临而朝万众、如鼓万勇之士而战之。”③ 韩愈的文章，确有这样的气象。

欧阳修的古文，虽然源自韩愈，但由於个性恬静醇和，生活优游，天才力学，兼而有之，遂自成一体。苏洵称欧阳修的文章，“纡徐委备，往复百折，条达疏畅，容与闲易。”④ 苏轼《居士集序》说欧阳修的文章：“其言简而明，信而通，引物连类，折之於至理，以服人心，故天下翕然师尊之。”⑤ 茅坤《唐宋八大家文钞》说：“欧阳子之文，恣态横生，别为韵折，令人读之，一唱三叹，馀音不绝。”⑥ 窃以为欧阳修的文章，言政则深切事理，论史则洞察入微，纪事则言简意赅，抒情则纡徐委备，写人则循声得貌，状物则玲珑透彻，洵为一代文宗，而其特点在于从容闲雅，偃仰可观，最耐咀嚼。

姚鼐《复鲁絜非书》指出欧阳修的文章具有阴柔之美，故“其文如升初日、如清风、如云、如霞、如烟、如幽林曲涧、如沦、如漾、如珠玉之辉、如鸿鹄之鸣而入寥廓；其於人也，漻乎其如叹，邈乎其如有思，暝乎其如喜，愀乎其如悲。”⑦ 细读欧阳修的作品，确可体会这些特点。

## 小　结

一般文学史书，都提及唐、宋古文运动，而把它视作专题研究的论文也不少，但多论其产生的背景和演变经过，或分别述说他们的独特文风，鲜有把二人相提并论；至于缕析欧阳修的古文源自韩愈，更是凤毛麟角了。

韩愈提倡古文，以改变魏晋六朝的绮靡文风；欧阳修提倡古文，以改变晚唐五代的浮华文风。后之学者，视韩愈为泰山北斗，奉欧阳修为一代宗师；二

① 苏洵称孟子的文章，见苏洵《上欧阳内翰书》，《韩昌黎文集校注》，第 5 页。
② 韩愈：《答李翊书》，《韩昌黎文集校注》，第 98 页。
③ 姚鼐：《复鲁絜非书》，《惜抱轩全集》，香港：广智书局，1960 年，第 71 页。
④ 苏洵：《上欧阳内翰书》，《韩昌黎文集校注》，第 5 页。
⑤ 《欧阳修全集》，香港：广智书局，1950 年，第 1 页。
⑥ 《唐宋八大家文钞》，明崇祯年间刊本，第 25 册，第 1 页上。
⑦ 姚鼐：《复鲁絜非书》，载《惜抱轩全集》，香港：广智书局，1960 年，第 71 页。

人真是“气焰相薄，莫较高下。”

欧阳修幼读韩文，即深受其感染；州试落第，再读韩文，喟然赞叹，以为学文当至于是而止；其后得禄以养亲，遂尽力於韩文，以偿其素志；在洛阳任官的时候，把自幼珍藏的《昌黎集》细心补缀，广求人家所藏旧本而校定之。他从读韩文至补校《昌黎集》，竟达30余年，可知韩文对欧阳修的深远影响，而欧阳修的“尊韩”，不仅是宋代古文运动的特点，更令后之学者，无一不读韩文了。

欧阳修的古文，虽然源于韩愈，但他深于史学，更得太史公行文的“逸气”，加上生性闲雅冲和，故为文纡徐委备，容与温醇。姚鼐把文章分为阳刚、阴柔两大类，韩文得阳刚之美，欧文得阴柔之美，堪作学文楷模，垂范千古了。

（《社会科学战线》1997年第4期）

# 《诗经》赋比兴原论

〔新加坡〕王力坚*

赋、比、兴的提法，最早见于《周礼·春官·大师》，与风、雅、颂一起合称为“六诗”；“大师……教六诗，曰风、曰赋、曰比、曰兴、曰雅、曰颂。”《毛诗大序》则将“六诗”称为“六义”。在中国学术史上，历代各学派对“六义”有诸多不同的解释。当代学术界在前人研究的基础上，进行了广泛的研究，已经取得了基本一致的看法：风、雅、颂是《诗经》乐歌编排的分类，以乐调而得名；赋、比、兴则是《诗经》所采用的三种基本的表现手法。尽管在具体的作品中，赋比兴三种手法常常融汇交错在一起；但是三者无疑有其各自不同的表现特征及功用。本文将依次分别对赋、比、兴在《诗经》中的具体涵义及其表现作再进一步的深入研究，并力求从中探寻这三种表现手法对中国诗歌艺术形态发展所作的贡献。

## 一

赋的涵义，基本上如朱熹所说：“赋者，敷陈其事而直言之也。”（《诗集传·葛覃注》）即直接抒发情感，叙述事物，描写景色，铺陈情节。赋是《诗经》中最基本而且运用最多的一种表现手法：“《诗经》多赋，在比兴之先。”（孔颖达《诗大序疏》）《诗经》中赋的运用，更有多种不同的表现，达到不同的效果。

（一）直抒胸臆。这是《诗经》抒发感情最常用的形式。试看《郑风·褰裳》首章：“子惠思我，褰裳涉溱。子不思我，岂无他人？狂童之狂也且！”描写一个恋爱中的少女向男友袒露心迹，大胆泼辣又有几分调皮。这种直抒胸

* 作者单位：新加坡国立大学中文系。

臆的赋手法，一般是不曲折，不隐晦，直截了当，明白如话地倾诉内心的喜怒哀乐；而且往往能作到形象丰满、感情充沛，直接唤起读者的共鸣。

（二）意在言外。用赋的手法抒情，不仅可以直陈心迹，还可以作到意在言外，达到蕴藉委婉，耐人寻味的艺术效果。如《周南·卷耳》首章，描写一个少女采卷耳，好半天也采不满筐，干脆把筐子搁在路边。“嗟我怀人”去了。这么一个普通的细节，表现出女主人公心不在焉、神思恍惚的情态。而这一章只是序曲，后三章便以复沓的形式、反复咏唱了“怀人”的主题。正如刘熙载所说：“《周南·卷耳》四章，只‘嗟我怀人’一句是点明主意，余者无非做足此句。赋之体约用博，自是开之。”（《艺概·赋概》）然而，《卷耳》作者在“做足此句”时，却显得颇费匠心，别具一格。本是写“我怀人”，却不直写，而是倒转来写“人怀我”，即写对方思念自己。后三章全是少女想象中的情景，写她的心上人在艰辛跨涉中如何思念自己。这样反客为主，通过想象对方如何思念自己，更反衬出自己对对方那压抑不住的悠长思念，从而表现了两人心心相印的深挚情感。正所谓“一种相思，两处闲愁”（李清照《一剪梅》）。《豳风·东山》第三章，也是以“妇叹于室”，插入了思妇怀念征人的描写。这种写法，不仅达到了“笔以曲而愈达，情以婉而愈深”（方玉润《诗经原始》卷六）的艺术效果；还表明《诗经》在用赋的手法抒发感情时，并不止于简单的平铺直叙，而是力图在尝试别具一格的“双向对流”的抒情方式。这种方式，显然给后世的诗歌——尤其是怀人之作相当可贵的启示。从徐干的“既厚不为薄，想君时见思”（《室思》），曹丕的“念君客游思断肠，慊慊思归恋故乡”（《燕歌行》），到杜甫所“今夜鄜州月，闺中只独看”（《月夜》），及白居易的“想得家中夜深坐，还应说着远游人”（《至夜思亲》），诸诗均同一机杼，其源头之水的润泽痕迹，隐约可辨。难怪王士祯评此诗说：“写闺阁之致，远归之情，遂为六朝唐人之祖。”（《渔洋诗话》评《豳风·东山》语）

（三）叙事生动。赋的基本功用之一就是叙事。《诗经》的叙事诗比重不大，成就也不如抒情诗高，但却颇有特色。如《大雅》中的《生民》、《公刘》等以朴实的语言叙事了祖先们开创基业的历史，《大明》用气势磅礴的笔触描绘了著名的牧野之战。一些短小的描写日常生活的叙事诗，更是写得形象生动，情趣盎然。如《郑风·溱洧》就是记叙古代郑国上书本巳节青年男女自由寻找游伴，尽情享受青春欢乐的趣事，中间插入少男少女们的对话，使场面更为活泼，人物形象更为生动，更充满生活气息。有的诗则干脆用人物对话组成，用对话来铺叙故事，表现人物。例如《郑风·女曰鸡鸣》选取一对夫妇清晨的相互问答，叙述了他们恩爱和美的生活情景。《齐风·鸡鸣》更是写得绘声绘色：

“鸡既鸣矣，朝既盈矣。”“匪鸡则鸣，苍蝇之声。”

“东方明矣，朝既昌矣。”“匪东方则明，月出之光。”

“虫飞薨薨，甘与子同梦。会且归矣，无庶予子憎。”

这首诗写妻子着急地再三催促夫婿早起上朝，而其夫婿却迷恋枕衾装糊涂不愿起来。全诗就通过饶有生活情趣的一对一答，使这一对性格不同但又温存恩爱的夫妻的“隐私”曝了光，让人读后忍俊不住。①

（四）以形传神。《诗经》的赋手法运用于叙事状物时，尤其注意到形象性的描写。有时还能作到以形传神，形神俱现。如《大明》中对牧野大战的一段描写：“牧野洋洋，檀车煌煌，驷騵彭彭。维师尚父，时维鹰扬……”读着这样的诗句，眼前不禁浮现出远古时代牧野莽原上，战车雷鸣，战马奔腾的惊心动魄的大决战场面，以及大将尚父如雄鹰般飞扬冲入敌阵的威武英姿。又如《卫风·伯兮》第二章：“自伯之东，首如飞蓬。岂无膏沐？谁适为容！”作者用“首如飞蓬”这一外在容貌的描绘，十分传神地表现了一位独守空房、无心梳饰的思妇形象；再以思妇“岂无膏沐？谁适为容”的语气强烈的反问（这是一种由里而外的形象显现），强化了她对夫君那专注而深挚的感情。短短数语，写得形神俱佳，声情并茂。

（五）寓情于景。赋的手法，在《诗经》中也常用来描写景色；而《诗经》中的自然景物的描写，又总是与人的生活紧密相连的。有的是表现古人泛神的自然崇拜：“怀柔百神，及河乔岳。”（《周颂·时迈》）有的是通过对山岳雄峻、河水浩荡的描写，赞颂君德武威：“泰山岩岩，鲁邦所詹。”（《鲁颂·闷宫》）“江汉洸洸，武夫洸洸。”（《大雅·江汉》）而大量的景物描写，跟人的情感活动密切相关。如《王风·黍离》、《郑风·风雨》等诗中的自然景色，莫不寄寓、融汇了浓郁的情感因素。寄情于景，正是《诗经》景物描写的突出之处。再以《豳风·东山》为例分析，当主人公在细雨濛濛的还乡途中，忐忑不安地想象着家园荒芜，于是诗中便出现如此这般的景象：

我徂东来，慆慆不归。我来自东，零雨其濛。果裸之实，亦施于宇。伊威在室，蟏蛸在户。町畽鹿场，熠耀宵行。不可畏也，伊可怀也。（第三章）

① 有论者认为此诗“旨在讽刺官吏的荒淫怠情”，“对讽刺对象的猥亵行为和腐庸本质的揭露，入木三分”（尹建章《试谈〈诗经〉的讽刺艺术》，转引自高原等《〈诗经〉研究误区综论》，《兰州大学学报》1995年第4期）。平心而论，这样的指责实在是无中生有，不值一驳。

当主人公的内心感情发生了变化，回忆起当年新婚燕尔的美好生活时，诗中出现的景象又是那么明媚而欢快：

> ……仓庚于飞，耀耀其羽。之子与归，皇驳其马。亲结其缡，九十其仪。其新孔嘉，其旧如之何？（第四章）

这些景物描写随着主人公的感情变化而展现不同的风格。这便是所谓因情见景，景随情生。景和情是一致的，景物完全是感情的外化表现。借写景以抒情，不仅丰富了赋手法的表现力，还为后世诗歌创作开辟了一条宽广的道路。抒情诗是中国诗歌的主流，而中国诗歌的抒情又常常是以景物描写作为中介的。王国维的“一切景语，皆情语也”（《人间词话·删稿》），正道出了始于《诗经》的借景抒情，寓情于景的优良传统。

## 二

比即比喻。据现有资料，最早对“比”作出诠释的是东汉的郑众（？—83年，因曾任大司农，人称郑司农）。郑众说：“比者，比方于物也。”（《周礼·春官·大师》郑玄注引）后来朱熹进一步界定：“比者，以彼物比此物也。”（《诗集传》卷一，《螽斯》注语）也就是利用两个事物之间的某些相似点来打比方，使事物表现得更为生动、具体、形象，给人以更鲜明、更深刻的印象。

《诗经》中运用最为广泛的比喻形式就是用喻词把喻体连接起来，即如孔颖达所说：“诸言‘如’者，皆比辞也。”（《毛诗正义》卷一）也就是现代所说的明喻。

试看《大雅·常式》的诗句：“如江如汉，如山之苞，如川之流，绵绵翼翼。”用山峦的繁茂与水流的奔涌来形容军旅的声威气势。《小雅·天保》同样以山川作比喻：“如山如阜，如冈如陵，如川之方至，以莫不增。”但却是着眼于山川的永恒不绝，借此使抽象的福寿含义具象化了。《卫风·硕人》用各种事物形容美人的外部形状：“手如柔荑，肤如凝脂；领如蝤蛴，齿如瓠犀。”而《小雅·云汉》的“忧心如薰”与《秦风·晨风》的“忧心如醉”，则分别用“薰”的动作与“醉”的状态作喻体，去表现人物的忧虑心境。喻体的运用不同，但同样形象生动而新颖地反映出本体的特征。

以上诸例，都是用喻词把本体与喻体连接起来，喻体具体可感的形象性，就通过喻词转移到本体上，从而增强了本体的艺术感染力。然而，喻词的介入，又导致了喻体与本体之间形成了直接且简单的结构关系，在一定程度上限制了读者的联想力（句式的变化也有一定的局限性），这使明喻较易产生不够含蓄、余味不浓，甚至喻义表达不够充分的现象。《诗经》的某些作者似乎注意到这个缺陷，而采取了相应的措施进行弥补。如《卫风·硕人》用一连串四个明喻形容美人（见上引），其喻体虽然也较为贴切、新颖，但却嫌过于具体、实在，而且整体之间缺乏联系；如果光是这样的比喻，这位“硕人”便是静止的，犹如一尊泥塑的观音。故作者在接下来承续了两句空灵清虚的描写：“巧笑倩兮，美目盼兮。”这画龙点睛的神来之笔，不仅把美人媚态刻画得维妙维俏，还点化融浑了前面的系列比喻，显得虚空传神，气韵灵动。这一组描写美人的诗句也因此而成为千古绝唱。①

《诗经》中有些比喻，在形式表现上只有主体与喻体，而无喻词，这就是所谓的“暗喻”。《卫风·硕人》那四个明喻句“手如柔荑，肤如凝脂，领如蝤蛴，齿如瓠犀”，与描写句“巧笑倩兮”之间，有一句子：“螓首蛾眉”。有人把这个句子也当作明喻，其实不然。“螓首蛾眉”的意思虽然是“额如螓，眉如蛾”②，但在诗里隐去了喻词，本体与喻体同时出现，二者的关系更为密切，因而当为暗喻。又如《郑风·大叔于田》中的“两骖雁行”，用“雁行”形容马（骖）奔，同样是暗喻的用法。

以上所说的暗喻修辞法在后世的诗文中，使用较为普遍，但在《诗经》中却不多见。《诗经》的暗喻倒是有一种特殊的形式，即前二句写喻体，后二句写本体，例如《卫风·氓》中的诗句：“于嗟鸠兮！无食桑葚。于嗟女兮！无与士耽。”诗人用鸟食桑葚会因醉而落入罗网作比喻，提醒姑娘们不可轻易坠入情网。诗中不用喻词，把喻体和本体排列成结构相似，前后相对而互为映衬的句式。有人因其结构特点而称之为“对喻”，其实，这也正是暗喻的一种特殊表现，只不过它的喻体与本体皆是以一组意象的形式出现而已。这种形式的暗喻多用于抒情。请看《周南·汉广》首四句：

南有乔木，不可休息。汉有游女，不可求思。

前二句以树高无法攀登的意象作喻体，后二句以女郎难以追求的意象为主体；喻体的高不可攀；用于比喻本体的可望而不可即。这种意象的比喻，内涵更丰富，形象更鲜明，感情更浓郁，抒情效果也更为显著。

《诗经》中还有一种比喻，既没有喻词，也没有本体，而只有喻体，比喻体取代本体，突出本体的某种特征，这就是所谓的“借喻”。这个“借喻”的

---

① 姚际恒评曰：“千古颂美人者无出其右，是为绝唱。”见姚际恒著，顾颉刚标点《诗经通论》，北京：中华书局，1958年，第83页。

② 螓，蝉类小虫，额阔而方正；蛾，此指弯曲细长的蛾触须，参见蒋立甫《诗经选注》，北京：北京出版社，1982年，第61页，注12。

概念，与西方诗学中的“隐喻”（Metaphor）颇相似；通过喻物（Vehicle）表达喻旨（Tenor）①

《卫风·氓》中用“桑之未落，其叶沃若”，比喻女主人公的容颜鲜丽；用“桑之落矣，其黄而陨”，比喻女主人公的容颜憔悴。这些比喻，只有喻体“桑”，而没有本体、更无喻词。《邶风·新台》也巧妙地运用了借喻：

新台有泚，河水弥弥。燕婉之求，籧篨不鲜。

据说这首诗是讽刺卫宣公强占儿媳妇的事情。诗中的“籧”（癞蛤蟆）就是借以比喻年老丑陋的卫宣公。巧妙的借喻，使读者的联想由此及彼，达到神似而非形似的效果，讽刺意味入木三分。《小雅·鹤鸣》更是通篇借用仙鹤、鱼、檀、玉石等比喻各种贤才。一连串的比喻，借物附意，了无痕迹；形象化地阐明了招纳人才的道理，表现出颇为高超的艺术技巧。王夫之曾高度评价说：“《小雅·鹤鸣》之诗全用比体，不道破一句，三百篇中创调也。”（《夕堂永日绪论》）

在某些诗中，诗人对喻体进行了拟人化的处理，如《曹风·蜉蝣》就把醉生梦死的贵族比拟成羽翼美丽却朝生暮死的蜉蝣。《周南·螽斯》、《豳风·鸱鸮》、《魏风·硕鼠》等也都是以拟人化的手法来表现喻体的。拟人化的喻体，表现得更形象，更生动活泼，感情气氛更浓郁，更能引起读者的想象与共鸣。而这类以拟人化作比的诗，往往通篇用比，形成《诗经》中的所谓“比体诗”。后世的一些诗歌作品，如屈原的《桔颂》、曹植的《野田黄雀行》等，都可以说是《诗经》比体诗传统的继承与发展。

## 三

兴的界说与诠释最为纠缠不清，从古至今，众说纷纭，莫衷一是。以致朱自清有“你说你的，我说我的，越说越糊涂”② 之感慨。或许正因为如此，近代以来，人们对兴作概念界定时，往往又“大而化之”，捧某家之说为诠“兴”之权威。最常用的便是朱熹的说法：“兴者，先言他物以引起所咏之词也。”（《诗集传》）即是在诗中先提出某一事物（他物），再由此引出所要表

① See Michelle Yeh, “Metaphor and Bi; Western and Chinese Poetics”, *Comparative Literature* (Eugene, Oregon, University of Oregon), Vol, 39, No, 2 (Spring 1987), pp. 37–254.

② 朱自清：《诗言志辨·比兴》，载《朱自清古典文学论文集》，上海：上海古籍出版社，1981年，第235页。

达之物（所咏之词）。客观地说，《诗经》中的兴的运用，大都是表现为这种形式的。这也说明朱熹之说确有其权威性。然而，朱说却又引出另一个分歧点："他物"与"所咏之词"之间，到底有什么关系？对此，朱熹也有说法："诗之兴，全无巴鼻。""多是假他物举起，全不取其义。"（《朱子语类》八十）即断定二者是无意义相连的。

近代一些学者根据《诗经》大部分是民歌的特点，从当时的民谣山歌的形式中探寻《诗经》兴的奥秘，从而认为《诗经》的兴句（即言"他物"句）只是起协韵的作用，除此外别无他义。如何定生就认为："兴的定义就是：歌谣上与本意没有干系的趁声"。① 顾颉刚还以《关雎》为例加以说明：

> 作这诗的人原只要说"窈窕淑女，君子好逑"，但嫌太单调了，太率直了，所以先说一句"关关雎鸠，在河之洲"。它的重要意义，只在"洲"与"逑"的协韵。②

从《诗经》的兴例实际看，也确实有"协韵"的作用。如《邶风·雄雉》首章："雄雉之飞，泄泄其羽。我之怀矣，自贻伊阻。"兴句与下文确实无甚意义相连，只不过"羽"与"阻"协韵而已。但是，如果《诗经》的兴仅是协韵而无其他意义的话，那么，这兴也未免太简单、太粗率了。我想朱熹也不会同意这个说法的，因为朱熹还说过这样的话："比意虽切而却浅，兴意虽阔而味长。""比虽是较切，然兴却义深远。"（俱见《朱子语类》八十）在此，朱熹不仅说兴有"意"、"义"，而且这"意"、"义"还"阔"、"味长"、"深远"。其实，东汉郑众所称的"兴者托事于物"，已表明兴是某种意义的。"托事于物"即寓事于物，即唐代孔颖达所说的："举草木鸟兽以见意者，皆兴辞也。"（《毛诗正义》）皎然更说："取象曰比，取义曰兴，义即象下之意。"（《诗式》）以上三人的话，不仅表明兴句与下文之间有某种意义相连，而且兴句本身也寄寓着某种意义。这里所谓的"意义"，可指某种政治寓意或社会义理，但更多时候是指某种情感、情意。所以历代不少论者直言道：

> 兴者，有感之辞也。（晋·挚虞《文章流别论》）
> 起情，故兴体以立。（梁·刘勰《文心雕龙·比兴》）
> 兴者，情也。（唐·托名贾岛《二南密旨》）
> 触物以起情，谓之兴。（宋·胡寅《与李叔易书》引李仲蒙语）

---

① 何定生：《关于诗的起兴》，载顾颉刚编《古史辨》第3册，上海：上海古籍出版社，1982年，第702页。

② 顾颉刚：《起兴》，载顾颉刚编《古文辨》第3册，上海：上海古籍出版社，1982年，第676页。

情之不能已者，皆出于兴。（清·陈奂《诗毛氏传疏》引吴毓汾语）

这些论者都确认了情与兴的密切关系，而朱熹论兴之意义为“阔”、“味长”、“深远”——这正是情感表现的特征！可以说，《诗经》的兴，是与诗人思想感情的抒发密切相关的；或者说，兴主要是通过物我关系来表现人们的思想感情。如关于《周南·关雎》中“关关雎鸠，在河之洲”，朱熹《诗集传》解说：“生而定耦，而不相乱。耦常并游，而不相狎，故毛传以为挚而有别。”可见与下文的“窈窕淑女，君子好逑”的真挚爱情确有意义相关，而非仅是协韵而已。又如《周南·桃夭》各章皆分别描绘桃花的艳丽，果实的丰硕，枝叶的茂盛等自然景色，继而再表现新娘的美貌及其婚后幸福美满的生活，即借桃树之景兴发新娘之情，这正是由于二者有“异质同构”① 的相通之处。②

这种“借物兴情”的方式，在《诗经》兴的运用中，占较大的比重。但不可否认，用这种方式连接起来的兴物与本体之间，依然存在着某种简单的比附譬喻关系。这种关系致使情景之间始终隔着一层，难以达到融浑无隙的境地。

《诗经》中一种常见的用兴方式可称为“触物起情”。这类诗中借以起兴的形象，也就是触发诗人情感活动的客观事物，即《二南密旨》所说的：“外感于物，内动于情，情不可遏，故曰兴。”如《周南·关雎》，全诗以“关关雎鸠，在河之洲”起兴，雎鸠相随鸣和的景象触动了君子内心追慕淑女的情意。“目前之景，适与意会，偶然发于诗声。”（张戒《岁寒堂诗话》卷下）诗中主人公那百转周折、缠绵悱恻的爱情追求的描写，正是缘起于开端的兴句。

《邶风·谷风》全诗六章共48句，也仅是以开端“习习谷风，以阴以雨”

---

① 异质同构，化学术语，指分子成分（质）相异，然而分子结构相同或相似，后被借用为文学批评术语。这里指新娘与桃树虽不同类（异质），但在外部形态上有某些对应相似之处。

② Michelle Yeh 曾在“Metaplhor and Bi：Western and Chinese Poetics”中将《周南·桃夭》作为比的例子进行分析。在该文，Michelle Yeh 将比与西方诗学的概念 Metaphor（隐喻）做比较，认为在中国诗学中，没有真正的隐喻对应词，而此只可视为一个近似隐喻的术语，基于这个观点，Michelle Yeh 认为，中国诗的比将人类主体与客观世界，或情与景联系起来，创造出浑然一体的感受（unified experience）。参见 Michelle Yeh，“Metaphor and Bi：Western and Chinese Poetics”，*Comparative Literature*（Eugene，Oregon，University of Oregon），Vol，39，No，2（Spring 1987），pp. 37-254 ，pp. 250-252。其实，简单的“比方于物”难以达到“浑然一体的感受”的效果，而只有以兴为主（浑融赋比之法），才有可能促成物（象）与情（意）的和谐一致。《周南·桃夭》的表现，正是有此倾向，但仍未达到最佳境界。

两句起兴。阴风霾雨，挑起了弃妇心灰意冷的情绪。《召南·殷其雷》三章，每章皆以远山传来隐隐雷声起兴，触发了女主人公挂念行役在外的亲人的焦急心情。这种兴句的景物描绘，还常常有渲染气氛、烘托形象的作用。如《邶风·谷风》起端的兴句，便渲染了一个阴霾密布的气氛，并定下了全诗哀怨悲怆的情感基调。而《召南·殷其雷》起兴句那阵阵雷声，则烘托映衬了女主人公盼夫速归的心情与形象。

有的诗虽然也是以景兴情，但情兴起来后，兴句的景却没有游离开去，而是随即化入情境之中。可谓情缘景兴，景随情化，亦景亦情，情景相兴，全诗浑然而为一艺术整体。其代表作，非《秦风·蒹葭》莫属：

> 蒹葭苍苍，白露为霜。所谓伊人，在水一方。溯洄从之，道阻且长。溯游从之，宛在水中央。
>
> 蒹葭凄凄，白露未晞。所谓伊人，在水之湄。溯洄从之，道阻且跻。溯游从之，宛在水中坻。
>
> 蒹葭采采，白露未已。所谓伊人，在水之涘。溯洄从之，道阻且右。溯游从之，宛在水中沚。

首章一、二句起兴，描绘了一个秋日清晨图：水边芦苇（蒹葭）上的露珠结成斑班白霜，一派萧瑟苍茫的景色。就在这么个凄清迷茫的环境中，主人公追寻“伊人”的无限情思油然而生：“所谓伊人，在水一方。”一水之隔的“伊人”，似近在咫尺，而又渺茫难及。无论主人公“溯洄从之”还是“溯游从之”，始终未能如愿。依稀之中，那“伊人”却又仿佛隐现在雾气朦胧的秋水中央。

就全诗而言，更见时空变化之美。从空间的角度看，主人公追寻“伊人”的情思兴发于岸边萧瑟苍茫的近景，围绕着河流洄游寻求之后，最终只能怅然眺望着飘渺迷离的水中央远景；从时间角度看，后二章起兴景色中蒹葭、白露的变化，暗示着物以时变，情以物迁，主人公求而未得的焦急心情，必然会随着物变时迁而倍加沉郁。主人公的情思就在这么个时空中，迂曲回旋，流转弥漫，情景相兴，圆融浑化，构成一个凄清迷离而又极富象征意味的艺术境界。

可惜的是，像《秦风·蒹葭》这样的兴例，在《诗经》中甚为罕见。虽然《小雅·采薇》、《郑风·风雨》、《王风·君子于役》的兴句，在某种程度上也做到情兴景化，但从整首诗看，仍然未能如《秦风·蒹葭》这般浑然融汇而臻神品。

至此可说，兴的本质内涵是情感，而且往往是物化的情感，其物化的契机便是借“他物”以兴发。“他物”与情感本体的关系不是平行并列，而是先后相生，内外互补。没有内蕴的情感，外物无所触发；也只有外物的引触，才能兴发内蕴的情感。因而，兴所用的“他物”，“因感情的融合作用，而成为主、客、内、外的交汇点”①。而客体“他物”本身，也常常渗化着浓郁的情感因素，与主体情感融浑一体，成为诗歌主体结构不可分割的有机部分。概言之，所谓兴，就是情因物的自然兴发，物与情的自然契合。这一质的规定性，意味着《诗经》的兴具有天然的审美基因，为后世以“韵味”为核心的中国诗歌美学② 奠定了初始却坚实的基础。

既然兴是以“他物”来兴发感情的一种艺术手法，那么，它跟其他艺术手法（如赋、比）一样，在诗中不应限制于某一固定的位置（如开端），③ 而是可以根据感情抒发的需要而灵活运用。试看《王风·君子于役》首章：

君子于役，不知其期。曷其至哉？鸡栖于埘，日之夕矣，羊牛下来。君子于役，如之何勿思？

开端并没有用起兴，而是以赋的手法叙述：夫君行役在外，未知归期。“曷至哉？”——何日君归来？在这个短促的抒情句之后，诗人却宕开一笔，转向“鸡栖于埘，日之夕矣，羊牛下来”的牧歌般的景物描写；而诗人正是借这貌似闲逸的景物描写，再度掀起内心的情思波涛：夫君行役在外，叫我如何不想他！可见，那三句乡村夕归景象的描写，正是此诗的兴句。④

前文说过，兴句“他物”本身常常渗化着浓郁的情感因素。这种渗化着情感因素的兴句，如果达到某种程度的情景交融、物我合一，就可获得相对的独立性。这时，即使不带出主体，亦可用“他物”本身来体现主体的思想感情，如《唐风·椒聊》：

椒聊之实，蕃衍盈升。彼其之子，硕大无朋。椒聊且，远条且！
椒聊之实，蕃衍盈掬。彼其之子，硕大且笃。椒聊且，远条且！

---

① 徐复观：《释诗的比兴——重新奠定中国诗的欣赏基础》，载《中国文学论集》，台中：民主评论社，1966 年，第 100 页。

② 参见王力坚：《“兴”与隐喻——中西诗学审美追求比较》，《天津社会科学》1995 年第 4 期。

③ 长期以来，人们对兴有这么个模糊的认识：兴等于起端。朱熹的“兴者，先言他物以引起所咏之词也”（《诗集传·关雎注》）便有此意；刘大白在《六义》中更径直说：“兴就是起一个头。”参见顾颉刚《古史辨》第 3 册，上海：上海古籍出版社，1982 年，第 686 页；汤力伟的《〈诗经〉“兴”论》虽强调兴与正文有意义相连，但亦认可兴为起端，见《湘潭师范学院学报》1995 年第 5 期。

④ 徐复观虽然说“《诗经》上的兴，总是在一章的开端”但也认为《王风·君子于役》与《唐风·椒聊》为“变例”。参见徐复观《释诗的比兴——重新奠定中国诗的欣赏基础》，载《中国文学论集》，台中：民主评论社，1966 年，第 111-114 页。

这首诗以椒聊（花椒）蕃衍起兴，带出对其子硕美的赞叹；紧接着，又再次提出兴句的“他物”——椒聊，却不再有下文，而仅是以复沓手法一再咏叹椒聊那秀长的枝条：远条且！① 显然，诗人是把对其子硕美的赞叹之情，渗化到对椒聊远条的重复咏叹之中。也就是说，椒聊这个“他物”中，已延续着主体绵长无尽的情思。对椒聊远条的重复咏叹，便蕴含着对其子硕美的赞叹，主体与他物已浑然融化为一体。这正是六朝文人所推崇的“文已尽而意有余”（钟嵘《诗品序》），“物色尽而情有余”（刘勰《文心雕龙·物色》）之兴！② 在《秦风·蒹葭》中，也可以看到这种余味绵长的兴：主人公追寻伊人的情思荡起于岸边的苍茫蒹葭，继而环绕着河湄回旋流转；最后，宛如一缕淡淡的晨霭，袅袅飘向那氤氲溟濛的秋水中央……以兴句起，而又以兴句终；由兴起情，亦由兴化情；余味无穷，遐思悠悠；手法之高妙，令人叹为观止！这种兴的运用，无疑具有更强的艺术感染力和更高的审美价值。

从汉代起，人们就在理论上为《诗经》的赋比兴进行系统化的诠释、总结，并不断加以补充、发展；③ 而作为创作手法，《诗经》的赋比兴更是广泛而深远地影响了中国后世各种体裁的文学创作——尤其是诗歌创作。如果说，《诗经》的语言、句式、结构和韵律，为中国后世诗歌创建了较为稳定的外观表现形式；那么，《诗经》的赋比兴则形成了中国后世诗歌颇为系统的内涵表

---

① Shih-Hsiang Chen 曾将“兴”与“复沓”（incremental repetitions）联系起来，认为这种“复沓”是原始迷狂歌舞的遗产，能最充分体现原始“兴”俗尚的本质特征；因而，“兴”的因素是诗歌“抒情的灵魂（the soul of the lyric）”，可视为《诗经》的“原旨”（motif），并能营造诗歌的情绪、气氛及“言外之意”的美感。See Shih-Hsiang Chen，“The shih-ching：Its Generic Significance in Chinese Literary History and Poetics”，Cyril Birch（ed），*Studies in Chinese Literary Genres* ，Berkeley，Los，Angeles，and London：University of California Prese，1974，pp. 8-41.

② 六朝人对兴的诠释，已经超越修辞的范畴而进入更高层次的审美领域。尤其钟嵘对传统的“六义”只论“三义（兴、比、赋）”，并且将兴置于“三义”首位，正表明了他对兴的极大重视。参见王力坚《“兴”与隐喻——中西诗学审美追求比较》，《天津社会科学》1995 年第 4 期。Shih-Hsiang Chen，“The shih-ching；Its Generic Significance in Chinese Literary History and Poetics”，See Shih-Hsiang Chen，“The Shih-ching：Its Generic Significance in Chinese Literary History and Poetics”，Cyril Birch（ed），*Studies in Chinese Literary Genres* ，Berkeley，Los，Angeles，and London：University of California Prese，1974，pp. 8-41，p. 18.

③ 王力坚：《“兴”与隐喻——中西诗学审美追求比较》，《天津社会科学》1995 年第 4 期。

现手法。如果说，《诗经》的外观表现形式展示了诗歌的视觉美（形象、结构、色彩等）与听觉美（韵律、节奏等），那么，《诗经》以赋比兴为标志的内涵表现手法，则营造了诗歌的蕴意美（包括情调、氛围、气势、韵味、涵义等），二者的结合，便奠定了中国诗歌美学的基本形态。

（《社会科学战线》1998 年第 1 期）

# 女性焦虑与丑怪身体：论张爱玲小说中的女性亚文化群体

（香港）林幸谦*

## 一、引论：张爱玲小说与女性亚文化群体

阅读张爱玲的小说，我们可以看到女性作家如何能够忠于她的生活、历史、文化现实以及她自身的性别特质。在这方面，张爱玲很少加以伪装或反串。此种忠于自身（女性）经验的书写模式，让张爱玲得以忠于自己的性别/经验而写作。不论是在女性压抑、焦虑或内囿问题上，我们都可以在张爱玲小说中挖掘到各种有关女性的沉默、匮乏、分裂甚至疯狂的意涵和潜在文本。

大体上，张爱玲书写女性人物的成功之处，乃在于她写出了女性角色的内囿特质以及她们在性别政治中所面临的复杂状况；并在这基础上揭示出这些女性人物的矛盾、压抑和自我冲突的深层面貌。事实上，在小说创作以外，她在影评中也曾经论及女性这方面的复杂心理和现实问题。例如她在《借银灯》中评电影《桃李争春》和《梅娘曲》时，便指出影片的浅薄在于："全然忽略了妻子与情妇的内心过程，仿佛一切都是理所当然的。"她认为即使在礼教森严的古代，女性的心理也有其错综复杂之处（张爱玲，1995a：95-96）。可见在小说写作以外，张爱玲亦十分重视女性心理和女性经验里的细节与复杂处。

男性对于女性心理的忽略，若非导致男性文本/电影中女性人格的扭曲，便是把女性视为男性欲望投射的对象。但在张爱玲的小说中，作家对于女性主题的书写则表现了她对于女性经验遭受贬压的一种抗衡。在作家重视女性心理的复杂层面的基础上，张爱玲对于这些女性问题与心理的挖掘，特别是女性亚文化的特质，其深刻度往往令人惊异。

---

* 作者单位：香港浸会大学中文系。

从女性主义视角而言，女性亚文化群体（female subculture）可被理解为：一种为了使女性处于从属地位，并设法将其永远置于从属定位的一系列观念、偏见、趣味和价值系统。这种女性被编码在亚范畴地位上。简单的说，女性亚文化群体即是一种生活习惯的制度，一种和（男性）社会统治群体有着显著差异的生活习惯，包括社交活动、期望和价值等各方面。这使女性在家庭、社会、教育和文化等各个方面都从属于男性主体之下。这种亚文化行为和思想，把生儿育女、家务工作、教育问题、宗教活动等视为女性亚文化群体的生活重心。这更被女性主义者视为一种被仪式化了的身体体验，其中包括了发育、初潮、性欲、怀孕、生育和停经等整个女性性欲与生活系统等方面，都在这意义上成为一种隐蔽的生活习惯。①

女性在亚文化群体的价值、常规和经历，使女性联系为一个统一体，并在阶级、生活方式和文化上和男性相背而驰。事实上，这和女性在父权体制中被定义为“他者”（the other）不无关系。在这背景上，此种负面的、非主体的、次等的概念使身为他者的女性往往陷于自我丧失的危机中，而不能像男性一样被理解为完整的主体，而构成父权社会中的女性亚文化群体。这正是波娃（Simone de Beauvoir）在《第二性》中所宣称的观点：男性不但被视为主体（the Subject），而且是完整绝对的象征体（the Absolute），而女性则被贬为“他者”，处于一种非本质论的现实状况之中（Beauvior 1972：16-29）。

在张爱玲小说中大量出现的女性亚文化群体，在很大程度上即是以女性亚文化的特质去推演她们的匮乏、压抑、焦虑和丑怪等女性问题。许多女性人物在此从属位置中较难以找到自己的身份与主体。在《怨女》中，张爱玲写柴银娣在寻求自我身份定位的问题上就明确地提出女性的这种经验：在上一代与下一代中间没有安置柴银娣的位置（张爱玲，1991a：97）。这写照说出女性

① 在此种亚文化背景的影响下，女性得以扮演合乎体统的淑女，或屋里的天使、贤妻良母等角色，而心安理得地生活在男性中心体制里，在西方，她们是所谓“家庭王国”的皇后，内心极为纯洁和虔诚（Eagleton 1986：13-14）；在东方社会，则是所谓的黄花闺女与良家妇女。

在宗法父权体制中的他者位置：自我与主体的丧失①。这正是张爱玲对从属女性及其亚文化处境最深刻的省思之一。

因此，一旦把张爱玲小说挪入庞大复杂的宗法教条、规范和禁忌交错重叠的传统宗法父权体制中，将更有助于勾勒潜藏其中的女性经验。而这里试图指出，这种讲述沉默与匮乏的女性经验，在某种意义上可以成为极为尖锐的问题。

## 二、女性亚文化群体：沉默与匮乏的意义

正如女性在整体父权体制的处境一样，文学作品中的女性角色亦常被归化为亚范畴地位。只有男性经验才被视作“普遍性”（universal）的根本，而把女性经验排除在外。在这位置里，女性经验亦被放逐于文学/文化中心以外（Donovan 1975：10）。然而，在张爱玲小说中此种亚范畴的女性经验，却占有重要的位置。在张爱玲的这种书写模式中，我们不难发现她如何将边陲意义的女性亚文化群体及其女性带进文本的中心舞台：以压抑与内囿性质的女性身体/文化以及她们的沉默、匮乏、焦虑与亚文化特质等课题，去抗衡五四时期以来以男性模拟为主导的文学传统。

在这基础上，张爱玲书写女性自我经验的模式，除了可被视为一种女性文本的文学策略以外，亦可被视为作家一种文化的表态。从张爱玲的小说中可以发现，她很善于把隐匿在宗法性别秩序内的女性推上历史舞台，从而使她的文本也成为女性作家表现欲望、身份、语言和文化的剧场②。

这里尝试从《散戏》一文开始谈起，先探讨南宫婳所表现的沉默与匮乏问题，进而在这基础上，才在后文探讨女性的焦虑与丑怪身体的主题。在张爱玲研究中，《散戏》一文的重要性普遍受到忽略。但事实上此文对于女性经验有颇为深刻的描绘，特别是南宫婳所表现的象征意义。在此篇中，南宫婳觉得她娘姨所看到的就是她的私生活的全部。其他也没有什么了（张爱玲，1993b：

---

① 在中国传统男女两性秩序的文化编码中，由于儒家经典中的两性伦理观念扮演着重要的规范角色。因此，这里为了进一步区分中国的父权特质，提出“宗法父权”的概念。“宗法父权”一词在此含有双重的概念，意图结合中国宗法礼教和西方父权体质。此词相信颇能代表/讲述东方的父权文化体制，以期进一步标榜中国父权体制和儒家典籍中有关性别规范和道德礼教的特色。另见拙文《张爱玲的临界点：闺阁话语与女性主体的边缘化》，《中外文学》1995 年 10 月，第 24 卷第 5 期。

② 有关方面的问题，甚至可以进一步牵涉到女性之间的互动关系，从而构成身体、欲望与权力的女性文本。参阅拙文《张爱玲的“闺阁政治论述”：女性身体、欲望与权力的文本》，《文史哲学报》第 47 期。

12）。实际上，南宫婳身为一个名演员，照理应比一般家庭妇女有着更为广大的生活圈子。但张爱玲却强调了南宫婳这方面的匮乏意义。

除了个人的私生活外，更甚者，南宫婳亦被塑造成一个沉默的女演员，连自身在公众场域的身份也被消除、默化。南宫婳这方面的内心现实体验很有启发意义，指出了她的现实生活和舞台表演的沉默意涵：

> 她（南宫婳）能够说上许多毫无意义的话而等于没开口。她的声音里有一种奇异的沉寂：她的手势里有一种从容的韵节，因之，不论她演的是什么戏，都成了古装哑剧。（张爱玲，1993b：12）

这里的反讽直接了当：南宫婳的声音里充满一种奇异的沉寂。南宫婳虽然在舞台上扮演不同的角色，但最终都落入“古装哑剧”的沉默之中。这正是女性作家对于女性的匮乏、沉默的一种铭刻。①

在“古装哑剧”的象征基础上，叙述者明确地为我们指出，不论南宫婳在舞台上演的是什么戏，最终都要回到现实的家里，扮演传统的家庭主妇的角色。此种女性名演员被默化的喻意，除了直接讲出了她在舞台上的沉默与匮乏之外，同时也勾勒出她在现实生活中所将面对的沉默与匮乏以及女性亚文化经验的生命观感。在这意义上，由于南宫婳的内心现实被舞台化和戏剧化了，再加上南宫婳在舞台上所象征的“古装哑剧”，从而也赋予南宫婳更为深刻的寓意。这使南宫婳在张爱玲小说中所演绎的女性哑剧，因而也具有更为广大的象征基础，使其更有能力指涉其他文本及广大的现实女性。

类似南宫婳这种女性亚文化群体的沉默与匮乏问题，普遍存在于张爱玲的小说之中。除了《散戏》外，《红鸾禧》中的娄太太同样有其无法避免的匮乏与边缘处境。当娄家状况愈发兴盛，娄太太却更进一步发现自身的匮乏，而变得更为沉默，觉得孤独无依：

> 他们父子总是父子。娄太太觉得孤凄，娄家一家大小，漂亮、要强的，她心爱的人，她丈夫、她孩子，联了帮时时刻刻想尽方法试验她，一次一次重新发现她的不够，她丈夫一直从穷的时候就爱面子，好应酬，把她放在各种为难的情形下，一次又一次发现她的不够。后来家道兴隆，照说应当过两天顺心的日子了，没想到场面一大，她更发现她的不够。（张爱玲 1994：40）

---

① 此处值得注意的是，在现实家庭和舞台两种场所中，南宫婳实际上具有更为复杂的双重意义。一方面在现实世界中有其从属性，另一方面，在舞台上亦含“女先知”的特殊身份。此种张爱玲笔下女性人物的矛盾铭刻，笔者将另文探讨，此处不拟赘述。

娄太太在家道兴旺中发现了她的不足以及这些匮乏所带给她的羞辱与悲伤。她深知其他家庭成员都不屑于她的无能与不足。所有可能的意义都落入“妇者服也”的传统伦理/性别结构之中。在三纲三从的宗法规范下，娄太太的沉默、匮乏及其从属客体，为我们揭示了娄太太的女性亚文化身份的命运。娄太太的哀伤显示出她并没有随同家人的成长而成长。她丧失了与家人（家庭）共同成长的空间和条件。许多原可发展、提升人生境界的机会，都在亚文化处境中给剥夺了。娄太太此一角色，在中国传统家庭中成为这些儒家女性演绎匮乏与沉默的场所。① 然而具有讽刺意味的是，社会并不理解娄太太，不同情她反而同情娄嚣伯，替娄先生抱不平，认为娄太太不配嫁给娄嚣伯，是错配了夫妻：“多少人都替娄先生不平”（1994：40）。这层意义的揭露，再度显示张爱玲如何从另一个角度揭示出儒家女性的亚文化困境。

在《红鸾禧》一文中，我们对于娄太太的阅读还必须进一步考虑到以下的问题：即张爱玲为何让娄太太钻回童年记忆中，一团高兴地为未来媳妇做花鞋的事件上。基本上，这不但是因为娄太太没有别的本领或长处，也是因为玉清和她一样是嫁入娄家的媳妇，而有同病相怜的感觉。然而，这里认为娄太太绣花鞋的行为可能有着更为重要的内闱意义：即是试图借助这行为去解除她内在的焦虑。在这迎娶媳妇的重大日子期间，深感匮乏的娄太太虽然努力表现自己的特长（绣花鞋），但她在家中的亚身份早已不被尊重。因此她的疏离感受仍是在所难免。娄太太对此亦有自觉意识。这表现在她对丈夫的反感上：

> 娄太太突然感到一阵厌恶，也不知道是对她丈夫的厌恶，还是对于在旁看他们做夫妻的人们的厌恶。（张爱玲，1994：48）

从这视角而言，本篇中的叙述者对娄太太内心的叙述显然要比文字表面更为深刻，说出了娄太太对自己、丈夫和社会的反感。娄太太的厌恶感，在暧昧的叙述语言中从丈夫身上转入生活圈子，连同其他知道她俩婚姻状况的人，即她俩夫妻的公众领域也都被指涉在这种暧昧不明的语言里。事实上，深感暧昧的是娄太太本人。她的婚姻关系所带给她的厌恶反感，甚至已为她带来羞耻。

① 这里采用“儒家女性”一词，主要因为在三纲五常的大主轴中，儒家三从四德的性别文化和尊阳贬阴/男尊女卑的道统，在文化层次上把中国传统女性贬为压抑符码。儒家的概念，在此因而不只是一种学说流派，也指涉一种以男性为主体的文化形态。基本上，这和宗法父权的概念有密切的关系，两者互相指涉。这不仅由于儒家思想在中国宗法父权体制中占有轴心位置，在儒家四书五经的典籍中，更大量传载着有关男女两性主从、内外、尊卑的宗法秩序思想，其所涉及的性别政治、象征秩序、男女主从等意识形态，更长久渗透在日常生活和社会习俗之中，深深影响女性的生活、心理与人格发展。

因而她对旁观的人们也感到厌恶反感。这里的反语用意相当简单明了，然而其中所涉及的厌恶、羞耻、自嘲等内心活动则复杂得多。因此我们必须把娄太太的女性亚文化身份纳入整体社会关系之中，才能进一步把握此中的主题讯息。

对娄太太来说，更反讽的是她在家中的低微地位，更可以从她无法自主处理家务上显现出来。虽然夫妻呕气吵架，第二天如果遇到意外事件，娄太太仍然必须忍气吞声打电话给娄先生向他请示、问主意（张爱玲，1994：43）。这充分显示出娄太太在家中的从属位置和亚文化特质。当然，这也透露出娄太太如何被边陲化为传统男性中心家庭中的他者的现实，从而暗中带出日后邱玉清亦将被他者化的命运。

此外，在《红玫瑰与白玫瑰》中，孟烟鹂也是这般情境，甚至有过之而无不及：透露了孟烟鹂从属边陲的客体和被置之荒野地带（wild zone）的女性亚文化经验。此种富于沉默、匮乏与焦虑的女性亚文化经验，我们都可以轻易在张爱玲小说中找到，如《传奇》中大部分的篇章以及日后的《小艾》、《色、戒》、《五四遗事——罗文涛三美团圆》、《半生缘》和《秧歌》等亦不例外。①

因此，女性亚文化群体的探讨需要较为全面的考察工作。在这方面，南宫婳的“古装哑剧”和娄太太的沉默、匮乏与哀伤等女性亚文化特质，除了显现在孟烟鹂和白流苏等人身上之外，亦同样落在其他女性人物身上，特别是《连环套》的霓喜、《金锁记》的七巧、芝寿与长安、《花凋》的川嫦与郑夫人、《小艾》的小艾与席五太太，《创世纪》的全少奶奶与潆珠以及《等》中的各类太太，都在沉默与匮乏的意义上构成女性亚文化群体。在叙述复本（narrative double）的基础上，构成相互指涉、相互复写的叙述女体。这些女性在“传统恐惧”的心理背景上害怕被赶出家门、失去儿女或丧失丈夫/家庭所代表的经济和一切依靠的困境。一方面，这些女性亚文化群体已被宗法父权体制所内化规范，她们所共同面对的匮乏与焦虑在身分摆动间被视为常态。另一方面，这一层次的沉默与匮乏亦有可能外现为焦虑和丑怪荒诞的形式。

## 三、重读《花凋》：女性焦虑与丑怪身体的铭刻

从普遍意义来说，中国传统宗法社会和西方的父权体制一样，都把性别差

---

① 有关方面的问题，事实上亦包括张爱玲小说中的女性压抑与内闱主题。而这方面的考察，笔者已另文探讨。此外，亦可参考林幸谦《张爱玲：压抑处境与歇斯底里话语的文本》，《中国现代文学研究丛刊》1996 年第 1 期。

异下的女性编码在体制内部之中，而又放逐到边缘位置：即在体制内、又在体制外缘的一种“内化外缘”处境。① 在此宗法体制社会里，儒家女性的“性”和“身体”不但被纳入宗法道德禁忌之中，同时，性与身体的差异亦被简化为压抑的手段，在体制内成为一种禁区，而使女性无法偏离从属、内闱或他者的亚文化定位。

从男女两性主从层面而言，中国传统社会的性别/伦理秩序显然充分表现了男性主体和性别政治的特质。在三纲五常、三从四德的礼教律条中以及在天、君、父、夫的规范下，女性往往被安置在“非正统”的从属位置中，借以标志其亚文化身份的属性。这些传统女性因而在文化上成为男性“正统文化”及其“正统身体”所界定和规范的对象。

在性别政治（sexual politic）的概念中，两性之间的关系被视为一种权力关系，并视此关系为一切政治关系的基础和原始模式。米勒（Kate Millett）从性别差异角度介入，指出父权体制如何借助性别差异的基础把女性置于从属的位置，以维护男性自身性别的利益与权威。这概念提供了最基本的性别与权力观念。在此性别政治中，不论权力形式以何种缄默的方式隐蔽自身的真相，亦将仍然是最具影响性的一种意识形态。不论是在公众场所（社会）或私人（家庭）场所，性别政治都是最具影响力和权威性的两性关系基础。在这性别政治背后的真相是：上帝（天）站在父权体制的这一边，使之成为一种最具力量的压制机构。在这意义上，父权体制通过社会机制和经济压制而得以充分支配女性，把女性附属在男性中心底下。最后扩及社会、阶级、经济、种族、律法、语言、文化和性别等各个领域之中。②

在探讨张爱玲小说的女性问题上，尤其需要从宗法规范与性别政治的角度去挖掘女性亚文化群体的压抑、匮乏、焦虑和丑怪的问题，以下三个小节即将进一步借助张爱玲笔下的女性人物，特别是《花凋》、《创世纪》、《连环套》和《小艾》等篇去探讨这方面的女性亚文化群体问题。

在《花凋》中，郑川嫦逝世后虽有个华丽的墓园，但实际上则却只是虚

① 女性此种既被父权体制所归化收编，又在放逐中遭受压抑的状况，说明女性的性别编码原本即是在父权象征秩序内部所建构而成。用伊果顿（Terry Eagleton）的观点来说，女性既是被父权象征秩序浪漫地理想化了的成员，又是被放逐的牺牲者，她时而存在于男人与混沌之间，时而又体现为混沌本身（Eagleton 1983：190）。

② 米勒在《性别政治》一书中指出，政治概念不宜从狭隘的政治活动如政党、议会等角度定义，而应顾及人际权力结构关系（power-structure relationships），因而视两性关系是一切政治关系和权力关系的基础（Millett 1977：23-26：51）。

假无实的表征而已。全篇故事以郑川嫦被粉饰的墓园和墓志铭为始，带出她那“美丽的悲哀”的真相，进而道出川嫦现实生活中的一个事实：她是一座没点灯的灯塔（1993a：431）。

川嫦是一个稀有的美丽的女孩子……无限的爱，无限的依依，无限的惋惜……回忆上的一朵花，永生的玫瑰……安息罢，在爱你的人的心底下。知道你的人没有一个不爱你的。

全然不是这回事。(张爱玲，1993a：430)

正如途述者的话那样：川嫦的一生的真相“全然不是那回事”。川嫦的墓志铭及其被美化了的墓园，成为郑先生为女儿所塑造的讽刺模型，一种违背真相的自我修正手法。这显示郑先生在川嫦死后，如何试图为女儿塑造一个美化的理想假象，以期替自己的父亲形象造势。但是，虚假的颂词一旦落到现实将宣告破灭。在这虚假的表象上，《花凋》里的叙述者在故事的开端塑立了一个大理石的白色天使，胸底环绕着一群小天使：“上上下下十来双白色的石头眼睛。在石头的风里，翻飞着白石的头发”（张爱玲，1993a：430）。白理石塑成的天使雕像在此成为川嫦生前丑怪的反写。像川嫦一样，那些被塑造为“天使”的大理石雕像，其背后正隐匿着丑怪的女性身体的真相。此处华美的墓园、白理石天使和情意绵绵的墓志铭都是虚假的表象。女性作家似乎企图借助少女成长与死亡的故事及其纯真无瑕的女性形象，表达她对于郑先生的鞭笞和讽刺。川嫦生前死后的矛盾差异，即在儒家传统父亲的正统身份和儒家女儿的丑怪身体之间的差异中，反讽了川嫦的“美丽的悲哀”：女儿的身体在死后才变得真实美丽。死亡本身成为一种讽刺模拟，反讽了死者生前的悲剧。

川嫦死后的替身——石头天使，在小说故事一开始就托寓了她（隐匿）的抗议：反讽生前任她的身体病坏，死后才刻意安慰她的亡魂的父亲/郑先生。这是《花凋》一文的反讽核心。日后，我们从张子静对张爱玲的追忆中得知，郑川嫦其实乃是张爱玲年少的知心玩伴，真名黄家漪。“川嫦”谐音“穿肠”，此中柔肠寸断之意寄托了张爱玲的哀悼。郑川嫦的真实性，就像张爱玲小说中其他人物，如郑夫人、郑先生和曹七巧的真实性一样，① 有利于印证这些人物所代表的现实意义。特别是那些可以相互指涉的女性人物角色，在现实与文本的意义上，构成女性叙述中深奥复杂的文学策略。在此书写策略中，川嫦和她

① 据张子静所言，本篇所描写的郑家即张爱玲的舅父家，而《金锁记》的姜家则是李鸿章次子之家的真实故事。(参见张子静《我的姐姐张爱玲》第九章）这些现实基础显示这些家庭中的女性人物和男性家长都有其现实意义。

的母亲郑夫人的非正统身体，实乃共同处在同样的宗法性别政治和文化压迫之中，其差别仅在于郑夫人在郑公馆的位置比川嫦的女儿身份略为优胜，但却都受到正统身体（男性家长）的规范和性别政治的压迫。

川嫦生前卧病房中，正犹同被人软禁于“铁闺阁”里①。全家人以保护我名义使她动弹不得，自由被剥夺却又不提供她应有的医疗照顾。现实经验中，张爱玲少女时期被囚禁家中曾患痢疾而得不到充分治疗的经验，相信在此被转移到她的儿时玩伴黄家漪/川嫦的书写中。在《花凋》中，张爱玲相当能够将她的经验转移到文本中。作家篡改了现实往事，以川嫦的替身复写出一个女性临死前的绝望感：

> 她自己一寸一寸地死去了，这可爱的世界也一寸一寸地死去了。凡是她目光所及，手指所触的，立即死去……硕大无朋的自身和这腐烂而美丽的世界，两个尸首背对背栓在一起，你坠着我，我坠着你，往下沉。
>
> 她受不了这痛苦。她想早一点结果了她自己。（张爱玲，1993a：448）

这里通过川嫦垂死的意识，反映出女性被迫害的经验。文中“凡是她目光所及，手指所触的，立即死去”的写照，暴露出川嫦面对死亡所承受的焦虑。而这和郑先生的重男轻女和性别政治的压迫不无关系。在川嫦患病之后，她父亲抱着“不愿把钱仍在水里”的心态，并不尽心给她治疗，任她在病痛折磨中死去。在这意义上，川嫦的病体暗示了宗法社会中所忌讳的一种真相：女儿的死亡的根源往往在于家庭本身。在这些遭受性别压抑的女性身上，张爱玲实现了的她在现实中所无法达致的反叛，指控了郑先生作为父亲的残忍。在坟前石碑上墓志铭：“爱女郑川嫦之墓”等说辞以及坟前白理石的天使雕像，因而都成了反讽的对象和媒体。

更进一层而言，在川嫦病逝前，她即深知她已成为家中的拖累。她的内疚加速求生意志的瓦解。她并没有要求家人为她付出更多可纳用的资源，反而为自身的不幸产生诸多的不安与愧疚，反射出家人所带给她的无形压力：“对于

① 大体上，“铁闺阁”概念和传统宗法礼教中的性别和伦理秩序有密切关系，特别是男外女内，男主女从，尊男贬女和崇阳贬阴等男女/阴阳尊卑思想，据此，铁闺阁的概念是一个较为广义的场所，有着更为深广的文化意义。在“女正乎内，男正乎外”的文化机制中，所谓“深闺固门”的闺阁场所，不再只是传统妇女生活起居的空间概念而已，而是具有更为深刻的文化意义：即儒家女性被规范于内闱机制中的一种概念。相关问题，可参阅发表于《译丛》的拙文：Reading “The Golden Cangue”：Iron Boudoirs and Symbols of Oppressed Confucian Women Rendition，1996，No. 45。

整个的世界，她是个拖累”（张爱玲，1993a：447）。在这“拖累”的自责表象底下，隐藏着川嫦的丑怪身体和文化压抑的真相。川嫦的身体在这里显然正是父权文化压抑的场所。

临终前，川嫦在新来的李妈帮忙下，抱病走到街上漫步的描写最能说明女性“丑怪身体”的意义。川嫦注意到旁人的眼里没有悲悯的神色，反而将她视为人间的怪物：“到处有人用骇异的眼光望着她，仿佛她是个怪物。”川嫦从别人的眼神中窥探到自身的丑怪。此处的描写，显示出川嫦化身为“女性怪物”的特征：冷而白的大白蜘蛛（张爱玲，1993a：448）。这种丑怪的体验令她陷入更深的沮丧。我们甚至可以说，这种丑怪意象不但把她带到现实世界中，也把她带到人生的尽头，道出她临死前对于真实现实的内心幻灭感受。此处川嫦抱病走出病房的经历，使她最终看出人们只能接受戏剧化与虚假的悲哀，而厌恶真实的悲剧（张爱玲，1993a：448-449）。这也透露川嫦自己终于也体认到虚假的悲哀和真实的悲剧之间的真相。这打击也足以说明为何川嫦的病情在此次事件后即迅速恶化，而在不久之后与世长辞。

实际上，在此之前，《花凋》的叙述者早已指出川嫦病中的丑怪和焦虑。

> 她的肉体在他（章云藩）手指底下溜走了。她一天天瘦下去了，她的脸像骨格子上绷着白缎子，眼睛就是缎子上落了灯花，烧成了两只炎炎的大洞。越急越好不了。（张爱玲，1993a：443）

由此可见川嫦的丑怪与焦虑已经累积良久。相对之下，这种丑怪身体的铭刻，和川嫦生病以前那种“极其丰美的肉体”、“一双华泽的白肩膀”，以及充满深邃的热情与智慧的眼睛等写照（1993a：431），更可看出张爱玲这方面的书写策略。

此外川嫦死前的绝望、焦虑、病态与丑怪的写照，不妨借助俄国文学理论家巴赫汀（M. M. Bakhtin）有关“丑怪身体”（the grotesquer body）的角度加以理解。在这问题上，廖炳惠在《两种体现》中即借用巴赫汀所提出来的“丑怪身体”概念，把儒家正统文化中关于身体的正统和规范化，和庄子哲学中巫者所表现的丑怪身体及其象征反支配力量、不正统的潜存文化加以探讨。通过儒、道两者在身体与政体之间的价值体系差异，举出庄子丑陋身体和儒家正统身体的对话，以指出丑怪身体彻底震荡、破解儒家正统身体的可能性与颠覆性的意图（廖炳惠，1994：217-22）。

从巴赫汀关于丑怪身体的开放性角度来看，丑怪身体不但没有和现实世界隔离，而且还会不断成长，甚至超越自己的界限（Bakhtin 1984：26）。因此，这里不宜将张爱玲笔下的女性丑怪身体视为封闭性质的概念，而限制了我们对于有关女性亚文化群体问题的探讨。

在此，张爱玲借助丑怪身体的铭刻，让川嫦在病中反省，最终让她看到了自身悲剧的真相。在这宗法父亲名义下的郑公馆中，她的闺房象征着封闭、怜悯、病毒满布的铁闺阁，把她隔离在繁华的人世之外。虽然如此，病中她内心仍旧充满美好的幻想：如花花世界中所充满的各种愉快的东西，橱窗里的，大菜单上的，时装样本上的，艺术格调的房间，高齐天花板的大玻璃窗，地毯单，软垫和她所盼望的成群儿女，还有供她使唤的奶妈等事物（张爱玲，1993a：447–48）。这种对比的布局，无疑加强了川嫦临终前丑怪形象的深刻度和讽刺意涵。

这些生活在深闺的女性亚文化群体，例如此篇川嫦的死亡以及其他篇章中有关女性身体的病态与疯狂，实际上都和宗法礼教压迫有一定的关系。一方面，这不仅是政治和性别压抑方面的问题，另一方面，亦必须关注到此中多重复杂的伦理价值体系是如何界定母亲、妻子、女儿的身份、身体与原欲的问题。① 再者，从文化社会层面角度而言，此种有关丑怪身体的女性书写，让张爱玲笔下的女性亚文化群体更能够展现欲望与权力运作的繁复意涵。“一座没点灯的灯塔”正好象征了川嫦的人生，明白道出川嫦的隐喻，直指空洞、无光、沉默、匮乏、焦虑与丑怪的女性身体内涵。值得留意的是，此篇中川嫦所象征的没有光的灯塔，正和《金锁记》中七巧所象征的“无光的所在”有着异曲同工之妙。

总的来说，川嫦死前的病态、绝望与丑怪形象，其实可以和七巧、银娣的疯女形象相提并论。同样的，川嫦苍白蜘蛛的意象亦可以和川嫦母亲那苍白、绝望的女性形象联系起来阅读。② 这里相信，在三纲三从之义、五伦教化的宗法礼教之下，女性亚文化群体的病态与怪诞现象，在此借助焦虑、歇斯底里和卑贱丑怪的形式而得到激化。因此，川嫦（及其母亲）的绝望、病态、焦虑和丑怪等描写，并不能单纯地被视为厌女症的表现。我们不妨将此视为川嫦处于从属处境之中，借以表现女性焦虑的绝望情境，并以丑怪病痛的身体共同参与了破碎、疏离的深闺演出。据此，川嫦的死其实和她身为女儿身有着密切的关系。她的死亡，显示出儒家女性如何被置于亚文化身份的位置，并以从属

---

① 在这些问题之中，女性的身体观念被传统伦理意识所规范，并为女体建构一个封闭孤绝的世界，从形体与心理、外在与内在、主体与性欲等方面，将其制约成一种“文化符号”，而非真实血肉的人。

② 此点和将留待后文母女两代的复本中进一步探讨，这和《创世纪》潆珠母女等人所表现的焦虑母鸡和荒诞小丑等铭写相同。从中可见张爱玲如何深刻地刻画了这些女性亚文化身体的卑贱与丑怪的意涵。

化、病态化、疏离化、丑怪化去体现两性的差异和女性亚文化群体的悲剧。

## 四、女性身体论述：霓喜和其他丑怪身体的演绎

以上对于《花凋》的重读，使我们看到川嫦死前的丑怪身体，如何像只“冷而白的大白蜘蛛”般偷偷地走出她的铁闺阁，走在她向往已久的街道上。但她却因此陷于哀伤痛绝之中。川嫦死前的丑怪，和她死后塑立在墓前的天使替身，正好前后参照出张爱玲如何运用川嫦的女性身体去书写女性内在的焦虑。这些女性的焦虑与丑怪，以至张爱玲其他小说中的女性身体铭写（如曹七巧和柴银娣的疯狂身体)，在此都可视之为女性文学策略的标志。从女性主义批评角度来说，天使与怪物，甜美的女主角和愤怒的疯女，全是女性作家的表现手法，同时也是女性作家笔下富有背叛性质的书写策略之一（Gilbert，Gubar 1979：80）。

张爱玲对女性丑怪身体的描写，除了直接书写女性身体的丑怪以外，也常用象征的意象表达。在此书写策略中，川嫦的丑怪与病态：即冷而白的大白蜘蛛，正和《半生缘》中顾曼璐那种“红粉骷髅”的病体写照有异曲同工之妙；特别是前文所提及的、川嫦那削瘦的脸庞，双眼仿佛是白缎子上被灯火烧成炎炎大洞的写照一般。这两者和张爱玲在《茉莉香片》和《金锁记》中关于“屏风白鸟”与“蝴蝶标本”的营造，实有相通的、讽刺模拟的效应。“白鸟”和“蝴蝶”取其丧失飞翔能力、失落自主空间的隐喻去表达铁闺阁中被形同幽禁的女性身体。“蜘蛛”的运用，则暗示恐怖与反抗力量的酝酿。而在后期《半生缘》的“红粉骷髅”铭写上，则又强调了女性的丑怪身体，直接以死亡的尸体鞭挞整个社会。

这里必须再次强调，在张爱玲的小说中，有关女性内在心理和外在身体的从属、卑微、残缺、焦虑与疯狂，都在母亲、妻妾、女儿的身份上表露无遗。除了上述有关郑川嫦、南宫婳、娄太太、顾曼璐和冯碧落等人的身体铭刻之外，《金锁记》和《怨女》中曹七巧与柴银娣的疯狂与歇斯底里写照，都可视为女性丑怪身体的表现。其他第一、二炉香中葛薇龙、愫细和靡丽笙等人亦有不可忽视的焦虑与丑怪写照。其他写及病态女体的篇章，除了《多少恨》中的夏太太外，《小艾》中小艾子宫炎的病发使她下体血崩，血流不止的血淋淋的女体论述尤为深刻。这些《连环套》中霓喜捶尸、戳尸中满床血迹的铭写，都同样值得留意。

在《连环套》这篇作品中，这种关于丑怪身体的女性论述又有另一番不同的铭写。张爱玲在书写女性身体与心灵残缺上，将其和小孩的形貌身体结为

一谈，以小孩纯洁单纯的心，带出霓喜作为母亲的内在现实。然后以反孩童特质的形象，把孩子的活泼可爱完全抹杀，替代以淡白的脸，“一双凸出的大眼睛”，如同“深海底的怪鱼”，“一块不通人情的肉”等负面形象去衬托霓喜的女体：“单纯的肉，女肉，没多少人气”，甚至是没有心灵的女体（张爱玲，1991b：65-66），挖掘出霓喜被掏空的精神内涵与内心现实。从这种写照中，母亲照顾小孩时的焦虑心理也被带引出来。正如西苏（Helene Cixous）所言，母亲的身体在此足以成为一种隐喻（cixous 1981：252）。这种比喻意象骇人，若非作家领略深刻，否则难以捕捉其中的女性焦虑。这种母女残怪的身体描写，在张爱玲的多篇范本中都具有同样的心理结构，强调了残缺荒诞的女性内在现实。即使像霓喜这样充分性感与肉感的女性身体，或七巧和银娣等赛比西施的女性形象，到最后都不能幸免于丑怪与焦虑的命运，同样被残缺化为丑怪与焦虑的象征。

在霓喜的版本中，那些被认为次等的女性物质：如女性的匮乏、焦虑、神经质倾向等，更进一步被激化为戳尸的歇斯底里行为，进而构成霓喜的丑怪身体的复写。在此，霓喜把花瓶砸向垂死的丈夫后，窦尧芳惊吓而死，霓喜则又出人意表地爬到他床前，嚎啕大哭，捏紧拳头，使劲捶床，腕上挂着的钥匙戳进窦尧芳的尸体里，染了血的拳头把床单与尸体弄得血迹斑斑（1991b：62）。这和霓喜当年被雅赫雅赶离家门，被打得“浑身青紫”，被剪刀柄砸破头的写照正可前后映照：被砸与砸人，而带出受压与反抗的宗法性别政治。实际上，这和《沉香屑——第一炉香》中葛薇龙的自我残害身体（卖淫养夫）以及曹七巧与柴银娣的疯狂写照等身体铭刻有异曲同工之妙。所不同的差异点是：葛薇龙伤害自身的女性身体，七巧与银娣则伤害其他女性的身体，而霓喜则伤害男性家长的身体。这些差异点，各有其不同的意义。

这情况到了《小艾》中的席五太太身上，她对五老爷无条件的依赖则说明了一个传统女性自我否定的认命心态。事实上，除此之外，在其他篇章中，如这些女性亚文化群体还包括《等》的奚太太等人，《鸿鸾禧》的娄太太，《心经》的许太太，《琉璃瓦》的姚太太，《红玫瑰与白玫瑰》的孟烟鹂，《茉莉香片》的聂太太，《色·戒》的几个太太等女性人物，都和席五太太一样具有某种程度的内化意涵。表面上，席五太太扮演女主人的身分，实则被附属在宗法象征秩序中。身为一个正室，席五太太知道自己在席家中身份的尴尬难堪；然而中国传统社会中，真正的“弃妇”和“寡妇”又要比席五太太凄惨。她们的卑微、难堪、无能、匮乏、焦虑，都一再指向她们的女性亚文化身份。

有关女性文本中所蕴含的沉默、匮乏、焦虑与丑怪，其实亦存在于其他女性作家的叙述体中。例如萧红《生死场》的金枝和月英，前者“好像患着传染病的小鸡”（萧红，1988：28），后者则是“一头患病的猫儿，孤独而无望”。叙述者更进一步指出：

（月英）白眼珠完全变绿，整个的一排前齿也完全变绿，她的头发烧焦了似的，紧贴住头皮。（萧红，1998：51-52）

更甚者，月英的下体被蛆虫所腐蚀了：“月英的身体将变成小虫们的洞穴!”（萧红，1988：51-52）可见萧红对于女性病态和丑怪身体的铭刻和张爱玲笔下的女性人物同样骇人，甚至有过之而无不及。由此可见，在不同女性作家的文本中，女性亚文化群体的表现各有其不同的写照与命运。

事实上，在20世纪前半叶那转型、过渡的现实社会里更充满着女性亚文化群体的真实文本，其中不少即是此种焦虑、歇斯底里和丑怪的演出。例如五四时期的“李超事件”，李超为了反抗包办婚姻逃婚进入北京女师，最后在家庭的经济封锁中贫病交加地病逝。同年，另一位赵五贞亦为了反抗父母的包办婚姻，最后竟在婚轿中刎颈自尽。这些现实事件都能充分显示这些儒家女性的亚文化悲剧以及她们在此中所表现出来的丑怪身体特质：贫病与死亡。

## 五、女性复本：母女两代与丑怪身体的复写

在张爱玲小说中，这些沉默、匮乏、焦虑的女性亚文化群体及其所体现的丑怪身体，都无可避免地成为宗法父权社会中的女性怪物。这丑怪形象，可以在张爱玲的小说中找到不少的佐证。从曹七巧、郑川嫦、顾曼璐到柴银娣等形象，都含有“女性怪物”的异质文化。若从雅各布斯（Mary Jacobus）阅读女性的视角来说，女性文本中的怪物甚至可被视为是被压抑的一种性别摆动（vacillation of gender），或是不稳定的身份属性。这说明在历史文本中，由于历史本身即是一种压制与排挤女性的阴谋，而使女性成为怪物或失常者的意象而出现（Jacobus，1986：4-8）。从这角度而言，郑夫人、郑川嫦、曹七巧、柴银娣、梁太太、葛薇龙、许小寒、顾曼璐等系列人物，都是宗法男性中心体制对于女性亚文化群体所做出的一种压制，排挤与扭曲的文化贬压，而使她们摇摆于性别之中，饱含丑怪与疏离的意涵。

由于女性亚文化群体的从属身份隐藏着庞大的内囿主题和焦虑能量，因此她们的身体犹如容纳性极大的“容器”，吸纳诸多隐匿与明示的从属与内囿意

涵。这导致她们本身也成为一种内囿的器皿①。

在一些女性文本中，我们可以发现女性如何作为一种宗法社会的“容器”，她们的一生不断被女儿、妻妾、母亲等从属身份所裹覆。这些女性亚文化群体的非正统身份，被宗法父权社会诸多“服”、“扶”、“后”、“内”、“齐”等名目所裹覆或填塞②。在传统上，女儿、妻妾与母亲的意义可被压缩成“物品”。更甚者，女性更被充当为一种此处所谓的、可供包装、裹覆、装载或容纳等意义的“容器”。道德规范一旦和性别主从挂勾，在意识形态上便加深了“妇人伏于人”的传统两性观念。女性在三从之义和七出之训底下，自古即被包裹于从属地位。这为夫妇两性的主从尊卑做了最佳思想指导与定位。此处女性亚文化群体的功能正好为家庭乃至整个社会提供资源，成为被父权社会运用、剥削、包装、裹覆和装载男性利益的最佳容器。

如前文所论，《花凋》中的川嫦在这意义上亦成为被父亲所界定的一种容器。川嫦自己无法决定自身所要装载的内容。她存在的意义归属于郑先生所给予的定义。正如她母亲郑夫人一样，川嫦并不能摆脱作为宗法父权容器的地位。从川嫦和郑夫人的描绘中可见，在体系庞大的宗法传统体制面前，作为女儿和母亲、妻妾的女性，一生中三个重要身份：母亲、妻子、女儿，都是宗法父权为女性设定的最佳容器，紧密包裹她们的一生。特别是母亲和妻子，更有许多不同的称谓去指称男性的身份与意义。她们都只是空洞的容器，其自身的意义等待男人去填补/供给。

此种女性身体作为宗法规范的一种容器，充分表现在张爱玲的小说之中。这种阅读视角讲述着女性身体作为宗法社会的器皿，裹覆着她们作为从属身份的一种典范意义。因此，此种被包裹、被容纳的从属意义，不只是停留在某女儿或母亲的角色里，而往往被张爱玲进一步加以复写，成为母女两代的共同命运。这充分显示在郑夫人母女、全少奶奶母女以及七巧母女的铭写中。这使张爱玲的成就超越同时代的其他作家，而大大不同于冯沅君与丁玲的新女性派、冰心的闺秀派或凌叔华的新闺秀派。

张爱玲对女性的书写，从某种特定的意义上显然要比这些女作家所书写的

---

① 容器，“envelope”此一术语——在伊莉佳莱（Luce Irigaray）的理论概念里具有多重意义和指涉功能（Lrigaray 1993：10）。这里试图“盗用”有关概念，借以理解女性本身其实即是用来装载男性利益的容器。

② 陈顾远在1930年代出版的《中国婚姻史》中即已表明，传统家庭中的夫妇地位，不论称其为妃、为耦、为俪或为妃耦、匹耦、配耦、伉丽、合偶、配偶，表面上似未含有男尊女卑，夫刚妇柔的观念，实际皆为虚语，具有地位差等意义（陈顾远，1966：174）。

女性文本要深刻得多。她进入这些人物复杂的内心，比庐隐笔下忧伤消极的女性，如《海滨故人》的露沙等人，《或人的悲哀》的亚侠等都来得深刻；也比冰心、凌叔华、苏青等作家所书写的女性人物更为动人。

除了前文对于郑川嫦的阅读外，我们亦必须重视郑夫人的母亲形象。和川嫦一样，郑夫人也复写了女儿的悲剧，不同的是，川嫦的悲剧较短，而郑夫人“则是一出冗长单调的悲剧”：

> （郑夫人）总是仰着脸摇摇摆摆在屋里走过来，走过去，凄冷地嗑着瓜子——一个美丽苍白的，绝望的妇人。（张爱玲，1993a：432）

由此可见，郑夫人和她女儿一样都扮演了绝望的女人与悲剧的角色。经由母女两代相互的映照，其所指涉的对象、范畴与代表性也相对增强。而此种绝望的女性形象，焦虑与丑怪正是她们的一种心理特质。

除《花凋》以外，此种女性亚文化特质亦在《创世纪》中匡潆珠母女身上显露无遗。潆珠的小丑悲哀及其母亲全少奶奶“焦虑母鸡”的描写，承载着大量的压抑语言。全少奶奶年纪不到四十，却已操劳忧苦，“像个淡白眼睛的小母鸡”：

> 焦忧的小母鸡，东瞧西看，这里啄啄，那里啄啄，顾不周全；现在不能想象一只小母鸡也会变成讽刺含蓄的，两眼空空的站在那里。（张爱玲，1991b：95-121）

全少奶奶在这里所表现的丑怪身体：焦虑母鸡的写照，显然是传统家庭妇女的普遍写照。她在厨房中忙得“披头散发”，说起话来常“举起她那苍白笔直的小喉咙……叽叽喳喳，鬼鬼祟祟”（张爱玲，1991b：100）。这造型正可以说明全少奶奶如何被描写为“像个淡白眼睛的小母鸡”的丑怪形象。

在《创世纪》中，全少奶奶的焦虑虽并没有令她发狂，而她的丑怪形象亦不同于七巧的疯狂，或郑夫人的绝望，或娄太太的匮乏，或霓喜的坚强，但是，其中的焦虑与丑怪却是共有的。在此篇中，作为女儿的潆珠要跳出器皿的定位已不容易，身为母亲的全少奶奶，自然更不容易摆脱既存的女性亚文化身份。她们和《连环套》的霓喜、《红鸾禧》的娄太太、《红玫瑰与白玫瑰》的孟烟鹂等人一样都共同面对着女性亚文化的命运。和川嫦的母亲相比，潆珠的母亲在传统大家族中更充满着为人媳妇的苦处。她在黑暗的厨房“怨天怨地做了许多年”，“忙得披头散发的”：

> 这些年来，就这厨房是真的，污秽，受气是真的，此外都是些空话，她公公的夸大，她丈夫的风趣幽默，不好笑的笑话，她不懂得，也不信任。（张爱玲，1991b：114）

此处“除了厨房就是厨房，更没有别的世界”，一语道尽了女性亚文化群体的内囿现实。更重要的，此篇中黑黯的女性私人领域：厨房/闺阁，连同《金锁记》中“没有光的所在”以及《花凋》中“没点灯的灯塔”等描写，都有异曲同工之妙，都是宗法政治所遗下的残余空间。从这些描写中可以挖掘到女性荒凉的意味。和女性身体一样，这些女性的荒凉与黑暗无光的领域，不只涉及女性的现实生活，同时亦蕴含欲望、文化与性别政治等问题。这种叙述体显示，潆珠可能也会走进全少奶奶的世界。此种女性亚文化群体命运的重写与复制永无终点。同样的，若川嫦不死，她可能亦将重复郑夫人的命运。

从潆珠的角度而言，母亲的丑怪形象给了她一种血肉淋漓的活例。而她自己，叙述者则给了她一副小丑的脸相：

> 下半个脸通红的，满是胭脂，鼻子，嘴，蔓延到下巴，令人骇笑，又觉得可怜的一副脸相。就是这样地，这一代的女孩子使用了她们的美丽——过一日，算一日。(张爱玲，1991b：121)

潆珠所演绎的丑怪身体表达出小丑式的悲哀，其实和全少奶奶的丑怪身体相仿。母女俩人的丑怪形象，其实正是以女儿/母亲的替身彼此对话。推而广之，从匡家母女、郑家母女至《金锁记》中的姜家母女，以至其他各个女性身体的写照，正可视为女性亚文化群体的各种复写。这“一副可怜的脸相”，被装载在多义、多变、矛盾的丑怪身体之中，彼此对话。

在这些写照中，潆珠显然面对着小丑式的青春年华。她在匡家的小丑角色，和全少奶奶、戚紫微一样徒有空洞的美，一家三代的女性都重写了女性亚文化的模式。在一种“华丽旧时代的美”的处境上，却揭示出“脸庞之内仿佛一无所有”的真相（张爱玲，1991b：122）。此种内在焦虑的心理背景，导致潆珠最终歇斯底里的与厉声叱喝她的祖母对峙起来：

> (潆珠）兜头夹脸挣扎似地，火了起来，泼泼洒洒。这样也不对，那样也不对；书也不给她念完，闲在家里又是她的不是，出去做事又要说，有了朋友又要说，朋友不正当，她正当，凛然地和他绝交，还要怎样呢？(1991b：121)

她不禁大声质问匡老太太：

> 你要我怎么样呢？你要我怎么样呢？(1991b：121)

这句问话，不仅是潆珠对祖母的质问，也应当视之为她向宗法家庭质问的一种口号。问话中充满自我的焦虑、不满与愤懑。潆珠面对了所有传统儒家女性的一切问题和诸多症候群：焦虑、悲哀、忧郁、不满和神经衰弱。她们虽不像七巧、银娣、薇龙、曼璐一般表露太多的歇斯底里症候，但在宗法象征秩序里，她始终处于被排斥和自我否定的位置里。这些被迫处于“父亲的女人”或“他的父亲的女儿”位置的女性，其肉体/物质性能不免成为受压抑的一种标志（周蕾，1995：29）。

潆珠的此处呐喊，显示她在内闱位置中，在爱情、学业、事业上都遭遇压抑。在这里，潆珠就和长安、家茵、愫细、薇龙、川嫦的女儿身份一样，承受着宗法父权对女儿进行权力行使的重量。除了这些女儿之外，她们的母亲，包括其他篇章中丧失自身姓名的女人，其身体就是一种容器，表征着宗法父权的一种裹覆。这些母亲和妻妾，连同其他女性（男性）作家笔下无名无姓的文本女性，如凌叔华《绣枕》中的“大小姐”和丁玲《夜》中不具名的“老婆”等等，都变成宗法体制下的一种器皿的象征。这种不具姓名的女性角色，自古就大量流传并互相指涉，在叙述复本的意义上构成意义深远的中国女性亚文化群体。这些女性身体不但成为文化与性别压抑的场域，亦成为女性文本的寓意所在。

以上这些亚文化身份的女性群体，无疑蕴藏了许多值得挖掘的问题。从上述的论述基础上，不论是席五太太、娄太太，或者潆珠、家茵、长安、川嫦、薇龙等女性的身体铭刻，都充满女性卑化、默化和丑化的意义。这些女性亚文化的写照，都是女性经验的表现。张爱玲的这种书写模式，在女性主义理论的视角下，不妨被视为一种“复杂的文学策略的标志”（Gilbert，Gubar 1979：79-80）。通过张爱玲这种文学策略的解读，显示女性亚文化群体被反复表现在女儿、情妇、妻妾、母亲或婆婆等身上，显示不同身份的同一辞汇和同一意义。

从西方女性主义对于身体论述的视角思考，张爱玲所书写的女性身体亦释放了传统女性在宗法礼教中所面对的恐惧与焦虑。我们在她的文本中阅读到历史，也在新旧交替的时代中窥探到某些女性的身体和其内在世界的写照。她的书写，以及她对笔下女性人物命运的设置，实际上正是吉尔伯特（Sandra Gilbert）和格巴（Susan Gubar）所强调的观点：女性作家不但借此寻找自己的故事，事实上也在寻找自我的定义（Gilbert，Gubar 1979：76）。这层意义经常隐匿在某些女性文本的背后，而作为一个女性主义读者的批评，我们自然有必要解开这些隐藏在文本背后的隐匿故事（Rowland 1988：71）。在这方面，张爱玲书写了她所寻找到的故事，也说出一个女性作家对她笔下女性人物要说的话。张爱玲借此女性亚文化群体的各种问题，去质疑男性中心社会下女性定义和女性自我的问题。此外，她也创造了她的女性文本。这些故事不但出自于作者个人的经验及其所生活的社会文化环境，同时也属于整体民族的历史。

从文学史角度来说，五四时期“父亲的女儿”的忤逆，而使这些女性的亚文化经验受到女性作家的重视。自五四以来，女性作家逐渐能在文化缝隙与松散零碎之处奠立自己的文学传统。陈衡哲、庐隐、白薇、冯沅君、凌叔华、丁玲、冰心、萧红等女作家，都曾经试图在性别与民族之间寻找某种出路或某种契合的可能性，先后以不同的形式和语言去书写女性经验，并借此将女性特质纳入文学史。这些女性作家借此诉求各自所要寻找的故事和主题。在这方面，张爱玲尤能充分书写女性自我的经验，揭橥了东方女性的亚文化群体的属性。张爱玲这种注重女性亚文化经验和性别政治的书写策略，无疑为五四以来的女性文学开拓出一种女性文本的书写策略和表现模式。

（《社会科学战线》1998 年第 2 期）

# 谈北宋初期晏欧令词中文本之潜能

〔加拿大〕叶嘉莹

说到中国的文学批评，我觉得我们中国的词学，也就是词的批评，是从一种困惑的情形之中开始的。因为中国旧日的传统文学批评，总以为诗是“言志”的，“感天地，动鬼神”，有这样的功能和效用，至于文，我们说文章是“载道”的。可是我们中国早期的词，只是配合当时的流行歌曲来歌唱的歌词，既没有“言志”的功能，也没有“载道”的效用。而且最早期的被编辑在一起的词集《花间集》，其中所写的多半是美女和爱情，这在中国文学以言志和载道为价值衡量的传统之中，是不符合我们的价值标准的，所以人们对之常有一种困惑。中国最早的对词的认知和评论，并没有像西方那样的有逻辑性和理论系统的专书，它是从宋人的笔记之中开始的，我们从宋人的笔记就可以看到他们当时困惑的情形，像魏泰的《东轩笔录》就记载了一个小故事，说有一次，王安石跟吕惠卿还有他的弟弟王安国在一起谈话，当时王安石才做了宰相不久，他就问：“为宰相而作小词，可乎？”他的意思是说作为宰相还可以作这种写美女和爱情的词吗？一方面是因为他自己有这样的困惑，一方面也是因为在北宋初期有一位宰相晏殊是常常写小词的，也就是今天我们讨论的晏欧词中的一位作者。我们从宋人的笔记看见他们有这样的困惑，在这种困惑的情形之下，这些士大夫们一方面认为小词的写作不符合他们的伦理观念，不应该写这种美女和爱情的歌曲，但另一方面那流行的歌曲这么美，而且我相信每个士大夫的内心深处也有很多关于美女和爱情的这种浪漫的想象，现在有这样的机会让他们能够写出来。而且更妙的一点是他们其实可以不负责任地写出来，什么叫做不负责任地写出来呢？宋人的笔记释惠洪的《冷斋夜话》也记载了一个小故事，说有一次，一位佛教大师法云秀跟黄山谷在一起，他就对黄山谷说：“诗多作无害”，你可以多写些诗，而“艳歌小词可罢之”，这种小令的艳词，你最好是不要再作了。那黄山谷就说：“空中语耳”，意思是我给一首歌曲填一个歌词，我写美女跟爱情不代表我自己有美女跟爱情的这种浪漫的行为，所以说“空中语耳”，“非杀非偷”，又不是杀人，也不是偷窃，我写这词有什么关系？这是说他们喜欢这个歌词。这是因为一方面词的音乐好听，一方面可能是他们内心也需要有一种浪漫地发泄，不能够每天总是严肃的“言志”跟“载道”，可是他们不愿意承认，说他们写美女跟爱情的小词，是种不道德的情形，所以就推脱说是“空中语耳”。

宋人胡仔的笔记《苕溪渔隐丛话》还记了另外一个小故事，说有一次，有一个名叫蒲传正的人跟晏殊的儿子晏几道谈话，说你的父亲常常写小词，写美女跟爱情的小词，晏几道说：“先君虽作小词未尝作妇人语也”。因为《花间集》里面所写的爱情歌词，有一部分是从男子的眼光来写女子，以男子的口吻来写女子的美色，可是也有一部分写爱情的词，是以女子的口吻来写相思怨别之情，所以《花间》词里面也有不少是用女子的口吻来写爱情的。比如温庭筠的：“玉楼明月长相忆”那是写女子对她所爱的人的怀念，所以用女子的口吻来说话。而晏几道回答蒲传正说我的父亲虽作小词但未尝说过妇人女子的话，于是那朋友就说了，你父亲有两句词，说“绿杨芳草长亭路，年少抛人容易去”。在长满碧绿的杨柳和满地芳草的长亭路上，少年郎抛弃了她，这么轻易地就离别而去了。这不是妇人的话吗？晏几道就说你没有读过白居易的一首诗吗？白居易的诗里有两句话，说“欲留年少待富贵、富贵不来年少去。”意思是说我本来希望在年少的时候就可以得志，就可以得到很高的利禄，得到富贵，可是我没有得到富贵利禄，而我的年少光阴已经一去不返了。他诗中的“年少”是指的年少的光阴，晏几道用白居易的诗来讲他父亲的“年少抛人容易去”这一句词，这是一种牵强比附的讲法，因为中国的士大夫常有这样的矛盾，一方面他喜欢写这类歌词，一方面他又有一种不符合伦理道德的困惑，所以他就用比附的办法，就把写美女跟爱情的歌词，说它有另外的含意，就是把词中“少年郎”的年少，说成是“年少”光阴的“年少”。

宋人的笔记代表了早期的词学，是在困惑之中成长起来的，可是在这个成长的过程中，却对后世产生了影响，所以后来评说词的人，就有很多喜欢把写美女和爱情的歌词，比附为有什么样的贤人君子的托意，其中最有名最有代表性的一位词学家要算是常州词派的张惠言。张惠言说，词“兴于微言，以相感动”，它是“极命风谣，里巷男女哀乐之词，以道贤人君子幽约怨悱不能自言之情”。所以他说词“兴于微言”，在不是很重要的，不是很严肃的微言之中有一种感动兴发的作用。“兴于微言”，“以相感动”、“微言”指的是什么样子的微言呢？是里巷男女的哀乐之词，就是一般里巷之间的少男少女们，他们的这种表达爱情的话，他们相遇了就快乐就高兴，离别了就悲哀，这就是里巷男女的哀乐之词，可是就是这种写男女爱情的哀乐之词，他说他们发展到极致，就有一种微妙的作用，就是这种写男女爱情的歌词，反说出来了那贤人君子的一种思想意志，而且是他们最幽深、最隐约的，他们的内心之中最哀怨的，最觉得不能满足的一种“不能自言之情”，是他们自己在他们的 Conscious，即他们的显意识的言志的诗篇里边不能说出来的那样的一种微妙的情思，在他们写男女爱情的小词里边，写出来了。于是乎张惠言就说了，他说温庭筠的《菩萨蛮》都是“感士不遇”，比如“照花前后镜”四句，那是屈原的《离骚》“退将复修吾初服”之意，这个其实是跟晏几道替他父亲作辩解一样的牵强附会。所以王国维就反对张惠言，他说“固哉，皋文之为词也”，皋文张惠言的评说词真是太固执了。王国维说像温庭筠的《菩萨蛮》以及像等一下我们要看的欧阳修的《蝶恋花》：“庭院深深深几许”，这些词“有何命意”，有什么寄托的深意，“皆被皋文深文罗织”，皋文就是张惠言的字，“深文”，是从文字来深求、来牵强附会。所以王国维是不赞成这种牵强比附的。温庭筠、欧阳修可能就是为当时流行的歌曲，写了有关美女爱情的小词以付歌者去演唱，哪里有贤人君子的用心。所以王国维就批评张惠言，说张惠言是“深文罗织”，可是王国维自己讲词，就在王国维的《人间词话》中，他也说过“古今之成大事业大学问者，必经过三种境界”，“昨夜西风凋碧树，独上高楼，望尽天涯路”，他说那是第一个境界，这是晏殊的词；“衣带渐宽终不悔，为伊消得人憔悴”，这是第二种境界，这是柳永的词；“梦里寻他千百度，蓦然回首，那人正在灯火阑珊处”，这是辛弃疾的词。他说辛弃疾的词是成大事业大学问的第三种境界。而前引晏殊的词是成大事业大学问的第一种境界。他不但这样说了，而且他在另外一个地方，又谈到晏殊的这首《蝶恋花》的词，他又引了《诗经·小雅·节南山》里边的几句诗，说“‘我瞻四方，蹙蹙靡所骋’，诗人之忧生也”，晏殊的词“‘昨夜西风凋碧树，独上高楼，望尽天涯路’，似之”。《小雅》的那一篇诗在最后一章的结尾说，“家父作诵，以究王訩”，他说我这首诗就是为反映我们国家的政治上的一些缺失，一些危险的情况。《诗经·小雅·节南山》说“我瞻四方，蹙蹙靡所骋”，是有它政治上的意味在里面，可是晏殊没有啊，晏殊既没有成大事业大学问的第一种境界的用意，也没有像《节南山》中的“家父作诵，以究王訩”那种关怀政治和国家的用意，可是王国维，他说“似之”。所以我们就发现小词，特别是写美女和爱情的歌词，有一种很微妙的作用，就是说，它很容易引起读者另外的联想，可是引起联想的性质不是一样的，解释这种联想的方式也不是一样的。

在现代西方理论中，如果谈到一首诗或一句诗，可以有很多种意思的解释，不同的理解，不同的诠释；而在中国过去的旧传统之下，总是认为，我们要推寻的是作者的原意，我们所要找的是作者他自己根本原来的意思是什么。

所以常常认为，我说这是他的意思，那么你的那个意思就不对，你说的那个意思是他的意思，那么我的意思就不对。都认为作者他自己只有一个根本的意思。早在1940年代，英国的一个学者William Empon曾写了一册书，有人翻成《七种暧昧的类型》或《多义七式》，那就是说有的时候，一首诗，一句诗，它有一种Ambiguity，就是一种模棱两可的情况，你可以这样解释，但我也可以那样解释，不过这种解释又有不同的情况，有的是两种解释可以并存的，有的是两者不能同时并存的，比如说杜甫的诗，“纵使卢王操翰墨，劣于汉魏近风骚”，“劣于汉魏近风骚”就有许多人有不同的解释，有的人说是卢王的诗比不上汉魏之近于风骚，有的人说卢王的诗虽然劣于汉魏，可是近风骚。这句诗只能有一个解释存在，不能同时有很多的解释存在，我们要参考杜甫的其他诗作，与他平常作诗的态度，才能判断哪一个是正确的，只有这一个是正确的。像这样的模棱两可，当然不是很好的一种现象。但有的时候一首诗或一句诗，它也会同时存在有很多种解释的可能，我们可以允许它同时并存，所以有人觉得Empson用Ambiguity不好，因为它的意思是暧昧、模糊，这个字有一个不好的意思在里面，所以西方的文学批评就有了新的术语，说那种情况是multipulmeaning或plurisignation，就是多义、多重的意思。比如说像李后主有一首《浪淘沙》词，很有名的，我想大家都知道：

帘外雨潺潺，春意阑珊，罗衾不耐五更寒。梦里不知身是客，一晌贪欢。独自莫凭栏，无限江山，别时容易见时难。流水落花春去也，天上人间。

这“天上人间”四个字又没有主词，又没有述语，所以就有了多种可能性。一种可能性是问句，说流水落花春去也，那里去了天上还是人间？是一种问句。另外，还可以有一种解释，是一种感叹的语气，说流水落花春去也，天啊，人啊！还有一种可能，是说从前是天上，现在是人间了。还有第四种可能，第四种是什么可能呢？就是承接他前面的词句，前面说的是“独自莫凭栏，无限江山，别时容易见时难”，后面的两句就是“流水落花春去也，天上人间”，是对“别时容易见时难”的一种诠释，“流水落花春去也”是写“别时容易”，而“天上人间”是写“见时难”。所以这句词，一共只有四个字，却形成了四种不同的解释。俞平伯先生传统的观点比较深，所以他认为别的解释都不能接受，只有第四种的解释才是对的。可是如果用现在西方比较新的这种Plurisignation多义的观念来看，我以为李后主的“天上人间”一句，是可以四个意思同时存在的。李后主这个人纯任感性而不重理性，他觉得感动就化为文字说出来了，他根本没有用理性好好地想过，所以他的“天上人间”，可能同时有很多的感受在里边。这就是一种多义的情况 。可是传统的文学评说，他们所尝试探寻的是那种作者原来的意思。张惠言所走的就仍然是传统的途径，就是说他认为他所找到的就是作者原来的意思，温庭筠的《菩萨蛮》原来就有这种“感士不遇”的含意在里面，欧阳修的《蝶恋花》词“庭院深深深几许”，本来就是谈北宋庆历政变时很多人被贬出去的当时国家的政治情势。这是张惠言把他自己讲的这种寄托的想法说成是作者原来的意思。可是王国维虽然也是把晏殊的词、欧阳修的词讲成了多重的意思，说“昨夜西风凋碧树，独上高楼，望尽天涯路”，那是成大事业大学问的第一种境界，可是他在那则话语的最后结尾却说，“然遽以此意解释诸词，恐晏欧诸公所不许也”。也就是说我如果说这就是作者晏殊、欧阳修的原来的意思，恐怕晏殊、欧阳修并不会同意我的这种解释。那么王国维为什么可以有不同于作者的想法呢？这也就是文本中的潜能问题。

文本的英文是 text，这 text 本来可以当作一种“本文”的意思，甚至于学生用的课本，我们也可以说它是 text。可是为什么我们中文的翻译，很多人不用“本文”而用“文本”呢？这中间其实是有很微妙而同时也很重要的一个区别，因为你如果说“本文”，就是说，这是一篇文章，这篇文章是一个成品，这个是本文。可是当我们把它说成是“文本”的时候，这个意思是不同的，文本的意思是说什么呢？根据法国学者罗兰·巴特（R. Barthes）的说法，文本的意思是说一个文字组成的作品，但是我们并不去把它作为一种已经固定的文章来看待，而是说这一篇文字，这一篇语言，这一串符号，它的本体，那不断产生作用的那个本体，即是所谓文本。后来的接受美学家 Wolfgang Iser 又提出来一个理念，他认为文本中有一种潜能，英文是叫“Potential effect”。Wolfgang Iser 在他的书《The Act of Reading》里面，曾经有一句话，他说：“The text represents a potential effect that is realized in the reading process”。现在的接受美学，就把诠释的重点从作者转移到读者这一方面来了。因为一个作品没有经过一个读者的阅读，它只是一个艺术成品，不管是读古诗、或欧阳修的词，不管他写得多么好，如果一个没有诗词古典训练的人，他面对这些作品是没有作用的，是没有意义的，所以一个作品它的实践，它的价值是在 reading process，是在阅读的过程中实现出来的，所以按照接受美学的评论，我们在阅读作品的时候，我们自己就参加了再创作的过程。可是一篇作品允许我们读者参加多少创作呢？作品里边给予我们的这种可能性，这种 Potential effect 有多少呢？这个是不同的。有的作品它的 Potential effect 潜藏得非常丰富，那真是我们中国说的仁者见之谓之仁，智者见之谓之智，其间蕴含了非常丰富的可能性，也有的作品它是没有这样丰富的可能性。这样说不是一种空谈，哪样的作品有丰富的可能性？哪样的作品没有丰富的可能性？这是一个问题，而且就算是这个作品有丰富的可能性，你用什么样的方式来诠释它，不同的读者，不同的层次，不同的阅读的背景，不同的理解，可以做出来许多不同的诠释的方式。

张惠言诠释的方式，虽然是一种比附的方式，那也是因为在温庭筠的词里面，在欧阳修的词里面，有某一种的 Potential effect 存在在里边。可是存在在里边的因素是不同的，温庭筠的小词，说“懒起画蛾眉，弄妆梳洗迟”，他又说“新贴绣罗襦，双双金鹧鸪”，美丽的女子，美丽的蛾眉，美丽的罗襦，美丽的装饰，而这些个文本里边的词语，有一种 Potential effect，可是这种 Potential effect 里，都是由于文本里边的语言提供了这潜能。文本里边所有的语言都是符号，如果从符号学来说，符号有各种不同的符号，有些是约定俗成的日常语言，可是在文学里面，在诗歌里面，当一种语言，常常在诗歌里面出现，于是就在这个国家、这个民族他们的文化传统之中，给这个语言加上了很多丰富的联想的材料。如果根据另外一个西方符号学的学者 Lotman 的说法，他认为在诗歌里面有一些语言，在国家民族文化历史形成的过程之中，它已经融合了很多文化的传统在里边，那么这个符号就变成了一个“Code”，它包含了很多文化材料在里边。因为这个美女，这个蛾眉，这个服饰的美好，从中国《离骚》开始，就有了“美人香草以喻君子”的传统，“众女嫉余之蛾眉兮，谣诼谓余以善淫”、“制芰荷以为衣兮，集芙蓉以为裳，不吾知其亦已兮，苟余情其信芳”，那种装饰，那种容貌的美好，“蛾眉”的美好，从屈原开始，就有了比兴和托喻的意思，所以这一类的语词、语汇，就有了引起张惠言这样联想的可能，从符号学上说起来，张惠言这样的联想在语言上有这个可能。但是第二个问题就要问了，像温庭筠的作品，像欧阳修的“庭院深深深几许”，你如果从作者的显意识来说，温庭筠可能并没有张惠言说的那样的意思，欧阳修也可能没有那样的意思。可是这其间却有一种非常微妙的现象，我现在就要介绍西方的文学批评中另一个新的观念。有另外一个学者叫做 Lawrence Lipking 在西北大学（Nothwest University）教书，他写过一本书就是《在诗歌传统中的弃妇》，他认为古今中外所有的诗人，都喜欢用寂寞、孤独、爱情失落，或者对爱情有所追寻有所期待的妇女这种形象。这种形象有的时候是有心托喻，像曹子建写诗，“愿为西南风，长逝入君怀；君怀良不开，贱妾当何依”。他自己比做贱妾，那是他有心的比拟，他是 Consciously 这样比的。而温庭筠、欧阳修很可能就是给流行的歌曲写一首歌词，它不一定是显意识有所托喻的。根据 Lipking 的说法，他认为男子在现实社会中，一般的社会习惯是不允许一个男子说他自己的失败和失落的。女子爱情失败了，可以痛哭流涕地埋怨诉说，今天跟这个姊妹说，明天跟那个姊妹说。但男子有了任何的失败和失落，不管是爱情的失败还是事业的失败，他是不肯向什么人说的，而且越是失败，他隐藏得越深，而他这种隐藏在里边的这种心态，可能当他用妇女的那个形象来写作的时候，写到妇女的失落，写到妇女的孤独，写到妇女对一个所爱的人的期待和盼望的时候，他无心之中，就透过了妇女的身份流露了自己潜意识的一种心态。

我愈来愈觉得中国小词是非常微妙的一种文学体式。像杜甫诗《自京赴奉先县咏怀》和《至德三载，甫自金光门出，间道归凤翔，乾元中由左拾遗移华州掾，与亲故别，因出此门，有悲往事》，这么长的题目，把他诗里头要说的什么都告诉了我们。但是像《花间》词，像北宋的晏、欧的小词，没有一个标题，没有一个题目，就只是为歌曲填写的歌词，但在潜意识里可能不知不觉的流露了男子的一种失落的、失败的或期待盼望的某一种感情，而且是男子不能够明白说出来的意思，反而在他不知不觉之间，在不一定是有心的比兴寄托，不一定像曹子建那样的比兴寄托中，于无形之中自然流露出来了。小词就有这样的一种可能性。所以张惠言的解释，有他牵强附会的那一面，但是从语言学、符号学说，他也有些个为什么他这样说的道理。而且妇女的形象，与男子潜意识的感情心态，有某一种的相似性。可是王国维跟张惠言又不同了，张惠言还是说这个解释是作者有这样的心意，而王国维呢，是说“遽以此意解释诸词，恐晏欧诸公不许也”，作者是未必同意他这样说的，所以王国维的主张就更进了一步，更接近现代西方美学家的一种理论，就是读者可以再创造，可以重新创造，而你创造的意思，不一定必须是作者的原意。我还要引一位意大利的接受美学家的说法，他提出一种观念叫做 Creative betrayal，意思是创造性的背离，就是说读者有一种再创造的能力和自由，而且那个创造不一定是作者的原意。王国维可以从晏欧的小词，说到成大事业大学问的三种境界，而且说这不一定是晏欧的意思，是读者的所得，而这在西方的接受美学是允许有这样的读法的。这是西方文学批评理论中所提出的“Potential effect”。如果我们要借用中国传统诗歌批评的术语，来给张惠言和王国维两个人这种诠释诗篇的方法加以说明的话，我以为张惠言的方法，是用“比”的方法，而王国维，从这个想到那个，作者可以有他的原意，读者也可以有他的联想，这是“兴”的方法。比如《论语》里边孔子和他的弟子谈诗，子贡说：“贫而无谄，富而无骄，何如？”孔子说：“可也，未若贫而乐富而好礼者也。”子贡曰“诗云：‘如切如磋，如琢如磨，其斯之谓乎？’。”子曰：“赐也，始可与言诗已矣，告诸往而知来者”。从一想到二，这样的一种联想，这种诠释是一种兴的方法。

我上面谈的是不仅一篇诗有多义的可能，而且诠释时也可以有不同的方法。但是我们现在要探讨一个最基本的问题，就是哪些个文本里边才有这种Potential effect，哪些个文本里边，没有这种Potential effect，为了什么呢？我们现在就简单的看几首词例，第一首欧阳炯的《南乡子》：

二八花钿；胸前如雪脸如莲，耳坠金环穿瑟瑟，霞衣窄，笑倚江头招远客。

在别的地方上课的时候许多的同学听我讲词，引起了一个疑问，他们想我本来讲的是很标准的普通话，怎么念词时这个字的声音就不对了呢？我可以跟大家说，我从小就在旧家庭里边长大的，那时我的长辈，我的伯父，我的父母，他们念诗念词的时候跟说话的声音有时就不一样，为什么这样呢？因为这是我们北方人一个很遗憾的地方，是我们学习古典诗词时的一个遗憾，我们不会读入声字，很多的入声字我们北方人都念成平声了，那怎么办呢？所以这是北方人学诗词的最大的不方便的地方，可是我并没被这种不方便所困住过，我的伯父跟我父亲念诗的时候，虽然他们不能够说出来像你们诸位标准的广东话、福建话，这种正确的九个音调还是八个音调的正确的入声字。但是我的伯父、我的父亲，他们总是尽量把应该读作入声的字，就算不能够读出来PTK收尾的入声，也尽量把它读成仄声，所以我读词的音调常与说话不同。

二八是十六岁，十六岁是女孩子最好的年龄，我在北美看到卖少女服装的商店，写着“Sweet Sixteen”，二八是最好的华年，“花钿”是女子头上戴着很多珠翠花朵的装饰，“胸前雪脸如莲”是指她的身体的肌肤和容颜的美丽，这个女孩子“耳坠金环穿瑟瑟”，耳上戴着金环，还穿有“瑟瑟”的玉石，而且“霞衣窄”是说穿着像彩霞一样的颜色鲜丽的衣服，而且是非常紧身的，这个女孩子在做什么呢？“笑倚江头招远客”，带着笑容站在江边招呼远方的客人，这首词当然也把这个女子写得很美丽、生动。但是这首词只有一层表面的意思，它缺乏文本里面的Potential effect。第二首词是薛昭蕴的《浣溪沙》：

越女淘金春水上，步摇云鬓佩鸣珰，渚花汀草又芬芳。不为远山凝翠黛，只应含恨对斜阳，碧桃花谢忆刘郎。

第一首欧阳炯的词是男子的眼光看女子，第二首词，也是写一个美丽的女子，“越女淘金春水上，步摇云髻佩鸣珰，渚花汀草又芬芳”。也是写表面的形象。可是他下半首就设身处地的讲“不为远山凝翠黛”，不是为了远山而凝了她的翠黛，她是为斜阳满怀着愁恨，为什么呢？因为春天的碧桃花谢，她就想念她爱的那个男子，其中有寂寞的感情在里边，可是这个也还是表面的意思，没有很多的藏在里边的意思。而第三首是欧阳修的一首词，也是写一个美丽的女子，《蝶恋花》：

越女采莲秋水畔，窄袖轻罗，暗露双金钏，照影摘花花似面，芳心只共丝争乱。鸂鶒滩头风浪晚，雾重烟轻，不见来时伴，隐隐歌声归棹远，离愁引著江南岸。

好的作家跟次一等的作家，好的作品跟次一等的作品，分别就在这里。所以王国维的《人间词话》中，他说我要用这个大事业大学问的三种境界解释晏欧诸词，恐怕晏欧诸公不同意，可是他又说“然此等语，非大诗人大词人不能道”，但若不是大诗人大词人不可能写出这样的词来。我们说深人不说浅语，浅人也不会说深语，是有欧阳修这样的学问、修养、性情、怀抱的人，才能写出这样的词来。他不是有意识的，但他的词有这样的丰富的内涵，有这样的深度，你写出来的词就算你没有意思要比兴寄托，但你仍有一个深度在那里，就会产生微妙的作用，这些微妙的作用，都是从文本里面扩大出来的，文本是非常重要的一个东西。

欧阳修的这首小词，含有丰富的潜能，前人也隐约模糊之间有过这样的感受，徐珂的《历代词选集评》他就说了，说这首词中的“窄袖”句是小人常态，说“雾重烟轻”句烟雾笼罩，是“君子道消”，还有《草堂诗馀》续集，引沈际飞的话，他说“美人是花真身，如丝争乱，吾恐为荡妇矣”。这是中国的旧传统，中国的旧传统，遇到这类作品，总是一个君子一个小人的解说，一个道消。可是王国维就不是了，王国维说成大事业大学问的三种境界，那是他自己做为一个曾经学习哲学，研究哲学的学者的体会，而不是中国古代的君子小人政治理想的观点。中国传统的君子小人之说总是望文生义，如“庭院深深”，是闺中邃远，“窄袖”就是小，小就是小人，“雾重烟轻”就是君子道消，他们感觉有一种可能，可是他们联想的范围太狭窄、太被局限了。我以为我们要面对的，就是我们所要讨论的那种潜能，那种可能是从哪里来的，我们一起来看一看这首词。

他说“越女采莲秋水畔”，我们若将这句词与前面薛照蕴的词相比较，一个是淘金，一个是采莲，一个是春水，一个是秋水，这其间的感觉是不同的，“落霞与孤鹜齐飞，秋水共长天一色”，春水的那种情调，与秋水的澄静是不同的，而采莲就更妙了，莲就是芙蓉，莲就是荷花，古诗十九首说的“涉江采芙蓉，兰泽多芳草，采之欲遗谁？所思在远道”采莲的联想，古诗十九首之外，这种联想和过去很多的诗篇有密切的关系。Julia Kristera 还用了一个字叫 Inotertextuality，这个字的意思是互文、互为文本，他说每一首诗都像是意大利的一种名叫 mosaic 的艺术，而 mosaic 是一小块一小块拼成的图样，在文本中每一个小片语都是从别人的文章里拿来的，所以从这些碎小的拼凑，就可以联想到原来的和它有关系的种种诗篇，这就是互为文本，intertexttuality。所以我们从采莲，可以想到“涉江采芙蓉”，而从荷花，你也可以想到屈原《离骚》所说的："制芰荷以为衣兮，集芙蓉以为裳。"何况在中国南北朝的民歌里面，凡是莲，它的谐音是怜，就是怜爱、相怜，有爱情的意思。秋水的那种清明澄静，"采莲"那种美好的特质是一种微妙的作用，就是说文本，它给你这样一种作用。接下来，"窄袖轻罗，暗露双金钏"，所有的女孩子都是戴着这样的装饰，欧阳炯说"耳坠金环穿瑟瑟"，薛昭蕴说"步摇云鬓佩鸣珰"，一个"步摇云鬓佩鸣珰"的女子，那种语句所透露出来的是夸张的，是炫耀的一种美，欧阳修的"窄袖轻罗，暗露双金钏"他没有在那里摇，也没有在那里响，他写的女子的美是藏在里边的，而这种含蓄的、隐约的美，就是我们中国旧传统的一种品德。旧传统的品德不是夸张、不是制造知名度，不是如此，中国人讲的是含蓄，把美好的东西藏在里边的内美，《诗经》的《硕人》说"衣锦絅衣"，什么叫做衣锦絅衣？就是用罩袍把锦绣的衣服罩起来。欧阳修说"窄袖轻罗"，"轻"，那种纤细，那种轻柔美好的感觉，"暗露双金钏"、"金"，当然是珍贵，"双"，意味着成双作对，这都代表完整美好。所以这些词句都有很丰富的 Potential effect，可以引起很多联想。

我认为欧阳修这首词的神来之笔，是下面接下来写的："照影摘花花似面，芳心只共丝争乱"，是他面对水中自己的影子的时候，认识到自己的美好，这是非常奇妙的，当然欧阳修也不见得如此感觉，我要借王国维说的："遽以此意说欧公词，恐欧公所不许也"，但"照影摘花"，荷花人面互相映照，这样的美好，是她面对水中自己的影子的时候，认识到的。这是一种属于自己的价值意义的美好的醒觉，所谓，"天生丽质难自弃"，你应该爱惜珍重你自己，认识到你自己的意义和价值。下面"芳心只共丝争乱"，当她发现自己的美好的时候，为什么她的芳心只共丝争乱，李商隐的一首《无题》诗说"十四藏六亲，悬知犹未嫁，十五泣春风，背面秋千下。"一个人如何实现你的美好，女子在过去的旧社会里边，要想实现她的意义和价值就是找到一个她所爱也爱她的男子，她的美好就是等待一个人来欣赏她。我们说"士为知己者死，女为悦己者容"，而没有一个知道她、认识她、欣赏她的人，正如李商隐说"十五泣春风，背面秋千下"，所以这个女孩子"照影摘花花似面"的时候，感到一种感情的撩动，使她认识到"芳心只共丝争乱"。这是由于他引生了一种追求向往的感情。这词写的是采莲，现在天色慢慢黑下来了，所以他说"鸂鶒滩头风浪晚"起了风了，起了浪了，"雾重烟轻"，中国烟和雾是不大分别的，柳宗元说"苍然暮色，自远而至"，近的地方烟雾好像轻，远的地方烟雾好像重，在苍然暮色之中，有雾也有烟，有深也有浅，有远也有近，这是一片朦胧的境界。接下来，"不见来时伴"，一般女孩子都是喜欢成群结队的，两两三三嘻嘻笑笑，她说现在跟她一同出来的采莲的女子"不见"了，欧阳修写的这个小词真是妙，他的丰富就在于这“不见”之中。陶渊明写有《归园田居》一首诗，他说“拭携子侄辈，披榛步荒墟”，最后他说“怅恨独策还，崎岖历榛曲”，我带着满怀的惆怅，满怀的愁恨，独自拄着拐杖走回去，那些子侄不知道到哪里去了。就在陶渊明沉入到自己的某种感情、某种思想、某种境界的时候，他的特殊人格显现出来了。我认为这个采莲的女子，在“照影摘花花似面，芳心只共丝争乱”的时候，她的境界已经在里边了，所以“雾重烟轻，不见来时伴”，其他的都不见了。“隐隐歌声归棹远”，在采莲女子隐隐歌声之中，她们渐渐回到江岸上去了。而她“芳心只共丝争乱”的这样的感情，是在“雾重烟轻”的外在的视野之中，在“隐隐歌声”之中，引起了她满心的追求向往与满心的怅惘哀伤，从水上到岸边都充满了这种情思，是一个女孩子对于她美好的姿质的觉醒，对于感情的期待，欧阳修写出来了这样一种觉醒和期待的感情意境。这表现出欧阳修内心有很明显的多层的意思，这是欧阳修的学问，胸襟、修养、性格，使他偶然于不知不觉之中，以他过去读书的丰富的体念，在他用字的语言之中，在 text 的文本之中，他给了我们丰富的 Potential effect，而我觉得北宋的词，特别是晏欧的那种令词是最富于文本之潜能的。

（《社会科学战线》1998 年第 3 期）

# 张爱玲小说与女性问题：教育、事业、爱情与婚姻的挑战

（香港）林幸谦*

除了婚姻问题以外，教育问题与个人的趣致、志向和事业，无疑是女性一生重大的挑战，直接指向人格独立和自我认知的层面。在现实生活中，张爱玲的成长经验相信提供给她不少反省认知的机会以及促使她获得经济能力和精神人格上的独立。在这方面，《童言无忌》和《私语》等文，一直是研究张爱玲早年生活体验的重要传记。

张爱玲从香港大学回到上海后，成为自食其力的作家。她曾借用了苏青的话暗示出一个职业女性内心的感受："我（苏青）自己看看，房间里每一样东西，连一粒钉，也是我自己买的。可是，这又有什么快乐可言呢？"回味几遍后，张爱玲才觉察出其中的滋味："方才觉得其中的苍凉"。① 小时候，对于名门世家的张爱玲可说从没吃过钱的苦，不知道钱的坏处，只知道钱的好处。出门看电影有私人司机接送，给她一种"豪华的感觉"。然而，她始终记得成长时期向父亲伸手要钱交学费的那种难堪，她说：

> 我不能够忘记小时候怎样向父亲要钱去付钢琴教师的薪水。我立在烟铺跟前，许久，许久，得不到回答。后来我离开了父亲，跟着母亲住了。问母亲要钱，起初是亲切有味的事……可是后来，在她的窘境中三天两天伸手问她拿钱，为她的脾气磨难着，为自己的忘恩负义磨难着，那些琐屑的难堪，一点点的毁了我的爱。②

在独立自食其力的现实生活中，张爱玲背弃了祖家的世荫，体会到女性在宗法社会中追求经济独立中的困境。对于张爱玲来说，经济和教育的压力不只

---

* 作者单位：香港浸会大学。

① 张爱玲：《流言》，香港：皇冠出版社，1995 年，第 8 页。

② 张爱玲：《流言》，香港：皇冠出版社，1995 年，第 8 页。

在于文化和制度中，它更渗透在社会群体、个人心灵和作家的文本之中。

张爱玲把她这方面的反省认知能力赋予了她笔下的女性人物，但并不是所有的女性角色都有这项能力，而仅是少数而已：现实世界中的写照不外如此，大部分的传统儒家女性都已被内化殖民，站在宗法父权的观点去对待女儿的教育与人格自立。像张爱玲的母亲黄逸梵和姑姑张茂渊这样敢于反抗命运的新女性，在那时代毕竟少之又少。

## 一、“一个女人，要能自立”：张爱玲小说中的女性教育与婚姻问题

在现代社会里，女性的身体往往成为各种压抑论述的焦点，成为重要的中心概念。我们的阅读因而有必要学习傅柯关注身体如何被投资、被察觉、被给予意义和价值的做法，从而构成了监视和控制的身体论述①。张爱玲笔下这些女性人物的身体，有如她们日后在夫家具有传宗接代意义的子宫一样，不但成为繁衍下一代的生产媒介，也成为三从四德被行使的场所。她们的身体和完整的子宫，意味她们终将被纳入宗法家族之内行使生儿育女、操劳家务的义务。倘若女儿没有可供宗法父权孕育“承继人”的生产场地：即子宫与身体，这些女性人物，例如潆珠、川嫦、静静、曲曲、沁西亚等人，可能不会受到较男性更多的管制、监控和指责。

在《创世纪》一文中，正如潆珠那种小丑焦虑的写照一样，这种焦虑中的女性丑怪形象同样发生在患病的川嫦身上。由于川嫦罹患绝症，子宫和身体的意义已经消失，丧失了宗法父权对女性最基本的要求条件，一如无法生育的妻妾一样注定要遭到被遗弃的命运。作为女性亚文化群体写照的川嫦，她那自生自灭的结局为传统宗法女儿身的从属处境提供了文学特质上的一个共通基础。在重男轻女的性别道德面前，尤其受到剥削、监视与压制。这正是她们讲述自己闺阁身体的方式。

在爱情婚姻上，宗法女儿面对无可选择的空间，可供选择的对象有限，并几乎完全由父兄主宰。川嫦作为具有代表性的女儿角色，自然也面对这种困苦。章云藩由大姑爷介绍到郑公馆后，“理顺成章”地成为川嫦唯一可能的结婚对象：为来为去不过是因为他是她眼前的第一个有可能性的男人。“可是她

① 张爱玲：《第一炉香——张爱玲短篇小说集之二》，香港：皇冠出版社，1993 年，第 435 页。

没有比较的机会，她始终没来得及接近第二个人”①。张爱玲其他篇章的女儿大都面对了同样的问题，如《封锁》的吴翠远、《琉璃瓦》的静静与曲曲、《金锁记》的长安、《创世纪》的潆珠、包括后来成为母亲的七巧、银娣，离婚后的流苏，被逼嫁人的冯碧落等。而对于七巧和银娣而言，婚姻是个骗局，等同于被父兄充当买卖的媒介，然而她们至少还有太太的身份。然而对于霓喜来说则连名份都没有，最后落到拖儿带女被赶出家门。其他如小艾和众多婢仆等人的命运，更是论述中国女性丑怪身体和女性亚文化群体不可或缺的重要构图。

另外，在张爱玲文本中，郑夫人肯定是张爱玲文本中一个反省认知能力很强的传统女性。她在中秋晚上的一席话，表达出她的自省意识。她渴望拥有自主、主体的人生，却因为种种内外在因素而无法实践。故此，她把希望寄托在女儿身上，以免她们重蹈覆辙。在寻找主体和摆脱从属客体身份的反思中，郑夫人首先强调了教育和学识的重要性。从小，她就告诫四个女儿：

> 好好念书啊，一个女人，要能自立，遇着了不讲理的男人，还可以一走。②

但是，郑家的四个女儿并无法在学业上取得进一步的发展或专业成就。主要原因自然出在郑先生的传统宗法性别歧视心态，并不打算让女儿受高等教育：“女儿的大学文凭原是最狂妄的奢侈品”③。母女两代都意识到自己亚身份的卑微无能。从属地位使郑夫人有心无力，女儿们逐一也踏上她的覆辙，重写儒家母亲的人生。

女子无才便是德的儒家女性观，在张爱玲的文本中成为外涉宗法社会贬压女性自主的“道德法律”，指涉内囿与从属身份的危机。传统宗法社会把知识视为必要控制的反抗力量，而知识匮缺所带来的省思能力的羸弱则形成人格独立最大的障碍。这成为女性焦虑的内在根源，并把女性“结构”在内囿文化和闺阁之中，在体制内成为从属族群，在文学上构成闺阁身体及诸多怪诞卑微的女性形象。女性无才便是德背后的双重忌讳：才可妨德和才可妨命，涉及了中国文化的才德观与才命观④。“妇人识字，多致诲浮”的辱蔑，必然引发诸多闺阁身体与宗法传统的争议问题。

---

① 张爱玲：《第一炉香——张爱玲短篇小说集之二》，香港：皇冠出版社，1993 年，第 435 页。

② 张爱玲：《第一炉香——张爱玲短篇小说集之二》，香港：皇冠出版社，1993 年，第 438 页。

③ 张爱玲：《第一炉香——张爱玲短篇小说集之二》，香港：皇冠出版社，1993 年，第 434 页。

④ 刘泳聪：《女性与历史——中国传统观念新探》，香港：教育图书公司，1993 年，第 89-90 页。

张爱玲的文本，直接和间接的、大量承载了这方面的女性闺阁话语和压抑主题。上述川嫦的身世只是一个例子。郑家女儿的命运，也同样落在《创世纪》匡家的女儿身上。匡家和郑家的经济能力较一般富裕，然而潆珠和几个姐姐一样，只念到初中就被中止学业——和郑家的模式相仿。不但扼杀了潆珠想继续念书的机会，甚至连出外工作也必须鬼鬼祟祟偷溜出来，不敢让家里长辈知晓①。而匡家宣赫的家世地位更形成了某种禁忌，加重了她们的负担，在学业、事业、社交、恋爱与婚姻各方面都受到困扰。

潆珠和川嫦作为两个相互指涉的叙述复本，指涉着文本以外的现实女性。而她们的母亲，全少奶奶和郑夫人又是潆珠和川嫦的未来写照。在此，笔者称之为叙述复本的“历史写照”。母女两代的结合，交汇出叙述复本的一生写照，其中的差异性被普遍性所取代。上一代讲述了下一代的历史，下一代反过来又强化了历史的循环。教育上的压制形成家庭压抑的重要一环。

在《创世纪》中，匡家对潆珠出外工作基本上并不鼓励。她瞒着家人在外工作，没有正式公开让家人知道。这样的安排更见出潆珠在匡家里的内闱处境，以及她渴望往外发展、离开匡家成为独立新女性的性格。在此现实中，此种压制上的连续性、重复性和停滞性，事实上具有自我再生性的效果，代代循环。郑夫人希望她的女儿能够挣脱从属的循环，独立自主，自然也终归徒然。反观郑夫人自身，她虽然有钱，却不断让丈夫哄骗供他花用，自己连自主的一步也没有跨出。

对于另一些母亲，较之郑夫人，则是完完全全宗法父权的执行者，表现出传统社会对女性内化殖民的真相。这一类母亲和宗法父亲一样，奉行男尊女卑的信仰，牺牲女儿的幸福去造就不义的儿子。在张爱玲为电懋公司编写的最后一个剧本《魂归离恨天》里，叶湘容就在母亲造就不孝儿的环境下被牺牲。湘容对母亲说：“妈不叫我去学堂，我要是进学堂横是不会像他（弟弟）这样丢人”②，充分显示出她对母亲和弟弟祖培的讽刺与不满。两代女性的追求与冲突，在不同的文本里交织出宗法文化的内涵：男性都在家庭中占有正统身体的身分，女性则被其内化规范；其有反省能力的新一代女儿，却又无能出走。

在祖母辈的紫微那里，情况自然更糟。紫微八岁进书房，十二岁就已辍学，每天忙着学习弱势艺术的“诸般细活”，以防她“胡思乱想”。至于自己到底喜欢

---

① 在《创世纪》中，匡家对潆珠出外工作基本上并不鼓励。她瞒着家人在外工作，没有正式公开让家人知道。这样的安排，更见出潆珠在匡家里的内闱处境，以及她渴望往外发展、离开匡家成为独立新女性的性格。

② 张爱玲：《续集》，香港：皇冠出版社，1993 年，第 175 页。

什么，自己也不知道。这无疑就是愚女制度下最大的危机与悲哀：

一直她住在天津衙门里，到十六岁为止没出过大门一步①。

不仅只反映女性种种成长的困境，也把隐匿在闺阁深居的种种有关教育、婚姻和人格方面的隐痛带出。女性的身体自小就受到严密的监控。宗法社会的诸多压制，构成铁闺阁内众多闺阁身体的阴暗界。这是她们一切恐惧与安稳、挣脱与逃避的矛盾所在。戚紫微十六岁第一次离开家庭，是为了逃避八国联军而前往南方，人间在她感观中是一个“灰灰的世界”，除了表现乱世景象，这也是一个处于新旧传统之间的女儿对母亲一辈的周围世界的情感反射。

紫微的逃亡经验，也成为张爱玲叙述女性从属身份的关键：父亲（戚父）交待下来，遇上兵匪的话，先把她（戚紫微）推下井或河，不能让她活着丢我的人②！宗法家长的尊严与身份，竟比女儿的生死来的重要。表面上，此举是为了女儿，骨子里，谋杀女儿是为了维护宗法父权的完整与清高，也就是后者比前者更为重要。

除了以上的母女两代教育困境外，《封锁》则提出另一重要的女性教育问题。吴翠远在张爱玲文本中是一个高级知识分子，大学毕业后便在大学里执教。张爱玲给了吴翠远一个新式的模范家庭，家人竭力鼓励她完成大学教育。她在大学里教书，在当时可说是“打破了女子职业的新纪录”③。然而，吴翠远最后却因此付出了“失婚”的代价。她和电车中相遇的会计师匆匆一聚，竟也让她有了结婚的幻想，虽然吕宗桢是个已婚者，却也并不在乎。在吴翠远的结婚冲动和幻想中，她内心深层有着迂回的文化—社会的压抑情结。此点正是分析吴翠远迅速堕入情网中，未曾被解读的深层心理。

例如史书美在其重读《传奇》一文中，对此亦一笔轻易带过，认为只是吴翠远在大学里当英文助教感到“闷闷不乐”的原因。一如其他评论《封锁》的文章，史书美也只把注意力集中于吕宗桢身上，把他的欲望主体独立出来，而忽略了吴翠远在宗法过渡社会中所面对的事业与婚姻的困境。而这正是《封锁》的一大主题④。张爱玲文本中此种“可疑的叙述者”往往加深了阅读

① 张爱玲：《张看》，香港：皇冠出版社，1991 年，第 123 页。

② 张爱玲：《张看》，香港：皇冠出版社，1991 年，第 124 页。

③ 张爱玲：《第一炉香——张爱玲短篇小说集之二》，香港：皇冠出版社，1993 年，第 456 页。

④ 然而，此文对《封锁》中的欲望空间则有了更超然的剖析，为男女两方压抑的情欲提供了发泄的场域，《封锁》中的电车也有了“欲望街车”的影射。参见史书美《张爱玲的欲望街车：重读〈传奇〉》，《二十一世纪》1994 年第 24 期。

的困难，一些重要的次文本因而一直被深埋在正文本之中。

在《封锁》中，吕宗桢的妻子无疑代表了没有新时代意识的传统女性，小学亦没有毕业的教育程度；而吴翠远则代表了时代新女性。吕宗桢在传统女性和新女性之间所产生的妄想、冲动和挣扎，从男性观点角度提供了此篇所蕴含的女性教育的课题。从正面切入，吴翠远这位知识新女性在事业和婚姻中的矛盾，落实在当代现实生活里则更凸显了中国在过渡时代中的文化—社会意义。

## 二、张爱玲眼中的女性印象：飘坠而原始的悲怆

一直到20世纪中叶以后，女性高等教育逐渐普及的西方社会，根据一些女权主义者的考察，女性仍然徘徊在事业与婚姻之间——甚至到世纪末叶的今天仍然如此。1960年代波娃在几所女子大学访问天资聪慧的大学女生，何以她们的作业只是一些平庸的东西，得到的一般答案是：“我们得避免成绩太糟糕，要不别人会觉得我们愚蠢；但如果我们的成绩太好，别人又会觉得我们迂腐或是做学问的，那样的话，就不会有人愿意和我们结婚了。我们想尽可能地把学业搞好但又不影响婚姻大事。”在已婚的妇女中，我也发现了类似的情况①。可见吴翠远在1940年代的中国社会，处境自然更为尖锐。

张爱玲在另一篇《我看苏青》文章中，更以她自己和苏青为活例，写出了当代新女性的心理情结。此心理情结在很大的程度上涵盖了文化—社会的意义。她为苏青的婚姻和生活态度下了深刻的评语：

> 新式女人的自由她也要，旧式女人的权利她也要。这原是一般新女性的悲剧②。

这种新女性的悲哀，同样发生在女性的教育问题上。而有关女性教育的主题，在张爱玲文本中虽然不及压抑、内闱主题显著，然而，这方面的情结却也不断浮现，并和女性命运的思考与追索息息相关。倘若从文本中的女性回到作家本身，我们还可以在她的一些自叙性文章中挖掘一些还未被开放的正文本。张爱玲本身的求学经历，从小学开始就有来自宗法父亲的重大阻挠，一直到她逃离父家到香港大学深造，经济问题的压力就长久困扰她，却被她压抑在潜意识深处。她曾记述她的一个梦境，这里为了照顾到其完整性，节录此段文字：

---

① Simone de Beauvoir，“Women and Creativity” in *French Feminist Thought*：*A Reader*. Moi，Toril. ed. Oxford and New York：Basil Blackwell. 1987年，pp. 20-21.

② 张爱玲：《馀韵》，香港：皇冠出版社，1993年，第89页。

> 我做了个梦，梦见我又到香港去了，船到的时候是深夜，而且下大雨。我狼狈地拎着箱子上山，管理宿舍的天主教尼僧，我不敢惊醒她们。只得在黑漆漆的门洞子里过夜。(也不知道为什么我要把自己刻划得这么可怜，她们何至于这样地苛待我。) 风向一变，冷雨大点大点扫进来，我把一双脚直缩直缩，还是没处躲。忽然听见汽车喇叭响，来了阔客，一个施主太太带了女儿，才考进大学，以后要住读的。汽车伕砰砰拍门，宿舍里顿时灯火辉煌，我趁乱向里一钻，看见舍监，我像见晚娘似的，陪笑向前称了一声“Sister”。她淡淡地点了点头，说：“你也来了?”我也没有多寒暄，迳自上楼，找到自己的房间。梦到这里为止。第二天我告诉姑姑，一面说，渐渐涨红了脸，满眼含泪；后来在电话上告诉一个朋友，又哭了；在一封信里提到这个梦，写到这里又哭了。简直可笑——我自从长大自立之后实在难得掉眼泪的。①

张爱玲在此梦中正是经历了一场女性闺阁身体所恐惧扮演的角色。从精神分析视角来说，经济问题就和性欲一样是人们所忌讳的中心点，又是一个影响重大的压力。这也更能理解她在香港大学期间发愤用功，一连争取了两个奖学金的深层动机。然而她最大的理想：到英国留学的梦，最终还是在战火之中破灭。

张爱玲和其他1940年代的女性，共同面对了经济、事业和教育问题的复杂情结。如此，张爱玲文本的压抑主题有了更坚实的物质基础：从家庭经济和物质压迫层面，写出宗法父权社会对女性亚文化群的整体压迫。经济独立的重要性不但展现在她的求学生涯里，也压迫着作家的成长岁月，击打着她的自尊。例如在服装问题上，她曾经流着泪，对想要献出旧衣服给她的舅母说：“不，不，真的，舅母不要!”立刻红了脸，眼泪滚了下来②。张爱玲这方面的人生经历，让她更能领会苏青的遭遇。众多叙述复本的文本女性，一旦还原到现实社会大概就像张爱玲对苏青生活困境的论述一样：

> 譬如今年过年之前，她（苏青）一时钱凑不手，性急慌忙在大雪中坐了辆黄包车，载了一车的书，各处兜售。书又掉下来了，“结婚十年”龙凤帖式的封面纷纷滚在雪地里，真是一幅上品的图画③。

在苏青身上，可见当代所谓的新女性如何处在不利于女性谋生的宗法过渡社会中，追求经济独立、教育、事业、婚姻的瓶颈。这难堪的女性经验，在苏青雪中

---

① 张爱玲：《馀韵》，香港：皇冠出版社，1993年，第85页。
② 张爱玲：《馀韵》，香港：皇冠出版社，1993年，第86页。
③ 张爱玲：《馀韵》，香港：皇冠出版社，1993年，第87页。

卖书的写照中被勾勒出来。在简单的陈述中，含有大量女性经验的反讽意味。

在小说之外，张爱玲在一些文章中也曾讽嘲新时代中女性的写照。这亦可以作为其小说中有关女性问题的辅助资料。她在《谈跳舞》中，数处描绘了身为女儿的哀伤，特别显得瞩目。在庙宇里，泰国少女舞者的“脸是死的”，虽然“腰腿手臂各有各的独立生命，翻过来，拗过去，活得不可能，各自归荣耀给它的神”。另一个马来西亚华侨女孩，“她脸上时常有一种羞耻伤恸的表情”①。张爱玲敏感地捕捉到现实生活中女性的某种哀伤特质，在舞剧也不例外。例如她写舞剧科赛亚中“被掠卖的美人，像笼中的鸟，绝望地乱飞乱撞”等等②。这些都似乎特别钟情于书写女性内心的忧伤，近于一种丑怪身体的焦虑写照。例如她在此篇的第一段，即侧写了传统女性的压抑形象：

> 浩浩荡荡的国土，而没有山水欢呼拍手的气象，千年万代的静止，想起来是有可怕的。中国女人的腰与屁股所以生得特别低，背影望过去，站着也像坐着③。

除《谈跳舞》一文外，其他如《忘不了的画》中写画中女人“有一种最原始的悲怆”④；以及《谈画》中写圣母“灰了心，灰了头发，白鹰钩鼻子与紧闭的嘴里有四五十年来狭隘的痛苦”⑤。此外，她《谈音乐》中写小时候看回国的母亲吊嗓子强肺时，在母亲的服装上也看出一种飘堕的女性感伤：

> 她的衣服是秋天的落叶的淡赭，兼上垂着淡赭的花球，永远有飘堕的姿势⑥。

在这些平淡普遍的文章中，我们处处都可以找到女性闺阁身体的亚文化素质。总的来说，在华丽的文字中，张爱玲到底还是能够对一些和女性有关的荒凉情境尽情发挥，或为基调，或为装饰；或直写，或反写；或内化，或外现；都一再和张爱玲小说中的女性人物，保持着某种层面的内在联系。

（《社会科学战线》1999 年第 3 期）

---

① 张爱玲：《流言》，香港：皇冠出版社，1995 年，第 186-188 页。
② 张爱玲：《流言》，香港：皇冠出版社，1995 年，第 190 页。
③ 张爱玲：《流言》，香港：皇冠出版社，1995 年，第 181-182 页。
④ 张爱玲：《流言》，香港：皇冠出版社，1995 年，第 170 页。
⑤ 张爱玲：《流言》，香港：皇冠出版社，1995 年，第 202 页。
⑥ 张爱玲：《流言》，香港：皇冠出版社，1995 年，第 214 页。

# 《世说新语》：历史向文学的蜕变

〔韩国〕　全星迳*

任何一种文体，一种写作模式，都不是突然形成的，都有一个由渐变到突变的发展过程。史传文是小说的源头之一。由史传文向小说的转变，有多种历史形态。要研讨这个问题，考察一下六朝志人小说的代表作《世说新语》是颇有意义的。

## 一、徘徊于真实与虚构之间

《世说新语》是以人物的言行为记述的中心，用片言只语来表现人物的性情特征，所记魏晋士人的名言逸事，生动地反映出了当时士人的多种面貌、气质、风度，总起来显示出了那一时代中上流社会的独特风尚，成为后世人了解魏晋人文风貌的重要文献，影响是非常深巨的。

《世说新语》记载的都是实有人物之言行，可以说是人有其人，事有所本。所以，后人往往把它看作是记实人实事之书，其中许多人事被唐人采入正史人物传中。宋人董弅刊《世说新语》，跋语中云："晋人雅尚清谈，唐初史臣修书，率意窜定，多非旧语，尚赖此书以传后世。"（转引自余嘉锡《世说新语笺疏》附录）是犹嫌《晋书》未能尽依《世说新语》原文，以《世说新语》全为真实的史实。宋人秦果为孔仲平《续世说》作序，中云："史书之传信矣，然浩博而难观；诸子百家之小说，诚可悦目，往往或失之诬。要而不烦，信而可考，其《世说》之题欤!"（《续世说》卷首）可见他还是认为《世说新语》是"信而可考"的。

《世说新语》并非全为实有之事。其后不久，梁刘孝标为之作注，便纠正

* 作者单位：山东大学中文系。

了其中许多条不实之处。唐代大史学家刘知几在《史通·杂说》中云："宋临川王义庆著《世说新语》，上叙两汉、三国及晋中朝江左事，刘峻注释，摘其瑕疵，伪迹昭然，理难文饰。而皇家撰晋史，多取此书，遂采康王之妄言，违孝标之正说。"近世学者余嘉锡著《世说新语笺疏》，又"寻检史籍，考核异同"，摘出多条刘孝标未摘出的不合史实、事乖情理之处。史书要求史实的真实可靠，纂修史书不能用不真实的材料，不能以有"伪迹"、"妄言"的记述之书为依据，《晋书》的作者不应轻率地采入《世说新语》所记不实之人事，刘知几的批评自然是对的。刘孝标、余嘉锡等家的考证也是有益的，使人知道了《世说新语》中有许多并非实有之事，或者是采自前人的传说，或者是附会以成文。

应当正视的是，《世说新语》中尽管有许多刘知几所谓的"伪迹"、"妄言"，从史学的观点说是"瑕疵"，但却没有影响其书之广泛流传，后人还是乐于阅读、传讲的，和其中那些真人真事一起成为历代文人喜欢引用的典故，不辨其真伪了。这原因就在于，被史学家称之为"伪迹"、"妄言"的记述，还有另外一种价值和意义。文学是不排斥虚构的，虚构是文学的基本特征之一，甚而可以说没有虚构便没有文学。譬如《世说新语·捷悟》篇记曹操过曹娥碑下与杨修共解"黄娟幼妇，外孙齑臼"八字的意思，杨修立即解出，曹操说："卿未可言，待我思之。"行三十里，曹操方才悟出，叹曰："我才不及卿，乃觉三十里。"刘孝标注云："按曹娥碑在会稽中，而魏武、杨修未曾过江也。"意思是岂能有此事。清人方以智对此曾做过解释："因杨修知'鸡肋'而附会耳。"（《通雅》卷三）解释得颇有道理。此事虽然是附会出来的，后世还是喜闻乐道，因为这是一种人的智慧的比较，聪明人与更聪明的人的比较，曹操在传说中非常狡诈，算是很聪明了，但还有比他更聪明的人，也就成了有意趣的故事。再如《惑溺》篇第六则：

> 王安丰妇，常卿安丰。安丰曰："妇人卿婿，于礼为不敬，后勿复尔。"妇曰："亲卿爱卿，是以卿卿。我不卿卿，谁当卿卿？"遂恒听之。

这类夫妇闺房私语，不可能也不必要知道是否真有其事。看两"卿"字叠用，而且重复三次，当是文人的笔墨。当时一般是平辈和上称下为"卿"，夫称妻为"卿"。（见赵翼《陔馀丛考》）所以王安丰认为妻子以"卿"称呼自己"于礼为不敬"。这段记述只有王安丰夫妇的两句对话，妙在其妻的回答，活画出她的一副娇媚之神态和夫妇间的亲昵之情，令人读之解颐，产生了文学作品游心娱目的效果。

特别应当注意的是《伤逝》篇王戎过黄公酒垆的一则：

> 王濬冲为尚书令，著公服，乘轺车，经黄公酒垆下过，顾谓后车客：

“吾昔与嵇叔夜、阮嗣宗共酣饮于此垆，竹林之游，亦预其末。自嵇生夭、阮生亡以来，便为时所羁绁。今日视此虽近，邈若山河！”

这一则写王戎过旧地而思亡友，“邈若山河”一句含感伤之情。当时王珣曾就此事写了《经酒垆下赋》。但刘孝标注引《竹林七贤论》：“俗传若此。颍川庾爰之尝以问其伯文康（庾亮），文康云：‘中朝所不闻，江左忽有此论，皆好事者为之。’”否定了这是事实。其实，《世说新语·轻诋》篇里就有一则记庾道季（庾亮子）问及谢安，并诵读了《经酒垆下赋》，谢安不满意地说：“君乃复作裴氏学！”也否定王戎过黄公酒垆事为事实。裴氏指作《语林》的裴启，《世说新语》有不少则采自《语林》，此条大概也是。这件事是事实，还是附会之说，无法考定。值得我们思考的是同是一部书，刘义庆既然在《轻诋》篇里记述了谢安讽刺裴启《语林》多不实，王戎过黄公酒垆事也不是事实，何以在《伤逝》篇里又保留了这一条？联系《世说新语》全书，其中既有真人真事，也有附会之说，即刘知几所谓之“伪迹”、“妄言”，就表明刘义庆作此书本义已经不在于存人存史，事情之真实与否也就是次要的了。只是包括裴启、刘义庆在内的那个时代的文人，还不能完全摆脱史的观念，总是要借名人名家附会出来，再加上既便是记真人真事也还要辅以揣摩、虚构以成文，所以也就只能是徘徊于真实与虚构之间。这也就意味着由历史向文学的转化。

## 二、叙事对象与功用的转移

从文体上说，《世说新语》是由史传文演化孳生出来的。

史传是对历史人物所作的传记。刘勰《文心雕龙》中有专论史传文体的一篇，中云：“纪传为式，编年缀事，文非泛论，按实而书。”就是说史传之文要依时间顺序据实直录传主之事迹。史书立传的对象大都是与军政大事有关的人物，在政治、军事舞台上扮演过重要角色，或者是在文化上有所建树、德行高尚而著名于世的人物，普通小民是进入不了史籍的。

《世说新语》显然不是为历史人物立传，所写人物虽然多是帝王将相、公卿达官，史书可以立传的人物，《晋书》采入此书所记述的不少内容，殆由于此，但是，此书所记述到的人物超出了史书立传资格的范围，最为明显的是有几个小孩子（如《言语》篇中的为父乞药的“中朝小儿”、偷酒喝的孔融幼子），几位和丈夫说了几句昵语戏语的大族妇女（如《排调》篇中的王浑妇钟氏、《贤媛》篇中的王公渊新妇诸葛氏、《惑溺》篇中的王安丰妻），以及善品酒的桓温主簿（《术解》篇）等，都是绝对不会入史的。即便是那许多有资格入史立传的大人物，如谢安、谢玄、王敦、桓温等人，书中记述他们的言行甚多，有的多达上百条，也几乎全不是记述他们在军政方面的事功，而是他们待人接物的表现，又多半与他们从事的军政大事了无关系，有的纯属平常小事，乃至闺房戏语。《世说新语》记述的对象，无论从“人”的方面说，还是从“事”的方面说，都与史书不同。

记述对象的转移，便意味着记述的目的和功用发生了变异。作史书存人存事是为了保存历史的真相，明兴衰治乱之道。大史学家司马迁曾自谓他作《史记》是“究天人之际，通古今之变，成一家之言”（《报任少卿书》）。“究天人之际”是探求“天命”（历史规律）和“人事”的关系，“通古今之变”是洞察古往今来历史变化的因由，关注的是整个社会之治乱和王朝之兴衰。所以，史书记述的内容应该是与社会的治乱、王朝的兴衰有关系的人事，对后世有鉴戒价值的人事。

《世说新语》虽然也记述人事，但却不是注重其历史价值和鉴戒意义。就全书36个篇目看，虽然也有“德行”、“政事”、“文学”等篇，类似正史列传的名目，然而其中的内容却多半不是正面记述人物德行方面的做为、政事方面的业绩、文学方面的成就，而是与之相关的逸事，如《德行》篇记李元礼“风格秀整，高自标持，欲以天下名教是非为己任”，未讲有何德行，只是说了“后进之士有升其堂者，皆以为登龙门”。《政事》篇“殷浩作扬州”条，亦未讲他施政如何，只写到：“刘尹行，日小欲晚，便使左右取襆，人问其故，答曰：‘刺史严，不敢夜行。’”都是以效果说明其行事，而省略其行事本身。《文学》篇记：

> 钟会撰《四本论》，始毕，甚欲使嵇公一见。置怀中，既定，畏其难，怀不敢出，于户外遥掷，便急回走。

写的是钟会渴望自己的著作得到名人的鉴赏，却又很不好意思的一种情态，对其著作未置一词。《言语》篇所记言语，除少数条如过江诸人新亭对泣之语，桓温过金城见昔时所种柳已十围之慨叹语，饶有深意外，多数并非至理名言，只是应对得巧妙有趣，其中不乏逻辑游戏，如徐稺九岁时，“尝月下戏，人语之曰：‘若令月中物，当极明邪？’徐曰：‘不然，譬如人眼中有瞳子，无此不明。’”钟毓、钟会见魏文帝曹丕：“毓面有汗，帝曰：‘卿面何以汗？’毓对曰：‘战战惶惶，汗出如浆。’复问会：‘卿何以不汗？’对曰：‘战战慄慄，汗不敢出。’”再如竺法深在晋简文帝座中，刘尹问：“道人何以游朱门？”和尚答曰：“君自见其朱门，贫道实游蓬户。”可见作者并不注重褒贬和意义，而是偏重于意味、情趣。明人胡应麟评之曰：“《世说》以玄韵为宗，非纪事比。”（《少室山房笔丛·九流绪论下》）《四库全书总目》云：“所记……皆轶事琐语，足资谈助。”（《子部·小说家类一》）这表明明清间学者已经看出了

《世说新语》的这种特点。

还应当注意的是《世说新语》更多的篇目名称纯属一般的社会生活现象，如“豪爽”、“客止”、“企羡”、“伤逝”、“任诞”、“简傲”、“排调”、“轻诋”、“假诡”、“俭啬”、“忿狷”、“尤悔”、“纰漏”、“惑溺”、“仇隙”等等，是对社会中人的性情、举止的分类。这种分类不仅与史书列传不同，与汉人刘向之《说苑》的分作“君道”、“臣术”、“建本”、“立节”、“理政”、“尊贤”、“正谏”、“奉使”、“指武”等类，也有性质上的差异。《说苑》的分类着眼于为君、为臣民之事功、节操，主要在于褒扬。《世说新语》则不重在伦理方面的褒扬，分类名目涉及人的诸多方面，政事、社交、家庭，还有人的外貌、气质方面的，不少是不良性情、举止，如“轻诋”、“假谲”、“汰侈”、“馋险”等。阅读各篇所记言行，其中有美的、善的，也有丑的、恶的；有一般人之常情，也有畸形的怪癖，可以说是社会人性的大展览。其中自然也映照出了魏晋时期社会多方面的情况，如门阀观念之重，士人尚清谈，喜品评人物以及吊表好作“驴鸣”等，但也多有不是那个时代独有而为世世代代的社会人普遍共有的、相通的内容，如《贤媛》篇记谢安夫人“帷诸婢，使在前伎”，让谢安只能听到歌舞声，看不到她们的姿色，不过是大族妇女对丈夫的一种防范；《简傲》篇记王子敬兄弟见郗愔，先是极其恭敬，后来郗愔的有重权的儿子郗超死了，便“仪容轻慢”，郗愔慨然曰：“使嘉宾（指郗超）不死，鼠辈敢尔！”小人势利之态历代皆有；《俭啬》篇记“王戎有好李，卖之，恐人得其种，恒钻其核”，独擅其利之心应该说是小经营者的一种本性，只是做法太拙劣了。这部书虽然不断有人指摘其中记事多有不实处，但并未妨碍其经久流传，以致成为后世文人喜欢拈用的典故之渊薮，原因就在于此。由此可以感知，《世说新语》记事记言的性质和功用，已经悄然由史学转向被看作人学的文学，有了文学的审美情趣和价值。

## 三、文体的变异

史传文从《史记》中的列传开始便有了一种固定的文体模式：先简叙传主的姓字、里籍和家世，有的还叙及其父、祖的突出事迹；再叙述传主一生的仕履、事功，这是主体部分；最后做总的评价，通常叫做论赞。这就是史传文的三段结构。

《世说新语》不是为人立传，不记述人物的家世，也不胪列人物仕履和诸般事迹，只是记述人物之一行一言，一个生活片段，一件小事。这样所记述的人事，大都是具体的感性材料，富有生活的实感性、鲜活性。如《雅量》篇：

谢公（安）与人围棋，俄而谢玄淮上信至，看书竟，默然无言，徐向局。客闻淮上利害，答曰："小儿辈大破贼。"意色举止，不异于常。

豫章太守顾邵是雍之子。邵在郡卒。雍盛集僚属，自围棋，外启信至，而无儿书，虽神气不变，而心了其故。以爪掐掌，血流沾褥。宾客既散，方叹曰："已无延陵之高，岂可有丧明之责！"于是豁情散哀，颜色自若。

这都写出了一种人在大喜大悲之事骤然降临时能控制感情而不形之于色的涵养、气度，谢安一则以"默然无言，徐向局"两句写出其举止平静；对宾客的询问，谢安以"小儿辈大破贼"作答，说得很轻松，但这种轻松只是在了却一件心事之后才会有的，轻松背后正隐含着愉悦之情。顾雍一则又不同，写其"以爪掐掌，血流沾褥"，是以自伤皮肉之痛苦强行克制内心之痛苦；最后又写他以《礼记》里所载延陵季子和子夏的故事排解内心的痛苦。两者都是从人的生活举止的细微处着笔，写出各自不同的情状、心态。从叙事的角度说，这是专注细节，而细节正是叙事作品的生动性之所在，也就是文学性之所在。

《世说新语》突破史传文的地方还表现于经常采用形象性的对比手法。如《德行》篇：

管宁、华歆共园中锄菜，见地有片金，管挥锄与瓦石不异，华捉而掷去之。又尝同席读书，有乘轩冕过门者，宁读如故，歆废书出看。宁割席分坐曰："子非吾友也。"

《雅量》篇：

祖士少好财，阮遥集好屐，并恒自经营，同是一累，而未判其得失。人有诣祖，见料视财物，客至，屏当未尽，馀两小簏著背后，倾身障之，意未能平。或有诣阮，见自吹火蜡屐，因叹曰："未知一生当著几量屐?"神色闲畅。于是胜负始分。

这都是有意识地用对比手法，同时写出两个人物对同一事物不同的态度，或在同一状况下两种嗜好的人物的不同表现，后一则更刻画出了各自的情状、神色。在作者写来自然是有褒有贬，但却未做直露的评论，前一则让篇中人自己说出两人不是同类人，后一则只以叙述语"于是胜负始分"作结，其褒贬倾向是表现于记述刻画中，让读者自行做出评判。这与史传文的论赞不同，而是倒向了文学，让倾向性从情节中自然流露出来，靠形象的生活图画显示其自身的意义。

自然，《世说新语》里也颇多片言只语，或用以形容人物的风貌，如《赏誉》篇：

世目李元礼：谡谡如劲松下风。

《容止》篇：

时人目王右军：飘若游云，矫若惊龙。

或记人物的谈吐，如《言语》篇：

庾公（亮）尝入佛图，见卧佛，曰：“此子疲于津梁。”于时以为名言。

顾长康从会稽还，人问山川之美，顾云：“千岩竞秀，万壑争流，草木蒙笼其上，若云兴霞蔚。”

前者是用比喻方法，显示人物之风度、气质，重神而不重形，富有文学的意象性；后者言简意远，启人深思、遐想。庾亮说卧佛“疲于津梁”，可以意会出多种喻意，有着诗歌意象的歧义性。顾长康形容会稽山川之美，更像是一首山水诗了。

《世说新语》也有些则有人物、情节、细节，具备了小说的基本要素。例如《假谲》篇：

诸葛令（恢）女，庾氏妇，既寡，誓云：“不复重出！”此言性甚正强，无有登车理。恢既许江思玄婚，乃移家近之。初，诳女曰：“宜徙。”于是家人一时去，独留女在后。比其觉，已不复得出。江郎暮来，女哭詈弥甚，积日渐歇。江虨暝入宿，恒在对床上。后观其意转贴，虨乃诈厌，良久不悟，声气转急。女乃呼婢云：“唤江郎觉！”江于是跃来就之曰：“我自是天下男子，厌，何预卿事而见唤耶？既而相关，不得不与人语。”女默然而惭，情义遂笃。

此外还有《自新》篇周处杀虎斩蛟、改过自新的故事，《假谲》篇温峤娶妇的故事，《惑溺》篇韩寿偷香的故事等则，都可以归入小说之属了。

从以上三点，可以说《世说新语》正处在告别历史向文学演化的蜕变之中。

（《社会科学战线》1999 年第 3 期）

# 从《九歌》之草木试论香草与巫术

（台湾）　邱宜文*

## 一、前　言

“香草美人”，是《楚辞》的主要素材；香草之缤纷，美人之求索，营造了《楚辞》瑰丽的辞采，与回肠荡气之浪漫氛围，南方文学能与《诗经》相抗的代表风格也由此树立。然而令人奇怪的是，这种创作取材与表现手法在屈、宋之前并未尝见，几可说是凭空崛起，而在屈、宋之后，汉赋虽沿袭了《楚辞》铺陈华藻的外衣，却不再喜用“香草美人”，这对研读《楚辞》的人来说，实在是个值得探究的问题，也是文学史上一个令人大感兴味的疑点。

如果我们推断“香草美人”之用，乃由于屈子性情特异，好修尚洁，故为文取譬独特，风格迥异他人；或搬出历史，说屈原本是“文学弄臣”，因之，作品不觉充塞“脂粉气息”等等①，都必须预设屈子为不世出之天才（他不但能凭空自创风格，又使作品风行南楚，迅即得到广大民众的认同），这是十分不合常理的。因此笔者认为，《楚辞》诸篇的独特素材与浪漫风格，应该并不真的是凭空出现，它们很可能具有特殊的环境背景因素，如果能深入挖掘其源头，或许我们对《楚辞》的全貌又可得到更进一步的了解。

## 二、本　文——华采若英的巫风世界

文辞绮丽，气氛柔靡，是《九歌》的特色。《文心雕龙·辨骚》便言：

---

* 作者单位：台湾中国文化大学中文系。

① 见闻一多：《神话与诗·屈原问题》引孙次舟说，台中：蓝灯文化公司，1975年，第245-248页。

“骚经九章，朗丽以哀志；九歌九辨，绮靡以伤情。”我们仔细寻绎使《九歌》这些作品能如此浪漫多姿的事物，会发现巫者盛饰和篇中处处缤纷的草木居功厥伟。而巫或灵的衣着装饰，又多以香草为之；也就是说，两要素实则为一，“草木”便是《九歌》传达其意象的主因素，若将此因素加以抽离，整组诗篇就会顿失色彩与情调了。我们且将《九歌》诸篇中言及“草木”的文句提出(包括实有的草木与神话植物如扶桑等)，排列如下：

1.《东皇太一》：瑶席兮玉瑱，盍将把兮“琼芳”？“蕙”肴兮“兰”藉，奠“桂”酒兮“椒”浆。

2.《云中君》：浴“兰”汤兮沐芳，华采衣兮若英。

3.《湘君》：美要眇兮宜修，沛吾乘兮“桂”舟。“薜荔”兮“蕙”绸，“荪”桡兮“兰”旌。“桂”棹兮“兰”枻，虿冰兮积雪。采“薜荔”兮水中，搴“芙蓉”兮“木”末。

4.《湘夫人》：嫋嫋兮秋风，洞庭波兮“木叶”下。登“白薠”兮远望，与佳期兮夕张。鸟何萃兮“蘋”中，曾何为兮“木”上。沅有“茝”兮醴有“兰”，思公子兮未敢言。筑室兮水中，葺之兮“荷”盖。“荪”壁兮紫坛，播“芳椒”兮成堂。“桂”栋兮“兰”橑，“辛夷”楣兮“药”房。罔“薜荔”兮为帷，擗“蕙”櫋兮既张。白玉兮为镇，疏“石兰”兮为芳。“芷”葺兮“荷”屋，缭之兮“杜衡”，合“百草”兮实庭，建芳馨兮庑门。

5.《大司命》：折“疏麻”兮“瑶华”，将以遗兮离居。结“桂枝”兮延伫，羌愈思兮愁人。

6.《少司命》：“秋兰”兮“麋芜”，罗生兮堂下。绿叶兮素华，芳菲菲兮袭予。“秋兰”兮青青，绿叶兮紫茎。“荷”衣兮“蕙”带，倏而来兮忽而逝。

7.《东君》：暾将出兮东方，照吾槛兮“扶桑”。操余弧兮反沦降，援北斗兮酌“桂”浆。

8.《河伯》：乘水车兮“荷”盖，驾两龙兮骖螭。

9.《山鬼》：若有人兮山之阿，被“薜荔”兮带“女罗”。乘赤豹兮从文狸，“辛夷”车兮结“桂”旗。被“石兰”兮带“杜衡”，折“芳馨”兮遗所思。采“三秀”兮于山间，石磊磊兮“葛”蔓蔓。山中人兮芳“杜若”，饮石泉兮荫“松柏”。风飒飒兮“木”萧萧，思公子兮徒离忧。

10.《礼魂》：成礼兮会鼓，传“芭”兮代舞，姱女倡兮容与，“春兰”兮“秋菊”，长无绝兮终古。

将所有言及草木的文字从《九歌》中提出，可以明显看出这11篇祭歌，除悲凉的《国殇》外，篇篇皆言及草木；总计辞中带有草木者达40多句，有明确名称的植物共有23种，简直已为不可或缺的场景描绘。《九歌》以香草入辞，当然，地理上的配合是一大要因，正如黄伯思所言："兰、茝、荃、药、蕙、若、芷、蘅者，楚物也。"① 南楚之地盛产香草，人们就地取材，以之入祀原是十分自然的，但若只基于地理因素，它们如此大量地出现于祭辞中未免不合情理，所以，香草作为祀神歌辞的主要素材，必然还有内在思想上的原因；也就是说，它们对作者及祀者而言应该具有某种特殊的意义。现在我们再进一步从《九歌》文句中分析草木出现的功能，大致得到四类结果：

1. 巫（或灵）的修饰。如：

《少司命》："荷"衣兮"蕙"带，倏而来兮忽而逝。

《山鬼》：乘赤豹兮从文狸，"辛夷"车兮结"桂"旗。被"石兰"兮带"杜衡"。

2. 祭坛的布置。即辞中巫（或灵）的居处（降神处）及乘具装饰。如：

《湘夫人》："桂"栋兮"兰"橑，"辛夷"楣兮"药"房。罔"薜荔"兮为帷。

《河伯》：乘水车兮"荷"盖，驾两龙兮骖螭。

3. 祭品。如：

《东皇太一》："蕙"肴兮"兰"藉，奠"桂"酒兮"椒"浆。

4. 以之起兴。如：

《湘夫人》：沅有"茝"兮醴有"兰"，思公子兮未敢言。

5. 以之持赠。如：

《大司命》：折"疏麻"兮"瑶华"，将以遗兮离居。

前三大类所占比率超过百分之七十，为半数以上，而其功能都与祭祀的作用密切相关，这显示草木于《九歌》极可能是含有实际宗教或巫术意义的。楚地本就巫风炽盛，《汉书·地理志》曰："楚人信巫鬼，重淫祀。"以《九歌》本身祀神的用途，综合前文所归纳出草木于文中担任的功能，我们很可大胆作以下的推论：这些植物的使用意义，并不是由于其观赏性质，而是因为长久以来流传于楚地的巫俗习惯。

（一）浴兰汤兮沐芳

——香草用以袯除趋圣

首先我们在《九歌·云中君》里找到一个明显与巫仪有关的句子："浴兰汤兮""沐芳"，这是描述巫者们在祭祀前，用浸过香草的热水进行洗洁；在

---

① 陈振孙《直斋书录解题》引。

此，草木显然并不用于观赏，而是具有实际上的巫术作用，这种巫者于祭祀前的洁净仪式，即所谓的“祓除”。

1. 祓除的意义

“祓除”是古时求福禳灾的仪式，如同我们现在常说的“斋戒沐浴”。《史记·周本纪》曾载周公为武王祓斋之事：

> 武王病，天下未集，群公惧穆卜，周公乃祓斋，自为质以代武王，武王有瘳，后而崩。

周公要以身替武王之前，必须先作祓斋净除的工作，这意味着人们以为神喜洁净，因凡躯不洁，所以祓除成为祀神前的必然步骤。我们再看一些典籍对于祓除意义的解释：

> 《说文》示部云：祓，除恶祭也。
>
> 《后汉书·礼仪志上》：上巳官民皆絜於东流水上，曰：“洗濯祓除，去宿垢疢为大絜。”
>
> 《左传》僖公六年：武王亲解其缚，受其璧而祓之。
>
> 杜预注曰：祓，除凶之礼。

可见“祓”是“去除”的意思，“祓除”，不只是清污垢灰尘，更是一种除去凶邪、不祥恶气的巫术；凡是进行一件带有神圣意义的事前，为表达虔敬，都免不了祓除以示庄重，并避免亵渎神圣。

宗教里对于圣凡两界的区隔是十分严厉的，凡界的人欲向圣界沟通时，就不得不放弃自己身上凡俗的东西，祓除之仪就是这种弃凡趋圣的过程。

《九歌》用草木于祓除，此草木当然与巫术有密不可分的关系，我们找到了《九歌》大量使用草木的初步巫俗线索，便可以进一步寻找它们在巫术中的意义和被大量使用于祭祀的根源了。

2. 香草能辟凶疫

在《九歌·云中君》一篇内，群巫进行祓除是用浸泡了香草的汤水洗浴。这描述提供了我们一个思考方向，即在巫者的观念中，不仅水能够洁身，很可能香草一样有驱除不祥的效果。倘若香草在巫术中确有祓除的功效，这观念应不会凭空而生，我们不妨从典籍上寻求相关的证据。

（1）植物崇拜

首先，我们发现某些草木在古人思想里是具有神奇力量的，在《周礼》中就记载了一些具有巫术力量的草木：

> 《周礼·男巫》：掌望祀、望衍、授号，旁招以茅。
>
> 《周礼·庶氏》：庶氏掌除毒蛊，以攻说（祈名）禬（除）之，嘉草攻之。

除了神草，灵木观念也是典籍有载的，最典型为古之“社木”崇拜：

> 《论语·八佾》：哀公问社于宰我，宰我对曰：“夏后氏以松，殷人以柏，周人以栗，曰：‘使民战慄’。”

这就是灵木崇拜的证据：相信某一种树木具有某种神奇的力量，可以影响崇拜它的民族。周人以栗为社乃是要借其谐音“慄”延伸出力量“使民战慄”，这话正反映了当时人们相信神木可以发出某种神力的思想。

植物崇拜本来就是自然崇拜的一环，因草木能枯而复荣，某些甚至可以对人体产生实际作用，这在未开化蒙昧的人们看来，不啻拥有神妙的奇特力量。在中国，草木的医疗功效更是被视为具有神圣力量的一大原因。中国医术习以草药为方，以之调愈病体，甚而滋补延年，造成人有身体上的病痛时，固然寻找一种可医疗这疾病的草药，即使是精神上的病痛，也理所当然认为会有一种对治的药草了，《诗经·卫风·伯兮》曰：

> 焉得谖草，言树之背。

谖草即是金针，当然并无医人心病、使人忘忧的功效，但人们却盼望有此忘忧之草，种了可以解除心中的痛苦相思，这就是由植物疗效所延伸出对草木神奇力量想象的例证；从医疗功能延伸而成巫术观念的例子，在《山海经》中记载最为丰富，兹举数例如下：

> 《南山经》：
>
> （招摇之山）……有木焉，其状如榖而黑理，其华四照，其名曰迷榖，佩之不迷。
>
> 《西山经》：
>
> （竹山）有草焉，其名曰黄雚，其状如樗，其叶如麻，白华而赤实，其状如赭，浴之已疥、又可以已胕。
>
> （昆仑之丘）有木焉，其状如棠，黄华赤实，其味如李而无核，名曰沙棠，可以御水，食之使人不溺。
>
> （崦嵫之山）其上多丹木，其叶如榖，其实大如瓜，赤符而黑理，食之已瘅，可以御火。
>
> 《中山经》：
>
> （牛首之山）有草焉，名曰鬼草，其叶如葵而赤茎，其秀如禾，服之不忧。
>
> （姑媱之山）帝女死焉，其名曰女尸，化为䔄草，其叶胥成，其华黄，其实如菟丘，服之媚于人。
>
> （半石之山）其上有草焉，生而秀，其高丈余，赤叶赤华，华而不实，其名曰嘉荣，服之者不霆。

(少室之山)其上有木焉，其名曰帝休，叶状如杨，其枝五衢，黄华黑实，服者不怒。

《山海经》中简直各种功能的草木皆有，不只提供肉体上的已疥、已瘿、已疠等疾病治疗，还可增进身体的抵抗能力，达到御火、不溺、不霆的境界；至于精神方面的帮助，不仅是忘忧而已，有佩之不迷者，有服之不怒者，还有服后媚于人的神草，古人对草木神奇力量的想象，在此发挥到了极致。

这些对于草木可帮助人超越精神及肉体限制的想象，无异于说明了古人相信某些草木含有使人“趋圣”的力量。

(2) 香草迷信

由典籍的记载，证实植物亦为中国古时庶物崇拜之一环。许多香草确实都被视为含有某种神奇性质，而且十分巧合的，这些性质都与“去凶辟疫”的功效相关。《山海经·南山经》说：

有草焉，名曰薰草，麻叶而芳茎，赤华而黑实，臭如靡芜，佩之可以已疠。

既然“臭如靡芜”，当然是香草，“佩之可以已疠”，这无异是对香草去凶疫之神圣性的肯定。《荆楚岁时记》亦记载：

(楚人)岁旦饮椒柏酒以辟疫疠。

楚人以椒柏渍酒而饮，用意在于辟除疫疠，这正暗示了香草的祓除价值。我们再深入探究《九歌》其他诸草之传说，其中可以辟疫疠、去凶邪的还不只芳椒而已，譬如在《九歌》中山鬼所披带的薜荔和杜衡，于《山海经·西山经》内就是功效神妙的香草：

小华之山，其草有萆荔(薜荔)，食之已心痛。

(天帝之山)有草焉，其状如葵，其臭如蘪芜，名曰杜衡，可以走马，食之已瘿。

薜荔可去心痛，杜衡能治肿瘤，也就是可除疫疠了。杜衡还另有更神奇的作用——走马，山鬼披之，益添飘忽。

在《楚辞》中常用以代称君王或神灵的荃、荪，是楚人重要的禳毒植物。荃、荪即一般所谓的菖蒲①,《荆楚岁时记》载：

五月俗称恶月……五月五日，采艾以为人，以禳毒气。以菖蒲或镂或

---

① 宋·吴仁杰《离骚草木疏》引沈存中(括)语云：“香草之类，大率多异名，所谓兰荪，荪即今昌蒲是也。”又引陶隐居(弘景)云：“东间溪侧，有名溪荪者，根形气色，极似石上菖蒲，而叶正如蒲，无脊，俗人误呼此为石菖蒲。诗咏多云兰荪，正此谓也。”可见屈原作品中大量歌咏的“荃”、“荪”，其实就是菖蒲。

眉以泛酒。

在“恶月”以菖蒲泛酒，菖蒲（荃荪）在楚人心中的去凶价值由这段记载可知了。菖蒲非但能泛酒禳毒，服食并可轻身延年，王象晋《广群芳谱》卷八十八、卉谱二、菖蒲：

> （菖蒲）一名昌阳，一名昌歜，一名尧韭，一名荪，一名水剑草……《本草经》云石菖蒲一寸九节者良。味辛温无毒，开心，补五脏，明耳目。久服可以乌须发，轻身延年。

由此看来，菖蒲已不只具备“辟凶疫”的功能，并且还能使人“趋圣”了。除了菖蒲之外，“礼魂”辞中“秋菊”，也是同时兼具“去凶”和“趋圣”两种力量的重要植物，《荆楚岁时记》载：

> 九月九日宴会……佩茱萸，食饵，饮菊花酒，云令人长寿……今世人九日登高饮酒，妇人带茱萸囊，盖始于此。

楚俗于重阳节登高饮菊酒，以去凶、长寿，是对菊辟凶越圣功效的肯定。

最后我们看《九歌》里出现次数最多的香草——兰。兰在《左传》中已是具有神话色彩的植物，《左传》宣公三年记：

> 郑文公有贱妾曰燕姞，梦天使与己兰，曰：“余为伯倏，余，而祖也。以是为而子，以兰有国香，人服媚之如是。”既而文公见之，与之兰而御之。辞曰：“妾不才，幸而有子，将不信，敢征兰乎?”公曰：“诺。”生穆公，名之曰“兰”……穆公有疾，曰：“兰死，吾其死乎！吾所以生也。”刈兰而卒。

君王之生死与兰相连结，兰草的辟凶除疫功效自是不在话下，《诗经·郑风·溱洧》曾描写男女三月上巳日秉兰出游之事曰：

> 溱与洧，方涣涣兮，士与女，方秉蕑（兰）兮。

关于这段文字，《太平御览》八百八十六引《韩诗外传》云：

> 郑国之俗，三月上巳之日，于两水上，招魂续魄，拂除不祥，故诗人愿与所说者俱往观也。

清·吴其濬《植物名实图考·泽兰》下也云：

> 士女秉兰，祓除不祥。

可见兰草绝对被相信是有祓除作用的。《荆楚岁时记》载：“五月五日，谓之浴兰节。”《大戴礼》中亦载此盛夏浴兰之风俗，可见以兰草去凶辟疫的习惯在当时是不仅限于楚地的。以上诸例，皆与香草可去凶趋圣的推论吻合，足见楚人以香草衅浴实是有其巫俗背景存在。

推论到此，我们已发现香草在巫术中的价值了；香草既可协助巫者去凶趋圣，达到与神灵亲近的目的，在祭祀里当然有作为道具存在的重要性，那么

《九歌》歌辞内大量出现香草便不足为奇了。

（二）芳菲菲兮满堂

——芬芳以祀神

虽然知道香草具有祓除凶邪的功效，明白了《九歌》之草木并非仅作为文字雕饰之用，但香草为什么能有此去凶的巫术力量，其原因仍然是谜，这样对《九歌》巫俗的了解终不能够全面，因此，下文将藉普遍的巫术规则及巫俗资料做更深入的分析。

1. 以香祓衅

弗雷泽所著《金枝》一书中曾分析出巫术的两项基本规律：相似律和触染律；前者表现在外即同类相生，果同于因的巫术信念，后者则是以为事物一旦会作接触，彼此便将始终保持联系；基于这两项规则，在交感巫术中事物可经由接触而传递其属性，施术者对此皆深信不疑①。这种“属性传递”的运用，在中国服食观念中表现得很清楚，《抱朴子·仙药》中所谓的“服金者寿如金，服玉者寿如玉”即是言此。我们分析上文所举《山海经》里的奇异草木，发现它们的神奇功能就大抵皆合乎这种“属性传递”的原理，各草木的力量由其所言疗效、特征和名称暗示的属性延伸而成；例如杜衡叶形像马蹄，便言可以走马；丹木可以消丹毒火气，便又进而能使人不畏火；棠木木质防水，则食其实令人不畏水；山名“招摇”，所生之木佩之就可照见路途；山名“半石”，其木使人不惧雷电；山名“崇吾”，又宜子孙；木名“帝休”，帝亦休矣，故服之不怒；帝女年少而亡，其少女特性附于蓎草，故食者能妩媚动人；凡此种种，皆合乎“属性传递”的原理，我们掌握了这个原则，再去推求香草在祓除仪式中能协助去凶辟疠的原因就容易多了。

依照“属性传递”的原则，《云中君》所述群巫在祓除仪式里要借重的是草木何种神奇力量呢？或者我们应该问，究竟是什么属性能协助群巫达到弃凡趋圣的目的？这个问题在典籍中当然没有记载和说明，但相关资料的注文却为我们提供了珍贵的线索，首先，《周礼·春宫·女巫》之“女巫掌岁时祓除衅浴”一句下，郑玄注曰：

> 衅浴谓以香熏草药沐浴。

郑注所言的衅浴材料，其实就是“香草”，不过他却将之分成了两个元素：“香”与“草药”；由郑注观之，则巫术之洁净、趋圣所利用者，一为香气，另一则是植物之药性。郑玄为东汉大儒，博览群书，时代又与战国距离较近，

① 弗雷泽：《金枝》，汪培基译，台北：桂冠出版社，1994 年，第 21-73 页。

所言自然足供参考；此外，《国语·齐语》之注文亦提供了另一则珍贵线索，“三衅三浴”一句下韦诏注曰：

以香涂身曰衅。

这里则完全强调了香气的重要；省去草药之助，以香涂身亦能达到祓除之效。综观这二则注文，我们终于找到了《云中君》篇里群巫以香草沐浴的原因：巫者藉著沐浴将香气传递到自己身上，净除邪疠，然后才能接近神灵。

2. 以香悦神

藉由香气来趋圣，并不是牵强的推论，更不是《九歌》才独有的现象，香气在宗教或祭祀中有其特殊意义。以香气来净除邪疠，祈求接近神灵的想法，即使在今日也依然保存着。我们现今民俗中入庙和祭祖都要燃香供奉，献呈花果，都是基于相同心理。《九歌·东皇太一》篇之“蕙肴兮兰藉，奠桂酒兮椒浆”句下朱熹的注文便作了很好的证实：

此言以蕙裹肴而进之，又以兰为藉也。奠，置也。桂酒，切桂投酒中也。浆者，周礼四饮之一，以椒渍其中也。四者皆取其衅芳以飨神也。

“巫咸将夕降兮，怀椒糈而要之”句下亦注曰：

椒，香物，所以降神。

用香草的衅芳来悦神，吸引神灵降临，显然正是《九歌》大量使用香草的另一个原因。一如《东皇太一》篇末所云：“灵偃蹇兮姣服，芳菲菲兮满堂，五音纷兮繁会，君欣欣兮乐康。”最好祭堂布置得满堂芳菲，如此神灵欣欣乐康，所求当亦更可如愿以偿。

以香气帮助祭祀的进行，是世界各地均有之现象；美·O·A·沃尔在其著作中提出许多例证：

从《圣经》中我们知道，犹太人供神……每种供品的血必须喷洒在祭坛上，作为献给耶和华的鼻孔的谢礼。犹太人是禁止吃血的。有香味的松脂，或者香和盐要在祭坛上加在供品中一起烧。

在古罗马，人们为守护神、祖先的精灵焚香，是一种习惯，同时，也为家神供香。

古埃及人要在烧成好的祭品的躯体中加上香料和松香等，使之产生香气——这是唯一能升上天空，而且神也愿意接受的东西。

人们以香供神，是因为相信“神不能使用那些没有经过火攻使之净化和稀薄的东西（用烟或用香料），神只能通过嗅觉和上升到天堂的香味意识到祭品。"① 引起人们兴奋的便是香气，引起不适者称为臭气或怪味，人们本来就是以自己的喜好来推测神灵的喜好，香气既然能使人们兴奋，在祀神时也就能使神兴奋。《诗经·大雅·生民》篇末曰：

其香始升，上帝居歆。胡臭亶时，后稷肇祀。

这段描述实可以作为以香气降神、视香气为圣品之证。

我们统计《九歌》11 篇中诸项植物的出现次数，发现使用最频繁的三种：兰（11 次）、桂（7 次）、荷（5 次）② 都是以香气取胜的。荷者"香远益清"，而且"出污泥而不染"；桂则香气馥郁，《说文》誉为"百药之长"；高居榜首的兰，不但香气清幽，且最为高洁，向来就有"王者"美称。这些证据显示，香气确是《九歌》篇中大量使用香草之因。

（三）折芳馨兮遗所思
——诱神的爱情巫术

1. 婚祭合一的祀典

青木正儿于《楚辞九歌之舞曲的结构》一文中，曾分析《九歌》举行祭祀的时间是春、秋二季③，春、秋二季正是农耕的重要时期；也就是说，《九歌》之祭很可能与农事有密切的关系。既然如此，则歌辞中许多爱悦之语就豁然可解了；因为在这类为求丰产而举行的祭典中，都有一个不可忽视的共同现象，即典礼举行时男女爱情和婚配行为的加入。据《金枝》的研究，原始人民并不能区别植物的生长繁衍与人类（动物）繁衍原理的不同，因此基于巫术"同类相生"的原则，他们在祭祀中举行两性结合的仪式，希望经由男女性交来帮助植物的生产，这样的形式在开化文明之后自然有所修改，成为在祭典中的男女恋爱或人神婚礼等活动④。我国古时，男女藉著祭典寻找对象或

① O·A·沃尔：《性与性崇拜》，翟胜德等译，台北：光明日报出版社，1998 年，第 217–230 页。

② 根据笔者之统计，《九歌》中草木之用，计为"兰"六次，"桂"七次，"荷"五次，"薜荔"、"蕙"各四次，"芷"、"辛夷"各三次，"杜衡"、"荪"、"椒"各二次、"靡芜"、"蒑"、"蘋"、"葛"、"女萝"、"杜若"、"三秀"、"扶桑"、"麻"、"松"、"柏"、"芭"、"菊"各一次。

③ 青木正儿：《楚辞九歌之舞曲的结构》，《中国文学史论文选集》（一），台北：学生书局，1986 年，第 194、195 页。

④ 弗雷泽：《金枝·两性关系对于植物的影响》。文中并提到即使在文明的现代，仍保留有以人类繁殖力帮助作物繁衍的仪式。

出游也十分正常，一些典籍记载便透露这种风俗，闻一多《神话与诗·高堂神女传说之分析》曾言道："在民间，则《周礼·媒氏》"仲春之月，令会男女"与夫《桑中》、《溱洧》等诗所昭示的风俗……确乎是十足的代表着那以生殖机能为宗教的原始时代的一种礼俗。"

《九歌》如果源于这种婚祭合一的祀典，其中男女爱情的成分自然成为歌辞中之正常现象，而香草在这样的场合里，极可能又作为爱情巫术的工具，它们既用于男女彼此的吸引，也是巫者诱神的媒介。

2. 香草和爱情巫术

在掺杂以爱情的祭典上，草木也是男女交往和沟通的重要媒介，特别是香花、香草，总是伴随男女相悦而存在，例如《诗经·郑风·溱洧》的描述：

> 溱与洧，方涣涣兮，士与女，方秉蔺（兰）兮……维士与女，伊其相谑，赠之以芍药。

郑人于上巳日作招魂之祭（见前文所引之韩诗），祭典中男女秉兰相会并出游，临别又互赠以芍药；兰、芍药都是香草，特别是芍药，在此诗中正用于男女表达爱慕之心。在南楚之地，香花、香草也是男女交往中不可或缺的，萧兵《楚辞的文化破译》引《广西通志》云：

> 少妇于春时，三五为伴，采芳拾翠于山间水湄，歌唱为乐；少男亦三五为群，歌以赴之。一唱一和，竟日乃已。

这"采芳拾翠"于山间水湄，正与《溱洧》的互相"赠之以芍药"一般，与爱情的发生相伴随。当然，香花香草的采摘持赠，可能只是情侣们互赠美好事物的自然动作，然而沅湘之间的情侣们对于香草的认知却不光是如此而已，他们相信，香草拥有爱情巫术的魔力。

林河在其著作《九歌与沅湘民俗》中记下了这样一个风俗：

> 沅湘间的少数民族男女，当遇到情人疏远时，便用香草神木等灵物挽一个同心结，或放在枕头下面，或朝夕供奉祈祷，希冀情人能回心转意。

我们回头看《九歌》的歌辞，辞中正是以芳草的采折和持赠表达爱情与相思的：

> 《湘君》：采芳洲兮杜若，将以遗兮下女。
>
> 《湘夫人》：搴汀洲兮杜若，将以遗兮远者。
>
> 《山鬼》：折芳馨兮遗所思。

而《九歌·大司命》篇所谓"结桂枝兮延伫，羌愈思兮愁人"更是巫者不能长伴神灵时，将香草结环，企图挽回所思的举动。《楚辞》中有以香草为媒之句，如：

> 《思美人》：媒绝路阻兮，言不可结而诒。令薜荔以为理兮，惮举趾而缘木。因芙蓉而为媒兮，惮蹇裳而濡足。

这些都与沅湘民族相信香草能施行爱情巫术的风俗吻合。《九歌》许多情意缠绵之语，描述巫者在追索神灵的过程中以香草表达己意，不论是持赠或相思，香草在巫者以爱情诱神的努力中，确实扮演了重要的角色，这透露出《九歌》祀典对此美丽巫术的借重。

3. 香气激起情欲

沅湘上游的壮、侗、苗等民族的神话传说认为：人的祖先都住在一座美丽的花林之中，这座花林由四位花林女神掌管，人称为花林祖婆。世上的人都是花林中的神花，经花林祖婆赐与人间男女后，夫妇才会怀孕生育，“花”就是婴儿的灵魂和生命。这样将香花与爱情、子嗣连结的信仰，乍看似乎有点不近常理，其实香草、香花确实有着刺激爱情因子的作用；正如现代人涂抹香水以及吸引异性一般，香草之所以用于爱情巫术，起因仍是由于其气味之属性。在O·A·沃尔的著作《性与性崇拜》中就提到许多例证，说明香气能激起人的情欲，甚至在某些习俗中成为嫁娶时的要求：

> 在霍屯都人和一些非洲的部落中，未结婚的女人光着身体行走，新娘子用香叶木和其他带香味的植物上掉下来的叶子擦遍全身，使身上带有香味。
>
> 在印度，新娘在准备结婚时，在生面团中卷进一片安息香树叶，然后用烧化的牛油煎，作出的饼与我们的炸面包圈相似，新娘要吃几天这种饼。

显见香气是人体质的一种要求，而且极可能与性功能相关联，因为在香水的提炼中，“几乎所有持久性的香味，或者包含有麝香、麝猫香，或含有篦麻的所有的物质，都是从与动植物性器官有关的腺体中获得的。”① 香气引动人的情感，香花、香草刺激了男女彼此相悦，诗歌中多有描写，如南朝乐府《子夜歌》：

> 男：落日出门前，瞻瞩见子度。冶容多姿鬓，芳香以盈路。
>
> 女：芳是香所为，冶容不敢当。天不夺人愿，故使侬见郎。

《九歌·少司命》也以之起兴：

> 秋兰兮青青，绿叶兮紫茎。满堂兮美人，忽独与余兮目成。

由于香气的作用，香草激起人的爱情，进一步更被视为具有巫术的魔力，这就是为什么相悦的爱侣们以之持赠，而且在男女相会的节日或祭典中，要“采

---

① O·A·沃尔：《性与性崇拜》，翟胜德等译，台北：光明日报出版社，1998年，第234、238页。

芳逐翠”的原因了。

为祈求丰产繁衍而举行的《九歌》之祭，在充满热情的歌辞中透露了人们最初欲以男女的结合，甚至人神的爱情来促进植物繁衍的企图，而满堂芳菲的香草，悄悄发挥了刺激爱情的功能。

## 三、结　论

本文从《九歌》之草木着手探析，经过逐步的推演，发现香草在楚地民俗里其实含有特殊意义，它们在原始祭典中本来具有重要的巫术价值：

(1) 从典籍的记载显示，古人对于植物的神异性有一定程度的相信，草木之医疗去疫价值尤其为人们所神化，甚至被想象能以之“趋圣”，香草在此信仰中也占有一席之地。

(2) 香草因其芬芳属性被认为可以“去疫疠”、“辟凶邪”，因此在祭祀上有“祓除”的巫术效用。人们以为香气是唯一可上升天际，直接为神灵所意识之物，所以香草又可帮助降神与悦神。

(3) 如青木正儿所言，《九歌》之祀是集中在春、秋二季，则其祭期正与农耕的重要时间吻合，那么《九歌》很可能是祈求生长繁衍之祭①。在此香草又扮演了爱情触媒的角色，甚至被认为可以用来施行爱情巫术。

楚地巫风炽盛，“美要眇”而“宜修”的巫，和具神圣性而高洁的若干草木，在人们心中留下普遍的印象，是非常合理的；屈原能在当时得到广大群众的同情，并为宋玉等人仿用其创作手法，就表示他的思想和作品内容是得到楚人强烈认同的，因此他的创作素材——香草美人的使用，绝不会脱离当时的风俗，以及人民的感受，如此才可能得到普遍的共鸣。现在藉着民俗上的了解，也许我们找到了“香草美人”的真正来由——巫风，它们在《九歌》中营造出瑰奇浪漫的风采，又在《楚辞》他篇自然延承，因为这些意象深入楚人内心，所以不但用于祠祀之作，也在诗人抒发情感时不知不觉地流露了；汉以后，非楚之作者自然不能吸收其精华，也不见得感染认同这些美丽的意象，“香草美人”乃成《楚辞》独有之风貌。

（《社会科学战线》1999 年第 5 期）

① 萧兵：《楚辞的文化破译》，武汉：湖北人民出版社，1991 年，第 304–307 页。

# 中国现代文学中的韩国人形象

〔韩国〕金昌镐

从 1919 年郭沫若的小说《牧羊哀话》开始，中国现代文学把关注的目光投向了邻国——韩国。① 在此后的 30 年左右的时间里，有数十部以韩国人为主要人物的文学作品出现，韩国以及韩国人成为中国现代文学一个重要的题材和表现对象。本文准备采用比较文学形象学的方法对中国现代文学中这一题材进行梳理，希望以此实现对中国现代文学中韩国人形象变化的把握。

## 一

中韩两国在 20 世纪初都面临了被日帝侵略这一相同的历史命运。韩国在 1910 年《韩日合并条约》签订后首先沦为日本殖民地。与此同时，中国人也感受到了即将到来的民族危机。于是，他们自然而然地把韩国当成了自己命运的一面镜子 ——韩国的不幸遭遇，引起了中国人深深的不安和危机感，当时的报纸就曾这样说："今日之高丽为未来中国之先导，过去之高丽为今日中国之小影，皆国民纵容卖国派自取其咎。"② 除了强调韩国灭亡与民众麻木、不思爱国有关外，还指出了中、韩两国在这方面相似的地方，其实已经包含了"以韩为鉴"的意思了。但是此时中国人对韩国问题的关注仅仅停留在同情与忧虑这一层面上。到了"三一"运动之后，中国人民对韩国人的爱国心和牺牲精神又多了几分惊讶和钦佩："自日韩合并以来，高丽这个国家，差不多算石沉大海了。不料到了现在，竟有一般志士，要把这块石头，从海底拉起来，恢复他的原状，因此拼了许多人命，冒着绝大危险，他们总不灰心，真是有血

① 1879 年 10 月，朝鲜国王高宗改李氏朝鲜国号为大韩帝国，简称"韩国"。

② 转引自崔龙水：《三一运动和五四运动的比较研究》，载《韩国研究论丛》（第七辑），北京：中国社会科学出版社，2000 年，第 156 页。

性，可佩服。”① 更重要的是，由于在巴黎和会上受到了很不公正的待遇，中国人心中酝酿了极深极重的反帝情绪。正是在韩国人民英勇无畏的斗争中，他们仿佛得到了斗争的灵感与勇气。这种忧虑的情绪和“唤醒”政要的急迫不能不反映在文学作品里，于是便诞生了郭沫若的《牧羊哀话》。这篇小说以日帝吞并不久后的韩国为背景，描写了坚持气节、不与侵略者合作的志士闵崇华与深受他教育的尹子英的事迹，后者为保护闵崇华不幸殉国。《牧羊哀话》写了韩国的故事，但也蕴涵了对中国命运的忧虑。如郭沫若自己所说：“《牧羊哀话》是在‘巴黎正开着分赃的和平会议’，‘山东问题也闹得甚嚣尘上’的时候写的。所以它本身即带有一种抗拒日本侵略野心的‘警世寓言’的性质。”② 从1919年的《牧羊哀话》开始，韩国人形象渐渐进入中国作家的视野。以“九一八”事变发生之前为界，经过粗略统计，以表现韩国人形象为主的作品有郭沫若的《牧羊哀话》(1919.11)，蒋光慈的《鸭绿江上》(1927.2)，台静农的《我的邻居》(1928.11)，戴平万的《流浪人》(1929.1) 等。

这些小说的作者都未与韩国人有过较深的交往，不了解韩国人的生活，对韩国人的反日斗争也缺乏直观的认识。他们的小说素材，均来自于听来的故事。由于这种距离感，使中国作家对韩国人光复斗争的描写想象成分大于写实成分。这些小说更多地成为作家们对于本国现实境况感受的表达，而不是对韩国流亡者的真实描写。

在“九一八”事变之前中国现代文学对韩国形象寄寓了三种情绪：同情其命运，畏惧其现状，钦佩其斗争。显然，同情和畏惧表达的是对异国现状的否定；钦佩则表达了对异国现实的肯定和向往。一方面，所有作品的主人公都是作者钦佩的韩国爱国者。如《牧羊哀话》中的闵子爵，《鸭绿江上》中的云姑，《我的邻居》中的流亡者。而且，他们无一不具有坚强的意志和美好的品格，拥有近乎狂热的爱国精神。作为对其知之甚少的中国作家却这么描写韩国爱国者，事实上，他们是把自己对爱国主义英雄的理想投射到了这些韩国人身上。另一方面，这些小说更重要的作用是其作为“警世寓言”的存在。《牧羊哀话》中的闵子爵和尹子英尽管品格高洁，结局却是一个落魄终生，一个死于非命。在《我的邻居》里，台静农虽然对“我的邻居”——韩国革命者作了英雄式的描写，可是小说的高潮还是革命者的无辜被捕。这一时期中国现代文学中的韩国形象，纵然是表现其英勇的，也要用很大篇幅来描述其悲惨景

---

① 转引自崔龙水：《三一运动和五四运动的比较研究》，载《韩国研究论丛》(第七辑)，北京：中国社会科学出版社，2000年，第154页。

② 转引自刘为民：《中国现代文学与朝鲜》，《山东大学学报》1996年第3期。

象，作为中国的前车之鉴。另一个典型的例子是蒋光慈的《鸭绿江上》，在讲述云姑壮烈就义的故事前，作者不厌其烦地描绘了日帝统治下的韩国：

……日本人的警察，帝国主义的鹰犬，可以随时将某一个高丽人逮捕，或随便加上一个谋叛的罪名，即刻就杀头或枪毙。唉！日本人在高丽的行凶作恶，你们能够梦见么？①

此时的中国虽然面临内忧外患，但毕竟还是一个独立国家，韩国却已沦为了日本殖民地。所以此时中国社会对韩国的总体评价，即社会整体想象物，是偏于意识形态的。即以韩国为借鉴，极力避免堕入韩国的命运中去。

总的说来，中国现代作家在对“他者”——韩国进行塑造的同时，也塑造着“自我”的形象。他们把对民族前途的忧虑投射在韩国形象上。例如《牧羊哀话》的结尾：

恍惚之间，突然来了位矮小的凶汉，向着我的脑袋，飒的一刀便砍了下来！我“啊”的一声惊醒转来，出了一身冷汗；摩摩看时，算好，倒不是血液。②

已将凶险的遭遇暗暗转移到“我”的身上了，从中我们能够看得出中国作家在韩国形象中寄寓的对国家命运的深深忧虑。

## 二

如果说，从1919年“三一”运动之后中国作家开始把关注的目光投向韩国，那么，在“九一八”事变后，这种关注明显加强了。从此到抗战结束，中国文坛上产生的以韩国人为主要表现对象的作品是此前十多年的好几倍，几乎每年都有表现韩国人形象的作品问世。据我统计，主要作品如下：李辉英《万宝山》（1933），萧军《八月的乡村》（1935），舒群《没有祖国的孩子》（1936），巴金《发的故事》（1936），李辉英《古城里的平常事件》（1936），舒群《邻家》（1936），戴平万《满洲琐记》（1936），李辉英《夏夜》（1937），李辉英《新计划》（1937），端木蕻良《大地的海》（1938），骆宾基《边陲线上》（1939），舒群《海的彼岸》（1940），王秋萤《羔羊》（1939），小松《人丝》（1942），骆宾基《混沌》（1944）、《庄户人家的孩子》（1945）。

相对于此前十多年的另一个变化是，“九一八”事变之后，中国文学中表

① 蒋光慈：《鸭绿江上》。

② 郭沫若：《牧羊哀话》。

现韩国人形象的作品多由中国东北作家来创作。因为抗日战争的爆发，中国人对同样受到日帝侵略的韩国的命运给予了更多的同情和关注，这也使这类作品的数量大大增加，远远超过了此前十多年的创作。此外，作品的表现范围也扩大了。以前的这类作品所表现的，无非是爱国的贵族、共产党员、无政府主义战士，而此时的作品所表现的除了这些以外，还有无家可归的流浪儿、农民、工人，甚至是流氓恶霸的形象。表现范围的扩大，使文学作品中的韩国形象更加全面、真实。导致这种结果的原因是作家们与韩国人的生活多多少少有了些接触，不再仅凭一点报道就去用想象力塑造所谓“韩国人”的形象了。例如舒群就曾经回忆自己和韩国少年之间的友谊,后来他把这个韩国少年形象写进了《没有祖国的孩子》中。

如果说“九一八”事变之前中国人对韩国的“社会整体想象物”还是偏重于意识形态式的，也就是说，偏于对韩国现实处境的批判、否定的话，那么“九一八”事变之后，在中国作家笔下这一状况有了改变。可以说变得更加复杂了。下面我将以两类作品为例，对这些作品里的韩国人形象进行分析，从而具体说明这种变化。

1. 韩国爱国者形象：从爱国主义战士到国际主义战士

上面提到，早期的中国现代文学中的韩国人形象是偏重于意识形态的，即使是那些为国捐躯的爱国者也属于这一范畴。例如《牧羊哀话》中的闵子爵和尹子英，他们都为正义事业献身，但结局都很悲惨。作者在这里强调是日帝的残暴，可见即使是这类作品的目的主要也是批判、否定韩国当时的现实。

在中国东北现代作家笔下，这种情况发生变化了。他们作品中的韩国人形象，特别是韩国爱国者形象，开始偏重其乌托邦色彩。他们在韩国爱国者身上寄托了更多的理想，使这些形象成为对不尽人意的现实的颠覆力量。

(1)《八月的乡村》中的安娜。在《八月的乡村》中，安娜的打扮、行为和讲话方式根本与中国人没什么两样，“已经感觉不到民族的文化的差异”①。在这里安娜也回忆起日帝压迫下韩国人民不幸的遭遇。

在幼年的时候，父亲、妈妈总是讲着祖国里的悲惨啦！日本政府怎样使朝鲜总督加昆压迫朝鲜人啦！他们常常是痛哭一整夜，一整夜的……②

但是，安娜及其父亲是如何认识并决定怎么解决这一问题的呢？安娜又说：

① 逄增玉：《黑土地文化与中国东北作家群》，长沙：湖南教育出版社，1995 年，第 174 页。

② 萧军：《八月的乡村》，载《萧军代表作》，北京：华夏出版社，1998 年，第 94 页。

是的，也是父亲的意思……去吧！安娜！到满洲去工作吧！只要全世界上无产阶级的革命全爆发起来，我们的祖国就可以得救了！……开始去和王八的帝国主义者们，作血的斗争吧！①

也可以说，韩国姑娘安娜，已经不仅是一个韩国爱国者形象，她同时也是一个革命者。《八月的乡村》发表于1935年，萧军在此前所写的《这是常有的事》、《下等人》中早已流露出浓厚的阶级意识。

(2)《边陲线上》中的“朝鲜红党”。小说中并未具体描写一个韩国革命者，但却处处暗示了这是那个坚强有战斗力的群体，一直在顽强地作战。刘强带领着那些真心抗日的义勇军战士去投奔“朝鲜红党”，大雪中艰难前行，这时他们看到：在灰色霾云满布的晨气中，一杆极小的红色旗帜，插在很远的两峰夹峙的山尖上。有时如催动他们紧急前进似的，这旗帜在狂风吹击中迅速地摇摆着。② 这时，他们“一些也不觉得”那些“冻成冰的皮袖”的寒冷，他们“狂喜”地喊道“来了”。小说的结尾充满象征色彩地写道：

黎明晨色中插在远处峰巅的旗帜，更有劲地在狂风吹袭中，庄严而勇敢地摇摆着……③

与国民党军官领导的义勇军的组织涣散、军纪腐败相比，“朝鲜红党”显得朝气蓬勃、坚定果决。在这种对比中，后者的形象实际构成了对前者的批判、否定。因此可以说，韩国革命者形象成了一种理想的投射，以前作品中的韩国爱国主义战士的形象，悄无声息地转变为国际主义战士的形象。

之所以会出现这种转变，有两个原因。首先，从社会思潮和价值评判角度来看，此时的中国东北虽已为日帝侵占，但关内，尤其是上海等地，仍然为左翼的“革命文学”占据文坛主流。当抗战和阶级斗争同时出现在文学作品中时，作家不可能不受到时代风气影响。其次，“九一八”事变前后，在中国东北地区坚持武装斗争的抗日游击队中有不少的韩国革命战士。安娜的形象以及“朝鲜红党”的形象就是对这一历史现实的反映。

2. 形象范围的扩大，各式各样的移民形象

“九一八”事变前后的中国现代文学作品中表现的韩国人形象主要是英勇的革命者形象。大概这是因为当时的中国面临的危险局面迫切要求文学作品里面出现理想的爱国主义战士。但另一个更重要的原因恐怕是当时的关内作家对

① 萧军：《八月的乡村》，载《萧军代表作》，北京：华夏出版社，1998年，第94页。
② 骆宾基：《边陲线上》，长春：吉林人民出版社，1984年，第183页。
③ 骆宾基：《边陲线上》，长春：吉林人民出版社，1984年，第183页。

韩国人的生活实在缺乏了解。所以他们作品当中与此时日帝侵占下的韩国关系并不大，主要是作者观念的一种投射。而在中国东北作家的笔下，这一问题得到了克服。中国东北作家在中国东北的生活经历，使他们可以与真的韩国移民发生接触。距离的接近消除了陌生感，他们表现的韩国人形象的范围得以扩大了。当然，距离的接近不能彻底消除文化隔阂，所以在中国东北作家的作品中，作为中国人的“自我”和作为异国人的“他者”的区分还是存在的。可了解的加深，毕竟为表现范围的扩大创造了条件。下面我分析的两类形象是以前关内作家的笔下未曾涉及的，即普通韩国形象和韩国坏人形象。应该说，作家们在这一类作品中继续了早期中国现代文学中的韩国人形象，即通过对殖民统治下人民的流离失所和道德人心的急剧下滑的描写，来实现对日帝统治下韩国黑暗现实的批判。

（1）普通韩国流浪者

这类形象就是那些“饱受亡国之痛而流亡到中国东北的朝鲜普通人形象”①。这类形象的出现首先体现出中国人对不幸的韩国人的怜悯。最典型的例子就是舒群小说《没有祖国的孩子》中的果里和李辉英小说《万宝山》中的韩国苦力。

《没有祖国的孩子》中，韩国少年果里是被侮辱的，影院看门人叫他“穷高丽棒子”；是被伤害的，他的父亲被日本宪兵杀害了；是值得同情的，他自己说：“不像你们中国人还有国，我们连家都没有了”②。所以，他们的祖国是可怕的，果里不得不逃离自己的祖国：

> 妈妈说——我们不要再过猪的生活，你们找些自由的地方去吧！③

韩国的形象被描绘成一个封闭的、可怕的监狱，韩国人是可怜的、无助的流浪儿。这种叙述事实上构成了对韩国形象的否定。这其中包含的“社会集体想象物”无疑是意识形态式的。

但是，如果韩国人仅仅是这样的话，那他们不过是一群可怜虫。这显然不是这类作品的目的。这类作品并不仅仅是要宣扬韩国人的不幸，而是想借此唤起中国人的斗志。所以这类小说的结尾往往是这样的：可怜的韩国人成长为坚强的战士。如《没有祖国的孩子》中的果里就是勇敢地杀死了日本兵，完成了由孤儿到英雄的转变。《万宝山》中的韩国苦力也是从任人打骂的奴隶转变

① 郭沫若：《牧羊哀话》。

② 舒群：《没有祖国的孩子》，载《舒群代表作》，北京：华夏出版社，1998 年，第 12 页。

③ 舒群：《没有祖国的孩子》，载《舒群代表作》，北京：华夏出版社，1998 年，第 11 页。

成了勇于反抗监工和日帝的战士。这种普通人—英雄的小说模式在中国现代文学中无疑具有特殊的意义。

（2）韩国反面人物形象

中国关内作家的作品中并非从未涉及韩国反面人物的形象。例如《牧羊哀话》中的李氏夫人与管家尹石虎勾结谋害闵子爵。这两个人的形象并不清晰，而他们的形象也主要属于传统文学中的“奸夫淫妇，谋害亲夫”的模式。

在中国东北作家笔下，这种形象无疑是扩大了，而且更加具体化了。韩国反面人物的形象其实也应分为两类。第一类是“受日本人指使的朝鲜人形象”。这一类韩国人是受日本政府或日本人雇佣的，充当的是管理、镇压的帮凶，如《万宝山》里韩国工头的形象。第二类是那些虽然不受日本雇佣，但是却忘记了自己是一个丧失了祖国的人，仗着日本人的势力，到处为非作歹。这样的小说有李辉英的《古城里的平常事件》和《夏夜》。前一篇写的是居住在北平的韩国流氓借租房敲诈、勒索中国人钱财的故事；后一篇写的是韩国毒贩在中国贩卖毒品、残害中国人的故事。这种小说深刻地指出了这样一类韩国人的存在。这两类韩国人形象代表了韩国黑暗的一面，无疑是作家所极力否定的。不过，作者在这里批判的是日帝殖民统治下被毒害的韩国人，从根本上来说，小说中体现出来的“社会整体想象物”还是意识形态式的，即对韩国在日帝殖民统治下人心不正的现实的批判和否定。

通过上面的分析，我们可以得出下面的结论：

1. 中国现代文学中的韩国人形象随着时代的变化呈现出丰富化、多样化的趋势，这主要是中国抗日战争的爆发使中韩两国的命运更加紧密地联系在一起了。由于1931年“九一八”事变以后，中国东北地区完全沦为日本的殖民地，所以以韩国人形象为主的文学作品主要出现在中国东北作家笔下。

2. 从比较文学形象学的角度看，“九一八”事变以前的作品的韩国人形象侧重于意识形态式的，强调对在日帝殖民统治下的韩国的黑暗的社会状况的批判、否定。这些作品起到的是“警世寓言”的作用。而“九一八”事变之后，随着民族危机的进一步加深，人们迫切地需要在文学中出现爱国的英雄形象，所以，此后出现的韩国人形象侧重于乌托邦式的，强调的是一个不屈的、斗争的韩国人。同时，也有一些作品继续了早期中国现代文学中对韩国人形象的意识形态式的描写。不过，这一阶段的作品表现的韩国人的范围比此前明显扩大了，体现了中国作家对韩国人认识的深化。

（《社会科学战线》2004年第1期）

# 鲁迅与李光洙“成长小说”比较研究

〔韩国〕李明信

在西方文化语境下，成长小说“展示的是年轻主人公经历了某种切肤之痛的事件之后，或改变了原有的世界观，或改变了自己的性格，或两者兼有；这种改变使他摆脱了童年的天真，并最终把他们引向一个真实而复杂的世界”①。其实，成长小说可以拓延到一个较大的层面上来界说：用来指那些反映主人公心路历程的，在生理、心理成长过程中不断遭受磨难和波折并逐渐成熟，自觉地走向内在深化，进而达到自我塑造的一种带有体验色彩的小说。按照这种理解来研究鲁迅和李光洙的小说，就会发现二人的很多作品可以纳入“成长小说”的范围。

## 一、体验型“成长小说”

叙述性自我在作品中表现得并不明显，甚至没有表现，与环境的冲突也不强烈，甚至很弱，但他的自我意识和精神世界却受到严重冲击，这样的小说被称之为体验型成长小说。体验型成长小说，在叙事结构上没有充分得以恢复的可能性。② 也就是说叙述者（叙述性自我）和作者（经验性自我）有很大的距离，不可能将叙述者恢复为作者，作者表达的仅仅是一种间接性的体验。

鲁迅小说《孔乙己》叙述的是落魄文人孔乙己被世人嘲笑终被社会抛弃的故事。所有的故事都是通过“我”这个“从十二岁起，便在镇口的咸亨酒店里当伙计”者的观察来叙述的。小说中叙述性自我并没直接表露出来，而

---

① 转引自芮渝萍《美国成长小说研究》，北京：中国社会科学出版社，2004 年，第 5-6 页。

② 韩明焕：《李光洙与鲁迅的成长小说比较》，汉城：《中韩人文科学研究》2000 年第 4 辑。

是从客观上由经验性自我来体验事实。对于这样一篇成长小说，读者自身通过少年的视角对“站着喝酒而穿长衫的唯一的”孔乙己这一人物进行反省并提出批判，让经验性自我来经历体验性社会。孔乙己用偷来的钱“温两碗酒，要一碟茴香豆”，然后又在“我”面前装作有学问，通过这个叙事性观点来批判孔乙己的虚荣心态和分裂人格。孔乙己通常把吃的分给小孩儿，并与他们一同玩耍。可以看出他本性是善良的，是科举制度的误事害人造就了冷酷的现实。小说是通过十二岁侍者“我”的视角如实报告孔乙己的每况愈下和最后的悲惨死去，以此来刺激读者，使之达到精神觉醒的。“我”对孔乙己的去向没有具体说明，只是结尾说“到中秋可是没有说，再到年关也没有看见他”①。叙述性自我的介入在作品最后只有一句：“我到现在终于没有见——大约孔乙己的确死了。”② 在整篇文章中，大都是由经验性自我叙事，而叙述性自我则几乎没有被表现出来，对成长性自我经历的新体验和觉醒也没有表露在外。

鲁迅的《伤逝》是以主人公涓生手记的形式来描写青年人爱情破灭的成长小说。青年时代涓生的经历与家族、社会、异性、朋友的种种冲突，然后睁眼看世界，可等待他的又是什么样的结果呢？主人公为了爱情放弃了家族和职业，但在严峻的现实中他们的爱情终于变得淡漠。从结果上来看，两个人的相遇最终给彼此造成伤害，尤其是对子君，已经达到了无法挽回的地步。涓生哀悼她，吐露出理想爱情与现实之间存在的差距和悲哀。那个曾经在“破屋里”“谈家庭专制，谈打破旧习，谈男女平等，谈伊孛生，谈泰戈尔，谈雪莱”③的涓生一去不复返，他的爱情悲剧赤裸裸地揭示出青年的理想在现实面前只能成为一种虚幻。如果只有对理想的热情，缺乏现实物质的支撑，爱情失败后主人公的自我恢复就是不可能，而叙述性自我没有提示任何光明前景。经验性自我只能抱怨刻骨铭心的体验深入到内心的现实，连经历冲突后的和谐世界也无法憧憬。结尾涓生说，“我要向着新的生路跨进第一步去，我要将真实深深地藏在心的创伤中，默默地前行，用遗忘和说谎做我的前导……”④ 虽然他决心自我反省，但那只是自我安慰的尾声，很难把它看成是主人公恢复自我同一性的自觉叙事。

李光洙《少年的悲哀》讲述了文学少年文镐对堂姐妹兰秀产生感情，决

① 鲁迅：《鲁迅小说全集》，郑州：河南人民出版社，1994 年，第 18 页。
② 鲁迅：《鲁迅小说全集》，郑州：河南人民出版社，1994 年，第 18 页。
③ 鲁迅：《鲁迅小说全集》，郑州：河南人民出版社，1994 年，第 223 页。
④ 鲁迅：《鲁迅小说全集》，郑州：河南人民出版社，1994 年，第 240 页。

心与她一同学习和生活，却最终被旧封建习俗无情拆散的故事。这部小说表现出作家对近代自我形象的成熟认识，象征着青年男女在西方文化影响下不满于传统，具有了独立自主的性格，开始思考自己的人生道路。在同一时代性立场上，叙述性自我期望的现代意识结结实实地与现实发生了碰撞，表现出了极大的痛苦，以此来表达少年的自我追求只不过是脱离现实的梦想。但是，深入下去可以看到文镐的成长意识是与妹妹兰秀一同学习、生活，有想永远保持少年状态的半成长意识，这是想用妹妹的爱取代过早遗失的母爱。作品对封建习俗弊端的批判实际上是通过对兰秀所受挫折的描述来表现的，文镐深切地自叹："少年的天国永远过去了。"这篇文章中叙述性自我不在场，而是通过经验性自我的童年的丧失这一悲剧性描写，表达主人公在成长过程中的抑郁和苦闷。

就单纯体验型成长小说而言，鲁迅显得更加冷静，叙述者在远距离的暗处，时隐时现，不经意间叙述性自我和经验性自我就脱了节，表现得很隐蔽；而李光洙的这类小说显得很直白，叙述性自我大都不在场，全由经验性自我去完成人物及情节的发展。

## 二、冲突型"成长小说"

冲突型成长小说中重点表现主人公与环境之间的冲突，从结果来看，含有叙述性自我引导经验性自我来构成主人公受损的自我恢复同一性结构。主人公与环境的冲突和独白性故事压倒了小说的叙事性，性格也是通过冲突表现出来的，但是其整体紧张性大大削弱。冲突型成长小说的主人公没能从结构上把握由于外部集团暴力和压力受破坏的自我真相，而主要是家属、朋友、恋人的关系中朦胧地成长，但因为本身具有的局限做出错误的行为或因过度的自我意识而苦恼，因此他的成长是不成熟的。冲突型成长小说由叙述性自我参与并且呈现出入世性的时候，主人公也往往变成带有启蒙主义色彩的人物。

李光洙《金镜》的主人公金镜从小父母双亡，与年幼的妹妹四处流浪，后来得到奖学金在东京中学毕业，在某所中学当老师。这个 19 岁青年的烦恼和冲突表现在：因为经济上的困难不得不把梦想放弃，在没有父亲的情况下，从母亲那里得到的学费也被切断；为了让年过八旬的祖父安度晚年，他还要留在祖父身边照顾祖父，在他的意识中产生了复杂矛盾的情绪。"大学毕业有何用，读书是第一，而且我将来必定是诗人，而作为诗人的我怎么能坐着等学习呢?"① 这样自私、傲慢的想法与现实构成了强烈的冲突。李光洙的乳名叫金镜，结合小说内容能看出这是一部带有自传色彩的成长小说。可以说金镜的内心冲突始于他不能在个人理想和现实之间平衡，当消除不了这种矛盾时又进一步强化了冲突。

李光洙的《致年幼朋友》也是冲突型成长小说，以四封信的形式来表白任宝镜爱情的经历。任宝镜把失恋当成自我分离性体验，但又把自己的热情重新奉献给民族，把男女之爱的个人热情用民族使命感和责任感来代替。他的叙事观点实际上没有改变，选择的是叙述性自我和经验性自我丝毫不能分离的观念，不允许丝毫客观性的存在。这样，当从浪漫主义和理想主义观点上进行第一人称小说叙述的时候，矛盾不得不被关进内心世界，呈现出独有的内心冲突结构。在这一点上，此小说是叙述性自我和经验性自我合二为一的冲突型成长小说。

李光洙的《彷徨》写的是 1918 年在日本留学时的经历感受。主人公"我"肉体上孤独病痛，精神上又彷徨迷惑，全文围绕"我"不断发展变化的心路历程展开，跟《致年幼朋友》一样，是只刻画陷入理想主义的经验性自我的冲突型成长小说。如果说李光洙把成长期"彷徨"本身作样本来进行创作，那么鲁迅则是从知识分子的现实责任和生活际遇上，带有独白和反省意识创作小说集《彷徨》的，充分表达了梦醒后无路可走的无奈。李光洙的《彷徨》是认识青少年时期冲突本身的，是描写对向往的人生目标感到悔意，对现实又感到苦恼的小说。李光洙所谓的天性是民族连带意识的缺乏，即长期存在着的浓重的孤儿意识和死亡亲和性性格，笼罩住了他对大的历史社会的关注。这与鲁迅在铁屋子中所要实现的呐喊形成明显的对比。

李光洙 1924 年写的《血书》是一部讲述青春男女通俗爱情的小说。一个在东京留学的朝鲜人和一个日本女生发生了爱情。日本女生虽然爱恋着男主人公的"我"，自卑懦弱的心理和民族尊严决定了"我"不能勇敢地接受这份感情，于是陷入了痛苦的抉择之中。女生最后含恨而逝的凄惨结局为小说蒙上了悲剧的色彩。女主人公死后，"我"也改变了自己曾经的看法，不再因为对方是日本人而抱有特殊情绪。可以看出，主人公"我"所想的民族只不过是构成冲突的形式上、观念上的对象而已，当他心倾向于少女的时候，认为"国家和国家之间的关系只不过是空壳而已"，"人和人之间的关系总是用人情的

① 《李光洙全集》第 3 卷，汉城：三中堂，1973 年，第 68 页。

彩带连接起来的。这样想我感觉一直没有什么好印象的日本人也挺可爱的。"①李光洙纯粹是从自身体验出发，借主人公的话感受着世界。坠入爱河的人不可能去权衡对方所属的集团也是理所当然的。大多数冲突型成长小说表现出在恋爱、友谊、家族主义亲近感的基础上展望世界的叙事观点。"我"认识世界的水平停留在个人人际关系的框架中，停留在主观的感情体验的层次上。《血书》作为冲突型成长小说明显具有以上局限。

李光洙的《恤 H 君》也是以未婚男女的爱情冲突作题材的冲突型成长小说。通过"我"的叙述，平静地讲述了 H 君的爱情故事。当爱人 C 变心时增添了紧张气氛，而到最后知道是个误会，但误会给两位恋人所带来的痛苦和影响却无法消除。"爱情就是这样的"，用这样一句话来表达叙事观点的作者在爱情意识方面分明存在着局限性。作者体验到与现实制度的对抗，但没能达到其真正的自我认识，反而陷入矛盾中痛苦挣扎，最终同一性在本身狭窄的世界认识中得以恢复。

## 三、入世型"成长小说"

入世型成长小说中主人公和现实的冲突表现得很微弱，因此这种冲突不如叙事性自我和经验性自我之间叙事表现的冲突那样强烈。也就是说，叙述性自我是以积极的面目出现的，当其与现实发生冲突之后便逐渐地向经验性自我靠近，在一定程度上维持了客观叙事的观点向主人公自我同一性恢复，最终以积极的态度入世。

鲁迅的《社戏》在主人公稍微浪漫地回想幼年期体验后展开叙述，写的是近十年"我"在北京两次看戏的经历，12 岁时看戏的记忆显得更美好；他不是以"过去的就是美好的"浪漫来描写的，而是从对喜欢和讨厌的事物记得清清楚楚的客观视角上描写的。但作者偏偏把"社戏"定为题目，而且引用外国对京剧的批判文章，使其回忆起在宽广的野外观看社戏的情景。从整体上看《社戏》是以幼年期淳朴体验为主调的浪漫风格的小说。看戏时激动的事、乘船的事、回来的路上偷豆煮吃的事、乡亲们的宽宏大量、河水和水草、山坡上的风景等都把对社戏的叙述性自我的介入视为微不足道的。终于，叙事者回顾道："真的，一直到现在，我实在再没有吃到那夜似的好豆，——也不再看到那夜似的好戏了。"② 叙述性自我恢复了与经验性自我应有的同一性关系。

---

① 《李光洙全集》第 3 卷，汉城：三中堂，1973 年，第 92 页。

② 鲁迅：《鲁迅小说全集》，郑州：河南人民出版社，1994 年，第 155 页。

李光洙的《尹光浩》同样讲述着留学时期的体验，展示了年轻时代的彷徨，既有对爱情的向往，也有对死亡的渴望。沉浸在悲哀和寂寞当中表现出忧郁症的尹光浩爱上了P，但那爱情是有点病态的。尹光浩写血书向P表白自己的爱，却因P出乎意料的反应受到精神打击。在金钱、容貌和才智当中，尹光浩只拥有才智，所以P无法接受他。光浩失望至极，做出撕书、暴饮、与娼妓同床等近乎发狂的举动，最后决定自杀。最后尹光浩终于清醒过来，完成了自我身份的认同，“成长”的意义或许就在于此。

鲁迅的《在酒楼上》也是入世型成长小说。“我”的存在和叙述，使其与吕纬甫之间产生了一种关系张力。叙述性自我是作为吕纬甫精神状态和思想道路的审视者出现的。叙述性自我通过讲述吕纬甫的故事而和吕纬甫一样有了对社会的失望感，在这一点上是入世型的。虽然大多数人认定吕纬甫是一位前“五四时代反封建激进的战士”或民国初年的一位对辛亥革命失望的颓唐者，但经验性自我对之却是认同的。在幽暗的现实生存的映衬下，他的理想和抱负显出了虚无。吕纬甫详细叙述的迁葬和送绒花两件“无聊的事”，过多孤独、流浪的感性话语的出现，使得作品整体上流淌着一种感伤和忧郁。鲁迅也因描写没落的封建情绪或回忆中的革命落伍者而受批评。从这些角度上看也显现出《在酒楼上》作为入世型成长小说的局限。

面对吕纬甫的无聊与麻木，叙述性自我“渐渐的感到孤独”，但叙述性自我还是试图以期望的神情找回吕纬甫曾经有过的“射人的光来”，甚至不惜用酒精刺激他的神经，呼唤他的麻木的灵魂。但叙述性自我极度地失望，叹息革命的失败，叹息恶势力的腐败，最后叙述性自我也在叹息中开始坚定起来，有了继续寻找光明道路的决心，要像“树枝笔挺的伸直，更显出乌油油的肥叶和血红的花来”①，透出了一点亮色和希冀。在这篇小说中叙述性自我的观点以个人冲突为主得到认识。它不是从集团和个人的关系中掌握的，而是从类似管鲍之交的友谊深度上把握对绝望的同感。“我”与吕纬甫虽“一同走出店门”，但各自所要走下去的道路将截然相反：吕纬甫只能沿着自惭、悔惧、颓唐的路走下去，直到自我毁灭；“我”找到了新生的希望，决心不能与吕纬甫走相同的路。

虽然鲁迅和李光洙同样都写了许多成长小说，前者倾向于“体验型”，后者倾向于“冲突型”，除此之外李光洙和鲁迅的写作还是有许多不同。李光洙小说中的人物，在现实中遭遇了种种不幸和冲突后，逐渐感到社会的丑恶和不

① 鲁迅：《鲁迅小说全集》，郑州：河南人民出版社，1994年，第130页。

公，达到了精神上的觉醒，区别于鲁迅作品中所体现出来的知识分子自觉的反抗精神。李光洙的作品中还多多少少透露出了些许调和的无奈色彩，没有给也不可能给主人公以至读者十分明晰的结论。鲁迅的反抗带有绝望式的深度，而李光洙则多了些犹豫。由此，在成长小说表现深度和冷静程度上，李光洙的小说比起鲁迅来要略逊一筹。但是，二人都是从民族启蒙角度，以成长小说为窗口，通过自身体验展示自己的心路历程，很好地反映了那个时代的多数知识分子艰难的精神历程和内心的矛盾挣扎，带有历史和时代的影像。

(《社会科学战线》2005 年第 3 期)

# 中国古代小说在泰国的传播

〔泰国〕黄汉坤

中泰两国有几千年的友好交往史，目前可知的中国古代小说在泰国的传播，最早在明代，也就是在中国古代的长篇白话小说成熟之后。

## 传播方式之一：口传

口传是人类最早的传播方式之一，早期定居于泰国的华人也是以口头方式介绍与传播优美而灿烂的中国古代小说给自己的子女、同乡和亲友。

1. 家族传承

虽然许多中国人选择漂洋过海移居泰国，但其对家乡的情感特别浓厚，在农闲或休息的时候，常常以在中国流传的神话、传说、故事和文学教导其子女。① 中国文学，尤其是古代小说有相当一部分是以神话为题材的，如《三遂平妖传》、《西游记》、《济颠禅师语录》、《牛郎织女传》、《封神演义》、《天妃济世出生传》、《四游记》、《南海观世音菩萨出身修行传》、《开辟衍绎通俗志传》、《关帝历代显圣志传》、《二十四尊得道罗汉传》等。泰国华人不仅通过口传方式把中国流传的古代小说介绍到了泰国，也把家乡所信奉的神祇介绍给了自己的子女，让他们对中国的神灵有所认识，以示感恩，这也是在泰国各地的大街小巷里都有中国华人神庙存在，且兴盛至今的原因之一。

此外，中国历史演义小说也是他们必讲的重要话题，如《三国演义》、《水浒传》、《西汉通俗演义》、《东汉通俗演义》、《东周列国志》、《东西晋演义》、《隋唐演义》、《五虎平西前传》、《两宋志传》等，因为能使子女对中国历史和文化有着更多的认识，以不忘本，又能够以史为鉴，教导孩子做人做事

① 刘锡诚：《原始艺术与民间文化》，北京：中国民间文艺出版社，1988年，第249页。

的大道理，同时也使家族之间的感情有所加深。正如许珏在《口承故事论》一书中提到：“在家族内部进行的讲述活动，不论作为长辈的讲述者有意地利用故事对后代进行教育，还是没有这种自觉的意识，讲述活动本身都起着加强亲族感情的作用，都对后代有很大影响。很多主要由家族传承培养起来的故事家，尽管过去几十年，他们都能清楚地记得每一个故事是由哪一位长辈讲述的，是在什么情况下讲述的，故事和原来讲述它的亲人以及他自己的生活，在他的感情上已经紧密地联系在一起了。”①

2. 集体讲述

作为中国文化的一部分的中国古代小说能在泰国得到传播，与华人社团有着密切关系。早期移居于泰国的华人，大多以一村一乡的集体移民为主，因为在迁徙的途中能相互照顾，在异国他乡的泰国定居后也同样能相互帮助。所以，他们在泰国定居后不久就建立了“同乡会馆”、“同姓会馆”、“同行公会”、“宗教和慈善社团”、“文化教育社团”等，变成了旧侨民和新侨民相互认识、沟通、帮助与学习的组织，亦是中国传统文化在泰国传播的组织。故此，华人社团分布在泰国各个重镇、乡村，只要有华人居住的地方，就有华人社团，也就有中国文化的传播。

华人社团有长幼之分，大家聚集在一起的时候，长者以自身的经历与民族的历史相结合教导后者；后者为了了解祖国和祖先文化，向长者请教，其中有不少话题与中国古代小说相关，尤其是民族英雄故事，如《杨家府演义》、《说岳全传》、《包公图公案》、《薛仁贵征东》等，也有讲述以神话为题材的小说，其目的一个是提高新侨民对祖国的热爱，一个是对其家乡神灵的尊敬。

综上所述，家族传承和集体讲述是中国古代小说在泰国传播的重要方式，也是最为原始的方式，使移居于泰国的华人与新一代的华裔从中认识到悠久且古老的中国文学作品，尤其是历史演义、神话和以民族英雄故事为题材的古代小说。

## 传播方式之二：戏曲

在异国他乡的泰国华人早期也是通过戏剧戏曲方式认识中国文学、历史、文化的，尤其以潮剧、粤剧、闽剧为主，因为泰国华人大多以广东、福建、海南移民为主。

① 许珏：《口承故事论》，北京：北京师范大学出版社，1999年，第175页。

1. 潮剧

潮剧是广东省地方戏曲剧种之一①，据《潮剧志》所载："据英国人布赛尔和法国人范华烈·卢贝尔等人的著作以及泰国方面的材料，暹罗大城皇朝末期（1767 年前），潮州戏到了暹罗；布赛尔还记叙 1685 至 1688 年在宫廷宴会中用以招待法王路易十四的使节。"② 剧目除了当地民间传说故事的剧目和文明新戏外，大量还是中国传统剧目，共收集到一千三百多个③。根据中国古代小说改编的剧目主要有《火焰山》、《包公会李后》、《狄青取假旗》、《杨家将救驾》、《罗通扫北》、《斩韩信》、《薛仁贵征东》、《哪吒》、《程咬金娶妻》等等。

2. 粤剧

粤剧是广东地方戏曲剧种之一，④ 在泰国流传最迟不会晚于清咸丰年间，因为中泰文化交流早在汉代就已经有了，而明清至民国初期是移民的高峰期，许多江南沿海一带的子民，漂洋过海，在外谋生，故把粤剧传播于泰国。粤剧在年头迎神、年中祭鬼、年尾酬神等重要宗教节日均有演出，为了助兴，以获得神灵的欢心和庇佑。在泰国流传的粤剧亦是如此，而粤籍人士在泰国唐人街建立的泰京广肇会馆和粤人神庙均是粤剧在泰国的传播地点，也是中国古代小说在泰国传播的重要之地。粤剧是古老的剧种之一，所以传统的剧目也相当丰富。《二取珍珠旗》、《七擒孟获》、《八仙闹东海》、《三合明珠》、《五虎平西》、《孔明借东风》、《正德下江南》、《宋江夜走沧州》、《岳母刺字》等等，都是从中国古代小说改编成的。

3. 闽剧

闽剧是福建省地方戏曲剧种之一，⑤ 在泰国流传也比较早。1602 年，乘荷兰船只到达泰国北大年的英国人史密斯曾就闽粤古剧在那里演出的实况，在《1600—1605 年约翰·史密斯马来亚历险记》中写道：北大年"华人富商合献其服装鲜明之戏班，于街头建台，公开表演古剧。此项表演，其特点在于优伶

① 《中国戏曲剧种大辞典》，上海：上海辞书出版社，1995 年，第 1311 页。

② 潮剧志编辑委员会编：《潮剧志》，汕头：汕头大学出版社，1995 年，第 9 页。转引自《东南亚的中国人》卷 3《在暹罗的中国人》，载《南洋问题资料译丛》1958 年 2—3 期。

③ 中国戏曲剧种大辞典编辑委员会：《中国戏曲剧种大辞典》，上海：上海辞书出版社，1995 年，第 1312 页。

④ 中国戏曲剧种大辞典编辑委员会：《中国戏曲剧种大辞典》，上海：上海辞书出版社，1995 年，第 1305 页。

⑤ 中国戏曲剧种大辞典编辑委员会：《中国戏曲剧种大辞典》，上海：上海辞书出版社，1995 年，第 1305 页。

行头之刺绣华丽，在彼辈歌喉之响遏行云，而尤其在不绝之击大铜钹而益以科白”①。由中国古代小说改编的剧目主要有：《杨门女将》、《卧龙岗》、《紫玉钗》、《梁山伯与祝英台》、《空城计》、《陈世美》、《妈祖娘娘》等等。

4. 琼戏

琼戏是海南省地方戏曲剧种之一②，虽然没有潮剧在泰国那样盛行，但流传情况比粤剧好。这由于泰国多半有钱的侨商是琼州子民，于是琼剧受到一定的爱戴与盛传。此外，琼剧和潮剧有着渊源关系，据《海口舆地志》和海口福建会馆碑志均有“闽广大船停泊白沙律……常有潮广剧演唱”的记载。因此，琼戏在泰国除了琼州侨民爱看之外，其他侨乡也很爱听。

中国小说能够借助于潮剧、闽剧、粤剧和琼剧在泰国流传，与移民群体故乡的信仰、风俗密切相关。泰国华人经常要表演家乡戏曲，大致可分为四种情况：（1）岁时节令，春节、上巳、端午、中元、中秋以及冬春祈年、夏秋报赛等；（2）跟社区祭祖有关的祀日；（3）淫祀，即名目不正、不列祀典的祭祀，品类杂多，如对土地神、灶神、海神等神灵的祭祀，对已死的先贤、圣哲、名人、骠将等的祭祀；（4）不定期的喜庆婚丧活动和驱疫求神活动，如疾苦、天灾、时疫、新庙庆成、佛像开光，酬神还愿等等，无论是哪一种民间祭祀活动，总少不了表演各类乐舞或戏剧，以娱神兼娱人，历代皆然。③ 正是因为中国南方诸省有着浓厚的宗教信仰，造成中国古代小说借戏剧戏曲流入而得到了传播，使华人寺庙、祠堂、会馆成为中国小说在泰国传播和发扬之所在地。

## 传播途径之三：文本

1. 汉文文本

中泰交流年代久远，两国人民亲如兄弟。无论两国政府间的往来，还是百姓间的来往，都有助于汉文文本的传入，其中也包括中国古代小说在内。中国古代小说典籍何时传入泰国不甚了然，经翻阅史料文献发现，明朝时期中国古代小说典籍已流传于泰国，如《明太宗实录》卷 34 载，永乐皇帝曾把《古今

① 钱平桃、程显泗：《东南亚历史舞台上的华人与华侨》，太原：山西人民出版社，2001 年，第 201 页。

② 中国戏曲剧种大辞典编辑委员会：《中国戏曲剧种大辞典》，上海：上海辞书出版社，1995 年，第 653 页。

③ 郭英德：《世俗的祭礼——中国戏曲的宗教精神》，北京：国际文化出版公司，1988 年，第 33-34 页。

烈女传》百本赠送给当时的泰国国王。

明代时期由于朝贡贸易的兴盛和航海技术的先进，泰国政府于洪武四年(1371)遣派官员到中国国子监学习，其主要为了培养翻译语文和精通中国文化人才。如《续文献通考》卷47，载："(洪武)三年，高丽遣其国金涛等四人来学。次年，涛成进士归，自是日本、琉球、暹罗诸国皆有官生入监读书，朝廷辄加厚赐，并给其从人。"这些泰国派到中国国子监学习的官员学成回国时，有意无意便把自己曾经学过的汉语教科书以及当时在市面流传最广、贴近百姓生活的小说带到船上阅读，消遣时间，到泰国后又把它们介绍给同乡和当地人民。

另外，藏于泰国曼谷(塔瓦苏吉)国家图书馆的中国古代汉文典籍的封面上，我们还发现"购于星洲"、"购于槟城"、"购于棉兰"、"购于宋卡"等字迹，故可断定这些中国古代汉文典籍除了中国政府赠送和留学生带回之外，有一大部分是通过书籍贸易形式传到泰国的。正如同潘建国所说："中国古代典籍传入东南亚的途径，主要有中国政府赐赠、东南亚人士来华购买及书籍贸易等三种。稗官野史乃属不登大雅之物，在中国本土原为禁毁对象，自不能列入赐赠范围。因此，明清通俗小说传入东南亚的途径主要就是后两种。"① 另，素甘亚·苏班塔在《布拉德利医生与泰国报刊业》中说："尤其在佛历2358年(1815)之后的二十年里，新加坡和马六甲等地是东南亚的印书重地……也是刊印和交流汉文书籍和报纸的中心。"② 星马两地与泰国相邻，来去较为方便，所以较多的泰国商人到这些地方购买与交换汉文典籍，于是中国古代小说等典籍便由此途经传入泰国。

根据历史文献记载，中国古代小说典籍大致在明朝前期始传入于泰国，此时正值泰国阿瑜陀耶王朝或称大城王朝时期(1350—1767)，泰国的封建制度渐趋完整，但朝廷内部处于混乱的状态，因为阿瑜陀耶王朝是由乌通、班普銮、素可泰等团体所组成的中央政府，所以各个团体都想掌握政权，因此篡位的局面，屡见不鲜。此外，又经常与邻近的柬埔寨、老挝和缅甸发生冲突，导致社会动荡不安。最后缅甸军队在公元1767年攻破阿瑜陀耶京城后，放火烧了7天7夜。因此，中国古代小说典籍在此次火难中全部被烧毁，幸存的典籍也在混乱中失散。另有其他人为因素造成中国古代小说汉文典籍受到遗忘与摧

① 潘建国：《古代小说书目简论》，太原：山西人民出版社，2005年，第76页。

② 素甘亚·苏班塔：《布拉德利医生与泰国报刊业》，曼谷：玛滴冲出版社，1985年，第13页。

毁：(1) 泰国本地人不懂汉字，故不把汉文典籍视为尊贵之物。(2) 早期流寓于泰国的华人文化背景较为低下，文盲占大多数。虽然有精通汉字的人亦在移民热潮中，愿往泰国新建家园，但其占少数。无论是文盲或精通汉字的华人，他们往往在泰国定居之后都跟当地女子通婚，数代后之华人渐渐地淡忘了汉语，所以汉文典籍渐渐也被遗弃，其中也包括中国古代小说在内。(3) 曼谷是泰国华人居住最多的地区，早在吞武里王朝建立之前，华人聚居于曼谷莲港一带，后来，吞武里王朝（1767—1782）建立于附近，华人也就迁移到对岸柴珍码头。不久，节基王朝或称曼谷王朝（1782—）灭吞武里王朝之后，第一世皇下令筹建新京，从吞武里迁到对岸，并在柴珍码头附近修建新皇宫，遂将华人迁到城区的东南方，也就是迄今的三聘地带，泰国唐人街地区①。多次的搬迁也是造成中国典籍从中流失的重要原因之一。(4) 20 世纪 50 年代，泰国政府下令严管华文教育。1960 年泰国政府公布了《发展国家教育方案》，规定华校必须在三年内减少中文教学时间，民办华人小学只能开办到四年级。到同年底，泰国华文学校仅剩一百多所。由于华校大量减少，从 1960 年代到 1980 年代，支撑泰国华文教育的只剩下几百个人数不准超过七人的“华文家庭班”。② 因为华文教学受到一定的限制，中国典籍也受到制约。曾经藏有古代汉文典籍的人个个都提心吊胆，怕被当时的政府视为反革命，是共产主义的

① 《玛滴冲报》2002 年 6 月 15 日。

② 暨南大学东南亚研究所编著：《战后东南亚国家的华侨政策》，广州：暨南大学出版社，1989 年，第 108 页。

代言人，为保身不得不把这些书籍焚毁。①

综上原因导致泰国目前存有的中国古代汉文小说典籍少得可怜，仅有位于曼谷三信路的（塔瓦苏吉）国家图书馆藏有。泰国曼谷（塔瓦苏吉）国家图书馆是全泰国年代久远、规模最大、藏书量最多的大型图书馆②，现藏 39 部明清两代的中国古代小说，按照题材可分为历史演义小说 26 部，侠义公案小说 4 部，神魔小说 7 部，世情小说 2 部，绝大部分都是在清代年间刊刻出版的。

2. 泰译本

中国古代小说很早就传入了泰国，但由于语言上的障碍，造成原有在市面流传的汉文本中国古代小说未受到泰国本地人的重视。直到泰译本的出现，为中国古代小说在泰国生根，茁壮发展，发挥了极大的作用。

作为曼谷王朝开国君主的拉玛一世，面临着安邦定国的历史使命。为了摆脱战争和纷乱，借鉴外国文学精华，以开阔国人的眼界，能从中吸取各种治国用兵之道和人生哲理、道德规范，拉玛一世在位期间（1782—1809）有三部外国文学被译成泰文，两部中国文学《三国演义》、《西汉演义》和一部孟族文学《拉查提腊》。

从曼谷第一世王（1782—　）至今，无法确切地统计有多少部中国古代

① 这一历史阶段始于 1947 年 11 月 8 日军人发生政变，发动政变的军人自称为“政变团”。这次政变将二战期间作为日本帮凶的报汶·颂勘元帅再次推上总理宝座。他上台后镇压泰国共产党，大搞反华和排华的政策。这两项政策的实行有着深刻的背景。报汶·颂勘元帅再度执掌总理大权之时，正值中国陷入国共内战之际，国民党虽具有兵力上的优势，但在战场上一退再退，似乎摆脱不了失败的下场，而中国共产党的势力和影响却不断壮大。泰国的华侨和华人虽然不全信仰共产主义，但很多人都同情和支援中国共产党。因此，华人的一举一动受到了报汶·颂勘元帅政府的严密监视。1949 年中国共产党建立新中国后，报汶·颂勘元帅政府颁布“防共条例”，从这一年开始，政府排华倾向越来越明显，最终发展到以共产罪和反叛罪大规模地逮捕知识分子、报人、学生和民众。1957 年莎立元帅发动政变，推翻报汶·颂勘元帅政府，委任朴·莎立信担任总理。政变后的一年（1957 年 10 月到 1958 年 10 月），政府不仅不再镇压左派，还广开言禁。但好景不长，1958 年 10 月莎立元帅发动政变后自任总理，开始以通共的罪名搜捕学生和知识分子，在全国范围内清剿泰共。1963 年莎立元帅去世后，塔农·吉滴卡宋元帅接任总理，继续推行莎立时代的政策。参见裴思兰《鲁迅和金庸在泰国的接受之比较》，青岛大学硕士学位论文，第 12 页。

② 泰国曼谷（塔瓦苏吉）国家图书馆建馆于 1905 年，至 2005 年已有 100 年的历史了。建馆起源，由泰国第四世皇的诸位太子与公主为了纪念先父，而出资金建此馆。原先馆里所藏的书籍大多是泰国皇族、高官、大使捐送。参见山泥·荡塔维《文学与基础泰国文学》，曼谷：欧甸萨多出版社，1985 年，第 27 页。

文学被翻译成泰文①，但能知其来历且影响比较大的有59部。按泰国曼谷王朝各个君主的年代划分，第一世王时期（1782—1809）译有：《三国》、《西汉》，2部；第二世王时期（1809—1824）译有：《列国》、《封神》、《东汉》，3部；第四世王时期（1851—1868）译有：《西晋》（《西晋演义》）、《东晋》（《东晋演义》）、《南宋》（《南史演义》）、《隋唐》、《南北宋》（《南北两宋志传》）、《残唐五代》、《万花楼》（《万花楼杨包狄演义》）、《五虎平西》、《五虎平南》、《说岳》、《宋江》（《水浒传》）、《明朝》（《云合奇踪》），12部；第五世王时期（1868~1910）译有：《开辟》（《开辟衍绎通俗志传》）、《说唐》、《扫北》（《罗通扫北》）、《薛仁贵》（《薛仁贵征东》）、《薛丁山》（《薛丁山征西》）、《英烈传》（《续英烈传》）、《游江南》（《大明正德皇游江南传》）、《小红袍》（《海公小红袍全传》）、《大红袍》（《海公大红袍全传》）、《岭南逸史》、《明末清初》（《新世鸿勋》）、《西游》、《包龙图公案》、《大汉》（《大汉三合明珠宝剑全传》）、《三国因》，15部；第六世王时期（1910—1925）译有：《西游记——向西天取经》、《元朝》（《再生缘》）、《武则天》（《武则天外史》）、《薛刚反唐》、《七侠五义》，5部；第八世王期间（1935—1946）译有：《白猿传》、《水浒传》、《金罐里的花》（《金瓶梅》），3部；第九世王期间（1946—　）译有：《金瓶里的梅花》（《金瓶梅》）、《新版三国》、《完整版三国》、《完整版包文拯》、《西游》、《聊斋志异》、《新译版三国》、《三言》（《警世通言》、《醒世恒言》）、《红楼梦》、《半夜前之博士》（《肉蒲团》）、《女白蛇精》（《警世通言》）、《女白蛇怪》（《警世通言》）、《公平之神包文拯》（《龙图公案》）、《拜请喝杯：喝酒、吃肉的奇怪罗汉故事》（《济公全传》）、《完整版包文拯》、《波耶波罗耶》（《聊斋志异》）、《全版三国》、《列国》、《罗贯中版三国》，19部。从以上59部泰译本中国古代小说发现有35部是历史小说，9部侠义公案小说，7部神怪小说，4部世情小说，1部传奇小说，3部白话短片小说集。大致分为全译本、选译本和节译本三种。《三国演义》的泰译本就出现了《三国》、《新版三国》、《完整版三国》、《新译版三国》、《全版三国》、《罗贯中版三国》六种版本之多。《龙图公案》出现了《包龙图公案》、《完整版包文拯》、《公平之神包文拯》、《完整版包文拯》四种版本。《西游记》出现了三种不同的版本。《东周列国志》、《金瓶梅》和《聊斋志异》同样出现了两种不同的版本。《警世通言》的《白娘子永镇雷峰塔》故事也译有两种版本。值得一提的是，中国古代小说的起名往往要与中国朝代（即朝代编年体式演义）、历史人物（即人物纪传体演义）或时态、大

① 钱念孙：《文学横向发展论》，上海：上海文艺出版社，2001年，第90页。

事背景（即大事本末体演义）有关，而多部泰译本常常不按照中国原有的名字译成泰文，造成非常混乱、难以辨认的局面。

我们发现，在第八世王之前的泰译本中国古代小说均以历史演义、讲史题材的小说居多，但在第八世王之后的泰译本中国古代小说转向了世情小说，虽然，世情小说只在一小部分人的圈内流传。另外，由于台湾电视连续剧《包青天》的传入，也带动了侠义公案小说《龙图公案》热，在同一时间内推出不少于7部①，但随着电视连续剧《包青天》的下台，一股“包热”也全部瓦解，抵挡不过全面盛行、老幼皆知的武侠小说。所以说今天泰国文坛已经不是泰译本中国古代小说之年代，则由金庸、古龙、黄易等的中国武侠小说取代之，进入了武侠小说的新世界。

（《社会科学战线》2006年第4期）

① 在台湾电视连续剧《包青天》的影响下许多出版社都根据乃荣翻译、乃天湾纳坡修订本《包龙图公案》和萨尼·坎拉亚娜米翻译本《完整版包文拯》以及台湾电视连续剧《包青天》等改编、修订后再次出版，因此没有很大的价值。皮·马宫攀整理本《公平之神包文拯》，因为此本译出78案，是以前所未见的。另外是塔翁·斯卡克松和巴功·林巴努宋主编，泰国法政大学人文学院中文系学生翻译本《完整版包文拯》，这是目前最为完整的泰译本《龙图公案》小说。

# 汉语熟语在泰国的流传

## ——以泰译本《三国演义》为例

〔泰国〕徐武林

传统的俗语包括俚语、惯用语、成语、歇后语、谚语和俗语等，指称的范围非常宽泛，近年来有学者对俗语的范围作了这样的划分，即把俗语分为广义和狭义两种，广义的俗语称作“熟语”，包括成语、典故、俗语、谚语、格言、惯用语、名句、警句、俚语等；狭义的俗语仍叫做“俗语”，与谚语、歇后语、惯用语、成语等并列，是一种独立的语类。① 本文基于广义俗语，即熟语，以泰译本《三国演义》为例，对汉语熟语在泰国的流传方式进行考察，②并对其出处加以考证。

### 一、《三国演义》在泰国的翻译与影响

《三国演义》是第一部被译成泰文的中国古代小说，同时亦是第一部被译成泰文的汉文典籍，连儒家经典著作之一《论语》以及道家经典著作《庄子》、《老子》的泰文版直到19世纪中叶才问世，《史记》、《战国策》、《左传》等其他汉文典籍，迄今还没有被译成泰文。

据记载，拉玛一世在位期间（1782—1809），曾下令翻译《三国演义》（《三国》）③ 和《西汉通俗演义》（《西汉》）。《三国》由当时的财政大臣、著名宫廷作家昭披耶帕康（浑）主持并资助，译于1802年。《西汉》由后宫亲王资助，译于1806年。泰译本的出现，揭开了中国古代小说在泰国流传的序幕。第一部泰译本汉文典籍《三国演义》取名为《三国》，（泰国人按照福建

① 徐宗才：《俗语》，北京：商务印书馆，1999年，第9页。

② 受印度佛教文化影响的熟语不在本文研究之列，如“打草惊蛇”、“飞蛾扑火”、“种瓜得瓜，种豆得豆”、“大海捞针”、“对牛弹琴”、“盲人摸象”等。

③ 前者为中国古代小说书名，括号中为泰译本名，下同。

音读为/saːm$^{14}$kok$^{55}$/）。由于当时泰国尚无精通中泰两种语言的翻译家，所以翻译便采取了特殊办法：组成一个班子，先由精通中文粗通泰文的中国人将其口译成泰文，令书记记下，再由泰人对文字加工润色，最后由泰语造诣较高之人负责总其成。① 由于三国故事本身有趣，加之昭披耶帕康（浑）是一位精通各种文体的大诗人兼大散文作家，因此《三国》行文流畅优美，问世之后，很快就风靡全国，成为家喻户晓、妇孺皆知的作品。《三国》之所以会被泰国人所接受，在于它能适应泰国历史发展的需要。作为曼谷王朝开国君主的拉玛一世，面临着安邦定国的历史使命。为了摆脱战争和叛乱，拉玛一世借鉴外国文学的精华，以开阔国人的眼界，希望能从中吸取各种治国用兵之道和人生哲理、道德规范。陈炎也曾说过：《三国演义》在泰国之所以造成这样大的影响。原因之一，是与国王拉玛一世为了政治上的需要而极力提倡分不开的。《三国演义》中对魏、蜀、吴三国之间，在政治、军事、外交上各种争斗的经验和各类人物的智谋形象生动的表达，正是国王所需要的。当时曼谷王朝刚成立，邻国缅甸常举兵侵犯，希望曼谷王朝的将相们能从《三国演义》中吸取各种治国用兵之道和克敌制胜的谋略，以便战胜入侵的敌人。② 可见，《三国演义》在泰国的影响和重要意义从一开始就已经超出了文学的范畴，它所受到的重视也绝非一般文学作品可比。

由于昭披耶帕康（浑）本《三国》文字精美、情节生动紧凑，而且一些细节的删改未影响著作本身的完整性，也不违背泰国人的欣赏习惯，问世之后，影响深远，在泰国文坛上占据了重要位置。近两百年来，也不断出现新的改写本和重译本。据苏南·朋普统计，1989 年之前，泰国的各类《三国》版本就有散文体 30 种之多，诗体 4 种，剧本（册页本）10 本，另有戏剧片断如“三气周瑜”等多出。③ 影响力最为广泛的散文体共 5 本：（1）《新版三国》，斯拉帕猜·参杂仁编译，帕登斯萨出版社，1952 年出版。（2）《完整版三国》，披军·通内翻译，卡森班纳肯出版社，1963 年出版。（3）《新译版三国》，歪湾·帕他努泰翻译，印刷中心出版社，1977 年出版。该版本忠实于原本，没有按照泰国习俗进行改编，而且由于译者泰语造诣不足，译本缺乏文采，无法与昭披耶帕康（浑）本《三国》相提并论。（4）《全版三国》，维

① 栾文华：《泰国文学史》，北京：社会科学文献出版社，1998 年，第 57 页。

② 陈炎：《海上丝绸之路与中外文化交流》，北京：北京大学出版社，1996 年，第 315 页。

③ 威乃·朋西品：《泰汉文化艺术研究》，曼谷：艺术大学出版社，1989 年，第 92-93 页。

瓦·帕查仁维翻译，通谈·那盏依修订，花草出版社，2001 年首次出版。与歪湾·帕他努泰的《新译版三国》比较而言，《全版三国》更加缺乏文采。(5)《罗贯中版三国》，三地·尼派吞编译，手抄本共 8 本，藏于泰国曼谷(塔瓦苏吉)国家图书馆。上述 5 本均以汉语《三国演义》为底本。除此之外，以 Brewitt Taylor 所译的英文版“The Romance of The Three Kingdoms”为底本的有 2 部：(1)《说书艺人版三国》，雅可编译。该版本对原著本的体制进行改编，以丛书的形式问世，一小册以一个主要人物（如董卓、刘备、周瑜等）为中心，以说书艺人的语气述说故事。(2)《三国》，万华·勒查纳维苏编译。其他版本不计其数，但多为现代人所编的有关三国某一点或一人物的通俗读物，如政治家兼作家蒙拉查翁克立·巴莫的《资本家版三国》，或名《永恒的宰相——曹操》。作者之意在于与雅可的《说书艺人版三国》开玩笑。他将曹操视为富有才能的政治家，认为曹操比刘备更适合扮演主人公的角色；杨汉川的《三国概观》，该书考证中国史料，按照史书介绍三国故事的主要人物；桑·帕他努泰的《三国战略》，由昭披耶帕康（浑）本《三国》改写而成的，删除某些细节，重分章节，每一章节以一个主要人物为中心；素提鹏·尼瓦塔纳湾的《艳情版三国：曹操爱情故事》、O. R. D 的《Inside 三国》、帕大夫的《医生版三国》、安龙警官少将的《发展版三国：三国中的第四国》、唠香春的《喽罗版三国》、乃温惠的《咖啡版三国》、唠川活的《凡夫版三国》等改写本。①《三国》的成功，掀起了一股翻译中国历史演义小说的热潮，至今已有数十种泰译本中国小说相继问世，发展成一支具有特色的文学体系。

由于政治上的需要，中国四大名著之一《三国演义》被译成了泰文。《三国》虽以译本的身份问世，但却成了对泰国社会影响最大的文学作品，对文学、戏曲、宗教信仰、壁画艺术等方面都产生了潜移默化的影响。此外，《三国》也是泰国语文教材之中不可或缺的内容，每年的高考语文试卷也一定会涉及《三国》。以上所述，即是《三国演义》在泰国的传播与影响的最佳印证。

## 二、泰译本《三国演义》与汉语熟语在泰国的流传

根据前人的研究发现，汉语和泰语中存在相当一部分意义相近或相同的熟

① 吴琼：《〈三国演义〉在泰国》，《明清小说研究》2002 年第 4 期。

语，不论是所使用的喻体，还是所体现出来的喻义都有共同之处。① 本文从这些相同或相似点出发，推断出泰语中借用了大量的汉语熟语。据考察，它们主要来源于泰译本中国古代小说。

文学作品翻译的一个重要目标在于将原语中特有的文化信息传递到译入语当中去。换言之，翻译的任务之一就是要充分考虑原语的独特的文化，将原语文化转换成译入语读者所能理解并接受的文化。《三国演义》中的熟语，其结构和语义在很大程度上受处所民族文化环境制约，所引起的联想语用含义往往取决于相应的语言载体和民族文化环境。翻译时文化载体改变了，原语所依附的文化环境也不复存在，表层指称相同或相似的熟语往往出现不同的文化伴随意义。由于昭披耶帕康（浑）本《三国》的翻译工作极为特殊，对富有深厚文化内涵熟语的处理方法也不尽相同。

**（一）直译法**

1. 典型熟语的直译法

《三国演义》中的那些典型熟语，通过直译方法流传到了泰国，并已普遍运用于泰语之中，是泰语中的汉语外来语。

（1）/ʔaːj$^{41}$ mɨan$^{24}$ p$^{h}$lik$^{55}$ faː$^{22}$ mɨ$^{33}$/（易如反掌）

（1a）审配听到田丰所说的话，回答说：“不然。以我们英明威武的将兵，讨伐曹贼，易如反掌，你何必迁延时日？②

（1a’）谋士审配曰：“不然。以明公之神武，抚河朔之强盛，兴兵讨曹贼，易如反掌，何必迁延日月？”③

典出：“以齐王，由反手也。”（《孟子·公孙丑上》）

此条泰语熟语无论是所使用的喻体，还是所体现出来的喻义均与汉语的“易如反掌”完全相同，都是比喻事情很容易做成功。两者中的比喻词也都出现，即“如”“/mɨan$^{24}$/”（如/像），结构形式也完全相同，即述补结构。

（2）/buk$^{22}$ nam$^{453}$ luj$^{33}$ faj$^{33}$/（赴汤蹈火）

（2a）关羽闻之而欣喜，说：“我若知皇叔下落，虽赴汤蹈火，在所不辞。此时不辞而别，望丞相见谅。”（《三国》，第 343 页）

---

① 有关汉泰熟语比较研究这一课题早在 20 世纪 80 年代就受到学者们的关注。第一篇相关论文是一位中国学者岑容林的《泰汉成语比较研究》（泰国朱拉隆功大学泰语专业硕士学位论文，1983 年）。后来，中泰学者对该课题研究的关注日益增多，涌现出许多与之相关的研究成果。据目前统计，共有 17 篇硕士论文，大多都集中于泰国朱拉隆功大学汉语专业硕士学位论文。

② 《三国》，昭披耶帕康（浑）本，曼谷：花草出版社，2000 年，第 300 页。

③ 《三国演义》第 22 回，北京：人民文学出版社，2002 年，第 188 页。

（2a'）关公曰："关某若知皇叔所在，虽蹈水火，必往从之。此时恐不及拜辞，伏乞见原。"（《三国演义》第二十五回，第 214 页）

典出："故以桀诈桀，犹巧拙有幸焉，以桀诈尧，譬之若以卵投石，以指挠沸；若赴水火，入焉焦没耳。"（《荀子·议兵》）

例（2）的喻体和喻义完全相同于汉语的"赴汤蹈火"，结构形式完全一致，即联合结构。

（3）/ploj$^{22}$ sɬa$^{24}$ k$^{h}$aw$^{41}$ paː$^{22}$//ploj$^{22}$ plaː$^{33}$ loŋ$^{33}$ nam$^{453}$/（放虎归山，放鱼入海）

此条泰语熟语所使用的喻体略同于汉语熟语中的"放虎归山"、"放鱼入海，纵虎归山"、"放龙入海，纵虎归山"，而且均为"放走受制的强敌，必将贻害于未来"之义。两者的结构形式也完全一样，即是兼语结构。

（3a）当时曹操与众兵说道："今刘备如鱼掉入釜中，虎掉入阱中，若让他脱身跑掉，正如放虎归山，放鱼入海。你们必须想方设法把他擒住。"（《三国》，第 575 页）

（3a'）曹操下令军中曰："今刘备釜中之鱼，阱中之虎；若不就此时擒捉，如放鱼入海，纵虎归山矣。众将可努力向前。"（《三国演义》第四十二回，第 350 页）

典出：（刘）璋遣法正迎刘备，巴谏曰："备，雄人也，入必为害，不可内也。"既入，巴复谏曰："若使备讨张鲁，是放虎于山林也。"璋不听。（《三国志·刘巴传》卷 39，第 981–982 页）

（4）/ʔao$^{33}$ k$^{h}$aj$^{22}$ paj$^{33}$ kra$^{22}$ top$^{55}$ hin$^{24}$/（以卵击石）

（4a）薛综说道："汉传世至今，天数将终。今曹操已有天下三分之二。刘备不识天时，欲与曹对抗，正如用鸡蛋去砸石头，自然会一败涂地。"（《三国》，第 587 页）

（4a'）综曰："公言差矣。汉传世至今，天数将终。今曹公已有天下三分之二，人皆归心。刘豫州不识天时，强欲与争，正如以卵击石，安得不败乎？"（《三国演义》第四十三回，第 357 页）

典出：子墨子曰："吾言足用矣，舍言革思者，是犹舍获而攈粟也。以其言非吾言者，是犹以卵投石也，尽天下之卵，其石犹是也，不可毁也。"（《墨子·贵义》）

例（4）所使用的喻体和所体现出来的喻义完全相同于汉语"以卵击石"，但结构形式不同，泰语/ʔao$^{33}$ k$^{h}$aj$^{22}$ paj$^{33}$ kra$^{22}$ top$^{55}$ hin$^{24}$/属连动结构，汉语"以卵击石"则属偏正状中结构。

（5）/maj$^{41}$ k$^{h}$aw$^{41}$ t$^{h}$am$^{41}$ sɬa$^{24}$//jaj$^{33}$ ca$^{22}$ daj$^{41}$ luːk$^{41}$ sɬa$^{24}$/（不入虎穴，焉

得虎子）

例（5）这一条熟语无论是所使用的喻体，还是喻义均完全相同于汉语的“不入虎穴，焉得虎子”，都是比喻不历风险，就不能达到目的。

（5a）刘封阻止曰：“众兵都非常疲惫，歇息片刻再追赶。”黄忠答曰：“已经追到虎穴，若不尽快入穴擒之，必将贻害于未来。”所以就命令诸将努力向前追赶。（《三国》，第 937 页）

（5a'）刘封曰：“军士力困，可以暂歇。”忠曰：“‘不入虎穴，焉得虎子’？”策马先进。士卒皆努力向前。（《三国演义》第七十回，第 584 页）

典出：超曰：“不入虎穴，不得虎子。当今之计，独有因夜以火攻虏，使彼不知我多少，必大震怖，可殄尽也。灭此虏，则鄯善破胆，功成事立矣。”（《后汉书·班超传》卷 47，第 460 页）

据考察，还有不少典型的汉语熟语通过直译手法流传到了泰国，如：/tid$^{22}$pi:k$^{22}$kɔ$^{41}$bin$^{33}$ni:$^{24}$maj$^{41}$ p$^{h}$on$^{453}$/（插翅难飞）、/tat$^{22}$ra:k$^{41}$ t$^{h}$ɔ:n$^{24}$ k$^{h}$on$^{33}$/（斩草除根）、/p$^{h}$i:$^{41}$ nɔ:ŋ$^{453}$dut$^{22}$k$^{h}$ɛ:n$^{24}$k$^{h}$a:$^{24}$pan$^{33}$ra$^{22}$ja:$^{33}$dut$^{22}$ʔa:$^{33}$ p$^{h}$ɔ:n$^{33}$/（兄弟如手足，妻子如衣服）、/nok$^{55}$ di:$^{33}$ ru:$^{453}$ cak$^{22}$ lɨak$^{41}$ ton$^{41}$ maj$^{453}$ t$^{h}$am$^{33}$ raŋ$^{33}$ k$^{h}$un$^{24}$ na:ŋ$^{33}$di:$^{33}$ jɔ:m$^{41}$ ru:$^{453}$ cak$^{22}$ lɨak$^{41}$ na:j$^{33}$/（良禽择木而栖，贤臣择主而事）、/pla:$^{33}$kra$^{22}$di:$^{22}$daj$^{41}$ nam$^{453}$/（如鱼得水/犹鱼得水）、/ja:$^{33}$di:$^{33}$k$^{h}$om$^{24}$pa:k$^{22}$k$^{h}$am$^{33}$ troŋ$^{33}$k$^{h}$on$^{33}$maj$^{41}$ c$^{h}$ɔ:p$^{41}$/（良药苦口利于病，忠言逆耳利于行）、/mɨan$^{24}$ sɨa$^{24}$ tit$^{22}$pi:k$^{22}$/（如虎添翼）等。

2. 非典型熟语的直译法

很多汉语熟语也通过直译手法流传于泰国，成为泰语中不可或缺的成员，一般都能见之于泰语熟语辞书。

（6）/sɨa$^{24}$ maj$^{41}$ mi:$^{33}$ k$^{h}$iaw$^{41}$//lɛ:$^{33}$ nok$^{55}$ ha$^{24}$ pi:k$^{22}$ maj$^{41}$ daj$^{41}$/（虎无爪，鸟无翼）

（6a）曹操说道：“李、郭二贼此次离去，必有对策。”董昭说：“那二贼如虎无爪，如鸟无翼，不足为患。”（《三国》，第 185 页）

（6a'）操又曰：“李、郭二贼此去若何？”昭曰：“虎无爪，鸟无翼，不久当为明公所擒，无足介意。”（《三国演义》第十四回，第 116 页）

（7）/ni:$^{24}$sɨa$^{24}$pa$^{22}$cɔ:$^{33}$ra$^{22}$k$^{h}$e:$^{41}$/（方逃老虎，又逢鳄鱼）

（7a）帝闻之大哭曰：“没想到，刚逃出了李傕，又被敌军给拦住，正如方逃熊口，又逢虎口，真是雪上加霜，如之奈何？”（《三国》，第 175 页）

（7a'）帝泣告大臣曰：“方离狼窝，又逢虎口，如之奈何？”（《三国

演义》第十三回，第 109 页）

（8）/lap$^{22}$taː$^{33}$jiŋ$^{33}$nok$^{55}$/（掩目而捕燕雀）

（8a）陈琳闻之曰：“自以为善于射箭，掩目而射鸟，若射伤了自己的手就后果不堪设想。”（《三国》，第 31 页）

（8a’）主簿陈琳曰：“不可！俗云：‘掩目而捕燕雀’，是自欺也。”（《三国演义》第二回，第 20 页）

例（6）至（8）都是流传于泰国的汉语熟语，它们所使用的喻体，所蕴涵的喻义，以及结构形式都与汉语熟语原文基本一致，是完全合乎直译手法的基本原则。

直译法是一种能保持原作的语言形式，如用词、比喻手段等，同时语言也流畅易懂。这样，原作的手法得到了保存，可以达到与原文近似的语言效果。直译法还可以保留原文浓厚鲜明的民族色彩，再现原文的形象，有益于不同民族之间的文化交流。

**（二）意译法**

（9）/naːm$^{24}$jɔːk$^{41}$ʔok$^{22}$/（心腹之患/腹心之疾）

（9a）听到孙坚已死之事，董卓大喜曰：“孙坚之死使我喜出望外，正如拔掉了胸前的一根刺儿。”（《三国》，第 96 页）

（9a’）却说董卓在长安，闻孙坚已死，乃曰：“吾除却一心腹之患也！”（《三国演义》第八回，第 63 页）

例（9）的字面意义为“胸中扎了个刺儿”，显然与原文“心腹之患”截然不同，但喻义却完全相同，都比喻致命的祸患。

（10）/k$^{h}$aj$^{24}$kun 33cɛː$^{33}$hiːp$^{22}$jip$^{2}$ʔaw$^{33}$t$^{h}$ɔːŋ$^{33}$/（探囊取物）

例（10）的喻义相同于汉语“探囊取物”“囊中取物”，均比喻事情极容易办到，但字面意义却不尽相同。前者为“把箱子的锁打开，伸手到其中取黄金”，后者为“伸手到袋中取东西”。

（10a）孔明笑曰：“众将不必担心，捉拿孟获，正如打开箱子的锁取黄金一样容易。”（《三国》，第 1135 页）

（10a’）孔明笑曰：“吾擒此人，如囊中取物耳。直须降伏其心，自然平矣。”（《三国演义》第八十八回，第 721 页）

意译手法是从意义出发，将原文大意用译入语表达出来，不拘泥于原文形式，包括句法结构、用词、比喻以及其他修辞手段等。据考察，通过意译手法流传到泰国的汉语熟语，还有如/paːk$^{22}$ maj$^{41}$ sin$^{41}$ klin$^{22}$ nam$^{453}$ nom$^{33}$/（口尚乳臭）、/klɨːn$^{33}$ kɛːw$^{41}$ t$^{h}$ip$^{55}$ waj$^{41}$ naj$^{33}$ tɔːŋ$^{453}$/（胸怀大志，腹有良谋）、/nap$^{55}$ daːw$^{33}$naj$^{33}$tɔːŋ$^{453}$faː$^{453}$lɛː$^{33}$jaŋ$^{22}$pra$^{55}$ma$^{55}$haː$^{24}$sa$^{22}$mut$^{22}$ʔan$^{33}$lɨk$^{55}$daj$^{41}$/（有夺天地

造化之法，鬼神不测之术）、/kʰaw$^{41}$ doŋ$^{33}$ maj$^{41}$ ʔɔː$^{41}$ ʔɔːk$^{22}$ caːk$^{22}$ poŋ$^{33}$ kʰɛːm$^{24}$/（入无人之境）、/kʰwaːm$^{33}$ kʰɛːn$^{453}$ tʰaw$^{41}$ pʰɛːn$^{22}$ faː$^{453}$/（不共戴天之仇）、/jok$^{55}$ pʰuː$^{33}$ kʰaw$^{24}$ ʔɔːk$^{22}$ caːk$^{22}$ ʔok$^{22}$/（如梦初觉，复何忧哉）、/paːk$^{22}$ ruː$^{453}$ maːk$^{41}$ kwaː$^{22}$ caj$^{33}$/（言过其实）等。

**（三）增译法**

（11）/kʰaw$^{41}$ taː$^{33}$ con$^{33}$ mɨan$^{24}$ kʰon$^{33}$ tok$^{22}$ nam$^{453}$/（走投无路/死路一条）

（11a）曹操说道："我对你的恩情虽然你已经报答了，五关斩将之时，你杀尽了我军将士，我不但没有怪罪于你，而且还把你放了。今我落在你手中，也非反抗之意，如掉进海里一般死路一条，望你念在我曾对你有恩情的分上，能把我给释放？"（《三国》，第665页）

（11a'）操曰："五关斩将之时，还能记否？大丈夫以信义为重。将军深明《春秋》，岂不知庾公之斯追子濯孺子之事乎？"（《三国演义》第五十回，第414页）

例（11）即是典型的增译手法。通过对译文（11a）与原文（11a'）进行对照，显然发现，原文（11a'）中并非出现与译文（11a）中的/kʰaw$^{41}$ taː$^{33}$ con$^{33}$ mɨan$^{24}$ kʰon$^{33}$ tok$^{22}$ nam$^{453}$/相对应的熟语。编译者采用了增译手法，增添了/kʰaw$^{41}$ taː$^{33}$ con$^{33}$ mɨan$^{24}$ kʰon$^{33}$ tok$^{22}$ nam$^{453}$/这一熟语，这不仅能加深读者对原文的理解，还形成了泰语中常用的熟语，使泰文版《三国》成为该熟语的典故来源。

除此之外，《三国演义》作为一部演义性的历史小说，堪称百年战争史。它艺术地体现了当时的战争画卷。在全书大小40多次战役、战斗中，既有战略战策上的斗争，又有实战战术上的描述；既有政治、外交、军事相结合的大战役、大场面，又有单纯的两军对垒、布阵战斗的描写；既有错综复杂的智斗，又有跃马挥刀的决战……作者的生花妙笔，使一个个战争场面、无数个人物形象，生动地展现在读者的面前。《三国》的翻译最初是出于政治上的需要，因此翻译的过程中对描写战争情节极为讲究，以至于书中数十次跃马挥刀决战的情节成为泰语中较为常用熟语的典故。

（12）/saːm$^{24}$ pʰleːŋ$^{33}$ tok$^{22}$ maː$^{41}$ taj$^{33}$/（输得快，做事有头无尾，半途中辍）

（12a）袁绍与诸将商议，说道："谁愿意领兵与华雄交战？"袁术属下俞涉挺身而出，说："我愿与华雄决战。"袁绍听了就令他出马，战不到三回合，被华雄刺于马下。（《三国》，第64页）

（12a'）绍曰："谁敢去战？"袁术背后转出骁将俞涉曰："小将愿往。"绍喜，便著俞涉出马。即时报来："俞涉与华雄战不三合，被华雄斩了。"众大惊。（《三国演义》第五回，第43页）

（13）/tok$^{22}$maː$^{41}$taj$^{33}$/（输得快，做事有头无尾，半途中辍）

（13a）程普看见胡轸冲过来，就上马挺矛直取之。战不到七回合，胡轸就被程普斩了，死于马下。（《三国》，第62页）

（13a'）程普飞马挺矛，直取胡轸。斗不数合，程普刺中胡轸咽喉，死于马下。（《三国演义》第五回，第42页）

例（12）、（13）的字面意义分别为“战不到三回合就落马而死”和“落马而死”，实在意义则都表示能力不强的人，做事时很快就失败，或做事有头无尾、半途中辍，不能坚持到底，含贬义。“战不数合便落马而死”这样跃马挥刀决战情节出现频率较高，据统计，共有46次，成为/saːm$^{24}$ p$^{h}$leːŋ$^{33}$ tok$^{22}$ maː$^{41}$taj$^{33}$/、/tok$^{22}$maː$^{41}$taj$^{33}$/这两条熟语的典故。

综上所述，直译、意译、增译等翻译手段是汉语熟语流传于泰国的主要方式。《三国演义》的传入，在泰国文学史上产生了深远的影响。这部脍炙人口的长篇历史小说，以它那引人入胜的故事情节、鲜明生动的人物形象，深深吸引了泰国读者，使之在泰国妇孺皆知。与此同时，出现于《三国》中的言简意赅、富于哲理的新语句或熟语，被泰国作家广泛吸收，运用于自己的作品之中，从而发展成泰语中不可缺少的词汇，对丰富和发展泰语熟语起到了极为重要的作用。

汉语熟语的确是通过《三国演义》的翻译流传于泰国并已普遍运用于现代泰语之中的，是泰语熟语中的汉语外来语。它们作为文化传播交流的最佳媒介，带着数千年的中华文化流传到泰国，加深了泰国人民对中国文化的认识与了解。

（《社会科学战线》2008年第8期）

# 泰国华文文学之回顾与展望

〔泰国〕邢晓姿

## 一、泰华文学之发展

泰华文学指生活在泰国的华人作家使用汉语创作的文学作品。老一代的泰华作家大都从中国移民过去。他们在异国他乡坚持用汉语写作，实际上是一种生存意志的体现，是在异质文化环境里为消除陌生感、不安全感而努力建构自己的精神家园，是对本民族文化理想的诉求。① 泰华文学诞生于1920年代，其发展历程可分为五个阶段。

1. 泰华文学的萌芽期（20世纪20年代末至30年代末）

1903年，泰国创办第一份华文报纸《汉境日报》。随后，其他华文报纸陆续发行，例如《暹京日报》、《华暹日报》、《同侨报》、《湄南公报》、《美南日报》、《启南日报》、《国民日报》等。这些报纸给当时的华文作家提供了写作平台，为泰国华文文学的发展起到奠基作用。最早出版的华文著作是林黄魂的史书《泰族简史》（1927）。1933年，出版林蝶衣的新诗集《破梦集》与短篇小说《扁豆花》；符开先的新诗集《萍》；铁马（郑开修）的杂文集《梅子》。由于受到中国五四运动新文学思潮的影响，这4本著作都使用白话文体。1938年后出版的《中国报》及其文艺副刊《复兴》和中国周刊，都出现了大量的优秀作品，当年的作者有吕咪、潘公辅、郑铁马、黄崇治、徐庭焕、方涛、艾虹、曹圣、余溅冰、天晓、沙汀、白羽、凌燕、辣椒、南哨、卢鸿、侠魂、罗

---

① 饶芃子、傅莹编：《多重视域中的文艺学——暨南文学文艺学研究与教学文集》，广州：暨南大学出版社，2005年，第269页。

怡、罗苹、沙川、波尔等。①

2. 第一次低潮期（20 世纪 30 年代末至 40 年代末）

1937 年，中国大陆爆发抗日战争。身在他乡心系祖国的泰华作家纷纷通过文学作品支持大陆的抗战活动。当时的华文报纸大量刊载宣传抗战的文学作品，其中包括剑伦的《奴隶的怒吼》，田江的《河边的人们》、《我诅咒，我叹息》，黄病佛的《病佛诗集》，方修畅的《柳烟诗存》，雷子的《异乡曲》，陈逸云的《铃音集》，陈容子的《蓝天使》、《昨夜的祝福》，曹圣的《草原》，林秋冰的《蔷薇梦》，马奕音的《黄昏的怀念》，方涛（原名侯泗）的《水上的家庭》等。第二次世界大战结束前期，由于日本帝国主义对泰国的侵入，泰华文学受到严重的打击，从而进入了低潮期。

3. 第一次复兴期（20 世纪 50 年代初至 60 年代中期）

二战结束后，战争期间曾被打击的华文文学又重见光明。这时期部分作品由之前的中国情怀逐渐转向对泰国本土文化的认同。文学中的人物及背景开始反映泰国华人社会生活的现实。出现小说、散文、诗歌、文史、翻译等，其中以中、长篇小说居多，例如田舍郎（陈聚泉）的《七月七夜》，陈司凡的《火里红莲》，陈仃（林青）的《三聘姑娘》，年腊梅（许静华）的《在鹰爪花架下》，落叶谷（谢福畴）的《吹心》、《乌夜啼》，谭真（许业信）的《座山成之家》等。

4. 第二次低潮期（20 世纪 60 年代末至 80 年代初）

自 20 世纪 50 年代以来，西方国家对中国进行各方面的封锁。由于当时的泰国政府加入西方阵营，使中泰两国的关系处于非正常化状态。华文文学也因此再次受到打击。出版著作受到政府的严查，许多小说、散文、译作不得不转到其他地方如香港、台湾、新加坡出版。1950 年代在香港、台湾出版著作 12 本。1960 年代在香港、新加坡出版著作 24 本。1970 年代在香港、新加坡、台湾出版著作 19 本。1980 年代在中国大陆、香港、台湾、新加坡出版著作 30 本。② 1983 年北京友谊出版公司为巴尔出版短篇小说集《绘制钞票的人》和他编选的《泰国华人短篇小说选》，为吴继岳出版长篇小说《侨领正传》，为沈逸文出版翻译小说《泰国作家短篇小说选》，为小民、春陆出版合译的《断臂村》；广州花城出版公司为澄江白水（陆留）出版《新风尘三侠》，为黄光华出版长篇故事诗《诗丽娜帕》。③

① 洪林：《泰华文学 40 年概论》，《东南亚》1994 年第 4 期。

② 曾心：《给泰华文学把脉》，厦门：厦门大学出版社，2005 年，第 5 页。

③ 巴尔：《泰华文学小史》初稿下，《香港文学》1990 年第 12 期。

5. 第二次复兴期（20世纪80年代中期至今）

自1975年7月1日，中泰正式建立外交关系以来，经过起起落落的泰华文学终于迎来了丰收期。无论从数量还是质量上看，都应该说是登上了一个历史的新高度。① 在这时期出版的著作大约有300本。超过之前四个时期的总数。其中1990年代，泰华文学不仅有的作品被海峡两岸选入“大成”、“大观”、“英华”、“荟萃”、“鉴赏大辞典”，甚至有些被选入大学教材里②，而且中国鹭江出版社还出版了司马攻、佟英、梦莉、姚宗伟、陈博文、黎毅、老羊、曾心、倪长游、马凡等人的10本文集，归属《东南亚华文文学大系》（泰国卷）。③

## 二、泰华文学之特色

泰华作家一部分是从中国移民过去的，另一部分是土生土长的泰国华人。他们虽然出生于泰国，但是由于从小就受到家里的中华文化熏陶，使中华民族意识深深植根于他们的内心。无论是移民或土生土长的华人作家，由于身在泰国，受当地的习俗与文化影响是自然的。在这种独特的背景下，他们的文学作品或多或少反映了泰国的思想文化意识。泰华作家就是在融合中国与泰国文化的基础上，创造了泰华文学。这种汉泰文化与民族的融合性正是泰华文学的魅力。因此，泰华文学的特点就是既本土性，又中国化。它既不完全同于中国大陆文学，又区别于泰国本土文学，是具有鲜明特色、独特文化内涵的文学艺术。

1. 佛教文化对泰华文学之影响

小乘佛教是泰国的国教。超过九成的泰国人信奉佛教。早在暹罗④ 时代，佛教信仰在泰国已颇兴盛。当时造佛建寺的风气传衍至今，佛教的影响在人们的生活中无处不在。在思想方面，佛教注重个人修养，强调善思、善言、善行等。这些思想对泰人及华人的影响很大。不仅表现在人们的道德规范、精神生

---

① 栾文华：《泰国文学史》，北京：社会科学文献出版社，1998年，第364页。

② 北京语言大学选了梦莉的《在月光下砌座小塔》、司马攻的《明月水中来》、姚宗伟的《寄给家乡的明月》、曾心的《蓝眼睛》作为汉语普通话课程。参见曾心《给泰华文学把脉》，厦门：厦门大学出版社，2005年，第16页。

③ 曾心：《给泰华文学把脉》，厦门：厦门大学出版社，2005年，第5页。

④ 泰国，隋唐称赤土，元称暹国。明代暹国并于南方的罗国，遂称“暹罗”。1942年，波·披汶颂堪元帅执政泰国时，改称“暹罗”为“泰国”。其义兼指“自由之邦”及“泰族之邦”二义。

活上，文学著作也渗透着浓厚的佛教观念。泰华作家的创作注重抒写德性化的人格定位，表现真善美的思想境界，且弘扬民族传统的道德精神。① 读泰华作家的作品，我们能感受到明显的佛教思想，比如因果论、报应论、涅槃论等。它们成为泰华文学的主要创作题材之一。泰华作家通过作品向世俗宣传善恶果报从而教化民众积德行善。

在佛教的"原始教义"中，"空"并没有成为"主题"，随着佛教的不断发展，"空义"越来越重要，最终成为佛教的一项"主要命题"。② 陈达瑜的小说《"空"的诠释》体现了佛教这一主旨。佛教强调人要有平常心，不以物喜、不以物悲。泰华作家司马攻的《心壶》以巴空大师处世俗而不为世俗所累，保持佛家的清静本色，引导读者在时局纷扰、人心思乱的情况下，将世俗摒之于外，保持心境之纯净。

佛教认为一切事物均从因缘而生，有因缘必有果报。作善受福、作恶受殃是人类行为的因果。佛教借因果论劝说教徒明辨善恶、勘破是非。在泰华文学中，因果报应的佛教教义无处不在，例如陈博文的《报应》、《善有善报》、《果报之说》，饶公桥（林仕兴）的《善与恶》，马凡（马清泉）的《放猫》都通过故事阐释了善恶因果，劝谕人们要超群脱俗、纯朴无染。

2. 潮汕文化对泰华文学之影响

"虽然潮汕地区所孕育的文化仍然带着浓郁的地域色彩，但它并不仅仅是一般的地域文化，而且是带有国际意义的群体性文化，有如梅州地区的客家文化。显然，潮汕文化是海内外二千多万潮人所共同创造的文化，它的根在潮汕，它的枝叶已蔓延于全球。只有实事求是地看待这一现象，我们的眼光才不会囿于地域之限，而把潮汕文化的研究视野拓展至海内外二千多万潮人。"③ 长久以来，潮汕是经济、文化发达的地区。自明末清初，大量潮人移居东南亚国家，这种背井离乡使得"乡愁"成为潮汕文化的一个主题，恋乡情结也就成为泰华文坛永不消逝的旋律。④ 在泰华作家的文学作品中往往流露出思乡怀亲的悲愁与痛苦以及身在异国他乡的孤寂和凄清之感。在中国文化中，月亮总是和思乡联系在一起。尤其是每逢中秋佳节，思国思乡缠绕心间。泰华作家姚宗伟的《举头望明月》用月亮来寄托海外华侨对家乡、亲人、朋友的思念。

---

① 赵朕：《泰华微型小说论》，《冀东学刊》1996 年第 4 期。

② 姚宗伟：《姚宗伟文集》，厦门：鹭江出版社，1998 年，第 53 页。

③ 黄赞发：《试论潮人文化特征与诗歌写作》，《华文文学》2001 年第 1 期。

④ 翁奕波：《在传统的树桩上嫁接现代》，《台港与海外华文文学评论和研究》1995 年第 4 期。

司马攻的散文名篇《明月水中来》也是如此：

> “明月水中来”这个明月，我看得分明她是故乡的那轮明月。这明月我将留给我的儿子，以及他的儿子。①

再如岭南人（符绩忠）的诗歌《乡愁是一杯浓浓的功夫茶》，以功夫茶比喻乡愁。它们的共同点就是苦涩。我（诗人）从来没有停止过思乡之情，尽管知道那是一种痛苦，就像我永远都戒不了喝功夫茶一样。

3. 泰华文学之本土文化融合现象

对于旅居泰国的华人来讲，和泰人的交往是不可避免的。从开始的彼此陌生到熟悉，到如今的融合是一个漫长的过程。华人和泰人都友好和善，使得泰国不存在两族之间的歧视和分歧。华人和泰人融洽相处的现象往往反映在泰华文学中。洪林的《战争·儿时·新港》写第二次世界大战时，日军向曼谷投掷炸弹。洪林一家因此逃亡到乡下。在那里，她与泰族女孩奴绿相识，成了好朋友。马凡的《蝶花恋》写一对异族青年教师的恋爱。修人的《一个坤銮的故事》写主人公郑通漂洋过海来到泰国，经过几度磨难后，终于在泰人的帮助下成为经营皇家生意的富商，并且被泰皇封为坤銮。②

中泰文化的融合还表现在华人参与到泰国传统习俗活动中。例如司马攻的微型小说《水灯变奏曲》开头描写泰国的传统水灯节③：

> 是秋天了。今晚的月亮圆得有点古典。我独自走在北风轻拂的路上。这是一个既传统又浪漫的节日——水灯节。我拿着一盏水灯，在月色和灯光里走向河边。攘往熙来的人群荡在沿河的路上，有前来放水灯的，也有观水灯的。而我此来则两般皆是。④

对泰国本土的自然风物，华人作家也充满着深厚的感情。比如，作为泰国文化象征之一的湄南河，其神秘力量驱动着泰华作家无限的创作。诗人张望写了很多关于湄南河的诗篇，例如《湄南河交响曲》、《当春天开在湄南河上》、《湄南河的呼声》、《在湄南河畔读离骚》、《我在湄南河畔等你》、《湄南河永不寂寞》、《湄南河风景线有一首歌》、《湄南河想说些什么》、《跟着湄南河向

---

① 谭芳：《八十年代以来泰华文学中的异族叙事》，暨南大学硕士学位论文，2006年，第17页。

② “坤”是泰语的尊称。“銮”是泰国旧时代的第四等爵位。

③ 阴历十二月月圆之日是泰国的水灯节。当天晚上，男女老少会来到河边放水灯。他们以蕉干和蕉叶为主做成荷花形的水灯。水灯上面放满五颜六色的鲜花和插着点燃的蜡烛。人们手捧水灯许愿。然后让水灯随水漂去，寓意将困苦和灾难一并带走。

④ 陈剑晖：《泰华文学二题》，《华文文学》1998年第1期。

前走》。陆留的散文《湄江颂》，以写实的手法生动地描绘了在湄南河上谋生的老百姓：

> 无数的工人正踏着跳板，从米仓背驮着沉重的米袋到船上。江心，流动着来去的舟船是多的，不时有缚成一起的“椰山”浮过拖过，也有长长的大木排……江上的画面，是动的，乱的。①

陈博文的杂文《湄南河水上人家》主要描写住在湄南河船上的人的生活：

> 当船在航行时，一家四口就只能活在那数方尺空间，孩子们或许会钻到船盖下沙堆玩，老的就只有呆在那数尺方圆之地。②

冬英年的散文《湄南河之恋》，描写湄南河的地理、丰收的喜悦、英雄的轶事：

> 它就像一片阔叶树的叶子的脉络那样，支流纵横交错，从北部奔泻而下，来到这个国家的心脏……这里的人们自豪地谈到，因为有了湄南河，这里每年只消播种一次就得到丰盛的收获；只要有一次丰收，人民就足食几年……每当我看见它那滚滚奔腾的英姿，我自然想起那些流传着它的儿女们英勇捍卫自已的山山水水，抵御外侮，反抗侵略者的故事。③

4. 泰华文学之中泰双重乡土认同

泰华作家司马攻曾说过他有两个故乡。他深深地爱着根之所系的原乡——中国潮汕，也爱已经落地生根的泰国本土。他的两个故乡之说，道出了华人的心声。随着时间的流逝，泰国华人虽然仍然以中国为祖国，但也认同这片生活的土地为第二故乡。他们对两个故乡的情感，在作品中都得到深刻的体现。林太深的《梦韩江》全诗分为六段。前三段描写作者在梦里回到了故乡——潮州的韩江。后三段描写他突然迷惑自己到底是在泰国还是在潮州。他把中国比喻成生母，把泰国比喻成奶娘。两国的恩情都大如天：

> 为什么，梦里韩江总有湄南河的影子/……/今晨醒来我顿觉迷惘/一个是我的生母/一个是我的奶娘/韩江和湄南河两个母亲的形象/我中有你你中有我/两个母亲的乳汁/一样的白腻甜香。④

梦莉的散文《客厅的转变》写她家的客厅由纯中国式逐渐转向中泰杂拌。这篇散文表达了作家内心对中国和泰国的认同。梦莉一直处于双重文化的背景下。一方面她是炎黄子孙，中华民族意识、生活方式等已植根于她的内心深

---

① 陆留：《陆留散文集》上，曼谷：亚太文学出版社，1998 年，第 155 页。

② 陈博文：《泰国风采》上下卷全集，曼谷：八音出版社，1998 年，第 77 页。

③ 泰华作协编：《亚细安散文集・泰国卷》，曼谷：泰华作协出版社，1994 年，第 25 页。

④ 姚宗伟等编：《泰华诗集》，曼谷：泰华作协出版社，1993 年，第 63 页。

处。另一方面她住在泰国，泰国的人文心理、异域文化等也对她影响颇大。因此，她的作品呈现出对汉泰多元文化的认同。正如白舒荣所说："梦莉生在泰国，长在中国，泰国是她的故国，中国也是她的故国，在爱的天平上，两者难分高下。"① 再如诗人子帆写了一首诗《祖国》：

我投在祖国的怀抱里/切切诉说我会再来/悄悄抚摩着/一分一寸的国土/情切地爱心地抓起/一把芬芳/返回/珍惜地播在我出生的/泰国土地上/让它交融在我/这块待垦的心园/欲培栽/欲期许/它绽开一朵/亲切。②

## 三、泰国华文文学之展望

泰华文坛经过多起多落的过程后，正向新时代迈进。在未来的发展道路上，泰华文学可能会面临各种各样新的挑战。然而，我们仍然相信在全体泰国华人的努力下，华文文学将会在泰国这片肥沃的土地上鲜花盛开。抱着对泰华文学美好未来的祝愿，我们作了以下展望。

1. 加强泰华文学与世界华文文学的交流

泰华文学与世界华文文学的交流无疑会对推动泰华文学本身的发展起一定的作用。然而，1980 年代之前的泰华文坛还比较保守，较少与外界接触。直到 1980 年代后，中泰作家才开始了两国的互访活动。1983 年 10 月 14 日，广东省作家协会代表团第一次访泰。随后，1985 年 12 月 24 日，中国作家代表团访泰。1986 年，由焦祖尧率领的中国作家代表团访泰。1987 年 6 月，由楚庄率领的《华人世界》杂志代表团访泰。同年同月，中国作家代表团艾明之等人访泰。1988 年 6 月，广东华文文学考察团访泰。1988 年 12 月，江苏作家代表团访泰。1994 年 3 月，云南文艺家访问团应邀首次访问泰国。除了中国大陆，泰国与台湾、香港的华文文学交流也在 1980 年代开始。1987 年 3 月 6 日，台湾文艺学会东南亚文艺访问团访泰。1988 年 8 月 21 日，泰华作协设宴欢迎来访的香港《诗世界》、《文学世界》代表。

由于地域上的毗连使泰华作家与东南亚华文作家有一种天然亲近的感觉。1988 年底，东南亚地区在新加坡成立了"亚细安华文文艺营"组织。每隔两年，此组织将在成员国家举办具有学术性、创作性的研讨会。1990 年 3 月 11

① 白舒荣：《茉莉花串——梦莉作品评论集》，北京：中国文联出版公司，1994 年，第 38 页。

② 陆士清：《血脉情缘——泰华作协、〈泰华文学〉素描》，《世界华文文学论坛》2007 年第 3 期。

日至14日，在泰国曼谷举办了第二届会议。同年的6月24日至28日，亚洲14个国家和地区代表约100余人在曼谷参加第4届亚洲华文作家会议。1992年6月“第三届亚细安文艺营”在吉隆坡举行，泰华作家姚宗伟、李栩、老羊、白翎、许静华、范模士、曾天参加此会议。

泰华文学与世界华文文学的各类交流，无论是文学活动、研究、评论、比较等，都有助于推动泰华文学本身的发展。我们希望未来像“亚细安华文文艺营”这种超越国界的华文文学组织在数量上有所增加。同时，这些组织应该不断地自我发展，提升思想上、学术上的意识。随着中国的崛起，世界华文文学正处于蓬勃发展的阶段。目前，泰华文学应该加强与世界华文文学的交流，以推动自身的发展。

2. 支持更多女作家参与到泰华文学创作中

泰华文学已经由比较保守走向开放的时代。我们希望这种开放能表现在泰华女作家的数量上。泰华文坛女作家的人数远远比不上男作家。20世纪30至40年代，泰华女作家可以说寥寥无几。到了1950年代，女作家在华文文坛上开始起着重要作用，但是数量还是很少，只占全体作家的5%。随着时代的发展，女作家的数量有所增加。到了1990年代，女作家所占的比例增加到15%。她们出现在各年龄阶段，大多以散文创作为主。内容偏重于写自己的家庭或身边的故事。这些女作家例如梦莉、洪林、吴小阳、波子、张燕、晓云、梅影、何韵、何宝球、李秋心、李经艺、客旅、老姆、杨玲、蔡虹、阿谁、若萍、黑掌、张文秀、向蕉、工松年、陈洁明、伍滨、蔡欣逸、梦凌、周新心、思维、冯冰珊等。

其实，女人天生感觉灵敏、感情丰富，加上对事物观察细致、文笔细腻，在文学创作上应该占有优势。然而在传统的社会里，女人无论是受教育还是参加工作的机会总比男人少。女人也因而失去了展现才华的机会。随着时代的进步，社会的开放，妇女的解放使得女性的社会地位日益提高。女性作家快速成长发展已成为世界文学的一个重要现象，包括华文文学。对于泰华文学，我们鼓励更多女性积极参与到创作中，与男作家一起为泰华文学的发展贡献力量，使它不断地成长壮大。

3. 复兴华文教育，解决泰华新老作家的接替问题

泰华文学源于中国，而生长于泰国。虽然在漫长的发展道路上，泰华文学历经坎坷，然而，种种艰难却击不垮作家们热爱华文文学的精神。他们不屈不挠地坚持创作，发表作品。即使在最困难的时候也不放弃宣传华文文学的宗旨。泰华文学能坚持至今，离不开老一辈作家的执著与贡献。

如今，泰华文学正面临着新老接替的问题。进入21世纪，老一代的作家

有的已故，其余的也大都进入老年。作家们热爱华文文学的程度虽然从未减退，但由于身体的原因已经有些力不从心了。然而，能够接班的年轻作家群却尚未形成。修朝先生在《泰国华文文学与华文教育》一文中指出司马攻先生在10年前就慨叹过："文坛举目尽是六十翁！事隔十年之后，文坛中健存者多数是七十、八十翁。虽然泰国华文作家协会年来会员有所增加，但都非年轻者"，"泰华文坛老化，后继乏人已成为不争的事实，也因此使得多数的圈内人感到悲感、绝望。"①

华文文学以汉语教育为根本。泰华作家的培养取决于泰国的华语教育。由于政治原因，华语教育在泰国被中断了近50年。值得庆幸的是当今中国的强盛，经济的腾飞，使得泰国也像其他国家一样出现了"中文热"的现象。泰国皇室与政府都大力支持中文教育。诗琳通公主曾说过："中文可以把人引导到地球上文化最丰富的国度，而且越学越能体会到它的广博和深邃。"② 自从开放华文教育以来，各类华教无论是华文民校、职业学校、国立及市立的中小学、国际学校、公及私立大学等都设立汉语课程。这些学校培养出来的学生正是泰华文学的未来。我们希望华文文学能在泰国这块中泰两族长久和平相处的土地上传承下去，让它的文学精神永放光芒。

（《社会科学战线》2009年第11期）

① 陆士清：《血脉情缘——泰华作协、〈泰华文学〉素描》，《世界华文文学论坛》2007年第3期。

② 孙伟：《记泰国公主诗琳通》，《人民日报》2001年8月17日。

# 朝鲜前期成侃《真逸遗藁》与其诗的王维诗风考

〔韩国〕柳晟俊*

成侃（1427—1456）的《真逸遗藁》四卷一册现在为启明大学所藏的韩国唯一本，我30年前在启明大学服务时，在学校图书馆书库里阅览古书，偶然发现比较薄而古老的这本文集。在韩国古书目录上，我又记得其书名，这样开始试图分析成侃的生平和诗。当时根本没有研究成侃的资料，传下来的作品只有一部分，例如在《国朝删诗》和《海东辞赋》等当中散见的宫词、赋、传等几篇而已。当时发现其文集以后，我即时推荐给成均馆大学大东文化研究院复印，1970年代末以《朝鲜名贤集》之名终于发刊了其文集而公开之。本文详细整理成侃《真逸遗藁》的构成和分析其诗的风格，而考察其文集上的盛唐诗风。原文本来用韩国文写作，其分量相当长，2002年出版的我的《韩国汉诗与唐诗之比较》中包括了这篇文章，在我著的100多本书中这本书是代表性的重要资料，这本书2002年获得了大韩民国学术院优秀学术图书奖，2007年3月又获得了韩国最有权威的学术奖第48回三一文化赏人文社会科学部门学术赏。今天我要从关于成侃诗的文章中抽出一部分来译成中文，向各位简单介绍，我想这个也是相当有意义的。

成侃，字和中，号真逸斋，本贯昌宁。成侃是恭惠公成念祖①（1398—1450）的仲子，出生于1427年，至13岁，其生活放荡不羁，至15岁（1441，世宗二十三年辛酉）及第进士试，奋发勉学，其学问日就月将，看其弟成伣的文章如下：

> 自是笃志力学，夜以继日，未尝解衣而寝。（《成伣编文》卷4）

---

* 作者单位：韩国外国语大学中文系。

① 成念祖，字子敬，1414年进士，1419年增广文科，历任正言、持平、吏曹正郎、都承旨、知中枢院事。

16岁（1442，世宗二十四年壬戌）与伯氏成任①（1421—1484）在晓日寺读书，17岁（1443，世宗二十五年癸亥）与伯氏居冠岳寺②，18岁（1444）与伯氏居住衿州的三藐寺，19岁（1445）成任任厚陵，成侃与蔡子休旅游兴教寺、松都和开庆寺等地，而作了不少诗。看成侃《游松都》第一首（《真逸遗藁》卷3）：

回首扶苏日欲沈，古宫松柏翠生阴。
悠悠五百年间事，附与骚人长短吟。

而看《松都次伯氏》第一首：

松都多古意，一一正愁事。
紫洞云初歇，黄桥日欲西。
英雄但陈迹，宫殿已荒墟。
往事凭谁问，青山只自如。

上记诗是回忆其当时的事情而作的诗。20岁（1446）去于桧岩寺，次年随行父亲访问松都。24岁丧父，以伤心过度得病，次年为治病归乡，26岁的夏季与伯氏成任、李子野兄弟游览松都，探访天磨、圣居、五冠、松岳等山境。《登圣居山上峰》就是这时候的作品：

山行渐入玉溪烟，俯视群峰鸟道边。
莫到半涂迟一步，真源近在白云巅。

1453年春，成侃及第增广文科第三位，经过典农之职后继而除授集贤博士。28岁升修撰，30岁因奸臣毁谤累迁司谏院左正言，其赴任之中同年7月病卒。成俔在其编文中叙述成侃人品，说：

公务于博览，凡四书六经诸子百史无不精熟，至如天文地理医药卜筮书画等术，悉皆通晓。其聪明过人，一览辄记，未尝遗忘，尝谓人曰，文章技艺，我皆能矣。所不能者惟乐也。

又说：

玉堂诸辈学有所疑咸就质问，公剖析玄趣，议论风生，诸辈相谓曰，我辈于学，只知一隅，至如和仲并通杂术，故凡看文字触处皆通，终不可及也。

上文可知成侃多才多能，只有音乐差。成侃常有先见之明，他曾预见其寿

① 成任，字重卿，号逸斋、安斋，历任左参赞，精通律法，能蜀体、楷草缁书体，著有《安斋集》。

② 《真逸遗藁》卷4《游冠月寺北岩记》头文：“夏六月，予游署于冠月寺，日与缁徒穷山之深林。”而尾文：“古之得山水之助者尚奚周言之信哉，是月十六日记。”

命不至三十，因此青年得到超脱意识。① 另李陆（1438—1498）《青坡集》卷2《青坡剧谈》中散见成侃外貌和性禀的记载，而记录其逸话如下：

昌宁成侃和仲，少以文章鸣，有真逸集，髴传于世。为人貌不扬，集贤殿有燕会，必邀和仲为坐客，由是士林谓貌丑者为坐客。其弟俔磬叔貌似乃兄，而亦有文……韩山李相坡平仲，自以风彩当世第一，而面上有髴，有戏公者，比之尹先生。中枢李甚病之，盖尹貌险而多鬣故也。吾家有燕集，洪政丞益城及李公成公与诸宰相盛会，时成为司饔院正，李目成朗吟曰：有客有客。成饔正诸公不解其意。平仲自释之曰：有客之客，坐客之客也。成立对曰：于偲于偲尹先生。满坐无不失声绝倒。（《青坡剧谈》）

虽成侃博闻强记，然容貌甚丑，恒为坐客中戏公之物。上文“尹先生”不知何人，当时坐客相较成侃与“尹先生”之外貌，关于“尹先生”之记录只见于《朝鲜王朝实录》而已。而李陆记述成侃性禀如下：

昌宁成侃和仲，少以文章鸣，然为人歇。后为集贤殿修撰，有白事于大提学，闻大提学左义禁府，直入请谒，既行礼而复入路，则皆本府堂上也。成仰视之惭赧，苍黄而退，满坐为之剧笑，时谓成修撰谒。（《青坡剧谈》）

上文可知其为人歇而隐忍自重，只有文才出众，故其容貌和性格有时为人所嘲笑。这里可以说成侃的各种才能源于高丽末李穑和朝鲜初柳方善（1388—1443）。②

这本被发现的《真逸遗藁》文集为韩国唯一本（在日本静嘉堂文库有另外一本），在现传古本中壬辰乱（1592）以前本极少，因此不但其稀贵性受到重视，而且其诗文之品格也相当高，这里只以徐居正之叙和李承召之跋题来考察其真价，先看徐居正之序文一端：

呜呼，和仲，予尚忍序其诗乎。和仲之于文章，所养既深，所见亦卓，根于心，发于辞者，高古冲澹，温厚雅赡，蔚然成一家，为古作者之风。

此可以知其诗风之特色，又说：

---

① 成俔《慵斋丛话》卷2：“先生病在床，大夫人垂涕问迹，先生曰：‘我非夫人之子，我兄弟终当为宰相，是孝夫人者也。’其后如其言。”又成俔《真逸遗藁》题：“又尝自卜其命曰，余年过三十足矣，至是果合其数，因皆服其有先知也。”

② 李穑门下柳方善与郑道传共精通儒学、文学、医药，而树立朝鲜朝诗坛。徐居正《笔苑杂记》卷2：“本朝开国以后，词学尽废，岁戊午，始设进士科，中场用词赋，自此诗学大成，皆二先生训诲之力也。”

今是集之传足以动人耳目，重耀后世。

而看李承召之跋题一端：

和仲之于为诗奇矣，可见所学之富而所养之大，用功之熟而用功之丰矣，可以传矣。后世有如和仲者，出则斯文也斯诗也不至为酱瓿之覆矣。

此可知成侃之遗稿奇异，有所学之富而所养之大，用功之熟而丰，必传后代，显示出其价值。徐居正和李承召两人为成侃的先辈，所以可以说其评价相当有客观性。①

《真逸遗藁》四卷一册，其发刊年代不明，大概可以推定在1467年即世祖十三年（丁亥）前后，看徐居正（1420—1488）叙文末尾：

成化纪元三年龙集丁亥重阳节资宪大夫刑曹判书兼艺文馆大提学达城徐居正刚中叙。

而又看成侃弟成俔（1439—1504）之编文末：

成化三年五月初吉弟艺文奉教成俔磬叔编。

徐居正之叙文年代是成侃死后11年即1467年（世祖十三年）阴九月九日，既然如此，可以确证成俔编文时期为同年阴五月初。另看《真逸遗藁》卷四末尾之胤保李承召跋题文年代：

戊寅端午后三日友人阳城李胤保题。

此时期为1458年（世祖四年）阴五月八日，即成侃卒后2年，故可以考证其发刊日时为1467年重阳节之后。观此文集的构成，卷一至卷三收录总共241首古诗、律绝、词，卷四载录《新雪赋》、《闵雨赋》等2篇赋和《五礼序》、《九日登高诗序》、《送李秀才序》、《送梵师游方序》等序4篇及《游冠岳寺北岩记》、《训练馆射斤记》、《成均馆记》等记，其外《病中杂说》、《书刚中诗藁后》、《慵夫传》等。

《真逸遗藁》载录成侃所作的全部作品，特地在卷一部分收录杂诗3首，重视乐府诗，即唐古风，而每首杂诗有“其一效陶征君”，“其二效颜特进”，“其三效鲍参军”等注释，可知成侃诗学观点在何处。各卷混合收录古风和五七律绝，卷一主题以送别和山水为主，卷二收录以自然事物和人事为主的《清江曲》、《美人行》、《采莲曲》、《罗嗊曲》、《老人行》、《战场行》、《恶风行》、《饿妇行》等乐府诗，卷三收录《寄徐刚中》、《寄任子深》、《寄卢正

① 徐居正、李承召共为伯氏成任的友人。李承召云：“吾友昌宁成重卿谓余曰，弟和仲自幼好学，于天下书无所不读。”又徐居正云：“予与和仲之兄重卿氏相善，和仲氏少予七八岁，尝兄予。”

郎》等寄赠诗。《真逸遗藁》全无系年的作品次序，只为方便起见根据时代和形式上的特征编辑而出。

因为朝鲜朝前期文坛还没完全脱离于高丽乐府风而形成其独自的风格，所以其辞气浮丽而工巧，推崇李商隐、温庭筠等晚唐风，而又继承宋代苏轼与黄山谷。① 如果先参考朝鲜前期诗风，考察成侃诗风就比较容易，从中可以找出他自己独特的诗世界。成侃诗不但含有魏晋玄学思想，而且表现出了王维等盛唐诗人的浪漫隐逸之风，因为朝鲜初期五七律诗还没发达到其绝句的水平，所以可以说成侃诗已经比较早一点进入了盛唐诗风。看许筠《惺叟诗话》：

东诗无效古者，独成和仲，拟颜陶鲍三诗，深得其法，诸小绝句，得唐乐府体。

这里显示成侃诗模拟颜延之、陶潜、鲍照等三位诗人的诗法，而且学习唐代古风即盛唐王维、杜甫和晚唐西昆体。徐居正《真逸遗藁》叙云："高古冲澹，温厚雅赡。"此评语就是相当合理的评价。因此略论成侃诗之特色，大概可以分类为"净"，"雅"等两种，而且加以叙述其诗之绘画性。

1. 净

在诗风上，不染于混浊的姿态，趋向清淡的意趣，闲静的景物和纯粹而质直的妙理，这就是"净"的诗趣。看朝鲜朝任璟《玄湖琐谈》：

真逸斋成侃，鹤飞青田，凤巢丹穴。

从此语句看出成侃诗之道仙的性格，这就是成侃诗的"净"的特性。这样的性格，原来根着于陶潜诗的比较大，心态的平静，描写归自然的田园美，而追求仙的世界。今看《除夜》第一首：

永夜阴云积，严风雪势斜。
清谈仍促酒，不必阿戎家。(末四句)

而又看其第三首：

元日是春立，喧中物色敷。
历须新岁月，人饮旧屠苏。
身世笼中鸟，人情屋上乌。
无人家寂寞，坚坐独倾壶。

这里表现人生的生活态度，从积极性、向进、消极性，和从动、向进、

① 李家源《玉溜山庄诗话》载芝峰曰：本朝诗人能脱宋元习气者无几。乔山《鹤山樵谈》：本朝诗学，以苏黄为主，虽景濂大儒，亦堕其窠臼，其馀鸣于世者，率啜其糟粕，以造腐牌坊语，读之可厌，盛唐之音，泯泯无闻。

静，而从静、向进、定，最后从定、没入、无我之境，发现物我一体意识。他不愿出仕，也没有其他欲望。看陶潜《连雨独饮》（《陶靖节集》卷2）第六七联：

云鹤有奇翼，八表须臾还。

自我抱兹独，黾勉四十年。

上诗句中可以看出从“我”的存在得到的清淡意识。从这样的清逸意识出发，看成侃《借人笔墨》诗，可以明知其超脱的表现。

吾家本有楮先生，只欠陈玄与管城。

无术空将记名姓，真功欲慕草玄经。

上诗第三句表现世俗中的纯粹性，第四句表出道家的脱俗境界，即不染俗尘而追求淡泊。而且看《淡淡亭四时》第一首“春”，描绘春节情景，使我们感觉到自然的闲静味。

芳草笼烟连野店，垂杨映日袅江村。

高人徙倚不归去，闲看远桥生白云。

而在《淡淡亭四时》诗中成侃故意地使用“野店”（第一首）、“芋苠区”（第二首）、“儒仙”（第三首）、“苏仙”（第四首）等诗语，这是与王维诗可以互相比较的特点，而与老庄思想也有关系，所以《后山诗话》说：

右丞苏州，皆学于陶王，得其自在。①

上记诗话强调王维诗学习陶潜，其特性就是与“不文”② 风格有关的，例如王维的《送綦毋校书弃官还江东》：

秋天万里净，日暮澄江空。

清夜何悠悠，扣舷明月中。③

上诗四句和《过李揖宅》④ 都与“右丞苏州，趣味澄复，若清流之贯达”⑤ 的评语相关，当时一般流行南北朝骈俪风，成侃独自表现出仙味的个性，《真逸遗藁》卷三后半部分⑥ 属于此类。

---

① 陈师道：《后山诗话》，载何文焕辑《历代诗话》，北京：中华书局，1981 年，第 313 页。

② 《后山诗话》：“鲍照之诗，华而不弱。陶渊明之诗，切于事情，但不文耳。”载何文焕辑《历代诗话》，北京：中华书局，1981 年，第 313 页。

③ 王维著、赵松谷笺注：《王摩诘全集笺注》，上海：世界书局，1936 年，第 36、37 页。

④ 王维著、赵松谷笺注：《王摩诘全集笺注》，上海：世界书局，1936 年，第 30 页。

⑤ 王维著、赵松谷笺注：《王摩诘全集笺注》，上海：世界书局，1936 年，第 387 页。

⑥ 《园中三首》、《画松》、《蝉二首》、《无题》、《游松都二首》等。

2. 雅

“雅”则与“丰缛而不华靡”① 意味相通，其意趣精致而高洁，精巧而俊逸。这种诗趣学习于谢灵运、颜延之、王维而来，朝鲜的“雅”学习于高丽朝的“学杜苏风”，故朝鲜中期文人徐居正称允成侃诗“温厚雅赡”。这里含有浪漫和美饰意识，体裁周密，但不是世俗化。谢诗超艳而高华，具有理趣。颜诗崇尚巧似，情喻渊深。② 王维诗高雅新俊。③ 成侃俱有上记三诗人之“雅”特性。他学习谢诗，举其诗《罗嗊曲》12 首为例，看其中第二首：

一掬相思泪，洒向江上流。
殷勤再三祝，几日到新州。

再看其第六首：

欲问长安道，青山千万重。
归期无处卜，天际数宴鸿。

上记诗之高逸风格就与谢灵运被放逐的心怀在表现法上相通，例如《七里濑》④。而得到颜诗风的诗可以列举成侃的《首阳山三首》，其修饰美观而文字流丽。此诗中第一首的“峨峨”、“悠悠”等叠语和末句“魑魅魑魅令人愁”的重复语，第二首的“亭亭”、“步步”、“时时”等叠语和色彩感觉，第三首的“凭凭”叠语和“万虑关心泪如雨”句的比喻等都表出雕琢美，而且每首有“呜呼”诗语，补充感情上的直逼意识。今看其第一首于下：

峨峨首阳山，故人卜筑于焉游。
兴来高歌紫芝曲，岸上扶杖柴门幽。
黄绮胡为在山中，彼苍树林良悠悠。
呜呼，山中阴岑不可处，魑魅魑魅令人愁。

王维受谢灵运诗“雅”风的影响，例如王维的《自大散以往深林密竹蹬

① 王维著、赵松谷笺注：《王摩诘全集笺注》，上海：世界书局，1936 年，第 388 页。

② 钟嵘《诗品》上“谢灵运”，同中“颜延之”参考。

③ 尤袤《全唐诗话》：“维持词秀调雅意新理惬，在泉为珠，着壁成绘，一字一句皆出常境。”

④ 《谢康乐诗注》卷 4《七里濑》：“羁心积秋晨，晨积展游眺。孤客伤逝湍，徒旅苦奔峭。”

道盘曲四五十里至黄牛岭见黄花川》① 利用叠字，极大显出自然美和其精致，感觉到新鲜风气，今看成侃《回文寄郎》：

小窗寒月明，残漏玉丁丁。
皓腕双红袖，琴横奏苦声。

此诗含有与王维诗的近似性，也浮刻“雅中愁”的浪漫性，再看成侃的《美人行》：

后园鸟啼声哑哑，美人晓起嚬双蛾。
学得新声入琵琶，琵琶一曲白苎歌。
含情独倚翠窗纱，朱唇掩抑愁思多。
坐对银缸泪如河，命如冬叶颜如花。
黄昏欲望年少家，奈此笼中鹦鹉何。

此诗描写女人的恋情，其意趣相当哀愁。然而第四句的“白苎歌”诗语源于《乐府解题》上“古辞盛称舞者之美，宜及芳时为乐”②。鲍照《代白苎舞歌词四首》和《代白苎曲二首》（《鲍参军诗注》卷 2）等就是为了赞扬始兴王浚的功绩写的乐府诗，此诗同伴“舞”。

3. 诗中有画——与王维诗之关系

先说王维诗之绘画味。王维许多清新的诗，有远近，有前后，有疏密，有浓淡，有明暗，有颜色，有静，有动，有大，有小，越读越有意味，越看越有深度，所以把他的诗比作画，例如：朱叔重《铁网珊瑚》中说：“王右丞水田白鹭，夏木黄鹂之诗，即画也。”③ 又《画禅室随笔》中说：“山下孤烟远村，天边独树高原。非右丞工于画道，不能得此语。米元晖犹谓右丞画如刻画，故余以米家山写其诗。”④ 今据诗画一致性，例举几首诗。如王维的《过香积寺》：

不知香积寺，数里入云峰。
古木无人径，深山何处钟。
泉声咽危石，日色冷青松。

---

① 全诗为：“危径几万转，数里将三休。回环见徒侣，隐映隔林丘。飒飒松上雨，潺潺石中流。静言深溪里，长啸高山头。望见南山阳，白日霭悠悠。青皋丽已净，绿树郁如浮。曾是厌蒙密，旷然消人忧。”载王维著、赵松谷笺注：《王摩诘全集笺注》，上海：世界书局，1936 年，第 51 页。

② 鲍照撰、叶菊生校订：《鲍参军诗注》，北京：人民文学出版社，1957 年，第 51 页。

③ 王维著、赵松谷笺注：《王摩诘全集笺注》，上海：世界书局，1936 年，第 390 页。

④ 王维著、赵松谷笺注：《王摩诘全集笺注》，上海：世界书局，1936 年，第 391 页。

薄暮空潭曲，安禅制毒龙。①

此诗写长安西南香积寺的形势与风光。香积寺在神禾原上，傍麻池，东有交水，西有丰水，地势险要。肃宗时郭子仪② 攻长安，与安史的军队大战于此。香积寺地势高峻，耸入云表，古木苍翠，危石险绝，鸣泉如线，自高处下泄，注入空潭。诗中的第二联句，颇有画诗意味。又如《汉江临泛》：

楚塞三湘接，荆门九派通。
江流天地外，山色有无中。
郡邑浮前浦，波兰动远空。
襄阳好风日，留醉与山翁。③

此诗写襄阳的风光。襄阳城北是汉江，水势浩渺，自天而下，郡邑倒映水中，随波动荡。这首诗，有宾有主，有远有近，有明有暗，颇合丹青之法。诗中的第二联句，最富画意。从以上两首诗中，即可以体会出诗中有画的意味。于此，从王维诗中，可以概括出诗之绘画的因素二种如下：

第一种因素，就是鲜明的颜色。颜色是构成一幅诗的基本条件。诗中多用带颜色的字句，就可以给人如画的感觉。例如：

《早春行》：紫梅发初徧，黄鸟歌献涩。
《华岳》：连天疑黛色，百里遥青冥。
《新晴晚望》：白水明田外，碧峰出山后。

第二种因素，就是烘托与对比。作画时常用这种笔法，即一大一小，一远一近，一明一暗，一浓一淡。写诗与作画一样，也可以用这种笔法。王维的诗，有很多是用此笔法，使人感觉到特殊的美，如一幅画。诗中应用联结的字，最好是用动词或副词，虽用并、与、及字等，却不失去深远错综的美。例如：

《林园即事寄舍弟紞》：青草肃澄波，白云移翠岭。后浦通河渭，前山包鄠郢。

《渭川田家》：斜光熙墟落，穷巷牛羊归。
《冬日游览》：青山横苍林，赤日团平陆。

这两种因素含有画的美感，而能将诗意深深地印在读者的心板上，这就是王维诗句的大特色。

---

① 王维著、赵松谷笺注：《王摩诘全集笺注》，上海：世界书局，1936 年，第 102、103 页。

② 唐华山人，字子仪，以武举异等累迁朔方节度使，平安史之乱，功第一，卒谥忠武，世称郭汾阳，亦称郭令公。

③ 王维著、赵松谷笺注：《王摩诘全集笺注》，上海：世界书局，1936 年，第 117 页。

次说王维诗绘画的选材法，是选择某些具有特征性的事物，加以融炼组合，使之表现出一种吸引人的意境，从而加深主题的表达。从董其昌《画眼》所说之“自然传神”① 画学论句上，可观察体会的功夫，在王维的诗里面也有鲜明的表现。今以《少年行》四首② 为例诗而分析之：

新丰美酒斗十千，咸阳游侠多少年。

相逢意气为君饮，系马高楼垂柳边。（其一首）

先说上第一首。第一句点出“美酒”，第二句点出“少年”，第三句以“意气”为纽带，把美酒和少年自然地结合起来了。作者选择了“系马”的动态来描绘，说系马，已可以窥见几个少年相交时意气投合的神态，而马和游侠联系起来，不独显示了少年的英俊，而且也加强了对意气想象的落实性，并和后三首的报国杀敌取得呼应。第四句是“系马”的地方，高楼应指酒店，点明了“为君饮”的场所，也就增加了实感。“垂柳”的风姿和“游侠少年系马”的动态相互衬映，就更显得意气风发，神态昂扬。这种写法充分发挥了传神的作用。

出身仕汉羽林郎，初随骠骑战渔阳。

孰知不向边庭苦，纵死犹闻侠骨香。（其二首）

再说上第二首。此首诗直接抒发爱国男女保卫边疆的壮志，没有运用画面形象的描绘。但就组诗的结构来说，第一二两句写出身，写从军，乃是整个画面的构成部分。第三四两句的抒写壮志，也给其他三首的画面描绘内在的感染力。

一身能擘两雕弧，虏骑千重只似无。

偏坐金鞍调白羽，纷纷射杀五单于。（其三首）

又说上第三首，第一句点出少年的射术高强，第二句点出少年的气豪胆壮，第四句点出杀敌的效果，第三句的任务在于使第一二两句点出的条件转向第四句之问题。王维创造第三句的健儿形象，此正是艺高胆壮的行动表现。而“金鞍”、“白羽”的光和色，又加强这种表现的气氛作用，这就使得“纷纷射杀五单于”的夸张写法成为合理的战斗效果。于此可见，王维在第三句的表达上是出色地完成了转折点的任务。

汉家君臣欢宴终，高议云台论战功。

---

① 董其昌《画眼》云：“画家以古人为师，已是上乘，进此当以天地为师。每每朝看云气变幻，绝近画中山。山行见奇树，须四面取之。树有左看不入画，而右看入画者，前后亦尔。看得熟，自然传神，传神者必以形，形与心手想湊而相忘，神之所讬也。”

② 王维著、赵松谷笺注：《王摩诘全集笺注》，上海：世界书局，1936 年，第 201、202 页。

天子临轩赐侯印，将军佩出明光宫。(其四首)

最后说上第四首。第一句点欢宴，第二句点评功，第三句点封侯，第四句点荣归。战胜归来庆功行赏，因此，有第三句的光荣而发挥民族英雄的自豪感。第四句就表出了少年豪迈的神情、昂扬的步伐。像这样在炼材上充分发扬绘画特色作用的组诗，对没有画学实践的诗人来说，是很难达到这种境界的。

继而说王维诗语之色感意识。殷璠《河岳英灵集》云："维诗词秀调雅，意新理惬。在泉为珠，着壁成绘。一字一句，皆出常境。"① 此可见王维诗语中的绘画特点。王维诗描绘自然景色的重要因素，即事物的声、光、色、态就是诗画互相关系的工具。兹举《观猎》第一二句加以分析：

风劲角弓鸣，将军猎渭城。②

"劲"和"鸣"扣得太紧，即从"弓鸣"显出"风劲"，又从"风劲"显出弓力，从而体现出会猎的声势，然后在第二句中点出"将军"来，真可说是先声夺人。画固不可以传声，但从构图的意境中仍可以作适当的表达，所以朱庭珍云"绘声绘色"③，正是说明彼手法极为高妙。

依据以上王维诗的画趣来考察成侃诗的绘画性格，先看《道中诗》：

篱落依依半掩扃，斜阳立马问前程。

翛然细雨苍烟外，时有田翁犊叱行。

上四句极有效果地呈示绘画选材上的衬映作用，即第一三句表现对景物的细密观察力，第二四句深刻地吐露作者的体会。这是结合意趣而吸引人心的意境，是合观察、体会和绘画的修养等三位一体的结晶体。

再考察诗语上的色、光、态、声四点表现关系，这里看成侃《淡淡亭四首》第二首：

苍髯十丈映平湖，湖上新亭时驻车。

上句"苍"的色和"映平湖"的光态，"驻车"的态等三点互相融和，而看《春雨寄伯氏演雅》一端：

苍云如狗暮山中，杜宇数声春雨蒙。

上句"苍"的色，"暮山中"的态，"数声"的声和"春雨蒙"的态等三点也是造成调和，表现诗的美感，即是色彩化。而看《怕寒不出吟得》第六首：

腰间金带耀注注，祖送今朝归北邙。

---

① 殷璠：《河岳英灵集》卷1引文，四部丛刊初编，上海：商务印书馆，1929年。载李珍华、傅璇琮：《河岳英灵集研究》，北京：中华书局，1992年，第148页。

② 王维著、赵松谷笺注：《王摩诘全集笺注》，上海：世界书局，1936年，第118页。

③ 朱庭珍《筱园诗话》卷1："必使山情水性，因绘声绘色而曲得其真。"

桃李春风正烂漫，须教紫马驮红妆。

上诗同时表出第一句的色（金字）和光（耀字），第三句的态、色、光（烂漫）美感，与第四句色感（紫、红字）也调和，使人强烈感觉到绘画的色感。此外例举保有单纯的“色”意识的诗，看《咏蟹》第三四句：

实腹红膏甘似蜜，浑身青壳净如琼。

再看《山寺》第三四句：

白爱庭前塔，青怜雨后松。

以上列举几个句，例举“声”的绘画美，看《绝句》第四首第三四句：

黄昏风雨闹北牖，梦作圣君山小声。

上句多用对偶，更表出实际的绘画美感。

朝鲜初期诗之研究对象只限于金时习等几个作家，而其研究水平还没达到圆满的阶段，因为其文集等有关资料还没充分搜集而整理分析。因此研究成侃及其诗，可以说意义相当大。总而言之，成侃的诗比其生涯，其意趣高而深。其生涯和诗形成直接有深度的关联，但是因为不能整理诗之系年，可以说到现在的考察和评价还不完整。这里类推当时之思潮和家系背景和诗作受容唐诗的因素，大概分析了成侃诗的以上几个特性，也可以说《真逸遗藁》的徐居正叙充分地补充了《韩国汉诗与唐诗之比较》一书的缺本部分。特地以“净”、“雅”特色为主题来分析成侃诗论部分，是因为我自己愿意根据中国诗学的眼目来互相比较韩中诗歌的异同点。与成任和成俔比较，成侃诗的价值更加突出。成侃诗“雅”、“净”的性格和陶潜、谢灵运诗风一部分相似，相当部分已经脱离高丽的六朝旧风，其诗自体达到了与王维等盛唐诗风有关系的朝鲜初期新风格。

（《社会科学战线》2010 年第 7 期）

# 连环套：论张爱玲的出版美学

## ——以一九九五年后出土著作为主

（台湾）苏伟贞*

（《连环套》）越往后越着重情节：一套又一套的戏法，突兀之外还是突兀，刺激之外还是刺激，仿佛作者跟自己比赛似的，每次都要打破上一次的记录，像流行的剧本一样，也像歌舞团的接一连二的节目一样，教读者眼光缭乱，应接不暇。①

这些年来没写出更多的《连环套》，始终自视为消极的成绩。②

Michel Angelo 的一个未完工的石像，题名“黎明”的，只是一个粗糙的人形，面目都不清楚，却正是大气磅礴的。③

### 一、相因相袭，辗转相成：“连环套”缘起

张爱玲（1920—1995）逝世迈向第 14 年之际，她生前最让人期待的“自

* 作者单位：成功大学中国文学系。

① 1944 年 1 月张爱玲《连环套》开始在《万象》杂志连载，到 5 月号刊登了 1 篇署名迅雨的文章《论张爱玲的小说》，强烈批判《连环套》，迅雨即知名文化评论者傅雷（1908—1966）。见迅雨（傅雷）《论张爱玲的小说》，载唐文标《张爱玲研究》，台北：联经出版社，1986 年，第 130 页。

② 张爱玲：《张看·自序》，台北：皇冠出版社，1991 年，第 6-10 页。

③ 张爱玲：《流言·自己的文章》，台北：皇冠出版社，1991 年，第 20 页。

传”、“自白”体长篇小说《小团圆》2009年2月在毫无预警的情况下堂皇上市。①

此作张爱玲生前已完成并准备出书，为何搁置下来，搁置的意涵，后文将作讨论。这里企及的是张对读者的企盼何尝不明白，《谈吃与画饼充饥》(1979)里她曾表述道：“《谈吃与画饼充饥》写得比较细详……至少这篇文章可以满足一部分访问者和在显微镜下‘看张’者的好奇心。”② 新作少加上时代阻隔，张爱玲著作不断“更新”的记录诚似引言摘句：“仿佛作者跟自己比赛似的，每次都要打破上一次的记录。”③ 譬如上海时期的《传奇》易名《回顾展——张爱玲短篇小说集》、《十八春》改写为《半生缘》，《金锁记》(1943)更是一个原样故事，《怨女》(1966)、*Pink Tears*、*The Rouge of the North* 都脱胎于《金锁记》，张对此现象曾有“先后参看或有猎奇的兴趣”④的说法，但《张看》(1976)、《惘然记》(1983)、《续集》(1988)及《余韵》(1987)都是新旧作结集，说明了张1970年代中期至1980年代末创作难以持续，而旧作相继出土，于是便反映在这种出版时程衔接上的绵延状态上，对此结果张的态度是：“不收也禁绝不了。”⑤ 但张爱玲的读者再没料到这出戏码并不因她去世而结束，一次次面对她逝后源源出土的《同学少年都不贱》、《郁金香》、《重访边城》等，让人不得不相信“更新”真是张难以摆脱

① 张爱玲对“自白”章可以满足读者的好奇心这点，颇有概念，她将新旧作《谈吃与画饼充饥》、《羊毛出在羊身上》等6篇散文及小说《五四遗事》编为《续集》出版，张爱玲序文谈到《谈吃与画饼充饥》：“数人印象中以为我吃得又少又随便，几乎不食人间烟火，读后大为惊讶，甚至认为我‘另有一功’。”接着称：“这篇文章可以满足一部分访问者和在显微镜下‘看张’者的好奇心。这种自白式的文章只是惊鸿一瞥，虽然是颇长的一瞥。”张爱玲强调：“作者借用书刊和读者间接沟通”，为什么“享受不到隐私权？”载张爱玲《续集·自序》，台北：皇冠出版社，1988年，第6–10页。

② 张爱玲：《续集·自序》，台北：皇冠出版社，1988年，第8页。

③ 傅雷：《论张爱玲的小说》，载唐文标《张爱玲研究》，台北：联经出版社，1986年，第130页。

④ 夏志清：《张爱玲给我的信件》，《联合文学》1997年4月第150期。

⑤ 张爱玲：《惘然记》，台北：皇冠出版社，1983年，第5页。

的出版宿命，加上国际大导演李安的《色！戒》（2007）改编自她的《色，戒》① 叫好叫座外更引发讨论风潮，② 李安因而被视为张爱玲进入影像时代的最佳推手。不同场域的看张，开启了张作“相因相袭，辗转相成”③ 的创作意境及独门美学，环环相扣，诚然是“连环套”。

“连环套”意象其实其来有自，始于一次“未完成”的创作事实，篇名就叫《连环套》，张爱玲对“未完成”手法的视角别于一般，她在《自己的文章》里借文艺复兴时期艺术家 Michel Angelo 一个粗糙人形未完工的石像传达己见：“题名‘黎明’的，只是一个粗糙的人形，面目都不清楚，却正是大气磅礴的……使人神往”④。未完成的作品，寓意“黎明”新生，深化内在使人神往，张爱玲是意在言外。以上梳理了张爱玲的创作历程及关键联结，接着，我们才好切入《连环套》事件。她举文艺复兴时期艺术家 Michel Angelo 的“一个未完工的石像”为例说写作的题材是面目模糊的新旧“参差”的时代记忆，“只是一个粗糙的人形，面目都不清楚，却正是大气磅礴……使人神往的”。未完的作品使人神往，或许本论文的探讨可以从同样“未完成”的《连环套》开始。

《连环套》取材好友炎樱的父辈朋友潘那矶的故事，潘那矶是印度人，听说炎樱进了港大，以长辈身份招待看电影，炎樱拉张爱玲一道去，电影院大广告招牌上画得“乌七八糟，目不暇给”，迎上来的潘那矶则“瘦得只剩下个框子”，活像“毛姆小说里流落远东或南太平洋的西方人”，⑤ 这段对比手法充满电影感，潘那矶只有买两张票及煎面包的钱，无言而窘迫的将票及点心塞给炎樱转身便走，两人进得电影院：

---

① 李安电影《色！戒》用的标点，与原著《色，戒》不同，关于使用标点符号，张爱玲在《对现代中文的一点小意见》里提到，她说明“色”与“戒”是两件事，她原想的篇名是《色，戒》，但“逗点似乎狭义化了”，于是写成《色、戒》，后来小说在预告时又误植为《色·戒》，出版时还原为《色，戒》，李安用！是体察张爱玲区隔的原意，既像线装书的印刷体，也像线装书里中间的那条装订线。见张爱玲《沉香·对现代中文的一点小意见》，台北：皇冠出版社，2005 年，第 24-25 页；李达翰《一山走过又一山——李安·色戒·断背山》，台北：如果出版社，2007 年，第 436 页。

② 《色！戒》以六亿五千万台币票房名列 2007 年台湾十大卖座影片第四名，也是唯一入列的华语片，更缔造了李安个人纪录。影片中的激情戏在网络曝光后，新浪网数据两天即有三十万次点击率。转载自 http://ent. sina. com. cn/m/c/2007-12-19/09511841151. shtml。

③ 此句为王德威词语。见王德威《张爱玲再生缘——重复、回旋与衍生的叙事学》，载刘绍铭、梁秉钧、许子东编《再读张爱玲》，济南：山东画报出版社，2004 年，第 7 页。

④ 张爱玲：《流言·自己的文章》，台北：皇冠出版社，1991 年，第 20 页。

⑤ 张爱玲：《张看·自序》，台北：皇冠出版社，1991 年，第 6 页。

是老式电影院，楼上既大又坡斜得厉害……在昏黄的灯光中，跟着领票员爬山越岭上去……往下一看，密密麻麻的楼座扇形展开，“地陷东南”似的倾塌下去。下缘一线栏杆拦住，悬空吊在更低的远景上，使人头晕……开映后，银幕奇小，看不清楚，听都听不大见。在黑暗中她递了块煎面包给我，拿在手里怕衣裳上沾上油，就吃起来，味道不错，但是吃着很不是味。吃完了，又忍耐着看了会电影，都说：“走吧，不看了。”①

潘那矶给小说起了个头，也由他带出了其他角色，潘那矶从前生意做得很大，阴错阳差栽到麦唐纳太太手上，麦唐纳太太广东籍养女出身，先跟过印度人，后来遇上苏格兰人麦唐纳，从此自封麦唐纳太太，有个十五岁的中印混血女儿宓妮，麦唐纳太太对潘那矶示好不成，潘那矶看上的是宓妮，宓妮婚后“二十二岁就离婚，有一个儿子，不给他，也不让见面。他就喜欢这儿子，从此做生意倒霉”。日后张爱玲回沪见着了麦唐纳太太“生得高头大马，长方脸薄施脂粉……有点什么事托炎樱的父亲，嗓音微哑，有说有笑的，眼睛一睐，还带点调情的意味”。宓妮有样学样，“嫁了她儿子的一个朋友汤尼，年纪比她小，三个人在一起非常快乐”②。这段充满动物求偶的故事在张爱玲“脑子里也潜伏浸润了好几年。”③ 一场临时的邀约，一出未看完的影片，张爱玲以麦唐纳太太母女婿三人入题，写成《连环套》。麦唐纳太太在《连环套》里成了赛姆生太太，闺名霓喜，造就麦唐纳太太连环套般人生的要素是动物腺体，张爱玲如此形容：

她的脸庞与脖子发出微微的气味，并不是油垢，也不是香水，有点肥皂味而不单纯的是肥皂味，是一只洗刷得很干净的动物的气味。人本来都是动物，可是没有谁像她这样肯定地是一只动物。④

动物般的窥觑一切，充满算计，加上养女身世，霓喜因此得不到正式的名份，这如“残羹冷炙”的爱，“到底是悲怆的”。⑤ 她也自陈这篇小说“主题欠分明”，这牵涉到写作立场：“写小说应当是个故事，让故事自身去说明，比拟定了主题去编故事要好些。”张的叙事交代了故事的来源与虚构《连环套》的难度，霓喜的故事自我衍化，因此“写了半天还没写到最初给我印象

① 张爱玲：《张看·自序》，台北：皇冠出版社，1991年，第7页。

② 以上有关麦唐纳太太叙述，见张爱玲《张看·自序》，台北：皇冠出版社，1991年，第8–9页。

③ 张爱玲：《张看·自序》，台北：皇冠出版社，1991年，第9页。

④ 张爱玲：《张看·连环套》，台北：皇冠出版社，1991年，第15页。

⑤ 张爱玲：《流言·自己的文章》，台北：皇冠出版社，1991年，第24页。

很深的电影院的一小场戏”。①

关于转换书写/记忆题材，德勒兹（Gilles Deleuze）告诉我们，这样的感知与记忆需要起到现实性延续作用，联结成为共存。② 亦即德勒兹所阐述创作、电影、图像、照片等，都展示了与人生平行的再生产系统。③ 这样的“再生产”意象，一如她小说中形容逆历史时间的人物，是“酒精缸里泡着的孩尸”④，不断投射张的著作，也形成其独特的出版美学。

表面上张爱玲耽溺于倾塌、悬空、远景、小银幕、听不真切的时空记忆，事实上，文本的再生产，涉及的是共存、延续感知记忆到书写的返复，“文化再生产”的理论早为大家熟知，亦即文化生命有自我生产、自我创造、自我更新的能力，《传奇》中小说的多重互涉即是明证，但《连环套》的难题是，故事是辗转得来，“他者”如何居间中介掌握距离？众所周知张作文本多来自家族友朋，这些故事已内化为她创作的母题，扭曲的生活、家族的勾心斗角、不在场的父母……都成“合媒与颉颃”的素材，角色方面，张旁观自外既近且远探视镜取像《私语》的父母姑姑、《金锁记》的曹七巧拟像自舅公李国罴的媳妇、《花凋》的川嫦是舅舅家的表妹等，都成张的名篇，支撑了整本《传奇》的传奇性。列维纳斯（Emmanuel Levinas）所谓近身“持有”（a hold on matter）⑤ 的立即性在于不得不（对其）书写；不得不（与其）抗衡；不得不回头看待生命流离中挣扎的“意识”（consciousness），拉开“事后”（posterior）凝视（其）的距离，进而得以拥有“时间”（time）。张的书写美学来自她的人生态度，标示了一代族亲在她笔下“时间将会是作家创造出的另种秩序”的样式⑥，近身持有，张爱玲得以颠覆并抗衡“共存”记忆，但她和炎樱的交谊既难颠覆抗衡也缺乏挣扎的正当性，友情遂成为一种忌讳，在故事外围打转也就难免了。总之《连环套》在《万象》边写边登，第五期突然冒出

① 张爱玲：《张看·自序》，台北：皇冠出版社，1991 年，第 9 页。

② 吉尔·德勒兹（Gilles Deleuze）：《普鲁斯特与符号》，姜宁辉译，上海：上海译文出版社，2008 年，第 58-59 页。

③ 德勒兹（Gilles Deleuze）：《电影Ⅰ：运动——影像》（*CinémaI: L' image-mouvement*），黄建宏译，台北：远流出版社，2003 年，第 30-31 页。

④ 张爱玲：《回顾展Ⅱ·花凋》，台北：皇冠出版社，1992 年，第 431 页。

⑤ Levinas, Emmanuel. “The Dwelling,” *Totality and Infinity*, Trans, Alphonso Lingis, Pennsylvania: Duquesne UP, 1969, pp. 152-174.

⑥ 此处事后、凝视、距离观点，引用岳宜欣《回家最好赶在天黑以前——苏伟贞〈离开同方〉里的空间、语言、与居家》，列维纳斯研讨会，台湾成功大学外文系主办，2009 年 5 月 9 日。

一篇署名迅雨的《论张爱玲的小说》，此文赞美张爱玲《金锁记》是“文坛最美的收获”，强调“如果没有《金锁记》，也不致把《连环套》批评得那么严厉”。① 随即《连环套》在第六期后腰斩，第七期张爱玲以《自己的文章》响应，但并未交代腰斩的理由。直到多年后《连环套》在《幼狮文艺》（第246期，1974年6月）重刊，张爱玲才对夏志清说明理由：“写得太坏写不下去”，归之编辑拉稿，多产的结果，② 自承“通篇胡扯”，重读时“不禁骇笑”，一语双关表白：“这些年来没写出更多的《连环套》，始终自视为消极的成绩。”③ 换言之，《连环套》成了张创作的罩门，虽然夏志清护张，呼吁读者勿为她误导，应参阅《自己的文章》做判断，至于傅雷后续怎么想已无法得知，确定的是若非傅雷引发的连锁效应，就没有本文“相因相袭，辗转相成”的观察与灵感。

回到傅雷的评论，他指陈《连环套》与真实脱序，小说里对史实的铺排把半世纪前香港女修院内幕写得“更近于欧洲中世纪的丑闻”，此外语句用语过时且模糊：“至少也不该把纯粹《金瓶梅》《红楼梦》的用语，硬嵌入西方人和广东人嘴里。”④ 不愧是高手过招，虚问虚答行云流水中暗藏音韵，张爱玲响应文章《自己的文章》从史实切入自述创作——人生美学，扣紧新旧交递时代，回忆与现实之间尴尬的不和谐体会，“模糊”缘于世间没有绝对的秩序，“斩钉截铁的事物不过是例外”，而回忆并不等于现实，她运用一种“古老的记忆”的叙事手法使之更接近真实，而创作就是创作，不等于现实：

> 人是生活于一个时代里的，可是这时代却在影子似地沉没下去，人觉得自己是被抛弃了。为要证实自己的存在，抓住一点真实的，最基本的东西，不能不求助于古老的记忆，人类在一切时代之中生活过的记忆，这比瞭望将来要更明晰、亲切。于是他对于周围的现实发生了一种奇异的感觉，疑心这是个荒唐的，古代的世界，阴暗而明亮的。⑤

对于傅雷“与真实脱序”的批评，张爱玲的回答是层层相扣自有主意：

> 我不把虚伪与真实写成强烈的对照，却是用参差的对照的手法写出现

① 傅雷：《论张爱玲的小说》，载唐文标《张爱玲研究》，台北：联经出版社，1986年，第124页。

② 夏志清：《张爱玲给我的信件（八）》，《联合文学》1998年1月第159期。

③ 张爱玲：《张看·自序》，台北：皇冠出版社，1991年，第10页。

④ 傅雷：《论张爱玲的小说》，载唐文标《张爱玲研究》，台北：联经出版社，1986年，第131页。

⑤ 张爱玲：《流言·自己的文章》，台北：皇冠出版社，1991年，第19-20页。

代人的虚伪之中有真实，浮华之中有素朴，因此容易被人看做我是有所耽溺，流连忘返了。

我的作品，旧派的人看了觉得还轻松，可是嫌它不够舒服。新派的人看了觉得还有些意思，可是嫌它不够严肃。但我只能做到这样，而且自信也并非折衷派。我只求自己能够写得真实些。①

张的回应如今已成张学圭臬，说来张不得不回应不得不放弃《连环套》，多少体察到这篇评论在当时出现的严肃性，引发她洄游己身处境与书写作出思考，导致小说虽未完成，但这样的对话反而突显了《连环套》文本的重要与完整性。本文因此有意回到《连环套》创作原初，探讨《连环套》事件如何启动了日后的出版路径，发微为叙事美学，我们更好奇的是，如同从《连环套》事件借来巨力，张爱玲启动了一个奇异的枢纽，打通真实/虚构、自传/素材的逆转机制，她的创作成为一种运动，组构了一个存在于真实时间（du temps réel）及感知的普遍时间（le temps universel）之间的世界：②

《连环套》里有许多地方袭用旧小说的词句——五十年前的广东人与外国人，语气像《金瓶梅》中的人物……我当初的用意是这样：写上海人心目中的浪漫气氛的香港，已经隔有相当的距离；五十年前的香港，更多了一重时间上的距离，因此特地采用一种过了时的词汇来代表这双重距离。有时候未免刻意做作，所以有些过分了。③

拉出双重距离，即传达了作者的创作手法，这同时也是她的人生姿态了。关于这样抽离提取的作品，德勒兹（Gilles Deleuze）和迦塔利（Felis Guattari）称之为“聚合体”（bloc de sensations）④，“聚合体”在艺术形式上接近纪念碑（monument en vibration）的意义，这里要强调的是，张爱玲并不打算写“时代的纪念碑”那样的作品，她着重的是用参差对照的手法，“描写人类在一切时代之中生活下来的记忆。而以此给予周围的现实一个启示”⑤。但不争的是，张虽无意写“纪念碑”般的作品，却以自身搭建起一座时代的纪念碑，恐怕是她始料未及的事了。

---

① 张爱玲：《流言·自己的文章》，台北：皇冠出版社，1991年，第21页。

② 德勒兹（Gilles Deleuze）：《电影Ⅱ：时间——影像》（*Cinéma* Ⅱ：*L' image-temps*），黄建宏译，台北：远流出版社，2003年，第776-778页。

③ 张爱玲：《流言·自己的文章》，台北：皇冠出版社，1991年，第24页。

④ 吉尔·德勒兹、费利克斯·迦塔利：《感知物、情态和概念》，张祖建译，载《什么是哲学》，长沙：湖南文艺出版社，2007年，第434-440页。

⑤ 张爱玲：《流言·自己的文章》，台北：皇冠出版社，1991年，第20页。

张爱玲书写象征如此繁复，抵线性时间辗转壮大的特质，如前文所述本文有意针对张爱玲遗作/旧作区块展开研究，初步规划两条出版线索分击合流，一条线索集中新出炉的《小团圆》，另一条线索探讨张爱玲1995年逝世后出土的作品，以《一九八八——?》、《同学少年都不贱》、《郁金香》、《重访边城》为主，先深入分析文本绉折了哪些前作影子，又怎么成为“出土文物”，期以合流两条线索组构张爱玲创作/出版生生不息的关键，如何借由著作及出版行为不断与华文读者/当代小说作家形成对话。首先，文本生产涉及“组构”（composition）的美学与元素，德勒兹（和迦塔利）告诉我们，组构在某种意义上来看如同堆砌一间房子，为了组构故事情节，需要“框架”（cadre）、“骨架”（armature）、“砖面”（pan），“砖面”的意义可解为“某种墙面，但也是某种地面，门面，窗面，镜面……”① 路况在探讨王家卫电影《花样年华》时推崇该片是“组构”理论的最佳例示，有助于我们理解“砖面”何以也是某种地面，门面，窗面，镜面……他指出《花样年华》中风格化构图的框架镜头正是一种美学的“砖面”，甚至于影片中“斑驳旧墙上陈年的广告招贴、穿过房门玄关的甬道走廊……”② 都可视为不同样式的“砖面”，这样的组构观，亦可用于张爱玲创作历程，我们很容易便厘清《小团圆》、《一九八八——?》、《同学少年都不贱》、《郁金香》、《重访边城》等都是文本再生产的“砖面”与素材，正是透过这些组构合流，她才创造出与她的读者不断对话的奇观。

## 二、合媒与颉颃：对创作苛求，而对原料非常爱好

“一切好的文艺都是传记性的。”当然实事不过是原料，我是对创作苛求，而对原料非常爱好，并不是“尊重事实”，是偏嗜它特有的一种韵味，其实也就是人生味。(张爱玲，《谈看书》)③

我一直认为最好的材料是你最深知的材料。④

① 吉尔·德勒兹、费利克斯·迦塔利著：《感知物、情态和概念》，张祖建译，载《什么是哲学》，长沙：湖南文艺出版社，2007年，第434-440页。

② 路况：《书写60年代香港的“骑士爱”——论王家卫的〈花样年华〉》，《电影欣赏》第106期。

③ 张爱玲：《张看·谈看书》，台北：皇冠出版社，1991年，第189页。

④ 宋以朗：《〈小团圆〉前言》，载张爱玲《小团圆》，台北：皇冠出版公司，2009年，第5-8页。

首先，在对《小团圆》进行析论前，为了论述顺利，有必要交代《小团圆》角色及故事。《小团圆》女主人公是知名的作家、编剧盛九莉（张爱玲），文中最让人“期待”的角色是风闻盛九莉名头寻上门的汉奸邵之雍/前夫胡兰成，张爱玲小说夙有所本的痕迹，《小团圆》也不例外，文本不脱《私语》、《对照记》、《郁金香》，印证了张一向对真实与“共存”记忆的兴趣，这正是《连环套》的宗旨，因此故事脚本外，角色的安排上也有一贯的人物对照组：楚娣/姑姑、蕊秋/母亲、比比/炎樱、九林/张子静、乃德/父亲、文姬/苏青、荀桦/柯灵（高季琳，1909—2000）、燕山/桑弧、汝狄/赖雅（Ferdinand Reyher，1891—1967）等，错综复杂的故事网主要集中盛九莉、楚娣、蕊秋的乱世情缘，可说是张对亲情、友情、爱情的大颠覆，不说盛九莉、楚娣、蕊秋母女/甥侄/姑嫂多角纠葛，铺设一个又一个阴影，直逼“黑幕”小说的内容，是隐喻砖面，也是小说的“框架”、“骨架”。这里不妨截取一段邵之雍积极追求九莉的故事来理解何谓“砖面”，九莉因邵之雍而初尝男女之事，但邵性关系混乱经验丰富，九莉内心的煎熬与难言，张笔下的这段描写最能界定两人的关系：

他们在沙发上拥抱着，门框上站着一只木雕的鸟……雕刻得非常原始，也没加油漆，是远祖祀奉的偶像？它在看着她。①

组构两人情欲象征的“砖面”正是“木雕鸟”，类似的“砖面”十余年后九莉于美国怀孕时再度出现，这次九莉怀上汝狄的孩子，拖到四个月身孕才找密医打胎催生，从下午直到晚上胎儿才由下体排出，漫长的等待，记忆重返：

她在浴室灯下看见抽水马桶里的男胎，在她惊恐的眼睛里足有十吋长，毕直的欹立在白磁壁上与水中……一双环眼大得不合比例，双眼突出，抿着翅膀，是从前站在门头上的木雕的鸟。②

甚至邵之雍描述被狐狸精附身病死的第一任妻子的言词，让九莉觉得“整个的中原隔在他们之间”，远得使她心悸，她感觉：

木雕的鸟仍旧站在门头上。③

木雕鸟除了隐喻张内心有翅难飞，也有观察戒训的意味，（它在看着她）以及张也提到的“远祖祀奉的偶像?”语气虽带着质疑，但“偶像”说在中国是很普遍的信仰，质疑归质疑，却是民族集体意识的一部分，这个偶像，除了

① 张爱玲：《小团圆》，台北：皇冠出版社，2009年，第177页。
② 张爱玲：《小团圆》，台北：皇冠出版社，2009年，第180页。
③ 张爱玲：《小团圆》，台北：皇冠出版社，2009年，第188页。

胡兰成还会是谁？张爱玲对偶像是有意识的，譬如她眼中的胡适是一座有“黏土脚”的古铜半身雕像，① 而宋淇曾反过来提醒她“现在是偶像”②，讽刺的是，胡兰成小说里无所不在，甚至千里迢迢追到美国，神祇般监控九莉。一段难堪的过去，张爱玲不仅详实记录，并拿来与“心怀鬼胎”的胡兰成联结。这就不难理解张爱玲处理《小团圆》的内在思维，推论到底，《小团圆》题材反复、搁置、得失……全系于胡兰成，有张爱玲给宋淇信件为证：

> 赶写《小团圆》的动机之一是朱西宁来信说他根据胡兰成的话动手写我的传记……（1975 年 10 月 16 日）
>
> 《小团圆》是写过去的事，虽然是我一直要写的，胡兰成现在台湾，让他更得了意，实在不犯着，所以矛盾的厉害，一面补写，别的事上还是心神不属。（1975 年 11 月 6 日）③

其时胡兰成在台湾，他笔下的“我妻张爱玲”④ 标记了两人的关系，击中了张“心神不属”的要害，张“矛盾的厉害”之余，偏偏系于“《小团圆》因为情节上的需要，无法改头换面”，于是“以后再考虑一下，稿子搁在你们（宋淇）这里好了。”出版便“延异”（différer）了下来。严格说来，《小团圆》的内容多是老梗，但它最出人意表的地方，是对角色的大翻案，这也透露了《小团圆》再生产的玄机是人物，简单说，主要集中在姑姑、母亲、柯灵、桑弧、胡兰成身上，以往读者学者着墨甚深的母女姑侄之情，是张比较浪漫的书写，几乎全被《小团圆》推翻，小说描述的母不母女不女父不父夫不夫友不友，简直无父母见佛灭佛，⑤ 一般作家避之不及的“黑幕”，张是直说不讳，《私语》里张自揭家庭丑陋面，那次她对自己有多残酷，《小团圆》以

① 张爱玲：《张看 · 忆胡适之》，台北：皇冠出版社，1991 年，第 150 页。

② 宋以朗：《〈小团圆〉前言》，载张爱玲《小团圆》，台北：皇冠出版社，2009 年，第 10 页。

③ 宋以朗：《〈小团圆〉前言》，载张爱玲《小团圆》，台北：皇冠出版社，2009 年，第 5-8 页。

④ 不说胡兰成的《今生今世》大写张爱玲，那些年他写张爱玲的文章发表不少，如《胡兰成笔下的“我妻张爱玲”》，《春秋杂志》1973 年 3 月 21 日第 3 期。《民国女子张爱玲》，《大成杂志》1981 年 4 月第 94 期。不仅于此，张爱玲去世，《传记文学》又重刊胡兰成《胡兰成笔下的“张爱玲记”》，《传记文学》1995 年 10 月总 401 期。

⑤ 金宏达评论《小团圆》，指张爱玲处理书中人物让人看到“她六亲不认，无父无母”，直如“黑幕小说”的“假小说以施诬蔑”、“丑诋私敌，等于谤书”。见金宏达《〈小团圆〉与真实人生：张爱玲“自跳脱衣舞”》，《北京晚报》2010 年 3 月 12 日。

倍数不断复制分裂这份残酷。① 人物是推动情节的要素，张人物先行的意图十分明显，于是胡兰成有了另一种面貌："里面对胡兰成的憎笑也没有像后来那样。"也就是说张合盘托出人物的底蕴成为组构小说的砖面，张也才掌握旧材料写出了新意，张爱玲立意非常清楚：

> 我写《小团圆》并不是为了发泄出气，我一直认为最好的材料是你最深知的材料。②

《小团圆》是张最深知的材料，《小团圆》里盘根错节的人物关系宛如家族复调大合唱，谱写张人生/著作的奇观，我以为她奉行的是旧小说铺开来平面发展的笔法：

> 深入浅出，是中国古典小说的好处。旧小说也是这样铺开来平面发展，人多，分散，只看见表面的言行，没有内心的描写，与西方小说的纵深成对比。③

从篇幅分析，小说自163页邵之雍首度登场到325页终篇，一半篇幅写他，因此"索隐的最终意义，当然是在邵之雍出场后才呈现的"。说明了邵之雍才是调度大批人马后的领衔男主角与书写对象。胡兰成情路左右逢源，《今生今世》里早不避讳，《小团圆》表面上透过楚娣、蕊秋的观感呈现胡的样貌，④ 但小说的延迟出版，才真正说明最终的意义根本在"张爱玲怎么看胡兰成，《小团圆》里盛九莉就怎么看邵之雍！"怎么看呢？张坦言："《小团圆》是个爱情故事，不是打笔墨官司的白皮书。"爱情当然是最古老的题材与政治了，张显然没经验，小说里始终有种小儿女的纯真与无措："写爱情故事，但从来没恋爱过，给人知道不好。"⑤《小团圆》称得上是张集所有记忆的合媒与颉颃之大成，之前作品都没有《小团圆》如此直白具体，尤其对胡兰成爱的初始对象与性的启蒙的着墨，完全"平面发展"毫无隐喻，此手法，黄锦树评价："对于《今生今世》的虚无缥缈，毋宁是一大嘲讽。"基于这样的"平面"组构，张才有机会把神祇胡兰成拉下成为俗世男女，俗世男女才有的纠葛不堪，袁琼琼说的好："相对《今生今世》里胡的普世留情，张的深情成

---

① 小说家袁琼琼指出《小团圆》里的张爱玲（九莉）多心多疑，姑姑、母亲，甚至炎樱都另有面貌，认为张爱玲"书写时的残酷，在《小团圆》里，针对了她自己。"见袁琼琼《多少恨：张爱玲未完》，《联合报·读书人》2009年3月8日。

② 宋以朗：《〈小团圆〉前言》，载张爱玲《小团圆》，台北：皇冠出版社，2009年，第5-8页。

③ 张爱玲：《张看·谈看书》，台北：皇冠出版社，1991年，第194-195页。

④ 毛尖：《所有能发生的关系》，《中国时报·开卷周报》2009年3月22日。

⑤ 张爱玲：《小团圆》，台北：皇冠出版社，2009年，第162页。

为对她自己的污辱。”指出张爱玲“让他更得了意”的说法，“是不愿让胡知道他在自己心中的印记多深”。① 这一次，张不仅超越传奇与伤害，也回归她之前对胡兰成的心事：“见了他，她变得很低很低，低到尘埃里，但她心里是欢喜的，从尘埃里开出花来。”② 是在这个基础上，符合了黄锦树“《小团圆》不是一本怨毒之书”的析论，也见出比较完整的张爱玲的世界，浮现张逆时光而行的冷酷成长小说，“比所有违反她意愿出土的少作更有价值”。③ 推迟了四十余年的创作，倒映着“慢速张爱玲时间”④，从另一个角度看，延异涉及了书写的目的，德里达（Jacques Derrida）论书写的目的在超越书写，超越书写的关键是作者无限性撕裂自己，通过自身进行多重修改、消耗、遗忘，德里达解释此为“延迟自己”（sediffère）⑤，其结果是，延迟是推迟一个行动、暂缓一种已有的、现在的知觉。⑥《小团圆》的延迟开启《小团圆》得以完整的、文学的方式逆返出版。

《小团圆》传记自白体“平面发展”手法，还可联想罗兰·巴特（Roland Barthes，1915—1980）的反对方法主义的写作立场：

> 未来真正会引诱我的，将是写作我所谓的“不成其为小说的传奇记载”，没有人物的传奇：一种生命的书写。⑦

张爱玲不加编造的故事文本，选择勇敢地与自己生命的角色相遇，张爱玲全不逃避：“《小团圆》里讲到自己也很不客气，这种地方总是自己来揭发的好。”⑧ 堕胎，楚娣（姑姑）、蕊秋（母亲）、留学生简炜的三角同性/异性恋情及蕊秋和楚娣与侄辈的恋情、九莉几近变态收藏邵之雍抽过的烟屁股等情节令人目眩神摇，这里头没有“传奇”，有的是“生命”的书写，如此赤裸裸的

---

① 袁琼琼：《多少恨：张爱玲未完 》，《联合报·读书人》2009 年 3 月 8 日。

② 胡兰成：《今生今世·民国女子》，台北：三三书坊，1990 年，第 277 页。

③ 以上黄锦树评论见黄锦树：《家的崩解》，《联合报·读书人》2009 年 3 月 8 日。

④ 骆以军：《脉脉摇曳的张爱玲时间》，《联合报·读书人》2009 年 3 月 8 日。

⑤ 德里达（Jacques Derrida）：《佛洛伊德与书写舞台》，《书写与差异》（*L' écriture et la différence*），张宁译，台北：麦田出版，2004 年，第 164-168 页。

⑥ 德里达（Jacques Derrida）：《爱德蒙·雅毕斯与书的问题》，《书写与差异》（*L' écriture et la différence*），张宁译，台北：麦田出版，2004 年，第 164-168 页。

⑦ 林志明：《书写·想象·自我》，载罗兰·巴特《罗兰巴特访谈录》，刘森尧译，台北：桂冠图书出版公司，2002 年，第 i 页。

⑧ 宋以朗：《〈小团圆〉前言》，载张爱玲《小团圆》，台北：皇冠出版社，2009 年，第 6 页。

书写，当年宋淇认为“大多数的读者不会同情她（张爱玲）”①，新一代读者毛尖反驳道：“我挺感动的，我觉得读者能接受这样的爱情。”她赞扬张爱玲：“至终不出恶声，非常了不起。”② 张的著作中，不乏状写父母家族的缺点，这“不出恶声”，打开《小团圆》，恐怕是独厚胡兰成，以往胡兰成在张小说中是缺席的，人们虽臆测《色，戒》的男主人公易先生是胡兰成，毕竟没有直接的证据，这回《小团圆》里胡兰成其人其事成了小说版，而张爱玲在逝后仍在生产作品并且迎来另一时代的读者，借《小团圆》里九莉的话：“时间是站在她这边的。”③《小团圆》不写“传奇”，吊诡的是，这回反倒把自己站成门头上的木雕鸟。

## 三、多重互涉：以同样的手法处理不同的题材

接着本部分拟从张爱玲 1995 年逝世后出土的著作探究张人生/书写的美学，以《1988—?》、《同学少年都不贱》、《郁金香》、《重访边城》为主。《小团圆》出土，宋以朗积极排定张的著作出版流程，其中最让人期待的应是张爱玲、宋淇、邝文美三人书信集，另外就是张爱玲未发表的三万字的游记《异乡记》，内容为张爱玲 1946 年温州探望胡兰成之纪实，这段旅程片刻已写进《华丽缘》，又几乎一字不易挪移到《小团圆》第九章，张著文本互涉早有论者专文研究，在互文的基础上，本节有意聚焦张反复处理同一素材的宝石切割美学，形成折射与反复，此借由不同文本的媒合手法，张爱玲《写什么》早有昭告：

> 以不同的手法处理同样的题材既然办不到，只能以同样的手法适用于不同的题材上——然而这在实际上是不可能的，因为经验上不可避免的限制。有几个人能够像高尔基像石挥那样到处流浪，哪一行都混过？其实这

---

① 关于点名人物颇值得玩味，张爱玲与宋淇为胡兰成取了“无赖人”代号，但有时又没察觉的直呼胡兰成。宋以朗拿这些信用来佐证《小团圆》出版的正当性，一方面等于直接告诉读者邵之雍就是胡兰成，不必猜了，举例以下这段：在读完前三分之一时，我有个感觉，就是第一、二章太乱……及至看到胡兰成的那一段，前面两章所 pose 的问题反而变成微不足道了。见宋以朗：《〈小团圆〉前言》，载张爱玲《小团圆》，台北：皇冠出版社，2009 年，第 11 页。

② 毛尖：《所有能发生的关系》，《中国时报·开卷周报》2009 年 3 月 22 日。

③ 蕊秋因诸多不名誉的情史，以为九莉知道了并在道德上裁判她，两人因钱事交手，蕊秋哭而九莉因一味在时间中沉默算是胜家，才有“时间是站在她这边的”感慨。见张爱玲《小团圆》，台北：皇冠出版社，2009 年，第 11 页。

一切的顾虑都是多余的吧？只要题材不太专门性，像恋爱结婚，生老病死，这一类颇为普遍的现象，都可以从无数各各不同的观点来写，一辈子也写不完。①

学者王德威曾精辟地指出张爱玲创作中原就生成“踵事增华”的冲动，契合了张爱玲“先后参看或有猎奇的兴趣”② 之言。《小团圆》回旋出张爱玲生前逝后的出版风格，若再加上其间出土的《一九八八——?》、《同学少年都不贱》、《郁金香》、《重访边城》等，有助于印证张创作原初的“连环套”本质，亦说明了张如何远兜远转与读者形成对话。张在《自己的文章》里曾强调：

……让故事自身给它所能给的，而让读者取得他所能取得的。《连环套》就是这样子写下来的，现在也还在继续写下去……③

换言之，《连环套》虽未完成，从出土著作不断的角度看，她的确“还在继续写下去”。和《连环套》一样，2005 年 9 月出土的《郁金香》也有个丫头难以扶正的角色郁金香④，郁金香系阮公馆老爷原配的丫头，原配过世，阮老爷的填房太太两个弟弟宝余、宝初和郁金香都有牵扯，但终究彼此身份是难以跨越的，阮太太骂宝余：

阮太太道：“你就是这么没长进！人家好好的小姐你就挑精拣肥的，成天的跟丫头们打打闹闹，我的脸都给你丢尽了！”⑤

日后金香嫁了人，丈夫待她不好，生了俩孩子，仍出来做佣人。陈子善指文中对宝初虽然着墨不多，却有着张爱玲 1951 年离开上海前发表的《十八春》中主人公沈世钧的雏形，事实上《郁金香》的怅惘之情，更与《半生缘》改写连载时易名《惘然记》所体现的“只是当时已惘然”互涉。⑥ 但以角色名字为小说命名，加上婢女身份、少爷老爷调情情节，张爱玲的读者想必觉得眼熟，《小艾》就是现成的例子，出版时张爱玲以书面交代《小艾》故事原委：

---

① 张爱玲：《流言·写什么》，台北：皇冠出版社，1991 年，第 134-135 页。

② 夏志清：《张爱玲给我的信件》，《联合文学》1997 年 4 月第 150 期。

③ 张爱玲：《流言·自己的文章》，台北：皇冠出版社，1991 年，第 22 页。

④ 《郁金香》为北京中国现代文学馆的学者吴福辉与他指导的博士生李楠的共同发现。1984 年《中国现代文学三十年》中，论及“孤岛”与沦陷区文学，约八百字描述张爱玲，将张爱玲首次写入大陆文学史，编写者为温儒敏、钱理群以及吴福辉。李楠 2003 年为其博生论文海派文化研究，翻阅了上海图书馆和国家图书馆馆藏六百多种上海小报，是在《小日报》发现署名“张爱玲”的连载小说《郁金香》。

⑤ 张爱玲：《重访边城·郁金香》，台北：皇冠出版社，2008 年，第 108 页。

⑥ 张殿：《张爱玲一九四七年小说大发现张爱玲散佚小说〈郁金香〉出土》，《联合报·读书人》2005 年 9 月 25 日。

婢女（宠妾的）被奸污怀孕，被妾发现后毒打囚禁，生下孩子抚为己出，将她卖到妓院，不知所终。妾失宠后，儿子归五太太带大，但是他憎恨她，因为她对妾不记仇，还对她很好。①

这里又和《小团圆》连结上了，《小艾》里宠妾的婢女生下的儿子，就是《小团圆》里和蕊秋、楚娣三角暗通款曲的晚辈侄子绪哥哥：

“绪哥哥是三姨奶奶的丫头生的”，楚娣说，“生了下来三姨奶奶就把她卖到外埠去了，不知道卖到哪里去了，孩子留下来自己带，所以绪哥哥恨她。”②

但《郁金香》出土时《小团圆》尚未面世，故事背景缺乏可征信的佐证，难免招来“造假”的批判，事实上用最简单的逻辑推论，《郁金香》1947 年 5 月 16 日至 31 日在《小日报》连载，其时张爱玲正在上海，若被冒名，张爱玲岂会不理！此作淹没于世比较合理的说法是《小日报》的销量没打开，连带《海光》周刊 1948 年 11 月 3 日重刊《郁金香》也没引起注目。究竟《郁金香》是不是张爱玲作品，不妨就文字、叙述手法分析，前文谈到《小艾》与《郁金香》都有主子调戏佣人的戏码，《郁金香》有一段家人都外出应酬了，之后少爷宝余先回家的描述，充满了互文性：

宝余洗了个澡上楼来，穿堂里静悄悄黑魆魆的，下房里却有灯。他心里想可会是金香一个人在里面……当下把门一推，原来金香……在黯淡的灯光下伛偻着对准窗台上的一面小镜子……刚把她的脸全部嵌在那鹅蛋形的镜子里，忽然被宝余在后面抓住她两只手……她也不做声，只是挣扎着，宝余的衬衫上早着了嫣红的一大块。宝余哪里顾得到那些，只看见她手臂上勒着根发丝一般细的暗紫赛璐珞镯子，雪白滚圆的胳膊仿佛截掉一段又安上去了，有一种魅丽的感觉，仿佛《聊斋》里的。宝余伏在她臂弯里一阵嗅，被她拼命一推，跌到了一个老妈子的床上去，铺板都差一点打翻了，他一只白皮鞋带子没系好，咕咚一声滑落到地下去。③

再看《小艾》里小艾与老爷景藩的一段，妻妾去看戏不在家，老爷应酬完先回家：

走进院门，走廊上点着灯，一看上房却是漆黑的……有一间房里窗纸上却透出黄黄的灯光，景藩便踱了过来，把那棉门帘一掀。小艾吃了一

① 皇冠出版社编辑部：《代序》，载张爱玲《余韵》，台北：皇冠出版社，1987 年，第 5 页。

② 张爱玲：《小团圆》，台北：皇冠出版社，2009 年，第 158 页。

③ 张爱玲：《重访边城·郁金香》，台北：皇冠出版社，2008 年，第 100–102 页。

惊，声音很低微地说了声："老爷回来了。"

……景藩望着她却笑了，然后忽然换了一种声气很沉重地说道："去给我倒杯茶来！"小艾站住了脚，但是并没有掉过身来，自走到五斗橱前面，在托盘里拿起一只茶杯，对上一些茶卤，再冲上开水送了过来，搁在床前的一张茶几上。景藩却伸着手道："咦？拿来给我！"小艾只得送到他跟前，他不去接茶，倒把她的手一拉，茶都泼在褥子上了。①

参照以上应可看出《郁金香》下人/老爷/少爷的故事情节，皆有原型文本、人物可对应，学者郑树森说得真切，"小说出土后其实也不用找'专家'验证，不是'祖师奶奶'，还有哪一位呢？"②

同样引发考据热的还有2004年2月张爱玲未刊旧作《同学少年都不贱》，此作刊登前经我告知皇冠出版社，《同学少年都不贱》早在1978年8月20日张爱玲给夏志清信中提及："《同学少年都不贱》这篇小说除了外界的阻力，我一寄出也就发现它本身毛病很大，已经搁开了。"且先不论何种外界的阻力让张爱玲"搁开"《同学少年都不贱》，同封信中张爱玲对夏志清几篇自传体散文展示了高度的兴趣，"印象最深的是上学沿途家家刷马桶，看电影广告多于看电影……"张进一步演绎"我是爱看人生，而对文艺往往过苛"，③张爱玲钩联人生/文学，不同载体的"合媒与颉颃"，张的关注与文本异变功力不容小觑。

《同学少年都不贱》内容集中在两位上海时期同窗好友恩娟、赵珏美国异乡重逢的女性情谊。恩娟早在上海时便嫁给犹太裔汴·李外，1949年新中国成立前即移民美国，多年后，赵珏看到报道，汴·李外成为第一位入内阁的移民，心里颇有些不是滋味，但原本教书的丈夫"回归大陆"，她需要谋职养活自己，写信托恩娟找事。隔了些时日，恩娟路过拜访赵珏，两人各怀心事叙旧，往事全非。两人从中学一路到圣芳济大学都是女校，女校同性恋风气盛，两人一个是丑小鸭，一个也并不美，才能无事"完全是朋友"，赵珏痴恋的对象是赫素容：

有一天她看见那件咖啡色的绒线衫高挂在宿舍走廊上晒太阳，认得那针织的累累的小葡萄花样。四顾无人，她轻轻的拉着一只袖口，贴在面颊上，依恋了一会儿。

---

① 张爱玲：《余韵·小艾》，台北：皇冠出版社，1987年，第135–137页。

② 郑树森、苏伟贞对谈：《凄迷魅丽与倾心吐胆》，《联合报·联合副刊》2005年11月7–8日。

③ 夏志清：《张爱玲给我的信件（十）》，《联合文学》1998年7月第164期。

有目的爱都不是真爱，她想。那些到了恋爱结婚的年龄，为自己着想，或是为了家庭社会传宗接代，那不是爱情。①

终因赫素容是左倾职业学生，亲近赵珏是有计划的招兵买马，让她很灰心，反观恩娟就属于“为自己着想而结婚”的现实派，姻缘路上恩娟丈夫入了阁，赵珏丈夫放弃教职向往社会主义决心回去“建国”，情感上是早已出轨多次，赵珏对恩娟一阵冷嘲热讽：

现在美国左派时髦，学生老是问他中共的事，他为自己打算，至少要中立客观。也许是“行为论”的心理，装什么就是什么，总有一天相信了自己的话。②

情感上，萱望更是屡屡背叛赵珏，甚至和大陆出来的女学生一再出轨，赵珏批判：

“他回大陆大概也是赎罪。因为那阵子生活太糜烂了，想回去吃苦‘建国’”。过饱之后感到幻灭是真的，连带的看不起美国。③

比较整篇小说的肌理，张爱玲结合政治与刻画性爱、写于同年的《色，戒》、《浮花浪蕊》都有类似的素材，只是“外界的阻力”究竟何指，这得等到宋以朗公布宋淇与张爱玲的通信，才真相大白，原来跟《小团圆》一样，仍是“政治”考虑：

《同学少年都不贱》一篇请不要发表。现在台湾心中向往大陆的知识分子很多，虽不敢明目张胆公开表态，但对反共作家的攻击，无所不用其极，极尽各种方法打击。你是自由中国第一位反共作家，自然成为对象……同时，它又不比前两篇好多少，发表之后，你的撑腰人都很为难。最近一本杂志公开说 McCarthy、Iowa 的作家训练班的学生如余光中、白先勇、王文兴等都是特务。所以你千万不必提起 McCarthy 和赤地那段往事。④

McCarthy 即前香港美国新闻处处长麦卡锡（Richard McCarthy），1952 年张爱玲由沪赴港，《赤地之恋》即由新闻处授权写作，但《赤地之恋》对当时

① 以上《同学少年都不贱》引文载张爱玲《同学少年都不贱》，台北：皇冠出版社，2004 年，第 19 页。

② 张爱玲：《同学少年都不贱》，台北：皇冠出版社，2004 年，第 41 页。

③ 以上《同学少年都不贱》引文载张爱玲《同学少年都不贱》，台北：皇冠出版社，2004 年，第 46-47 页。

④ 载自 http://zonaeuropa.com/culture/index.htm。

台海两岸政权都有嘲讽，不为台湾当权所喜，“赤地那段往事”即指此。① 张爱玲这才忆起1952抵港之初，有名女舍监常跟她攀谈，就因“我有共谍嫌疑”。② 至于《同学少年都不贱》不比前两篇好多少，当指发表于同时的《色，戒》（1978年10月1日登于《中国时报》）、《浮花浪蕊》（1978年7月登于《皇冠杂志》）。或者受到《赤地之恋》事件影响，《色，戒》、《浮花浪蕊》、《同学少年都不贱》都有相同的政治习题，始作俑者，正是胡兰成。可以这么说，《小团圆》是直描，《色，戒》则曲笔写胡兰成，都与胡兰成斯人斯情有关，发不发表关乎的是张的个人感受，前文所说“让他更得了意”③即指此，作品/出版的做张做致，不意成为对两人感情及胡兰成的最佳定位。反观《同学少年都不贱》则涉及美政府，美国是张爱玲最后居留之地，岂能没有顾忌，这也加重了张逝后小说才重见天日的命运。

从“自述”的角度，《同学少年都不贱》其实可以放在《小团圆》书写的脉络来检视，张爱玲坦承《小团圆》里的自我揭发“并不是否定自己”，我以为张虽不否定，却有着“放弃自己”的意味，她把未经编造的原料重现，小说中母亲、姑姑、家族堂表视乱伦糜烂价值观为常态，现实中男女、女女放荡骇人的人际伦常，父母亲自私扭曲与严酷考验儿女的行径，不仅少见更毫无人性可言。这就让人想起同样以家族故事为本的Pink Tears（1957）招致出版社的评语：“所有的人物都令人起反感，如果过去的中国是这样的，岂不连共产党都成了救星”、“他们所喜欢的往往正是我想拆穿的。”④

Pink Tears可以说因为时空距离让外国出版人排斥，但世间存有一种普世价值，也就是说，Pink Tears即《金锁记》与《怨女》、《小团圆》不脱这些人物故事，只是整合了胡兰成这一段，我们也才能明白对Pink Tears的反感何来，半个世纪后，张爱玲“想拆穿”的世界，终于现出原形，总算我们这才懂得了一点她的委曲，也更让我们回头想起，原来《同学少年都不贱》并非

---

① 1970年代《赤地之恋》有政治考虑未出版，胡兰成那时正在台湾，出版胡兰成《今生今世》（内收以张为底本的〈民国女子〉）的出版社找上张爱玲要书，谓胡兰成可以写序示好，惹恼张爱玲遂交给同样积极争取的慧龙出版社，慧龙删去敏感段落窜改后于1978年出版，成为张爱玲在台除皇冠出版社外唯一授权的书。皇冠日后解决法律纠纷收回版权，1991年出版。见彭树君《瑰美的传奇·永恒的停格——访平鑫涛谈张爱玲著作出版》，载蔡凤仪编《华丽与苍凉——张爱玲纪念文集》，台北：皇冠出版社，1996年，第179-180页。

② 载自 http://zonaeuropa.com/culture/index.htm。

③ 袁琼琼：《多少恨：张爱玲未完》，《联合报·读书人》2009年3月8日。

④ 夏志清：《张爱玲给我的信件（五）》，《联合文学》1997年9月第155期。

唯一政治考虑未出版的小说，张对夏志清所提到的“毛病很大”恐怕就指政治元素渗入，这篇小说的书写目的不明，写来绑手绑脚，读来也雾里看花，少了张一贯绵密与机诮，研究者各自表述，目前有的论文如周芬伶《芳香的秘教——张爱玲与女同书写》、张小虹《女女相见欢：歪读张爱玲的几种方式》多关注在女同议题，夏志清《泛论张爱玲的最后遗作》亦聚焦于此，夏志清不愧是张爱玲的知音，旁征博引《同学少年都不贱》赵珏、赫素容、恩娟种种恩怨与时代背景、氛围，足证张写《同学少年都不贱》是想留下一个真实的记录最耐人寻味，当友谊已尽，赵珏辣手绝交，是个“断情的大题目”，说来说去，是过去友谊的实录，果然“一切好的文艺都是传记性的”，这又扣紧张爱玲“偏嗜原料特有的一种韵味，其实也就是人生味”的书写本位，但她也告诉我们对原料爱好，“并不是尊重事实”①。可惜的是夏志清谈述点到为止，文章留下“以后有机会再畅谈”的伏笔。② 幸好《小团圆》出版，印证夏志清的看法，张的小说一切都指向“真实的记录”，这本“真实的记录”几乎破解了张所有作品的谜底，《小团圆》的出版意义也在这里，《小团圆》因此成为了一本索隐之书。当年朱西宁有意根据胡兰成之言为张爱玲写传未果，却逼出了《小团圆》，也算功德一件了。

如果《郁金香》、《同学少年都不贱》是张记录旧家族小说，那么《一九八八——?》（发表于1996年10月《皇冠杂志》）、《重访边城》则可视为回望与回返之作。《一九八八——?》发表于张去世周年，并未引发太多关注，题目“一九八八”时间点，有助我们了解文章背景，1988年3月张爱玲结束近三年半迁徙流离的汽车旅馆生涯暂时安定下来。③ 移动路线有了改变，张因看病得经常搭乘公交车。④ 早年的张爱玲是个老记不住家里汽车号码的人，每每“像巡捕房招领的孩子，立在街沿上，等候家里的汽车夫把我认回去，”⑤ 时空置换，张爱玲早非当年“天天乘黄包车上医院去打针，接连三个月，仍然

---

① 张爱玲：《张看 · 谈看书》，台北：皇冠出版社，1991年，第189页。

② 夏志清：《泛论张爱玲的最后遗作》，载陈子善编《重读张爱玲》，上海：上海世纪出版社，2008年，第166-171页。

③ 林式同：《有缘得识张爱玲》，载蔡凤仪编《华丽与苍凉——张爱玲纪念文集》，台北：皇冠出版社，1996年，第25页。

④ 张爱玲1988年5月8日写给联副主编痖弦的信上提到：“搬到这里一住定下来就忙着看牙医，这两年一直在郊区居无定所，找医生不太方便。”此处为参考1988年5月8日张爱玲致痖弦信。

⑤ 张爱玲：《流言 · 童言无忌》，台北：皇冠出版社，1991年，第7页。

不认识那条路"、"从双层公共汽车上伸出手摘树巅的绿叶"① 的少女。或因如此，以一名等候公交车的乘客视角为主题的《一九八八——?》与张在美国写的文章不太一样，一部分来自张的地理空间描述，另一部分是华人同胞的他乡心事告白也少见的成为"张看"的风景，候车站在洛杉矶市郊卫星城的山谷小区里：

> 公车站牌下有只长凳，椅背的绿漆板上白粉笔大书：
>
> Wee and Dee
>
> 1988——?
>
> 这里的"狄"与魏或卫并列，该是中国人的姓。在这百无聊赖的时候忽然看见中国人的笔迹，分外眼明……大概也是等车等得实在不耐烦了……虽说山城风景好，久看也单调乏味，加上异乡特有的一种枯淡……久候只感到时间的重压，一切都视而不见，听而不闻，更沉闷的要发疯。
>
> 华人的姓，熟人一望而知是谁，不怕同乡笑话！这小城镇地方小，同乡又特别多。但是他这时候什么都不管了。一丝尖锐的痛苦在惘惘中迅速消失……一个割裂银幕的彩色旅游默片，也没配音，在一个蚀本的博览会的一角悄没声地放映，也没人看。②

绿漆板上的粉笔书写，"君自故乡来，应知故乡事"，但这里留下了一道难解的时间习题，"1988——?" 1988 跟着未知的破折号加问号，标示了狄与魏或卫犹疑的命运，这对同样"华侨"身世的张爱玲，是"惘惘的威胁"了。她形容客居异乡岁月是永无声息的"旅游默片"，人生即题材，本文探究张爱玲转化人生/书写，关键词之一是"距离"，前文已指出张的作品"既近且远"的创作姿态，正是运用俄国形式主义"陌生化"（defamiliarization）手法，布莱希特（Bertolt Brecht）在陌生化手法的基础上，进一步发展戏剧的间离理论，间离的目的阻隔观众过于没入角色，才会对戏中角色所处的环境、事物惊讶，具有带来陌生化效果的效用，布莱希特重视的是揭示现实而非再现现实，梁慕灵论证张爱玲作品不少有着陌生化手法痕迹而流露了间离意识，③ 提供了我们一个思考角度，说来张文章中有不少便流露出间离手法，《洋人看京戏及其他》里她采取洋人看京戏的眼光谈京戏，"有了惊讶与眩异"，进一步双重

---

① 张爱玲：《张看·天才梦》，台北：皇冠出版社，1991 年，第 242 页。

② 张爱玲：《同学少年都不贱·一九八八——?》，台北：皇冠出版社，2004 年，第 67-69 页。

③ 梁慕灵：《"反媚俗"：论张爱玲电影剧作对通俗剧模式的超越》，《中央大学人文学报》2009 年 10 月第 40 期。

指涉这样的距离就像华侨“安全地隔着适当的距离崇拜着神圣的祖国”①，张爱玲还说，有惊讶与眩异才有明了，有趣的是，有一天张爱玲成了她笔下的华侨，这一次是另一层文字与地理的双重距离书写浮现了，异乡情调（exoticism）不再是一个辞语，而是现身说法（lay bare）②，无怪她捕捉到的是“异乡特有的一种枯淡”镜头，难怪张爱玲凝思中国的姿态，如此幽微。无可讳言的是，异乡岁月加上情感的干涸，这样的人生明显贫乏了点，题材上与真实生活相违，张爱玲称这是缺乏“通常的人生的回响”。③ 类似的置换叙事学，《桂花蒸 阿小悲秋》有着类似的失落：

> 丁阿小手牵着儿子百顺，一层一层楼爬上来。高楼的后阳台上望出去，城市成了旷野，苍苍的无数的红的灰的屋脊，都是些后院子，后窗，后衖堂，连天也背过脸去了。④

阿小由乡下到都市在洋人家帮佣，外国曾经是美好的代名词：

> “谢谢你密西……不要提，再会密西。”她迫尖了嗓子，发出一连串火炽的聒噪，外国话的世界永远是欢畅、富裕、架空的。⑤

地理位置上，《桂花蒸 阿小悲秋》一串关于后院、后窗、后衖堂、天也背过脸去的形容，提供了界线，划出一个困难的生存空间，说明了阿小的处境。巴克（J. J. Van Baak）把空间分为三种类型：静态、动态、虚构，蒋翔华《张爱玲小说中的表现手法——试析空间》，将阿小所处时空，归纳为“静态空间”（static variant），由人物与空间的互动，探讨小人物的都市境遇。⑥

此处旁及《桂花蒸 阿小悲秋》，主要比对两篇小说都显现了人人都困在一个空间里，这个空间有时候是异乡市镇，有时是异国城邦。阿小到都市谋生，东家的屋子就是外国：

> 这时候出来一点太阳，照在房里，像纸烟的烟迷迷的蓝。榻床上有散乱的彩绸垫子，床头有无线电，画报杂志，床前有拖鞋，北京红蓝小地

---

① 张爱玲：《流言·洋人看京戏及其它》，台北：皇冠出版社，1991 年，第 107 页。

② 这里借用王德威论“张派作家”苏童有关乡愁的句式，见王德威《南方的堕落——与诱惑——小说苏童》，载苏童《天使的粮食》，台北：麦田出版，1997 年，第 18 页。

③ 张爱玲：《续集·国语本海上花译后纪》，台北：皇冠出版社，1988 年，第 63 页。

④ 张爱玲：《回顾展 I ——张爱玲短篇小说集之一·桂花蒸 阿小悲秋》，台北：皇冠出版社，1992 年，第 116 页。

⑤ 张爱玲：《回顾展 I ——张爱玲短篇小说集之一·桂花蒸 阿小悲秋》，台北：皇冠出版社，1992 年，第 121 页。

⑥ 蒋翔华：《张爱玲小说中的表现手法——试析空间》，《联合文学》1994 年 5 月第 115 期。

毯，宫灯式的字纸篓。大小红木雕花几，一个套着一个。墙角挂一只京戏的鬼脸子。桌上一对锡蜡台。房间里充塞着小趣味，有点像个上等白俄妓女的妆阁，把中国一些枝枝叶叶衔了来筑成她的一个安乐窝。①

张爱玲善于经营异国情调，但对故乡的真实记忆很难捉摸，她曾经如此眷恋中国："活在中国就有这样可爱：脏与乱与忧伤之中，到处会发现珍贵的东西……我就舍不得中国——还没离开家已经想家了。"② 但她离开上海之后，以英文版"A Return To The Frontier"为底本改写的《重访边城》描述了1961年秋重临香港心情，这是她1952年离开中国后最接近故土的一次，夜色中"地平线外似有山外山遥遥起伏，大陆横躺在那里，听得见它的呼吸"。谈起港报十三妹的专栏有名十九岁读者和父亲从华北逃出，父亲遭中共射击身亡，女孩在香港工作所得只够租一个床位勉强存活，女孩写信给十三妹："请告诉我我是不是应当回大陆去。"应不应当回大陆呢？张爱玲的回答有点火气："我的反应是漫画上的火星直爆，加上许多'！'与'#'。"③ 而《一九八八——?》里毫不带感情的形容异国生活：单调乏味、枯淡、重压、沉闷的要发疯……张以间离笔触画出了一个"安全地隔着适当的距离"，看来"断情"真是理解此时期出土作品的主要角度。

但张爱玲并不是一直如此"断情"，她也有浪漫感伤的时候，《小团圆》里九莉千里温州探之雍，水陆路长途跋涉，一日投宿胡兰成家乡小城：

她从楼窗口，看见石库门天井里一角斜阳，一个豆腐担子挑进来。里面出来一个年青的职员，穿长袍，手里拿着个小秤，掀开豆腐上盖的布，秤起豆腐来，一副当家露日子的样子。

他乡，他的乡土，也是异乡。④

这样甜蜜的旅程并未再继续，反而自赖雅1967年逝后至1995年她离世，她一人独居近30年，《一九八八——?》里她隔着时空回望故乡，透露一股荒凉意味，这篇看来完整的散文一直未发表，如今却隐然解读出她的真实感知，于是她才将文章默片般埋在故纸堆中？这篇散文虽短，但与1982年之后改写

① 张爱玲：《回顾展Ⅰ——张爱玲短篇小说集之一·桂花蒸 阿小悲秋》，台北：皇冠出版社，1992年，第123页。

② 张爱玲：《流言·诗与胡说》，台北：皇冠出版社，1991年，第149页。

③ 张爱玲：《重访边城》，台北：皇冠出版社，2008年，第36、44-45页。

④ 张爱玲：《小团圆》，台北：皇冠出版社，2009年，第267页。

的《重访边城》① 合并着看，所透露出对异国与故乡的时空思考，对了解张的晚期生活与看法，无疑是很重要的线索。

## 四、一连串蒙太奇，淡入淡出

> 珍珠港事变中香港也沦陷，学校停办。我与同学炎樱结伴回上海……进圣约翰大学……入不敷出又相差过远，随即辍学，卖文为生。②
>
> 有些事是知道得太晚了，仿佛有关的人都已经死了。九莉竟一点也不觉得什么——知道自己不对，但是事实是毫无感觉，就像简直没有分别。感情用尽了就是没有了。③

考据《红楼梦魇》、国语本及英译《海上花》、图文辑录《对照记》、编写舞台剧电影剧本《倾城之恋》、《太太万岁》、《不了情》，张爱玲进出各文类媒材、挪用文学手法焊接各类文本，可谓华文文坛的先驱，前文已有初步描述，以《郁金香》为例，郑树森便有独到的文本互涉见解④，将《郁金香》与书里出现的三本文学著作《儿女英雄传》、《雷雨》、《聊斋》文本互为指涉，点出封建家庭生活的阴暗面；说来《聊斋》的“鬼气”与张派的联结，王德威《女作家的现代鬼话——从张爱玲到苏伟贞》早已全面剖析；《小艾》里的老爷景藩不分太太姨太太，让下人一概称“东屋太太”、“西屋太太”，典故出自《儿女英雄传》，也是一种互文。

茱莉亚·克莉斯蒂娃（Julia Kristeva）从巴赫汀（Bakhtin，Mikhail，1895—1975）理论提领出来的“对话性”（dialogisme）和“互文性”（intertextualité）概念，简单说，亦即所有的文本皆会与其他文本进行对话，以及如果不设法让“文本的相互关系”（intertexte）在某个作品中产生回响，就不可能理解这部作品本身。“‘文本的相互关系’指的就是作者所指涉的其他文本，包括明确方式（因为一位作家通常会援引许多数据来源），或不言明的方式及不自觉的情况。（某些文本确实与之进行回响，但作者本人并未予以

① 宋以朗推论《重访边城》是“A Return To The Frontier”（1963）的中文还原稿，1982年以后开始撰写，因为文中引用1982年11月《光华杂志》中关于鹿港龙山寺的部分。见宋以朗《发掘〈重访边城〉的过程》，载张爱玲《重访边城》，台北：皇冠出版社，2008年，第81-85页。

② 张爱玲：《对照记》，台北：皇冠出版社，1994年，第56页。

③ 张爱玲：《小团圆》，台北：皇冠出版社，2009年，第194页。

④ 郑树森、苏伟贞对谈：《凄迷魅丽与倾心吐胆》，《联合报·联合副刊》2005年11月7-8日。

提及）”。[1] 作品又是对话主体，张爱玲小说的重复（reiteration）特质，可说是文本不断与其他文本互涉与对话。当代最具原创性与论辩能力的哲学家齐泽克（Slavoj Žižek，1949—）谈论文本与其他文本进行对话而衍生出来书写内容的“重复”，他本身的书写就是一个现成的例子，齐泽克自言他的《意识形态的客体》（*The Sublime Object of Ideology*，1989）有三分之二是重复前书，他表示：“我第一次使用一个例子，往往不能完全说透，只有到下一本书，或者更晚，当我再一次用这例证，我才能发掘它潜在的含意。”[2] 齐泽克对某一观点或事件的重复书写，他说明是受到拉康（Jacques Lacan，1901—1981）的影响，在拉康有名的逻辑时间的论述中，他已经注意到“重复机制”（Wiederholungszwang）的概念在文学作品中的重要，这个概念是结合并演绎弗洛伊德（Sigmund Freud，1856—1939）人的无意识（主体位置）是如何通过一个中介使象征具有必要性，此处所说的中介，是事件也是小说情节，亦即前文所谈到的事件、情节、人物都是组构的“砖面”，重复机制即通过“重复”组构这些“砖面”而不断“回返”同一主体，运动中包括了“暂停举动”，这使得书写的逻辑辩证分离出三个时间调节：看的一刹那、理解的时刻、结论的时刻，而每一个时间都必须没入前一个时刻才能存在。[3] 齐泽克深受拉康启发，来自拉康的《关于〈被窃的信〉的研讨会》（“Seminar on The Purloined Letter”）论文，论文中拉康分析爱伦·坡（Edgar Allan Poe，1809—1849）《被窃的信》（“The Purloined Letter”），提出《被窃的信》的信件成为被接近、窃取、转置、改写、重复的象征物。

《被窃的信》的关键物是一封信，这封信被送到王后手中，内容无人知晓，作者也没透露，王后正看信时，国王进来，王后显然不欲国王知道信件内容，便若无其事置于桌上，一旁大臣察言观色，猜测此信必有内情，于是伺机用另一信调了包，王后眼见大臣明目张胆窃走信件却无法张声，她若张声国王一定会看信，只好事后令警长去偷回信件，警长在大臣家翻遍可能藏匿地方就是找不到信件，无计可施请出私家侦探去找，侦探推理国王来时王后佯装信件没什么而潜意识随手放置，但王后处心积虑找回信件可见信件不平常，一般人

---

① 关于“对话性”，克莉斯蒂娃强调的是符号学对话关系的“主体性”，同时又是具有传达性的作品。见茱莉亚·克莉斯蒂娃（Julia Kristeva）《思考之危境》，吴锡德译，台北：麦田出版，2005年，第50-51页。

② Slavoj Žižek and glyn Daly, *Conversation with Žižek*. London: Polity Press, 2004, p. 44.

③ 拉康：《逻辑时间及预期定性的肯定》，载《拉康选集》，褚孝泉译，上海：上海三联书店，2000年，第203-220页。

会认为重要的对象一定会藏匿在很隐秘的地方，不会注意表面，大臣深谙宫廷行事思唯奥妙，肯定放在出人意表处，侦探果然一眼就在壁炉档案架里找到，又“窃回”王后的信，也依样画葫芦学大臣自拟一信以为调包。① 小说除了信件所有权与隐藏过程情节的重复，拉康还用了一个“letter”的双关词，“letter”既指信件又具有“书写或印刷的字母”意涵，信件的一再被重写、被窃、被发现的过程，犹如再传播（re-transmission），附和了创作散布的特性，这个案例结合了文学和精神分析的叙事模式，靠的正是重复的结构、重复行动塑造的主体及体察过程。而张爱玲写作、出版、出土分离出复写、互文、读者阅读的时刻、人们评论的时刻调节，亦证成张爱玲书写运动独有的时间节奏，并以此与读者展开绵延的对话。

巧合的是张对失去信件是有感的，1983 年她改编自电影《不了情》的小说《多少恨》出土，出书时张爱玲透露了一些玄机：

> 离开大陆的时候，文字不便带出来，都是一点一滴的普通信件的长度邮寄出来的，有些就涮下来了。②

拉康解析《被窃的信》后，日后发表《逻辑时间及预期确定性的肯定——一种新的诡辩》（“Le Temps Logique et L’assertion de Certitude Anticipée: Un Nouveau Ssophisme”）是重复《关于〈被窃的信〉的研讨会》的论述。关于重复理由？齐泽克的申论用了三分之一没有重复的篇幅，以为“思考补缀多数的三分之二篇幅”。大陆学者万书辉指出，这是重返（return to）原初材料的不断改写（rewrite），齐泽克的文本中，“重返”为表现某种形式的溯源，寻找“源头”得通过重返方法来实现，换句话说，唯有通过“重复”材料，才能回到作品的“初始”（the beginning）。③ 从这个角度看，张爱玲曾写“A Return To The Frontier”，多年后，她中译改写为《重访边城》，可见张爱玲著作的重返初始与重复是如何的相因相袭，辗转相成了。

谈到作品的“初始”，就不能不回到《怨女》，《怨女》的再生产，却是因为《雷峰塔坍下来了》，这里头也涉及了张爱玲其实了解人们对她笔下大家庭的黑暗小说的想法，《怨女》1966 年 1 月至 3 月在《皇冠》连载，宋淇说明

---

① 拉康：《关于〈被窃的信〉的研讨》，载《拉康选集》，褚孝泉译，上海：上海三联书店，2000 年，第 1-56 页。

② 张爱玲：《惘然记 · 多少恨》，台北：皇冠出版社，1983 年，第 97 页。

③ 有关齐泽克对反复、重返的论证，参见万书辉《从探源到悖论：书写方法的互文性》，载《文化文本的互文性书写：齐泽克对拉康理论的解释》，成都：巴蜀书社，2007 年，第 262-263、251-252 页。

《怨女》的创作背景，解释皇冠邀稿，张先写《雷峰塔坍下来了》：

> 动手写了一半以后，她觉得这题材不太合适，因为很容易引起读者的现成联想，以为这又是一本暴露大家庭的黑暗小说，然后她决定写另一个题材。一面写，一面修改，一共三易其稿，结果就是我们眼前的《怨女》。①

张爱玲对《怨女》原初材料的坚持，显露了一个事实，如此无底洞似地反复改写，说到底即张爱玲强调“只想对得起原来的故事”②。一如《对照记》同样说的家族故事，也只一个诉求：“乱纹中可以依稀看得出一个自画像来”③，综合以上，即使她移居海外后个性冷淡孤绝，就作品论作品，她与读者的对话是够彻底了。细究她的作品充满剪接、拼贴、对照的叙事表现，接近电影“蒙太奇”（Montage）手法，简言之，电影画面把两个不相连的镜头组合在一起称为蒙太奇，傅雷《论张爱玲的小说》亦指出张小说在结构、节奏、色彩上的成就，以《金锁记》举例说明张爱玲用的是电影手法：

> 风从窗子里进来，对面挂着的回文雕漆长镜被吹得摇摇晃晃。磕托磕托敲着墙。七巧双手按住了镜子。镜子里反映着翠竹帘和一幅金绿山水屏条依旧在风中来回荡漾着，望久了，便有一种晕船的感觉。再定睛看时，翠竹帘已经褪色了，金绿山水换了一张她丈夫的遗像，镜子里的也老了十年。④

这种画面调度与不断重组镜头手法，张爱玲著作处处可见，本文所规画的两条出土著作路线主要用意在此，从《小团圆》重返《私语》、《华丽缘》、《对照记》、《怨女》、《雷峰塔坍下来了》、从《一九八八——?》、《重访边城》比对《桂花蒸 阿小悲秋》、“A Return To The Frontier”，从《郁金香》回望《小艾》、从《同学少年都不贱》互文《色，戒》、《浮花浪蕊》、《赤地之恋》，作家借着记忆/书写重新捕捉过去，抢滩来的内在时间象征了时间“悬置”

① 林以亮（宋淇）：《谈张爱玲的新作〈怨女〉》，《皇冠杂志》1966年3月第152期。

② 夏志清：《张爱玲给我的信件》，《联合文学》1997年4月第150期。

③ 张爱玲：《对照记》，台北：皇冠出版社，1994年，第88页。

④ 张爱玲：《回顾展Ⅰ——张爱玲短篇小说集之一·金锁记》，台北：皇冠出版社，1992年，第156页。

(suspension)①，这是另一形式的“私语”了。

《小团圆》的出版，若自《私语》（原刊1944年7月《天地》月刊第10期）以降，延异了65年，传达了“大家庭的黑暗”是她深知的题材，亦意味着离开家族故事是创作的初始，张爱玲再断情，也只有重返初始：

> 然后崎岖的成长期，也漫漫长途。看不见尽头，满目荒凉，只有我祖父母的姻缘色彩鲜明，给了很大的满足。②

这是一次又一次的招魂会了：

> 我没赶上看见他们，所以跟他们的关系仅只是属于彼此……看似无用，无效，却是我最需要的。他们只静静地躺在我的血液里，等我死的时候再死一次。③

《小团圆》用同样的话又说了一次：

> 她爱他们。他们不干涉她。只静静的躺在她血液里，在她死的时候再死一次。④

透过两条出土线索，本文梳理了《小团圆》及《一九八八——?》、《郁金香》、《同学少年都不贱》、《重访边城》的组构及互文性，交织形构了张爱玲处理同一素材的反复与折射手法，展现了张爱玲合媒与颉颃的出版美学，当张爱玲的旧作出土一次比一次更有可观，某种程度印证了傅雷对《连环套》的直观：

> 一套又一套的戏法，突兀之外还是突兀，刺激之外还是刺激……像流行的剧本一样，也像歌舞团的接一连二的节目一样，教读者眼光缭乱，应接不暇。⑤

《论张爱玲的小说》里傅雷赞赏张爱玲行文巧妙的转调技术如电影手法：“空间与时间，模模糊糊淡下去了，又隐隐约约浮上来了。”⑥ 张爱玲在《对

---

① Levinas, Emmanuel, “The Dwelling,” *Totality and Infinity*, Trans. Alphonso Lingis, Pennsylvania: Duquesne UP, 1969, p. 158. 或参考岳宜欣《回家最好赶在天黑以前——苏伟贞〈离开同方〉里的空间、语言、与居家》，列维纳斯研讨会，台湾成功大学外文系主办，2009年5月9日。

② 张爱玲：《对照记》，台北：皇冠出版社，1994年，第88页。

③ 张爱玲：《对照记》，台北：皇冠出版社，1994年，第52页。

④ 张爱玲：《小团圆》，台北：皇冠出版社，2009年，第122页。

⑤ 傅雷：《论张爱玲的小说》，载唐文标《张爱玲研究》，台北：联经出版社，1986年，第130页。

⑥ 傅雷：《论张爱玲的小说》，载唐文标《张爱玲研究》，台北：联经出版社，1986年，第123页。

照记》中又演绎了一次这样的转调技术：

> 然后时间加速，越来越快，越来越快……一连串的蒙太奇，下接淡出。①

转调技术寓知了张文字蒙太奇的能力，这厢本文才合流两条出版线索，那厢张爱玲英文原著 *The Fall of Pagoda*（2010 年 4 月 15 日）及宋以朗主编张爱玲、宋淇、邝文美书信集《张爱玲私语录》（2010 年 7 月 19 日）相继出版，又一波悬置时间、双重距离拉开序幕，张爱玲淡入淡出，蔚成出版奇观。

（《社会科学战线》2010 年第 9 期）

① 张爱玲：《对照记》，台北：皇冠出版社，1994 年，第 88 页。

# 美和模仿的形式

〔美国〕弗雷德里克·特纳*

## 一

在过去的20年里，视觉艺术开始发生一个显著的变化，即自然古典主义（natural classicism）的兴起。我以为《美国艺术季刊》在其中起到了非常重要的作用。杂志的读者和支持者是这个变化的潜在引导者，他们为已经开始出现、但仍需假以时日才能完全成熟的令人兴奋的变化准备着。其他几个机构也扮演着重要角色：莱姆艺术研究院、诗刊《形式主义者与标准》、圣母大学建筑学院、《支点》、《边缘城市评论》、沃德德克集团的文学版本说明、达荷西博物馆、故事线出版社、拉斯维加斯艺术博物馆、展览馆如旧金山的哈杰特—弗里德曼展览馆（其论坛在纽约）、西部切斯特诗歌联合会、新都市主义运动、查尔斯王子在哈格若夫的花园、纽因顿-克罗普文化艺术中心以及早期的《肯扬评论》，以上仅仅列出了我比较熟悉的名单。这场运动的两个基本原理值得我们用近些年研究所得来加以重新审视。

## 二

第一个是美作为重要的核心范畴和艺术目的的再生。第二个是古老而伟大的模仿世界的手法——描画、图像、自然之像、形象写实主义，言人人异——的复兴。

美是什么？我想范畴本身已经显现出了多样化的倾向，从康德和博克的启蒙主义美学到浪漫主义、从现代主义到后现代主义者的尾声，有助于我们整理有关美的观点，让它们和丰富的审美经验相吻合。现代主义——这是现代主义的价值之一——告诉我们，美是无法通过简单地追随传统公式而得到的（尽

* 作者单位：德州大学达拉斯分校。

管一位比现代更富智慧的分析家告诉我们，一些被能力出众的艺术家大胆采用的传统公式可以成为通向伟大艺术的康庄大道）。

然而，美也不仅仅是新奇。思考该问题的方法之一是依据信息理论。最大的有用信息不是由一个完全可以预期的、绝对过剩的词句——简单地重复一件事情，而它想说的这件事情我们都知道——来传递的。但是，有用的和实质性信息也不是由绝对独特、不可预知的词句传递的，因为这样的词句无法提供熟悉的语境来有助于我们解码，无法提供内部构造或能够组成语法的规则让我们去理解它，因为所有的语法都包含着冗余和重复。

第一种词句只是编码一个字节信息的代码；第二种词句则像它期欲传递的信息一样是无法破读的代码——就像一张和它绘制的国家一样大小和具体的地图。它不值得解码——因为一个人用来展开地图、识别标记然后去游历这个国家的时间，也完全可以直接去这个国家实地考察了。

最佳类型的词句是有层次的，大的、综合性主题安排组织材料，引导我们通过更小、更丰富的结构，并依次含有一个由复杂细节构成的主干，细节构成中的新与旧，根据他们的典型性、示范性和可记忆性特征来加以选择。局部因为更大的形式而被赋予意义和语境化——更大的形式因为局部而具有内容和感官上的分量。能够让我们对词句进行解码的代码，有些是词句的接受者熟悉的，但有些是陌生的，这样，我们的已知就会引导我们进入未知。

一些读者可能已经发现，这种对于能够提供有效信息的词句的描述相当程度上更符合一幅透视画、山水画，不仅具有阔大的形式和大型创作的优势，而且具有显著的中性对象和细致的特写细节。另外一些读者可能会回想起那些非线性算法的不规则绘图，比如曼德尔布罗特集合，在大的和中等的戏剧性的图形——螺线、飞云形、波浪线、光芒四射的星光状、叶形、涡纹——以及详述它们的注解和页边空白的美丽修饰的连接中，就蕴涵着一种直觉的美。还有人可以在优雅而又精细的人体形状中发现这种特别的连接。

可能就在无意义的混沌与枯燥的秩序之间——多样与单一之间、复杂与简单之间、变化与稳定之间、文字引语与丰富的编辑编码和归纳之间——存在着美的“甜蜜部位”。美就像一棵树，就是树干和一些主要的枝桠，但在每个细枝末节处都有很多连着叶子带着花的细枝。

而我们现在所知道的，我以为，某些非常特殊的过程就是这样的产物——我们通常将这些过程描述为有生命的。

我并不是想借此暗示，生物体才是他们能出现的唯一地方，尽管这确实是我们发现它们的最为引人注目之处。最近，我登上了著名的夏威夷哈雷阿卡拉火山坑顶端，俯视我们接下来几个小时要步行的深成岩荒原。这是一个从生物学上来看已经死亡的景观——至少相对来说是如此。但是它的熔岩和灰烬的覆盖物蕴藏着丰富的氧化物——铜、铁、锰、锡、铅、镁，等等——泛着绿色、红色、黑色、紫罗兰色、紫色以及青色的色泽，非常漂亮，非常荒凉。但是这些形式是非常复杂的包括地质学和化学的反馈过程的产物——这个过程预示了生物世界里愈发丰富的非线性动力系统。

所以，生命过程，即在许多层面具有高度反馈能力的复杂的非线性动力系统——易于产生美。用人类的话说，那些生命过程包括三个要素，像达尔文教导我们的，可能也像很久以前伟大的宗教传统教导我们的一样。

一个必要的因素是传统——就是生物上我们所说的“遗传”。通过学习传统的名家，艺术家们把人类艺术传统的基因融入自身，学习如何用合理而适当的艺术作品来表达，这也是创作艺术作品的初衷。

第二个因素是生物学家所说的“变异”。当他们使用这个术语时，他们混淆了两个过程——对胚质的无意损害有时会产生有益的改变和那些在有性繁殖过程中进行的不可思议的基因重组。在像人类一样的高级动物中产生变异，后者的角色要重要得多。性是非常接近美的核心的，因为性是自然产生新颖和独创的最快的方式，仅次于人脑——这个它自身最卓越的创造物。艺术家个体在文化上，就像生物学意义上一样，总是传统的独特混合体，他或她情不自禁地进行独创。独创不是大的问题：而把能理解的独创性传递给观众才是至关重要的，而这就是技术为何如此重要的原因所在。

第三个因素是选择——在自然界，出生于世，能否幸存受制于它遭遇到的环境变迁。在人类社会，（艺术的运命）则取决于社会的评价、艺术观众的判断，包括批评家的看法。从现代主义向后现代主义嬗变之际的悲惨教训之一就是，如果你漠视你的观众，他们就会走开，你的作品就会像生存在毫无挑战的环境里的近亲繁殖的动物种群，丧失它的活力和抗病性——就会变得颓废。

如果你把遗传（艺术史）、变异（性个体世界的个性和创造性）和选择（同事的评价）放在一起，美自然就产生了。对于美，我们可以结论说，它是表征人类的丰富性和独创性的伟大符号。宗教人士可能会说，它是圣灵独特的神授标记。

美即将回归到我们的文化当中。甚至它的宿敌现在都在使用它的名字。当这种情况发生时，我们已经能够认出它，并可能体现在我们的作品中。

## 三

研究美的产生以及仍在产生的美的特别方式之一，是观察和仔细想象呈现在我们眼前的世界。如果我们把自然用我正在描绘的方式视为鲜活的，一些令人惊讶的结论的提出，就会非常容易地推翻过去百年来的许多艺术观念。自然的分支——它倾向于通过具有自生性和自变性的反馈过程来产生富有活力的新形式——暗中削弱现代主义者广泛使用的“客体”概念——像“艺术客体”，以及作为批评术语的艺术家的“客观性”。

伟大的启蒙科学家牛顿和拉普拉斯向我们展示的世界——一个每件事情及其结果都是由因果关系定律决定的机械装置，只有一种未来的世界——在当代科学面前已经摇摇欲坠了。尽管浪漫主义者对物质的死的、客观性的观点持有争议，但是直到最近几十年，他们活泼的、令人振奋的自然观才被科学证明是合理的。

我们现在知道每个原因可能会有很多结果，正像树干会有许多枝杈一样。在量子物理领域，谈论由同样的原始条件导致的众多互生世界现在是很正常的，它们以一种神秘的重合状态并存着。在力学上，一条安静的水流会和它自身相互作用，分流到不同的引力流域，然后进入混乱的状态，任凭由于标记它们一般趋势但并不决定它们的路线选择的美丽的分叉形产生失序的外观。在生物学上，物种的支系与划分，依据它们自己的生态系统的独特路径进行，它们通过置身其中来改变生态系统。基因包含着生命全部的可能方式的集合，“遗传的”潜在可能性由当时的条件或置身一个群体中的个体的选择而被触发为事实。在经济学上，市场和价格有属于它们自身的原动力，越出作为它们基础的交易。人文传统——比如有着自己先例和判词的普通法，借助百万次对话的运用而演化的日常语言，时时刻刻产生新的隐喻用法；民主政治，为了争取公众舆论的支持而进行不断地创新；还有科学自身，有期刊论文、反复实验和批评这样的自我校正的动力系统——全都看起来是自由创新，令人惊讶地不停取得新进展。

换言之，世界不是命定的，而是自由开放的：它的成员，人类、生物或者甚至于普通物理，都不仅仅是客体而已，而都是演员，在一部总是创造新生活的戏剧中永远相互作用。我们不是世界上仅有的自由生物，我们的选择必须和其他生物的选择共存。不论我们自己古老的希腊—罗马和犹太—基督教的自然精神的传统，还是诸如佛教、神道教、道教的世界观，都用这样的概念看待世界，可能终究是正确的。也许世界从来都没有祛魅，当前的复魅正是我们所面对的美妙事实。计算机科学家们告诉我们，世界早已在计算全部的时间，积极响应世界的当地系统，它们好像有着意图和自由意志一样。如此一来，认为人类是主体、世界是客体的古老的艺术立场，将不再属实。我们都是主体，我们真正的创造仅限于我们参与彼此交流的范围。

形象表现是我们这样做的方式之一。尊重和自谦的种类——甚至爱——一位形象艺术家必须从中研究和刻画他的对象，这是通向创新和原创的核心路径。正如亚里士多德所说，想象不仅仅是复制，而是生动的相互作用，是构成思想的头脑中的突然迸射出的火花。

世间万物早已在描绘和图画。蝴蝶茧，活像一片叶子或是另一个物种的有毒的茧；发情的老鹅会有针对性地模仿攻击其他的鸟，而不是心上人，动物在它们的脑子里拥有一幅世界的图像；基因链条上携有既定的生物体的生命信息，分子在它的电化学环境里动态地维持自己，原子在受到刺激时，会发出自己的奇特的有色光子——所有这些都是在制作它们的世界的画图。

现代主义的抽象派理论拒绝形象，因为他们认为艺术家不能仅仅复制或再现他周围的世界，而是要增加上一个新的“艺术对象”，这样可能是大大地误解了。后现代理论的观点，认为所有的形象都是不真实的，都是有策略地去提高艺术家所注意到的阶级、性别、民族的经济或政治利益，真正的艺术家的唯一真实的作品就是去挖掘这些策略，这样的观点也是错误的。

“形象”这个看起来已代替“艺术对象”的词，其不足之处在于：它意欲遮蔽实际事实。但是，描述和刻画，不是把事实从世界移走，而是把它们还给世界。事实是一事物为另一事物取像的自然结果和厚礼。创新不是人类幻想的回避或暴露，而是对整个世界按其本来形构自我的认可，小说是真实的，戏剧是为了保存真实。

描绘某物，不是欺骗，而是调皮地进入印度教徒所谓的“娱乐”、滑稽舞蹈的世界。古老的犹太—基督教理论传统认为，当上帝首创世界时，把他自身的众多创造力和主动精神赋予了它，为了众生能自由发展他们的创造力，从而以他们各自的方式来爱上帝，上帝撤销了他自己对创新的全权代理。但是他留下了爱的法则——即：我们只是为了对方和别人而真实存在，像我们说的那样，我们小心翼翼地“描绘”别人的感情和精神——作为我们运用创造力的方式。

所以，艺术中的传统学科——素描、和声与对位、韵与格律、戏剧模仿、建筑设计中的比例、讲故事等——不是一串冷冰冰的教条，而是一个活生生的演化过程。这个过程不仅仅是一项制造美的技术，而是世界——它以它的经验解释何谓美自身——的创造力的持续呈现。

（陈军　译）

（《社会科学战线》2012 年第 1 期）

# 神性与艺术创造：论神与艺术家的关系

〔美国〕顾明栋*

艺术创造力是人类的一种努力，但在主要的文学传统中，人们却认为创造力是和神灵息息相关的。希腊神话把创造力归因于主神宙斯之女——缪斯。① 在早期的希腊思想中，柏拉图（Plato）把文学创造力视为附着在诗人身上的一种神性迷狂。② 在不同的文化中，神性总是被当做衡量艺术创造力的最高标准，因此它也成为艺术表现的审美理想。于是，人们顺理成章地认为艺术与神性相关的看法是普遍性的。一个最常见的现象就是，人们把艺术家比作神灵，并以此来分析艺术家与其创作的关系。早在古希腊—罗马时期，由于受到柏拉图"诗人的灵感来自神性的迷狂"这一理念的影响，朱利斯·凯撒·斯伽里格（Julius Caesar Scaliger）就声称："当它们（其他艺术）仅仅表达事物的本来面貌，也就是在某种意义上充当会说话的图片时，诗人已经描绘出了事物的另外一种本质以及种种不同的命运。这么一来，诗人实际上已转化成了亚神（a second deity）。"③ 然而，在现存的理念中，神性和艺术创作之间的关系因文化传统的不同而迥异。为了更好地理解和欣赏艺术和美学领域的种种差异，笔者将对中西方美学思想进行考察，探索作者—上帝这一模式与文艺创作的相关性以及不同传统关于神和神性的理念与艺术创造的关系及其对艺术创作的影

---

* 作者单位：美国达拉斯德州大学人文艺术学院。

① See Edith Hamilton, *Mythology: Timeless Tales of Gods and Heroes* , New York: Mentor Book, 1969, p. 37.

② Plato, *The Collected Dialogues of Plato*, edited by Edith Hamilton and Huntington Cairns, Princeton: Princeton University Press, 1961, p. 220.

③ J. C. Scaliger, "Poetics", in *Critical Theory since Plato* , San Diego and New York: Harcourt Brace Jovanovich, 1971, p. 139.

响，以期找出中西方美学思想中关于神性与艺术创造的异同之处，揭示艺术领域常常不为人们所注意的反讽、悖论和其他微妙之处，并纠正在这一领域的一些偏颇之见。

## 一、艺术创作中的神性模式

既然艺术主要是再现（representation）观察到的宇宙，或表现（expression）观察宇宙时的内心体验，那么艺术创作的观念就不可避免地会与人类、宇宙或自然相关。每一种文化传统观察宇宙的方式都基于某种概念模式。正如一位学者曾经指出的："所有对自然和人类的定义都是根据模式而作出的，其中包括神性模式，进化模式或者纯粹是人类意愿模式。"① 认为上帝是造物主的创世模式也是其中之一。这种模式对西方文化中人与自然的关系以及艺术观产生了深远的影响。在文学创作中，由创世模式产生了一种文学创造的模式，该模式基于将作者类比为神灵。1886 年，马克·吐温（Mark Twain）曾把自己的文学创作比作上帝的创作，"当上帝完成造物时，他说自己干得不错。我完成自己的第一部作品时也是这么说的。但时间，我要告诉你，时间会带走一切轻率的观点里的自信。很有可能的是，现在上帝对自己所创造的世界的看法跟我对《傻子出国记》的想法极为相似。事实上，我俩说过的话里都有不少水分"②。最近的研究表明，仍有为数不少的人持有把作者比作上帝的看法。比如苏珊·兰瑟（Susan Lanser）就说过："绝非偶然的是，我们用'作者'一词来指代上帝，而'权威'（authority）的词根则会联系到创造者或发起人的概念。"③ 在一个更为系统的研究中，芭芭拉·凯·奥尔森（Barbara K. Olson）十分认真地考察了作者—上帝的类比，她通过详实有据的研究，表明为什么这种比拟仍然会对叙事中作者创作的概念化具有重要意义。④ 在其有关"全知"叙事的一篇文章中，尽管乔纳森·卡勒（Jonathan Culler）把奥尔森认真考察"作者—上帝"的研究视为"极端个例"而予以批评，并且希望

---

① Stephen Owen, *Traditional Chinese Poetry and Poetics: Omen of the World*, Madison: University of Wisconsin Press, 1985, p. 83.

② 引自马克·吐温 1886 年 11 月 6 日的一封信，见 Bernard DeVoto, ed., *The Portable Mark Twain*, New York: Viking, 1946, p. 764.

③ Susan Lanser, *The Narrative Act*, Princeton: Princeton University Press, 1981, p. 84.

④ Barbara Olson, *Authorial Divinity in the Twentieth Century: Omniscient Narration in Woolf, Hemingway, and Others*, Cranbury, NJ: Associated University Press, 1997.

人们抛弃这一观点，但是他还是承认了该类比的力量，认为它能有助于我们想象这样一种可能，即一位小说家对其所创作的文本世界里的人物来说，就像是一个造物主，一个上帝，一个活灵活现的生灵那样，令人无法捉摸。①

然而，卡勒认为这种比拟对于文学研究来说没有什么用处，因为“根本的一点在于：既然我们无法判断上帝是否存在，也无从知晓她了解什么，所以这位全知神灵也就不能成为我们思考作者或文学叙事的模式了”②。在反驳中，奥尔森不赞同卡勒对其观点的否定，引用了更多的证据说明，从亨利·菲尔丁（Henry Fielding）到弗吉尼亚·伍尔夫（Virginia Woolf），众多作家都对这种比拟情有独钟，他们运用神学的术语反思文学创作，即使是那些把相信上帝存在的信仰视为“令人讨厌”的作家们，也毫无顾忌地运用作者—上帝的模式进行理论探索。奥尔森分析了伍尔夫——一个自我标榜为无神论者的个案，并引用伍尔夫的原话来证明其将创作的文学世界比做一个“叙事宇宙”：“虽然我们给其他无影无形的存在冠以称谓——比如把它们称为上帝或神灵，但对于这些最伟大的守护人和创造者，我们无法给他们冠以其他名称，只有称他们为小说家、诗人、雕塑家或音乐家。”③

一些比较文学的学者意识到了这种模式的影响力。他们断言美学体系的形成非常依赖形而上学的宇宙观，尤其依赖宇宙发生论的模型。研究中国文学和比较文学的宇文所安（Stephen Owen）提出：“宇宙发生论生动地描绘了自然的结构。一种文明中权威的宇宙观会使它的人民确信他们所居住的世界存在的理由。因为世界是被构造出的，也是会被知晓和了解的。”④ 他认为中西方美学体系的根本区别，在于其自远古时代起便遵循不同的宇宙起源模式生成并不断演绎。西方的模型基于基督教的创世论，这种观点认为上帝创造了包括人类在内的所有生物。“人之所以成为人，并不是由于他和动物不同，而是由于他拥有源自神性模式的身份，而这种身份得到了大量复制。”⑤ 宇文所安认为，即使在达尔文的进化论迫使很多人放弃了神性模式之后，神创模式还是对人类

① Culler, “Omniscience,” *Narrative*, Vol. 2, 2004, p. 23.

② Culler, “Omniscience,” *Narrative*, Vol. 2, 2004, p. 23.

③ Woolf, *Pointz Hall: The Earlier and Later Typescripts of Between the Acts*, edited by Mitchell A. Leaska, New York: University Publications, 1983, pp. 61–62.

④ J. C. Scaliger, “Poetics”, in *Critical Theory since Plato*, San Diego and New York: Harcourt Brace Jovanovich, 1971, pp. 85–86.

⑤ J. C. Scaliger, “Poetics”, in *Critical Theory since Plato*, San Diego and New York: Harcourt Brace Jovanovich, 1971, p. 82.

形而上学的目的论和生命圆满说产生了相当大的影响。

相比之下，中国有着不同的宇宙起源模式。中国美学思想认为宇宙万物的起源不是神创模式所描述的那样。宇文所安对此作了概括：中国古代观念里的世界是“自然生成的，并非超验或内在的……宇宙最初是一个整体，它自行一分为二，成为两个均衡的对立。从最初的二元对立中开始了不断的二元分裂，最终形成了我们所居住的宇宙的多样性。在宇宙实体不断倍增的过程中，它们没有大批量地生成一种模式，而是表现出一种忧郁的继续分裂倾向，不是复制，而是无休无止地细分出一系列实体，每一个实体都有被继续分裂的危险”①。宇文所安的观念显然建立在中国传统思想，尤其是老子、庄子和淮南子的思想之上。老子的《道德经》（The Way and Its Power）提到：“道生一，一生二，二生三，三生万物。万物负阴而抱阳，冲气以为和。”② 很显然，老子的宇宙进化观和犹太—基督教的神创论是截然不同的。

宇文所安进一步认为，不同的宇宙观模式决定了创作过程中不同的思维方式。“创世论与非创世论之间的最大分歧就在于，前者认为任何实体或物种都是由超越具体事物的元初模式所规定的。这种自主模式的观念贯穿了西方文明中宗教、哲学和科学思想的大多数衍变过程。但后者认为任何实体都是由与其相关或相对事物的差异所规定的；同样地，任何整体就是两个本质方面的结合。”③ 宇文所安的理论为我们提出了一个很有意思的课题，值得在比较美学领域内好好探究。

在宇文所安的概念性探索中，西方的创世论模式构思了一个创造出来的宇宙，中国的自然模式则构思了一个不是创造出来的宇宙。他认为，这种宇宙起源论上的根本差别决定了双方在艺术家的审美理念及其艺术创造方面的差异：

> 不可调和的差异把变化着的创世论与非创世论分隔开来；同样的差异也把文学“创作”的次宇宙起源观与汉诗“非创作论”区分开来。在创造性的世界里，作为小小创造者的诗人和原初的创造者之间具有奇怪的关系，他们自以为是的人类独特性惟妙惟肖地模仿着神的独特性。因为没有一个创造神供自己模仿，中国诗人并不关心创造新的世界；他参与已存在

① J. C. Scaliger, “Poetics”, in *Critical Theory since Plato* , San Diego and New York: Harcourt Brace Jovanovich, 1971, p. 83.

② Lao Tzu, *Tao Te Ching*, translated by D. C. Lau , Harmondsworth: Penguine, 1963, p. 103.

③ J. C. Scaliger, “Poetics”, in *Critical Theory since Plato* , San Diego and New York: Harcourt Brace Jovanovich, 1971, pp. 84-85.

的自然之中，融入本身也是其不可分割的组成部分的世界，他缺乏“创造性诗人”特有的神性气质。①

创造模式的不同使中西方诗歌创作产生了某些更为深刻的差异。在西方所认同的创世说中，宇文所安认为：“具有隐秘计划的超验模式会像它创造世界那样终结世界，赋予那些小小的‘创造者’以创造虚构和隐喻的权力。而这些小小的创造的隐秘含义则为‘制造者’所专有，即：他们有开始引导、然后结束他们故事的能力。这些小小的故事或隐喻在自由意愿的伪装下遵循严格指定的步骤发展。”② 与此相反，中国传统认为：“在非创造出的世界里，这样的故意虚构是违反常情的，是纯粹的欺骗；诗人理应真实地呈现存在，无论是内心体验，还是外界的感觉。他们的作用是去观察世界的秩序，即宇宙无限分裂表象中内蕴的某种模式，就象孔子那样‘述而不作’。”③ 换句话说，在中国人的观念里，诗人仅仅是传递者，而不是希腊思想中的制造者，更谈不上是创世者或另一个神了。④

## 二、关于神性的反讽和悖论

宇文所安的观点为研究中西比较诗学作出了开拓性贡献，为中西文艺传统之沟通发挥了重要作用。对于宇宙进化模式可能对艺术创作和美学思想产生影响的观点，笔者完全赞同。但对于神性模式存在与否会决定艺术家是创造者还是传递者的论点，笔者却不敢苟同，对其中国传统“缺乏‘创造性诗人’特有的神性气质”也提出质疑。笔者认为，尽管中国传统中万物起源的主导思想是自我生成（self-generative）模式，宽泛意义上的宇宙元创者也并非人格化的上帝，但是这一传统本身自有其独特的其他模式和宇宙创造者的其他观念。在古老的中国文化中，至高无上的创世之神叫做“上帝”或“天神”，后

① J. C. Scaliger, “Poetics”, in *Critical Theory since Plato* , San Diego and New York: Harcourt Brace Jovanovich, 1971, p. 84.

② J. C. Scaliger, “Poetics”, in *Critical Theory since Plato* , San Diego and New York: Harcourt Brace Jovanovich, 1971, p. 84.

③ J. C. Scaliger, “Poetics”, in *Critical Theory since Plato* , San Diego and New York: Harcourt Brace Jovanovich, 1971, pp. 84-85.

④ 此一看法曾风行一时，但后来受到不少学者的质疑和批评，比如 Yong Ren, “Cosmogony, Fictionality, Poetic Creativity: Western and Traditional Chinese Cultural Perspectives,” *Comparative Literature*, Vol. 50, No. 2, 1998, pp. 98-119。

来逐渐被另一个词所替代而笼统称做“天”。在中国传统思想中，“天”被认为既具有自我生成的特性，也是一个人格化的上帝。中国最古老的史书《尚书·周书·泰誓第一》曰：“天佑下民，作之君，作之师。”① 这一点还可以从中国主要的思想流派中得到印证。儒家和墨家都认为“天”具有人类的所有性格特征，他有意志、品格和情感，他能够通过天命来使统治合法化。历朝历代的帝王都只是上天之子，是上天赋予了他们统治天下的权利。由于不同宇宙起源模式和宇宙论的结果，在中西艺术和神性的观念对比中，就会显现某些微妙的反讽和悖论。

第一个悖论是，西方宇宙发生论认为上帝是最初的创造者，他按照自己的模样创造出人类。但具有反讽意味的是，事实与此恰恰相反。休谟也许是最早对上帝的看法提出质疑的西方思想家。他说：“上帝作为无限智力、智慧和至善的生物的意义，产生于我们对自己大脑活动的反思，并使那些至善和智慧的品质不断增长。”② 后来，正如马克思（Marx）和费尔巴哈（Feuerbach）犀利地指出的那样，不是上帝按照自己的样子创造了人类，而是人类按照自己的样子构想出上帝。马克思在对黑格尔辩证法进行批判时，将上帝或绝对精神的创造视为“一种抽象，是人类生活的异化”，这是“人性神化过程”的本质理由，是一个“有别于人类自身的抽象的、纯粹的和绝对的存在必须经过这样的过程”③。颇有意思的是，马克思的这番有关人类创造力的话语恰恰与中国的理念遥相呼应。在中国人有关人格神的构思中，尽管中国思想家没有明确地说人类依据自己的形象创造了神，但他们还是含蓄地表达了这种观念。虽然道家认为最初的原动力是非人格化的道，但是道教却把道看做人格化的创造神。《老子想尔注》是道教的奠基经典之一。在这部作品里，道这一中国玄学里非人格化的本原转变成了人格化的创造神。《老子》第四章写到：“吾不知其谁之子，象帝之先。”《想尔注》解释为：“‘我’即道，‘帝之先’亦指道。”④ 第三十七章中又有：“道常无为而无不为”，《想尔注》则解释为：“道性不为

① 阮元校刻：《十三经注疏》（影印本），北京：中华书局，1980年，第180c页。

② David Hume, *An Enquiry Concerning Human Understanding* , Oxford: Oxford University Press, 1999, p. 97.

③ Karl Marx, *Economic and Philosophical Manuscripts*, tr. T. B. Bottomore, in Erich From, *Marx's Concept of Man* , New York: Frederick Ungar Publishing C. , 1966, p. 190.

④ Quoted from Stephen Bokenkamp, *Early Daoist Scriptures* , Berkeley: University of California Press, 1997, p. 81.

恶事，故能神无所不作。”① 在另一本道教经典《老子变化经》（讲述老子由人化神的经书）中，据称是《道德经》的作者老子转变成了人格化的神：“起于太初之前，行乎太素之元……独立面（而）无伦，行乎古昔，在天地之前，乍（？）匿还归。亡则为先，成则为人。恍惚天浊，化变其神。形李母胎中，易身优命。”② 除此之外，老子的身躯还成为了整个宇宙的模型和来源：“左目为日，右目为月，头为昆仑山，发为星宿，骨为龙，肉为兽，肠为蛇，腹为海，指为五岳，毛为草土，心为华盖，肾合二为一。是以老君乃混沌之祖宗，天地之父母。”③

如此一来，道从宇宙规律转化为人格神，老子也转化为创世的人格神，这些都佐证了马克思的人创上帝的理论。但与此同时，这些转变也使得宇宙论、宇宙发生论和元初创世者的概念更加复杂。由此导致了有关神性和艺术创作的不同模式和观点的出现。中国传统深深根植于萨满教（shamanism）的精神。这一点对道教以及艺术创作产生了深远的影响。萨满教义发挥了理论基石和神学基础的作用。它让人们相信人类可以成为创世神，也可以变成超脱凡尘的仙人，或者成为创造、统领和管理自己世界的“半神”（semi-god）。一位研究道教的学者曾有这样的妙解：“在他亲手缔造的这个生机勃勃的世界里，道士端坐中央，有如造物主。通过他的定位、连接、确定与命名，宇宙万物被赋予了意义。”④

萨满教和道教都认为，世间万物都因汲取漂浮在宇宙中的精气而化身为人格神。老百姓相信天地山河、森林峡谷乃至家中的厨房厕所都有神仙隐身其中。人类当然也可以变成神仙。中国神话里的最高统治者玉皇大帝，在历经了艰苦修炼之后才从传说中的王子变为神仙。⑤ 此外历史上真实的人物也能成为神灵并接受人们的供奉和瞻仰。东汉的关羽成了中国传统中的战神和财神，唐代的两位大将秦琼和尉迟恭则成了门神，因比武败北而自尽的钟馗则化身为专

① Quoted from Stephen Bokenkamp, *Early Daoist Scriptures*, Berkeley: University of California Press, 1997, p. 140.

② 英语译文摘自 Kristofer Schipper, *The Taoist Body*, Berkeley: University of California Press, 1993。

③ Quoted from Stephen Bokenkamp, *Early Daoist Scriptures*, Berkeley: University of California Press, 1997, p. 114.

④ Isabelle Robinet, *Taoism: Growth of a Religion*, Stanford: Stanford University Press, 1997, p. 16.

⑤ 《中国文化词典》，上海：上海社会科学院出版社，1987 年，第 1068-1069 页。

司捉鬼的天师。① 最重要的是，几乎所有道家所供奉的神灵在修炼成仙之前都是普通凡人。② 即便是在人与神之间起媒介作用、能够通灵的道教祭司，都视自己为“半仙”（semi-god），他们相信自己拥有在宗教典仪上召唤诸神听其调遣的能力。

第二个悖论可见于艺术领域。在西方，人们认为，上帝把灵感传给艺术家，使其陷入神性迷狂，艺术家情不自禁地创作艺术作品，艺术作品对观众产生艺术感染力。在柏拉图的《伊翁篇》中，苏格拉底用磁石吸引铁环的类比说明灵感的来源及其工作原理：诗神先把诗的灵感传递给诗人，然后传给朗诵者表演的技能；朗诵者把诗人得自诗神缪斯那儿的最初灵感传递给听众。③ 根据这一构想，诗人绝不是神明，而是一个被神性迷狂附体的媒介物，至多只能算是“次神”或“亚神”。相比之下，中国文化里以人为模型塑造诸神的倾向使得文学中的人神关系变得复杂，进而也使得文学创造性之来源变得扑朔迷离。尽管中国传统有别于希腊文化，鲜有将文学创造性归功于某位女神的说法，却也不乏将文学作品视作受女神启发而作的例子。

战国著名宫廷诗人宋玉（前290—前223）曾写过一篇《神女赋》。千百年来，学者们大多只关注当中用来描述女神的华美辞藻，往往忽略了研究其创作灵感的重要性。《神女赋》的序言详细解释了创作的由来。序中写道：楚襄王和宋玉到云梦泽游玩，襄王命宋玉作赋祭奠传说中的高唐女神。当晚襄王就梦见自己与女神邂逅。次日醒来，他把所做之梦告诉宋玉。宋玉欲知细情，襄王却称自己当时迷迷糊糊，半是欣喜半是失落，依稀只记得遇见了一位非凡女子。梦醒之后他已然忘记那女子的容颜，故十分沮丧。听完之后，宋玉根据自己的想象完成了这篇辞赋，再现了襄王梦中的情景。他简要地向襄王描述了女神的模样，襄王则令他细加描绘。于是一篇关于女神的鸿篇巨制横空出世，对中国后世文人墨客的想象力产生了恒久的影响。④

这个传说为我们提供了理解中国传统中神性和艺术创作关系的一种视角。作为一种习惯，中国文人不把神灵看做文学作品的创作者，但他们会把神灵看

---

① 英语译文摘自 Kristofer Schipper, *The Taoist Body*, Berkeley: University of California Press, 1993, p. 1089。

② 道教神殿里供奉着上千位神仙、炼丹师和人格化的自然神。其中最为著名的是道教鼻祖老子、天庭最高统治者玉皇大帝、八仙和三清圣人。他们大多是中国传统文化里的名人。换言之，在被神化之前，他们都是历史上真实存在的人物。

③ Plato, “Ion,” in *Norton Anthology of Theory and Criticism*, New York: Norton, 2001, p. 41.

④ 宋玉：《神女赋》，载萧统编《文选》，台北：启明书局，1960年，第252-253页。

做灵感的来源。虽然并不否认神灵在文学创作中的启发作用，但他们认为人类才是文学和艺术的创作者。因此，最终分析下来，文学的最终创作者是人而非神。这种概念下的神性世界完全反映了儒家和历史经验主义所宣扬的理性精神对中国文化的统治局面。中国文学艺术的神性世界就自觉不自觉地成为人类精神的具体化。中国美学家李泽厚对人的世界和神的世界两者之间的关系作过一番恰当的描述：

> 人的世界与神的世界，不是在现实中而是在想象中，不是在理论思维中而是在艺术幻想中，保持着直接而复杂的联系。在原始艺术和社会的虚幻梦想中的人神不可分割的整体，变为想象世界里的意识和愿望的统一。它不是如原始艺术请神灵来威吓、支配人间，而毋宁是人们要到天上去参与和分享神的快乐。①

中国传统中这种人类精神对象化导致了一种独特的文艺现象——不是神创人而是人创神，这在中国文艺世界里并不罕见。在此笔者仅引用一个传说来说明。中国文学史上有一个叫曹植（192—232）的诗人，他是三国时期魏国的大才子。他写了一篇《洛神赋》，② 在序言里讲述了一个凄婉的真实爱情故事。在这场令人心驰神往的爱恋中，诗人将女主角幻化为一位女神。从序言中我们得知，东汉末年，曹植爱上了贵族甄逸之女甄宓并欲娶其为妻。无奈曹植之父曹操将甄宓许配给了他的哥哥曹丕。后来曹丕即位称帝。未能娶到所爱之人的曹植整日闷闷不乐，茶饭不思。多年后曹植进京谒见自己的兄长，曹丕就将甄宓的一只金缕玉带枕拿给他看。曹植一见便了然于心，顿时不禁泪流满面：此时的甄宓由于后宫嫔妃的陷害已经撒手人寰了。曹植带着曹丕所赐的玉枕返回封地。途中某晚行进到洛河，思念逝去恋人的曹植夜不能寐，就在似睡非睡之际，美丽的甄宓来到曹植面前，说自己一直深爱着他并想嫁给他，只可惜造化弄人。甄宓一边诉说自己的衷肠，一边将那只玉枕——自己的嫁妆送给曹植。于是二人共枕而眠，恩爱缠绵。他们想长相厮守，然而人神殊道，无从结合。经历了重逢之狂喜和离别之痛楚的曹植挥翰抒发胸中的惆怅，写就了这篇不朽之作。在《洛神赋》里，曹植让甄宓化身为洛河的女神——宓妃。

根据中国传说，宓妃是中华民族远古先祖伏羲之女。她在玩耍时淹死于洛水，后被封为洛水之神。在中国文学历史中，宓妃即便不能算作中国的缪

---

① 李泽厚：《美的历程》，北京：中国社会科学出版社，1984 年，第 90-91 页。

② 曹植：《洛神赋》，载萧统编《文选》，台北：启明书局，1960 年，第 254-256 页。

斯,① 也可以当之无愧地算是诗歌创作的灵感来源。她的第一次出现是在屈原（前340—前278）的长诗《离骚》中。② 在诗中诗人进行了一次神游，途中邂逅了女神并想向她示爱：“吾令丰隆乘云兮，求宓妃之所在。解佩纕以结言兮，吾令蹇修以为理。”③ 后来司马相如（前179—前117）的《上林赋》④中也出现了她的身影。之后她又出现在了曹植的《洛神赋》里。曹植的创新之处在于，他用现实中的女子代替了传说中的女神。从此以后，甄宓就成了中国神话中的洛水之神。赋文生动描述了人神之间的交往，作者运用大胆的艺术想象将一位真实人物刻画成洛神。从这篇颇具典型意味的辞赋中，我们可以洞悉中国传统文艺理念的微言妙义：艺术家本身并不是神，但艺术家完全可以创造神。所以，尽管中国传统并不十分支持神灵是艺术元创者的观点，但却相信人能够在现实生活中和艺术中创造神。

相比之下，神灵是艺术元创者的观念在西方可谓根深蒂固，但我们并不能就此认为他们就一定会将艺术家视为创造神。相反，刻意附会反而阻碍了这一观念的诞生。就简单的逻辑而言，因为受到古希腊—罗马时期缪斯是艺术女神的观念的影响，人们很难相信艺术创作起源于人类。而因为有犹太基督教的一神论，西方古代思想家更不会认为艺术家是艺术作品元创者。在本文的开头笔者提到了斯伽里格广为人知的观点。他认为诗人是通过对另一种本质的描写将“自己化身为亚神”的。⑤ 虽然他极为赞同希腊人把诗人定义为创作者并且是富有创造性的制造者，斯伽里格还是谦逊地承认：“这雍容的头衔，并非单纯人力之所能及，它最终依凭的仍是那富有远见卓识的自然之神力。”⑥ 最后，斯伽里格仍将艺术家视为神的仆从：“柏拉图和后来的亚里士多德都认为灵感是有级别、层次之分的。有人天赋异禀、兼具诗情灵性，有人则驽钝粗鄙，更

① 我认为假如有人想要在中国传统里找到如同西方文化里缪斯那样的女神，那么她就极有可能被选中。

② 屈原：《离骚》，英文版见 Cyril Birch, ed., *Anthology of Chinese Literature: From early Times to the Fourteenth Century*, New York: Grove Press, 1965, pp. 51-62。

③ 宋玉：《神女赋》，载萧统编《文选》，台北：启明书局，1960年，第57页。

④ 司马相如：《上林赋》，英文版见 Cyril Birch, ed., *Anthology of Chinese Literature: From early Times to the Fourteenth Century*, New York: Grove Press, 1965, pp. 142-153，提及洛神的见第152页。

⑤ Plato, *The Collected Dialogues of Plato*, edited by Edith Hamilton and Huntington Cairns, Princeton: Princeton University Press, 1961, p. 220.

⑥ Plato, *The Collected Dialogues of Plato*, edited by Edith Hamilton and Huntington Cairns, Princeton: Princeton University Press, 1961, p. 140.

有嫌恶、反感艺术者。后来神凭附其身，令其陷入迷狂，最终使其摆脱平庸。这一切都是神的杰作，然而虽贵为仙人，神还是需要差遣这样的人做仆从。"①最后的结论就是——因为受到神的驱使，所以诗人能够创作："诗人祈求缪斯，希望神性迷狂能够激发他们创作的灵感。"② 所以艺术的元创者依然是创作了所有艺术形式的神灵。

中国的文学思想家认为诗歌是天才的作品。尽管他们承认文学与神、自然密不可分，但他们坚定地认为这一切都肇始于人类。唐代的诗歌理论家释皎然在《诗式》中写道：

> 夫诗者，众妙之华实，六经之菁英，虽非圣功，妙均于圣。彼天地日月，元化之渊奥，鬼神之生微冥……虽取由我衷，而得若神授。至如天真挺拔之名，与造化争衡，可以意冥，难以言状，非作者不能知也。③

在此，皎然认为诗歌源于天地自然，这与柏拉图的神灵附体说颇为相近。然而他并不认为诗歌就是神仙之作。在认同神灵赐予灵感的同时，他更强调诗歌是诗人思维之结晶。

## 三、作为创作神的艺术家

以上，笔者对中西文化传统中艺术创作与神性问题作了一番粗略的比较，观察到其中蕴涵了许多意味深长、颇值探究的现象。由于有了创作者之神的上帝，西方传统再无法将艺术家视为元创者，至多也只肯将其视为亚神。亚神低于上帝，并且为诠释上帝的万能而不遗余力。相反，中国传统中并没有创作之神的概念，然而正因为中国传统并不重视创造神，所以艺术家便具有了创造性神灵的地位。在中国传统哲学以及创造性话语中，人们普遍认为并不是自然赋予艺术家以创作灵感，而是艺术家仿佛天神一般驾驭、驱遣着自然万物，使自然万物为其服务。中国玄学和美学思想中即有多处言论或含蓄或直截地表达了"艺术家=创作神"的观念。

下文笔者将举些例子来驳斥一种观点。这种观点认为，由于中国传统缺乏创作神，所以就不存在一个将诗人当作创造者的创造模型。明朝诗歌评论家谢

---

① Plato, *The Collected Dialogues of Plato*, edited by Edith Hamilton and Huntington Cairns, Princeton: Princeton University Press, 1961, p. 140.

② Plato, *The Collected Dialogues of Plato*, edited by Edith Hamilton and Huntington Cairns, Princeton: Princeton University Press, 1961, p. 140.

③ 释皎然：《诗式校注》，周维德校注，济南：齐鲁书社，1987 年，第 1 页。

榛（1495—1575）就设想过一个诗歌写作的创造模型：

诗有造物，一句不工，则一篇不纯，是造物不完也。造物之妙，悟者得之。譬诸产一婴儿，形体虽具，不可无啼声也。赵王枕易曰：“全篇工致而不流动，则神气索然。”亦造物不完也。①

在中国历史上，有很多故事讲述天才艺术家如何通过长年仔细观察不同种类的花草鸟鱼，从而最终能够活灵活现、栩栩如生地表现鸟意、鱼情和花魂。当艺术作品拥有了这种精髓后，我们就说它已臻出神入化之境了。《庄子》中有一则关于能工巧匠的寓言。仔细分析这则寓言后，我们可以发现中西方关于“神”的概念的异同。寓言讲鲁侯雇了一个叫梓庆的木匠给他做一把雕刻虫鸟的鐻架，完工以后，人们看见上面雕刻的虫鸟呼之欲出，便纷纷怀疑梓庆绝非凡人，于是鲁侯便问梓庆是怎么做成如此华美的鐻架。梓庆答道：

臣，工人，何术之有？虽然，有一焉：臣将为鐻，未尝敢以耗气也，必斋以静心。斋三日，而不敢怀庆赏爵禄；斋五日，不敢怀非誉巧拙；斋七日，辄然忘吾有四枝形体也。当是时也，无公朝，其巧专而外骨消。然后入山林，观天性形躯，至矣，然后成见鐻，然后加手焉，不然则已，则以天合天，器之所以凝神者，其是与！②

这则寓言告诉人们：和柏拉图认为万物只能由上帝创造不同的是，中国的模仿论认为只要艺术家全身心投入到创作中，竭其所能地仔细观察，努力完善自己的想象，从而使技艺渐臻完美，那么这位艺术家便完全可以媲美创造者，有如神助地表现作品的神韵。显而易见，中国人将神性定位于凡间而非天庭。

这一定位神性于艺术王国的信念与西方的表现说理论不谋而合。在约瑟华·雷诺兹（Joshua Reynolds）的哲学中也能找到类似的表述。他的哲学是对柏拉图“理念”或“理式”论的经验主义修正。雷诺兹仔细研究了柏拉图的艺术思想，即：所有艺术的完善来自美的理念（ideal beauty），它高于自然中个别对象的美，所以艺术家就应该登上天界，用完美的美的理念来浇灌心灵。和庄子寓言中的木匠梓庆一样，雷诺兹也相信艺术的神性典范应当在艺术家中去发掘，当然他并没有完全反对柏拉图的神赐灵感说——“诗人应该从天堂神域汲取灵感，用大美的概念来完善自己的思维”。但是雷诺兹又说道：“这种大美不应该在天堂中去寻找，而应该到人间去寻找，它们就在我们身边，在

① 谢榛：《四溟诗话》，载北京大学哲学美学教研室编《中国美学史资料选编》第2册，北京：中华书局，1985年，第114页。

② 郭象注：《庄子》，上海：上海古籍出版社，1995年，第210-211页。

我们生活的点点滴滴里。"① 其寻找神性的方式也与中国寓言里的方法类似，就是培养眼力："长期观察同类物体的相似之处，从而掌握辨别各自所需的能力。"这样一来，艺术家就能够构建"比其最初形态更完美的任何抽象概念"②。雷诺兹这样总结道："因此，通过一遍又一遍的做，并认真比较自然界的物体，艺术家最终掌握了核心形式的精髓"，这种形式是"该物种不同个体形式的抽象和概括"。雷诺兹认为唯有掌握了"自然界完美形态"的艺术家"才有资格被称为神"。因为"艺术家唯有受到神意的驱遣，才能如同最高法官一般主宰自然造化的一切"。

中国文学思想中有很多著名的谚语和诗句说明即便艺术家本身不是神，他也能通过天赋和后天的努力来模仿神，来完成至高的创作（正所谓"巧夺天工"）。欧阳修（1007—1072）在评价一些千古佳句时说道："诗之为巧，犹画工小笔尔，以此知文章与造化争巧可也。"③ 一些诗人在自己的诗作中也表达了类似的观点。中国的诗圣杜甫（712—770）在自己的多首诗中表述了"神"的观念，下面的诗句就包含了他的这种思想：

（1）读书破万卷，下笔如有神。

（2）醉里从为客，诗成觉有神。

（3）挥翰绮绣扬，篇什若有神。

（4）赋诗宾客间，挥洒动八垠。乃知盖代手，才力老益神。④

对于以上所引杜诗的第一句，清代的文学评论家吴大受这样评价道：

> 诗文有神力方可行远。神者，吾身之生气也。老杜云："读书破万卷，下笔如有神。"吾身之神与诗相通，吾神既来，如有神助。岂必湘灵鼓瑟乃为神助乎？⑤

这番话肯定了这样一个观点，即一流作家是天生具有内在神力的创造者，而这份神力未必来自于外部。在杜甫的其他作品中，我们可以发现：不管是主体还是客体都存在神性。当诗人感觉有如神助时，我们就说此时的诗人正如柏

① Joshua Reynolds, "Discourse on Art", in *Critical Theory since Plato*, San Diego and New York: Harcourt Brace Jovanovich, 1971, pp. 354–355.

② Plato, *The Collected Dialogues of Plato*, edited by Edith Hamilton and Huntington Cairns, Princeton: Princeton University Press, 1961, pp. 355–356.

③ 欧阳修：《温庭筠严维诗》，载北京大学哲学美学教研室编《中国美学史资料选编》第2册，北京：中华书局，1985年，第6页。

④ 均摘自杜甫：《钱注杜诗》，钱谦益注，北京：中华书局，1958年，第1–321页。

⑤ 吴大受：《诗话》，载陈良运编《中国史学体系论》，北京：中国社会科学出版社，1992年，第391页。

拉图所描绘的那样，成为被神所依附的主体。当一篇诗作被称之为富有神韵，我们就认为这篇作品捕获了客体世界的神性，不管是创作思维中的主体状态还是描绘对象的客体状态，中国美学理论中的神性都是先验性的，这与柏拉图关于客体的理念不谋而合。然而，这一点在被表现的对象上也是内在的。司空图（837—908）在《二十四诗品》里，把这种先验性描述成客观上超越外在、但是主观上存在于艺术家思维中的东西："超以象外，得其环中。"①

到这里，中西方思想家对艺术中神性观点的主要分歧已经一目了然。西方学者认为人类非神性，所以也就无法超越神；因此只有"神"才能作为最终的审美理想，人类艺术家只能无限接近而不可企及。中国学者的观点则截然相反，他们认为神性并非不能与人类相融，一流艺术家就是富有创造性的神灵。他们的作品抓住了所表现事物的神韵，足以媲美自然原物。这种概念始于对人和宇宙玄学的探究，如今已转为对文学艺术的探究，并一直得到了中国古往今来的思想家和艺术家的赞同。在此，笔者将引用另一位中国古代思想家的观念说明这一点。清代诗论家叶燮（1627—1703）进一步丰富了前辈们玄学和美学探究方面的思想体系。和前人一样，在考察神性之时，他仍然从自然与艺术关系之角度切入："天地之大文，风云雨雷是也。风云雨雷，变化不测，不可端倪，天地之至神也，即至文也。"② 他把宇宙看作是拥有神性光芒的实体存在，而艺术则是自然和人类的合力之作。人们普遍地认为文学是某种技巧、法则的产物，他则不以为然，在他眼里文学理应笼罩在神性的光芒之中："而谓作诗另有法，法在神明之中，巧力之外，是谓变化生心。变化生心之法，又何若乎？"③

在诠释世界与艺术家之间关系之时，叶燮提出了两套术语来讨论文学创作的客体性和主体性，这与他的前辈学者所提出的主体神性和客体神性相对应；他还进一步探究了两者的合二为一，如何把作家变成像神一般的创造者。叶燮先讨论了宇宙中的客体神性："曰理、曰事、曰情，比三言者足以穷尽万有之变态。凡形形色色，音声状貌，举不能越乎此。此举在物者而为言，而无一物之或能去此者也。"④ 很显然，这三个名词涵盖了宇宙内部的运动。接着他又

① 司空图：《二十四诗品》，载何文焕辑《历代诗话》，北京：中华书局，1981 年，第 38 页。以前的学者都把"环中"注释为庄子所隐喻的虚无和超凡之境。我则解释为它的字面含义——"度内"。

② 叶燮：《原诗》，北京：人民文学出版社，1979 年，第 22 页。

③ 叶燮：《原诗》，北京：人民文学出版社，1979 年，第 21 页。

④ 叶燮：《原诗》，北京：人民文学出版社，1979 年，第 23 页。

讨论了主体神性："曰才、曰胆、曰识、曰力，此四言者所以穷尽此心之神明。凡形形色色、音声状貌，无不待于此而为之发宣昭著。"① 这四个术语涉及文学作品创作中作者头脑中的创造意识。当主体神性与客体神性相遇时，作者也就成为了如神的凡人，能够创造出一个媲美自然界的世界：

> 此举在我而为言，而无一不如此心以出之者也。以在我之四，衡在物之三，合而为作者之文章。大之经纬天地，细而一动一植，咏叹讴吟，俱不能离是而为言者矣。②

叶燮的观点揭示了主体神性和客体神性是如何在艺术家、艺术和宇宙这三者关系中彼此联系的，它也诠释了"神思"的美学境界（字面义，"神的思索"；比喻义，"想象思维"或歌德诗歌创作论所说"魔幻思维""daemonic thinking"）。写出中国第一部文学理论巨著的刘勰这样定义"神思"：

> 古人云："形在江海之上，心存魏阙之下。"神思之谓也。文之思也，其神远矣。故寂然凝虑，思接千载；悄焉动容，视通万里。吟咏之间，吐纳珠玉之声；眉睫之前，卷舒风云之色。其思理之致乎！③

神思是一个创造性的过程，在其过程中，艺术家的主体神性捕捉到了宇宙中的客体神性，并且将两者很好地结合起来，通过"神思"，艺术家进入了神的世界，这是一个建立在对某个事物本质的主观概念的基础之上的虚构空间。艺术家从而能够创造出包含艺术家的主体神性和万事万物客体神性的代表性整体。中国艺术家通过破解神性的秘密，从而抵达艺术创作的最高境界，被人们尊奉为创作之神。

## 结　语

关于神性以及人的世界与神的世界的关系，中西方之间既有共同点又有分歧处。然而中西文化传统都认为神性是一种超越人类理解力的超自然力。在关于神性是如何与人类产生联系方面，双方意见颇为不同。西方人认为神总是化身为一位创世的人格神，中国人则不然，他们相信神性虽看不见、摸不着，却无所不在，它拥有一种难以形容的力量而使世界成其为世界。用分析性术语来说，中国式神性和柏拉图的理念或理式（Idea or Form）接近，在把神性看作

① 叶燮：《原诗》，北京：人民文学出版社，1979 年，第 23 页。

② 叶燮：《原诗》，北京：人民文学出版社，1979 年，第 24 页。

③ 刘勰：《文心雕龙》，济南：齐鲁书社，1995 年，第 359 页。

人类或自然的精髓方面，则与新柏拉图主义（Neo-Platonism）的观念相通。当中国传统把神性人格化时，这不是一神论，而是一种多神论或是一种泛神论。一切事物、万事万物都可以被赋予天地间灵气，成为拥有超自然力的神。有了这种思维方式，中国人更容易将神力归结于人类，并相信艺术家就是创作艺术作品来媲美自然的亚神。总而言之，中西文化传统中有关“神性”的观念有一点是极为相似的，这就是诺斯罗普·弗莱（Northrop Frye）所精辟道出的人性潜能的无限显现。归根结底，如神的艺术家就是以“普世之人”为中心的文艺宇宙的创造者，这个“普世之人”也是“以人化的概念所构思的‘神’”①。

（《社会科学战线》2012 年第 2 期）

① Northrop Frye, *Anatomy of Criticism: Four Essays* , Princeton: Princeton University Press, 1957, p. 120.

# 理解文学类型

〔法国〕茨维坦·托多罗夫

“荒诞（the fantastic）”是赋予一种文学、一个文学类型的名字。当以类型（genre）的眼光来审视文学作品的时候，我们参与到一个非常特别的文本解读工作之中：我们发现一个在众多作品中运转着的原则，而不是每一部作品的特别之处。把巴尔扎克的《驴皮记》置于作为一个类型的荒诞文学的语境中来研究，就跟其本身的研究，或是以巴尔扎克作品的标准，或是以当代文学的标准进行的研究迥然不同。因而，类型的概念对于接下来的谈论就非常关键了，我们必须首先予以说明和解释，即使这样的努力明显会把我们从荒诞本身转移开去。

类型的概念立刻就带来好几个问题，幸运的是，一旦我们清晰地阐述了它们，其中的一些问题将会迎刃而解。第一个问题是：在我们没有研究（或至少是读）它包括的所有作品的情况下，我们有资格去探讨这个类型么？提这个问题的研究生会附上一个包括上千部荒诞文学题目的目录。由此，对于勤奋的学生而言，这才是可怜的一步：他必须以一天三本的速度埋头苦读这些书，并困扰于新书源源不断地写出来，而他肯定永远也不会看完所有的书。但是，科学方法的首要特征之一是，为了弄清一个现象，它不要求我们调查有关它的所有例子，相反，科学方法的应用是靠演绎。我们的确需要处理相对有限的众多情形，从中演绎出一个一般假说，然后我们通过其他情形再来验证这个假说，根据需要，调整（或拒绝）它。不管研究多少个现象（此时，是文学作品），我们从来都不能证明普遍规律的正当性；最终要紧的不是调查数量，而是一个理论的逻辑连贯性。正如卡尔·波普尔（Karl Popper）写的：

> 我们从单一的数量，不管数字多么巨大，来推断普遍结论，要证明这个普遍结论的正当性，是很模糊、不合逻辑的；按这种方法得出的任何结论总会证明是错误的：不管我们调查了多少只白天鹅，它都不会证明所有天鹅都是白的这个结论的正确性。

另一方面，在有限的天鹅数量的调查基础上，而且报告说他们的证据是有机性的，基于此的假说会非常合理。从天鹅回到小说，这个普遍的科学真理不仅可以运用于类型研究，而且也可以运用于作者全部作品的研究，或特定时期作品的研究，等等。那么，就让我们把穷尽性留给那些没有其他依靠的情形吧。

一种类型所基于的全面性程度带来第二个问题：是否仅有很少的几种类型（即抒情的、史诗的、戏剧的），还是更多？类型是数量上有限的还是无限的？俄国形式主义者倾向于一个相对的答案。照托马谢夫斯基（Tomashevsky）所说：

> 作品可以分成几个类别（classes），它又可以继续分成样式（types）和种类（species）。像这样，下移类型的阶梯，我们从抽象的类别（abstract classes）移动到具体的历史区分（拜伦的诗、契科夫的短篇小说、巴尔扎克的小说、宗教的颂歌、无产阶级的诗），甚至特定的作品。

当然，这段文字产生的问题比它解决的还多，我们不久就会回到这个问题。但我们可能已经接受了这样的观念：类型依照全面性的不同程度而存在，其内容由我们选择的视角来解释。

第三个问题是美学问题。我们被告知，谈论类型（悲剧、喜剧，等等）是无意义的，因为艺术作品本质上是唯一的，其价值体现在它区别于其他作品的原创性，而非有多少与它们相类似。如果我喜欢《巴马修道院》，那么，不是因为它是一部小说（类型），而是因为它是一部异于其他小说的小说（一部有个性的作品）。这个回答暗示了一个关于调查对象的浪漫主义态度。严格地说，这个态度不错；但它完全不相关。当然我们可以因为这个或那个原因喜欢一部作品；这和把它当做研究对象是两回事。认知的目的不必指定它最终采取的形式。关于一般意义上的美学问题，这里不打算讲，不是因为它不存在，而是因为它离题甚远。

然而，这同一个异议可以不同的术语来表达，因此它变得更加难以反驳。类型（或种类）一词借自自然科学。此外，叙事结构分析的先驱，弗拉基米尔·普洛普（Vladimir Propp），采用植物学或动物学来类比，绝非偶然。现在，关于术语“类型（genre）”和“样本（specimen）”的意义，根据它们是否能被运用于自然事物或精神产品，存在一个质的不同。在先前的例子中，新样品的出现不必一定改变物种（species）的特性；所以，新样品的性质在最大程度上是完全可以从这个物种的模型推论出来的。如果熟悉物种虎，我们可以从它推论出每只虎的性质；一只小虎的出生不会改变物种的定义。个体对物种进化的影响如此之慢，以致我们实际上都忽略不计。同样，就语言学的话语而言（尽管是较小的层面）：一句话不改变语言的语法，而语法必须能够让我们推论出句子的性质。

在科学或艺术领域内的情形则不同。其间的进化是以完全不同的节奏进行的：每一个作品都会改变一切可能的作品，每一个新的样品都会改变物种。我们可能会说，在艺术中，我们正处理一种语言，它的每句话在表达出来的时刻都是无语法的（agrammatical）。更精确地说，我们给予一个文本在文学史或科学史上的位置，只有它在我们有关一个或其他活动的先前看法上带来变化的情形下。不满足这个条件的文本自动进入另一个类别：一种情形是所谓的“流行”或“大众”文学；另一情形是学术活动或一般实验（因此，不可避免地来比较工艺品，一个独特的例子，一方面是批量生产，另一方面是机械刻板）。反观我们的问题，只有“流行”文学（侦探故事、连载小说、科幻小说等等）接近满足类型一词在自然科学意义上的要求；因为在那种意义上的类型概念，完全不适用于文学文本。

这样的处境迫使我们作出自己明确的理论假设。面对属于“文学”的任何一个文本，我们必须考虑一个双重要求。第一，我们必须意识到，它显示了它和所有文学文本或属于一个文学群（简单地说，就是我们所说的类型）的文本一道分享的性质。现在，去为这个论点辩护是难以置信的：作品里的任何东西都是个性的，是个人灵感的崭新产物，是一个和过去作品没有关联的创造物。第二，我们必须理解，一个文本不仅仅是已存在的组合系统的产物（由所有潜在的文学作品构成），它也是那个系统的变形。于是，我们就可以说，每个文学作品的研究必须参与到双重运动之中：从特定文本到一般意义上的文学（或类型），从一般意义上的文学（或类型）到特定文本。把一个临时的特权赋予这个或其他方面——赋予差异或相似——是一个完美而合法的做法。而且，在抽象和“类型”范围内的移动，正是语言之本性。单个文本不可能在语言中存在，我们对一个文本特性的阐述自动成为对类型的描述，类型的显著特征在于，讨论中的文本是它最早的和独特的样品。任何一个文本的描述，即它是由词语构成的这一事实，都是对类型的描述。而且，这不单单是理论上的主张而已，每当追随者简单地模仿创始人的特色时，文学史就一而再地向我们提供这样的例子。

因此，就会对“拒绝类型概念”不加怀疑，例如，像克罗齐（Croce）提倡的那样。这样的拒绝意味着退出语言，显然不能得到确切的阐述。另一方面，一个人提出的有关一切实际发展情形的抽象见解及其抽象程度的理解是重要的；因此，这样的发展会被置于建立和同时依靠它的分类系统。

事实依然是，文学现在似乎正在放弃划分类型。十几年前，莫里斯·布朗肖（Maurice Blanchot）写道：

> 事实是，只有书（book）是重要的，远离类型，远离标签——散文、

诗歌、小说、报告文学——拒绝被归类，拒绝指派它的位置和决定它的形式的权力。书不再属于一种类型，每本书只是出自文学，就好像文学预先在总体上拥有了那些秘诀和程式，文字正是凭此才获得了文学现实的可能。(Le Livre à Venir《未来的书》)

为何此时提出这些过时的问题？吉拉德·热奈特（Genette）作出了完美的回答："文学话语的产生和发展，是根据它可以违反的结构，它之所以敢违反，只是因为它在它的语言和风格领域里发现了它们，甚至现今也是如此"(Figures，Ⅱ)。由于有违反，所以规范肯定是明显的。然而，当今文学完全免除类型区分是令人质疑的；只是因为这些区分不再符合过去文学理论遗留下来的概念。我们现在当然不会强迫坚持这样的概念；事实上，有一股逐渐增强的必要性，要求我们详细阐述抽象的分类，以运用于当今的作品。总而言之，不承认类型的存在就相当于宣称一部文学作品和业已存在的作品之间毫无关系。简单地说，类型就是这些中继点，作品借此呈现一种与作品世界的关系。

为了更进一步，让我们选择一种当今的类型理论做更细致的研究。这样，从单一的模式出发，我们就会更好地明白，哪些积极原则能指导我们的作品，哪些危险要避免。这不是说，新原则不会从我们自己的论述中产生，像我们在做的，或意想不到的障碍在许多方面就不会出现。

在此详细讨论的是诺斯罗普·弗莱（Frye）的类型理论，特别是他在《批评的解剖》一书中的系统阐述。这不是武断的选择：弗莱在今天的英美批评家行列中占据着重要的位置，他的著作无疑是二战以来最著名的批评著作之一。《批评的解剖》同时是文学理论（因而是类型理论）和批评理论。简而言之，这本书由两种文本组成，一是理论的顺序（说明、结论和第二篇论文："伦理批评：象征理论"），另一个，更具描述性的，是弗莱提出他的类型系统。但为了便于理解，这个系统不能孤立于整体之外，所以，我们先从理论部分开始。

下面是它的主要特征：

(1) 文学研究具有与其他科学所表明的同样的严肃性和精确性，如果批评存在，它必须根据文学领域里用归纳方法调查得出的概念框架来展开对文学的研究……在批评中可能也正是一种科学要素，一方面使得批评有别于寄生在文学中的某种东西，另一方面又与强加于它的态度相区别。

(2) 第一个假设的结果是，必须从文学研究中去除对于讨论中的作品的任何价值判断。弗莱在这点上非常苛求。我们可以缓和他的决定，认为演化在诗学领域拥有它的位置，否则有关演化的重要时刻将会是一桩毫无目的的复杂事件。

(3) 像一般意义上的文学一样，文学作品构成一个系统，其中没有偶然，或像弗莱表述的："像任何其他科学一样，实现这种归纳的飞跃（the inductive leap）的首要前提是：假设存在着一种紧密结合的整体性。"

(4) 共时性（synchrony）不同于历时性（diachrony）：文学分析要求我们采取共时性的历史调查，我们一开始找寻系统就是如此。如弗莱在《同一的寓言》(Fables of Identity）中写道："当一个批评家论述一篇文学作品的时候，他要做的最自然的事情是凝固它，无视它时间上的运动，把它看做一个完整的词语模式，所有部分同时存在。"

(5) 文学文本不具有同"世界"的参照性关系，尽管每天说的句子经常如此；它不"代表"任何事物，除了它自身。在这点上，文学跟数学而非普通语言类似：文学话语无所谓对或错，它只能够是与自身前提相关的合理有效而已。"诗人，像纯粹的数学家，其立足点不是如实描述，而是力求符合他假定的条件……文学，就像数学，是一种语言，语言本身不表现真理，尽管它可以提供表达它们的许多方式。"从而，文学文本就陷入了同义反复——它表示它自己："就与诗的关系而言，诗的符号从根本上说是意味着它自身。"诗人关于他作品每个成分的意思是什么的回答总是："我认为，它对组成这部分戏非常重要。"

(6) 文学产生自文学，而不是现实，不论现实是物质的还是精神的；每个文学作品只是一个惯例而已。"诗只能出自其他的诗，小说只能出自其他的小说。文学塑造着它自身，不是由外力能形成的……文学中的每一个新事物是旧事物的再加工……文学上的自我表达是从来没有存在过的一件事。"

这些观点没有一个是完全原创的（尽管弗莱很少提供他的来源）：一方面，它们可以在马拉美或瓦莱里以及源自它们传统的（布朗肖、巴特、热奈特）当代法国批评倾向中找到；另一方面，它们在俄国形式主义者那里，非常丰富；最后，它们可以在例如 T. S. 艾略特这样的作家那里找到。所有这些主张，对文学自身跟对文学研究一样有效，构成了我们自己的出发点。然而所有这些都使我们远离了类型。让我们转到弗莱书中直接让我们感兴趣的部分。贯穿《批评的解剖》（我们肯定记得，由首次单独出现的文本组成的）始终，弗莱提出好几种分类，每一种都可以细分为类型（genres）（尽管弗莱把术语"类型"只用于其中的某一种分类）。我不是要在这里详细讨论这些。集中于纯粹方法论的讨论，我仅保留他分类的逻辑清晰度，而不给出他的例子。

(1) 第一种分类定义为"虚构的模式"。它们由作品中的主人公和我们自己或自然规律之间的关系组成，一共 5 种：

第一，主人公在本性上（nature）优于读者和自然规律，这种类型

(genre) 唤作“神话”。

第二，主人公在程度上（degree）优于读者和自然规律，这种类型叫“传奇”或“童话故事”。

第三，主人公在程度上（degree）优于读者但不优于自然规律，这种类型叫“高模仿类型”。

第四，主人公以和读者、自然规律的平等为基础，这是低“模仿类型”。

第五，主人公劣于读者，这是“讽刺的类型”。

(2) 另一个基本的分类是逼真性的分类。在这里，文学的两极是由貌似真实的叙述和角色人物无所不能的叙述构成。

(3) 第三种分类强调文学的两个最重要的倾向：喜剧的，让主人公与所处社会打成一片；悲剧的，让主人公孤立于社会之外。

(4) 对弗莱而言，原型（archetypes）类型似乎是最重要的分类。基于真实和理想的对立，有4种原型（四种叙述程式，弗莱用来作为“原型”的同义词的一个词）。因此，弗莱描绘了传奇（基于理想的）、讽刺（基于现实的）、喜剧（包括了从现实到理想的转化）和悲剧（包括了从理想到现实的转化）。

(5) 接下来的类型划分，严格地讲，是基于作品期待的接受者种类。类型有：戏剧（表演的作品）、抒情诗（歌唱的作品）、史诗（吟诵的作品）、散文（阅读的作品）。对于这种类型划分，还增加了下面的说明：“主要区别涉及这样的事实，即 epos（口述史诗）是片段的情节，而 fiction（虚构作品）属于连续的较长的情节。”

(6) 最后一种分类是根据理智和个性、内向和外向的对立来表达的，可以展示如下：

| | 理智（intellectual） | 个性（personal） |
|---|---|---|
| 内向 | 告白 | 传奇 |
| 外向 | 解剖 | 小说 |

这些是由弗莱提出的一些分类（我们也可以说，一些类型）。他的大胆是显然的和值得赞扬的；剩下的就是看看它的贡献在哪里了。

## 一

我们要作的第一个评论，也是最容易的，是基于逻辑的，虽然不是基于常识的（希望它们对于荒诞研究的用处以后会显现）。弗莱的分类没有逻辑上的一致性，不管是这些分类之间，还是单个分类。维姆萨特（Wimsatt）在他的弗莱批评中，已经言之有理地指出了整合上述第一种和第四种这两大主要分类的不可能性。至于内在的不一致性，我们对第一种分类哪怕只是作粗略的分析，它们就会暴露出来。

在那种分类中，一个构件，主人公，同读者（“我们自己”）和自然规律相比较。然而，关系（优越性）既不是质的（本性），也不是量的（程度）。但当我们图表化这种分类时，我们发现，许多可能的组合在弗莱的列举中无法找到。我们要毫不犹豫地说这里存在不对称：只有一种次级分类法符合主人公优越性的三种类别；而且，相对于程度而言的本性区分也仅仅使用了一次，然而关于每种分类，我们都可以显示它。无疑，我们通过假定会减少可能性数量的额外限定，来避免这种无条理的责备。比如，我们可以说，主人公和自然规律的关系是在整体和部分之间运作的，而非两个部分之间：如果主人公遵守这些规律，在质和量之间就不再有差异的问题。同样的道理，我们可以列举说，如果主人公次于自然规律，那么他可以优于读者，但若反过来讲，就是错的了。这些额外的限定会让我们避免不一致性：而对于明确地表达它们而言，这是绝对必需的；否则的话，我们正在采用一个不明确的系统，而我们将停留在信仰的领域——除非它是宗教领域。

一个关于我们自己的异议的异议是：如果弗莱从 13 种理论上可能的情形中只列举 5 种类型（模型），那是因为这 5 种已经存在，而其他 8 种是不真实的。这一看法导致了类型一词的两个意思之间的重要区别。为了避免一切模棱两可，一方面，我们要假设“历史类型（historical genres）”；另一方面，要假设“理论类型（theoretical genres）”。前者来自文学事实的调查；后者来自理论规则的演绎。在学校学习的有关类型的知识常常与历史类型相关：我们学习古典主义悲剧的知识，因为法国有与这种文学形式（literary form）相关的作品。另一方面，我们从古代诗学作品中找到了理论类型的例子。因此，4 世纪的狄俄墨德斯（Diomedes）继柏拉图把所有作品分为三类：仅仅是叙述者叙述的、仅仅是角色叙述的以及叙述者和角色叙述兼而有之的。这种分类不是基于文学史上作品之间的比较（像历史类型中的情形一样），而是基于抽象的假设，即：假设叙述行为的执行者是作品中最重要的因素，根据这个叙述者的性质，我们可以区分出合乎逻辑的可靠的理论类型的情形。当莱辛（Lessing）预先预测警句（epigram）的亚类型（sub-genres）时，也是采取的同样的方法，他声称，警句的亚类型包括期待型和说明型：“当然只存在两种警句的亚类型，第一种，唤起期望而不提供办法；第二种，提供办法而没有产生期望。”

现在看起来，弗莱的系统像古代作者或莱辛的分类，是由理论类型组成而非历史类型。类型划分的明确数量不是因为还有很多没有发现，而是因为系统的原则的暗示。如此一来，有必要在精选出来的分类情形中演绎各种可能的联系。我们甚至可以说，如果这些联系之一实际上始终没有得以显现，那么我们应该更加谨慎地描述它：就像门捷列夫（Mendeleev）的系统一样，你可以描述仍未发现的元素的性质，同样的，我们在这里描述尚未出现的类型的性质以及结果——关于作品的性质。

对于第一步考察，我们可以增加另外两点看法。首先，任何类型理论都是基于一个作品的概念，基于一个作品的想象，它一方面包含一定数量的抽象性质，另一方面包含管理这些性质的关系的一定数量的法则。如果狄俄墨德斯把类型分为三种，那是因为他在作品中假设了一个明确的特征：存在一个叙述行为的执行者；而且，以此特征为分类基础，他证明了他赋予它的主要优点。同样，如果弗莱把他的分类基于主人公和我们自己之间的优越还是次于的关系，那是因为他把这个关系看做作品的一个成分，而且，看做作品的核心成分。

更进一步，在理论类型里，我们可以介绍另外一种划分，即：简单类型（elementary genres）和复杂类型（complex genres）。前者可以用单一特征的有无来解释，像狄俄墨德斯所说的情形；后者可用好几种特征的共存来解释。例如，我们可以把复杂类型“十四行诗”解释为下列特征的聚合：（1）有关韵脚的明确要求；（2）有关韵律的明确要求；（3）有关主题的明确要求。这些说明假定了一个关于韵律、韵脚和主题的理论（换言之，一个完整的文学理论）。那么，这就很明显了：历史类型是组成复杂的理论类型的一个部分。

## 二

因为意识到弗莱分类中明确的形式上的共存性，我们已经被带向不再是他分类的逻辑形式而是内容上的考察。弗莱从来没搞清楚他的作品的概念（像我们看到的，它必须被看做任何类型划分的出发点），他只花了很少的几页去进行他的分类理论的探讨。让我们代他试着去做这件事。

首先让我们列举一些分类：优越/次于、逼真/虚幻、调和/排斥（与社会有关）、现实/理想、内在/外在、理智/个性。正是来自第一种分类的这个目录，其显著之处就是它的武断性：为何描述文本的是这些分类而不是其他有效的情形？某人寻找一个理由充分的、密切相关的证据去证明其重要性；然而却无果而终。而且，我们不能不注意到这些分类的一个共同特征：它们的非文学性。它们都是借自哲学、心理学或社会道德伦理，而且是随意地借自某种哲学或心理学。

这些术语或是在特别严格的文学意义上使用；或是——因为我们对这种文学意义一无所知，所以对于我们而言，这仅仅是一种现实可能性——导致我们离开文学。于是，文学仅仅成为哲学分类的一种体现方式。它的自主性因此受到了很大的质疑——我们再次与恰恰是弗莱自己提出的一个理论原则相抵牾。

即使这些分类仅仅运用于文学，它们也需要一个更加广泛的解释。我们能将主人公作为一个不言自明的概念来理解么？这个词的明确意义是什么？什么是逼真？它的反面（虚幻）仅仅是角色们“可以为所欲为”的故事的性质吗？然而，弗莱自己给出了逼真的另一个解释，质疑了该词的主要意思：“一个富有独创性的画家当然知道，当公众需求一个对象的画像时，它通常都是希望与它熟悉的绘画传统正好相反的画像。”

## 三

当我们仍然非常细致地考察弗莱的分析时，我们发现另外一个在他系统中占据主导地位的、但未加以系统阐述的假说。我们到目前为止所批评的要点，很容易被调和而不改变系统本身：我们可以避开逻辑上的不一致性而找到分类选择的理论基础。这个新假说的结果要严重得多，因为它包含了一个根本的选项，弗莱正是借此来明确反对结构主义者的看法，代之以把自己归于包括像荣格（Jung）、加斯东·巴什拉（Gaston Bachelard）、吉尔伯特·杜兰德（Gilbert Durand）（不管他们的作品多么不同）这些名字的传统之列。

他的假说是：由文学现象形成的结构，在这些现象的层面上显示自身——也就是说，这些结构是直接可见的。列维—斯特劳斯（Lévi-Strauss）写道：“相反基本原理是，社会结构的概念不是和经验主义的现实相关，而是和根据那个经验主义的现实建构的模型相关。”为了简化，我们说，根据弗莱的观点，森林和大海形成了一个基本结构；相反，对结构主义者来说，这两种现象表明的是一个抽象结构，一个心理构造，让我们说，是一个设定动态和静态的对立的抽象结构。因此，我们明白了，为何像四季，或一天四次，或四个成分这样的形象，对弗莱来说意义非凡：正像弗莱自己在巴什拉译著的序言里所说：“地球、空气、火、水仍是想象力的四种要素，而且会一直如此。”当结构主义者的“结构”首先是个抽象的原理或准则时，弗莱的“结构”被简化为空间排列。在这一点上，弗莱是明确的：“思想的‘结构’或‘系统’经常是可以被简化为一个图标模式——事实上，这两个词都是图表的某种程度的代名词。”

一个假说没有证明的需要，但是我们可以通过使用它以后达到的结果来评价它的效用。因为形式的组织无法被理解，我们相信，就形象本身而言，我们能说的一切依然只是近似而已。我们必须以可能性为满足，而非面对确定性和不可能性。回到我们关于最基本类型的例子，森林和大海经常可以被发现相反，从而形成一个“结构”；但它们未必非要如此，直到静态和动态需要形成一种在森林和大海的结构中显现出来的对立之时。文学结构是如此众多的严格的规则系统，它只是符合可能性的那些系统的表现。如果我们根据形象的可见程度来寻找结构，如此一来我们就会拒绝一切可靠的知识。

当然这是在弗莱的例子里发生的情形。在《批评的解剖》一书中最常碰到的词之一无疑是“经常（often）”和它的代名词。例如：

> 这个神话**经常**牵涉到一场洪水，洪水成为一种周而复始现象的常见象征……襁褓中的英雄**经常**被放在方舟或箱子之中漂浮于大海上……在一块干燥的陆地上，幼儿**不是**被人们从动物爪牙下解救，**就是**因动物之助而得救……**最常见的**背景是山巅、海岛、堡垒、灯塔以及梯子或台阶……他**也可能**是一个魔鬼，像哈姆雷特的父亲一样；或它根本就不是一个人，而只是一股无形的力量，仅从它的施展上才为人所知……**经常**，像在复仇的悲剧里，它是发生于剧情之前的一个事件，悲剧本身仅是这一事件的后果。

结构直接表现的假说在好多其他方面产生了灭菌效果。首先，我们必须注意到，弗莱的假说只是一个分类学，一种分类（根据他明确的声明）。然而认为整体的成分可以被划分，构想的则是一个有关这些成分的具有最小可能性的假说。

然而，弗莱的《批评的解剖》时常建议一个目录，无数文学形象可得以总结；但一个目录当然只是获取知识的手段之一，而不是知识本身。甚至可以说，仅仅分类的人，不会把他的工作干得那么好：他的分类是武断的，因为它不停留在一个明确的理论之上——它有点像前林奈分类的生物体分类情形，这种分类情形很容易构建一个刻画它们自己的一切动物的目录……

如果我们承认弗莱所说的，文学是语言，那么我们有资格指望批评家所做的会非常接近语言学家。但是《批评的解剖》的作者宁愿在头脑中浮现那些19世纪的方言词典编撰者，他们为了罕见或未知的词汇搜寻偏远的村落。无论收集多少成千上万的词汇，一个人不会因此发现语言的功能原理，甚至是最基本的原理。方言搜集者的工作不是无用，而是误导：因为语言不是词汇的积累，而是一个机制（mechanism）。为了理解这个机制，从最普通的词汇和最简单的句子出发就足够了。即使是在批评上，我们仍可以探讨文学理论的基本问题，而不必拥有一个叫诺斯罗普·弗莱的耀眼学识。

是该结束这段很长的题外话了，它对于作为一种文学类型的荒诞的研究之用处可能已经出现质疑了。至少，它已允许我们得出了某些明确的结论，这些结论可小结如下：

（1）每个类型理论都是以有关文学作品性质的假说为基础的。因此我们必须从提出我们自己的出发点开始，即使随后的努力导致我们放弃它。简言之，我们要区分文学作品的三个方面：词语（verbal）、句法（syntactical）、语义（semantic）。词语方面属于构成文本的具体的句子。这里我们要指出两组问题。首先是跟话语本身的性质相关；第二组是与话语的表达、与发表文本的人、与接受文本的人有关：在每种情况下，所包括的都是文本中隐含的图像，而非真实的作者或读者（这些问题到目前为止已经在“观点”方面研究过）。

关于句法方面，我们解释了作品自身各部分之间保持的关系（对此，旧的表述是“组织构造”）。这些关系有三种类型：逻辑的、时间的和空间的，像我在别处已经讨论过的那样。

剩下的是语义方面，或叫文学文本的“主题”。就我们假设的这个第三个方面而言，起初并没有一般的假设；我们不知道文学主题是如何被表达的。然而，我们可以放心地假定，存在着一些普遍的文学语义，包括常常和到处可以遇到的且数目有限的主题，它们的变形和组合产生出显然众多的文学主题。

作品的这三个方面以复杂的相互关系表现出来，它们只是在被我们分析时才独立存在。

（2）必须作出确定文学结构标准的初步选择。我们已经决定把文学世界里所有直接相关的可见成分视作一个抽象而独立的结构的、一个心理构造的显现，然后仅仅根据这个标准来建立一个有机体。一个根本的裂痕出现了。

（3）类型（genre）概念必须要被认可。一方面，我们已经设置了历史的和理论的类型这一组对立范畴：历史类型是文学现象考察后的结果；理论类型是由一种文学理论演绎出来的结果。而且，我们已经在理论类型中区分了简单类型和复杂类型：前者以单一结构特征的有无为特征；后者以是否为这些特征的结合为特征。一切都表明，历史类型是复杂的理论类型的一个亚群（sub-group）。

现在停止已经把我们带得这么远的对弗莱的分析，受这些分析的启发，我们最后必须要表达一个更加全面和谨慎的有关一切类型研究的目的和局限的观点。这项研究必须不断地满足两项指令的要求：实践的和理论的、经验的和抽象的。我们由理论演绎而来的类型必须参照文本来被证实：如果我们的演绎无法符合任何文本，那我们是处于错误的道路上。另一方面，我们在文学史上碰到的类型必须能被一个一致性理论解释；否则，我们仍然被拘囿于代代相传的偏见之中，根据存在一个比如喜剧的类型（假想的例子），事实上它纯粹是幻想。因此，类型的解释将会持续摇摆于现象描述与抽象理论之间。

这就是我们的目标。但是经过仔细检查，我们禁不住怀疑我们所做一切的成效。请考虑第一个需要，理论和现象的一致性要求。我们已经假设，文学结构，由此类型自身，居于一个抽象的层面，独立于具体作品的结构之外。我们不得不要说的是，一个特定的作品表明一个明确的类型，不是这个类型存在于这个作品之中。但是抽象和具体之间这种表明的关系是或然性的性质；换言之，一个作品忠诚地成为它的类型的化身，是没有必要的，这样做只是一种可能性而已。可归结为一句话：作品研究无法做到严格地证实或否定一种类型理论。如果我被告知：一个确定的作品不符合你的任何分类，所以你的分类是错误的，我会反对说：你的“所以”的理由站不住脚：作品无需和分类一致，分类仅仅是一个建构性存在（constructed existence），例如，一个作品可以表明属于不止一个分类，不止一个类型。从而我们通向了一个典型的方法论僵局：究竟怎样来证明一切理论类型的描述性失败？我们对弗莱的责备看来可用于任何作品，我们自己的也包括在内。

现在考虑另外一个方面，已知的类型和理论的一致。理论检验不比经验检验容易。危险仍然是不同的性质：我们的分类会倾向于把我们带出文学之外。每个文学主题理论（直到现在，任何情况下）都倾向于把这些主题简化为借自心理学或哲学或社会学（弗莱是证据）的复杂分类。如果这些分类借自语言学家，情形会有质的不同。而且，正是由于我们为了谈论文学而要使用日常语言这一事实，意味着文学所传达的东西也可以通过其他方式来表达。然而如果这是真的，为何文学总是存在呢？它存在的唯一理由就是，文学表达的是非文学语言不能和不会表达的。所以一些顶级的批评家为了避免非文学带给文学的暴力，倾向于自己成为作家；但这是无望的努力。因为，当一个新的文学作品被创造出来时，先前业已存在的作品与它并不是雷同的。文学只表达它能表达的。当批评家利用他对文学文本的权力表达了所有，他仍旧是什么也没说；因为正是文学的存在暗示了它不会被非文学所取代。

这些怀疑的想法不必让我们气馁，他们只不过是迫使我们意识到我们不能逾越的局限。知识的目的是接近真理，不是绝对真理。如果描述性科学（descriptive science）要求陈述真理，它就会与自身存在的理由相矛盾（的确，随着所有的大陆都被精确描绘，物理地理学的明确形式不再存在）。矛盾的是，不完美是生存的保证。

（陈军　译）

（《社会科学战线》2012 年第 6 期）

# 论文学类型传统

〔美国〕安尼斯·巴沃什　玛丽·乔·瑞夫*

本文我们要考察文学理论中解释和运用（历史上和当前的）类型（genre）的各种情形。我们首先考察文学类型方法传统上保持的文化上流行的、两极的类型态度：或是当做一个纯粹的审美客体，或是视为对艺术精神的约束，然后我们会考察更多的挑战两极态度的最新文学类型研究成果，提出一个关于类型行为的更为广阔的、能包括语言学和社会—修辞学类型研究的视野。我们将描述我们理解的文学类型研究的五种主要派别：新古典主义类型方法；结构主义（或文学—历史主义）类型方法；浪漫主义和后浪漫主义对类型的忧虑；读者反应的类型方法；文化研究的类型方法。这些派别有助于突出文学理论解释、使用类型的方法范围及其对于写作研究和教学的意义。

## 新古典主义的类型方法

在《荒诞文学》和“类型的由来”中，茨维坦·托多罗夫（Todorov）区分了他所谓的“理论的（theoretical）”和“历史的（historical）”类型方法，这个区别会在我们将要考察的前两个文学传统中显现出来：新古典主义和结构主义。解释类型的理论方法基于批评家用来划分文本的抽象的、分析性范畴。① 这些范畴之所以是“理论的”，是因为它们不是始于现实的实践和文本，而是始于先验的范畴，然后为了划分的目的而运用于文本之中。这么一个理论方法的例子，托多罗夫评论说，是诺斯罗普·弗莱（Frye）著名的作品

---

* 作者单位：华盛顿大学英语系；堪萨斯大学英语系。

① Tzvetan Todorove, *The Fantastic*, Trans. Richard Howard, Ithaca: Cornell University Press, 1975, pp. 13–14.

《批评的解剖》，其中根据原型主题和意象来划分文学文本。另一方面，历史的方法，承认类型是“得自文学现实调查”的结果，意味着类型的解释是基于归纳法，批评家因此把类型分类基于文本中感知到的结构模式，因为这些文本历史地存在于特定的文学语境中。①（托多罗夫的类型研究方法照此可以描述为历史的方法）然而托多罗夫并不否认理论或“抽象分析”对于他愿意称之为类型的“种类（types）”这一称呼的用处，他想把“类型（genre）”一词留来指称“只是被历史地感知的那些文本的种类”②。

我们称之为新古典主义的类型方法，为了划分文学文本，采用的是一组理论的、超历史的类别（或分类学）。这样的分类学方法以先验的、宏观分类为始，然后根据内在的主题和形式的关系来解释和阐明文学文本的种类。正像托多罗夫的评论指出的那样，新古典主义的类型方法倾向于依靠这些分类法去划分和描述文学文本之间的关系，而不是考察类型如何出现以及类型是如何被使用者根据实际使用的语境制定出来的。

杰拉德·热奈特（Genette）已经描述了新古典主义文学分类法是如何以抒情的（lyric）、史诗的（epic）和戏剧的（dramatic）这著名的文学三分法作为它们的基础，这个三分法被错误地归功于亚里士多德，实际上更多的是浪漫主义和后浪漫主义诗学的产物。③ 根据热奈特的说法，“（文学传统上）整个类型理论的历史，都打上了反映和改变文学领域里常常是毫无条理的实际的这

① Tzvetan Todorove, *The Fantastic*, Trans. Richard Howard, Ithaca: Cornell University Press, 1975, pp. 13–14.

② Tzvetan Todorove, “The Origin of Genre,” *Modern Genre Theory*, Ed., David Duff, London: Longman, 2000, p. 198.

③ Gérard Genette, *The Architext: An Introduction*, Berkeley: U of California P, 1992: pp. 6–12. 在《诗学》中为响应柏拉图，亚里士多德为艺术表现提供了辩护，因为这样的表现不是外表的模仿、单纯的复制，而是包含它们自己的有机整体性和秩序法则。他在《诗学》开篇解释：“我将探讨诗的艺术本身、它的种类、各种类的特殊功能。”（50）以此为前提，亚里士多德于是着手划分史诗、悲剧和喜剧为“模仿模式”，根据它们的结构和功能，尤其是根据它们的媒介、对象和模仿方式（50）。模仿媒介包括节奏（rhythm）、音调（melody）或韵文（verse）；模仿对象包括人类行为，特别是高贵的或低等的人物；模仿方式或通过叙述（narration）或通过动作（drama）显现出来。以这些区别为基础，亚里士多德根据各自在媒介、对象和模仿方式之间具体关系上的设置方式来划分，把史诗、悲剧、喜剧描述为代表不同的诗作行为（poetic action）的种类。

些迷人模式的烙印”①。这个三分法传统上常常用来说明文学景观：小说、中篇小说、史诗（史诗的）；悲剧、喜剧、资产阶级戏剧（戏剧的）；颂诗、赞美诗、讽刺短诗（抒情的）。② 作为分类法，古典的三分法也常被用来描述类型的变化。例如，引用欧内斯特·博韦（Bovet）关于三分法如何自然而然地演化以反映生物和社会演化的理论，热奈特写道：“对博韦来说，像对雨果和德国浪漫主义者来说一样，三个‘主要类型’不仅仅是形式……更是‘三个想象生活和世界的基本方式’，对应于演化的三个阶段，同个体生长与种系生长一样……”③ 所以在一个特定的历史时期，不同阶段会有反映类型演化阶段的标志，例如，“史诗世界（epic world）”、“抒情意识（lyric consciousness）”，以及“戏剧环境（dramatic milieu）”④。在其他时候，三分法已和时间和空间视角联系在一起。例如，抒情的（lyric）有时被解释为主观的，戏剧的（dramatic）是客观的，而史诗的（epic）则是主—客观的，⑤ 以致在每一种形式中，我们都有一个不同的存在概念——也就是说，每一种形式表达了特定的文学行为发生的不同的空间维度。⑥

像抒情的、戏剧的和史诗的三分法所示，赖以辨别新古典主义类型方法的

---

① Gérard Genette, *The Architext: An Introduction*, Berkeley: University of California Press, 1992, p. 45.

② Gérard Genette, *The Architext: An Introduction*, Berkeley: University of California Press, 1992, p. 49.

③ Gérard Genette, *The Architext: An Introduction*, Berkeley: University of California Press, 1992, p. 56.

④ Gérard Genette, *The Architext: An Introduction*, Berkeley: University of California Press, 1992, p. 62.

⑤ Gérard Genette, *The Architext: An Introduction*, Berkeley: University of California Press, 1992, p. 38.

⑥ 空间上，在抒情里，作者的存在据说在空间上和他或她的文本很接近，然而在戏剧里，可以说，在文本中的存在，行动发生于决定两个或更多的独立角色之间互动的它自己的空间背景里。时间上，抒情的经常和现在联系在一起，戏剧的经常和未来联系在一起，而史诗则是和过去联系在一起（*The Architext: An Introduction*, pp. 47–49），以致每一个都代表了想象影响文学行为的文学时间的特定方式。所以抒情的、戏剧的、史诗的确定时间、空间以及其中发生的行为在不同文学文本中设置和制定的方式。约翰·佛柔描述了三分法在黑格尔的构想里是如何也同人类发展联系上的，所以，例如，史诗是“对应于人类婴儿期”的“外部宇宙的客观话语”，而抒情诗是“具体个人的内部世界的主观话语，它与个人自身同群体的隔离有关系，”戏剧是“在对话和行动中的主体性的对象化这二者的综合”（John Frow, *Genre*, London: Routledge, 2006, p. 60）。

是，它们追求系统的和归纳的法则，此法则基于划分和描述文学文本种类的普遍有效性。① 同样的，在为了描述文学文本及其关系而寻求超历史的原型系统的意义上，我们可以把诺斯罗普·弗莱著名的研究类型的著作描述为新古典主义的。例如，在《批评的解剖》中，弗莱确定了四种原型叙事：喜剧、传奇、悲剧和反讽/讽刺诗。这些叙事（narrative）同季节循环相连，比如冬天和反讽/讽刺诗相连，春天和喜剧相连，夏天和传奇相连，秋天和悲剧相连。每一种叙事在原型情节（plot）中展开（例如，喜剧中从一种社会形态到另一种的变化），每一种情节在原型相位（phase）中展开（例如，悲剧中从完全的无辜到不幸的缺陷到未经解除的震惊和恐惧）。相位自身和原型人物和特征相连（例如，爱情小说中的剧情要求［guest plot］包括原型人物，比如年轻的男主人公、年老的魔术师、女巫、魔鬼、女神宁芙以及原型意象，比如水、生育、森林景观、山谷、小溪、友好的同伴，等等）。例如弗莱对新古典主义方法解释说，“使用类型批评的目的，与其说是如何分类，不如说是弄清楚这类传统和相互关系，从而显示出大量的文学方面的关系，这种关系要是没有为它们而建立的语境是不会被注意到的”②。

正当新古典主义分类学力图整理文学文本间的关系时，对这种方法的主要批评也产生了它们把类型的想象性特征普遍化，而不是把类型看做出自和响应社会—历史语境的迫切需要。

## 结构主义的类型方法

当弗莱基于原型的分类学招致比如托多罗夫的“是理论的而非历史的”批评时，弗莱的作品也提供了描述文学文本如何不像一个独立实体起作用而是存在于文学世界里彼此系统的互文性的关系之中的方式。在《批评的解剖》中，弗莱提出了一种文学批评的方法，其不是源于意识形态的视角、个人的品味以及价值判断，而是源于文学文本的系统研究，以期寻找一个“整合原则（coordinating principle）”去确认和描述文学文本是一个更大整体的组成部分。③ 在探寻渗透于文学文本并有助区分文学文本的原型模式（仪式、神话）

① John Frow, *Genre*, London: Routledge, 2006, p. 52.

② Northrop Frye, *Anatomy of Criticism*: *Four Essays*, Princeton: Princeton University Press, 1957, pp. 247-248.

③ Northrop Frye, *Anatomy of Criticism*: *Four Essays*, Princeton: Princeton University Press, 1957, p. 16.

时，弗莱描绘了一个复杂的互文性的文学世界，文学文本参与其中并得到说明。所有文学文本都依赖于一套限定的可用的原型，根据文学文本功能的类型来配置这些原型。这样一来，弗莱的作品也可以被视为部分地是以另外一个文学类型方法在运作——结构主义的方法。

结构主义的（或文学—历史的）方法认为类型在文学的现实范畴内组织并在某种程度上塑造了文学文本和活动。在《类型隐喻：类型理论中的类比功能》里，戴维·费希尔罗夫探究了文学现实和类型理论的联系，说明了“类型是社会机构”的隐喻是被文学研究者普遍用来描述文学类型如何来协调文本的关系、构造和变化的。例如，费希尔罗夫把它解释为“一位教授根据教育机构的结构和功能被要求遵守某些行为模式，和其他角色扮演者（如学生）互动……喜剧中的一个角色根据‘喜剧机构’的结构原则被要求表演某些动作，和其他角色互动”①。因此，类型是确保文学活动成为可能且富有意义的文学机构（literary institutions），既在参与其中的主题方面，又在产生和解释它们的作者和读者方面。因此，结构主义的方法考察类型如何建构托多罗夫所谓“文学现实（literary reality）”里的文学文本和语境。②

鉴于新古典主义类型方法采用超历史的范畴（比如史诗的、抒情的、戏剧的）在抽象的层面上划分和阐明文学文本及其关系，结构主义方法更加关注社会—历史地存在的类型是如何形成具体的文学的活动（actions）、身份（identifications）和表达（representations）的。③ 这样，按照弗里德里克·詹姆逊所说，“类型本质上是文学机构，或是作者与特定群体之间的社会合约（social contract），作用是详细说明具体文化艺术品的恰当用途”④。同样，乔纳森·卡勒解释说，写作一首诗或小说的行为“正是由于类型的存在才成为可能，当然作家可以反其道而行之，他可以设法去推翻类型传统，然而这恰是

① David Fishelov, *Metaphors of Genre*: *The Role of Analogies in Genre Theory*, University Park, PA: Pennsylvania State University Press, 1993, p. 86.

② Tzvetan Todorove, *The Fantastic*, trans. by Richard Howard, Ithaca: Cornell University Press, 1975, pp. 13-14.

③ 例如，热奈特和托多罗夫都认为，新古典主义方法所说的“类型（genres）”实际上不是类型（genres），而是“种类（types）”（“The Origin of Genre” 208）或“模式（modes）”（The Architext, 64）——划分类型（genres）的抽象的理论的/分析性范畴，而类型（genres）自身倒不如说是历史和文化上偶然的、文学现象（The Architext, 74）。

④ Fredric Jameson, *The Political Unconscious*: *Narrarive as a Social Symbolic Act*, Ithaca: Cornell University Press, 1981, p. 106.

他写作活动发生的背景，正如食言之所以可能，是由于存在着遵守诺言的社会习俗一样。”① 这个类型背景是概念性的，又是松散的，不但规定某些形式和正文的惯例，而且还规定某些组织和经验文学现实的方式。例如，海因茨·施拉菲尔（Heinz Schlaffer），在描述沃特·本雅明理解“艺术世界的整体性和差别性如何产生”时，写道：“本雅明对于类型理论的决定性贡献在于类型浓缩了世界影像的这一思想……借助观念的组织，类型成为一个富有意义的轮廓，与真实世界的无限性和不确定性形成对照”②。文学类型通过创造具体的文学—历史的意义和价值来管束“真实世界的无限性和不确定性”。

类型建构文学意义和价值的一种特殊方式，是建立一个文本自由活动于其中的特定的时空结构。例如，凯特·汉伯格（Hamburger）认为，类型建构了一个特定的时空定向，所以在语法层面，例如，“小说中的过去时态不是指我们知道的过去时态，而是当前的一种情境；当我们读到‘约翰走进了房间’这样的句子时，我们不会假定，像我们如果在另一种类型写作中遇到过去时态时会做的那样，说正在被描述的行为已经先于我们现在的某个动作发生了”③。

同时，类型也建构我们关于文学行为、表达和身份的看法。例如，希瑟·杜布罗叫读者去思考下列假设的段落：

> 壁炉上的时钟显示十点半，但有人最近说时钟坏了。就在死去的妇人的躯体躺在前屋的床上时，一个依旧是沉默的身影从房子里迅速地消逝。唯一能听到的声音是那时钟的滴答和婴儿的号啕大哭。④

我们怎样来理解这段话以及它描述的事件，杜布罗认为，这表明了类型在建构文学事件上的重要性。例如，如果知道这段话出现于一本名为《谋杀马伯里索普》小说中，读者会意识到他们所读的小说属于侦探小说的类型，他们就能对正在发生的行为作出一定的判断。时钟的不准确以及死去的妇人躺在前屋的事实在那个语境中成为有意义的情节。同样，闪过的身影很可能被认作嫌疑犯，在这种情况下，消逝的身影和死去的妇人作为可能的谋杀受害者/嫌疑犯，假定了一个明确的以类型为介导的原因/效果的彼此关系。然而，如果，像杜布罗所说，小说的题目不是《谋杀马伯里索普》，而是《戴维·马伯里索普的个人史》，那么我们遭遇同样句子的方式就变了。把小说当做成长小说

---

① Jonathan Culler, *Structuralist Poetics*, Ithaca: Cornell University Press, 1975, p. 116.

② Thomas O Beebee, *The Ideology of Genre: A Comparative Study of Generic Instability*, University Park: Pennsylvania State University Press, 1994, p. 259.

③ Heather Dubrow, *Genre*, London: Methune, 1982, p. 103.

④ Heather Dubrow, *Genre*, London: Methune, 1982, p. 1.

(生活的小说)来读，我们会赋予死去的身体和时钟不准确的事实以不同的意义。同样，我们不会试图识别一个嫌疑犯。号啕大哭的婴儿，像杜布罗认为的，也会承担更多的相关性，可能正是戴维·马伯里索普，我们将要阅读他的生活故事。简言之，话语中的行动者在类型建构的彼此关系中体现了特定的行为、身份和表达。

在确认类型的意识形态特征以及认可类型在建构审美世界中的作用方面，结构主义的方法承认类型在形成文本诠释和文本生产方面的能力。然而，正如我们在下面将要讨论的，立足于把类型当做建构文学现实的文学产品，结构主义类型方法忽略了所有类型如何，而非仅仅是文学类型，有助于组织和产生社会实践和现实。

## 浪漫主义和后浪漫主义的类型方法

当结构主义方法把类型理解为建构文学世界中的文本活动和关系时，某些浪漫主义和后浪漫主义方法排斥类型的构成能力，相反他们认为，文学文本事实上是靠超越被视作规范性分类和限制文本能量的类型传统来实现它们的状态的。① 这么一种对类型的否认，声称类型"对于成为一名现代作家和通常的写作而言，是自相矛盾的说法"②，可以追溯至德国浪漫主义以及弗里德里克·施莱格尔（Schlegel）在18世纪末的著作。施莱格尔坚持文学文本的独特性，把浪漫主义诗歌当做理想的例子："只有浪漫主义诗歌不拘一格，因为只有它是自由的……浪漫主义诗歌的类型不仅仅是一个类型：在某种程度上，它就是诗歌艺术；可以这样说，所有诗歌是或必须是浪漫主义的"③。继施莱格尔的一个世纪以后，本纳德多·克罗齐声称根据类型来划分任何审美作品都是对它基于直觉的而非逻辑的本质的否定。类型，克罗齐认为，是逻辑概念，因此不能运用到文学作品中，文学作品是不确定的，反对分类的。④ 最著名的摒弃类型的例子可能来自莫里斯·布朗肖（Blanchot），他在《未来的书》中写道：

① John Frow, *Genre*, London: Routledge, 2006, p. 26.

② Adena Rosmarin: *The Power of Genre*, Minneapolis: University of Minnesota Press, 1985, p. 7.

③ Terry Threadgold, "Talking about Genre: Ideologies and Incompatible Discourse," *Cultural Studies*, Vol. 3, No. 1, 1981, p. 112.

④ Benedetto Croce, *Aesthetic*, trans. by Douglas Ainslie, New York: Noonday, 1968, p. 38.

只有书是重要的，事实上，远离类型，在标题之外……它拒绝被分类，否定固定它位置和决定它形式的力量。一部书不再属于一种类型；每本书只从文学产生，好像文学预先在总体上拥有了那些秘诀和程式，文字正是凭此才获得了文学现实的可能。①

在布朗肖的构想中，文学成为存在于类型划分、阐明或建构文本的能力之外或之上的先验领域。

雅克·德里达抓住了布朗肖的文本自治及其和文学关系的构想中的明显矛盾。在"类型的法则"中，德里达承认"'类型'一词一旦说出，一旦被听到，一旦有人试图理解它，那么某种界限就划定了。而当界限确定时，它的范式和限定性规则就接踵而来"②。然而他用经常被引用的假说来回应布朗肖："每一个文本都参与（participate in）一个或几个类型，不存在无类型的文本；总存在着一种或几种类型，然而这样的参与从来不等于归属（belonging）。这不是因为一种盈余的溢出，或一种自由的、无规律的、不可归类的多产，而是因为参与自身的特征……"③ 在这种情况下，德里达在提出那个不确定性来自文学文本和类型的复杂关系之际，延续了布朗肖所认可的何为文本的不确定性。文本不归属一个类型，虽然一个分类关系中；文本参与一个类型，或更确切地说，同时参与好几个类型。"参与"对德里达来说是个关键词，因为与其说它意指某种复制或再生，还不如说它更像某一个行为。每个文本的行为重复、混合、延伸和潜在地重建它所参与的那个类型。如此一来，对德里达而言，类型就不是划分或阐明或甚至建构文本的先验性范畴，而是通过文本行为不断被重组的。④ 实际上，对德里达来说，文学文本的标记之一是它们对其行为进行"再标记"（自觉地、内省地）的能力："这个再标记——对所有文本、对每一个符号系统的踪迹都是永远可能的——对我们所称的艺术、诗歌或文学

① Marjorie Perloff ed. , *Postmodern Genre*, Norman, OK: University of Oklahoma Press, 1989, p. 3.

② Jacques Derrida, "The Law of Genre," David Duff, *Modern Genre Theory*, ed. , London: Longman, 2000, p. 221.

③ Jacques Derrida, "The Law of Genre," David Duff, London, *Modern Genre Theory*, ed. Longman, 2000, p. 230.

④ Terry Threadgold, "Talking about Genre: Ideologies and Incompatible Discourse," *Cultural Studies* , Vol. 3, No. 1, 1981, p. 112.

来说，是绝对必要的，也是不可或缺的组成部分”①。简言之，类型是文本行为的前提条件。

尽管作为对浪漫主义和后浪漫主义否定类型的回应而导致对文本和类型之间关系的动态的理解，德里达的观点最终仍是把类型理解为文学的负担（imposition）②，一个必要的负担，可能更是一个虽然如此而文学文本必须要克服、混合以及自我履行的负担。为此，正像约翰·佛柔所说，德里达的观点“属于……某种熟悉的后浪漫主义，反对把类型理解为规范分类和对文本能量的约束”③。到最后重要的是文学文本的独特性超越了它所属的类型。

## 读者反应的类型方法

读者反应的类型方法追随德里达，提出了一个关于文本和类型之间的复杂关系。然而鉴于德里达把文学文本认作类型的实现行为，读者反应的方法把类型认作是读者，特别是文学评论家对文本的行为。在《类型的力量》中，阿登纳·罗斯马林确定类型的力量正是在这个方面：“类型是评论家的探索性工具，是评论家选定的方式，来帮助读者去明了文学文本之前令人费解的‘文学的’丰富内涵，然后把这个文本和那些类似的，或更准确地说，和那些能被同样解释的文本相连”④。在这种方法下，类型成为一个评论家关于某个文本得出的结论。这样一个结论并不必然改变文本，更多是一个关于某个文本的确定的甚至是临时的解释，这个文本本身可能就从属于多重类型的解释或行为。例如罗斯马林解释说，“明确使用类型作为解释工具的评论家，既不要求，也不必要求文学文本应该或将会按照它的要求去写，但是，在目前，对隐含的读者来说，评论能借助这些要求最有效地证明某个特定的文学文本的价值”⑤。同样的文本不有损于其完整性，可以从属于不同类型的解释，以致，与罗斯马林一道，某个评论家可以说，“让我们探究一下《安德列亚·德尔萨

① Jacques Derrida, “The Law of Genre,” David Duff, , *Modern Genre Theory*, ed. London: Longman, 2000, p. 229.

② Thomas O. Beebee, *The Ideology of Genre: A Comparative Study of Generic Instability*, University Park: Pennsylvania State University Press, 1994, p. 8.

③ John Frow, *Genre*, London: Routledge, 2006, p. 26.

④ Adena Rosmarin, *The Power of Genre*, Minneapolis: University of Minnesota Press, 1985, p. 25.

⑤ Adena Rosmarin, *The Power of Genre*, Minneapolis: University of Minnesota Press, 1985, pp. 50–51.

托》(罗伯特·勃朗宁写的诗),当我们把它当做戏剧的独白时,会是什么样子……"① 这样一种方法承认类型的构成力,虽然是一个解释工具,但是包含在文学消费,而非文学生产之中。

E. D. 赫尔希同样也认可类型作为诠释框架(interpretive frameworks)的观点,认为读者的"预备的类型观念"是"他后来理解一切的组成部分",直到这种观念受到挑战或被改变才不如此。② 这样,类型就作为读者关于文本做出的约定俗成的预言或猜想。概括这种类型方法,约翰·佛柔写道:"类型不是文本的性质,而是阅读的功能。类型是我们归于文本的范畴,而在不同的情形下,这个归于是会变的。"③ 这么一种方法开始提供一种更加动态的通往文学研究方法的类型观,同时它提供了一种阅读教学的方法,根据阅读理论家弗兰克·史密斯(Frank Smith)所谓的"规范",能让读者去确认、预言和处理某个文本。然而,从心理学角度把类型解释为读者的行为,把类型理解为诠释工具,读者反应的类型方法忽略了类型的社会视野及其在文本生产和理解中的作用。

## 文化研究的类型方法

当传统的文学方法导致了文化上普遍的、两极的类型态度,或是视作唯一性的审美客体,或是视作对艺术精神的限定,我们将要考察的最后一种传统(文化研究的类型方法)挑战了这样一个两极态度,为类型的实现行为提供了一个更为广阔的空间。文化研究的类型方法寻求考察类型、文学文本和社会—文化之间的关系——特别是,类型组织、产生、规范的方式,有助于以一种动态的、进行中的、文化上定义的典型方式来复述文学的和非文学的社会行为。

针对读者反应的类型方法,例如,文化研究方法会对类型如何以及哪些类型成为读者或评论家可获取的合法选择感兴趣。例如,赫尔希和罗斯马林没有对读者和评论家把类型归于文本的社会调节方式作出说明,而是提出类型是读者简单选择的诠释框架。事实上,在确认哪些文本属于哪些类型的问题上存在着巨大的社会风险。因此,文化研究的方法研究类型传统如何通过"分享的和可分享的方式"招呼某些文本和读者以及类型传统如何"成为差不多是稳

① Adena Rosmarin, *The Power of Genre*, Minneapolis: University of Minnesota Press, 1985, p. 46.

② E. D. Hirsch, *Validity in Interpretation*, New Haven: Yale University Press, 1967, p. 74.

③ John Frow, *Genre*, London: Routledge, 2006, p. 102.

定的基础结构"①，所以读者或评论家"选"作诠释框架的类型受其社会实践知识的影响。以电影业的类型为例，瑞克·奥特曼认为"我们会卓有成效地认识到类型似乎被对类型的特别存在必不可少的一系列机构提出、稳定和保护的程度"②。这些机构不仅包括文学机构，也包括其他诸如学校、出版公司、市场经销商等社会机构，它们构成了佛柔所谓的规范阅读习惯的"阅读政体（reading regimes）"。据佛柔所说，"获得背景知识、使用原则的知识以及其他相关知识，它们让我们恰当地对不同类型语境作出反应，这些都贯穿阅读政体结构的学习之中"③。"使用原则的和其他相关"知识，来自社会实践（包括类型），它们设计读者如何识别、选择、评价和经验文学文本，因此这就以比结构主义方法提出的更简单的类似方式把文学类型和社会机构连接起来。

文化研究的类型方法的一个重要方面是，它们解释和使用类型去考察文学文本和历史地存在的社会实践和结构之间动态关系的方式。例如托多罗夫提出，"像任何其他机构一样，类型揭示它们所属的社会的构成特征"，因此，"一个社会选择、整理和它的意识形态最符合的（言语）行为；这就是为何存在于某个社会中的某些类型是那种意识形态的启示，而在另一个社会里则不是……"④ 例如，在《史诗和帝国：从维吉尔到弥尔顿的政治和类型形式》里，戴维·昆特描述了作为一种类型的史诗如何通过叙述人类历史来"解码和传达"一个"帝国的意识形态"⑤。例如昆特解释说，"史诗属于胜利者，因为它的线性目的论；传奇属于失败者，因为它的随意的或循环的漫游形式。换句话说，胜利者把历史当做依靠他们自己的力量讲述的一个连贯的、定向结束的故事来经历；失败者经历一个他们自己无力去设计结局的偶然事件"⑥。因此，史诗就带有一种"叙述自身的观念，贯穿西方历史，这种观点把权力等同于叙述，随着史诗成为更广阔的文学史的一部分，这种观点在某种程度上

① John Frow, *Genre*, London: Routledge, 2006, p. 102.

② Rick Altman, *Film/Genre*, London: BFI, 1999, p. 85.

③ John Frow, *Genre*, London: Routledge, 2006, p. 140.

④ Tzvetan Todorove, "The Origin of Genre," *Modern Genre Theory*, *David Duff*, ed. London: Longman, 2000, p. 200.

⑤ David Quint, *Epic and Empire: Politics and Generic Form from Virgil to Milton*, Princeton: Princeton University Press, 1993, p. 8.

⑥ David Quint, *Epic and Empire: Politics and Generic Form from Virgil to Milton*, Princeton: Princeton University Press, 1993, p. 9.

最终被普遍化、符号化"①。那么，史诗绝非仅仅是用来划分文学文本种类的新古典主义类别，它反映并参与维持了一种被历史见证的叙事观。不仅文学类型以动态的方式和意识形态相连，彼得·希区柯克认为，划分类型的冲动也是如此，其本身就是一个和殖民主义、民族主义相连的历史的和社会—文化的冲动。"文学上的分类企图，"希区柯克认为，"是和它自身以及社会的历史密不可分的"。② 例如，在20世纪60和70年代，面对小说普及化和小说种类的增加，尤其跟声称他们的自治和差异的非殖民化和后殖民化状态的上升相关，按照类型写作小说的企图是一种保守的行为。③ 希区柯克呼吁一种"分析模式，以足够认真的态度对待类型，弄清楚具体类型出现和消亡的条件……同时考虑一种本质上非历史的类型法则"④。类型的形态与转变通过意识形态的强有力的途径与社会的形态和转变相连；以"足够认真的态度"对待类型，根据文化研究的方法，意味着既要考察类型如何反映和参与社会实践的合法化，也要意识到类型的差别如何保持权力、价值和文化的层级。

文化研究的种种观点某种程度上已经暗示出，文化研究的类型方法倾向于借助承认一切类型如何反映和形成文本和社会活动的方式来使得文学和非文学类型之间的界限复杂化。例如佛柔提出，"类型理论是，或应该是，关于意义和真理的不同结构方式，这些意义和真理在（in）和通过（by）建构话语世界的各种写作、谈话、绘画、电影、行动而产生"⑤。米哈伊尔·巴赫金在描述类型间的复杂关系方面具有特别重要的地位。这里，我们将聚焦我们所称的巴赫金作品中关于类型关系的两条轴线，横向的和纵向的。横向关系描述类型们的对话性质，因为一个类型成为交流范围内对另一个的回应。例如，对文件的需求导致一个申请，而这个申请又导致接受信或拒绝信，等等。垂直关系包

① David Quint, *Epic and Empire: Politics and Generic Form from Virgil to Milton*, Princeton: Princeton University Press, 1993, pp. 13–15.

② Peter Hitchcock, "The Genre of Postcoloniality," *New Literary History*, Vol. 34, No. 2, 2003, p. 308.

③ Peter Hitchcock, "The Genre of Postcoloniality," *New Literary History*, Vol. 34, No. 2, 2003, pp. 309–310.

④ Peter Hitchcock, "The Genre of Postcoloniality," *New Literary History*, Vol. 34, No. 2, 2003, p. 311.

⑤ John Frow, *Genre*, London: Routledge, 2006, p. 10.

括巴赫金所说的主要和次要类型。① 对巴赫金而言，主要类型（primary genres）成形于“无中介的话语交流”，意思是它们保持着一种“同实际的现实和别人的实际表达的直接关系”。主要类型的例子包括在日常对话和私人信件中的答复。次要类型（secondary genres，对巴赫金而言，包括“小说、喜剧、各种科学研究、评论的主要类型”）更加复杂：“在它们的形成过程中，（次要类型）吸收和消化各种各样的主要（简单）类型……当进入复杂的次要类型时，这些主要类型被改变，从而呈现某种个性”②。例如，当我们在实际电话交谈中用“你好”接电话时，我们正在使用主要类型，但是如果那个回答和接着进行的电话交流被记录为和被包括进一项试验中交叉测试的一部分，那么主要类型就被再语境化和被改变为次要类型交叉测试的一部分。

次要类型吸收和改变主要类型（以及其他次要类型）的垂直关系揭示了文学的和日常的类型是如何相互作用去形成和改变社会实践和活动。首先，它提出，作为次要类型的文学类型不是纯粹的，而正是由其他类型构成的，包括诸如电话交谈、税单、合同、祈祷等日常的方言的类型。对巴赫金而言，小说提供了这样一种不同类型共存（herteroglosia）的最清晰的例子。小说把多样的类型再语境化到它的象征世界中。按照巴赫金所说，“这些类型中的每一个都各自拥有字面和语义的形式，来同化现实的众多方面。其实，小说利用这些类型正是因为它们，作为精心设计的形式，在语言上同化现实的能力”③。这样一来，小说可以被理解为现实里的现实的再消化，所以小说吸收的众多类型所表现的现实在它自己的现实里再语境化。小说利用众多类型的现实去建构自己的现实。类型转化的这个过程在两个方向上起作用。一方面，一旦某个文学类型吸收其他类型，例如法律类型，它转换它们，以致这些类型不再借助托马斯·毕比所谓的它们作为法律文件的文化的“使用价值”来解释，这些法律文件具有文化后果，比如把某人投进监狱。另一方面，文学类型能提供关于日常法律或公用类型如何被使用的另一种视角，从而改变它们的文化使用价值。

① Mikhail M. Bakhtin, "The Problem of Speech Genres," Caryl Emerson and Michael Holquist, eds. In *Speech Genres and Other Late Essays*, trans. by Vern W. McGee, ed. Austin: University of Texas Press, 1986, pp. 61-62.

② Mikhail M. Bakhtin, "The Problem of Speech Genres," In *Speech Genres and Other Late Essays*, trans. by Vern W. Caryl Emerson and Michael Holquist eds. McGee, Austin: University of Texas Press, 1986, p. 62.

③ Mikhail M. Bakhtin, "The Problem of Speech Genres," Caryl Emerson and Michael Holquist eds. In *Speech Genres and Other Late Essays*, trans. by Vern W. McGee, Austin: University of Texas Press, 1986, pp. 320-321.

即，譬如小说这样的文学类型具有一种潜力，去“变形”或动摇它们再语境化的类型所表现的现实。按照毕比解释的说法，“依照我的作为使用价值的类型理论，小说的目的应该是提供一个话语空间让不同的类型彼此批评”①。这样，文学类型就通过日常类型和它们的使用价值之间关系的改变和重构来揭示文化意识形态。②

对毕比来说，“根本上，类型是文本创造和阅读的前提条件”③，因为类型提供一个意识形态的语境，供文本和它的使用者活动，与其他类型和文本联系以及获得文化价值：“类型赋予我们的不是在抽象、被动意义上的理解，而是在实用和积极意义上的使用”④。正是在这个社会的、修辞学的系统里，类型获得它的使用价值，使得类型成为文化的承载者、发声者、再生者之一——总之，类型也是意识形态的。反过来，类型使得文本具有意识形态性，赋予它们社会的使用价值。于是，作为一个意识形态的——自由的形式，类型把一切话语划入毕比所谓的“用法可能性”⑤。菲利普·加迪（Gardy）把这种转换描述为一场“现实化运动”、“无意识信息”或“无意识话语‘事实’”（外延）于其中被现实化为“意识形态的信息”（内涵）。⑥ 所以类型是话语的“现实化者（actualizer）”，通过赋予它福柯所谓的存在或生命的模式，把一般话语转换为社会认可的有意义的文本。因此，正是类型赐予某文本与其他文本相关的社会现实。毕比总结说，“文本和‘现实’的关系实际上是由我们按类放置的意愿建立的，这个意愿也就是我们从意识形态上占有它的无意识信息的

---

① Thomas O. Beebee, *The Ideology of Genre*: *A Comparative Study of Generic Instability*, University Park: Pennsylvania State University Press, 1994, p. 154.

② 例如毕比解释说，“只有在写作和思考的变形和矛盾中我们才会认识到意识形态；类型是这些可见的变形之一，是揭示意识形态力量的文化产品的 iron filing 一种模式”（The Ideology of Genre, 18）。

③ Thomas O. Beebee, *The Ideology of Genre*: *A Comparative Study of Generic Instability*, University Park: Pennsylvania State University Press, 1994, p. 250.

④ Thomas O. Beebee, *The Ideology of Genre*: *A Comparative Study of Generic Instability*, University Park: Pennsylvania State University Press, 1994, p. 14.

⑤ Thomas O. Beebee, *The Ideology of Genre*: *A Comparative Study of Generic Instability*, University Park: Pennsylvania State University Press, 1994, p. 278.

⑥ Thomas O. Beebee, *The Ideology of Genre*: *A Comparative Study of Generic Instability*, University Park: Pennsylvania State University Press, 1994, p. 278.

意愿"①。类型构造关系系统（类型内地和类型间地），以便文本彼此之间的关系变得可识别、有意义和有效。

巴赫金和毕比提出了文学类型的位置观，认为文学类型不仅存在于结构主义方法理解的文学世界，而且存在于类型的文化系统与其他类型的关系之中。托多罗夫把类型系统解释为"一个社会在一切可能的话语编码中作出的选择"②。这样的编码包括文学的和法律的、公共的、政治的、学科的以及其他的日常类型，这些类型的复杂关系一起以动态的、彼此关联的方式，组成和有助于形成一个社会的社会结构、实践、事件和话语。结果是，托多罗夫声称，"代替单一的文学，我们现在拥有无数的话语类型，值得我们同等相待"③。

（陈军　译）

（《社会科学战线》2013 年第 2 期）

① Thomas O. Beebee, *The Ideology of Genre: A Comparative Study of Generic Instability*, University Park: Pennsylvania State University Press, 1994, p. 278.

② Tzvetan Todorove, *Genre in Discourse*, trans. by Catherine Porter, Cambridge: Cambridge University Press, 1990, p. 10.

③ Tzvetan Todorove, *Genre in Discourse*, trans. by Catherine Porter, Cambridge: Cambridge University Press, 1990, p. 12.

# 1930—1931 年中国民族主义期刊上的俄罗斯和俄罗斯文学

## ——以《前锋周报》和《前锋月刊》为例

〔俄罗斯〕罗季奥诺夫*

五四运动以后，俄罗斯和苏联文学受到了中国文人不亚于对西方文学的重视和欢迎，开始被大量介绍给广大中国读者。1920—1930 年代许多中国文学、文化和社会名人参加了这项翻译工作，如鲁迅、沈雁冰、郭沫若、田汉、周作人、瞿秋白、郑振铎、曹靖华、蒋光慈、巴金等。① 当时中国，军阀混战和列强的侵略使中国文人在寻找救国良方时把眼光转向西方。据鲁迅所说："那时就知道了俄国文学是我们的导师和朋友。因为从那里面，看见了被压迫者的善良的灵魂，的酸辛，的挣扎；还和四十年代的作品一同烧起希望，和六十年代的作品一同感到悲哀。"② 中国最早的马克思主义者李大钊则强调俄罗斯革命与俄罗斯文学紧密相连，并指出俄罗斯文学具有下列特质："一为社会的色彩之浓厚，一为人道主义之发达。"③ 这个说法进一步呈现了中国文人之追求的实用主导性。与此同时，俄罗斯和苏联文学的推广也遇到了许多政治障碍。特别是 1927 年国共分裂和 1929 年中苏断交以后，这方面的工作在白色恐怖条件下变得十分艰难甚至危险，但它从来没有断绝过。

众所周知，介绍俄罗斯文学的主要力量是左翼作家。不过当时亲国民党的刊物也经常发表有关俄罗斯和俄罗斯文学的作品和介绍。值得强调的是，这些材料并不一定都抨击俄罗斯。这一类最具代表性的期刊有《前锋周报》（1930

---

* 作者单位：俄罗斯圣彼得堡国立大学。

① Шнейдер М. Е. , Русская классика в Китае. Москва: Наука, 1977；陈建华：《二十世纪中俄文学关系》，北京：高等教育出版社，2002 年。

② 鲁迅：《祝中俄文字之交》，载王锡荣主编《鲁迅文萃》第 3 卷，上海：百家出版社，2001 年，第 303 页。

③ Ли Дачжао, 《Русская литература и революция》, В Ли Дачжао Избранные произведения. Москва: Наука, 1989, С. 148.

年 6 月—1931 年 5 月，共出 46 期，主编为李锦轩）和《前锋月刊》（1930 年 10 月—1931 年 4 月，共出 7 期，主编为朱应鹏、傅彦长）。这两个刊物由亲国民党的前锋社出版于上海，具有明显的民族主义色彩，并与左联开展激烈论战。① 他们的出现代表着国民党立足于文坛并抵抗普罗文学的企图。② 虽然这些刊物存在的时间不太长，都不到一年，不过他们引起了鲁迅、瞿秋白、茅盾等左联领袖的瞩目和激烈的批评。这些刊物，我所能找到的有《前锋月刊》第 1 至第 7 期，也就是全部；《前锋周报》我只找到了第 2 期至第 26 期，也就是一半。

作为反共刊物，这两家刊物在描写苏联时自然是把指责和攻击作为主旋律。他们对苏联的主要抨击意见有其对中共的支持和把中国苏维埃化的企图。这种言论一般都涉及 1929 年的中东铁路事件。比如，狄更生的题为《战争》一文，在讨论欧洲和中国文学中反战思想的时候，把苏联和共产党的反战主义视为虚伪，而 1929 年的事件则是其态度的根据。③

抨击中国普罗文学的文章也经常谈到苏联。在这方面比较有代表性的是李锦轩在《前锋周报》1930 年第 15 期上发表的《波尔系维克的恩赏》一文。在该论文中，李锦轩激烈地批评马宁在《拓荒者》1930 年 4、5 月合刊上发表的短篇《西伯利亚》。该小说描写中东铁路战争期间一个中国士兵在俄罗斯当俘虏的经验。特别引人注意的是，俄罗斯军人对待中国士兵像对待兄弟一样，甚至把衣服和食品送给他。④ 马宁曾回忆，这篇小说是受《拓荒者》主编、著名的共产党员作家蒋光慈之委托而写成的。令马宁觉得很遗憾的是，曾经在苏联留学过的蒋光慈因为尊重作者，甚至没有改动文中的一些错误。⑤ 该短篇对当时政治局势的描写存在一定程度上的理想化，对中俄两国无产阶级团结一致的强调，都体现了当时国共两党之间政治斗争的激烈。众所周知，中东铁路

① 此外，1930 年代初国民党还创办了下列文学期刊：《文艺月刊》（1930—1941），《开展月刊》（1930—1931），《现代文学评论》（1931），《当代文艺》（1931），《矛盾月刊》（1932—1934），《黄钟》（1932—1937）等等。这类刊物当中，《前锋周报》和《前锋月刊》思想最彻底并在研发民族主义文艺理论方面获得了最大的成绩。

② 有关 1928—1949 年国民党文学政策，参见倪伟《民族想象与国家统制——1928—1948 年南京政府的文艺政策及文学运动》，上海：上海教育出版社，2003 年。

③ 狄更生：《战争》，《前锋周报》1930 年第 7 期。

④ 参见马宁：《 西伯利亚》，《拓荒者》1930 年第 4、5 期。

⑤ 参见马宁：《回忆“左联”五记》，http://mem. netor. com/m/jours/adindex. asp?boardid = 19582&joursid = 15251。

事件爆发后，中共中央发出了70号通告，把保卫苏联作为中共的重要任务之一。与此相反，在李锦轩看来，苏联是侵略者，而保护苏联的马宁等普罗作家是被赤俄帝国主义收买的奴隶："不久中东铁路的战争，暴露了苏俄整个狰狞的面目，与其阴谋侵略的政策"、"一般普罗作家，自己得了苏俄的卢布，吃了苏俄的啤酒，梦想着苏俄的奶油牛排，希戴着苏俄的长筒皮靴，不以为耻，还凭着幻想写这样奴性的作品。"① 这方面的论文还有张季平分别在《前锋周报》12、13期发表的《普罗的诗》、《普罗的戏剧》两文和在《前锋周报》第7期发表的狄更生的《战争》。张继平和狄更生一致认为普罗文学不能传达时代的精神，艺术方面也很粗糙。

民族主义期刊上还可以看到涉及俄罗斯或者俄罗斯人的文学作品。这就是万国安的中篇《国门之战》(《前锋月刊》1931年第6期)，黄震遐的诗剧《黄人之血》(《前锋月刊》1931年第7期)，黄震遐的中篇《陇海线上》(《前锋月刊》1931年第5期)。这两位作家都是前锋社的骨干成员，都是军官。

万国安的小说歌颂东北军15旅在保卫满洲里时的功绩，并且披露了被俘虏的中国士兵在俄罗斯的遭遇。该作品具有纪实性和自传性的特点。黄震遐在小序中说，小说中描写的一切都是万国安的亲身经验，② 并且小说主人公的名字就叫万国安。万国安的小说并不具有深刻的人物性格和细腻完整的结构，语言也比较差。但是题材的现实性、对战争凶暴面目的真实描写以及对边境地区生活风貌的刻画，都引起了当时读者的兴趣。该作品的反苏态度表现在对中东铁路事件的片面评价上。因为苏联支持中共，所以前者被视为事件的制造者。作者这样描写中东铁路事件的开始："我昨天听说，哈尔滨的俄国领事馆里搜出不少共产党，吕督办（东铁督办）欲彻底解决一下，先决定收回各站的电报，已经在哈尔滨总站开始了。"万国安认为，红党是"全世界公认的敌人"，而"苏俄是我们最大的敌人"，"赤俄不顾国际信用，欲赤化我国土"。因此，本小说里的俄罗斯一般被称为"凶残的苏俄"、"无人道的苏俄"、"假面具的苏俄"、"强暴的赤俄"、"凶狠的苏俄"、"不讲理的苏俄"等等。不过，作者对苏联的敌视态度并不涉及所有的俄罗斯人。小说中的俄罗斯人物在个人品质上与中国人物没有多大的区别。虽然万国安提到哥萨克的凶狠，但他也描写中国士兵多么残酷地杀掉"红党"侦探。《国门之战》的故事发生在汉族、蒙古族、朝鲜族、白俄、红俄和日本人同居的边境地区。白俄穷得要命，过着偷生

① 李锦轩：《波尔希维克的恩赏》，《前锋周报》1930年第15期。

② 《黄震遐的序》，《前锋月刊》1931年第6期。

的日子，而苏俄则胆大妄为，“赤俄看满洲里就是他们的殖民地……把持路政，差不多就公然宣传共产主义”。此外，赤俄小看中国军队，认为“中国的兵像苍蝇似的，只要一赶嗡的一下子就散了”。

年轻的中国军官经常娶举止开放、金发碧眼的俄罗斯媳妇。不过后者只有看中人，才肯嫁给他。主人公万连长也不例外，在战争爆发前不久他娶了一个名字叫流波的俄罗斯姑娘。哪知道她是苏联奸细，而且还要试图劝降其丈夫。因此，《国门之战》出现了跟拉夫利尼奥夫的中篇小说《第四十一个》所描写差不多的爱情与义务的冲突。当然，这次已经不是爱情与革命的冲突，而是爱情与爱国的冲突。最后，万连长同玛留特卡杀掉蓝眼睛的白卫军官一样，也打死了他亲爱的媳妇。此后，主人公哭泣，但不后悔，“她为她的祖国，我为我的祖国，我们应尽的责任。并且我要不打死她，她就把我打死”①。在描写中国军官与俄罗斯姑娘同居的情景时，万国安纳入了不少具有俄罗斯风味的细节。这一方面体现在生活习惯上，另一方面是这对夫妻所用的语言。主人公和流波所说的汉语中有不少来自俄语的词汇。比如，古什就是кушай（吃饭），磨牙留不留就是я люблю（我爱你），叔打宁до свидания（再见），寒气泥拿格未必就是ханжи не надо пить（别喝酒），甲必丹就是капитан（大尉）等等。

小说的结尾是一个战友写给万国安的信，信中描述了被俘虏的中国士兵在冰天雪地的西伯利亚生活的经历。其内容与上述马宁的短篇完全相反。抢劫、守兵的凶残、身上的冷、肚里的饿、背上的皮鞭、煤矿里的艰苦劳动等等，都把士兵的生活变成了地狱。这种对苏联的描写不能不让读者充满对折磨自己同胞的侵略者的痛恨。

《国门之战》曾引起了左翼作家激烈的批评。瞿秋白在《青年的九月》（1931）几次提到该中篇，并把它视为民族主义者和帝国主义者对苏联的政治攻击。② 黄震遐题为《陇海线上》的中篇以1930年的中原大战为题材。作者认为这次平定叛逆军阀战争的意义等于19世纪美国废奴战争。故事讲述一个中央军的轻甲车连如何从南京被调到河南，如何接受战斗的洗礼，而其士兵如何受尽了种种苦楚和考验。该小说表现出自传性的特点。黄震遐自己作为叙述人和主人公。在作品的人物即黄震遐的战友当中，还可以看到作家万国安。我们之所以对这篇小说感兴趣，是因为中央军摩托车连有不少俄国白卫军。比如，一天在黄震遐领导下守卫的十一个士兵中有四个是俄国人，另一天在野鸡

① 以上引语均出自万国安：《国门之战》，《前锋月刊》1931年第6期。

② Цюй Цюбо, Избранное. Москва: Художественная литература , 1975, С. 224.

岗留守的十一个人中，俄罗斯人占有同样的比例。俄罗斯人中一部分是专业的军官，另一部分为普通的哥萨克兵，其他则是为虚荣和发财参军的上海租界里来的年轻时髦的小伙子。俄国人和中国人中看不到任何民族恶感，倒相反“俄国人和中国人的语言由不甚通，而竟能互相了解安慰，亲如手足者，只因为大家都是人，都有一个心而已”。该小说里也没有对苏联的抨击。作者把俄国人写成无畏战士、关心备至的军官、慷慨大方的朋友。与此同时他们都患着乡愁病、经常回忆离别的莫斯科和广阔的伏尔加河。他们丧失了祖国的事实让叙述人深感同情。俄国人中刻画得最详细的是宜万·巴格罗夫。他有个“短小粗壮的身材，狐狸般的鼻子，鹰般的目光，以及酒气扑人的嘴”。这个哥萨克“生长于俄属的黑龙江省，一世以兵为业”。战斗中巴格罗夫什么也不怕，“举凡老兵所应有的常识，他都应有尽有”。作者没有说明这个人物在什么情况下移居到中国。巴格罗夫会说蹩脚的中文，而且打乱正常的词序。比如，“来，面包吃，慢慢你肚子饿了有”。不过，令这个形象特别栩栩如生的是巴格罗夫对白酒的嗜好。黄震遐五次提到这个特点。据作者描写，海量是巴格罗夫特别大的骄傲。喝多了，他一般就唱起伏尔加海盗之曲、狂乱地吹着口琴、跳着乌克兰的土风舞或者闹事。老成有办法的巴格罗夫在任何情况下都会为自己和战友们弄一个猪、烧饼、西瓜等吃的。他也总是关心其班长即刚训练结业、第一次到战场上的黄震遐，巴格罗夫总会把自己的食品、酒、被子让给黄一份。如果说巴格罗夫可算是体现了俄罗斯人性格慷慨的特点，那么另一个俄罗斯人谢立潔连长就作为移民乡愁的象征。作者把他叫做“柴霍夫化的”俄国人，他是一个有棕色短发、一双热烈眼睛的内向沉默的瘦子，“常常整天不见他说一句话，然而偶一发言，却往往有吸引他人注意力的技能”。他的文化水平高、不怕死、爱国，但其才能无法充分发挥，老天赐给他的是流浪漂泊的命运。“历年事业上的失败，亲友的死别、五六次的受伤，以及亡国的悲哀，已将昔日英勇活泼的他，变为一个忧愁沉静的中年人”。谢连长很冷静地和准确地履行命令，不偷懒也不怕苦。同时他也会同情别人。当一天长途行军后，他的部下士兵没得到食粮的时候，谢立潔就拿出自己的钱给士兵买吃的。他也愿意帮助部下推出陷进泥里的摩托车或者扛上沉重的机关枪。除了这两个人物以外，黄震遐还简单地提到三位离别在上海的年轻女人、从军谋财求荣的小伙子，即阿尼西毛夫、佘干科和驾雀罗夫。① 很可能，这篇纪事小说的人物都有实际原型。当然白俄的命运并不是《陇海线上》的主题，但是通过俄国人形象

① 以上引语均出自黄震遐:《陇海线上》,《前锋月刊》1931 年第 5 期。

的出现，使作品纳入了新鲜的气息。

黄震遐另一篇有名的作品是诗剧《黄人之血》，它描写的是由蒙古人、汉人、女真人和契丹人组成的拔都军队征服俄罗斯的故事。作者这样坦率地表达了诗剧的主题："一千二百四十二年／全世界刮着黄色之风……一千二百四十二年①／黄族是世界的主人翁！"② 在1930年代初政治背景下，这一主题很难不被看做是对苏联发动战争的呼唤。③ 此外，蒙古西征的题材并不是黄震遐一个人使用的。1920年代末中东铁路事件爆发后，在反俄运动中中国不同期刊曾多次提到这个历史事实来古为今用。不过，据鲁迅先生尖锐地说，"随着这种借用他人光彩歪史的逻辑，俄国人就也可以作《吾国征华史之一页》，说他们在元代奄有中国的版图"④。不过，对黄震遐而言，把俄罗斯写成敌对国并不是目的，而只是另一个主题投影的结果（因此，俄罗斯的形象在该诗中不太详细）。诗剧的主要思想是确立大亚细亚主义，即只有团结，"黄人"才会打败"白人"。蒙古军里的纠纷，包括由被俘虏的俄国郡主造成的矛盾，最终导致亚细亚军的败仗。对亚洲人血统关系的呼唤、欧洲人和亚洲人的对立等思想当时很受中国民族主义分子的欢迎。后者认为，大亚细亚主义不但有利于多民族中国的统一，而且也是能抵抗西方帝国主义的思想基础。理所当然的是，"九一八"事变以后中国认同大亚细亚主义的人数就少多了。

谈到《黄人之血》中的俄罗斯形象，就不能不提一件怪事，即取材于13世纪故事的诗剧，所选的插图是弗拉维茨基的名作《塔拉卡诺娃公主》。该画所描绘的是18世纪的年轻妇女在关押中遇到洪水而感到恐怖的故事。《前锋月刊》上这幅画的标题是"季掖甫围城中的郡主"，且不说画家的名字。

前锋社主要活动方向之一是民族主义文艺理论的研发。他们认为，"文艺底最高的使命，是发挥它所属的民族精神和意识。换一句说：文艺的最高意义，就是民族主义"⑤。在致力于理论阐发的时候，中国民族主义文艺理论界经常向欧洲不同民族的文学学习和借鉴，后者的崛起与19世纪新的民族国家的形成有着直接的关系。他们也没忽视俄国文学。早在《民族主义文艺运动

① 严格地说，所描写的事变，比如，基辅的攻克发生于1240年。

② 黄震遐：《黄人之血》，《前锋月刊》1931年第7期。

③ 鲁迅：《"民族主义文学"的任务和运命》，载王锡荣主编《鲁迅文萃》第3卷，上海：百家出版社，2001年，第129页。

④ 鲁迅：《吾国征俄罗斯之一页》，载王锡荣主编《鲁迅文萃》第2卷，上海：百家出版社，2001年，第1156页。

⑤ 《民族主义文艺运动宣言》，《前锋周报》1930年第2、3期。

宣言》(1930 年 6 月)中就提到，十月革命不但导致了罗曼诺夫帝国的崩溃，而且也推动了俄罗斯、乌克兰、拉脱维亚、白俄罗斯等地区民族主义的发展。《宣言》还两次强调，真正的俄罗斯民族文艺以原始主义为主。有关俄罗斯文学的消息我们还可以看见在《前锋月刊》“最近的世界文坛”专栏上。比如，第 7 期发表了对法国作家莫洛怀《屠格涅夫传》(1930) 的介绍。

中国民族主义文艺界对俄罗斯文学的态度最详细体现于易康著的题为《俄国的农民文学》一文。首先，易康指出，俄国是多民族的国家，所以它的文学体现了不同民族的精神，而且新时代民族精神空前突出。该论文的论述可分为两部分。第一，关于新农民诗人的介绍，第二，对乌克兰、阿塞拜疆、布里亚特、巴什基尔、鞑靼等苏俄少数民族文学的概论。在易康看来，那些传达“斯拉夫精神”的农民诗人的作品最受 90% 是农民的俄罗斯人的欢迎，另类文学只不过“尚在挣扎”。这种民族诗人，据易康看，有克柳耶夫、叶谢宁、奥列申和布洛克。① 在介绍克柳耶夫、叶谢宁、奥列申创作的时候，作者特别强调两个方面。其一，诗人对祖国的感情。他们都歌颂着俄罗斯之伟大、表达对其农村、土地、麦田、广阔原野、原始生活方式之热爱。“在出身农民的农民文学家都是把俄罗斯当为祖母，不让他们一刻儿离脱他的怀抱”。其二，对革命的态度。对易康来说，最重要的是他们都没接受革命。比如，叶谢宁“对于革命只是同路”，克柳耶夫虽然“歌咏列宁，然而终是讽刺的气味占多数”，而奥列申则认为，革命“不过是一种突然而起的大风暴雨”。对布洛克的评价有所特殊。易康说明布洛克属于象征主义派。布洛克之所以被纳入到易康的地道的俄罗斯诗人名单，是因为他“同样在诗歌称颂俄罗斯的伟大”。② 为了证明这一想法确有道理，易康引用了著名长诗《十二个》中的几段话。读了易康的这篇论文恐怕难以正确的理解 20 世纪初俄罗斯诗歌的情况，但是考虑到其作评价的主要标准是所谓“民族精神”，就不能不承认其论据也有一定的逻辑。

这样一来，可以指出，1930 年代初国共对抗、民族主义文艺与左翼文艺的对立等因素导致了民族主义文艺界对俄罗斯看法的分化。他们对苏联、苏共、普罗文学的态度是非常敌视的，但对俄罗斯本身、俄罗斯移民、俄罗斯文

---

① 其实，易康还提出一位我们没认出的诗人。他的中文名字是莫诺梭夫，英文名字是 Maiozov。这有点像莫罗佐夫，但农民诗人中或者靠近布洛克的文人中没有姓莫罗佐夫的。易康补充说明，这个诗人跟布洛克一样歌颂“巨人般的俄罗斯”。也许，易康指的是著名学者和革命家 Н. А. Морозов (1854—1946)，他也曾爱好写诗歌和小说，但在这个上下文中提到他的名字应该说是偶然的和不妥当的。

② 以上引语均见于易康:《俄国的农民文学》，《前锋周报》1930 年第 14 期。

学的描写则是相当中和的。同时，不能不承认，因政治原因，中国民族主义文艺界对俄罗斯文学的兴趣远远比不上左翼作家。前锋社的期刊上更重视非布尔什维克主义国家的文学，特别是民族主义在社会意识中占据重要地位的那些国家，如意大利、德国、日本、印度、爱尔兰等等。

（《社会科学战线》2013 年第 5 期）

# 冰心在俄罗斯

〔俄罗斯〕扎哈罗娃*

中国作家冰心女士与俄罗斯有着一定的渊源，她曾经访问过前苏联。在现在的俄罗斯，也有一些学者从事冰心文学作品的研究。本文将就冰心与俄罗斯文学界的渊源及研究情况做以介绍和探讨。

## 冰心与俄罗斯

谢冰心女士在1958年访问苏联时跟我国作家见了面，讨论了些儿童文学的迫切问题。当时，一位年轻的汉学家当她的翻译，几年后这位翻译家成为了俄罗斯著名的中国文学研究专家，他就是谢曼诺夫博士，在给莫斯科大学亚非国家语言学院的学生讲课的时候他就介绍了冰心的作品。他对有关冰心的回忆很多，他的学生们也很想多了解冰心本人和她的作品，可是1960—1970年代在苏联差不多没有她作品的翻译，连她所写的关于访问我国的散文至今都没翻译成俄文，尽管这篇散文是值得翻译的。

冰心在访问苏联之前对苏联人民的生活就很感兴趣。她早在1953年在苏联《新闻》报纸双周刊上看到关于莫斯科人的材料。1953年夏天冰心发表了《莫斯科的丁香和北京的菊花》一文，描写了莫斯科的园艺爱好者——利·科列斯尼科夫和他做的让她奇怪的一件事儿。这位老人在莫斯科有一个丁香花园，在他木屋的四围，栽种了形形色色的丁香花树。冰心写的散文非常活泼，好像她亲自认识了这位莫斯科人。她写："科列斯尼科夫，不是一个植物学者，而是一个汽车工人，他以种花为他业余的最'理想的休息方式'。"①

冰心女士只有一次参观过我国，即1958年作为中国作家代表团成员访问

---

* 作者单位：俄罗斯莫斯科国立语言大学。

① 冰心：《莫斯科的丁香和北京的菊花》，《北京日报》1953年11月12日。

了苏联。中国作家来莫斯科以后参观城市和郊区，之前10月去乌兹别克斯坦共和国首都塔什干参加了在那儿举行的亚非国家作家的会议。会议上冰心女士参加了“儿童文学的问题”小组的座谈会，作了报告。会议闭幕以后中国作家代表团参观了乌兹别克斯坦共和国的集体农庄、纺织工厂和小学，回祖国后，冰心写了一篇散文给读者介绍自己的感想。她写到苏联人民和中国人民之间的友谊，她佩服乌兹别克斯坦1950年代所取得的成就。参观这些历史悠久的地方时她想起，在一千多年以前，亚非两洲之间，有一条文化交流的纽带，历史上叫做“丝绸之路”。在她脑袋里出现了一幅画：“我设想在塔什干大路的旁边，有几座山色围绕，浓阴如画的歇马凉亭，不时有头戴白巾、身穿长袍的人们，牵着一串一串的昂头徐步的骆驼，负载着珠宝、香料、围巾、地毡，在悠扬的铃铎声中，缓缓地从西方走来；对面车尘起处，又有一簇一簇的人马，拥着几辆大车，里面尽是些绸缎、茶叶、纸张、瓷器，他们在这中途的凉亭上相遇，合掌作揖，欢然道故。在他们停车、饮马、喝水、吃干粮的时候，一定是笑语纷纷，互相询问对方国家和人民的种种情况，表现出无限的友好与关怀。在这凉亭上相遇的，还有许多求学观光的文人学者，他们谦虚而诚恳地交换着对于对方国家学术哲学的钦慕和重视，渴望在互相学习之下，能以丰富、发扬自己固有的文化——这条“丝绸之路”，自古以来，就已是亚非人民友好与团结之路!”① 11月中国作家代表团回到莫斯科就在红场参加了庆祝伟大十月革命的41周年的仪式活动。冰心女士对莫斯科的印象很深，她一见钟情地爱上了这座城市。古老城市的建筑给她留下了难忘的印象。她写：“我正和同伴们在克里姆林宫后面的莫斯科河畔散步。在清新的空气中灿烂温煦的阳光，照在宫中教堂的金顶上，照在碧绿的河水上，照在两岸整齐高大的建筑物上，一片光明静穆的景象，使人心旷神怡。”②

冰心女士不但喜欢莫斯科城市风貌，她更喜欢莫斯科人。中国作家参加了大剧院举行的庆祝十月革命周年的隆重会议，在红场观看阅兵。她把自己的感情记录在《莫斯科河畔上的孩子们》等文章中。

在十月社会主义革命41周年纪念的前夕，中国作家代表团参观了莫斯科郊外的哥尔克村的博物馆。她把自己的感触抒发在一篇散文《梳妆台做成的书桌》里。在这篇散文中她写道：“在这所别墅里，最使我永志不忘的，还不是大楼本身，而是大楼前面东边的小房子，这本来是将军的奴仆侍从们所居住的一套小房间。列宁在冬天就迁到这里来住，因为房子小，省煤，他就在那仄

① 冰心：《塔什干的盛会》，《光明日报》1958年10月7日。

② 冰心：《莫斯科河畔的孩子们》，《光明日报》1959年11月7日。

小阴暗的卧室里，拿衣橱做成书架，拿梳妆台做成书桌，在这上面写出许多有关国家和天下大计的不朽的著作。”①

冰心从1920年代开始写关于孩子的生活小说以来，总是深入了解儿童的生活。参观世界各国她就有机会研究和描写各国的孩子。苏联的孩子也成为她笔下的主人公。她在《莫斯科河畔的孩子们》散文里写：“当我看到那一群天真无邪的苏联孩子的时候，使我猛然地想起那两句话来。从他们仰视微笑的眼光中，几乎使人可以看进他们的心底，看到了他们的和天空一样的明净纯洁的心。”②

冰心女士在参观苏联30年以后，终于有了机会通过杂志和苏联读者谈话。1988年苏联的《儿童文学》杂志出版的特别版载有关于中国儿童、中国儿童文学和儿童艺术的材料。88岁的女作家写好了一篇关于中国孩子的速写以“奉献于未来生活的创作者”③。由于这篇速写我们又有机会读到冰心女士所说的话。冰心在前言里写到：“中国的三分之一人口是儿童，人类的未来取决于他们的心理健康，思想追求。中国非常关注儿童文学问题，作家协会两千多成员不断为儿童创作新的作品。”她接着写到：“我相信我们孩子们的理想是世界和平，人类进步。这种理想是由于文学对孩子们的影响造成的。我为我们国家四亿多的孩子们感到骄傲，因为他们将为世界和平和人类进步作出贡献。”

进入21世纪，在《中国20世纪诗和小说》文集中俄罗斯读者又有机会读到冰心的小诗。④ 这本书里收录了冰心两个小诗的文集——《繁星》和《春水》里的小诗，亚罗希拉夫翻译了这些小诗。

## 俄罗斯汉学家关于冰心的研究著作

冰心的名字是1930年代首次被苏联汉学文学界提到的。苏联著名的汉学家瓦西里耶夫写了一篇文章，题目是《帝国主义时代的中国文学中的外国影响》⑤，在这篇文章里他写到：“谢冰心的武器是逐步改为现实主义的浪漫主

---

① 冰心：《梳妆台做成的书桌》，《光明晚报》1959年11月7日。

② 冰心：《莫斯科河畔的孩子们》，《光明日报》1959年11月7日。

③ Бин Синь, Строителям будущего посвящается/ Детская литература, № 6, 1988, С. 4.

④ Поэзия и проза Китая XX века: О прошлом во имя будущего. Москва: Центрполиграф, 2002, С. 85.

⑤ Васильев Б. А., Иностранное влияние в китайской литературе эпохи империализма/ Проблемы литератур Востока: Труды Института востоковедения АН СССР: Москва, 1932, С. 85–110.

义。”可是，瓦西里耶夫把谢冰心叫做资产阶级的代表作家，他说她“体现资产阶级和小资产阶级的想法”。他给予她的作品负面评价，“在小说里她描写情节剧格调和社会道德的问题，日常生活的问题。可是在她的小说里道德问题压制革命的声音。”同时瓦西里耶夫指出，谢冰心的文体艺术很高，这一方面她比其他作家更为优秀。

1934 年俄罗斯汉学家巴拉诺夫在哈尔滨出版了一本关于中国现代文学的书①，他也提到冰心的名字，但是并没有对她的创作做出评价。

1950 年代苏联读者读到了冰心的作品。1954 年《人民中国》17 号（俄文版）刊发了翻译后《印度重游记》散文。再过 5 年，1959 年苏联读者读到了第一部在苏联翻译的冰心的小说《超人》（苏联汉学家 O. 菉士漫女士翻译的）②。我认为翻译家挑选这篇小说不是偶然的，《超人》是冰心的早期作品之一，发表于 1923 年，以后在中国多次重版。

《我朋友的母亲》是第二部翻译的小说（1961）。③ 1963 年莫斯科投入儿童文学出版社发表了中国作家关于儿童的小说，其中有冰心的两部小说：《妈妈》和《小橘灯》。④《小橘灯》第二次翻译发表是在 1988 年的《儿童文学》。⑤ 如果提到冰心的短篇小说和散文，苏联和苏联解体后的俄罗斯读者还能读到俄文翻译的其他几部小说：《爱的诞生》和《三年》。

冰心的小诗多次被翻译成俄文。差不多每部关于中国诗的诗集都收有她的小诗。俄罗斯著名的翻译家切尔卡斯金博士、亚罗希拉夫和索罗金都曾翻译过冰心女士的诗。

1972 年切尔卡斯金博士发表了题为《中国新诗：1920—1930 年代》的学术论文。切尔卡斯金博士研究冰心女士驰名的原因，引证中国评论家关于她的作品的看法，研究冰心小诗的题目。他指出，冰心的小诗是在 1921—1922 年写的，发表后立刻流行起来。那时候冰心不是唯一写小诗的诗人。他也在书中提到了一位中国评论家的观点：如果把她所写的小诗跟郭沫若的诗比较，他们两个同样歌颂大自然，但是冰心的精神力量比郭沫若的弱。所以冰心只能写小

---

① Баранов И. Г., Современная художественная литература. Харбин, 1934, С. 11.

② Ложь не задушит правду: Китайские рассказы, пословицы, поговорки, Ленинград: Лениздат, 1959, С. 91–98.

③ Восточный альманах: Выпуск 4. Москва: Художественная литература, 1961, С. 94–109.

④ За одной партой: Рассказы китайских писателей. Москва: Детгиз, 1963, С. 176.

⑤ Бин Синь, Мандариновый фонарик, пер. З/ Абдрахмановой, Детская литература, № 6, 1988, С. 12–13.

诗，不能写长诗。切尔卡斯金坚定地批评这位评论家说：“冰心的小诗比其他诗人的长诗内容更深刻更激烈。”① 可是在这篇论文中作者并没提到冰心人生观的演变，也没研究她的小说作品。

笔者 1983 年在莫斯科大学学位论文答辩以前发表了几篇关于冰心生活和创作的文章，研究了冰心女士的生活经历、创作灵感的来源和她的作品对中国当代文学的影响。

冰心女士关于美国的印象是笔者第一篇发表的文章，这也是苏联发表的第一篇关于中国当代著名作家的研究论文。② 这篇文章是 1981 写好的。次年笔者发表了两篇关于冰心小诗的文章。第一篇文章研究冰心小诗的题目。③ 第二篇文章研究印度泰戈尔的诗、日本的诗对冰心的小诗的影响。④

1983 年笔者发表了关于冰心女士的世界观的一篇文章，⑤ 研究冰心女士 1920 年代写的一篇短篇小说《超人》。小说的主人公——何彬“是一个冷心肠的青年，从来没有人看见他和人有什么来往。他住的那一座大楼上，同居的人很多，他却都不理人家，也不和人家在一间食堂里吃饭，偶然出入遇见了，轻易也不招呼。邮差来的时候，许多青年欢喜跳跃着去接他们的信，何彬却永远得不着一封信。他除了每天在局里办事，和同事们说几句公事上的话；以及房东程姥姥替他端饭的时候，也说几句照例的应酬话，此外就不开口了”⑥。何彬相信，只有尼斯哲学才可以帮助他解决他面临的问题。但是他忽然遇到有病的孩子就开始想起自己年幼时的情况。母亲的形象和她对孩子的爱改变着何彬对人的态度。这篇文章认为，《超人》里冰心女士首次提出“母爱的哲学”，

---

① Черкасский Л. Е., Новая китайская поэзия (20–30 гг.). Москва: Наука, 1972, С. 210.

② Захарова Н. В., США 20–х гг. глазами китайской писательницы: Общество и государство в Китае: 12–ая научная конференция. Тезисы и доклады, Т. 3. Москва: Наука, 1981, С. 129–135.

③ Захарова Н. В., О поэзии Се Бинсинь, Теоретические проблемы изучения литератур Дальнего Востока: 10–ая научная конференция. Москва: Наука, 1982, С. 48–56.

④ Захарова Н. В., Стихи в прозе Тагора, японские жанры танка и хокку и короткие стихи Се Бинсинь. (К вопросу о влиянии). II Всесоюзная школа молодых востоковедов. Москва: Наука, 1982, С. 97–84.

⑤ Захарова Н. В., О формировании мировоззрения писательницы Се Бинсинь: Общество и государство в Китае: 14–ая научная конференция. Тезисы и доклады, Т. 3. Москва: Наука, 1983, С. 161–164.

⑥《冰心选集》第 1 卷，成都：四川人民出版社，1983 年，第 78 页。

但是为了正确地了解她的看法要研究冰心女士世界观的来源。①

1990 年代笔者翻译了冰心的一篇散文《我的童年》，发表在《儿童文学》杂志，② 并为其撰写了前言，题目是《歌颂儿童时代的女作家》。在前言里，向读者们介绍了冰心女士的生活与创作，“冰心 1920 年代所写的关于孩子们的短篇小说，使读者通过这些作品，了解到冰心有进入到儿童心理世界的能力，能够准确深刻地体现出儿童的心理感受。读者喜欢作品中善良，热爱生活而且新颖的基调。冰心的读者认为，冰心关于孩子们的小说，是她所创作的作品中最成功的”③。

2012 年笔者在“远东文学问题”的讨论会上作关于冰心小说的报告。报告提到冰心小说主人公的描写方法。④ 笔者研究了冰心女士 1941—1945 年在重庆所写的“关于女人的散文文集”，包括 14 个散文，都是关于冰心认识的女人。她描写自己的邻居、同学、同学的母亲和其他的女人。她笔下的女主人公社会地位不同，一些女人，比如说外交官的女儿、在外国学校读书的女学生，这些女主人公的地位比较高。其他的女主人公，比如说服务员、农民的妻子等，则社会地位较低，虽然她们的地位不同，但是她们却同样没有逃过抗日战争的艰苦岁月。笔者认为这些小说值得翻译成俄文，因为通过这些小说，俄罗斯读者能更好地了解中国人，特别是中国女人的性格特征。

虽然冰心作品仅有 20% 左右翻译成俄文，可是俄罗斯读者熟悉她的名字，喜欢她的作品。

（《社会科学战线》2013 年第 5 期）

---

① Захарова Н. В.，О формировании мировоззрения писательницы Се Бинсинь：Общество и государство в Китае：14–ая научная конференция. Тезисы и доклады，Т. 3. Москва：Наука，1983，С. 162.

② Се Бинсинь，Детство：Перевод и предисловие Н. Захаровой/ Детская литература，№2，1994，С. 17–22.

③ Захарова Н. В.，Писательница，воспевающая детство/ Детская литература，№2，1994，С. 17–18.

④ Захарова Н. В.，Женская тема в творчестве Бин Синь，Проблемы литератур Дальнего Востока. Материалы V Международной научной конференции 27 июня–1 июля 2012 г.：в 3 т. // Отв. ред. А. Е. Серебряков，Фудзита Рина. С–Пб.：Изд–во С–Петерб. университета，2012，Т. 2，С. 93–97.

# 论冯骥才作品中的带色调的词语运用

〔俄罗斯〕科罗博娃*

近年来，将色彩这一观念引入文学的研究中，通过带色调的词语研究来了解具体作家的语言特色，是俄罗斯甚至欧洲文学研究中一个时髦课题。据笔者所知，目前俄罗斯学者研究带色彩的词语时大部分集中在俄罗斯作家和诗人作品，如陀思妥耶夫斯基、蒲宁、叶赛宁、萨米尔钦、屠格涅夫、托尔斯泰等等。有的学者也研究法国诗、英国诗中的色彩词语①，可是据笔者掌握的资料，在俄罗斯没有关于中国文学的带色调的词语研究。对具体作家运用的颜色词的研究有助于颜色词研究本身，而且有助于研究在具体作家作品中各种颜色的象征意义，了解其带色调的词语运用情况。本文试图从带色调的词语解释，去分析中国当代作家冯骥才作品的语言特色。

众所周知，冯骥才早期的作品（《啊!》、《感谢生活》、《高女人和他的矮丈夫》等）被归类于“伤痕文学”和“反思文学”之列，从1980年代后半期开始他创作中最重要的题材是天津市和天津居民以及古老的习俗、传统文化。无论如何，冯骥才作品的语言非常值得研究。虽然冯骥才词汇丰富多彩（包括历史词汇、俗话、口语、方言、古话等），笔者认为，带色调的词语在他的创作中占有特殊的地位。有趣的是，他的文学创作与他的绘画有密切的关系。

步入文坛之前冯骥才换了几种职业。年轻的时候他在天津美术家协会的国

---

* 作者单位：俄罗斯科学院远东研究所。

① Бондаренко И. В., Лексико – синтагматические связи цветообозначений в английской и русской поэзии 19 в.: Диссертация на соискание ученой степени канд. М.: Филол. Наук, 2005; Волкова М. Г. Способы обозначения цвета и света в художественных произведениях старофранцузского периода (11 – 13 вв.) и их переводах на современный французский язык: Дис. ... канд. филол. наук, 2006.

画研究会工作，临摹宋元山水画。冯骥才在一次采访中曾经讲过："我有两位老师，一位在天津叫严六符，他是刘子久的学生，我跟他学北宗山水，水墨和浅绛，斧劈皴；另一位老师在北京是惠孝同，他是湖社画师，我跟他学南宗披蔴画法，小青绿。学的都是山水。'文革'期间国画属于'四旧'给'砸烂'了。我转业务工。出于爱好，绘画变为纯粹的业余。这时，由于对同时代人命运与心灵的关切，便与文学深刻地纠缠上了。"① 事实上，学画的经验决定了冯骥才的文学立场，成为他塑造鲜明形象的源泉。就是说，他在文学艺术方面受到绘画艺术的影响，反过来也是一样。

冯骥才创作了一些关于画家、艺术家题材的小说，如：《斗寒图》(1983)、《感谢生活》(1984) 等中篇小说以及《雕花烟斗》(1979)、《船歌》(1986)、《临街的窗》(1985)、《炮打双灯》(1991) 等短篇小说。

他在写小说的时候，如何刻画小说中的主人公呢？其刻画常常是以颜色或光为基础的。《感谢生活》中的主人公画家华夏雨第一次见到他的妻子时，描写自己的印象如下："她给我头一个感觉是块朦胧的暖色……但她给我最新鲜、最独特的感觉，是她全身没有一条线是清晰的。轮廓也模糊，好像从背景上都抠不下来。她能融在任何背景上，周围的颜色、光线以至空气，顿时都随着她变，成一幅美妙的画。"然后，华夏雨把她与壁画相比："她走后，我就用朱红、熟赭、土黄和群青，调出一种特殊的暖色抹在灰暗的墙上。这颜色就是她。如梦如幻地融在墙壁上。我整整一夜看着这块颜色发怔。"②

换句话说，冯骥才常常不是描写容貌，而是如同画人像。必须指出，冯骥才作品中的"朦胧的暖色"、模糊的轮廓、淡薄色彩都是与正面主人公有联系或者用以表达内在的情思。比如在短篇小说《谜》中他写："在半明半暗的灯光里，妈妈朦胧而温柔的脸上现出爱抚和舒心的微笑。"笔者认为，这也跟笔墨有关系。

笔者从冯骥才的作品如：《啊!》(79 页)③、《斗寒图》(50 页)④、《神

---

① 王爱红：《诗画天下之魅——冯骥才先生访谈》，《文艺报》2005 年 11 月 22 日。

② 冯骥才：《冯骥才集》，福州：海峡文艺出版社，1986 年，第 301 页。

③ 冯骥才：《啊!》，载《冯骥才选集》3，天津：百花文艺出版社，1984 年，第 197–275 页。

④ 冯骥才：《斗寒图》，载《冯骥才选集》3，天津：百花文艺出版社，1984 年，第 145–193 页。

灯》(第一、二章；27 页)①、《雕花烟斗》(15 页)②、《高女人和他的矮丈夫》(11 页)③、《逛娘娘宫》(17 页)④、《快手刘》(5 页)⑤、《谜》(5.5 页)⑥ 中将所有的颜色词都检索出来。一共 209.5 页内有 73 种颜色词，其总数量为 378 个。笔者特意选择题材不一样的小说：《啊!》、《斗寒图》、《雕花烟斗》、《高女人和他的矮丈夫》属于"伤痕文学"；《神灯》是历史小说；后面三部短篇小说是冯骥才回忆童年生活而写的。从中可见冯骥才最多利用的是表黑色调的颜色词。从以下用例可以清楚地看到这一点：

| 颜色 | 其色调数量 | 冯骥才作品中总数量 |
|---|---|---|
| 黑色 | 17 | 116 |
| 红色 | 14 | 70 |
| 白色 | 11 | 63 |
| 黄色 | 11 | 38 |
| 绿色 | 8 | 33 |
| 蓝色 | 5 | 24 |
| 灰色 | 3 | 13 |

按照北京大学副教授李红印的研究，在现代汉语中通用的颜色词一共有 880 个，"其中表红色的 138 个，表黄色的 142 个，表绿色的 150 个，表黑色的 102 个，表白色的 97 个，表蓝色的 79 个，表灰色的 70 个"⑦。可见，汉语里面所有的颜色词中数量占第一位的是表绿色的色调词，第二位属于表黄色的色调词。而冯骥才先生所用的种种表色调的词汇中数量占第一位的是表黑色的色调词，在他作品中黑色比别的颜色词更常见的（"黑/黑色" 80 次、"黑黑" 12 次、"乌黑" 6 次、"黑糊糊" 4 次)，第二位属于表红色的色调词，这就是冯骥才语言的显著特点。

此外，冯骥才不只对颜色，而且对颜色的色饱和（浓度值)、亮度值、色调很注意。比如说，除了黑色以外，他用的词如下：

---

① 冯骥才：《神灯前传》，北京：人民文学出版社，1981 年。

② 冯骥才：《雕花烟斗》，载《冯骥才选集》3，天津：百花文艺出版社，1984 年。

③ 冯骥才：《高女人和她的矮丈夫》，上海：上海文艺出版社，1984 年，第 1-12 页。

④ 冯骥才：《留住昨天》，北京：中国盲文出版社，2006 年，第 19-36 页。

⑤ 冯骥才：《留住昨天》，北京：中国盲文出版社，2006 年，第 2-6 页。

⑥ 冯骥才：《留住昨天》，北京：中国盲文出版社，2006 年，第 7-13 页。

⑦ 李红印：《现代汉语颜色词语义分析》，北京：商务印书馆，2007 年，第 43 页。

| 颜色词 | 例句 | 作品 |
|---|---|---|
| 乌黑 | 乌黑的眉毛像用画笔画上去的。 | 《快手刘》 |
| 乌黑油亮 | 每天早上都对着一面又小又圆的水银镜子，把头发放开，蓖过之后，涂上好闻的刨花油，再重新绾到后颈，卷成一个乌黑油亮、像个大烧饼似的大抓髻，外边套上黑线网。 | 《逛娘娘宫》 |
| 污黑 | 污黑的指头上绕着一圈圈皱纹。 | 《快手刘》 |
| 漆黑 | 虽然夜色漆黑，人影在昏白的雪地上，却分外清晰。 | 《神灯》 |
| 漆黑发亮 | 这时，他忽见当院的大门外站着一个姑娘，头上包一条淡紫色的尼龙纱巾，手提着小小的漆黑发亮的皮包。 | 《啊!》 |
| 黑糊糊 | 黑糊糊的门外有个白晃晃的东西，仿佛是人脸。 | 《啊!》 |
| 黑黝黝 | 他那张黑黝黝的脸从条案后的黑黝黝的空间里，透现出一个胖胖的、端庄的、安详的妇女的面孔。 | 《逛娘娘宫》 |
| 黑洞洞 | 我呢，这么小，无依无靠，孤孤单单；这黑洞洞的世界仿佛要吞掉我似的。 | 《谜》 |
| 黑压压 | 黑压压的林带。 | 《斗寒图》 |
| 黑亮亮 | 每个字都有一人多高；标语纸上有刚刷过浆糊的湿痕，字迹还汪着黑亮亮、未干的墨汁。 | 《啊!》 |
| 黑魆魆 | 侯少棠……穿过几条没有灯光黑魆魆的歪街小巷。 | 《神灯》 |

很明显，冯骥才对黑色的热爱来自于他的艺术爱好、国画爱好、墨笔画——在国画、墨画中黑色的色调、浓度是很重要的。

如果从表黑色调的词义结构来看，我们可以看到，冯骥才最多利用的是派生颜色词，就是“黑” + “糊糊”、“亮亮”、“黝黝” 等，都跟描写亮度强或弱有联系。对我国翻译者来说，翻译这些颜色词并表达这种亮度值是比较难的任务，因为俄语没有这些派生颜色词。而且冯骥才还用 “黑色” 构成的复合词语，如 “乌黑油亮”、“漆黑发亮” 等。

至于其他颜色，作家对浓度值、亮度值、色调也很注意，如：“碧绿如洗”、“鲜红透明”、“颜色鲜红欲滴，似乎闪着光亮”、“淡淡发蓝的幽光”、“闪闪烁烁的银蓝色的光点” 等等。

如前所述，冯骥才描写他作品的主人公常常把颜色、光线选择作为基础。同时我们认为，事实上，他作品中利用 “光”、“亮”、“闪”、“灿”、“烁” 等字是常见的，前述检索的 209.5 页内有 45 种表光词，其中最常见的是 “明亮”（7 次）和“亮闪闪”（6 次）。

| 表光词 | 例　句 | 作　品 |
| --- | --- | --- |
| 灿烂辉煌 | 好像突然给举到云端，看见了一个无法形容的、灿烂辉煌、热闹非凡的世界。 | 《逛娘娘宫》 |
| 灿烂明亮 | 那淡蓝色的无限开阔的空间，全给灿烂明亮的日光占有了。 | 《啊!》 |
| 发光（的） | 活像一扇艳丽动人的凤尾，一条给舞台的灯光照得熠熠发光的长裙…… | 《雕花烟斗》 |
| 发亮（的） | 老花农听了，在他的黑黑发亮的铁球一般的鼓脑门下，两只无神的灰色的小眼睛直怔怔地盯着唐先生。 | 《雕花烟斗》 |
| 光灿灿 | 他被这大盆光灿灿的凤尾菊迷住了。 | 《雕花烟斗》 |
| 光闪闪 | 一直歪歪斜斜、蜿蜒地伸向锅店街那边而去，好像一条巨大的鳞光闪闪的巨蟒。 | 《逛娘娘宫》 |
| 辉煌 | 到处黑洞洞的、到处又闪着辉煌的亮光。 | 《逛娘娘宫》 |
| 辉煌夺目 | 这菊花……闪着一片辉煌夺目的亮点点儿，一直泻到地上。 | 《雕花烟斗》 |
| 金光灿烂 | 原来一个人抱着一盆特大的金光灿烂的凤尾菊正堵在门口。 | 《雕花烟斗》 |
| 炯炯 | 贾大真那一双在绿帽檐下炯炯发光的眼睛，从整个会场上扫过。 | 《啊!》 |
| 亮光光 | 她在一群待用的奶妈中十分惹眼，个子高大，人又壮实，一双大脚，黑里透红、亮光光的一张脸。 | 《逛娘娘宫》 |
| 亮晃晃 | 眼睛是两个亮晃晃，又圆又鼓的大金球儿。 | 《逛娘娘宫》 |
| 亮晶晶 | 吴仲义看着在灯光中和暗影里，一双双亮晶晶的眼睛，朝他闪耀着钦慕与惊羡的光彩。 | 《啊!》 |
| 亮闪闪 | 这滴亮闪闪、透明的泪珠便是一颗纯洁无暇的爱情的种子… | 《啊!》 |
| 闪闪烁烁 | 月光在宽展的河心给波浪摇成一片钢碎和闪闪烁烁的银蓝色的光点。 | 《啊!》 |
| 一闪一闪 | 只有在一闪一闪的烟火里，才隐隐闪现出那幅古怪的面孔。 | 《雕花烟斗》 |
| 熠熠 | 活像一扇艳丽动人的凤尾，一条给舞台的灯光照的熠熠发光的长裙。 | 《雕花烟斗》 |

笔者认为，还需要进一步研究这些表示“光”的词，跟其他作家的作品来比较，考察这是冯骥才语言的个性特点还是中国文学的共同特点。

冯骥才在他的《倾听俄罗斯》（2003）中有一个非常有意思的部分，叫《文学大师们的另一支笔——俄罗斯经典作家的绘画》。作者描写他在“普希金之家”博物馆见到的俄罗斯作家的油画、钢笔画、水彩画、自己小说所作的插图时，评价屠格涅夫的作品说：“他已经做到画如其文与文如其画。”①这些话肯定研究作家的语言、作家所选择的颜色词的重要性，这种研究，一方面，可以使我们认识到作家的语言丰富性，另一方面，其研究成果可以在外国学生学习汉语过程中使用。

（《社会科学战线》2013 年第 5 期）

① 冯骥才：《倾听俄罗斯》，北京：人民出版社，2003 年，第 145 页。

# 中唐诗人秦系诗评考述

## ——并论大历诗人刘长卿与贞元诗人韦应物的划分和对比

〔日本〕土谷彰男*

## 引　言

中唐诗人秦系与刘长卿、钱起、韦应物、皎然、戴叔伦等诗人颇有诗书往来。众所周知，他与名为“五言长城”的刘长卿之间的唱和尤为频繁。高棅《唐诗品汇·综序》中将秦系的“山林”加入韦应物的“雅淡”，刘长卿的“闲旷”，钱起、郎士元的“清淡”等代表当时诗人的行列中，并将其作为“中唐之再盛”，给予高度评价。① 之所以对秦系有这种评价，主要是因为他被看作是与刘长卿同样的以五言诗见长的诗人。

秦系的五言诗取得了较高的成就，这不仅与刘长卿有关，还因为韦应物对他大加称赞。计有功在《唐诗纪事》中接着刘长卿“五言长城”的话，这样陈述道，《韦答系》云：“知掩山扉三十秋，鱼须翠碧弃床头。莫道谢公方在郡，五言今日为君休。”② 盖系以五言得名，久矣。《韦答系》即是韦应物《答秦十四校书》诗。《唐诗纪事》中将韦应物所说的“五言今日为君休”作为“读了你的五言诗，对其优秀给予赞扬”的表述，可见当时秦系的五言诗受到高度评价。

另外，胡震亨《唐音统签》也是同样，接着刘长卿“五言长城”的话，认为关于韦应物的满口称赞，其根据在此句：韦应物亦深推服之。有“五言长城为君休”之句。③ 值得注意的是引用句的误用。这句本来应当是“五言

* 作者单位：早稻田大学法学学术院。

① 《景印文渊阁四库全书》第1371册，台北：台湾商务印书馆，1986年，第40页。

② 计有功：《唐诗纪事》卷28，上海：上海古籍出版社，1987年，第434页。

③ 胡震亨：《唐音统签》卷268，上海：上海古籍出版社，2003年，第416页。

今日为君休"，但不料因为误用，却将刘长卿和秦系同等看待，更明确指出韦应物所说的"五言"即是"秦系的五言"。由此，在诗话类确实认为韦应物对秦系的五言诗给予了高度评价。

在本文里，我们值得讨论的问题是韦应物所说的"五言"的解释。笔者曾在《关于在中唐初期形成的苏州文坛——文学理论的展开与五言古体诗歌的关系》①（以下，本文称为《先论一》）中对《答秦十四校书》诗进行了一些讨论。在韦应物与秦系唱和诗歌时，作为苏州刺史的韦应物，在苏州文会上占据主导地位，而秦系也是参与文会群体的主要人物之一。拙论指出，根据当时的情况分析，苏州文坛是以韦应物为中心形成的，并指出其重要原因之一在于其积极使用五言古体诗。此外，可以作为其旁证的是，笔者注意到韦应物所说的"五言今日为君休"的部分并指出："在当时的文人之间已有以五言古体诗这种诗体为标准诗体的共同意识。"也就是说，韦应物为了应秦系的七言绝句言曰"五言今日为君休"，笔者认为"五言"即是"韦应物的五言古体诗"。

另一方面，正如《唐诗纪事》中所述，将此"五言"看作"秦系的五言诗"，关于此看法，将在后文中详述，秦系被看作与擅长五律的刘长卿相比肩，也是一位以五律见长的诗人。因此，就诗话之类等评价史的观点来看，这个"五言"指的即是"秦系的五言律诗"。陶敏、王友胜等现行校注本均对这一词添加解释说"秦系长于五言诗"②，蹈袭前人韦应物较高评价秦系的五言诗这一评价史的观点。

由此看来，将韦应物所说的"五言"看成"秦系的五言律诗"，这的确是很自然的，但是，如果对此作品背景中所展开的苏州文坛的积极活动更加注意的话，那么，是否能够解释将这个"五言"看成"韦应物的五言古体诗"？此解释不但明确体现了当时苏州文坛的实际情况，而且显示出研究秦系文学时需要了解韦应物的观点的必要性。笔者在此首先整理秦系的诗评，然后阐明韦应物所讲的该作品"五言"的解释。本文拟对它进行分析，探讨应该如何了解秦系诗歌与其评价的问题。

---

① 土谷彰男「关于在中唐初期形成的苏州文坛——文学理论的展开与五言古体诗歌的关系」『松浦友久博士追悼记念中国古典文学论集』東京：研文出版、2006。

② 陶敏、王友胜：《韦应物集校注》，上海：上海古籍出版社，1998 年，第 341-342 页。

## 一、“五言长城”与秦系评

《新唐书·隐逸传》载有秦系的传记，据说这是编纂官吕夏卿① 新收录的。其中关于秦系的诗评，它引用了与秦系同时期的诗人权德舆所述的内容：

与刘长卿善，以诗相赠答。权德舆曰：“长卿自以为五言长城，系用偏师攻之，虽老益壮。”②

权德舆所述的内容出自他亲手编写的《秦征君校书与刘随州唱和诗序》(以下，本文称为《唱和诗序》)。这一《唱和诗序》通过同时期诗人的眼光透露了秦系为人处世与其诗风，对于考察秦系的诗评，这还算是一个重要的资料。现将其全文摘录如下：

儒有秦公绪者，当天宝理平之世，兴丽则鼓盛名于当时。遭多故，道进身退。越部山水，佐其清机。圆冠野服，倏然自放，宅遐心于事外，得佳句于物表，不知华缨丹毂之为贵者，几四十年。方帅时贤，轼闾悬榻。昔郑公通德，有乡门之号。秦君丽句，创里亭之名。慕风骚者，多所向仰。贞元中天下无事，大君好文。公绪旧游，多在显列。伯喈文举之徒，争为荐首，而寿阳大夫，公之章先闻。故有书府典校之拜，时动静不滞于一方矣。

七年春，始与予遇于南徐。白头初命，色无愠忤。知名岁久，故其相得甚欢。因谓予曰：“今业六义以著称者，必当唱酬往复，亦所以极其思虑，较其胜败。”而文以诗之，闻人序而申之。悉索笈中，得数十编，皆文场之重名强敌，且见校以故敌。故随州刘君长卿赠答之卷，惜其长往，谓予宜叙。

曦夫，彼汉东守，尝自以为五言长城，而公绪用偏伍奇师，攻坚击众，虽老益壮，未尝顿锋。词或约而旨深，类乍近而致远。若珩珮之清越相激，类组绣之玄黄相发。奇采逸响，争为前驱。至于室家离合之义，朋友切磋之道，咏言其伤，折之以正。凡若干首，各见于词云。③

---

① 吕夏卿，字缙叔，福建晋江（今福建泉州）人。宋代史学家，《新唐书》编修官。参见《宋史》卷331，北京：中华书局，1985年，第10658页；苏颂：《吕舍人文集序》，载王同策等点校《苏魏公文集、附魏公谭训》卷66，北京：中华书局，1988年，第1011页。

② 《新唐书》卷196《隐逸传》，北京：中华书局，1975年，第5608页。

③ 李昉等编：《文苑英华》卷716，北京：中华书局，1966年，第3702页；姜殿扬校补：《权载之文集·补遗》，载《民国涵芬楼影印四部丛刊·初编集部》，上海：商务印书馆，1919年，第330页。

闻名遐迩的“五言长城”的称号原来是自从权德舆所讲的“(长卿) 自以为五言长城”而传下来的。关于《唱和诗序》以及“五言长城”的关系，特别是与其实际情况有关的方面，日本有一名学者曾经进行过一些探索。高桥良行教授在《刘长卿札记——围绕“五言长城”的评价而谈》这一篇论文当中指出，以“五言长城”的说法表达了刘长卿本人自负善于五律，“是源于其自认、自赞的态度”，并指出，“五律的题材、形式两面的内在可能性与其对付诸作品的满怀信心变成一个无法形容的爱好，反映在其多产的作品之上”①。由此可见，在先行研究中，刘长卿被认为是善于五律的诗人。②

关于秦系，③ 既有《新唐书》所述的“用偏师攻之”，又有《唱和诗序》所述的“用偏伍奇师，攻坚击众”，这些说法都是与刘长卿“五言长城”相呼应的比喻表现。因为在一些唱和集的序文中常以这种比喻表现方式来表达唱和者之间存在着所谓“好敌手”的关系。

若进而探讨其内部的状况，我们就必须根据两人唱和的实际情况来分析权德舆序文的内容。本来，秦系和刘长卿之间的唱和诗篇早已散佚而无流传，其内容现已不得而知。将其面貌片断搜索于刘长卿的别集中，④ 与秦系唱和的作品共有6篇，其中3篇五绝全都是寄赠作品，2篇五律都是答酬作品，另一篇七绝是寄赠作品。顺便讲一句，秦系的作品中只有一篇给刘长卿的七律作品。⑤ 按照这样的唱和状况，与刘长卿“五言长城”的“坚固”(攻坚)、“众多”(击众) 的样子颇有距离，亦难以窥见秦系答对他时的样式。或许可以想到的是，相对于刘长卿的“五言长城”，秦系就用“偏师”、“偏伍奇师”等，不是以正攻法而是以“非正攻法”的方式来应对他，使用与刘长卿不同的新奇的构想和手法。高桥教授在前揭论文中指出：“秦系的诗歌就好比是一个用

① 高桥良行「刘长卿札记——「五言长城」の评语をめぐって」『爱知叔德大学论集』No. 6，1980。

② 蒋寅：《大历诗人研究 · 刘长卿》，北京：中华书局，1995年。

③ 关于秦系的先行研究，参见赵昌平《秦系考》，《中华文史论丛》1984年第4期；赵昌平：《“吴中诗派”与中唐诗歌》，载《赵昌平自选集》，桂林：广西师范大学出版社，1997年；蒋寅：《大历诗人研究 · 秦系》，北京：中华书局，1995年。此外，关于秦系的传记，参见土谷彰男「秦系传小考——李昭纪「跋秦系诗」をめぐって」『中唐文学会报』No. 16，2009。

④ 《全唐诗》卷147—151，北京：中华书局，1960年；储仲君笺注：《刘长卿诗编年笺注》，北京：中华书局，1996年。

⑤ 秦系：《秦隐君集》，明铜活字本《唐五十家诗集》，上海：上海古籍出版社，1981年。

游击战法作战的小分队”，又“可以了解到，相对于表现致密、高度完成的刘长卿的五言诗，秦系的诗歌虽然颇为寡作，但偶尔还是会有出人意料的名作出现”。

而这里应该注意的是，秦系与刘长卿同样以五律见长这点，在诗话之类的评价史上早已成为固定的观点。元人方回在《瀛奎律髓·仙逸类》中就采录了刘长卿和秦系的五律作品。方回评曰：“史称，刘长卿自号五言长城，秦系以偏师攻之。似以系为高者。”① 这里既然提到“五言长城”，又认定秦系是可以与刘长卿相比肩的，也是位卓越五律的诗人。不仅如此，由此还可知当时已有了对秦系的评价高于刘长卿的认识。

## 二、在诗话类中对于秦系的五言评价

下面让我们来看在诗话类中的秦系评价。诗话之类的评价首先引用了《秦系传》中的权德舆之言，又将韦应物《答秦十四校书》作为其旁证来说明秦系擅长五律。这段记述可见于前章的《唐诗纪事》，还有沿袭了与此相同记述的《全唐诗话》（卷二）以及胡仔《苕溪渔隐丛话》。其中，叙述如下：

> 《寄韦使君》诗云：“久卧云间已息机，青衫忽著狎鸥飞，诗兴到来无一事，郡中今有谢元晖。”韦应物《答秦十四校书》诗云：“知掩山扉三十秋，鱼须翠碧弃床头，莫道谢公方在郡，五言今日为君休。”系能诗，与刘长卿善，以诗相赠答。权德舆曰：“长卿自以为五言长城，系用偏师攻之，虽老益壮”。故应物有“五言今日为君休”之句，盖谓此也。②

此外，正如前章所述，胡震亨在《唐音统签》中以引用句的误用来明示“秦系的五言诗”，再者方回在《瀛奎律髓》中指出秦系是与刘长卿同样杰出的五律诗人。以上的内容都可解释为韦应物对秦系五言诗的称赞。与此划一线的即是刘克庄《后村诗话》的相关记述。这里他没有引用权德舆的言辞，而只是引用了韦应物的作品，讲道：

> 韦苏州与系诗云：“知掩山扉三十秋，鱼须翠碧弃墙头，莫道谢公方

① 李庆甲集评校点：《瀛奎律髓汇评》卷48，上海：上海古籍出版社，1986年，第1765–1766页。

② 廖德明校点：《苕溪渔隐丛话》后集卷16，北京：人民文学出版社，1962年，第119页。

在郡，五言今日为君休。”韦公五言独步一世，而怜才下士如此。①

“韦公五言独步一世”意味着韦应物的五言诗在当时的文学潮流中占据着首要的地位。这里应将“五言”看作“韦应物的五言诗”，即可理解为：“我拿手的五言诗，今天为了你就暂停一下吧”。

当然，秦系的作品并不都是五言诗。据《秦隐君集》38 篇，② 五言诗总共包括律诗 15 篇、绝句 2 篇、排律 1 篇，共计 18 篇，其余作品均为七律。须注意到的是，七律作品共有 12 篇之多，数量已经仅次于五律作品。

但是，我们应当注意的是，采录于诗话的作品与其总数量多少无关，均是五言律诗的作品。这一点又可注意到，正如上文提及的《瀛奎律髓》等，尤其是胡仔《苕溪渔隐丛话》中对秦系的 4 篇五律给出了“闲远有味”③ 的评语，另外刘克庄《后村诗话》中对于 5 篇五律又给予了“情趣翛然”等评语。关于这些评语，权德舆《唱和诗序》中讲到：

词或约而旨深，类乍近而致远。若珩珮之清越相激，类组绣之玄黄相发。奇采逸响，争为前驱。

“词或约而旨深，类乍近而致远”可以认为是就秦系诗的措辞而讲的，“若珩珮之清越相激，类组绣之玄黄相发”则是对其表现而言。还有一个在研究秦系上颇为重要的资料，北宋李昭纪④《跋秦系诗》云：

系，辞意清远，讽而不怨，有古诗之风。一时与游者，钱起、韦应物、刘长卿、鲍防、耿湋、皆知名士。独权德舆深爱之，非所谓大音希者，味必淡者欤。⑤

以上二者的评释是讲秦系文学概况或者说是讲其总论的，这与《苕溪渔隐丛话》的“闲远有味”和《后村诗话》的“情趣翛然”的评语是连接在一起的，与此同时不可忽略的是：这些评语与以“清空”或“流畅”为代表的中唐诗风颇有关联，尤其大历文学是以五言律诗为中心的。秦系获得“闲远有味”或“情趣翛然”的评价正是基于他擅长五言律诗这一共识，可见他在这一点上正是典型的大历诗人。

---

① 《后村诗话》新集卷 4，载《丛书集成·续编》第 199 册，台北：台湾新文丰出版公司，1988 年，第 764 页。

② 《唐五十家诗集》本。

③ 《苕溪渔隐丛话》后集卷 16。

④ 李昭纪，字成季，山东钜野（今山东巨野）人（《宋史》作济南人。今据《四库全书提要》改）。参见《宋史》卷 347。

⑤ 《乐静集》卷 5，《景印文渊阁四库全书》第 1122 册，台北：台湾商务印书馆，1987 年，第 271 页。

## 三、韦应物眼中的秦系诗

综上所述，将韦应物的《答秦十四校书》这首作品所讲的“五言”解释为“秦系的五言律诗”，是因为蹈袭诗话之类的内容。但是，按照秦系与韦应物唱和诗歌的实际情况，还不如将“五言”理解为“苏州文坛的五言古体诗”，即“韦应物的五言古体诗”更为合适。

关于这个苏州文坛，尤其是关于五言古体诗在文坛极受重视这一情况，笔者曾在《先论一》以及《关于中唐苏州文坛理论形成中的顾况文学及其文学观》①（以下，本文称为《先论二》）也进行过一些讨论，而本文对它做若干补充的同时进一步分析这二者的唱和诗。

秦系在贞元六至七年（790—791）应徐泗濠节度使张封建的辟召而入仕，官拜校书郎。② 从故乡越州赴任地的途中，经过苏州，与刺史韦应物有诗歌来往。韦应物是在贞元四年末自左司郎中转任苏州刺史的。他在朝廷是奉陪德宗公宴而赋诗，这展现了宫廷诗人的一个侧面。而在苏州时开放官舍主办文会，与不少诗人唱和诗颇为频繁，则展现了官僚诗人的一个侧面。就秦系而言，此次访问无疑是得到大诗人韦应物知遇的好机会。与此同时，韦应物与这个高洁隐士加深交情，也应该是适于自己的归隐志向。从此之后，双方之间就开始诗歌来往，而现存的作品仅仅是韦应物二篇，秦系一篇而已。

> 久卧云间已息机，青衫忽著狎鸥飞，诗兴到来无一事，郡中今有谢元晖。（秦系《即事奉呈郎中韦使君》）
>
> 知掩山扉三十秋，鱼须碧翠弃床头，莫道谢公方在郡，五言今日为君休。（韦应物《答秦十四校书》）

关于秦系的作品，第一、二句描写从隐逸生活走进入仕的状态。“青衫”指的是官服，这意味着秦系应诏而拜校书郎，在朝廷相当于正九品。“狎鸥”是见于《列子》的典故词，是善解人意而亲近人的鸟。“狎鸥飞”意味着秦系放弃了隐逸生活而入仕，故“狎鸥”对他怀着厌恶飞开了，这即表示秦系入仕的心情。第三、四句：秦系在赴任的途中，在苏州与韦应物邂逅，就不禁诗兴涌起而忘却机心。“谢玄晖”即南朝齐代宣城太守谢朓，秦系将韦应物看作

---

① 土谷彰男「中唐苏州文壇の理论形成における顾况とその文学观について」『早稻田大学文学研究科纪要』Vol. 2，2007。

② 赵昌平：《秦系考》，《中华文史论丛》1984 年第 4 期。

大诗人谢朓，并大加称颂其文藻。

韦应物的作品继承于秦系之作，第一、二句描写了作为一位隐士的秦系拥有高洁的人生。秦系自号“东海钓客”① 有30多年的时间，其间，对于笏板（鱼须）和佩玉（翠碧）之类所象征的官场，他毫无留恋之情。第三、四句讲述：对于自己被比作谢朓，韦应物采取谦逊的态度，他为了应酬秦系的七绝而暂停了自己擅长的五言古体诗的写作。

值得讨论的问题是对韦应物作品中第四句的解释。正如前章所述，根据诗话类的评释，因为韦应物对秦系的五言诗大加称赞，故秦系应该是卓越的五言诗人。在这种场合下，“休”字的意思即是“美——赞美”，所以这句曾经被解释为“对你的五言诗称赞”，并且一直到现在这种解释依然存在。

那么，从两者唱和的实际情况来分析之前，对于其涉及的两项相关问题，整理如下：

（1）两者诗文中都提到谢朓。

（2）虽然在韦应物主办的文会中是以五言古体诗为主，但两者诗文都采取了七言绝句的诗型。

在秦系的作品中，将苏州刺史韦应物比作宣城太守谢朓。这是因为，作为一个为政者的韦应物是地方长官，而作为一名诗人的他也是名人，这就使得秦系产生如此联想。《梁书·到洽传》中记载有到洽得到宣城太守谢朓知遇的故事：“谢朓文章，盛于一时。见洽深相赏好，日引与谈论”②，由此可见文人得到赏识的理想姿态。在唐诗中若提及谢朓，一般是为了给对方加以称赞或者鼓励，这已经成为了社会交往中所谓的常套表现。

然而，若仔细推敲韦应物在文会上的应酬作品，就会发现他对于谢朓的看法，与秦系稍微不同，即他们还有另一项共同认识。对于这一点，曾在《先论二》中进行过概括讨论，我们有必要在这里再一次对这一项共同认识进行确认。首先让我们来看韦应物《送宣城路录事》诗：

> 江上宣城郡，孤舟远到时。云林谢家宅，山水敬亭祠。纲纪多闲日，观游得赋诗。都门且尽醉，此别数年期。③

该作品是为送别路录事去宣城而作的，一读便知，从头到尾贯穿着对谢朓这个人的联想。值得注意的是该作品展示了谢朓的一种象征性，可推测韦应物

---

① 《唐诗纪事》卷28。

② 《梁书》卷27，北京：中华书局，1973年，第403页。

③ 陶敏、王友胜：《韦应物集校注》卷4，上海：上海古籍出版社，1998年，第208页。

是如何看待他的。也就是说：颔联描写了一位志向于隐逸的诗人，颈联描写了一位趁着公务闲暇赋诗的郡太守，由此可知，谢朓的形象显然具有两个侧面。这就展示了一位在退隐与出仕两方面保持均衡安定的人物形象。

韦应物对谢朓形象的认识，是基于对他仰慕已久的心态。这不仅表现在他的作品中，而且影响到了他的创作活动，甚至于影响到他的处世态度。在先行研究中，已指出谢朓对韦应物的影响可见于《郡斋雨中与诸文士燕集》诗以及被称为“郡斋诗”的一类作品① 之中。另外，蒋寅氏指出大历诗人对谢朓文学的接受，与其虽在出仕却得到退隐境地的“吏隐”颇有关系。② 但是，从大历诗人作品中解读谢朓的影响，正如蒋寅氏那样，依据的大部分都是近体诗型。而另一方面，值得注意的是，被视为大历诗人之一的韦应物写的《郡斋雨中与诸文士燕集》诗却是长篇五言古体诗型。并且，从作品影响关系的角度来看，值得考虑的是，谢朓的《直中书省》以及《高斋视事》等作品中所展示出来的退隐与出仕的冲突，原来是根据五言古体诗型所备有的说理性和议论性来表现的。我们应该在这一点上确认韦应物与谢朓的影响关系。

然而，像秦系之作那样由韦应物联想到谢朓，只是由郡太守这个形象。但是，对于作为韦应物文会中心作品的《郡斋雨中与诸文士燕集》，贬于饶州路上的顾况以《酬本部韦左司》应之，依此类推，他们也应该有一个对谢朓的共同认识。这两者的作品中值得注意的表现：

神欢体自轻，意欲凌风翔。(韦应物《郡斋雨中与诸文士燕集》)

安得凌风翰，肃肃宾天京。(顾况《酬本部韦左司》)

顾况的“安得凌风翰”是继承韦应物的“意欲凌风翔”而作，是以谢朓《直中书省》诗中的如下表现为典据的。

安得凌风翰，聊恣山泉赏。③

该作品是谢朓担任中书郎时一次夜间值班时而写的。将宫殿的景色以美称加以文饰，然后以寄希望于乘着风徊翔于蓝天纵情山水之情而结束。由此可见身为朝官的谢朓“对大自然的一味憧憬”④。与此同时，在韦应物的作品中可见他充实自身的“神”（精神）、“体”（肉体）、“意”（意志）而超越于“出

---

① 葛晓音：《山水田园诗派研究》，沈阳：辽宁大学出版社，1993 年；蒋寅：《大历诗人研究》，北京：中华书局，1995 年。

② 蒋寅：《吏隐：谢朓与大历诗人》，《中华文史论丛》第 50 辑，上海：上海古籍出版社，1992 年。

③ 曹融南：《谢宣城集校注》卷 3，上海：上海古籍出版社，2001 年，第 213 页。

④ 兴膳宏「谢朓诗の抒情」『东方学』Vol. 39，1970。

仕与退隐”之上，并推进到对自己现状的肯定地步。也就是说，虽然谢朓与韦应物都使用同类的表现手法，但谢朓留在表示愿望的层次，而韦应物则进一步推进到一个能够实现的层次。另一方面，顾况的作品翻案了谢朓的原意。将自己遭遇贬谪的仕途不遇之感与韦应物未归朝廷之不幸相重合，吐露了两人均应该回归朝廷的想法。换句话说，顾况的作品将“出仕与退隐”的矢量空间翻改而勾勒出“归朝与贬谪”的轮廓。由此，不可忽略的是，韦应物与顾况两人作品的表达目的本来是不同的，但是，他们对于谢朓形象一贯具有“出仕与退隐”的俨然轮廓有着共同意识。

另一方面，秦系是一名“卧云霞”、“逐狎鸥”的平民隐士，正如自己所说的：“中年曾屡辟，多病复迟回”①、“终年常避喧，常事五千言”② 一样，他主动避开当时的情势，始终拒绝成为官场人物，由此，秦系身上毫无可能发生韦应物和顾况的诗作所看到的“出仕与退隐”的冲突。如果从秦系的诗篇搜索谢朓形象，除了将谢朓作为地方长官、文会座主之外，别无所觅，或许与刘长卿的诗篇所看到的典型谢朓之间没有太大的差距。例如刘长卿云：“玄晖翻佐理，闻到郡斋频”③，又以谢朓的“窗中列远岫，庭际俯乔林”④ 为典故而曰：“惟有郡斋窗里岫，朝朝空对谢玄晖。”⑤

即使将秦系所讲的“郡中今有谢元晖”看作阿谀奉承之言，韦应物也对此说道“莫道谢公方在郡”，言下立即否定将自己比作谢朓，这不仅可以看出他虽为大诗人但为人谦虚谨慎，更重要的是：可以确定在韦应物指出“（韦应物——笔者注）作为一名诗人而赋诗，并缔结互相水平的交往关系，便是《郡斋宴集》的新奇面貌”⑥ 之时苏州文坛的出现。由此看来，认为韦应物所说的“五言今日为君休”是对秦系五言诗满口称赞之举的诗话类解释，未免乖离了这文坛的本质。

---

① 《春日闲居三首》其三，载《唐五十家诗集》，上海：上海古籍出版社，1981 年，第 2158 页。

② 《山中赠张正则评》，载《唐五十家诗集》，上海：上海古籍出版社，1981 年，第 2156 页。

③ 《奉和赵给事使君留赠李婺州舍人兼谢舍人别驾之什》，载《全唐诗》卷 148，北京：中华书局，1960 年，第 1526 页。

④ 《郡内高斋闲望答吕法曹诗》，载《谢宣城集校注》卷 3，上海：上海古籍出版社，2001 年，第 282 页。

⑤ 《送柳使君赴袁州》，载《全唐诗》卷 151，北京：中华书局，1960 年，第 1562 页。

⑥ 松原朗「大历样式の超克——韦应物离别诗考」『中国离别诗の成立』東京：研文出版、2003、318 頁。

说起来，韦应物所说的“五言”究竟能否看成指示对方诗文的这种意思？从韦应物的诗篇可以看出对他人文藻表示庆祝的表现，例如“嘉藻”（共三例）、“高文”（共三例）、“芳兰藻”、“丽藻”、“佳咏”、“高词”、“金玉篇”、“金玉声”（以上各一例）的美称，或如“酬藻当芬绚”、“篇翰如云兴”等，多使用形容表现或比喻表现。因此，以“五言”这一词称赞对方诗文这一说法并不恰当，由这一点可以认为以“五言”指示“秦系的五言诗”其盖然性是极低的。

由此看来，由苏州文坛的发展而了解到的是：韦应物所说的“五言”是“韦应物的五言诗”，即指的就是“韦应物的五言古体诗”。此五言古体诗正是在以韦应物为主的苏州文坛中视为重要的诗型。

此外，韦应物有七绝《送秦系赴润州》诗。该作品是送别赴任润州（今江苏镇江）的秦系而作：

近作新婚镊白髯，长怀旧卷映蓝衫。更欲携君虎丘寺，不知方伯望征帆。①

第一、二句作成对句，即是说：白发苍苍的秦系刚刚再婚，相比多年诗业，出仕时间很短暂。“旧卷”是在此之前多年来写作中积累下的旧作。“蓝衫”是官服，这意味着，正如秦系《即事奉呈郎中韦使君》所说的“青衫忽著狎鸥飞”（第二句）那样，他刚出仕，接着以韦应物想陪秦系一起去虎丘寺，但是上任地的长官会盼望他的到来而结束该篇。

在此值得注意的是，第二句“长怀旧卷”表示秦系的创造活动。此部分是连着成为对句的第一句显示七绝独有的轻妙笔致，而说道“相比你多年的创作活动，此次穿着官服的你变得光彩照人”，这表示了出仕这一大事比起多年诗业的厚重来是微乎其微的。由此可见韦应物更为重视秦系创作活动这一面。这种看法当然应该照顾双方唱和诗歌的来历。秦系因受韦应物的知遇而赠《即事奉呈郎中韦使君》诗，韦应物则在《答秦十四校书》诗中应对秦系的作品用七绝以答之。双方从此开始唱和诗歌，韦应物逐渐形成了对秦系的见解。从此角度而言，由七绝的型式写出来的该作品的意义不可小看。换句话说，在韦应物眼中，秦系是一名擅长七绝的诗人。由此可见，在《答秦十四校书》诗中：韦应物为何暂停使用自己拿手的五言古体诗而使用七绝，原因就在于此。

作为对此看法的补充，让我们来看皎然诗《题秦系山人丽句亭》：

独将诗教领诸生，但看青山不爱名。满院竹声堪愈疾，乱床花片足忘情。

① 陶敏、王友胜：《韦应物集校注》卷4，上海：上海古籍出版社，1998年，第284页。

诗题中的“丽句亭”是天宝末年，秦系为避安禄山叛乱隐居于剡溪时所筑。皎然访问他时，题写该作品，挂之于此亭。据贾晋华《皎然年谱》，将此作为建中四年（783）冬天之事①。作品中描写秦系虽收有众多门第，但他本身为人恬淡。接着描写丽句亭的美丽风景。

第一句的“诗教”即是从诗经传下来的诗歌正统的典范。在皎然所编写的《诗式》这一篇诗论书中以“诗教”这一词显示他的诗歌观念的正统性的主张。皎然在给韦应物的《答苏州韦应物郎中》诗中曰：“诗教殆沦缺，庸音互相倾。忽观风骚韵，会我夙昔情”，即是说他的诗歌观念与韦应物颇为一致。加之，对应于韦应物的五言古体诗，他将他自己的诗观表示于这首作品中。由此可见，使用“诗教”这一词既然是表示其诗歌观念的一个尺度，皎然与秦系说“独将诗教领诸生”，即是说“只有你以诗歌正统的典范率领不少门第”，这是对秦系的诗歌给予高度肯定的评价，对皎然而言，秦系诗作是被肯定的，被接受的。在这一点上，该作品是由七言绝句写成的这一事实正如刚刚韦应物的作品容易被联想起来一样，我们应该意识到这一前提即秦系是擅长七言绝句的诗人。

## 结　语

对秦系的评价是与刘长卿“五言长城”相呼应的形式，以秦系被看作以五律见长的诗人为基础。这种看法是在诗话之类的独特领域中相共鸣并增幅的。在这一点上，以五律见长的秦系形象展现了他文学的一面，不过这并不是其全部。另一方面，在以韦应物为主的苏州文坛的形成过程中，秦系参与了文坛活动并向人们展示了文坛的基调是五言古体诗型。这不仅使文坛的存在明朗化，同时，这也显示秦系的七绝诗作在他的文学形成的过程当中有一定的意义。由此看来，论秦系的诗歌与其评价，姑且不论刘长卿的贡献，也不能忽视韦应物的观点。因为这两者虽然都是代表中唐的诗人，但是他们之间的诗风特征是完全不同的，这一点已被明确指出。② 由此，驰名于大历时代的余韵中的刘长卿，与元和文学之嚆矢的韦应物他们之间的相异，可以说集中反映于秦系诗歌的评价中。

（《社会科学战线》2013 年第 11 期）

① 贾晋华：《皎然年谱》，厦门：厦门大学出版社，1992 年，第 114 页。

② 关于论刘长卿与韦应物的相异，参见赤井益久「刘长卿诗论——长州县尉时の左迁を中心に」『国学院杂志』Vol. 101，No. 5，2000。

# 特别文摘

中高端文摘领先品牌

ly 上半月 2014

发代号：28-99

BEST SELLING 2014 中国邮政发行畅销报刊

战争基本北胜南

蒋家第三代不争气

垄断者的良心

各族移民各展所长

傍大款难成富婆

特别文摘官方微信

中国剪报官方微信